本書出版得到中國中醫科學院
名醫名家傳承項目資助

孤本醫籍叙録集

李鴻濤　張華敏　主編

中醫古籍出版社

图书在版编目(CIP)数据

孤本医籍叙录集 / 李鸿涛主编. —北京:
中医古籍出版社,2016.1
ISBN 978-7-5152-0928-9

Ⅰ. ①孤… Ⅱ. ①李… Ⅲ. ①中国医药学-古籍-内容提要 Ⅳ. ①Z89:R2

中国版本图书馆 CIP 数据核字(2015)第 288781 号

孤本醫籍敘録集
李鸿濤　張華敏主编

責任編輯　鄭　蓉
封面設計　王　睿
出版發行　中醫古籍出版社
社　　址　北京東直門内南小街十六號
印　　刷　三河市華東印刷有限公司
開　　本　850mm×1168mm　1/32
印　　張　39.625
字　　數　480 千字
版　　次　2016 年 1 月第一版第一次印刷
印　　數　0001~2000 册
書　　號　ISBN　978-7-5152-0928-9
定　　價　98.00 圓

編委會

前言

中醫古籍是中醫學術傳承的重要載體，是中醫藥科技進步和創新的源泉。近十余年來，在黨和政府的高度重視下，全國古籍保護與整理事業發展的如火如荼，我們作爲中醫古籍界中的一員，也先后開展了全國中醫古籍資源調查與孤本古醫籍的研究工作。通過書目調研和文獻考察發現，將近四成的存世中醫古籍已成爲孤本，中醫古籍保護形勢緊迫且不容樂觀。八年來我們先后實地調研了北京、上海、南京等省市公藏圖書館及中醫專業圖書館三十餘家，完成四千餘種孤本醫書的書目調研和一千三百餘種孤本醫書的文獻調研。初步統計，《中國中醫古籍總目》所收載的全國一百五十家圖書館中，有一百一十四家圖書館擁有數量不等的孤本古醫籍，分佈於全國二十六個省市自治區的圖書館。雖然，孤本古醫籍相對的集中於北京、上海，但全國仍零散分佈着具有重要文獻價值的古籍，亦亟待搶救與發掘。另外，隨着近年海外回歸古醫籍相關工作的進展，一些流散海外的珍貴文獻陸續回歸祖國，亦爲完善中醫學術體系提供了豐富的素材。

這些孤本醫書中不乏稀世之珍品。如元明以來歷代精刻之善本、名醫手稿、名家批校本、精寫本、刻書底稿、彩繪本草圖、經絡圖、導引圖，以及一些頗具文獻價值和實用價值的家傳秘本、歷史文化名家著述等。其中，一些孤本古醫籍不見於國内史志書目記載，甚至久已被誤認爲亡佚。這些具有很高的文獻價值和學術價值的歷史典籍很大一部分由於保管條件不善而風化、糟朽、蛀蝕，面臨絶本失傳的危險。若不加以及時地搶救與保護，中醫學術也將面臨嚴重的損失。

有鑒於此，中國中醫科學院薛清録教授帶領我們採用影印整理的方式，選編了《中醫古籍孤本大全》系列叢書，從二十世紀九十年代至今共分十批出版了一百七十六種孤本醫籍。此項工作的開展凝聚了衆多古籍界和中醫界專家們的智慧，是一項有計劃、有規模、重實用、求實效的系統工程，對於存世孤罕中醫古籍的搶救與保護，對於中醫文化的傳承與發揚，對於中醫藥學術的整理與發掘發揮了巨大的作用。被國家圖書館、國家古籍保護中心的專家譽爲『中醫界的再造善本』。並在第二届中國政府出版奬評選中獲得提名奬的榮譽。本套叢書所選孤本古籍涉及中醫基礎、本草、方書、傷寒金匱温病、臨證各科、臨證綜合、針灸經脈、醫案醫話醫論、養生、運氣等個多方面。在對孤本古醫籍遴選出版過程中，聘請中醫專家對原書述評解題，闡介每種孤本醫籍的著者與成書、學術特色與文獻價值，具有發掘亮點、會通大略、提要鈎玄的作用。

二〇一四年在中國中醫科學院名醫名家傳承項目的資助下，我們將這一百七十六種收入《中醫古籍孤本大全》的孤本古醫籍，並部分鄭金生教授海外回歸孤本醫籍的内容提要，統一體例，删繁從簡，集結成

《孤本醫籍叙録集》予以出版，希望對於中醫文獻研究和推動中醫學術繁榮起到一定的作用。最后向曾經爲研究孤本醫籍並撰寫内容提要付出辛勤汗水的專家們致以誠摯的謝意！

編　者

二零一五年四月

余序

當前，正處於大力弘揚我國優秀傳統醫藥文化的歷史高潮，特別是中醫古籍中所藴含的精品醫藥學術與文化的整理與利用，呈現出欣欣向榮的大好局面。值得一提的是，對於散佚、失傳的珍稀古醫籍搜求和系統整理出版是全國古籍領導小組所確定的『古籍整理五大重點方向』之一，此編立足於此，因而爲充實和完善中醫古籍整理工作可稱得上是錦上添花。

中醫藥孤本叙録，即通過闡發孤本醫籍的學術和内容精要，從而表達原著的著者生平、編撰主旨、版本源流與學驗特色。在闡析方面，要求抓住該書的學術主旨，又須繁簡合宜、綿密貫通。孤本古醫籍，因其稀有和收藏分散，學者大多難以獲見原著，從叙録中便可以查閲並瞭解這些文獻的學術風貌和諸多不同的流派醫家的學術經驗，並能由博返約地予以鑒識、理解，這當然是極爲寶貴的。若能從中得到啓示，從而爲中醫藥學術創新漁獵若干綫索，則更加幸甚。故此，在某種程度上説，《孤本醫籍叙録集》可作爲中醫古籍文獻研究的重要參考書。

《孤本醫籍叙録集》匯輯多年來衆多專家們對於孤本文獻研究的精髓，是中醫古籍整理與研究的一項重要成果。它的出版問世，既可讓廣大醫界同仁能够瞭解稀見孤本醫籍風貌，又可讓讀者開闊學術眼界、掌握其中學驗精粹，故當予祝賀。

李鴻濤博士隨余臨證學習和從事古籍文獻研究有年，其人孜孜敏求，精勤不倦。在前輩老專家的鼓勵和敦促下，他組織編輯整理團隊，將薛清録教授多年主持的孤本醫籍研究的成果作爲主體，並收集海外回歸古醫籍的若干成果，及其個人的若干研究心得予以分類整理、修訂編輯而成書。書稿既成，問序於余，余抽暇展閲此編，深感此項工作頗具時代意義和學術價值，遂雜談上述淺見以爲序。

中國中醫科學院　余瀛鰲

二零一四年十月

薛序

孤本醫籍調研和《中醫古籍孤本大全》（以下簡稱《孤本大全》）系列叢書選編出版工作始於一九九二年。當時，正值剛剛完成第二次全國中醫古籍資源普查，在大量的普查數據收集整理過程中，一個非常突出的問題擺在我們面前，那就是全國一百三十家大型圖書館收集的古代醫籍目録中，將近四成左右是孤本。這雖然僅是一個粗獷的統計數字，但它對人們的警示作用不容忽視，一旦這些孤本醫書遭遇意外，將是中華醫藥和傳統文化無法彌補的損失，基於這種認識，我們幾個關心孤本醫書保護搶救工作的同道決定以當時的『全國中醫藥圖書情報工作委員會』爲運作平臺，開展孤本醫書的調研和《孤本大全》的選編出版工作，並製訂工作計劃上報國家中醫藥管理局，並於當年獲得正式文件批復，開啓了孤本醫書調研、選編、出版工作。

二十餘年來，雖經世事變遷、人員更迭，孤本醫籍的調查研究和《孤本大全》的選編出版工作始終堅守陣地，隨着形勢的發展變化或快或慢地不斷向前推進。

《孤本大全》出版問世后，獲得廣泛關注和好評，並榮獲『第二届中國政府出版獎提名獎』，在得到社會認可的諸多因素中，爲孤本醫籍所撰寫的『内容提要』應是其中主要原因之一。古籍的内容提要是我國傳統目録學的重要研究内容，無論是『辨章學術，考鏡源流』，還是『提要鈎元，治學涉徑』等目録學家所提出的學術主張，都需要由『内容提要』來承載其功能。因此，在製訂《孤本大全》的編寫體例和結構設計時，我們就把『内容提要』的撰寫作爲重點工作之一。主要目的就是要通過内容提要的評述，能使讀者從更廣泛的視角對該書的著者狀况、臨證水平、診療特色、學術貢獻、傳承關係、版本源流、文獻價值等方面有更深入的瞭解，以達到古籍文獻最佳傳播效果。爲了達到上述要求，我們對『内容提要』組稿極爲慎重。基本確定由幾位中醫文獻界的知名專家擔綱此任。幾位專家憑借深厚的專業功底縱覽古今、廣征博引、談醫論藥切中要領，他們筆下的『内容提要』有些已經成爲獨立性很强的專題論文，即使脱離原書，僅從『内容提要』中也能看到該書的學術特點、理論經驗、技術方法等核心内容。可以説，這些孤本醫籍的『内容提要』以其深入、精煉、概括、翔實的風格成爲《孤本大全》系列叢書的一大特色，豐富了這套叢書的學術内涵。

本書主編李鴻濤博士自二〇〇六年參加孤本醫書的調研和《孤本大全》系列叢書的選編出版工作以來，積極參與該書的各個環節實際工作，特别是作爲青年學者與老專家一起參加孤本醫籍内容提要的撰寫工作，他充分發揮了古籍文獻研究和醫療實踐兼備的學術優勢，圓滿完成既定任務。《孤本醫籍叙録集》的編寫就是以《孤本大全》内容提要爲基礎，另收集了一部分海外回歸孤本醫籍的内容提要作補充，使得内容更爲豐滿、更具代表性。所收之書大多爲深藏秘閣、世所罕見之孤品。能將這些珍貴的典籍集中起來一一簡介評述、提綱挈領、點撥精要，是一件機緣巧合、難能可貴的事情。本書爲讀者展示出存世孤本醫書多姿多彩的學術内涵、複雜多變的成書途徑和流傳過程。本書的出版，不僅有益於中醫藥學的傳承和中醫文化的普及和傳播，同時也希望能够引發社會對古籍文獻的關注，有利於今后中醫古籍的保護和搶救事業的進一步發展。

中國中醫科學院　薛清録

二零一五年元月

目録

中醫基礎

本草

方書

臨證各科

臨證綜合

醫案醫話醫論

養生

中醫基礎

發藻堂纂輯靈素類言

孟慶雲

《發藻堂纂輯靈素類言》一名爲《靈素類言》，或《玉尺經》，上中下三卷，係清·任越庵纂輯《黄帝内經》中重要的名詞，並示以詮解而成書。該書未曾刊刻，手寫稿本完成於清同治十三年甲戌（一八七四），現藏於浙江圖書館。

一、著者與成書

著者任越庵，又名越安，清代浙江紹興府山陰縣人，《山陰縣誌》約略有記。紹興任氏乃稱世醫，越庵以醫濟世，行醫江左，凡遇奇證，應手霍然。衣鉢又傳於其子任雨辰，孫任沨波，故時人推任氏宗族爲三世良醫。任越庵在纂輯此書前，曾於咸豐四年甲寅（一八五四）著《傷寒法祖》，從書中可以看出，其人研究傷寒學説十分推崇柯韵伯。任越庵認爲，《傷寒論翼》一書，屢經翻刻，流傳甚廣，然而文義字句魚豕錯誤不少，又有可删繁從簡者，遂細加校正，提煉而成《傷寒法祖》，並爲裘慶元《珍本醫書集成九十種》（一九三六）收録出版。可見任越庵對於《黄帝内經》《傷寒論》等經典著作鑽研頗深，學有所本。因其書齋以發藻堂（發藻即放出光彩、顯耀文采之意）爲堂號，故名此稿本爲《發藻堂纂輯靈素類言》。

二、内容與特色

全書分爲三卷，上卷列陰陽、三陰三陽、臟腑、五臟六腑、寒熱、虚實、飲食、治養、時序、標本、生死愈劇、脈、營衛、經絡、關格、氣味、清濁等十七則《黄帝内經》中核心概念的名詞；中卷有身、氣、血、津液、色、聲、形、筋、骨、頭、頸項、面、目、耳、舌、齒、鼻、口、手、足膝、肩、脊背、腰、四肢、皮膚、咽喉、胸脅、腹、膈、九竅、三焦、大小便等解剖生理名詞，也列有外淫、内傷、中風、癘風、暑、濕、燥、火、燥渴、厥、瘧、痙等病證基本名詞，共四十三則；下卷載痿、痹、癲、咳、喘、汗、嘔吐、眩、悸、狂、喑、疝、蟲、衝逆、霍亂、積脹、心痛、脹滿、腸鳴、反胃、癃淋、麻木、洞泄、煩躁、麻木、瘛瘲、消癉、健忘、悗亂、黄疸、寒栗、畏惡、驚懼、喜怒、怠惰、遺精、陰痿、石水、五飲、卒僕、邪祟、吞酸、虚損、涎沫、喘泣、太息、呻吟、嗆、唾、噫、殫、欠、夢、悲、針灸、睡卧坐立等六十二則。係以《黄帝内經》的解剖生理病因病機來闡述這些疾病的概念，體現了《黄帝内經》時代獨特的發病觀念，又能使讀者自然地聯想到治療的理路，而最後兩則是針灸和睡卧坐立，其設條置目體現了關於生活行爲和發病以及養生保健的關係，這種體驗爲其他書籍所未見。現將本書的兩個撰著特色簡述如下：

（一）詞目條註，以经解经

作爲中醫理論體系奠基之作的《黄帝内經》，由《素問》和《靈樞》兩個部分組成，後世醫家因有合稱『靈素』者。自南北朝齊梁間人全元起著《素問訓解》，開註疏醫經先河後，歷代學者以多種形式註解、訓詁、發揮研究經典漸爲風氣。有單註《素問》者，如唐代王冰之次註；有單註《靈樞》者，如明代夏英之《靈樞經脈翼》；有全註者，如明代馬蒔《黄帝内經素問註證發微》《黄帝内經靈樞註證發微》，清代張志聰《黄帝内經素問集註》《黄帝内經靈樞集註》；有對『靈素』二書分類合纂而註者，如隋代楊上善《黄帝内經太素》，明代張介賓《類經》；有重新分類而摘註者，如清代汪昂《素問靈樞類纂約註》；有節註者，如明代姚止庵《素問經註節解》；有精解者，如明代李中梓《内經知要》；有專攻校勘者，如清代胡澍《素問校義》，清代于鬯《香草續校書》；也有辨章學術及考校章句者，如清代俞樾《内經辨言》，等等。

本書與前述諸書編纂的目標與體例都不同，係以《黄帝内經》中的重要名詞術語爲條目，其解讀時又採用了三國以後註釋佛經的『合本子註經』的方式，把《靈樞》《素問》中關於同一詞條的論述集列在一起加以闡釋，甚至有的條文還在其後補充了《難經》《傷寒論》《金匱要略》的相應内容作爲互證。在行間有作者的註文，均以小字書寫。作者以每一條目爲一概念單元，從經典醫籍中匯集詮釋，達到了『以經解經』的目的。

（二）衆説從善，本諸臨證

在撰著本書時，作者意識到《黄帝内經》諸篇中有名詞概念不盡統一的問題，但作者或採取選擇性的回避，或選取其較爲贊同者作爲詮釋的核心加以闡述。例如上卷第二則『三陰三陽』，《黄帝内經》中較集中立論的就有三篇：《靈樞·五音五味》《靈樞·九針論》《素問·血氣形志》。其中關於六經氣血多少説法不一，又有開闔樞之説。對於何以三陰三陽有氣血多少之别，又如何匹配於各經？明代張介賓提到『十二經之血氣各有多少不同，乃天稟之常數。』有以運氣釋之，如明代徐亦穉《運氣商》；有以臟腑陰陽氣血來解釋，如清初張志聰；又有馬蒔和張介賓都從《素問·血氣形志》，但馬蒔以針刺立論，張介賓循天人合一。本書作者遵從《靈樞·九針論》的説法，他既從人之十二個月陰陽不同對應於十二經脈，又着重針刺十二經穴時的氣血反應。這一獨到的見解，表明作者重視實踐，從臨床的實用性去判别理論，而書中對於其他詞條的選擇解釋都體現了這一特點。

三、學術價值

本書遴選《黄帝内經》中名詞作爲篇目，以分類集註條目的撰著方式而成書，似已初具『内經詞典』之雛形，具有較强實用性；並且全書三卷共計收載《黄帝内經》專有名詞一百二十五則，大略展示了《黄帝内經》的内容要旨，體現了《黄帝内經》對於醫學基本概念的闡述以及疾病的發病觀，又具有理論研究價值。此外，正是本書是一部出於臨床家之手的醫籍，體現了臨床與理論相結合的學術特點和需求，可爲對於以此新的思路來研究和解析《黄帝内經》者提供很好的參考與借鑒。

《發藻堂纂輯靈素類言》流傳至今，未曾刊刻，且爲任越庵手寫原稿，彌足珍貴。

運氣商

孟慶雲

《運氣商》一卷，明·徐亦穉撰，刻於崇禎七年（一六三四），孤本現藏於浙江中醫藥大學圖書館。

一、著者與成書

徐氏生平事跡不詳。據書的三篇序文、跋語和諸友對他書齋的贈言，僅知他字秀孺，浙江杭州人，是念佛經的居士。他幼習儒學，後割棄舉業而修研《内經》，從書中十二則《運氣治驗》看，他醫道高超絶倫，不僅理論精湛，臨床更有創悟，脈法、辨證均爲上乘。他聰穎治文，夙好養生，又向佛學禪。其友人陳繼儒在跋語中贊其『詩中有禪，禪中有詩』。當時杭州書法家董仲伯爲他題寫『願壽』兩個大字，他以此稱書室爲『願壽齋』。詩友眉道人信手拈來宋代書法家米芾『心是西方長壽佛，身如南極老人星』二句詩以示祝願。此書是他研習《内經》運氣之學的商悟之作，故命名爲《運氣商》。

二、内容與特色

《運氣商》的主旨是闡發和精解運氣理論。正如『凡例』所言：一是惟在發明運氣一説，偏舉氣化之理；二是撮運氣之要，闡揚病機治法；三是揆之以理，参之以時，詳審變通立方。雖爲深奥宏博之學，浩繁而難入，玄渺而近迂，亦令其簡要易學，人皆得而知之，則由淺入深而能用之。書分前後兩集。前集有運氣圖四幅，運氣説七篇，運氣治驗十二則，運氣徵應四則。後集爲運氣博説，有『歲氣起大寒説』等二十四論。書尾有《運氣商·跋》和『願壽贈言』，共有名士、法師、上人三十三家的詩文。

和一些重視推演、繁複串述圖表的運氣著作不同，作者以自己的見解，深入淺出地論述自己對運氣理論的發明，每則都是獨立成篇的論文，每句都是至理要言。例如『運氣病機説』言道：『詳夫氣化之爲病，即淫勝鬱復之理而求之。』『五運太過曰淫，六氣有餘曰勝。淫勝必鬱，勝則必復。此天運盈虛之理。』『病機之源是氣運有淫勝之變。』僅此數語就把『病機』做了鞭闢入裏的解讀。又如運氣定期的問題，作者没有糾葛在南北政和『天地之變無以脈診』等的蕪雜繁論、涵虛又有所牴牾之中，而是據脈理、運氣理論和自己的經驗，提出『風寒濕者，脈多浮弦緊；火暑燥者，脈多浮洪大』。又如作者在『六氣明症説』中，以運氣理論闡述六氣與六經病的關係，又提出六氣之化而致各種證候的機理，其剴切詳明，原於卓識，自得於心。諸論中作者的感悟甚多，如他言『天道常於不足處行去是也』，『熱火之氣化則有感通之理而受病焉』，『内熱與客熱相符，同氣相求』等等。他以『天主氣，地主形』和六氣之化解説一年中六個時段氣候特徵，進而解説季節流行病的病機。如論瘧疾，言『瘧本少陽相火』、『瘧兼暑濕』；痢之病源在於『痢因於暑』而在病理上『暑爲寒邪』等等，精善而中的。《素問·氣交變大論》説：『善言天者，必驗於人。』作者以自己的十二則治驗，作爲商討運氣理論可用於臨床的初證。在本書中，運氣理論還可用於預測和解釋氣候現象，如『推雨候』、『梅雨』、『陣雨』等，是以氣化之理，從季節六氣亢害勝復之論來闡述的，與現代氣象學理論也正相契合。這不僅對於醫學，對於農業生産、預測旱澇災害等也具有實用性。

本草

神農本經會通

馬繼興

《神農本經會通》十卷，明・滕弘（可齋）輯，明萬曆四十五年丁巳（一六一七）滕萬里刻本，本書自明萬曆四十五年（一六一七）首次刊行後，一直未有重刊，故流傳不廣，孤本現存於中國科學院國家科學圖書館。

一、著者與成書

本書首次刊行於明萬曆四十五年（一六一七），書中有滕萬里於明萬曆四十四年（一六一六）所作之序。本書原作者爲滕弘，是滕萬里之六世祖，號可齋，湖南邵陽縣人，世襲邵陽縣令，晚年留心於醫方本草，集十二年之功，編成是書，據此推測，滕弘應生活於十五世紀後半葉，書稿約成於一四八五年前後。

二、內容概要

本書之所以稱之爲『會通』，據書中凡例云：『不握其會，不足窮《本經》之旨；不要於通，不足究《本經》之用。故博極窮書所由會也，而通之於用則有諸書所載』。意即本書融匯各代醫家對《本經》藥物的理解與認識，以及臨床應用的體會。全書共分草、木、果、穀、菜、玉石、人、獸、禽、蟲魚等十部，收録藥物九百五十八味（並非都是《本經》藥）。每一藥味下叙述形色、君臣佐使、有毒無毒、氣味、歸經、功用主治、採、製、炮炙等内容。對藥物的功用主治分列各家諸説，其中大部分資料取自《證類本草》及金元以降各醫家的著作。

三、學術價值點評

縱觀全書，有以下幾個特點：

其一，編寫體例雖也採用草木蟲魚自然分類法，但不分上中下三品，在一類之中混而排之。

其二，對藥物氣味功用主治，各家不同之説，悉收録一處，如姜黄：《本經》云寒，《藥性論》曰熱，以辨《本經》之誤。

其三，本書雖爲收録各家之説，但對所引條文進行悉心校對，對文中的錯訛字一一改正，如疽誤疸、瘻誤痿、唾誤睡等。

其四，古之本草多無名逗，本書『凡一句一字，有當連上句取用者，有當帶下句取用者，有當自爲一名取用者，今悉圈明，庶便考究及臨期取用』。

總之，本書堪稱本草中之善本，對廣大中醫臨床與中藥研究工作者是一部有價值的參考書。

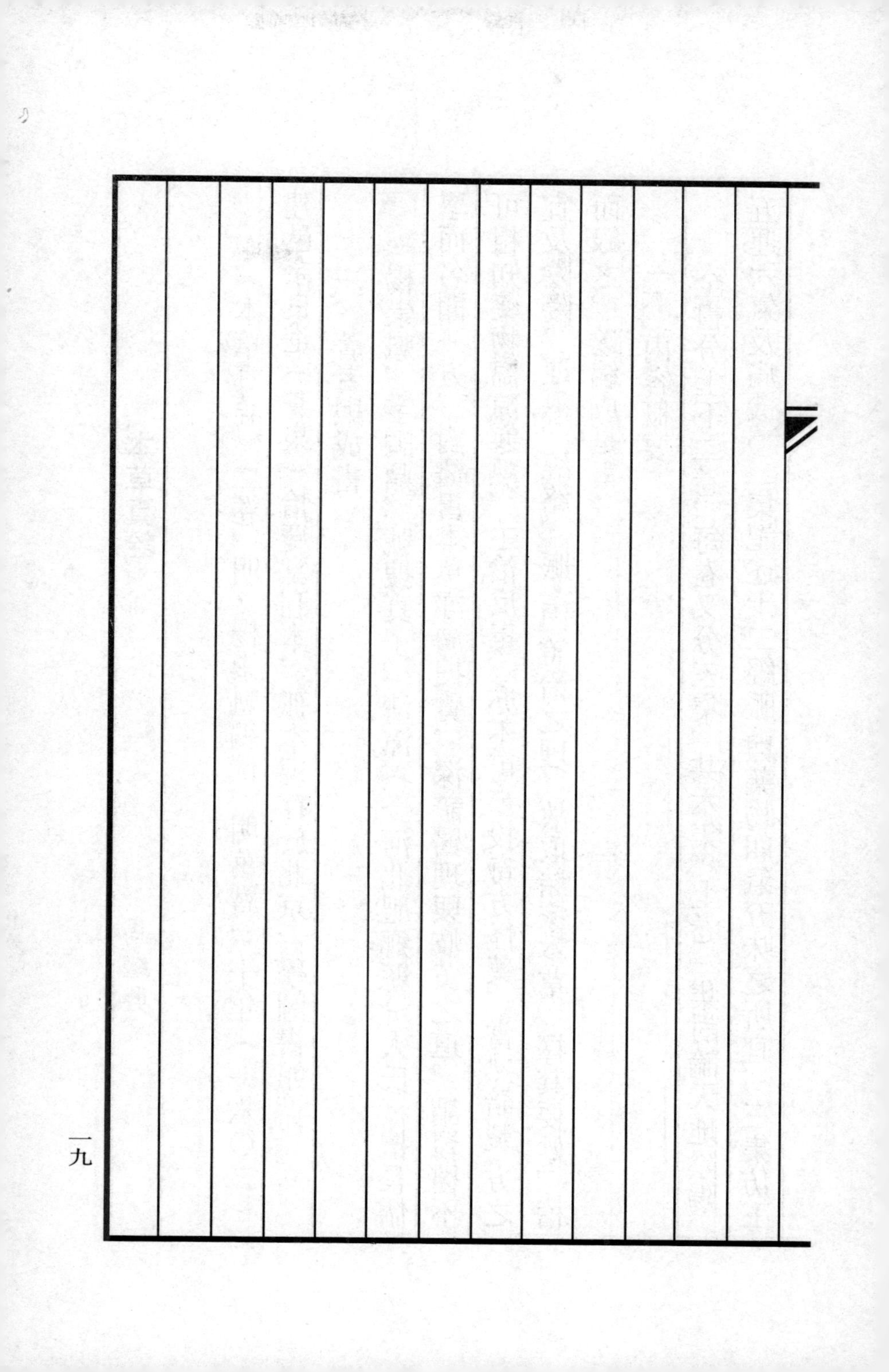

本草真詮

馬繼興

《本草真詮》二卷，明·楊崇魁編撰，明萬曆三十年（一六〇二）建邑余良進（蒼泉）怡慶堂刊本，孤本現存於北京大學圖書館。

一、著者與成書

楊崇魁，字調鼎，號搜真子，清漳（今河北肥鄉縣）人氏。擅長儒學而名聞一方，對醫書本草亦廣搜覽，深諳醫理與岐黄之道。謂習醫不可粗知藥物温凉寒熱，主治反毒，亦不可妄投奇方怪藥，當熟諳製方之宜及陰陽、運氣、經絡、脈因證治之理。故取諸家本草，擇其要妙，稽而録之，遂編成是書。

二、内容概要

全書分上下二卷，每卷又分三集，共六集。上卷一集討論天地陰陽、五運六氣及病機；二集記述十二經脈與藥物四氣五味之所宜；三集仿王綸《本草集要》藥性分類，分别十二門歸類藥品。每味藥名下，以寥寥數語簡單扼要地介紹功效主治。各門下所列藥味數約計有一千一百二十種。

下卷一集概述陰陽五行之大旨，藥氣物味之厚薄，並將藥品分爲温、熱、平、凉、寒等五類。每一藥下記述性味、有毒無毒、升降浮沉、歸經、配伍宜忌及炮炙要求等。二集爲食治門，分有米穀類、菜蔬類、果品類、走獸類、飛禽類和蟲魚類等六類。分别介紹性味、功用、主治、服食宜忌等。三集爲藥物總論，收録前代醫家有關藥性理論、採收時月、藥材鑒别等論述。

三、學術價值點評

縱觀全書，作者廣採博引，尤其崇尚金元醫家的藥理之説，對藥物作用的解釋，大多以運氣、陰陽、經絡等學説貫穿始終。每味藥物的功能主治、炮炙、用法等，據核查其大部分資料都是取自《證類本草》《本草集要》《本草蒙筌》及金、元各醫家之著作。作者對全書的體例、結構、資料的取捨、編排順序等傾注心力，一改傳統主流本草的結構框架及藥物分類方式等。書中既談藥又論醫，以醫統藥，醫理藥理在機融爲一體。時至今日仍不失爲一部具有實用價值的藥學專著。

太乙仙製本草藥性大全

鄭金生

《太乙仙製本草藥性大全》（以下簡稱《仙製藥性》）八卷，明・王文潔編著。今國内所藏明萬曆十年（一五八二）陳氏積善堂刻本爲孤本，原係已故著名醫史學家范行準先生栖芬書室所藏，現藏於中國中醫科學院圖書館。

一、著者與成書

該書卷首署名爲：先師太乙仙人雷雷公炮製/後學江人冰鑒王文潔匯校/書林積善堂少湖陳孫安梓行。其中首出的『太乙仙人雷雷公』不過是托名，殿後的陳孫安是出版商，中間的王文潔纔是本書的編輯者。

王文潔，字冰鑒，號無爲子，自稱江人或撫東人，似即今江西撫州人。除編有《仙製藥性》外，還著有《太素張神仙脈訣玄微綱領統宗》《王氏秘傳圖註八十一難經評林捷徑統宗》《王氏秘傳叔和圖註釋義脈訣評林捷徑統宗》。王氏對所謂青城張神仙太素脈頗爲推崇，其號無爲子，並將太乙仙人奉爲先師，而且該書卷四《鴉片》條提到：『予嘗雲游湖海』，都映證了王氏可能爲道門中人。然而在《仙製藥性》一書中，却很少見其道教色彩。

二、内容與特色

《仙製藥性》爲二層樓版式，粗黑口，左右雙邊。版心書名《仙製藥性》。其書無序跋目録。卷末有『萬曆壬午歲孟秋陳氏積善堂梓行』版記。據此，該書編成之年的下限是一五八二年，比李時珍《本草綱目》最終問世之年（一五九三）還要早十一年。該書引用成書年代最晚的當數明·陳嘉謨《本草蒙筌》（一五六五）。此外，還有明·鄭寧《藥性要略大全》（一五四五）。因此，其成書之年當在一五六五~一五八二年之間，即嘉靖末至萬曆初期。

《仙製藥性》共八卷。各卷次第分成草、木、果、米穀、菜、人、金玉、石、土水、獸、禽、蟲、魚等十三類。這一分類大致因襲了《證類本草》舊法，惟增設了『土水』類。從分類來説，該書遠不如《本草綱目》細致科學，但比諸《證類本草》又大大前進了一步。許多來源近似的藥物被排列在一起。例如該書雖然没有專門的服器部，但所有服器均附在相關的藥物之後。例如針綫袋、故錦、故緋帛等絲織品均附在蠶的後面。

要統計該書的藥物有一定的難度，因爲該書的上層多半是按照藥物來源設條目，很類似當今生物學上的『種』。下層則基本上是按照藥物臨床使用的狀况來設條。如果將下層每一條目均作一味藥計算，那數量就相當的多。例如上層『白馬莖』一條，講述的是馬的形色、良毒、畏忌等。下層則除『白馬莖』一條之外，還有白馬肉、馬眼、馬鬃、馬頭骨、懸蹄等十餘條。爲此，筆者主要以上層的藥物條目爲基準，分别進行計點，得出的數字是：上層藥數九百四十七種，下層藥數爲一千二百餘味。

該書的編纂方式是摘取前人本草中的内容精要，分作『本草精義』和『仙製藥性』兩大部分（即上下層），又在『仙製藥性』中分幾個項目來歸納相關内容。該書上下層的大多數藥物基本對應，内容各有側重。例如上層有人參、下層相近位置亦有人參，但上下層中的人參内容不重復。上層是從前人本草摘録該藥的别名、出産、形態鑒别、藥材品種、反惡畏忌，以及功效提要等内容，並附一藥圖。因其内容多摘自本草，故名『本草精義』。下層的内容又可分兩大塊：一是『藥性』，包括藥之君臣、氣味、升降、陰陽，以及『主治』、『補註』（用藥方法及機理）等，一般都與臨床用藥相關；二是炮製，多冠以『太乙曰』（即從《證類本草》摘録的《雷公炮炙論》内容），故下層總題爲《仙製藥性》。簡而言之，上層内容涉及藥材採産，下層内容多與臨床用藥相關。從其摘録的水平來看，是比較高的。尤其是下層的『主治』、『補註』兩項，非常扼要地摘録了臨床用藥内容。因此，該書的特色在於其精心節取前人本草之要，分項解説，内容比較實用。

該書節取的資料，一般不註明出處，衹是在按語或者某些地方註明資料來源。仔細核查該書的内容，可以得知其資料主體是宋・唐慎微的《證類本草》。此外参照了宋・寇宗奭《本草衍義》、元・王好古《湯液本草》、朱震亨《本草衍義補遺》、題元・李杲《藥性賦》、明・汪機《本草會編》、鄭寧《藥性要略大全》、陳嘉謨《本草蒙筌》等。此外，就是在書中『按』之下添附的一些註説和發揮。這些按語多數係揉合前人藥論而成，少數是作者自家的解説。從這些按語中，可以看出作者在藥物的辨識和使用方面具有較高水平。例如山茱萸按中記曰：『按經云：滑則氣脱，山茱萸之澀以收其滑。八味丸用之，無非取其益腎而固精也。《本經》謂其九竅堪通，是盡信書則不如無書矣！』又玄明粉條下按曰：『《本經》載能煉服補益，豈理也耶？』能從臨床實際出發，直接批抉《神農本草經》的失誤，可以反映作者的治學態度。作者用藥經驗的體現，主要體現在對前人本草中藥性功效的選擇。但在按語中，作者也間或闡發自己的某些用藥心得。例如對猪肉的性質，該書按語有長篇的論説：『按猪飼養甚多，蓋圖生息繁、食物寡，容易長大。人啖食弗厭，乃嗜脂膏、筋膜少，不勝滑肥。《本經》款中戒勿多食，是又有所據也。丹溪云：猪肉惟補氣。補氣即是補陽。人身中陽常有餘，陰常不足。凡患虛損證者，俱屬陰虛。謂食多肉能補，是猶以火濟火，反助有餘，愈損不足，安能保長壽哉？肉性本熱，入胃則熱便作，熱作則痰生，痰生則氣不升降，諸證之至，豈有已耶？予每見患外感者食之，證愈增劇；患瘧者，食之寒熱復來；患金瘡食之，血益衰涸；肥人多食，動風發痰；瘦人多食，助火生熱，是皆助有餘之邪，而犯不戒之躂也。孔子曰：肉雖多，不使勝食氣。聖人亦此戒，人豈無意歟？』

這些論説，可爲當今研究食療或病後康復提供參考。此外對某些藥物的來源及種類、當時的用藥風氣、藥性功效等，也都有所討論，其中的一些觀察與其後李時珍所説不盡相同。有些藥物的記載甚至比李時珍還要早。例如『阿芙蓉』（即鴉片），一般認爲本草中以李時珍的記載爲最早，但實際上在《仙製藥性》中已經用『鴉片』爲名首次立條。該書上層附有衆多的藥圖（下層也有十幾幅藥圖），數量超過了《證類本草》。但客觀地説，這些藥圖由於刻工甚差，在藥物鑒定方面的價值並不是太大。其中相當一部分藥圖是取自《證類本草》。作者增繪的藥圖中也有相當一部分是示意圖。儘管如此，其中也有頗爲準確的藥圖。例如谷精草圖，無論是《證類本草》還是《本草綱目》的谷精草圖都是誤圖，而《仙製藥性》所繪却準確地表現了谷精草的特點。

山居本草

章國鎮

《山居本草》六卷，清·程履新（德基）撰，清康熙三十五年丙子（一六九六）高氏刻本，孤本現藏於上海圖書館。

一、著者與成書

程履新，字德基，安徽休寧人，曾師從李中梓，爲明末清初名醫。作者博極群書，精明醫理，撰有《易科方論》六卷。復就人一身之内，一家之中，於山林、園圃、坡澤之物，逐一探討，見有取之甚易，製之無難而皆可以治危病，起痼疾者，匯集而成此書。

作者認爲，病有以藥治者，有不以藥治者，他贊同古哲『與其病後能服藥，不如病前能自防；與其病後能自防，不如病前能自養』的觀點。他還批評索隱炫奇者以海上異人傳方和外國遐方之藥欺騙病家，是試病，非治病也。他認爲，《本草綱目》尚有所未足，天地不虚生一物，生一物必有一物之用，病千萬變，藥亦千萬變，病無窮，藥亦無窮，引用文殊令善財採藥，善財遍觀大地無不是藥者之典故，因而撰是書。

二、内容與特色

全書分身部、穀部、菜部、果部、竹木花卉部、水火土金部等六部，每部一卷，將《本草綱目》十六部中除禽獸蟲魚外，分别併入六部之中。

卷一身部，近取諸心，以靈心治蠢心，以戒治貪，以定治嗔，以慧治疾。取儒、釋、道三教修身正心格言，作時人之冰鑒。附《遵生八箋》坐功却病之法，有二十四式坐功圖，每圖上欄記述運氣經絡、坐功之姿勢及導引、吐納、壯年老年之宜養。其後節録養老延年之方。卷一身部下爲人身鬚髮便溺等可供藥用者二十種，皆選自《本草綱目》。

卷二至卷六收録常見藥物五百九十三種，附品七百二十種，共一千三百一十三種，其中穀部九十八種，造釀類六十五種，菜部三百三十八種，果部三百五十七種，竹木花卉部三百一十七種，水火土金石部共一百四十八種；加上身部，共爲一千三百三十三種。每藥記其正名、别名、鑒别、炮製、性味、功能主治、用法、宜忌、附方等。内容多選自《本草綱目》。

卷六之後附有總論，總集前賢論藥，訂爲規範。命名先辨體、色、味、形、性、能、力、地、時。辨藥八法曰：體（燥、潤、輕、重、滑、膩、乾），色（青、紅、黄、白、黑、紫、蒼），氣（羶、臊、香、腥、臭、雄、和），味（酸、苦、甘、辛、咸、淡、澀），形（陰、陽、水、火、木、金、土），性（寒、熱、濕、凉、清、濁、平），能（升、降、浮、沉、定、走、破），力（宣、通、補、瀉、滲、斂、散）。此外，尚有五色所主、五氣所入、五氣所能、五味所入、五味所走、五味所養、五味所主、五味所能、五味所宜、五味所禁、藥之八法。内容多節引自《藥品化義》。

本書之特色爲養生與本草相結合的綜合性本草，體現中醫學預防爲主的觀點，對衛生保健及食療均有參考價值。

要藥分劑補正

张灿玾

《要藥分劑補正》一書，先是清人沈金鰲氏著成《要藥分劑》，清末，劉鶚復對該書之某些内容，進行補正，故名《要藥分劑補正》。孤本現藏於中國中醫科學院圖書館。

一、著者與成書

沈金鰲，字芊緑，號汲門，晚號尊生老人。無錫人，生於清康熙五十六年（一七一七），卒於清乾隆四十一年（一七七六），幼攻舉子業，博通經學。因屢試不中，年四十以後，潛心醫學，師事孫慶曾，專攻醫書，著有《沈氏尊生書》七十二卷，《要藥分劑》，其中一種也。詳其自序云：『按徐之才云：藥有宣、通、補、瀉、輕、重、滑、澀、燥、濕十種，是藥之大體……余輯是書，爰據十劑以分門類，非取好異，欲閲者曉然於藥之各有其性，因各有其用，庶臨證時可無背云爾。』此所以述其作是書之大義焉。

劉鶚，字鐵雲，又字公約，别署洪都百煉生。江蘇丹徒人，生於清咸豐七年，卒於宣統元年（一八五七～一九〇九）。光緒十七年，以同治任黄河下游提調。十九年以知府任用，旋棄官經商。三十四年以私售倉粟罪戍新疆，次年病死。通算學、醫術、水利等，其著述有多種。《要藥分劑補正》，特醫籍也。據該書汪銘業序云：『癸卯（光緒二十九年）識先生於滬上……一日，出《要藥分劑》以示余曰：古今本草，以斯爲善，惜乎門類不全，尚多遺憾，我欲搜集群書，補而正之……』觀此，亦可知劉氏之所爲《要藥分劑》加以『補正』之大旨也。

二、内容與特色

《要藥分劑》一書，原按徐之才十劑爲綱，計有十卷。卷一宣劑上，入藥四十一種；卷二宣劑下，入藥五十五種；卷三通劑，入藥三十三種；卷四補劑上，入藥三十七種；卷五補劑下，入藥四十六種；卷六瀉劑上，入藥六十七種；卷七瀉劑下，入藥三十四種；卷八輕劑、重劑，入藥三十二種；卷九滑劑、澀劑，入藥四十一種；卷十燥劑、濕濟，入藥三十四種。全書共入藥四百二十種，每劑中並有附藥若干種。每種藥下，有性味（未標項名，此下皆有項名）、主治、歸經、前論、禁忌、炮製等項。諸項内容，性味與歸經兩項爲綜述，餘項皆輯録歷代名家論述。今舉卷一宣劑桔梗爲例，主治項引《本經》《別録》、甄權、《大明》、元素、東垣、時珍等七家，前論項引張元素一家，禁忌引《經疏》一家，炮製引雷公一家。從而，將每種藥的性味主治等有關内容，匯多家論述於一書，對本草的研讀與應用，頗具重要意義。

劉鶚所作『補正』，是在原書的基礎上，對某些内容作了適當的調整和補充。如性味與主治兩項内容，合爲一項，仍不列項名。性味部分，改綜述爲引經據典。歸經一項改名『經絡』，亦改綜述爲引經據典。此下增『合化』一項，其内容爲引論名家之配伍或單用。如桔梗一藥，引徐之才、《活人書》《傷寒論》《普濟方》《肘後方》等五家。禁忌項後，增『出産』一項，包括産地、原藥形態、採用時間等，引名家各論，如桔梗一藥，引《圖經》《吴普》、蘇恭等三家説。此劉氏所言『補正』之大致情况。《要藥分劑》一書，經劉氏補正後，凡改寫内容，更爲合理，原綜述内容，能詳明出典，增加部分，使内容尤爲充實。

據汪銘業序稱，汪氏與劉氏相識，時在光緒二十九年。亦在是年，劉氏言及欲對《要藥分劑》加以『補正』。後於光緒三十四年，即因『私售倉粟戍新疆』，是知此書，當是在去新疆之前完成。

《要藥分劑補正》一書，前爲沈氏之『分劑』，後有劉氏之『補正』。應係沈、劉二氏先後完成，觀其内容，雖非個人論説，然其編輯之力，精選之功，尤非等閑之輩所能勝任。其内容爲匯多家之論於一書，實有功於『本草』，而能嘉惠於後學，臨床尤當備此一帙。

所選内容，頗多精當之論。如連翹一藥之『論説』，引元素曰：連翹之用有三，瀉心經客熱一也；去上焦諸熱二也；爲瘡家聖藥三也。陳承曰：瘡家用此，結者散之也。凡腫而痛者爲實邪，腫而不痛爲虚邪，腫而赤者爲結熱，腫而不赤爲留氣停飲。沈芊緑曰：按人之氣血，貴乎流通，若血分壅滯，氣分遏抑，便成瘡腫。連翹能散結，故主之也。上引諸論，均十分精當。

此稿本以行楷小字書，字體俊秀，書頁留有諸多删改、圈點之處，當出作者之手，誠佳本也。

滇南本草圖説

鄭金生

《滇南本草圖説》題爲明·蘭茂原著，范洪等鈔録的一種雲南地方本草。該書原十二卷，今存十卷，記録了當地的民間藥物，是研究本草的重要資料，該書原爲范行準先生舊藏，現藏於中國中醫科學院圖書館。

一、著者與成書

該書卷端題爲『楊林蘭茂止庵先生著釋』，因此有必要回顧一下關於《滇南本草》的情況。

《滇南本草》作者蘭茂（約一三九七～一四七六），字廷秀，號止庵，晚號和光道人。祖籍河南武陟（一作洛陽），後遷雲南，爲嵩明縣楊林千户所石羊山人。以授書行醫爲生。自幼酷愛本草，因母病而留心醫藥三十餘年。蘭氏常採藥於雲南地區，並採訪當地各民族的醫藥經驗，撰成《滇南本草》一書。蘭氏爲當地民衆所愛戴，卒後其故里建有蘭公祠及蘭公墓，以紀念其醫藥成就。

對蘭茂是否撰有《滇南本草》，曾有不同的意見。有人認爲《滇南本草》爲托名之作，理由是《正德雲南誌》及李澄中《蘭先生祠堂記》中均未提及蘭茂著有《滇南本草》，又《昆明縣誌》記載：『《滇南本草》舊傳蘭茂作。考蘭茂爲明初人……而此書自序題爲崇禎甲戌，其爲依托可知矣。』該書中收有玉蜀黍或玉麥鬚（均爲玉米）、落花生等植物，一般認爲都是溝通美洲（一四九二）之後才傳入我國，不應該見於蘭茂的書中。

但一般認爲，蘭氏原著《滇南本草》應該是可信的。因爲蘭氏並非神話人物，也不是名氣很大的高官或醫家。托名書往往取作者的名氣，蘭氏爲雲南一偏僻之地的醫家，名不見經傳，題他的名字的書應該和他有關。此外蘭氏還撰有《醫門擥要》二卷，未見有人稱其爲僞作。光緒間務本堂《滇南草本》的蘭茂序稱：『余留心數年，審辨數品仙草，合滇中蔬菜草木種種性情，並著《醫門擥要》二卷。』這不是一般作僞者所能杜撰。清·吴其濬《植物名實圖考》曾多處參引該書，説明他也深信蘭氏有此地方本草。《滇南本草》之所以被人懷疑是否是蘭茂之作，主要是今存的《滇南本草》十幾種印本和鈔本，每一種都不相同，所收藥物數相差很大，最少的二十六種，最多的四百五十八種。這種無本得同的《滇南本草》令人懷疑它們可能都是托蘭茂之名，實際爲獨立的雲南地方本草書。

此《滇南本草圖説》屬於諸多題爲『滇南本草』系列著作之一，而且其鈔成的年代較早，很有代表性。以下結合此本的情况介紹於下。

該本原爲十二卷，今存十卷（卷三~十二）。鈔繪本。無序言、扉頁。四周雙邊，上黑魚尾，書口上書『滇南本草圖説』，下爲卷次及頁碼。各藥或有圖，或無圖，共存藥二百八十餘種，圖二百二十五幅（其中少數爲一圖數藥）。

該本序言缺，但在書中却不乏關於本書來源的記載。例如：卷九之末插有類似序言的『滇南本草』一篇，其中提到：『蘭子因母病，留心此技三十餘年。其學皆探本窮源，得古人精奥，其方餌專一精切，不事枝葉，投人數劑，無不立愈。所以余將已學種種草本，著之於書，以救滇民之病。』其末署名爲：『止庵先生著／守一子撰／高公鈔録／乾隆三十八年昆明後學朱景陽重鈔。』

又卷九之首，有一不署名的題識，其中談到：『滇南本草……爰著本草三卷，余又採諸家不備之性種種，著之以爲家常之用，而又以救一方之疾也。』末爲『滇南高宏業鈔／守一子撰』。據此，則最後的三卷有可能是范洪（守一子）補撰。

卷六之末又有記載曰：『以上諸草木，種種神化，留心尋訪，無有不得明人指點，其應如響。大明嘉靖丙辰年正月滇南守一子范洪鈔録，至大清康熙丁丑年滇南高宏業又鈔録。細開記述，至乾隆三十八年二月朔日，朱景陽又鈔。細察訪，此書由來久矣，後高大人諱宏業鈔范公守一祇（子），知滇中蘭先生自序，方知滇中有本草一部。後又有聞楊升庵删去仙草，著《出南本草》一部。後次書述在市得見者罕也。余因老母癱瘓痿軟，睡卧於床，出外求方，不期而然又遇張先生家有此書，余出價五十金携回。』

該書卷十二又有記載：『以上計一百有零。其性其味，以及寒熱温平，酸甜苦辛，均已考釋詳明，久經應驗。若復有經驗草本增入斯集，惟俟後之君子活人濟世之心已爾。止庵先生著/守一子述/高公鈔，時乾隆三十八年昆明後學朱景陽重鈔。』

根據以上記載，該書最晚的鈔録年代是乾隆三十八年（一七七三）。但在此之前，已經經過至少兩人之手。其一爲明嘉靖丙辰（一五五六）的范洪，號守一子，這是該鈔本的可追溯的最早的鈔本。據署名有『守一子撰』、『守一子述』，可見該本即便不是范氏原撰，也至少經過范氏的增補。

此外，該書卷六之末也記載：『大清康熙丁丑年滇南高宏業又鈔録。細開記述。』結合書中的内容（見下文），可知這『細開記述』，確實是清代康熙丁丑（一六九七）高宏業增補了内容。

該書有後人增補其他明顯證據是，卷十二之末記有『以上計一百有零』，但書中的實際藥數，即便是卷七至十二，一共六卷的藥物數字，也已達到一百七十多條（殘存十卷的藥物已經達到了二百八十餘種），絶不是『一百有零』。所以『一百有零』的説法，是原著所載。在此之後又記載：『若復有經驗草本增入斯集，惟俟後之君子活人濟世之心』，更説明原作者就是希望鈔傳者將所得經驗藥物增入此書。

根據以上的記載，説明《滇南本草圖説》是在一本祇有百餘種草藥的本草書基礎上，再經明、清傳鈔者增補而成的雲南地方本草書。

二、内容與特色

釐清《滇南本草圖説》的鈔傳過程，對書中出現一些明嘉靖時或清初的藥品，就很好理解了。至於哪些藥屬於原著，哪些屬於增補，雖説難以逐一鑒别，但有的藥物却可以肯定它們出現的年代。例如卷三『土人參』提到：『吴王時人得此參，敬之王前者多矣。』又『菊花參』條記載：『此藥世俗輕看。昔吴王勞疫後多痰，日夜恍惚，不省人事，身似火盆。有内人陳圓圓，用此一劑，精神照常。』這都説明該書有明末清初吴三桂（一六一二～一六七八）。此外該書『鳳尾參』條提到『洋參』，也都證明書中有清康熙以後出現的『洋參』一藥。

《滇南本草圖説》固然可爲考證此書是否爲蘭茂所撰，或者考察其中哪一味藥是蘭茂所載提供資料。值得重視的是：該書是反映清康熙以前雲南地方藥物情況的不可多得的珍貴材料。尤其是該書反映了明末清初吴三桂盤踞雲南時期的草藥使用情況，值得學術界予以重視。

該書十二卷，書首殘去，故無序言及卷一、二的内容。從卷三開始，卷三、四是草本植物，卷五、六比較雜亂，既有果木、穀物，又有草本、藤本植物。卷七爲魚類、家禽家畜及草本、灌木，卷八爲草本及蔬菜類植物，卷九爲果品及某些草藥，卷十爲草、木若干，卷十一、十二主要是菌類植物，也有少數草本或藤本植物。整個藥物的分類比較凌亂，不像出自一手的本草書，而很像經過不同人的手屢次增補而成。

各藥一般記載産區，有簡單的形態描述，記載藥物的氣味和歸經、功效主治。尤其是關於藥物性味、歸經記載，很明顯是屬於漢族傳統醫學的理論。未發現明顯的雲南少數民族的用藥理論。

該書開首列有十四種以『參』爲名的草藥，這是民間喜好用『參』來命名一些具有補益作用藥物的體現。又卷三『韭葉蕓香草』下記載：『昔武侯入滇得此以治衆軍之瘴氣。』雖然是否諸葛亮曾經使用過此草藥已不可考，但至少説明當地百姓有此傳説，並用以治瘴氣。

書中有好幾種一般認爲不可能出現在蘭茂生活時代的植物，其中有

『玉蜀黍』，圖形明顯地出示了玉米棒子，並提到『今多用此造酒最良』。還有『玉麥鬚』一藥，也是玉米的圖形。玉米一般認爲是美洲傳入中國的植物。此前的中國本草都沒有提到有此植物。另外『落花生』有圖，其圖形較明代《食物本草》更準確。從圖文記載來看，至少在清初，落花生已經在雲南成爲一種常見的食品。可以用來『補中益氣』。此外，卷十一、十二記載了二十三種菌類植物。雲南的菌類植物甚多，該書能記録這麼多菌類植物，在以往的本草中也是不多見的。

綜上所述，《滇南本草》今傳世的印本與鈔本中，《滇南本草圖説》是其中一種流傳源流比較清楚的鈔本，該本反映了清康熙前雲南地方草藥的情況。

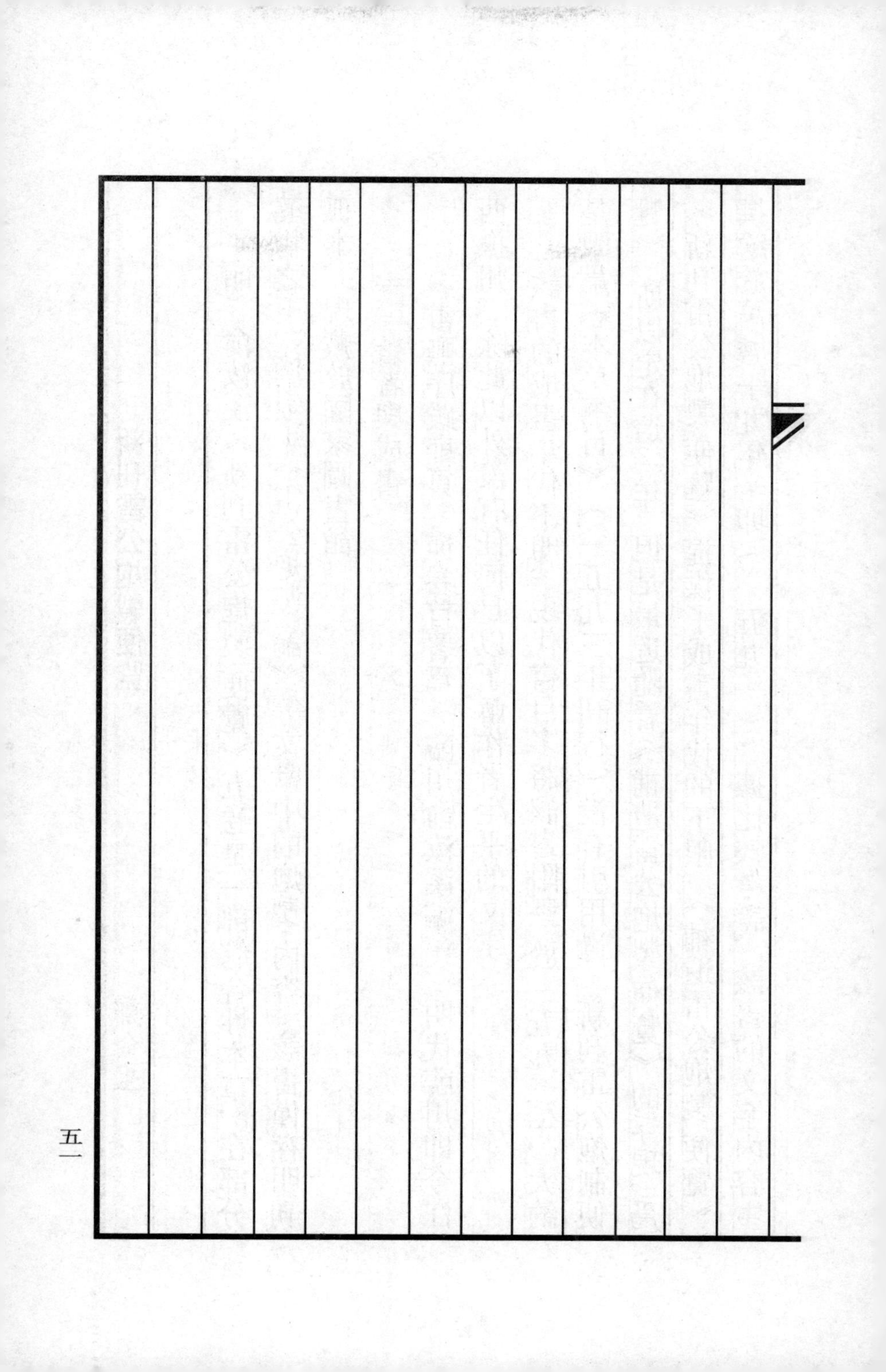

新刊雷公炮製便览

鄭金生

明·俞汝溪《新刊雷公炮製便覽》五卷是一部綜合性本草，在部分藥物之下，摘引了《雷公炮製論》等文獻中的炮製内容。該書僅存明刊孤本，現藏於國家圖書館。

一、著者與成書

該書無序跋扉頁，僅卷首署爲『臨川俞汝溪編』，明代臨川即今江西撫州。除此以外没有任何足以了解作者生平的文字。

該書的成書年代不明。現代書目多將該書附繫於一五九三年，大約是因爲《本草綱目》（一五九三年刊行）没有引用過《新刊雷公炮制便覽》，所以定在這一年。但是最近隨着《補遺雷公炮製便覽》的浮現，爲《新刊雷公炮製便覽》提供了成書年代的下限。《補遺雷公炮製便覽》撰繪於萬曆十九年辛卯（一五九一）。據比較考證，該書的文字内容主體正是以俞汝溪《新刊雷公炮製便覽》爲本。所以該書成書的下限應該是萬曆十九年（一五九一）。

二、結構與内容

《新刊雷公炮製便覽》五卷。各卷的藥物分類順序爲：卷一金石部（原書目録前葉殘，正文未註出此部名），卷二草部，卷三木部，卷四人部、獸部、禽部，卷五蟲魚部、果部、米穀部、菜部。共有藥物九百六十八味（此據正文計算出的實際藥數，原書目録所標藥數有誤）。

分析該書的藥物分類和正文資料來源，可知均依從宋代唐慎微的《經史證類備急本草》。全書無總論，衹記述具體藥物。多數藥物的正文分爲兩部分。第一部分是鈔録自《經史證類備急本草》的大字正文，内容依次爲藥名、味、性、功能主治、别名、生境、採收季節，其末或用小字記載藥物的畏惡反忌。這和《經史證類備急本草》的藥物叙述體例没有什麼不同。這部分内容每一藥都有，衹是内容有多有少而已。第二部分原書用小字表示，多數冠以『雷公云』（計二百三十六條），少數冠以『扁鵲云』等。這部分内容均涉及藥物的炮製。其中的『雷公云』來自《經史證類備急本草》所引的《雷公炮炙論》。正因爲有這部分内容，所以俞汝溪將他的書命名爲『雷公炮製便覽』。但從實際内容來看，有炮製内容的藥物衹佔全書不到三分之一。所以從全書整體内容來看，該書仍屬於綜合性的本草。

通檢全書，没有作者自己添加的内容，也就是説，該書資料全是從《經史證類備急本草》中節選而來。這些節選的正文文字以性味、功效、主治爲主，大多來自《神農本草經》《名醫别録》等著名本草著作的正文，也就是各藥最重要的一部分内容。至於《經史證類備急本草》原引的諸家註解文字，則大多删除，衹留下所引的『雷公云』等相關炮製的文字。

《新刊雷公炮制便覽》未見明清書目著録。但是這並不是説該書在歷史上就沒有流傳。近年浮現的明萬曆間的《補遺雷公炮製便覽》，就是在《新刊雷公炮製便覽》文字基礎上再加『補遺』而成。《補遺雷公炮製便覽》由明代宮廷畫家編繪。畫家爲什麼要選擇本草作爲繪圖題材？這必須從明《本草品匯精要》說起。

明弘治十八年（一五〇五），明宮廷畫師八人，參與了《本草品匯精要》插圖的繪製。他們將本草中傳統的版刻藥物圖改繪或重新寫生爲彩色圖。宮廷畫師們精湛的畫技，在以藥物（來源於金石草木蟲魚等）爲主題的實用本草中得到發揮。《本草品匯精要》彩色藥圖給了此後的宮廷畫師以啓示，因此，在明代又出現了兩種不同主題的本草彩色圖譜。其一是《食物本草》，其二是《補遺雷公炮製便覽》。後者取炮製爲主題，更有利於發揮畫師們擅長人物畫的特長。但是畫師不是藥物專家，他們需要找一本現成的本草著作供他們作爲繪畫的依據。因此，俞汝溪的《新刊雷公炮製便覽》就成爲最好的藍本。

將《新刊雷公炮製便覽》與《補遺雷公炮製便覽》相比較，就知道二者的藥物分類、正文體例與資料來源都是一樣的。不同的是，《補遺雷公炮製便覽》在部分藥物正文之後，又補撰了七言歌訣，繪製了藥物形態和炮製的圖畫。其中的藥物形態圖大多是《本草品匯精要》中轉繪而來，又根據炮製文字繪製了藥物炮製圖。所以，俞汝溪的《新刊雷公炮製便覽》雖然未見重刊，但是它的文字却通過《補遺雷公炮製便覽》的轉録，得到了傳播。

本草圖譜

鄭金生

《本草圖譜》爲明末清初周祜（一名淑祜）、周禧（一名淑禧）兩姊妹合繪，其父周榮起撰文並書。該畫册在清初已屬珍稀之品，今國家圖書館（存三册）和中國中醫科學院圖書館（存二册）收藏其殘册，又故宫博物院存四葉，裱爲四條屏。

一、編繪者略考

據該畫册所鈐的印記，繪圖者爲『江上女子』『祜禧合圖』，撰文者爲周榮起。清初著名詩人王士禛（一六三四~一七七一）與周家過從甚密，他在不衹一本書中記載了有關周氏的事跡。王士禛《居易録》卷十八中記載：『周硯農榮起……江陰老儒。常熟毛子晋刻較古書，多其刊正，尤精六書之學。其子長源，字鄰侯，予在淮南時從游門下甚久。硯農年八十七乃卒，今殁才五六年耳。書雜八分，信可寶也。女禧、祜皆工畫，禧名尤著。予昔在江南，嘗得其畫《惜花春起早詩意仕女》一幀。』

由此可知，王士禛曾與周榮起的長子周長源有過很長時間的交往，對周家的事情自然瞭解得比較清楚，知道周氏有兩個女兒周祜、周禧，『皆工畫』。他甚至還得到過周禧的一幅畫。以下綜合清初王士禛、朱彝尊等人的記載，簡介周氏父女的一般情況。

周榮起（一六〇〇～一六八六），字榮公，號硯農（一説字硯農），爲明末清初江陰（今屬江蘇）老儒，年八十七卒。精於校勘及文字學，且『能詩文，工篆書，尤精繪事。論者以爲得米家精意。』（《江南通誌》卷一百七十）。本次影印的《本草圖譜》，所有關於藥物的文字都是周榮起撰文並書寫，從中可以領略其書法的豐采。

周氏有二女，其中淑禧爲第二女（見朱彝尊《明詩綜》卷八十五）。號江上女子（《池北偶談》）。王士禛《池北偶談》卷十八記載：『江陰周禧，善人物花鳥。其姊祜與之頡頏。』可見周祜是周禧之姐（《四庫全書》誤作妹）。

周氏姐妹皆工畫，現有文獻提到周禧名字的更多。例如《江南通誌》記載：『女禧，亦工詩畫。片紙殘縑，爲人寶貴。』《池北偶談》在『閨秀畫』條下，提到『近日婦人工畫者』諸多姓名，其中衹提到『周禧人物』。前引王士禛《居易録》則明確地説『禧名尤著』。所以妹妹周禧的畫技似乎更高一籌。

關於周祜、周禧的生卒年，已無可考。從周榮起的生卒年推斷，周氏姐妹當爲明末清初之人。又王士禛與周氏姐妹的大哥周長源交往，應當是王氏順治十六年（一六五九）任揚州推官以後。王氏介紹周禧時，用的是『近日婦人工畫者』，更可證明周氏姐妹雖然生於明末，但她們的主要活動時代應該是清初，大約在順治至康熙前期。今存的周禧『羅漢圖』爲清代康熙庚戌（一六七〇）應吳姓佛弟子所請而繪，這説明康熙初期仍是周禧繪畫活動期。

二、《本草圖譜》現狀及淵源考

現存的《本草圖譜》殘册，分藏於二館。其一爲中國中醫科學院圖書館藏，殘二册，原爲醫史學家范行準（一九〇六~一九九八）栖芬書室舊藏。國家圖書館亦藏該書三册。從畫册的形制、署名等，都可以證明兩處所藏之本原屬一書。關於此二處所藏該書殘册考證，曹暉已發表數篇論文，可見《中藥通報》一九八八年五期、《中國藥學雜誌》一九九二年增刊。

該書每册之前有目録，卷首題書名爲『本草圖譜』，至於卷次，殘册紙有兩册題爲『卷三』，其餘則衹有『卷』字而無具體卷數，因此可以確定《本草圖譜》並没有最終的定本。前已談到周祜、周禧的主要活動年代應該是在清初。本書屬於尚未完工之稿本。此書雖不避清康熙名諱（玄），但康熙嚴格避諱是在康熙中期才開始，因此不能依據不避『玄』字諱就排除該書繪成於康熙前期。

該書原爲蝴蝶裝，絹本。每一册的藥數十五種左右。據殘存五册的目録，共有七十四藥，實際衹存有七十二圖，屬於金石、草、木、禽類的藥物。正文一般是一藥、一圖、一文。圖頁左下角鈐有『祜禧合圖』、『江上女子』二印。説明是周祜、周禧合作繪製。藥圖爲工筆彩繪，極爲精細。文字解説之頁有『周榮起符』、『一字榮公』二印，故知此爲周榮起的手筆，其内容爲藥性功治簡述。

根據故宫博物院曹暉研究員的研究，故宫所藏周氏姐妹合繪的《花果圖》四條屏（乳柑子、獮猴桃、枇杷、柿子四物）。其形制（絹本）、書法、繪圖風格、印記等，均表明是將《本草圖譜》的逸葉另行裝裱而成。

周氏父女並無醫藥背景，爲什麼選擇本草藥物繪製成圖？關於此事的過程，清初文獻已經有所記載。其中最可靠的記載見於王士禎《池北偶談》卷十五：『文俶本草：寒山趙凡夫子婦文俶，字端容，妙於丹青，自畫《本草》一部，《楚辭》九歌天問等皆有圖，曲臻其妙。江上女子周禧得其《本草》臨仿，亦入妙品。』」類似的記載還可見於清代朱彝尊《明詩綜》卷八十五所載：『近吳中趙凡夫子婦文俶端容，設色畫本草，曲臻其妙。江陰周榮公二女淑祜、淑禧臨之，亦成絶品。』清《御定佩文齋書畫譜》卷五十八有同樣的記載：『周淑佑（祜）、周淑禧，江陰周榮公二女，臨文俶畫本草，亦成絶品。』這段記載出自朱彝尊《静志居詩話》。

王士禎、朱彝尊都一致認爲周禧（淑禧）、周祜（淑祜）所畫的本草畫是『臨仿』明末文俶的本草畫，並一致稱贊其臨摹品是當時的『妙品』、『絶品』。

文俶（一五九五～一六三四）是明末著名的女畫家，她繪製的彩色本草已經見於王士禎、朱彝尊的著作所載。這部彩繪本草名爲《金石昆蟲草木狀》（一六一七～一六二〇），二十六卷，存彩色本草圖一千三百一十五幅彩圖。該書輾轉流傳，今存於臺灣國立中央圖書館。筆者曾將《本草圖譜》與《金石昆蟲草木狀》的圖逐幅對照，没有發現《本草圖譜》中繪有《金石昆蟲草木狀》之外的藥圖。尤其是『秤錘』圖，是文俶新繪的寫生圖，《本草圖譜》亦予以臨摹。這可以證明王士禎、朱彝尊所説完全屬實。

文俶也没有醫藥背景，因此她的本草藥圖也不是寫生創作得來的。據《金石昆蟲草木狀》書前的趙均（文俶的丈夫）序言，其中提到：『此《金石昆蟲草木狀》，乃即今内府本草圖彙秘籍爲之。』現知明代内府的本草圖至少有三種：《本草品匯精要》《食物本草》《補遺雷公炮製便覽》。將這三種書的内容和《金石昆蟲草木狀》藥圖對照，可以知道所謂『内府本草圖彙秘籍』就是明弘治十八年（一五〇五）繪成的《本草品匯精要》。

《本草品匯精要》深藏内府，很少爲外人所知。然身處江蘇吴縣寒山的文俶何以能得見《本草品匯精要》並用它來從容摹繪？對此曹暉有專文進行研究，並揣測乃是文俶的先祖文徵明在京時摹繪《本草品匯精要》以歸，所以文俶才能從容臨仿。

要之，周氏姐妹的《本草圖譜》，乃臨摹明末文俶《金石昆蟲草木狀》而成。文俶之書又是臨摹明宮廷畫師所繪的《本草品匯精要》彩圖。比較諸書，《本草圖譜》雖屬後出，但該畫册的彩圖繪在絹上，其設色及繪畫技巧，仍有其獨特之處。該書原本準備採用小畫册形式，每册十五圖左右。假如全部完成的話，應該有一千三百一十五圖，大約需要裝成八十八册。

周氏姐妹的本草繪畫，在清初就被認爲是『絶品』，『片紙殘縑，爲人寶貴』。今此書存留的五册以及故宫博物院所藏四逸頁，當稱是珍品。

食物本草

張志斌

明彩繪本《食物本草》，全書四卷。其文字取自明·盧和原撰、汪穎增補的《食物本草》，彩圖則由明宫廷佚名畫師繪製。藥圖爲工筆重彩，十分精美。該書僅中國國家圖書館藏有完本。爲便利讀者閱讀使用，兹將與該書文字作者、藥圖鑒賞有關的問題予以簡介。

一、文字作者與成書

以《食物本草》爲名的古本草有數種，此彩繪本的《食物本草》文字以藥分八類（水、穀、菜、果、禽、獸、魚、味）爲特徵，收藥三百八十八種。該書多數食藥的内容非常充實，且比前人同類書增加了十多味新藥。李時珍《本草綱目》（一五七八）首次引用該書内容，並簡要介紹了該書的有關情況：『正德時，九江知府江陵汪穎撰。東陽盧和，字廉夫，嘗取《本草》之繫於食品者編次此書。穎得其稿，釐爲二卷，分爲水、穀、菜、果、禽、獸、魚、味八類云。』

但在明代還有一種題爲薛己撰的《食物本草》，藥物分類及內容基本相同。該書是題爲薛己撰《本草約言》的組成部分之一（卷一、二爲《藥性本草》，卷三、四爲《食物本草》），書前有薛己序（未署作序年）。鑒於盧和、汪穎與薛己生活年代非常接近，因此對《食物本草》作者究竟是誰的問題，現代學者曾有不同的看法。對此，筆者經考證後發表專文，認定題爲薛己所撰《食物本草》乃托名，此書實爲盧和原撰（約一五〇〇年前後），又經汪穎改編（約一五五〇年前後）而成。

《食物本草》原撰者盧和，浙江東陽人，生活於明正統至弘治之間（一四三六～一五〇五）。盧和本業儒，因父死於庸醫才立志攻醫，尤其推崇朱丹溪學説，曾撰《丹溪纂要》等書。所以在《食物本草》中，盧氏大量引用『丹溪』之言，多處提到丹溪的『陽常有餘，陰常不足』學説。《食物本草》中的許多浙江、甚至東陽特有食藥的記載，皆出盧和之手。例如書中對浙東白豆作豆腐，及浙東人清明節争食嫩苦芺的習俗均言之甚切。尤其是該書對東陽酒的描述，從酒曲到用水，無不詳述。但盧和的《食物本草》書稿並未正式出版，而是經汪穎增補改編之後才大行於世。

汪穎字秀夫，號雲溪，江陵（今屬湖北）人。弘治戊午（一四九八年）舉人。初任南昌府通判，正德七年（一五一二）因屢有軍功擢升九江知府。正德末宸濠之亂（一五一九）後退居鄉中三十餘年，躬耕著書，並改編盧和的《食物本草》，其時約在公元一五五〇年前後。汪穎在《食物本草》中增補了他爲官九江時的若干見聞，如卷一『千里水』條中提到他昔年在潯州見數百匹馬因飲用山谷雨水而死，推斷其水中有山谷蛇蟲之毒。還提到廬山有温泉，入浴可治疥癩及楊梅瘡。此外，汪穎還增補了若干新食藥，如蠶豆、白花菜、無花果、鷓鷄、鵜鶘、鴿、鷺等，並首次記載了從西方傳來的美洲食物（落花生）。經汪穎改編後的

《食物本草》問世以後，立即受到醫藥界的重視。在該書影響下，後世又陸續形成了多種食物類本草。

與盧和、汪穎的學術背景不同的薛己是否是《食物本草》的作者，可以從書中内證找到答案。薛己（一四八七～一五五九）是明代名醫，官至太醫院院判。今存薛氏之書甚多，《薛氏醫按二十四種》《薛氏醫按十六種》《家居醫録》等均爲收録薛氏相關著作的叢書，但均未見加載《本草約言》。此可見編書者也並不認爲《本草約言》是薛氏真作。從學術取向來看，薛己爲明代温補派中堅人物，但盧和却服膺丹溪滋陰學説，故《食物本草》可見有丹溪『陽常有餘，陰常不足』之論。故此書作僞痕跡非常明顯。作僞者爲了表現其書比盧、汪之作更爲細致準確，經常把盧、汪之作中的『又云』或『一云』改作『江云』。但核對這些文字的原始出處，可知『江云』純屬誤題杜撰。考察與《食物本草》合編的《本草約言·藥性本草》還可以發現《藥性本草》引用薛己身後的皇甫嵩《本草發明》（一五七八）六十六處。這更是《本草約言》托名薛己的鐵證。

《食物本草》主題鮮明，簡明實用。明宮廷畫家以此書文字爲依托，爲之繪製了彩色插圖，此即今影印底本。

二、藥圖鑒賞與糾繆

彩繪本《食物本草》未註明撰者與繪者，但據其黄絹函面以及繪本的形制來看，應該是出於宮廷畫師的手筆，其繪成的時代約在嘉靖年間。

該本有藥圖四百九十二幅，一藥一圖或多圖。將此書插圖與明代弘治間（一五〇五）繪成的《本草品匯精要》（圖一千三百六十七幅）比較，可知《食物本草》彩繪插圖是在《本草品匯精要》插圖的基礎上再加增補而成。兩書都是宮廷畫師所繪，故風格完全一致。據鄭金生教授考察研究，在《食物本草》與《本草品匯精要》中同名藥物共有二百六十七幅圖，可認定《食物本草》仿繪《本草品匯精要》圖二百一十三幅。

由於食物藥中許多物品都是尋常易見之品，經畫師寫生繪成的藥圖栩栩如生。如書中的蔓菁、芥菜、莧菜、馬齒莧、稍瓜、甜瓜、黄瓜、絲瓜、瓠子、蓮藕、栗、葡萄、柿、胡桃、鱖魚、鯰魚、河豚、鱟、鴨、鷄等，均精美異常。宫廷畫師藉助皇家林苑之便，繪成了許多珍稀的動物，例如麋鹿、獅子、孔雀等圖，都是寫生繪圖中的珍品。

《食物本草》雖然仿繪了部分《本草品滙精要》原圖，但也有二百多圖屬於該書新創作的插圖。這部分新繪圖中，以水類、味類圖最有特色。一般説來，這兩類物品最難用繪畫藝術來表達，但《食物本草》的畫師們從相關的生産環境、採集過程、使用方法、甚至傳説等入手，表現與該物相關的外部特徵。其中某些插圖能生動地反映明代的民風民俗。例如『夏冰』圖不是單純畫一塊冰，而是表現市井小販夏天售冰的情景：賣冰人在一家門前放下擔子，掀開用厚棉被包裹的冰，用鑿子鑿冰坨，買冰人則手持葫蘆瓢，準備接受鑿下的碎冰塊。又如書中的多幅酒圖，可以反映當時製造酒的全過程。明代宮廷畫師繪製的本草插圖，普遍增加了人物活動的場景，這是此類本草圖的一個新風格。

但在鑒賞《食物本草》插圖的時候，必須注意單純由畫師繪成的藥圖還具有某些局限性。没有證據表明《食物本草》畫師兼通藥學。由此帶來的弊病是，其中新繪藥圖未必能都與用藥實際相符。畫師們可以根據文字描述想象繪圖，但這種藥圖看似精美，却並不一定真實。再者，明代的宮廷畫師身居北京，對某些南方的動植物非常生疏，於是不免憑借文字想象繪圖，因此而産生了不少錯誤圖。例如《食物本草》的『金鷄爪』一藥，由於『爪』字誤寫爲『瓜』，因此被繪成一棵樹上結了幾個金黄色的瓜。但實際上『金鷄爪』是中藥『枳椇』的别名，是形容其果柄形如鷄爪。同樣因文字錯誤導致錯圖的例子還有『落花生』。其文字記載爲：『藤蔓、莖葉似扁豆，開花落地，一花就地結一果，大如桃。深秋取食之，味甘美異常，人所珍貴。』根據文字描述，此確實爲當時從美洲傳入的重要食品花生。但可能原文果『大如桃』之後脱一『仁』字，畫師就繪出了一株長着大桃的植物。更不可思議的是，該書的『梅雨水』，一般人都知道是梅雨（霉雨）季節的雨水，但畫師却繪了一個人從梅樹上收集露水。再如『罌粟』，稍知藥物的人都知道這種植物的果實如『罌』，種子如『粟』。但畫師却理解爲從米缸（『罌』）中取出的粟，所以畫了一個人取米下鍋入炊之圖。這些都是畫師不懂藥學引起的錯誤。

至於畫師因見識不廣、所處地區等多種局限引起的錯圖，還可列舉一些。其中可見薄荷變成了百合，比目魚畫成兩條魚身共兩隻眼，江豚被畫成了一隻真正的猪，馬蘭被畫成馬藺，凫茨畫成了茨菰，藕絲菜繪成了蘭花狀，等等。其它如蕹菜、蕨、紫菜、鹿角菜、羊蹄菜、蒟蒻、地蠶、辣米、櫱實等圖，都非原物。因此，讀者們在欣賞該書彩圖的同時，也要注意該書所繪物品在科學性方面所存在的某些不足。

當然，上述美中不足之處，衹是該書插圖的一小部分。若論彩色的《食物本草》，此書仍是醫藥史上的首例。這些精美的藥圖既具有藝術價值，又能幫助人們更好地使用食藥。附帶一提的是，明代宮廷畫師繪製的插圖本草一般都有副本，《食物本草》也是一樣。現知在日本大阪的武田科學振興財團杏雨書屋也存有彩繪同名書一種，圖文均同，但衹有三卷（脱去首卷），實乃殘本。故當今世界上衹有國家圖書館所藏爲全本。

補遺雷公炮製便覽

鄭金生

《補遺雷公炮製便覽》（以下簡稱《炮製》）是湮沒已久、不爲世人所知的明代彩繪本草。該書的浮現是本草界、美術界的重大發現，爲中國古本草圖譜、中藥炮製，乃至古代繪畫的研究，增添了大量絢麗而頗具學術價值的彩色繪圖。孤本現藏於中國中醫科學院圖書館。

一、原書概説

該書爲手鈔彩繪本。書前手繪牌記明確記載『萬曆辛卯春製』（以下簡稱『萬曆本』），即繪成於公元一五九一年。這説明其繪成年代比現在享譽世界的《本草綱目》金陵初刊本（一五九三）還要早兩年。

該書的形製表明其出自明宫廷畫院。書封爲黄綾，書高三一八毫米，寬二一〇毫米。正文框廓爲朱絲欄四周雙邊，粗朱口，上下同向雙魚尾。每半葉框廓高二五七毫米，寬一八五毫米；八行，行十六字。正楷字體。

經與明代官修《本草品匯精要》（一五〇五）、明畫院彩繪《食物本草》比較，其形製基本相同（版心高、寬較前二書略多八毫米左右），繪畫風格如出一手。各藥前絕大多數藥圖上方有一圖名，深藍底，金邊金字，與明弘治原本《本草品匯精要》的形製完全一樣。該書工筆重彩，色彩艷麗，圖形生動，爲彩繪本草之精品。

該書之前雖有序言，但係轉引宋·唐慎微《證類本草》（約一〇八二～一〇九八）所録雷斆（隋人，一説劉宋人）《雷公炮炙論》序，並非明代繪圖者新撰之序。該書卷首亦不署撰繪人之名。經考證，該書文字内容的主體（除外歌訣），出自明·俞汝溪（約爲萬曆時人）《新刊雷公炮製便覽》一書。繪圖者以俞氏之書爲本，在其多數藥物正文之後，補充四句或八句七言歌訣，並繪製藥物或炮製該藥的彩圖。

該書的文字簡要，按内容大致可分三部分：一是大字正文，内容爲藥名、味、性、良毒，功效主治，出産、形態、别名等。這部分内容多節引自《證類本草》，並無多少新意。二是用小字轉引『雷公云』（即《雷公炮炙論》之文）條文。三是七言歌訣（小字），再次用歸納藥物的性味功能。例如『馬兜鈴』條：『馬兜鈴：味苦寒，無毒。主肺熱咳嗽，痰結喘促，血痔瘻瘡。生關中。藤繞樹而生，子狀汝鈴，作四五瓣。雷公云：凡使採得後，去葉並蔓了，用生絹袋盛於東屋角畔，懸令乾了，劈作片，取裏子，去隔膜並令净角子，勿令去革膜不盡，用之並皮。歌曰：馬兜鈴苦寒無毒，定喘消痰肺熱清。通氣又能醫五蠱，瘻瘡血痔用熏蒸。』這三部分內容中，大字正文每藥必有。『雷公云』則僅見於二百三十餘種藥物條文之下（萬曆本今存二百二十一條『雷公云』）。前兩部分內容一般爲明·俞汝溪《新刊雷公炮製便覽》所有。七言歌訣則見於大部分藥物之後，爲繪圖者補撰。從全書文字來看，該書雖以『雷公炮製』爲名，却並非炮製專著，實際上還是一部節要性的綜合性本草書，祇不過將《證類本草》的《雷公炮炙論》摘引於其中而已。但是《炮製》一書在絶大多數藥物文字之前，均繪有一至三幅彩色藥物形態圖、炮製或採集圖，其中又以炮製圖爲其特色。

據《炮製》萬曆本目録，該書原有十四卷，分作金石（一百三十八種）、草（三百一十七種）、木（一百六十八種）、人（二十種）、獸（四十九種）、禽（三十五種）、蟲魚（九十七種）、果（三十九種）、米穀（三十六種）、菜（六十二種）十部，載藥九百五十七種。考察該書目録及正文，可知今萬曆本實存十三卷，脱失其中卷第十二及若干藥物的圖文（脱失第十二卷果部，含藥三十九種，圖約四十二幅。另圖文均缺的藥物有無名異、石腦油、白瓷瓦屑、蒲黄、留軍待、地不容、墨、東向圊厠溺坑中青泥、人溺、溺白涎、人髭、羚羊角十二種，缺文字後半部的藥物有石中黄子、石蠶、吴茱萸、紫葳、蘇方木、假蘇；缺圖的藥物有菩薩石、食鹽、檳榔、皂莢、櫸木皮、白襄荷。推測除所缺卷十二的藥圖外，還缺少插圖約二十三幅），實存完整藥條九百零六種，彩

圖一千一百二十八幅。（據原圖所標圖名及圖的内容確定）。

此外，將萬曆本實存插圖，加上可考的脱漏插圖（約六十五幅），可推算《炮製》原十四卷應有插圖約一千一百九十三幅。

另日本武田科學振興財團杏雨書屋收藏的《精繪本草圖》（以下簡稱《精繪》）是《炮製》的清鈔節繪本。經核查，該本共存圖四百一十三幅，其中屬於轉繪《炮製》的圖達三百八十五幅（其中石灰、豨薟重復），另有三十八幅係將《本草綱目》中的藥圖敷色重繪。幸運的是，《精繪》中有《炮製》脱漏的大部分果部及少量金石部藥物，從中可以找到《炮製》所無的插圖三十四幅。所以，《補遺雷公炮製便覽》萬曆本所存藥圖，加上《精繪》所存插圖，共有一千一百六十二幅存世。

《炮製》一書的精華，主要在其彩繪圖。而要瞭解該書彩圖的特點和價值，又必須瞭解明代彩繪插圖的背景。

二、插圖研究

已有研究表明，彩繪本《炮製》一書從插圖的角度來看，屬於明弘治十六年（一五〇五）官修的《本草品匯精要》（以下簡稱《品匯》）的承襲增補本。所謂『承襲』，是指《炮製》中有八百八十圖（其中有五藥：黄檗、楮實、吴茱萸、猪苓、稻米之圖中，每圖仿繪了二種《品匯》之圖）是仿繪（或部分仿繪）自《品匯》；所謂『增補』，是指該書又增補新繪了三百零二幅插圖（其中有十五藥：光明鹽、熱湯、人參、車前子、甘遂、蓖麻子、蟬花、角蒿、細辛、茵陳蒿、白花藤、蛇含、蚯蚓、漏盧、枇杷葉之圖中，新繪圖或與仿繪圖同在一圖）。

《品匯》彩色插圖是明代畫院畫師所繪，共有圖一千三百六十七幅。其插圖中據《證類本草》所引《本草圖經》墨綫插圖敷色仿繪者六百九十九幅，新增圖或改繪插圖六百六十八幅。新繪圖中的寫生圖極爲精美，既是本草科學繪圖的杰作，也是繪畫藝術的精品。《品匯》成書以後，由於主編劉文泰卷入政治鬥争遭貶，以及該書係彩色繪圖，故難以印刷傳世。明清本草醫藥書籍都不曾引用和參考過《品匯》，但它却作爲藝術珍品在明清畫家中傳鈔轉繪。另明畫院畫師兩次承襲《品匯》的插圖，其方式都是選擇某本草内容爲主題，增補相關的彩色插圖。其一是彩繪《食物本草》（存圖四百九十二幅），其二即《補遺雷公炮製便覽》。其中又以《補遺雷公炮製便覽》承襲《品匯》的插圖最多。

（一）關於該書承襲《品匯》的插圖

將《炮製》與《品匯》插圖進行比較之後，可以認定兩者存在着承繼關係。《炮製》中有許多藥圖和《品匯》之圖如出一手（見澤瀉、景天、白頭翁、苧根等）。更重要的是，《品匯》中的某些錯誤圖和有特徵性的圖，同樣可以見於《炮製》。例如《品匯》將『及己』圖繪成了大葉萍，《炮製》也照摹。《品匯》畫錯的鴨跖草、合明草，《炮製》也照繪不改。

《品匯》最具有特徵性的是『薏苡仁』圖中兩株不同的植物。其中一株是中國最早的玉米圖。玉米是哥倫布溝通美洲大陸之後傳入中國的植物。《品匯》成書於一五〇五年，距離哥倫布溝通美洲大陸不過十幾年。這一藥圖證明玉米向世界各地傳播的速度非常之快，很可能在一五〇五年以前就已經作爲珍稀貢品進入皇家庭苑，並被試栽培。玉米莖葉形態與薏苡相似，當時無人識得此物，故畫院畫師將其繪製成圖，放在『薏苡仁』一名之下。《炮製》一書的畫師不知道《品匯》兩個『薏苡仁』圖哪一個是正確的，竟然採用了實質上是玉米的那個『薏苡仁』圖，這是《炮製》承襲《品匯》插圖的特異性證據。

《品匯》的藥圖繼承了《證類本草》所引《本草圖經》的傳統，在一藥之下，有多個來自不同地區的藥物形態圖。但《炮製》一書繪圖的主題是『炮製』，而非藥物。因此，《炮製》中的藥物形態圖每藥衹保留一幅。這就是爲什麽《品匯》有插圖一千三百六十七幅，而《炮製》衹承襲其中八百八十幅的緣故。由於《炮製》的畫師對藥物所用正品缺乏考證，因此在一藥多圖選其一的過程中，也會產生許多錯誤。《品匯》傳世的帶圖鈔本有九種（全帙四部，殘本五部），另外還有二種改編轉繪本（文俶《金石昆蟲草木略》、周祜、周禧《本草圖譜》）。這些傳本的插圖並非全都相同，其中最大的差異是該書第二卷的金石部藥物的插圖。經考察《品匯》弘治原本，其卷二的插圖祇和清康熙三十九年（一七〇〇）赫世亨奉敕據弘治原本重繪本相同，而和其他明、清鈔本都不同。那麽，《炮製》是參考《品匯》弘治原本還是其他傳本呢？經比較，發現《炮製》一書確實是依據《品匯》弘治原本。該書的金石部藥全部都是取自《品匯》弘治本。這一發現，從另一個角度證實《炮製》的繪圖者能直接接觸弘治原本。也就是説，在《品匯》衆多的傳本之中，能確證直接參考《品匯》弘治原本者衹有《炮製》一書和清康熙官方重繪《品匯》本兩種。

雖然《炮製》一書有將近七成的插圖是承襲《品匯》而來，但這並不是説這些承襲的插圖缺乏價值。這是因爲，《炮製》是我國保留《品滙》插圖最多的一部書。本文前述《品滙》各種有彩圖傳本或增補本中，我國僅收藏《品滙》三部殘卷、一部僅『半帙』（另一半存日本）。其中存彩色插圖最多的《品滙》『半帙』本（即清康熙重摹本）也不過有圖五百餘幅。另我國收藏的《品滙》改名轉繪本《本草圖譜》僅有彩圖七十二幅，而《炮製》承襲《品滙》的插圖達到八百八十幅，這是考察《品滙》極爲重要的書籍。

《本草品滙精要》的兩種後續性彩色本草圖譜中，《食物本草》有彩圖四百九十二幅，而《炮製》僅萬曆本就存插圖一千一百二十八幅。其彩色插圖數量之多，年代之早，繪圖之精細，内容之新穎，都堪稱我國明代彩色本草圖譜的重寶。

當然，《炮製》一書更值得稱道的是其中增補的彩色插圖，這是明代全新的一類本草圖，也是該書最有價值的部分。

（二）關於《炮製》增補的插圖

《炮製》插圖的特點和價值，主要體現在該書增補的三百零二幅彩色插圖之中。

從《品滙》開始，本草插圖明顯地分化成寫實插圖與藝術插圖兩大類型。所謂『寫實本草插圖』，是指根據藥品實物寫生、或圖形粗略卻並非虛構的一類藥物形態圖。這類插圖對鑒定藥物的基原種類具有非常重要的價值。所謂『藝術本草插圖』，則是指其插圖經過藝術構思或藝術加工，藝術性很强，但寫實成份較少。其中少量插圖純屬虛構，多數是根據文字記載，再加上畫家的生活積累和想象繪製而成的。它們大多用於輔助表現藥物的生長環境、採集、炮製、相關傳説等内容，也間或有少數憑文字記載或想象繪製藥物形態圖。這兩類本草插圖在《炮製》一書中同樣存在。

《炮製》仿繪《品滙》的插圖多數是藥物形態圖，少數是藥物採集和炮製圖。而《炮製》新繪的插圖則正好相反，祇有二十餘幅是藥物形態圖，其餘二百八十幅屬於炮製、採集或其他藝術繪圖。因此考察或欣賞該書的插圖，要特別注意用藝術繪畫的眼光去審視其價值。

前已述及，《炮製》的文字內容實際屬於綜合性本草，並非炮製專著。該書涉及的炮製內容，也不是明代炮製經驗的總結，而是轉録雷斆《雷公炮炙論》的條文。《雷公炮炙論》的炮製屬於道家和醫家的混合體。其中凡是道家煉丹所需藥物，其炮製法則全屬於道家炮製法，如丹砂、雄黄、雲母等。《雷公炮炙論》是中國第一部炮製專著，盡管其中許多藥物炮製法過於煩瑣，但因該書出現之後，藥物炮製在本草專著中有了較高的地位。時至明代，雷斆又常被誤認爲是傳説中的黄帝時臣雷公，故《雷公炮炙論》在明代的名氣甚大，以『雷公』爲名的本草書或者藥性賦也甚多。明·俞汝溪《新刊雷公炮製便覽》就是其中的一種綜合性本草。

明畫院畫師選擇《新刊雷公炮製便覽》，爲之增補藥性歌，並爲該書藥物配上形態圖（多直接取自《品匯》）或者輔助圖，又爲該書許多有『雷公云』文字內容的藥物配炮製圖，其目的是以藥物和炮製法爲題材，進行繪畫藝術創作。在此之前，明畫院畫師還曾以明·盧和《食物本草》爲基礎，創作了彩繪《食物本草》。彩繪《食物本草》也和《炮製》一樣，都是在仿繪《品匯》藥圖的基礎上，再根據其文字內容進行的藝術創作。

《新刊雷公炮製便覽》萬曆本新增繪的炮製圖一共二百二十餘幅，其中依據《雷公炮炙論》文字（正文引有『雷公云』）創作的炮製圖佔了絕大多數，依據其他文字繪製的炮製圖很少。但該書插圖中的人物服飾，以及炮製的場景和各種器具，卻必須依據明代炮製實際。作爲中國歷史上第一部以炮製爲題材的專門圖譜，該書展示了衆多的炮製器具，有刀具（鍘刀、菜刀、尖刀等）、粉碎器（杵臼、研鉢、鐵錘、人力推動的雙輪碾盤等）、鋸、蒸鍋、炒鍋、鍛鍋、煉丹爐、各種爐竈、盛器（罈、罐、缸、瓶、竹簍、籮筐、桶、盆等）、蒸籠、蒸桶、藥秤、笊籬、晾藥架，等等。其中描繪的切藥刀在北方地區沿用至今。

此外，該書炮製圖還展示了各種炮製方法，其中包括净選（挑揀、净洗等）、乾燥（風乾、曬乾、陰乾）、切製（切片、切段或鋸截）、粉碎（舂搗、研磨、碾碎、錘碎、過篩）、水製（洗、漂、泡、淘）、火製（炙、炒、煅、烘焙、烤）、水火共製（蒸、煮、熬膠），以及童便製、火煅取瀝、醋熏、製曲等一些特殊方法。上述圖象資料在古代本草插圖中極爲罕見。這部分内容以繪畫的形式展現，將爲今後的炮製研究提供許多新的素材。

該書藝術本草插圖的另一個重要體現，是五十多幅藥物輔助圖。這類輔助圖中最引人注目的又是該書人部藥輔助圖。

人部藥自本草有插圖以來，從來没有過插圖。《品匯》甚至專門對此加以説明：『人部舊本不圖，緣繪圖之設，蓋以取其便於識用耳。人身之物所同有者，故不復繪。』但《炮製》的畫師們竟然就這些人身所同有的物品，發揮其豐富的藝術想象力，繪製了形式各異的輔助圖（今存十七幅）。例如『人胞』圖，畫一婦新產，抱兒睡卧，另一婦持馬桶，欲將其中之物（當爲胎盤）傾倒在户外挖好的坑中，這就是古代的埋胞（胎盤）習俗。『男子陰毛』圖則暗示其功效，俗傳本品可以治蛇傷，故其圖展示一人被蛇咬，另一人褪褲拔毛給傷者。至於『人精』圖，畫面是一張古老的木床，帷帳垂閉，踏板有男鞋一雙，桌上有男子冠帶，其内容就任人遐想了。它如髮髲、亂髮、人乳汁、頭垢、人牙齒、耳塞、人屎、婦人月水、浣裈汁、懷妊婦人爪甲、人血、人膽等，也盡皆有圖。這些輔助圖對藥物學似乎價值不大，但對民俗、服飾、家具等的研究或許有一定的研究價值。

同樣，還有多幅輔助圖可能有益於本草學之外的研究。例如『天子藉田三推犁下土』由二幅大圖組成。其一表現大臣請求皇帝祭壇下犁，另一表現天子扶犁親耕。此圖展示了一種古老習俗。李時珍曰：『天子以元日祈穀於上帝，親載耒耜，率三公九卿、諸侯大夫躬耕。天子三推，三公五推，卿、諸侯九推』。（《本草綱目·卷七》）宮廷畫師能接觸到這樣的場面，因此『天子藉田三推犁下土』很可能部分反映了當時天子祭天操犁、象徵性親耕的場面。另該書的『古鏡』圖實際上是古代的磨銅鏡場面，也是很少見到的圖畫。

該書卷首有兩大幅無名之圖，極爲精美。筆者將第一幅圖命名爲『受教圖』，因爲此圖繪製的是雷公下跪接受黃帝之教，旁邊還放了一套大書，這是根據《素問》中提到的雷公受教於黃帝的記載繪製的。筆者將第二幅圖命名爲『炮製圖』。圖中雷公端坐於上，周圍有九名藥工在切藥、碾藥、杵藥、研藥、煮藥、蒸藥、炒藥、篩藥、淘藥，展示了古代炮製的主要手段和工具。這兩幅圖是該書標誌性的圖畫，其人物之多，器具之全，描繪之精細，都很值得稱道。

此外，還有的輔助圖是爲說明藥物特性而繪的。例如『石胡荽』別名『鵝不食草』，故此圖在植物圖之外，又繪一圖，展示兩人以草飼鵝，鵝不顧而走。『蕗葵』圖則畫一侍女向盛妝主婦獻蕗葵果實，表示本品可以悦澤人面。但毋庸諱言的是，該書有的輔助圖取材過於瑣屑，也有一些根據傳聞繪圖，並無藥物學常識的錯誤。

綜上所述，《炮製》一書最重要的價值是其插圖，其中增繪圖價值更高。這部分插圖的藝術性比較强，也具有一定的本草學術價值，尤其有益於古代炮製的研究。

方書

神效集

余瀛鰲

《神效集》是一部小型臨床治療手册，扉頁未署作者名諱。現存清嘉慶二十二年（一八一七）刻本，孤本現藏於北京圖書館。

書分二卷，選方大多輯録於多種臨床醫著，惟以切於臨床實效爲收方原則。其中包括部分著名的經方和時方，但全書方治仍以專病通治方和單秘驗方作爲其基本内涵。

此書編者輯選之效方，約有以下數類：

一、列主治病證而無方名。如：治胃氣痛方、治冒風寒方、治偏頭風方、治瘧疾方、治膨脹方、治疔毒腫病方、治發背方、治跌打損傷方。

二、突出主治作用的無名方。如：止瘧方、調經方、安胎方、保産方、消腫止痛方（洗藥方）、退翳明目方等。

三、具有明確方名之專病通治方。如：除瘟救苦丹治瘟疫時症，調經種子丸治婦人血虚不孕，慢驚散治療小兒慢驚風，神雞疗毒丸治多種疔毒，捆仙繩方治無名腫毒等。

四、兼收少數名醫之專病通治方。如：倪涵初治瘧疾奇效三方、王耀庭治痢疾方、王耀庭治血崩二方等。這類選方較爲成熟可取，特别是清初名家倪涵初，生平尤擅於治療瘧痢，所撰『倪涵初瘧疾三方』在内科臨床有較大的影響，值得深入研究。

全書之方治，主要針對常見多發病。選方大多來自方書著作，或屬於醫家個人之經驗效方。列述每方之方藥、用法，相當簡要。有些效方的介紹則較爲詳明，如神驗疔毒丸，不僅介紹其方藥組成、製法、飲食宜忌、預後等内容，並分析常見疔毒的不同部位、不同病名和不同症候。使讀者對此效方的實際應用提高了理性認識。

救急易方

李鴻濤

《救急易方》，由明代醫家趙秀敷所編纂，書成於明正統年間（一四三六～一四四九），現僅存明成化十四年（一四七八）刻本，孤本現藏於上海圖書館。

一、著者與成書

趙秀敷，明代醫家，生平里貫無從考。

全書不分卷，記述臨床各科病證的方治，其中絕大多數屬於須予『救急』的病證。在明代中葉，當時有三種方書流傳殊廣，其中刊行最廣的是正德年間胡漢編纂之《衛生易簡方》（一四二四），另兩部則爲正統年間趙秀敷編集之《救急易方》和黄吉甫所編之《備急仙方》。《救急易方》一書，初刊於湖、廣、川、浙等地，後流傳於其它多數州郡以及日本等國。揚州太守楊成玉看到有些地區『苦於無醫或有醫而無藥、有藥而無方』，心懷惻然，遂欲將此書翻刻普贈『窮鄉之民』，爲世人所稱道。

二、内容概要

這是一部不附帶病證論述、純粹的方書著作，該書的目録與全書所載述的内容是相當完整的。全書收載二百三十種病證，前面的多半部分病證未註明臨床科别（計一百四十八種病證），自『救五絶死』、『救自縊死』起，至『八脚蟲傷』上，大致包括各類傷、毒病證（如多種蟲獸傷、誤呑異物、跌打損傷、湯火傷、溺水傷、六畜肉毒、食魚中毒、食河豚毒、蕈毒、蛇毒、砒毒等），以及内科急證雜病。人體各個部位的瘡癰、腫毒，破傷風以及其它外科病證，耳、眼、口、鼻、咽喉、口腔等多科病證。第二部分『婦人門』，自『月水不通』、『血崩』至『乳汁不下』、『産後雜證』共三十一病證。第三部分爲『小兒門』，自『嬰兒初生』、『生下即死』至『陰囊腫』、『疝氣』共五十三病證。末爲

『附録』，附述『鎖喉風』、『纏喉風』、『狐臭』等八種病證。每一病證所收方治多少不等，多數病證方較少，選方大多出自明以前方書著作，也有一些屬於當時世傳之經驗方。

從全書的方治特色而言，這是一部重點介紹臨床各科『急證』施治的方書，在古代方書著作中相當少見，堪稱是當前研究中醫急證治療的重要參考書；而其所選方藥施治，又能突出方藥的『簡、便、驗、廉』，使患者及其家屬易學易用，特別是缺醫少藥地區殊多受益。書中所提供的急證方治，值得進一步深入研究。

是乃仁術醫方集

李鴻濤

《是乃仁術醫方集》，清·糜世俊輯於清雍正十一年（一七三五）。本書現僅存稿本，未及刊行。

一、著者與成書

糜世俊，字天瑞，無錫人，生平不詳。作者自述，『繼神農之源，效叔和之末』，乃將其耳目見知之秘驗方，分門別類，匯輯成編，以求『觀看者得以清其眉目，而求治者亦得以易求尋覓』。

二、内容概要

全書按病症、病位分八十五門。内科有五疸、痼冷、虚勞、吐血、自汗盜汗、眩暈、麻木、癲狂、癇症、健忘諸門，内容居全書大半。婦科有妊娠、難産、乳病、經閉、血崩、赤白帶諸門。兒科有痘疹、咳嗽、傷食、諸熱、疳疾、赤游丹毒諸門。外科、傷科、五官科亦分多門。作者重視養生，將其列爲諸門之首。書中還收録了較多美容方，如烏鬚、生髮、烏髮方等。同時還介紹有服用黄精、蜂蜜、槐花茶、枸杞、白朮等以保健强身的方法。

全書所收方劑，少數爲通用名方，如治喘定喘湯，瘧疾之常山截瘧散，婦人病之四物湯，小兒之千金至寶丹，跌打損傷之三黄寶蠟丸。絶大多數爲作者『自少而壯，自壯而老』苦心搜求之秘驗效方。每方詳記藥物、分兩、製法、用法、功用、主治及加減等，甚便讀者使用。其中大量方劑不見於諸家方書，而爲本書獨載，彌足珍貴。諸方用藥，力求病家尋取方便，如蘿卜纓、葱白、生藕、姜汁、韭菜根、米醋等日常用品，亦酌予入方。多數方劑，均爲常用中藥，絶不炫奇矜異。

現存稿本爲海内孤本。書成後，有皓山氏於清咸豐六年（一八五六）、光緒三年（一八七六）多次增補方劑。稿本現珍藏於山東省圖書館。

經驗積玉奇方

余瀛鰲

《經驗積玉奇方》二卷，又名《積玉單方》，明・艾應期撰，明萬曆三十一年（一六〇三）大業堂周文煒刻本，孤本現藏於天津中醫藥大學圖書館。

一、著者與成書

艾應期，字漳溪，明代桃源（今湖南省桃源縣）人。艾氏於臨證之餘，復留心於驗方之廣泛收集『每於人世奇方，無擇智愚，莫不筆記，一試有效，輒收之青囊中。』這是他針對各科疾病『博採衆方』的基本態度和方法。

二、内容與特色

書中分上下兩卷。上卷分列一百四十九個子目，包括臨床常見病或疑難病證，其中又以内科雜病佔較大比重，撰述以徵集之驗方、奇方作爲全書的基本内涵。病證和方治的排列次序不同於一般方書，亦即不以臨床科别歸納整理治療方劑。如同一主治病證而不同的治療方劑，可前後穿插排列。而所選之驗方，不見於前人醫著者頗多。書中缺乏論病之學術内容，開卷即爲方治闡述。

上卷除各病證選列方治外，作者並介紹『春方』（指增强性功能或治療陽萎的方藥）、染鬚方、擦牙烏鬚方等，以及兒茶、血竭、牛黄等藥的製法。下卷選方，其依次排列爲女科、小兒科、痰火門、各奇方（包括疫病、勞疾、肚腹飲脹方等）、瘧疾門、氣痛門、咳嗽門、咽喉門（附口、鼻、面）、齒門、下部各方（指小腸氣、二便不通、痔漏、楊梅瘡等病證方）、腫毒門、膏藥門、各瘡門、諸風門、眼科門、腫脹門及痞積泄瀉門（附痢）、外科、各雜方（列述費力吐血、腰閃刹氣、脇氣、體氣、男科方等），内容較爲充實。

此書之主要學術特色，應從中醫治療學的角度予以評析，因爲作者是臨床家，畢生爲搜採驗方並結合醫療驗證以傾注心力。書名之『奇方』，體現於某些選方中『方藥之奇』、『用法之奇』以及療效中的出奇制勝。所列數百方，大多切於實用。但選方中亦有欠平妥者，如下卷『瘧門』之截瘧丹，方用水銀、硫磺、人言（即砒石）等味，毒性較大，而在介紹此方服法方面，亦有涉於虛玄之談。又如蹻符治瘧法、禳瘧等，則有濃鬱的迷信色彩。但就全書而言，以上例舉，又屬大醇小疵。難能可貴的是，該書所列述的方治內容，不同於因循鈔襲前人方書之輯編著作；而選方較爲重視外治和食療，亦爲此書治法中所具有的鮮明特色，值得深入探究。

思濟堂方書

余瀛鰲

《思濟堂方書》五卷，清·賈邦秀撰，清雍正文盛齋刻本珍泰齋藏板。是書刊行於清雍正十年（一七三二），孤本現藏於國家圖書館。

一、著者與成書

作者賈邦秀，字升安，宛平人，生於清康熙三年（一六六四）。幼承庭訓，『潛心儒業，樂於杏林春色，尊儒理而參醫理』，志在利濟衆生。其書名之涵義，躍然紙上。據賈氏自序稱：『此書乃余五十年專心醫理，博覽群書，敷軒岐之至理，集聖哲之大成。自簡而理約，道明而貫通，則立方用藥自有效驗』。表述了編寫此書的方法和目的。

作爲一名儒醫，賈氏對『立方之旨』有獨到的見解。他認爲方之有無或是否執方，須予活看。嘗謂：『夫方之善者，得其宜也，得其宜者，可爲法也；方之不善者，失其宜也，失其宜者，可爲鑒也。……必善於知方者，斯可以執方，亦可以不執方。能執方、能不執方者，非隨宜之人不能也。』並指出：『欲療病者，非論證的確，講明藥理，不能盡方之妙，亦不能以愈諸疾。』如此之高論識見，非精於臨證者，不能悟其真諦，而該書也正是其臨證多年匯集遴選經驗諸方的真實寫照。

二、內容概要

全書共載二百餘方，大多選自古今臨床名著，選方體現精要、實效的原則。讀者閱此方書，可見作者在一些病證前所寫的『辨治方藥大略』，能要言不繁地闡述所論病證的證治概貌，甚則抒發辨證要語。

如介紹中風，先論分型之源流，重點介紹卒倒患者，如何分辨真中、類中，並根據不同的病因、證候以選擇恰當的方治。又如對於傷寒，他特別强調『能辨傷寒，方能醫得傷寒。……死於傷寒者，死於似是而實非之傷寒也』。其後介紹方治，除介紹仲景名方並予歸納分析外，還補充了九味羌活湯、人參敗毒散、升麻葛根湯、神白散等後世名方之證治。在卷五列有『治便血機案』，體現了賈氏治療重證血痢的圓機活法。

總之，本書作爲一部方論相植的方書，内容較爲實用，方與論體現了作者的醫學水平，具有一定的參考價值。

傳信尤易方

鄭金生

《傳信尤易方》明·曹金編著，明隆慶四年（一五八一）序刊本，現藏於日本宮内廳書陵部。

該書是明代一部中型的醫方書，在中國失傳已久。此書今僅存日本，有明刊本及日本鈔本。該書的回歸，不僅爲中醫醫方增添了許多新的内容，也解決了明清書目記載的一些疑誤。

一、著者與成書

曹金，字汝礪，號傳川，又號少川。河南祥符人（見《明人傳記資料索引》），明嘉靖二十六年（一五四七）進士（見《明清進士題名碑録索引》）。他在自序中稱自己是『夷門』人，『夷門』也就是今河南開封。從叙後署名可以得知他在隆慶年間已經官至『通奉大夫陝西等處承宣佈政使司右佈政使』，是一名官員，而不是醫生。據曹氏自叙介紹，他從小得『脾病』，曾經召集當地的名醫治療，但『百弗一功』，最後是一人告訴他吃『蠡實』單方，才把病治好。從此他就留心收集醫方。在他取得功名之後，曾經在江蘇、山東、浙江、陝西等地任職。每到一地，他就接待當地懂得醫藥的人士，衹要是奇藥單方可採者，就隨手記録，並收藏在隨身的行李中。經過二十餘年，曹氏採録的單方已達上萬。隆慶元年（一五七七），曹氏在易州（今河北易縣）任職，命當地的醫官鄭𨰻，將所藏醫方加以分類整理，並註明出處。兩年後，曹氏在陝西任職，又請涇陽（今屬陝西）醫士王玎檢校删正，分作八卷，命名爲《傳信尤易方》，刊刻傳世。

由此可見，曹金是該書資料的收集者，鄭𨰻是該書的分類整理者，王玎是該書的最後整理校正分卷者。所以各卷之首均署爲『易州醫官鄭廷臣檢閲，涇陽醫士王玎校正』。後世著録者或將該書的資料收集者曹金作爲作者，或將分類整理者鄭𨰻（廷臣）作爲作者。依筆者之見，以曹金作爲該書的輯者較爲恰當。從書中内容來看，醫士王玎在其中發揮了很大的作用。該書中可以見到王玎根據自己的臨床經驗增入了醫方近百首，其功不可没。

二、内容與特色

《傳信尤易方》八卷，共録醫方約四千餘首，按疾病、病位或醫學分科等分成七十四門。其中卷一主要是外感六淫引起的疾病，如風、暑、濕、傷寒等；卷二、卷三則主要是雜症，如眩暈、消渴、積聚、虚損等；卷四按身體部位分門，列頭面、眼目、耳、鬚鬢等門；卷五主要是身體下部的疾患，如諸淋、疝氣、陰瘻、秘結等；卷六屬於外科、皮科、骨傷科的疾病，卷七爲婦科，卷八主要爲小兒科的疾病（末附『救諸危絶症』門）。

從所收方劑的數量來看，該書屬於中型的醫方書。和一般單驗方醫書不同的是，該書很注重各方的出處。這一特點使我們能比較清楚地瞭解該書方劑的來源。據初步的統計，該書所引的醫藥書約有七十餘種。從所註出處來看，唐、宋大型醫方書、本草書中的醫方，是該書的重要來源，其中主要有《千金要方》《千金翼方》《外臺秘要》《證類本草》等。其次是元明時期的衆多醫方和少量的本草著作，例如《奇效良方》《衛生易簡方》《醫林集要》《醫方選要》《丹溪心法》《救急易方》《本草集要》《萬氏家鈔》《醫經大指》《安老懷幼方》等。其中有一些醫書很少見諸引用，例如《惠庵集》《古愚自效方》《松篁岡方》《濟生便宜方》等，在現存醫書的書誌中均未能找到，屬於今散佚的醫書。這些散佚醫方書的資料是該書很有價值的一部分内容。前已提到，該書的校正者王玎，也補充了近百首醫方。王玎是一名醫生，他所補充的這些醫方應該更具有使用價值。該書的輯者曹金收集的方劑雖多，但在出版之前，已經請了專職的醫生進行篩選，把那些道聽途説、荒誕不經的方劑已經先期删去，因而增加了本書的『傳信』特點。

該書所收藥方的另一個重要特點，就是方劑的簡便易得。書中極少有藥味衆多的方劑，也不收一般醫方書多見的成藥丸散，絶大多數方劑藥僅數味，單味藥方佔了較大的比例。所用藥品率多尋常易得之品。這大概就是該書命名中『尤易』二字的體現。這些簡單實用的藥方，不僅方便了醫家和病家的使用，而且對研究藥物的功效具有重要的意義。中醫判定一味藥的功效，除了本草書原有記載外，還要看它在方劑中的實際使用情况。單方或者藥味極其簡單的方劑，對瞭解藥物的實際功效是十分重要的，這就是我們通常所説的『以方證藥』。

食治方的衆多，是該書方劑的另一特點。書中在脾胃、虚損等門中所收的《安老懷幼方》《飲膳正要》等方書本草中的食療方，有利於臨床選用，同時也從一個側面反映了該書輯者與編者重視食療的思想。

三、著録與版本

以『傳信』作爲醫方書之名，最早始於唐·劉禹錫《傳信方》。『傳信』一詞出《穀梁傳・桓公五年》：『《春秋》之義，信以傳信，疑以傳疑。』『傳信』，也就是把自己確信的東西傳告給他人。用在醫方書，表示此書中醫方的可靠可信。自劉禹錫以後，又有多種醫方書將『傳信』嵌入書名，如南宋・吴彦夔《傳信適用方》，以及本書《傳信尤易方》等數種。

《傳信尤易方》爲明代的方書，明代及清初的書目已經有記載，但是其作者却各不相同。明・朱睦㮮《萬卷堂書目》著録了《傳信尤易方》八卷，鄭鸞撰（明・焦竑《國史經籍誌》、清・黄虞稷《千頃堂書目》均引作《傳信方》），清・黄虞稷《千頃堂書目》，在著録鄭鸞《傳信方》八卷的同時，又著録了曹金《傳信尤易方》八卷。通過該書的序言，可以得知《傳信尤易方》八卷祇有一種，但明清書目在作者的著録上存在差誤。

前已述及，該書刊行以來，已經見於我國明末及清初書目的記載。但在清代中期以後的書目及醫書很少有提到此書者。可能其時該書已經逐漸失傳。此外，日本國立公文書館内閣文庫還藏有該書的鈔本一部，鈔成於一八三五年。可見該書最遲在十九世紀初已經傳入日本。

要之，該書精選的實用（『傳信』）、簡便（『尤易』）方，對中醫臨床有所裨益。該書精美的版刻也具有較高的欣賞價值。

古今録驗養生必用方

李鴻濤

《古今録驗養生必用方》三卷，宋·初虞世撰，書中記録了三十六篇短文，收載了唐（含唐以前）和北宋時醫家的一些驗例、處方，也反映了初虞世本人的臨床經驗和學術思想。該書刊行後，因其紀效翔實、切用明驗，而爲當時及後世所重，以致許多史誌書目、名醫著述皆有節録或徵引，該書宋槧原本不復存，僅遺清代同治癸亥（一八六三）葉廷琯精鈔本，藏於南京圖書館。

一、著者與成書

初虞世，北宋萊州掖縣人（今山東省萊州市）。宋·朱彧《萍洲可談》載：『初虞世，字和甫，名士善醫，公卿争邀致，而性不可馴狎。往往尤忽權貴，每貴求治病，必重銖求之，至於不可堪。其所得賂，旋以施貧者。最愛黄庭堅，常言：『黄孝於其親，吾愛重之。』每得佳墨精楮，奇玩必歸。』據宋·趙希弁《郡齋讀書後誌》記載：『虞世本朝士，一旦削發爲僧，在襄陽與十父游從甚密。』剃度後，初氏居靈泉山蒲池寺（位於四川省遂寧市城東），致力於醫學，遂以醫知名天下。

初氏深研《素問》《難經》，每有卓識。謂：『古人醫經行於世者，多矣。所以別著者，古方分劑爲今銖兩不侔，用者頗難。』因此，著成《古今録驗養生必用方》三卷，初氏自序云：『此方其證易詳，其法易用，苟尋文爲治，雖不習之人，亦可無求於醫也。』。清·陸以湉評價道：『語簡旨深，可爲醫門藥石。』

《古今録驗養生必用方》原本爲《國史經籍誌》《醫籍考》等著録亡佚，筆者通過書目調研和文獻考察發現此書，且爲宋槧的清代精鈔本，因此彌足珍視。

二、文獻考察

（一）書目著録

本書在宋代和後世流傳時，史誌書目著録不盡相同：《宋史·藝文誌》載『古今録驗養生必用方三卷』；鄭樵《通誌·藝文略》載『初虞世必用方三卷』；南宋·尤袤《遂初堂書目》、明·陳第《世善堂藏書目録》、明·毛扆《汲古閣珍藏秘本書目》皆著録爲『養生必用方』；宋·陳振孫《直齋書録解題》著録『養生必用書三卷』；明末清初錢謙益的《絳雲樓書目》及民初羅振玉《近古堂書目》均著録書名爲『養生必用要略方』。但《絳雲樓書目》誤將作者『初虞世』著録爲唐代『虞世南』。由此可見，該書宋槧流傳有序，爲歷代藏書家所垂青。

據現存精鈔本中保留的紹聖五年四月□日宗室捐之的《重改正古今録驗養生必用方後序》可知，該書最早刊本當在元豐（一〇七八~一〇八五）中付梓，但『既未盡所懷，又累經摹拓，爲人妄有損壞，使其書不完。今復刊正，别立序論，及次大方，欲行諸世。』故此傳鈔本當據《古今録驗養生必用方》的校改重刻本所鈔，而《古今録驗養生必用方》的校改重刻本當在紹聖五年（一〇九八）梓行。

（二）文獻傳承

宋代經濟文化繁榮，刻書業空前繁盛，該書自成書後，被廣泛刊刻流傳，影響頗深，與初虞世同時或後世的歷代醫著，如《婦人大全良方》《鷄峰普濟方》《扁鵲心書》《經史證類備急本草》《古今醫統大全》《幼幼新書》《普濟方》《本草綱目》《醫學源流》《冷廬醫話》都有記述和援引。但至清代中葉以後，該書宋槧已經成爲孤罕之本，在《冷廬醫話·古書》中記載：『宋·靈泉山初虞世《古今録驗養生必用方》，人間絶少。咸豐初年，杭州吴山陶氏書坊偶得宋刻本於四明湖州。丁寶書以錢六千購去。吾友羅鏡泉聞之大驚，急從丁君强借鈔副本。余因得録一册。』又從本精鈔本的鈔録者葉廷琯在文末所作之『跋』得知，同治元年陸以湉因避太平天國之亂而寓居滬上，葉廷琯因此拜識，並在交談間陸以湉提及此書，葉氏大爲震驚，故而轉録一副本，即今存之孤本。

現存本爲上中下三卷，當爲《古今録驗養生必用方》的校改重刻本原貌。

（三）庋藏源流

該精鈔本共有印記十八枚，扉頁兩枚：『調生手鈔』、『四餘讀書室』；序下兩枚：『草木世家』、『叔朋珍藏』；目録下兩枚：『炳翔印信』、『叔朋心力所聚』、『讀有用書齋』；上卷卷端六枚：『南京圖書館藏』、『炳翔印』、『叔朋氏』、『叔朋經眼』、『廷琯曾讀』、『長州張氏儀許廬藏書』；下卷卷尾三枚：『小石林』、『張氏秘笈』、『葉氏秘笈』；跋下兩枚：『廷琯之印』、『十如』。

考察這十八枚印章，此本最早鈔録、收藏者爲葉廷琯（一七九二~一八六八），字調生，晚號十如居士，清代吴縣人，家本素封，精於鑒賞，所藏書籍碑板字畫，多失庚申（一八六〇）之亂（《廣印人傳》）。葉氏藏品散逸後，與葉廷琯爲至戚的張炳翔，得其所藏遺稿遺書，即得此書。張炳翔，字叔朋，舉孝廉，藏書百餘篋，室號名『儀許廬』，後人就其所藏編爲《儀許廬所藏本書目》（王謇·《續補藏書紀事詩》）。其後又爲韓應陛（？~一八六〇）收藏，韓氏爲清代松江人，字對虞，道光二十四年舉人，官内閣中書舍人，其書齋名爲『讀有用書齋』其後又流傳至葉潞淵（一九〇四~一九九四）處，葉潞淵原名豐，字仲子（印文作中子），號露園，晚號露園、石林後人、葉老，江蘇吴縣東洞庭山莫厘人，室號石林精舍，刊印『石林』、『小石林』。最後爲南京圖書館所收藏。可見，此精鈔本遞藏流傳有序，爲藏書家所珍重。

三、内容與特色

該書上中下三卷不分門類，上卷論内科，中卷論内科和婦科，下卷論五官科、兒科及外科等病證，採用條目叙事式的體例，記録自驗、他驗、經驗方劑治法，往往在每一條目下羅列若干治法和治方，每方必詳其藥物組成，修合炮爁，服用法度，甚至是取效時日，也記録一些病證的辨證論治思路，以及一些奇聞軼事。所載方劑大都爲精簡實用之屬，全書中記書編輯亦以臨床實用爲目標，要言不煩。清·陸以湉評價道：『書中記傳方之人甚多，皆詳其出處行誼，知亦有心人也。』

（一）資料豐富，内容翔實

書中保留了宋以前的一些有效驗方，如《金匱要略》中温經湯、奔豚湯；《備急千金要方》中主治五臟之風證之排風湯；《太平惠民和劑局方》治療胃中客熱口臭、齒齦宣露之甘露飲；僧智深治唐丞相李恭公眼翳的地黄圓；唐侍御王元鑒所進金露圓；終南道士治胡陽公主難産之枳殻散等。但也記録和收載了初虞世本人和同時代名醫的一些特效單方驗方，如初虞世本人治療康郡君風秘的祇可二人圓；治文潞公大腹不調的蜜煎導法，又如王淵傷寒編逸方；獨孤及治盛文速太尉肺熱方；蒼梧道士陳元膏治諸風拘攣、痛痹不仁、瘙癢癧癬、腹中疼痛積聚方，等等。保存在《古今録驗養生必用方》内的這些治法和方藥，資料翔實而寶貴，能够充分地體現出醫學發展到宋代，已經具備了較爲完善的辨證論治思想和方治體系。

（二）學本經典，重在發揚

如在『治水腫等方』中，指出：『經云：平治權衡，謂察脈浮沉也；去遠（菀）陳莝，謂蕩滌腸胃中腐敗也；開鬼門，謂發汗也；潔净腑，利小便也。脈浮如秤衡之在上，即發汗，鬼門汗孔也；脈沉如秤槌之在下，即利小便，净腑小腸也。』對於《素問·湯液醪醴論》中治水三法分析的精闢透徹。

又如在引述《金匱要略》中薯蕷丸時，將『虛勞諸不足，風氣百疾』，擴大爲『治風勞氣冷，百疾風眩，背拘倦，胸滿短氣羸瘦，飲食少，室女小兒泄利，多汗，發熱』。風引湯的『除熱癱癇』，擴大到『治大人厥癲，口有涎沫，牽引口眼、手足，少小驚、瘛瘲，日數十發。』

宋·許叔微在《傷寒發微論·論温瘧證》言道：『仲景云：若脈陰陽俱盛。重感於寒者。變成温瘧。故朱肱、初虞世以小柴胡白虎之類加桂以治之。此則仲景所謂温瘧。』亦可見宋代醫家也並不完全是篤守經方，而是靈活變通的隨證加減運用。擴大了小柴胡湯、白虎湯的應用範圍，使其更適合臨床需要。

（三）治學嚴謹，不泥成見

宋代，科學技術進步，推動了嚴謹的治學風氣，沈括、鄭樵、初虞世、陳衍、范成大等都對藥物名實問題進行了文獻整理或實地考察。《古今録驗養生必用方·序例》中將六十餘種中藥的常用加工炮製方法，以及部分藥物的名實進行了考證，發凡起例於前，並在後面諸方之後詳細標明，體現其嚴謹的治學態度。

另外，初虞世在繼承學習古人經驗的基礎上，並不墨守成見，在論治咳嗽之後設有專篇『柴胡鱉甲冷藥爲害』，駁斥世俗不解二藥之本性、濫用爲害之流風，他指出：『咳非一證，豈可以冷藥爲主？柴胡少陽證表劑，鱉甲少陰厥陰滋補峻品，若脈浮而緊，衛實營虛，以柴胡清陽升解，以鱉甲峻補真陰，以致陰盛陽亡，重陰莫補矣！』

（四）辨證明晰，論治精準

初虞世臨證往往根據病證的微小變化而判定其病因病機，如在卷中陳述一條：黄疸小便白當作虛勞治之，以小便的黄白確定疾病的虛實，而告誡世人不可見黄疸即施以滲泄之法。

又如在『論吴楚人服脾藥方』中，論述當時吴楚之人凡有中脘之疾，概言脾病，不審虛實，不加辨證而均服用椒、姜、桂、附之類熱藥，而且夏季必熱食密室居住，且食熱藥，初氏以《内經》中『春夏養陽，秋冬養陰』，陰陽互根之理闢之，認爲應當春食温夏食寒以抑陽扶陰，秋冬應當熱食附炎以抑陰扶陽。

又如其論治便秘，指出：『余歷觀古人用通藥，率用降氣等藥，蓋肺氣不下降，大腸不能傳送，以杏仁枳殼訶子等藥是也。』闡明肺與大腸相表裏是指導治療便秘的關鍵。

《古今録驗養生必用方》成書距今將近一千年了，其宋刻原本雖已不存，但因其藴含巨大的學術價值，成爲歷代醫家和學者研究的對象，在同時代所涌現的《蘇沈良方》《博濟方》《洪氏集驗方》《史載之方》《是齋百一選方》等驗方著作中亦屬上乘之作，值得深入研究和利用。

（鼎雕）陳氏家傳如宜妙濟回生捷録

鄭金生

《（鼎雕）陳氏家傳如宜妙濟回生捷録》，又名《回生捷録》，明萬曆三十八年（一六一〇）黄廉齋刻本，江户醫學館舊藏本，孤本現藏於日本國立公文書館内閣文庫。

一、著者與成書

此書主體内容是元·艾元英所撰《如宜方》，後經明·陳嘉猷增補，改名《回生捷録》。艾氏的《如宜方》今國内僅存一明代孤本，且經陳嘉猷增補的該書明刊本則從未見於國内書誌著録。《回生捷録》的書名中爲什麽要嵌入『如宜』二字？其封面又爲什麽要寫《艾氏如宜方》？這是因爲此書與《如宜方》有極爲密切的關係。

《如宜方》乃元代醫家艾元英所撰，是一本頗有名氣的醫方書。它最早著録於明·楊士奇《文淵閣書目》（一四四一）。江南著名的天一閣有藏。清代修《四庫全書》時，從浙江採進此書，因此《四庫全書總目提要》中對此書有解題：『《如宜方》二卷，浙江巡撫採進本。元·艾元英撰。元英東平人，始末無考。此本爲三山張士寧所刊。前有二序，一爲至正乙未林興祖作，一爲至治癸亥吴德昭作。其書首列藥石炮製總論，不過數十味，未免簡略。第一卷述證，自中風至雜病，凡三十類。第二卷載方，凡三百有餘，其曰「如宜」者，如某證宜用某湯，某證宜用某圓散是也。其説一定不移，未免執而不化。焦氏《經籍誌》、高氏《百川書誌》，俱不著録。然相其版式，猶元代閩中所刊，非依托也。』

四庫館臣所見的版本，據清·沈初《浙江採集遺書總録》所載，乃天一閣藏元刊本，其註云：『右元東平艾元英輯古來各方。取「易使民宜之」之義。有至正間林興祖、至治間吴德昭二序。』該書《四庫全書總目提要》雖有解釋，但《四庫全書》中並没有收入，故傳世者少。今僅國家圖書館藏有一明初刊本。日本丹波（多紀）元胤《醫籍考》所見中國元明刊本醫書甚多，但在『如宜方』下却註明『未見』。祇是在該書條後附有一註：『按：萬曆壬寅陳嘉猷重刊是書，附以其家傳脈法，並歷試效方，改名曰《回生捷録》。』也就是説，多紀氏認爲此《回生捷録》就是《如宜方》的增補本。

本書前有陳嘉猷自序云：『余家世業儒精醫，每飲穿鑿之根。雖有家秘心法等書，無足爲幼習之據。一日游閩，偶得僉張公後裔所出東平艾元英所集一書，其間簡夷徑捷，且皆合余家學，而奇怪隱僻之術，在所不載，誠足爲初學之門也。但所缺者，脈有未備。余兹携歸，悉將家傳脈法，並歷試效方，增入各症之間，惠之方來，傳之同志，俾據病可以識症，因症可以得方，爲天下回生立命，庶幾廣濟於無窮也，故以《陳氏家傳如宜妙濟回生捷録》名之。』

這一序言就是日本多紀元胤將該書作爲《如宜方》增補本的依據。卷首署名爲『金邑三山陳濟川録』。三山即今福建福州。陳嘉猷與陳濟川是否同一人？從序言來看應該是。但兩處的名字相差如此大，確有令人不無疑問。今依序言，將該書的增訂者定爲陳嘉猷。

二、内容與特色

據陳嘉猷自序，其書是在《如宜方》基礎上增補而成。然與四庫館臣所見的元刊本相比，二書仍有某些差别。元代三山張志寧刊本『其書首列藥石炮製總論，不過數十味』，但《回生捷録》無此内容。《回生捷録》二卷，上卷述證三十類，下卷載方（元刊本載方三百餘，本書載方二百九十九首），均與《如宜方》大體相同。上卷所述諸證爲：中風（附歷節）、傷寒、中寒、中暑、中濕、瘧、痢、嘔吐、泄瀉、霍亂、痰飲、積聚、咳嗽、頭痛、咽喉、諸氣、腰痛、心恙（附胃脘痛）、補益、三消、腫病、脚氣、失血、大便、小便、瘡疥、婦人、小兒、諸毒、雜附。下卷附方二百九十九首，其下均編有序號。由此可知，該書基本上保留了《如宜方》的主體内容。

該書述證的形式一般是在證名之下，首出一段議論，介紹該證的症狀及治法。這些條文都是艾元英原撰。繼之以『家傳脈法』一節，當爲陳氏所加。『家傳脈法』主要叙述此證應當出現的脈象及意義，頗爲詳盡。其後爲辨證用藥，此即《四庫全書總目提要》所說：『其曰如宜者，如某證宜用某湯，某證宜用某圓散是也。』這一部分内容當主要是艾元英所撰，但也有陳氏增補的部分效方。所宜各方之下均不出方劑組成，而是在方名下出序號，以便在第二卷按序號檢索。

該書最大的特色是要言不煩，甚便於臨床。所列三十證前的解説極爲精煉，但又切合臨床實際。例如首證爲中風，其解説云：『中風卒倒，宜扶入暖處，用炭火醋淋熏之。醋氣入於口鼻，輕者即蘇，重者亦省人事，不可便服風藥及湯飲之類，恐成廢人，此爲謹戒。』在解説之後，又附有二十個治療方法，對中風出現的各種情況都列有治法方劑。其上卷的方劑衹出方名及該方的序號，没有具體内容。所有的方劑按序號列在下卷，這樣就避免了不必要的重復，減少了篇幅。從這點來説，作者苦心孤詣，盡量用最少的篇幅，容納最大的信息，以便於讀者臨床使用。

增補者陳嘉猷在保持《如宜方》的主體内容前提下，增加了自己家傳的關於疾病脈法的内容以及部分方劑。仍以中風爲例，陳氏所增的『家傳脈法』云：『寸口沉大而滑，沉則爲實，滑則爲氣。氣實相搏，此爲卒厥，不知人事。若唇青身冷爲入臟則死，若身温和、汗自出，爲入腑，則自愈。又或陽浮而滑，陰軟而弱，或浮滑，或沉滑，或微虚，或微數，寸口或浮緩而遲，皆中風之症。大法浮遲而緩者吉，急疾而大者凶。經曰：脈微而數，中風使然。』

這些脈法，對中醫臨床診斷亦不無裨益。

三、學術價值點評

綜上所述，《如宜方》存世僅有孤本，而《回生捷録》保存了它的主要内容，並有所增補。其書内容簡潔明瞭，適合於中醫臨床使用。

仁文書院集驗方

鄭金生

《仁文書院集驗方》七卷，一名《經驗集方》《經驗良方》，明·鄒元標撰，明天啓二年（壬戌，一六二二）序刊本，現存於日本國立公文書館内閣文庫。

一、著者與成書

《仁文書院集驗方》的作者，據其書卷首題署，乃『安城鄒元標父匯集，瀛海馮嘉會父訂刊，昭武丘兆麟父參閲。』也就是説，該書並不是一部編撰之作，而是鄒元標匯集諸方，馮嘉會予以訂正而成。該書在我國的書誌中僅見於清初黄虞稷《千頃堂書目著録》，其内容爲：『鄒元標、馮嘉會《仁文書院集驗方》七卷。』日本丹波元胤《醫籍考》、日本國立公文書館《内閣文庫漢籍分類目録》均把鄒元標作爲該書的作者著録。但從該書内容構成來看，鄒元標實際上不過是多種方書的最後集成者。

該書前有泰昌元年（一六二〇）鄒元標『《經驗集方》引』、天啓二年馮嘉會『《仁文書院經驗集方》引』、天啓壬戌張偉『《經驗良方》序』。綜合各序引所述，可以對該書的匯編過程有一個清晰的瞭解。

鄒元標，人稱南皋先生。吉水（今屬江西）人。卷首稱鄒氏爲安城人，安城即安成，古郡名，治所在平都（今江西安福東南）。吉水即屬於古安成郡。鄒氏爲萬曆五年（一五七七）進士，官至大中丞。在其爲官的四十餘年間，接觸了一些公卿貴族，認爲他們的府第中『奇人奇述多有』，於是仿古人『杜門集方』，將數家公卿所藏醫方會聚一處。這幾家醫方來源於：劍江李司馬《親驗方》；麻城劉司馬《彰賜堂集方》；焦翰撰《墨寶齋集方》；鄒元標所得賀大學所集《海上奇方》，該方曾經侍御孫公刻板以傳。鄒氏身爲官僚，自無暇整理這些方書，乃於泰昌元年托人整理以傳。天啓初年，馮嘉會（亦爲明大臣，萬曆二十三年進士，官至中丞，河北河間人）在大梁巡撫時，從鄒元標處獲得了上述四種方書，準備刻板印行。其時『毘陵段生，以儒術工醫，從余使院，復取其肘後一册，附於後』。也就是説馮氏又將他所收藏的方劑附在前四種醫方之後。由此可知，《仁文書院集驗方》雖將『南皋先生』冠名，實際上其方劑來源於五家。

檢視該書内容，可以發現其書已將五家醫方重新進行過整理。各方下很少註明出處，因此也就很難判定這五家醫方原屬哪一家。衹是在少數醫方之後，可見註以『章（彰）賜堂方』、『墨寶齋方』，此即前述麻城劉司馬《彰賜堂集方》、焦翰撰《墨寶齋集方》。由於這些方劑的來源不同，因此該書中所收方劑的風格也就不盡相同。

二、内容概述

該書七卷，以病症爲綱，歸類諸方。卷一爲中風、傷寒、感冒、諸寒、瘟疫等外感病爲主，共十三類；卷二爲咳嗽、失音、脾胃、瘧疾、痢疾、泄瀉、霍亂、嘔吐等雜病十五類；卷三爲身形諸疾，如頭痛、眼疾、耳疾、鼻疾等十八類；卷四的内容最爲複雜，既有補益、安神、諸氣、諸血、虚勞、汗症、骨蒸等關乎全身的方劑，又有身體下部疾患（如諸淋、遺精、遺尿失禁、小便閉、大便閉等），還有飲食忌、衣服、雜事、六畜類。卷五爲婦人疾病十二類，卷六爲小兒疾病三十一類，卷七爲外科、皮科、骨傷科疾病二十一類。

三、學術價值點評

上述醫方分類是古代比較常見的形式，除了分類比較細致之外，並没有多少新意。考察一部方書，主要是檢視其所收方劑的形式和特點。由於該書是將五家醫方匯集而成，又經過重新編定，因此，該書實際上反映了多種類型的醫方書特點。中國自古以來，民間有手鈔醫方書的傳統。對於非職業醫生或藥家收集的醫方來説，其目的主要是方便自療與救急。由於收集者所處地區與身份的不同，其方劑來源也就大相徑庭。有的醫方書多從已經出版的醫藥書籍中精選實用醫方，而有的醫方書則收集民間口口相傳的簡易方藥。這兩類醫方在該書中均有體現。

從醫藥出版物中選取的方劑在該書中佔的比例比較大。雖然該書並没有在每一方下註明出處，但亦有少數方劑下介紹了其來源。從中可知某些方劑是來源於黎居士《易簡方》《博愛心鑒》《二難寶鑒》《丹溪方》、羅謙甫、繆希雍等處。其中黎居士《易簡方》《二難寶鑒》在當今已屬罕見之書了。這些醫書中的方劑多數藥味很多，屬於大方。同時若干方劑中講究辨證用方之法。例如胃虛嘔吐之下，列有初用、二用、三用、四用之方，强調在該病不同的階段使用不同的方劑。這種列舉方劑法，也可見於治火證、四時疫病等。像這樣的內容，在一般民間的醫方鈔本中是很難見到的。

該書收集的一些補益方，平和實用。例如『茯苓膏』，書中詳細介紹了其製作方法。在此膏的基礎上，又衍生出『延齡糕』等健脾方，對平補脾胃具有切實的療效。

然而更引人注目的是該書所收集的民間簡易單驗方。筆者在調查數百種民間醫方鈔本時，發現其內容並不局限於疾病的治療，舉凡日常生活的經驗，動物疾病的治療等，也無不是鈔寫的對象。這種情況，也見於《仁文書院集驗方》一書中。例如該書卷四在『解諸毒』、『諸蟲類』中，收集了大量的簡便方，這些方劑大多數衹有一味或很少的幾味藥，這些藥物又有很多是民間隨處可得之品（如鹽、芝麻、綠豆等）。此外該卷設有『衣服類』，介紹如何清洗油污、墨污、漆污、血污、瘡癤膿血污、蟹黃污的衣物的方法，以及如何收藏動物皮毛製成的衣物等。『雜事類』涉及的範圍更加廣泛，包括檢驗油裏是否摻水、防治蔬菜的蟲害、防治酒酸、防止蠟燭淋瀉法、治蒼蠅法、裱褙字畫防蟲鼠法、貯藏書畫法，甚至連坐船如何預防船中的廁所出糞水。『六畜類』實際上是獸醫的內容，收集的是治療猫、狗、鷄、猪、牛、馬、鶴、鹿等動物的疾病，但方劑及所治病種也十分有限，祇能説是民間鈔本在記録人的疾病方法之餘，將某些適用的日常生活經驗筆之於書。類似該卷的簡易方劑在其他卷也或多或少都已收集。

民間單驗方除所用藥物簡單易得之外，還多用草藥。由於有些草藥必須在當地採集，因此該書的某些方劑在草藥名之下，經常記載其別名、形態。例如降火益氣湯，『用鬼谷茶，即八角刺，俗名狗婆艻。』書中甚至出示了白麥飯石的圖形。在太乙紫金丹方下，五味藥中，四味詳細註明了藥物的形態辨認方法。這些民間用藥、辨藥的經驗，是體現該書重要學術價值的方面之一，對當今的醫藥人員都有一定的裨益。

該書係舉世僅存之孤本，爲明代地方官刊，刻工甚佳，字畫清晰美觀，屬於明末刻本中的佳本。

慈惠小編

孟慶雲

《慈惠小編》是清乾隆四十年（一七七五）吴興錢守和、吴焕兩位名醫纂輯的關於急症的方書，相當於現代的急症手册，孤本現藏於中國中醫科學院圖書館。

一、著者與成書

錢家是吴興望族，錢守和字靖邦，號覺非，不僅是名醫，也是名士，在《吴興縣誌》中有傳，此書在刊刻過程中，同里人金萬全、費守美也共同參訂，書目之前除有錢守和的自序外，還有號爲雲房山人、一山主人兩位名人分别撰寫的序言。書名已昭示了著書目的和特點，即心懷慈惠，以手段救人，利人利物，共臻春臺之樂，無疾病夭札之侵。稱『小』者乃如《小品方》之『小』，即劉孝標註《世説新語》所云『詳者爲大品，略者爲小品』之意。

二、内容與特色

古代論治急症，多載於各科著作和方書之中，特别是魏晋以降，方書大行其道，以治方應對病證，既便於從醫者研習，又便於病家撿點選用。從目前存世可查的《五十二病方》《肘後備急方》等到清代，中醫古籍以方書問世者甚夥，但急症專書却不多見。本書以博綜典籍，搜羅宏富，堪爲古代急症諸書之翹楚。援以經典名著自不必説，還引用很多現已鮮知甚至今已亡佚的方書，諸如《談野翁方》《筆珠萃》《潘霞山秘録》《筆苑仙丹》《事海文山》《法天生意》《通變要法》《愛日堂傳方》《魯班方》等百餘種方書，保留了豐富的學術内容。作者還以其專業的敏感和判别，從古代筆記文論等非醫學著作中，收録了一些具體而有可操作性的急症治方，這些書籍在古代流傳中幾近淹没，倒是醫書使其隔行傳名，例如《韵亭隨筆》《願體集》《陰騭文註證刻》《曾公談録》《北户録》《鐵圍山叢説》《研北雜誌》《事林廣記》等。

在古代急症醫學諸多著作中，本書分門別類的框架最爲系統完備。開篇從縊死、溺死、凍死、魘死、自刎的『五絶死症』起，繼之『中惡卒暴怪異門』『跌撲傷損急救門』『湯火傷灼急救門』『諸血危症急救門』『大小便閉急救門』等十一門爲上卷；以『婦人難産急救門』『小兒痘症危絶急救門』『中毒死絶急救門』等九門爲中卷；以『古方神治門』『食忌急救門』『奇疾急救門』等三門爲下卷，共列二十三門二百五十四類，可謂周詳之至。集歷代急救醫學的大成，又能展現出與時諧進的徑跡。

三、學術價值

本書撰著選方嚴謹，絶非有聞必録。作爲方書，其方藥的選擇標準係以契合理論爲務，如撰者在《凡例》中所説，係『擇其中正而切以病機，載在各證條下，以便檢擇』。能將辨證論治的機理原則貫穿全書，又在叙述中，對藥物、方劑、器械、操作步驟、各環節的觀察要點，都詳細而有條理地介紹，從中可見作者是有豐富實踐經驗的上工。除用辭文雅外，還引用一些歌訣準確地表達各種病證的治療，例如他引用《普濟方》中腹内黽病（腫塊）歌訣：『人間黽病不堪言，肚裏生成硬似磚。自死殭蠶白馬尿，不過時刻軟如綿』。又如引自《便易良方》的催生歌：『一烏（頭）三巴（豆）七胡椒（一、三、七是劑量比例），細研搗爛取成膏，酒醋調和臍上貼，便令子母見分胞』。急症方書因有家庭急救的用場，作者索性在書中卷下列一《古方神治門》，將一些增强記憶，養老保健乃至防治蛇蟲之類的有效名方載列門下，如孔子大聖枕中丹、狀元教子第一方、王肯堂讀書丸、岐真人養老丹、東坡雄黄丸等精選列出，使此書成爲一部家庭必備之書。

《慈惠小編》刊刻兩百多年以來，因書名過於文雅又没有急症字樣險些亡佚，此書的重新出版問世，對於開展中醫急症研究，對於臨床普及急症治療都是大有助益的。

亟齋急應奇方

孟慶雲

《亟齋急應奇方》，或稱《急應奇方》，清·康熙五十六年（一七一七）張亟齋居士編輯。鈔本藏於中國中醫科學院圖書館。

一、著者與成書

作者傳世著作頗多，現存還有《集驗新方》《婦嬰至寶續編》（現存殘本）《達生編》《保生篇》《胎産良方》《達生保嬰滙編》《兒女至寶》等。其中以《達生編》最爲稱著，從一七一五年初刻以來，至民國時代，翻刻再版竟達一百三十三種之多（《全國中醫圖書聯合目録》）。但是，對於作者身世，至今尚不知曉。他所編撰的書均署『亟齋居士』以及『於南昌郡舍』、『南昌郡署之西堂』等字樣。何時希先生所著之《中國歷代醫家傳録》將亟齋居士定讞爲『女科』，但又有按語說：『曾見言亟齋居士係女性者，未記書名。觀此似又屬居官而隱其姓名者。』可見二百多年來他的姓名身世一直未能解謎。通過詳細閱讀本書，在《急救門》的論述之後見標有『張亟齋記』四字，由此可推知亟齋居士本姓張，『亟齋』可能是其號。『亟齋』二字除自呼外，還署爲書名，又自命居士，此三點均說明這位張先生以亟齋爲號。另外，他在《解毒湯方》『但芒硝不可服』之下又註曰：『又行醫者云：凡治湯火所爛方，亦不宜用芒硝。』可見他不是專職行醫者。至於他是男士還是婦女？他那些豐富的產科經驗如何得來？確實都是有待今後深入研究的。至於本書的編集，自當是其在急治急救方面稱意而切於用世者。

二、內容與特色

本書是一部以應對急症爲主的方書。全書共二十四門，附備急方，分一、二兩卷。編撰完成以後尚未付梓，僅存鈔本。本書所稱急症係指突臨厄難和病情危急。突臨厄難屬於『五絕』之類，指縊死、溺死、凍死、魘死、自刎等，係無病之人，突然有致死因素加之於身，以致氣閉血絶而死，凡遇此等，事不宜遲，争得時機，施術搶救，惟務生還。它如雷電擊傷、食物中毒、蟲獸毒咬、槍彈刀箭等也屬於此。病情危急者，如難産、臨産出血、胎兒窒息等病勢危急的，也有癲癇、哮喘、真心痛等突然發作的，又有瘟疫、痰飲等轉爲垂危的，也應按照病情病機，急則顧命。作者不僅認識到急症在醫學中的重要，也深知急症救治的社會意義，指出：『但救得一人，則全一人性命，免一家骨肉分離，省一家官非口舌』，以拯黎元爲使命而慎於選方，每症祇惟取屢驗之一兩個方，對於見諸醫書而無必效之把握者寧闕之。每方詳盡製方炙藥服用之法，也包括救治時的操作護理要點。爲了便於貧家，盡量選用易得價廉的藥物以及食品入藥者，但惜其未註明方劑源於何書。方書把小兒、外科、婦人門的急症列於書首，説明作者的重視。除急救治方之外，書中還選録了一些有診斷價值的方法，例如在婦人門中，列有判斷妊娠的驗胎散。書中還附列了一些有關生産和救治動物的驗方，如猪瘟散、肥猪法之類。還有些驗方，如去油污、去墨污、藥酒、解酒、補瓷器玉器石器之類的方法亦堪珍重。

此外，作者在書中幾次提及『詳情在《達生編》中』，如將本書與他的《達生編》等著作對照閱讀，將更有增益。本書以其實用性和通俗性，對於急症臨床工作，對於家庭保健，都是可資閱讀，值得常備的著作。

衛生編

孟慶雲

《衛生編》三卷又稱《選集衛生編》，清代石文鼎（右容）選集。清乾隆二年（一七三七）刊行，初刻以來未能再版，此本爲刻書之底稿，現藏於中國中醫科學院圖書館。

一、著者與成書

關於此書的作者和序文的作者，因資料缺乏，目前尚不知曉他們的身世。作者石文鼎，字右容，自署『長白』人氏，就山而論，東北有長白山，山東泰山副岳也稱長白山。就府縣而言，遼寧塔甸爲長白府，民國以後廢府設縣，作者爲長白府人氏可能性較大。序文作者王庭，字蘭在，自署爲大興人氏，別無所知。書中關於幾個養生秘方的源出，頗有神秘性，或奇方神授，或出自六百餘歲的高僧，應該從實踐性考察，無需究其出典。

衛生是古代對養生的別稱。方書是記載方劑的醫書。早在夏商時代就開始應用湯劑了，當時稱爲『湯液』，其後又有丸、散、酒、膏、丹等多種劑型相繼出現。馬王堆漢墓出土的《五十二病方》是戰國時的著作。漢代稱其爲『經方』，《漢書·藝文誌》載經方十一家，二百七十四卷。經方在漢代即見諸於時，成爲和醫經並峙的學派。魏晋南北朝時代，醫家得意於用方，士人崇尚行孝養生，著輯方書之風盛行，堪爲『方書時代』。宋金元至今，辨證論治爲醫學砥柱，但方書久傳不息。古人很重視衛生。《莊子·庚桑楚》有文曰：『願聞衛生之經而已矣。』《釋文》中李雲言：『防衛其生，令合道也。』陶淵明在《形影神三首·影答形》詩中有句曰：『存生不可言，衛生每若拙。』古人認爲養生可强身健體，若能把養生方法公諸於衆，則有濟世之功。循此美德，本書作者『採古人之精華，匯諸家之奇秘，擇其每示驗者，萃而成帙』。

二、内容與特色

中醫歷代寶藏的養生保健著作最爲豐富，含『衛生』二字命名書籍的就有四十多種。比較起來本書有三個特點。

（一）養治悉俱，康復健體

書分三卷，第一卷補益。第二卷秘丸方、内科雜病、眼科、喉科、血症、瘧疾、痢疾、瘰癧、痔瘻。第三卷急救、外科。從增强體質入手，以提高男女生育能力延續種族的『補天廣嗣物類有情丹』和『九轉丹』開篇，之下有治五癆七傷延年益壽的『大成丸』，養元氣生心血止盗汗除遺精的『九子圓』等諸多服用方便的丸劑、藥酒。對各病證的治療及急救手段，都以作者的經驗和識斷選擇一至三首有速效或奇效的治方，這對於急慢性病和防治亞健康殊可徵信。

（二）醫理通達，機巧無窮

作爲方書，不以論述機理爲務，但各方的製法用法，都得契合中醫理論和藥性。書中之補益方劑，皆合温補學派補腎健脾的理論，其育嗣種子的方劑均合命門相火學説；而治療各病的方劑，乃是仲景、金元醫家、景岳等輩屢用而效應桴鼓者。有的方，通過『藥引』擴張其用，如九轉丹：『一治諸般癆症，酒癆乾葛湯下，色癆燕子湯下，乾癆黄芪麥冬湯下，蟲癆木香茯苓湯下，脾癆當歸湯下，癆發柴胡湯下，五癆七傷人參陳皮湯下，氣癆木香湯下。一治五臟六腑五痔八痢、五臟虚冷胡蘆巴或胡麻湯下，五臟燥熱山梔湯下，五穀不消陳皮湯下，五臟虚熱乳香湯下，五臟煩熱黄花梔子湯下，五臟瀉痢心下餘熱茶送下。』這一番通過藥引加減爲用，使九轉丹治療套路化，一方多用。又如卷三『治大麻瘋奇方』用於治麻風，鑑於麻風爲慢性傳染病，不同月份、病位在不同經絡表現不一的特點，在此方項下提出逐月加減和各經加減的套路。『逐月加減：正月加郁李仁五錢，白蒺藜一兩；二月加郁李仁四錢，白蒺藜八錢；三月加郁李仁五錢，白蒺藜四錢；四月加郁李仁四錢，白蒺藜八錢；五月加郁李仁五錢；六、七、八、九、十月加郁李仁八錢，白蒺藜四錢；十一月加郁李仁六錢，白蒺藜一兩；十二月加郁李仁八錢，白蒺藜一兩八錢。』盡管都用郁李仁、白蒺藜（五月份不用），但是不同月份藥量不同。其『各經加減：肝經來症加連翹一兩、牛黄二錢、朱砂五錢。歸尾一兩；心經來症加山梔一兩、連翹一兩、蒺藜二兩；肺經來症加黄芩二兩；脾經來症加白术二兩；腎經來症加破故紙一兩；五臟來症加蒼术一兩五錢；六腑來症加威靈仙一兩、續斷一兩、何首烏二兩。』又有『四季加減：春加柴胡二兩，夏加黄連二兩，秋加白术一兩五錢，冬加烏藥二兩。』更有『各症加減：面腫加白芷二兩，遍身痛加乳香四錢、没藥三錢，遍身浮腫加蒼术一兩五錢，人虚弱加人參一錢、白茯苓二兩，骨節痛加虎脛骨二錢，脚底腫加牛膝一兩，手足拘攣加威靈仙四兩，上部加當歸一兩五錢，鼻塞加藁本三錢，眼黄加茵陳五錢，聲音啞加桔梗八錢，脚上穿加牛膝七錢，潰脱加胡麻二兩，不效加郁李仁五錢，目昏唇翻加蒺藜三兩，收功加蟬退三錢、藁本三錢、珍珠五錢、白芷三錢、胎骨三錢（煅）、當歸一兩、皂角刺一兩、羚羊角三錢。』以上均爲末，做水丸桐子大，每服百丸，茶下。此一番加減套路，體現了辨證論治應時而別、隨證治之的精神藝術。

（三）實用精神，製法詳明

此書所載之方劑，有繁有簡，繁者幾十味藥，但製成丸藥以後，服用方便；簡單者二三味藥，甚至一味藥，而藥物也多是易得者，少用奇藥、貴藥，特別是急救之方，更是簡便驗廉。其中有些應季節調理的膏方，例如久嗽膏方，具有防治支飲、哮喘的功效。此方書不僅可供醫者參用，又因於對方劑的製備敘述得明白透徹，以此也可作爲家庭保健用書。

（新鍥王氏家傳）濟世碎金方

鄭金生

《（新鍥王氏家傳）濟世碎金方》四卷，明·王文謨編撰，明萬曆二十二年（一五九四）積善堂刻本，孤本現藏於日本國立公文書館内閣文庫。

一、著者與成書

據《濟世碎金方》書前的『家傳碎金方引』的署名，該書前三卷的作者應該是明代的王文謨。王氏字繼周，江右建之盱（今江西南城）人。世醫出身。作者刊刻《碎金方》的主要原因，是憂於『近代刊刻古方，盡皆藏倖，多是藥品不全，等分不一，炮製弗精，咸失古方之本旨，安足望其起死回生哉？』於是取家傳秘方（内有其祖『杏林翁秘傳之方』，其父『雲泉翁經驗之藥』），並結合自己『嘗取效之術』，加之所『聞江湖道中玄妙之劑』，匯集而成《濟世碎金方》。該書編成於萬曆二十一年，次年萬曆二十二年由閩建書林陳静宇積善堂刊刻。據序中所稱，此書原附刻於已鍥行的王文謨《醫學鈎玄》之後，但《醫學鈎玄》迄今未見。

該書在中國已經不存，而日本國立公文書館内閣文庫却藏有明刻本一部，以及依據該刻本轉鈔的日本寫本一部。今回歸的明萬曆二十二年中國原刻本，原爲紅葉山文庫收藏。紅葉山文庫創建之時，相當於中國明代末年，而該書傳入日本的具體時間不詳。從藏書印來看，日本寫本在多紀元簡時代（一七五五～一八一〇）已經鈔畢。即中國刻本至少在十八世紀後期已傳到日本。

二、内容與特色

該書正文分爲四卷，每卷前各列目録。這些目録並没有像一般方書那樣按病分類，而是直接出示方劑。其方劑排列的隨意性很大。例如同是治療癰疽方，可能在該書不同的卷次中都可能出現，而不像一般醫方書那樣將主治相同的方劑類聚在一起。造成這種情況的原因，恐怕主要與作者們並非文化水平很高的儒醫有關。

據其目録所載方劑名，可以計得方劑千餘首。其中卷一有三百六十二首，卷二列三百九十三首，卷三載一百七十三首，卷四存二百四十四首，但這些不同卷次的方劑也有時重復。

前三卷方劑之名多以疾病名稱而定，如『治瘰癧癧腫方』、『下死胎方』、『乳癰方』等，名稱中可見有『仙方』、『頂方』、『秘傳』、『秘授』、『祖傳』、『神效奇方』、『家傳』等字，突出强調了作者在自序中談到的『真世不傳之方，實爲鎮家之寶』之特點。治療病症包括頑痰怪病、外科、内科、小兒病、婦科、目病、耳病、牙病等，範圍廣泛。每方中詳記各藥物用量及劑型服法。書中所使用的古典方劑數量不多，絶大多數是經驗簡便的小方。這些方劑有些對臨床治療很有參考價值，例如其中治療梅瘡的方劑多達三十首，這在明代的方書中也是不多見的。該書還收有一般方書很少有的『下私胎方』，係用藥物插入陰户以達到終止妊娠的目的。雖然作者也聲明『不可輕傳，大損陰德，神效神效』，但像這樣在書中公開記載打胎方，除了走方醫的書籍之外，一般醫書都是不多見的。類似這樣的記載就爲考察古代醫學隱秘的一面提供了依據。

該書以記録家傳經驗藥方爲主旨，未加琢飾，有時甚至還在方書中保留了藥物形態的圖片或解説。例如書中還記載了部分民間草藥，這些藥物在講述方劑時附帶提及，很類似醫學發展早期的醫方書。如該書中夾有『玉簪花樣』，即一幅小小的『玉簪花』藥圖，並有藥物形態的簡單記載。

卷四全爲走方醫的内容。除載有少量關於疾病的簡便治法（如治痔瘡枯藥、截瘧仙方、治痢仙方、五色惡痢仙方）之外，大量的是與生活相關的内容（如追臟法、斷鼠法、鬬蚊蟲方、做豆腐多出方、止醉方），同時又含衆多咒禁術及走方醫、魔術方等内容（如休糧服草方、金蟬脱殼方、佳人換面法、咒水絶食法）。筆者將該卷與清·趙學敏《串雅》相比，可以得知其内容與《串雅外編》比較相似。也就是説，除了治病用藥方之外，該卷比較多地列舉了一些江湖醫生在治病之外的一些藥方。這些藥方大多不直接用來治病，而是用於變戲法、造假藥、弄噱頭、驅蚊蠅等等。記載這類的方劑，正是走方醫書的一大特點。

在走方醫的醫書中，該書成書比較早。其刊刻之年，正是明·李時珍《本草綱目》刊行的同一年，因此，該書中有關走方醫的醫方方術，應該引起學術界的注意。勿庸諱言的是，該書的編纂水平很差，因此選方雜亂，甚至有少數重復之處，使用起來頗爲不便。該書的作者本是一般醫生甚至走方郎中，缺乏編纂書籍的基本方法，因此不僅編排無倫，而且有些無關的内容，也被收進了該書。某些符咒乃至荒誕不經的内容亦時或厠身其中。除了藥方之外，該書也雜鈔一些其他醫書的内容。例如在『蹊蹺怪病』一名下記載了三十四種特殊怪病，其内容實際上是轉鈔明·李樓《怪證奇方》。以上這些内容看似雜亂，但卻真正反映了當時民間醫生、走方醫的知識結構和治療實際。

另外，該書卷三目録前有一幅『家傳授受之圖』，描述了一孩童隨家人研習處方之場景。雖説是書商所爲，但卻是古代家傳授徒的寫照。

三、學術價值點評

從該書方劑來源來看，值得注意的是其中的『江湖道中玄妙之劑』。考察其所出示的方劑名稱，可以推斷本書是現知存世最早的走方醫之醫方。走方醫内治法的特點是『以頂、串、禁、截勝，取其速驗』（《串雅内編·緒論》）。所謂『頂、串、禁、截』，趙學敏的解釋是：『藥上行者曰頂，下行者曰串。故頂藥多吐，串藥多瀉。頂串而外，則曰截。截，絶也。』趙氏所説的這些名稱在《濟世碎金方》中都可以見到。如咳嗽頂方，通經頂方，頭痛頂方，牙痛頂方，百病串方，截瘧領方，截瘧仙方等，很明顯這些醫方都是出自走方醫。書中有時也直接註明其方來源，如『草澤奇方』、『江惕吾方』（江氏即一名走方醫，本文下文還將提及）等，也都表明該書是一部較罕見的反映民間走方醫醫術的書籍。

該書的卷四實際上是一附録之書，書名爲《秘傳神仙巧術各色奇方》，其作者署名爲『江湖散人仰周王武烈修，黎川散人惕吾江朝仰補』。從作者自稱江湖散人，可知他們都是闖蕩江湖的走方醫。黎川在今江西，與南城縣比鄰。前述王文謨所撰的前三卷中，也曾經引用過『江惕吾方』。可知這一卷的内容全爲走方醫所用方術和方劑。南城和黎川位於江西的東南部，鄰接福建。因此，該書所反映的内容，是明代建昌府（所轄包括今江西南城、南豐、黎川等地）的民間醫術。

走方醫的醫術在古代一般是秘而不傳的。王文謨何以能得知走方醫的秘方？雖然有可能是王氏交結了走方醫的朋友，但也不能排除王文謨自己就是一名走方醫的可能性。《濟世碎金方》中王氏家傳的經驗秘方，在風格上與走方醫的方術非常接近。該書中有時也流露出王文謨十足的江湖氣。例如他在方後自撰的詩云：『傳來方外仙人術，活盡寰中百病人。能逐惡疾並困疾，繼周端的不虛陳。』這種自詡『傳來方外仙人術』，並揚言要『活盡寰中百病人』的口氣，最多見於走方醫，一般的市醫是不至於張揚到如此程度的。要之，該書中傳録醫方的作者們屬於治療經驗比較豐富的醫生，這些醫生與一般市醫還有些不同，他們大多是走方醫。因此該書記載的某些經驗用藥特別應該注意發掘和研究。

中國醫籍中方書的數量最多，這是因爲醫方是直接用於治病的武器。然而『千方易得，一效難求』，因此，實用有效的醫方，又是千百年來醫學界最爲重視的內容之一。明·王文謨《濟世碎金方》的特點，正在於它記録了較多的家傳經驗方，同時它還保留了相當多的走方醫的經驗醫方。中國古代走方醫的醫方醫技，一直蒙蔽着神秘的帷幕，直到清·趙學敏《串雅》（一七五九）問世，其方其術才逐漸爲世人所知。而《濟世碎金方》及其所附走方醫的治療方術，其發表時間比趙學敏《串雅》還要早一百六十六年。因此，《濟世碎金方》的回歸，不僅爲中醫臨床治療提供了過去所未能見到的許多經驗醫方，也爲考察歷史上的走方醫發展史提供了重要的史料，洵足珍貴。

聖散子方

伊廣謙

《聖散子方》一卷，成書於宋元符三年（一一〇〇）。本書正文僅收聖散子方一首，由於唐宋八大家之一蘇軾的大力揄揚，其方在宋代聲名甚著，一度『天下通行』。據蘇軾序，其方不知所從出，蘇乃得之於四川眉山人巢谷。巢本秘而不傳，蘇苦求得之。蘇謫居黄州時，其地連年時疫，蘇合藥散發，活人不可勝數，後將此方傳諸名醫龐安時。安時撰《傷寒總病論》，將《聖散子方》附刻。據黄庭堅撰《傷寒總病論》序，該書成書於元符三年，故可認定《聖散子方》成書於是年。

本書聖散子方，内有高良姜、白朮、白芍、藁本、白茯苓、柴胡、麻黄、防風、澤瀉、猪苓、藿香、細辛、吴茱萸、獨活、蒼朮、枳殼、厚朴、半夏、附子、石菖蒲、甘草、草豆蔻仁，凡二十二味藥物。《傷寒總病論》附刻方藥味數相同，而《蘇沈良方》所載本方少吴茱萸、白朮二味。至其主治，則謂『治傷寒時行疫癘，風温濕温，一切不問陰陽兩感』，並宜服之。

蘇軾序中最爲讚賞的，就是聖散子方治療傷寒，『一切不問，凡陰陽二毒，男女相易，狀至危急者，連飲數劑，即汗出氣通』，譽之爲『濟世之具，衛家之寶』。另據《蘇軾文集》所載《聖散子方·後序》：『聖散子主疾，功效非一。去年春，杭（州）之民病，得此藥全活者，不可勝數。』東坡的經驗，無疑聖散子方曾有過卓越的療效，聖散子方也因此一時名播遐邇，廣泛應用。

但不久，在南宋聖散子方即遭到醫家和士人的猛烈抨擊，成爲醫學史上的一段公案。如葉夢得《避暑録話》云：『宣和（一一一九～一一二五）後此藥盛行於京師，太學諸生信之尤篤，殺人無數。今醫者悟，始廢不用。』陳言《三因極一病證方論》云：『此藥以治寒疫，因東坡作序，天下通行。辛未（一一五一）年，永嘉瘟疫，被害者不可勝數。』

明代，仍有聖散子方誤人的記載，如俞弁《續醫説》云：『弘治癸丑（一四九三）年，吴中疫癘大作，吴邑令孫磐，令醫人修合聖散子，遍施街衢，並以其方刊行。病人服之，十無一生，率皆狂躁昏瞀而卒。』

對此，葉夢得認爲：『疾之毫釐不可差，無過於傷寒，用藥一失其度，則立死者皆是，安有不問證候而可用者乎？』直指應用本方『一切不問，似太不近人情』，實際更不合醫理。俞弁更指責：『若不辨陰陽二證，一概施治，殺人利於刀劍。』大量的醫源性死亡，激烈的批評，從此文獻上再未見有用聖散子方通治一切傷寒時疫的記載。漸行漸遠，聖散子方似乎從醫家的視野中淡出。

東坡大力推薦聖散子方的本意，無疑是出於濟世拯民的情懷，希望有一種普適速效的方法，解除時疫流行的困厄，而且在黄州和杭州也確曾奏效。但這種『一切不問』的用藥方式，看似便捷，濫用起來，害人匪淺。『子瞻（蘇軾）以（巢）谷奇俠而取其方，天下以子瞻文章而信其方，事本不相因，而趨名者又至於忘性命而試其藥，人之惑蓋有至是者！』（《避暑録話》）名人專家在自己的專業或專長之外，所持大抵不過是常人之見，趨名誤人，古今一例，概莫能外。迷信名人的悲劇是慘痛的。

平心而論，這不是聖散子之誤，乃應用聖散子不當之誤。以一方統治百病而『一切不問』，能不僨事者幾希！聖散子方未可遽加否定。但明弘治以後，聖散子方醫籍罕載，《聖散子方》一書也流傳漸絶，迄今天壤之間僅存此孤本。

本書正文之後爲『附録』，計有『神醫華陀先生危病十方』及『經驗三方』。據錢曾（遵王）《讀書敏求記》：『郭五常得之（指《聖散子方》）於都憲袁公，即爲梓行於鄖陽。附録華陀危病十方及經驗三方，續得者復刊爲續録。』續録内容爲治療痞疾、臁瘡、心痛、絞腸痧等二十八方。現存本書有『續録』，應是『續得者復刊』。

本書原爲著名醫史學家、藏書家范行準先生舊藏，後捐贈給中國中醫科學院圖書館。前收藏者趙不騫（古椿）在封面題『述古堂舊藏宋槧孤本』，范先生在『栖芬室架藏書目』據以著録。

按照已知《聖散子方》的收藏順序，依次爲錢曾述古堂、陳墫西畇草堂、趙宗建舊山樓、范行準栖芬室，流傳有序，脉絡清晰。

錢曾字遵王，爲清初大藏書家，述古堂爲其藏書處。錢氏富於藏書，且多精品。清·汪森《小方壺文鈔·自銅川抵虞山記》：『過遵王别業，堂中所列，悉宋元刻本，餘無他籍。』錢曾撰《讀書敏求記》，專記宋元精槧或精鈔，《聖散子方》即著録於中。曹一士跋云，『錢遵王先生《讀書敏求記》所載悉宋元刻善本，世所罕見，能考其從來，而評騭其是非』。阮賜卿序引清代大學者何義門，『謂《敏求記》凡六百有一種，皆記宋版元鈔』。這是當時學林的一致看法。

其後收藏者爲著名藏書家陳墫。陳墫，字仲遵，一字葦汀，清長洲人，居所名曰西畇草堂。藏書之外，書法、繪畫俱精。是葉昌熾（菊裳）

《藏書記事詩》曾吟咏過的。

繼之則爲趙宗建舊山樓。趙宗建（一八二八～一九〇〇）爲晚清常熟大藏書家，據《舊山樓書目》，其藏有宋刊本三十四種，後又出補録增加十八種，本書爲其中之一。所藏最著名的是司馬光《資治通鑑》稿本。趙宗建去世後，書歸其次子趙仲舉。仲舉逝後，又歸仲舉長子趙不騫。趙不騫原名趙士權，字古椿。精研版本目録之學，於舊山樓藏書多有批校。本書卷端即有趙不騫於一九二一（辛酉）、一九二二（壬戌）、一九二三（癸亥）年題記三則，珍視之情，躍然紙上。日本侵華戰爭時趙不騫被日軍殺害，其後藏書逐漸散出。後爲范行準先生庋藏。

在本書卷尾還有一則題記：『癸亥夏曆元月二日鐵琴銅劍樓主人瞿啓甲敬觀。』按鐵琴銅劍樓爲我國近代四大藏書樓之一，草創於瞿紹基。瞿啓甲（一八七三～一九四〇），字良士，號鐵琴道人，爲瞿紹基曾孫，以藏書和書法名世。由以上遞藏名家的題跋足見本書的珍貴性。

玉笥龍瑞方

鄭金生

《玉笥龍瑞方》是明代黄建中彙録的藥方稿本。該書集録於明萬曆四十六年（一六一八）至四十七年（一六一九），但至今未見刊行，歷代書目亦未見記載。書中的許多藥方多來源於民間所傳，不乏簡驗廉便之方。現藏於日本公文書館内閣文庫。

一、著者與成書

該書的彙録者黄建中，字斧玉，號維玄道人，明萬曆間會稽（今浙江紹興）人。關於作者生平，今唯有從其書序中得知一二。黄氏序中自述『余髫年志醫，長而益力研究精微，其功與造化等倫。復鋭意求訪，日就月將，遂盈笥篋。』『最喜禁方書。每聞人蓄方書，試之驗者，無敢不叩。叩之無敢不盡。』綜上所載，可以推知黄氏對醫藥有着濃烈興趣，平素熱中收集醫方。《玉笥龍瑞方》即是黄氏所彙之方。

二、内容與特色

該書卷首爲『用藥法則』，包括藥性賦、用藥捷徑賦、用藥須知賦、引經藥報使、用藥凡例五部分内容。其中的『藥性賦』不同於明代流行的四言《藥性歌括》，也未見其他書籍所載。該賦不以藥性分類，統而述之。共述藥物九十二種，簡要地突出各藥的主要功能。其中也有少數藥名因功效不同而重復出現。《用藥捷徑賦》共出藥名一百一十八個，是另一種藥性歌賦。其特點是或隨藥名出功效，或以功效帶藥名。因此賦中某一功效可能有數個藥名。例如『白术、乾姜而止嘔，荆芥、蘇葉以祛風；黄芩、芍藥以凉心，苦參散血』之類。《用藥須知賦》與《用藥捷徑賦》屬於同一類型的歌賦，但内容不同。該賦共出藥名一百一十二個，内容更爲簡單。例如『川芎、當歸、地黄、蒲黄、茱萸、艾葉，專治婦人；川烏、黄芪、楝子、益智、山藥、葫蘆，能補男子』之類。以上三種藥性歌賦並不是一人所撰，因此内容各不相同，可能是黄氏鈔録的不同作者所撰之賦。

該書的正文約匯集了四百五十餘方，不分門類，統而録之。判斷醫方書的價值，主要在於所録之方的來源與療效。中國醫學史上有一類『傳信方』，其中最有名的是唐·劉禹錫（七七二～八四二）《傳信方》。什麼叫『傳信』？《四庫全書提要》認爲：『考此書每方之下，皆註傳自某人』。也就是説鈔傳有可信來源之方，即爲傳信方。劉禹錫《傳信方》就是因每方『皆有所自，故以傳信爲目云』。其命名取《春秋》『信以傳信』之義。這樣的傳信方並非摘鈔某一印本醫書之方，其收集對象是民間使用有驗之方。因此這類方書無論收集諸方所費的功夫還是方劑的療效，都比單純鈔録某一前人方書顯得更爲寶貴。《玉笥龍瑞方》中的某些方劑就是這樣一類的傳信方。

例如該書的『榮花散』，出自『大梁李滄溪傳』。該方治左癱右痪，用鱉甲、鹿茸、乳香、没藥、榮花樹皮合而爲方。其中的榮花原註爲『即夜合花』，也就是合歡樹的樹皮。此方組成極爲簡單，但所用藥物既有治療癱瘓多用的乳香、没藥，又將藥性寒溫迥異的鱉甲、鹿茸集於一方。該方以『縈花』爲名，可見對合歡樹皮的重視。合歡樹皮古代就有用於治療肺癰者，此方用來治療癱瘓，可能是民間使用的經驗。另『將軍膏』一方爲『朱同知傳』，主治爲傷損腫痛、瘀不消、血流注紫黑，或傷眼上青黑。其方僅用大黄爲末，生姜汁調敷患處。大黄化瘀是很確實的功效，但本方用於外敷，又與熱性的生姜合用，外治傷損，看來是民間治療傷損的經驗，值得重視。

該書鈔録的方劑没有一定之規，既有大方成方，也有民間的單驗方。這也正符合該書『隨手增補』的特點。其中的許多小方，往往衹有一二味藥物，最能體現民間治療的特色。除鈔録方劑之外，該書中還集中鈔録了七種藥物（多爲藥、食兩用之物），述其特性與功效的關聯，這對考證藥物功效來源很有價值。例如：

『增補杏仁：厨役造索粉，杏仁近之即爛。今後凡遇粉傷者，宜加焉。此惟醫能誌之，諸書皆未道也。』

『增補糯米：客有貨瓜果者，一遇糯米，無不化爛。後凡遇傷瓜果者宜入。』

『增補醇酒：《内則》誌八珍以養老，取牛肉必新殺者，絶其理而薄切之，湛諸醇酒，期朝而食之。則之善於爛牛味也可知矣。今後凡遇傷牛味者，宜便飲之。』

『增補淡豆豉：凡食前炙麵食、肥甘、椒辣等物，令人焦煩消渴，宜以淡豆豉一物煎湯主之，蓋亦歸於腐。又曰腐勝焦。淡豆豉源於經盦造而質已腐，則能腐化諸味矣，故稱其良。』

此外還有橄欖、芽茶、麝香等，均是從其某一特性推導在人體所能發揮的某種功效。這樣的推導法在古代是常見的方法。其推導結果也大多符合臨床實際，故該書樂於鈔録。

該書集成於萬曆年間，自然也就帶有那個時代的特點。明代萬曆年間，正是朝野上下盛行『以人補人』的高峰時期。所謂『以人補人』，就是使用人體廢棄物或排泄物充作補養人體的藥物。其中主要藥物是紅鉛（女子月經）、秋石（人尿製成）等。在這股打着『以人補人』旗號的風潮中，方士們利用製造藥物機會，摧殘年輕女性，亦屬邪術。其時出現的醫方書中，少有不記載紅鉛方者。《玉笥龍瑞方》也不例外。加之鈔輯者黄建中自號維玄道人，更是熱中於此類方劑的收集。該書下半部分所收的方劑，有很多就是屬於『以人補人』所用藥物的製備。其中的取紅鉛法、取梅子法等，荒誕不經。李時珍《本草綱目》對這類邪術方進行過嚴厲的批判，並聲明凡紅鉛方，概不收入。

總的來説，《玉笥龍瑞方》能較好地反映當時民間部分治療經驗，在明代醫方書中是較好的一種。且該書未見刊本，故應在中醫學術研究中予以重視。

醫方小品

王樹芬

《醫方小品》二卷，清·宋良弼纂。清刻本，現藏於天津圖書館。

一、著者與成書

宋良弼，字六一，天津人，生卒里貫未詳。本書前無序言，後無跋語，亦無凡例，爲探尋作者生平事跡遮隱了途徑。書名『小品』，意指篇幅較短，以深入淺出的手法直抒胸臆。以『小品』命名醫方者，當首推東晋陳延之的《小品方》，該書又名《經方小品》，本書早佚，其佚文散見於《外臺秘要》和《醫心方》中。

二、内容與特色

本書爲驗方彙編性著作。全書共録驗方六百三十四首，分隸於四十九種病證之下。除第一類方前有短短二百餘字的論述外，餘皆無論，直接在病證後羅列諸方。每方有方名者先標方名，無方名者直接主治，主治與前方同者標『又方』，繼列藥物及藥物的炮製法、服用法或使用法，有禁忌者附之，最末小字標明出處，則未標明出處者，當爲作者所創立。因所收録的驗方僅有個别方劑藥味較多外，其餘皆爲單方、小名，故名『醫方小品』。

和其他收集單驗方的著作相比，本書有兩個特點：其一，重視脾胃與服食。方數百，如何臚列，體現作者的學術思想：《備急千金要方》首載婦人次小兒，緣孫思邈重視婦人小兒；《肘後備急方》首列卒中次卒死，緣其本爲『救卒方』。而本書首論脾胃次言服食，開篇即論脾胃强弱與健康關係，繼責濫用攻下藥及以多食厚味爲補之誤，並揭櫫輯本書之用意：『今予集簡易方書，因雜症外來之邪却之即安，故有速法而亦有巧法也。若脾胃虚損，非積年培養，戒節飲食，何以能愈？豈速法巧法之能醫哉？惟大健脾丸一方，真脾胃之聖藥，養生之大本也，故首録焉。』首類僅三方，第二類爲『服食』，引古人服食法十一條，可見作者對保養脾胃及服食養生情有獨鍾。其二，採摭廣博，所引皆標出處。令讀者學有所本，或傳而可信，並非作者主觀臆造或拼湊叠砌之屬。全書引用的古籍近二百種，除現存常見的醫藥書外，據不完全統計，引述文史書七種，《全國中醫圖書聯合目録》未載方書三十九種，不明類别書二種，古人所傳方十二首。如其中《瑶經驗方》《聯目》未載，即是已佚醫書，因而本書的傳世便有了較高的古籍文獻内容保存價值。

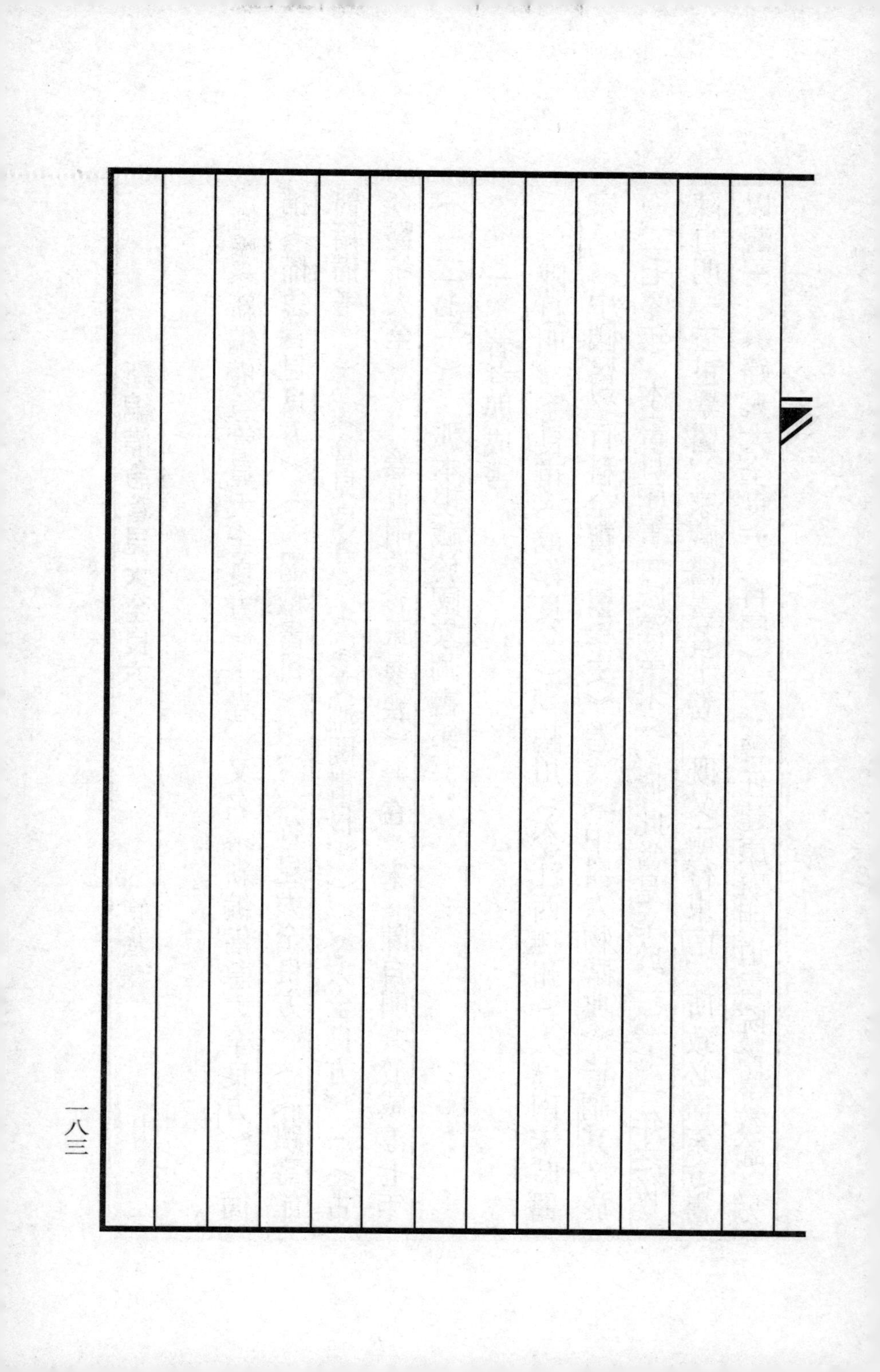

新編備急管見大全良方

伊廣謙

《新編備急管見大全良方》十卷，又名《新編備急大全良方》，簡稱《備急管見良方》（《醫藏書目》）、《管見大全良方》（《躋壽館醫籍備考》）、《管見良方》（《文淵閣書目》）、《大全良方》（《古今醫統大全》）。卷首附《診脈要訣》一卷。宋·陳自明撰於咸淳七年（一二七一）。孤本現藏於國家圖書館。

一、著者與成書

陳自明，字良甫（或作良父），臨川（今江西撫州）人。南宋時醫家。《中國醫學百科全書·醫學史》卷、《中醫人物辭典》皆謂其卒於一二七零年，本書自序署『咸淳辛未』，據此當是卒於一二七一年之後。陳自明『三世學醫，家藏醫書若干卷，既又遍行東南，所致必盡索方書以觀』（《婦人大全良方·自序》）。曾任建康府明道書院醫學教諭。另撰有《婦人大全良方》二十四卷（一二三七），《外科精要》三卷（一二六三）。

作者撰寫本書的緣起，『蓋念醫書繁夥，非行李所得盡載，逆旅倉遽，與醫藥或不相孚』，乃『就《局方》撮要』而編爲本書。這無疑是由於《太平惠民和劑局方》（簡稱《局方》）作爲官修方書在宋代的權威地位，『官府守之以爲法，醫門傳之以爲業，病者恃之以立命，世人習之以爲俗』（朱丹溪《局方發揮》）。其所收方劑，已成爲『醫家之律令格例也：增者過之，非也；損者不及，非也』（本書章末序）。陳氏認爲，《局方》『其劑量斟酌輕重多少之節，不知經幾有學識前輩投辯商訂，然後試之而輒效，用之而無弊』。這可以幫助我們了解本書與《局方》在學術上的淵源關係。此外，陳氏平生遍讀『海内古今醫書』，踪跡遍及東南半天下，『講論翫閱，汗漫繁多』，乃反覆參閲，由博返約，而撰本書。可以説，本書作爲其晚年著作，是其畢生各科經驗之總結。

二、内容與特色

本書卷首所附《診脈要訣》一卷，内容包括左手脈訣、右手脈訣，簡述左右手寸關尺之臟腑分配，諸脈異同，如『弦與緊相似，微與弱無別』之類；『脈之大要』，提出『以浮沉洪微虛實遲數八脈，以察病之虛實冷熱，方可用藥』，實際是以上述八脈爲辨證綱領脈；以下爲七表、八裏、九道脈，辨別浮沉、洪微、虛實、遲數四對脈象的區別，以及六怪脈等。皆簡明扼要，符合『要訣』之旨。

正篇十卷，以内傷雜病爲主，兼及外、婦、兒、五官、骨傷各科，論述諸病證治，計有諸風、傷寒、痰飲、咳嗽、脚氣、暑濕、瘧疾、瘴疫、瘡疹、霍亂、脾胃、諸氣、痔漏、淋閉、諸虛、痼冷、積熱，以至咽喉口齒、眼目、瘡腫傷折、婦人雜病、胎前産後、求嗣、小兒驚疳積熱諸病。每門疾病，更詳析數條，如傷寒下列傷寒叙論、傷寒十勸、感冒證治、傷寒在表、傷風證治、頭痛壯熱、少陽經病、傷寒在裏、傷寒表裏不解、有表復有裏、表未解而醫反下之、表熱裏寒表寒裏熱等三十六條，反覆探討，務求透徹明晰。全書共一百九十六條。從所收病種而言，並不甚多；而每病之論述，則足稱全面深入。

雖然作者序稱本書乃『就《局方》撮要，曰《備急管見》』，但本書並非《局方》之選本、改編本或註釋本。不同於一般方書，本書不是匯聚醫方，列述方劑組成、劑量、功能、主治、用法、禁忌之類，而是重在論述，甚至對所收方劑，除驗方外，均不列藥名。當然所用方劑，絶大多數出自《局方》。《新編備急管見大全良方》於《局方》，是學術上的繼承，而不是體例與内容的沿襲或化裁。

作者論病辨治，態度嚴謹。如論治瘴疫，曾『遍求方論』，但『更無至當之説』。以『瘴疫之盛，多在兩廣』，便以『親履其地』考察的結果來分析病因：『原疾之由，蓋極南之地暄熱，下潦上霧，毒氣熏蒸而成斯疾。』醫籍中缺乏之記載，他便旁搜遍檢。如關於嶺南氣候，引唐代杜荀鶴《送人游南海》詩：『花鳥名皆別，寒暄氣不齊。』引宋代蘇軾『答周文默化堂帖』：『嶺南無大寒甚暑，秋冬之交，勾萌盗發，春夏之際，柯葉潛改，四時之運默化，而人不知。』又引徐訥與徐彥，論『南海黄茅瘴』『不死必禿』的緣故。凡此鈎稽種種散見的資料，可見作者尋繹文獻之精之細。作者根據自身曾『常處南海』的體驗，和披閲古籍『詳審古人用藥意義』的心得，認爲已『粗得其要』，才展開論述，這當然使其論述會有一個堅實的基礎。如記『若在廣中無病回家山，則病名曰迴頭瘴』；『若心腹疔刺疼痛者，名曰攪腸瘴。深窮其狀，無此名稱，無非土人彷像而名之』；『彼方之人，無藥可服，但祭鬼祝由而已。間有以針刺舌下，放出惡血，自此而愈，亦是開門放賊之義』，設想若非親身體察，何能如此具體而微。這同時也爲後人提供了大量珍貴的醫史與臨床資料。不難看出，本書絶非是陳陳相因，人云亦云之作。

三、學術價值

長期以來，陳自明因所著《婦人大全良方》的巨大成就，被視爲婦科專家，認爲『對中醫婦産科的發展有重大貢獻』。其實，從所著《外科精要》和《新編備急管見大全良方》來看，其成就是多方面的，他在内科、外科、皃科方面同樣有『重大貢獻』。尤其是《新編備急管見大全良方》，作爲陳自明的晚年著作，距《婦人大全良方》問世，已有三十四年之久，他在學術上已臻於爐火純青的境界。從《新編備急管見大全良方》的體例和内容來看，不似通常意義的『方書』；而是一部『綜合性醫書』，其内科雜病部分，則純然是一部學術内涵甚深的『内科學』專著。故從本書的學術内容來重新審視，陳自明的學術地位，不是『婦科學家』所能概括的。

令人遺憾的是，由於種種原因，本書傳本甚稀。這不排除本書問世時，正值南宋末期，八年後南宋政權即徹底覆滅，宋元鼎革之際，社會動蕩，書籍難以流傳和保存之故。所以宋元史誌書目均未著録本書。明代《文淵閣書目》曾加著録，爲書目中所僅見。至清代，貯閣數百年，本書已是闕而無存，僅留下『《管見良方》一部，一册，闕』的記録而已。所幸世間尚存鈔本一部，爝火不熄，有賴後人薪傳。

瞑眩瘳

孟慶雲

《瞑眩瘳》不分卷，著者佚名，清光緒十五年（一八八九）鈔本，孤本現藏於中國中醫科學院圖書館。

一、著者與成書

《瞑眩瘳》是清代的一部方論著作。書名取自《尚書·説命上》『若藥弗瞑眩，厥疾弗瘳』。强調應湯見效，如果吃了藥一點也不頭昏眼花，病就不會好。作者以此採用方書的著作形式，如李東垣所謂『論證設方，其應如響』。該書僅書尾有『光緒十五年壬辰鈔』八個字，知書稿鈔於公元一八八九年。在『發熱』門類的論述中，有春温、冬温、衛分、氣分、三焦寒熱等語句，説明作者讀過清初温病學派的著作，以此推測這位佚名的作者當是清代人。

二、内容與特色

在中醫古典醫籍傳本中，方書是數量最多的一類。在漢代即有與醫經並峙的經方學派。從魏晋到隋唐，方書全盛。自宋代以逮，方書和經論、醫案相結合，改變了有些方書『按方索病，不尚學術』的狀態，論證貫通，恰切實用，名著蜂起。醫家以方書立説，延傳至明清兩代。

《瞑眩瘳》的作者，以其深藴的理論功底和實踐的積累，論病選方。理論上不拘學派，惟務至理，從《黄帝内經》、張仲景、許叔微、楊仁齋到劉河間、李東垣、朱丹溪等，抉取其精髓警語。方劑的選擇標準就是『瞑眩瘳』三字，都是衆所熟知的，有些方劑衹列方名，有些則加減用法解説甚爲詳細，大約是作者親歷親爲最有體驗的緣故。作者在叙述中有對古代醫家真要之處的點評。如在喘證叙述中，就列『仲景最得其旨』和《活人》云『氣有餘則喘，所言盛與有餘者，非肺氣也』等。論述中多有提示難治和關鍵之處，如在血證中指出『吐血脈洪大，而數五至以上不可治也』。對有些方劑機理的解説也很獨到，如聯係經絡理論説明《金匱要略》瀉心湯的功效。論中還有很多精闢的概括，如對各種發熱，作者對治法概括爲：治各有五：一治曰和，二治曰取，三治曰從，四治曰折，五治曰屬。各有通明的解説。又如對頭痛，作者提示道：『頭痛皆以風藥治之者，兑其大體而言也。』很多治法作者是以方劑來概括的，例如治蓄血證，上焦犀角地黄湯，中焦桃仁承氣湯，下焦抵擋湯。其脈的特徵祇説一句：『三焦蓄血脈俱在左手中。』除專治方外，書中還選有應對面較廣泛的通治方，例如有既適用於外感也適用於内傷發熱的通治方退熱湯等等。

《瞑眩瘳》所論及的病證屬内科，分四部分：第一部分爲諸見血證和喘證，第二部分爲發熱、傷勞倦，第三部分爲頭痛、腹痛、蓄血、脅痛，第四部分爲嘔吐（包括惡心、吞酸等）、少氣短氣和胃反。

綜觀全書，方論相契，取捨得當，不失爲一部切用於臨證備覽的實用之書。

延壽神方

鄭金生

《延壽神方》（原名《壽域神方》）四卷，明·朱權編，約成書於永樂間（一四〇三～一四二四）。該書的觀色察脈、占病驗證雖帶有濃厚的道教色彩，但其『治證方法』却記載了諸般病證凡一百一十二部，有方一千六百六十七條，是明初一部頗有特色的醫方書，今藏於日本内閣文庫國立公文書館。

一、著者與成書

《延壽神方》卷首題爲『丹邱真人涵虚子臞仙編』。所謂『丹邱真人涵虚子臞仙』，是明代著名藩王朱權的一系列道號。

朱權（一三七八～一四四八），明開國皇帝朱元璋第十六子。據載『生而神姿明秀，白晰鬚髯』。他從小好學博古，諸書無所不窺。旁通佛家、道家之書，尤其熟諳歷史。洪武二十四年（一三九一），被封藩於大寧（治大定縣，在今內蒙古寧城縣），故稱爲寧王。在燕王朱棣與建文帝爭天下的所謂『靖難』之戰中，朱權實際上是站在朱棣這一邊。但朱棣稱帝（即明成祖）之後，於永樂元年（一四〇三）將他改封到南昌（今屬江西）。朱權原以爲幫助過朱棣登極，會給自己帶來好處，沒有想到反而被支使到遠離京城的江西，心中怨恨不平。但經過一番磨難之後，他終於迫於險惡的政治，晚年深自韜晦，傾心於道教，把精力放在歷史、文學、醫藥、養生、茶道、音樂等方面，以編刊各種書籍自娛。所以清代學者錢謙益說他：『經子九流，星曆醫卜，黃冶諸術皆具，古今著述之富，無逾王者』。朱權卒後，謚獻，故後世又稱他爲『寧獻王』。

朱權的著述很多，僅醫藥養生書就有《壽域神方》四卷，《活人心法》二卷，《乾坤生意》四卷，《乾坤生意秘韞》一卷，《臞仙神隱》二卷等。除《壽域神方》外，其他幾種醫書國內均存。《壽域神方》雖見於《萬卷堂書目》《脈望館書目》《明史·藝文誌》《千頃堂書目》等書目記載，李時珍《本草綱目》也多有引録，但在國内却不復有存。據日本丹波元胤《醫籍考》記載，《壽域神方》的崇禎元年（一六二八）青陽閣重刻本作《延壽神方》。爲了驗證此説，筆者將《本草綱目》所引的《壽域神方》條文與從日本内閣文庫複製回歸的崇禎元年孤本《延壽神方》逐一核對，證明二者確實爲同一書。

《延壽神方》前有序言，雖未署名，但其文氣表明是朱權所撰。序中提到：『夫道全德備者，湌靈藥以煉仙道。愚者雖得藥，不能通靈，故爲庸醫，往往療人不痊而誤乎人矣！故吾惻然於中，發胸中之善，廣濟人之心，招四方之賢士，聚集神仙應效之方，參互考訂，果得其驗，名曰《延壽奇方》，命工鋟梓，以廣其傳。』由此可知，此書是朱權組織人編寫而成。因爲序後不署年代，故很難準確知其撰年。朱權今存的醫藥書，或無序言，或有序而不署年號。這是否是因怨恨朱棣而不用永樂年號，不可得知。如果確有此可能的話，則此書當成於永樂元年至二十二年（一四〇三～一四二四）之間。

朱權晚年隱名於道，所以有『丹邮真人』、『涵虛子』、『臞仙』等道號。諸書或謂朱權號『丹丘先生』，但從本書卷首題署來看，『丹丘』或恐爲『丹邮』之誤。『邮』音『符』，據《字彙補》，邮者，隱也。朱權稱自己隱於丹道，即錢謙益所説的『黄冶諸術』，是非常貼切的。過去國人未見《壽域神方》，故許多工具書都從書名推想這可能衹是一部養生書。從《延壽神方》看來，這是一部醫方書。該書據朱權自序，應當首刻於他在世之時（約一四〇三～一四四八）。但今存的崇禎元年青陽閣重刻本（榮府圖書）僅在書末載有『明正德甲戌』（一五一四）刊行字樣。朱權的後裔寧王朱宸濠起兵造反被誅殺是正德十四年（一五一九），因此該書崇禎本的底本，還應該是寧王府的家刻本。

二、内容與特色

該書四卷，卷一被分成前後兩部分。前一部分相當於醫學診察知識的總論，後一部分與其他三卷爲『治證方法』。這後一部分才是全書的主體和精髓。

該書『治證方法』部分以三卷半的篇幅來容納序言中所説的『神仙應效之方』。共分一百一十二部，部下爲病，病下爲方（含藥方和針方），一共有方一千六百六十七條。其方劑數量之多，在明初的醫書中也是不多見的。

該書方劑的特點是有藥方，也有針方，不似一般方書以藥方爲主。雖然朱權篤信道教，但在其方劑部分，衹有很少量的符咒。而且有些符咒是普通醫方書中也尋常可見的（如瘧疾的咒果法等）。整個説來，其方以簡便爲主，極少有大方。許多方劑都衹有一兩味藥。正因爲該書的收方原則以小方爲主，這符合李時珍的《本草綱目》附方的原則，所以李時珍收録了該書六十餘方。這些方劑有很多是實用之方。雖然不少方取自前人之書，但畢竟能反映編者的遴選水平。例如『中風部』記載：『經云：凡指麻者，三年内當有大風至。宜先服愈風湯、天麻丸各一料。此治未病之先也。見《醫家群類方書》。』

該書的一百一十二部，多數是以病爲部，少數以身體部位爲部。在這些分部中，有的部在疾病史上是值得注意的。例如其中有『攪腸痧部』。按痧症雖然在清代中晚期大行於世，但在明初，這還是一個醫書比較少見的民間『俗』病。元《世醫得效方》首次提到該名，祇有很簡單的幾個治法。但到了《延壽神方》，已經將它獨立成部，收集了藥法、汗法、焠法、針法等許多簡易有效的治療方法。李時珍就引用了其中的用馬蘭根葉治該病的單方。再如血部，在此以前的醫方書，都把吐血、鼻衄等單立門户，該書直接用『血部』爲名，將所有血症治法方藥集中在一起。這樣的分類方法，可以看出中醫對血症逐步的認識過程，促成了此後血症專著的誕生。

然而該書畢竟是一個道教崇奉者主編的，而且朱權隱居慕道，又很大程度上是出於政治原因，因此該書也就不可避免地會出現一些獨特的內容，很值得研究者注意。

朱權在序言中提到他爲什麼要在卷一前半部談到中醫的審脈察證：『又恐人不能辨其證，附以審脈之大略，察證之玄微，穴道之圖狀，諸瘡之形證，皆備裁（載）之而無遺。』但是仔細分析其內容，就會發現其中很多內容不是一般中醫書中所有。

例如該書首篇『論壽夭大略』，很明顯不是正統的中醫望診，而是雜夾了相術和民間的一些看相的經驗。如謂『耳厚而堅，耳中有毫』是長壽之相等。在論病方面，該書最突出的一點，是提出一個中醫書中從來没有過的病名『讝疾』。所謂『讝疾』，説白了就是做了惡事遭報應而得的疾病。但該書列舉的這種惡事，不是『偷摸騙搶』，而是『居官不良』。其中提到的種種『居官不良』的行徑，令人看出作者對官場的鄙薄。很有意思的是，該書居然描述了『讝疾』發作時的一些症狀和表現。這些論述從醫學的角度來看似乎難以成立，但作爲編者來説，可以看成是一種宣泄和詛咒。

該書的『天醫神位』、『神光驗證法』兩節，道教色彩最濃烈，已經不是醫家所用的方法了。其中提到驗證時，要『令病人自言平生之愆，得病之由』，頗有令病人自我懺悔之意。歷史上的道教行醫，他們所用的治療方法和理論，和醫家並無大的區別。該書表現出如此明顯的道教色彩，是值得研究的一種現象。

該書的總論中也有從醫學角度來看也很有趣的問題。例如『神』，雖然是中醫最重視的内容，但何爲『神不足』？一般醫書的記載無非是精神萎靡，目光無神之類，但該書的描述却别出心裁：『不醉如醉，不愁如愁，容惡顏憂，神昏如睡，視眄若痴……』讀這些條文，再細思忖，會爲作者的觀察之細而感嘆。又如該書有『醫避傳染法』，也是醫、道結合，既有防止傳染的實用措施，也有迷信的舉動。在該書卷三『斷除尸瘵』一節，提到其傳染法有『屋傳』、『衣傳』、『食傳』等方面，也有其可取之處。

總而言之，《延壽神方》是著名的《壽域神方》的更名者，是我國失傳已久的明初中醫古籍。書中單方驗方衆多，曾受到明代李時珍的重視和採録。該書中有某些道教色彩，是研究道教醫書的重要材料。

（吴氏家鈔）濟世良方

鄭金生

明·吴惟貞《（吴氏家鈔）濟世良方》七卷（一五九七）是一部醫方書。該書今僅存明刊孤本，其中集録了醫方及少數藥品製劑法四百四十九條。所收醫方多數組方嚴密，内容豐富，爲中醫方劑增添了許多新的内容。孤本現藏於日本公文書館内閣文庫。

一、著者與成書

《（吴氏家鈔）濟世良方》卷首署名爲『就李棘隱居士吴惟貞集/白苧蒼生周紹濂編/梅顛道人周履靖校』（卷六、七爲周元梓喬吾校）。就李即今浙江嘉興。從署名來看，該書是由吴惟貞集。其書吴惟貞自序提到：『故方施之，功可近可遠，可寡可衆，可親可仇。仁人萬物一體，愛憎平等之術，通於勢之所窮，與造化埒矣。余奈何飽蠹笥中哉？乃付之剞劂。』由此可知，該書中的醫方，屬於吴惟貞所藏。這與書名中有

『吴氏家藏』字樣是相符合的。因此該書的作者應該首先歸於吴惟貞。至於周紹濂，當是幫助吴氏編寫該書，故署名爲周紹濂編。

關於吴惟貞的生平材料，目前尚未發現。從他的號爲『棘隱居士』來看，應該是一個民間的居士，喜好藏方。其他均無可考。

值得一提的是，該書前數卷的校者周履靖。周氏字逸之，號梅墟，别號梅顛道人。他和吴惟貞是同鄉，而且他在此之前的萬曆十年（一五八二），編纂了《茹草編》一書。雖然從别號看來，吴信佛，他崇道，但他能爲吴氏的書作校對，説明他們都有着共同的醫藥愛好。

《（吴氏家鈔）濟世良方》的自序撰成爲萬曆二十五年（一五九七），該書編成也應該是這一年。書後有跋，但因殘去最後一頁，無法確定跋年。從該書的形制來看，當爲明刊無疑。其版字大疏朗，非常美觀。且校對精良，洵爲明刊佳品。

二、内容與特色

該書爲七卷，録方（含少數藥物製劑等）四百四十九條。各卷之方無任何分類。據作者自序，説是『其漫無類次者，以隨效隨録』，所以没有進行分類。方劑缺乏分類，這對檢索使用來説，固然是個遺憾。但這也説明該書並非單純的摘鈔之方，是大多經過了作者實踐。從『隨效隨録』意義上來説，該書的方劑具有很强的實用性。

古代的方書很多，形式也多種多樣。《濟世良方》所收方劑有它的特點。該書很少有民間的簡便小方，大多是組織比較嚴密的正規方劑，甚至很多是著名成藥，如全鹿丸、白鳳膏、加味補心丹等等。從治療作用來看，許多方劑屬於補益劑，甚至有較多的美容方劑（如七真美髯丹、烏鬚方、絶妙染鬚方等），總的看來是以内科雜病的方劑爲主，而較少窮鄉僻壤多見的治療感冒、痢疾等方。因此，這些方劑表明，有可能是作者行醫於城鎮的治療常用之方。各方主治明確，方組劑量、製法、用法、服法都很詳明，非常適合臨床使用。

綜觀全書所收録的許多方劑，絶大多數是行之有效的。其中没有民間方劑鈔本經常會夾雜的符咒方，以及使用一些污穢之物的方劑。在若干方劑之下，還記載了傳方人的姓名。這一做法，繼承了古代《傳信方》的特點，用以説明所收方劑的可靠經驗來源。因此，從該書整體收方情況來看，説明作者可能是民間一位經驗豐富的醫者，所以他很注意收集實用有效的方劑。

該書除記載方劑以外，還偶而夾雜記録一些藥物的製取法，很有特色。例如該書有一種取竹瀝法：『用石瓶一個，埋土中，口與地平。次用大瓮一個而口小於瓶者，以淡竹長短斫開成片，清水浸一二時，盡納於瓮内令滿，勿出，倒合在地瓶口中，外用濕泥遮其口四邊，後用礱糠二三斗，培在周圍，以火煨之，候冷，可得數碗。多取多得，甚妙。』這樣的取竹瀝描述非常細致。此法在《本草綱目》中才寥寥數語：『一法：以竹截長五六寸，以瓶盛，倒懸，下用一器承之，周圍以炭火逼之，其油瀝於器下也。』兩相對比，自然是《濟世良方》所述更便於操作。

類似這樣的藥品製取法還有煮秋石法，也和一般書中記載煉秋石法不一樣。此外，諸如升輕粉法、茯苓膏、天門冬膏、製珍珠法等，都各有自己的特色。

該書很少有對疾病的論述，衹有『種子方訣』，用了一定的篇幅來介紹作者對結胎孕子的某些見解。

要之，該書是明代一部内容比較純正的醫方書。書中收録的四百餘方大多經驗有效。此書在中國久已失傳，明清書目中也未見記載，故此較爲珍貴。

懸袖便方

余瀛鰲

《懸袖便方》四卷，明·張延登（字濟美，號小黄山居士）編撰，刊於明崇禎二年（一六二九），孤本現藏於中國醫學科學院圖書館。

一、著者與成書

張氏原有家藏單方二册（未列單方册名及作者名），作爲是醫學愛好者，張氏遇家中親友患病，如能從家藏單方中覓取較爲省便的治療方劑，往往用之輒效。這使他重視單方、驗方的收集與研究。張氏在《懸袖便方·引》談到他『每遇名醫輒令加增（指增加驗方），三十餘年經數十醫加方。』但不免選方龐雜，難於從中擇用。後來他到了虎林（即今杭州市）遇見知醫的好友陳良佐，陳氏將張延登所徵集到的單方、驗方重予鈔録整理，『重複者删之，凡二十三門。』

該書之所以名爲《懸袖便方》，取古代醫者『懸肘』診病之義，他採摭驗方編輯成書，亦功在濟世活人。由此可知，張延登作爲是醫學愛好者，在家藏單方的基礎上，博採諸家方治，請醫友爲之整理，删去繁複予以精選，並按病證分類。我們從該書『凡例』中可以獲知編者選方之要領，即『摘取其品味數少者（每方不超過六味藥），而窮鄉僻邑、急遽倉卒之時，易便尋覽』的治療方劑。『凡例』中還提示以下選方特點，即强調選方的『精效』，乏效者一概不予收編；對一些『藥味奇、名罕見，難辨真僞，價高不易得』的方藥不予收載；而可能有某些『傷生』作用的動物藥（如猫、鼠、蜘蛛、蝦蟆等）亦予以删除。説明本書編者重視『厚生』，在選方『簡、便、驗、廉』的前提下，講求藥性和平、治法分明，十分重視倡導方治的安全性。

二、内容與特色

全書的方治分爲風、寒、濕、諸血、諸虚、脾胃、瘧疾、滯下、痰飲咳嗽、積熱、諸痛、五疸、疝氣、頤養、婦人、小兒、外科、雜治等二十三門。需予説明的是，該書病症分類雖包括臨床各科，但各類分門所包含的病證，與一般醫學診療專著有較多的區别。如『風門』中，除有雜病中風、傷風外，另有風癇、癇證、白虎歷節風、癘風、赤白癜瘋、鶴膝風、破傷風等；在『寒門』中竟有『瘟疫』；『暑門』中有霍亂吐瀉；『諸虚』門將盗汗、眩暈、遺精等收編於内；並將消渴列於『積熱門』；淋、水腫、小便不利、列於『五疸』門；脚氣列於『疝氣』門；最後的『雜治門，包括中毒、諸物咬傷湯火跌損、金瘡等病。此外該書專列『頤養』門，這一般不見於驗方編著，作者所論之頤養，還包括種子和駐顔。從上述各科臨床病證分門而言，的確存在有欠允當之處，但亦反映了該書的分門和選方，有不同於一般驗方編著的學術特色。

需予指出的是，本書編纂者並非專業醫師。作爲是醫學愛好者，張氏能從家藏單方的基礎上博採衆方，在友醫的協同配合下，予以精選編輯成書。他本人在長期徵集各科方治和臨床應用的基礎上，逐步從外行變成内行，雖此書的病證分門，醫界會有異議評述，但從選方力求精要、切於診療實用，特别是選方限用六味藥以下的方治，這也體現了方便於醫生與患者的因病求方，使此書『懸袖便方』的學術特色更爲鮮明。

山居濟世方

孟慶雲

《山居濟世方》二卷，清·戴輝撰，清嘉慶二十二年（一八一七）稿本，現藏於遼寧中醫藥大學圖書館。

一、著者與成書

戴輝生平事跡不詳。據本書的序文，僅知他是江蘇丹徒人，生活在清代乾嘉道年間。他出生於醫學世家，先祖從明代隆慶、萬曆之時即開始從醫，傳到他這一輩，已歷經八代。從本書内容看，他屬於方書派，以瘡瘍耳鼻病見長，兼及内科和女科等，治病常配合鍼灸。他在研醫治學過程中，深感『古今方書之多，汗牛充棟，學不勝學。孫真人之《千金方》，卷帙浩繁，往往一病列數十方之多，無所適從，斯爲憾事。』故此他將數十年臨證中引驗有實效的醫方，集成一部精煉易用的集驗方，這是他撰書的緣起。

作者宣稱其先人手澤已蕩然無存，僅有零縑斷篇之遺墨，他又收集街巷里閭父老遺聞，同業斯道者所傳授，田間壠畝農婦口述，和採於前人的典籍文章。他對源出此般而有驗的醫方，仍不敢濫竽充數，再愼加選擇而終觀成帙。

二、內容與特色

本書分上下兩欄，下欄爲主體，寫醫論、醫方；上欄爲批註，提示下欄的內容或是概論、或是作者獨特見識的『秘論』、或是傳自某者的秘方、或是經某某人驗證過。上卷列十八種病證，下卷列十六種病證。是書於清嘉慶二十二年（一八一七）甫成，於清道光四年（一八二四）重訂。

在中國醫學史上，方書爲最早形成的學派之一，並蔚爲中醫理論體系中最繁富的學派。《漢書·藝文志》記載，當時有經方十一家，其著作凡二百七十四卷。經方即經驗之方，以其驗之有徵效而爲歷代醫家所仲景之書以其平脉辨證、理法方藥一綫貫通而稱『論』。自此以後，方書並非孤立於方，而是以方爲綱，據方屬證，以方繫藥的醫學著作。歷代以來，許多創新的理論出自方書。魏晋南北朝，其方書之衆，堪稱方書的時代。有陳延之《小品方》、范東陽《范汪方》、葛洪《玉函方》、釋僧深《僧深藥方》、謝士泰《删繁方》、姚僧垣《集驗方》等。唐代有甄權《古今録驗方》、孫思邈《千金方》、王燾《外臺秘要》等三大方書。北宋有王懷隱《太平聖惠方》、陳師文《太平惠民和劑局方》、宋徽宗《聖濟總録》等三大方書。南宋有許叔微《普濟本事方》、陳無擇《三因方》、嚴用和《嚴氏濟生方》、楊士瀛《仁齋直指方論》等方書，而至元明清時代，方書之多，更是不可勝數，其數量遠超過其他學派和門類的著作。方書在數量上增多的同時，在内容上有兩個傾向：一是注重治方與理論相結合，以理論方；二是各方家也都博採衆言，將其他方書的有效方和採訪於民間的有效方劑萃人己著。由是而每一部方書也有獨立成學的價值。通讀一部方書盡可以應診裕如。因方書實用性强，易於學用，許多非醫之人，也置方書於案頭以備查用。《山居濟世方》不僅具有方書的一般特徵，還以概念清晰、選方實用可靠而彌足珍視。

用方之要在於辨證，辨證之確在於識證，欲識其證當概念明晰，嚴化界定。作者戴輝在《山居濟世方》中，尤重視病證的概念和鑒別。如在開篇《論癰疽之分說》中指出：『癰與疽之治，截然兩途。世人以癰、疽連呼，並治，夫癰、疽二字之連呼，即夫妻二字之連呼也。若以癰藥治疽，猶以安胎之藥服其夫矣。是集以癰、疽分別兩治，皆執方執症之治法。如照法法製照症，用藥救人之功，余不敢分。害人之罪，余當獨認。情願萬劫皮毛，甘受屠家誅戮。』按方書治病，關鍵在於適應證的選擇。如癰誤認爲疽，或疽誤認爲癰，是把陽證當陰，或陰證當陽，則越治越重。如『桂枝下咽，陽盛則斃』，戴氏故有『安胎之藥服其夫矣』

之喻。於句後，作者以『的論』二字再次提醒讀者。又如，對鼻中瘜肉，以簡短之語既作描述，又交待了概念：『肉生於鼻孔，因腦家受寒，初起時少流清涕，漸淌厚漿，浮肉下垂，長至寸餘，剪割不得，愈割愈長，祇得藥劑，擦藥數日自脱。』在述完病象後，書以十一味藥的煎藥方。作者在上欄提示：『治鼻中瘜肉秘論』。書中把小兒疳疾按五臟分爲五種，稱『五疳疾』。每種都先定義，後列方。如心臟疳疾是：『心臟受病成疳疾者，小便不通、口乾舌爛，牙臭』；肝臟受疳是：『積熱損目，名鷄矇眼』；脾臟受疳是：『夜出盜汗，撒瀉口乾』；肺臟受疳是：『鷄胸咳嗽，發熱夜嗁』；腎臟受疳是：『肌體瘦極，遍身瘡疥，或作寒熱游熱，脚冷，或齒腫齦宣甚。祇牙齦潰脱，名爲走牙疳。』在五疳病象宣明後，下列有效方劑。這種先認證後用方，對於習用者，正如明代『醫林狀元』龔廷賢所謂：『鑒惟空而後無遺照，醫必明而後無遺疾』。

《山居濟世方》所選諸方，應證範圍甚爲寬泛，古今方書至爲繁夥。

作者在師法兼紹中，以自己實驗爲據，嚴加删汰。作者首選以易簡之方治難治病，如男子疝氣、腎腫、白濁乃至諸瘤、落髮、口臭、心痛、婦女經痛、難産、乳瘤、白帶、不孕、小兒胎毒、痘瘡、瀉等都有簡而易用之方，從其方中不用稀貴之品，無詭異駁雜之物，可知作者注重實際。其外科方劑中，很多是家傳秘方，如生肌散、治發背秘方、治膝風散、治下疳藥方、治楊梅瘡秘方、治白癜風秘方等等。書在最後還列有各種急救方及雜病方，作者濟世之心殆爲可信。縱觀此書所列諸方，當是用藥精闢而篤有卓效，如作者序中所説：『病者無須求醫，按證尋方，莫不效如桴鼓！』誠哉斯言。

壺中醫相論·壺中藥方便

鄭金生

清代藥家朱顔駐撰《壺中醫相論》（成書於一八〇〇年）、《壺中藥方便》（成書於一八〇九年）二書，今有道光年間合栞本。《壺中醫相論》談的是藥業道德行規，《壺中藥方便》則介紹其行之有效的一些珍秘藥方，是古代少見的藥家所撰之書。孤本存於中國醫學科學院圖書館。

一、著者與成書

作者朱顔駐，字耀庭，熙安（今廣州）人。從小勤讀嗜吟，但因家貧，放棄舉業，學習醫藥。少時曾從方士採藥，且遵父命，誦習醫書。朱氏習醫雖久，但從未與人看過病。他認爲『昔人謂醫道通於相道，而不知藥店亦足以相醫。蓋人病求醫，是人將性命交於醫，而醫必用藥，是醫又將功過付於藥。苟藥非地道則無功，製非如法且有損，縱有良醫奇方，其能奏效耶？』他觀察了社會上醫藥分家以及藥家圖利的種種弊病，認識到『人但見治療無效，歸咎醫之不良。不知藥之不善，以致病者受暗中之害，醫人蒙不白之冤。可見藥店一途，爲醫之相，陰德攸關，豈與居肆百工爲伍者哉？』所以，他奮然集資開辦了『壺中天藥館』。他把他辦店製藥意義、過程以及藥工應守的規矩寫成《壺中醫相論》，又遴選試驗有效的各科方劑，輯爲《壺中藥方便》。

《壺中醫相論》與《壺中藥方便》此二書皆爲小册子，後在道光九年己丑（一八二九）由吴嘉賓合刊行世。

二、内容與特色

《壺中醫相論》實爲一篇簡短的文章。其名『壺中醫相』，用了兩個典故。一個是古人有『不爲良相，當爲良醫』之説。此説始出於北宋名臣范仲淹，後成爲古代許多科場失意的儒生投身醫業的動機與精神安慰。朱顏駐將這個典故再加引申，認爲『醫道通於相道』，但『藥店亦足以相醫』。所謂『相醫』，就是説，藥業也能輔佐醫道。藥材及炮製質量的好壞，足以影響到醫家的療效。『壺中』典故取自《後漢書·費長房傳》。東漢時，費長房見市場上有一個背藥壺（葫）蘆的老人，人稱『壺公』。壺公懸壺（葫）蘆於梁，就開始擺攤賣藥。日落之後，壺公就跳進葫蘆裏。費長房知壺公乃醫仙，後隨壺公跳進壺裏，見壺中另有仙家天地。後人據此典故，將挂牌行醫稱爲『懸壺』，也將醫藥行業稱之爲『壺天』。朱顔駐的藥館也以『壺中天』爲名。所以，『壺中醫相論』，實際上是作者討論藥業可以輔助醫家發揮濟世救人作用的一篇文章。

該文先介紹作者從事藥業的經過，然後集中討論『藥店一途，爲醫之相』的問題。他認爲，『前代國手，醫兼授藥』，這樣就不會把『醫權』托付給藥工。但到後世，衹有『瘍醫修丹膏以炫奇，幼科設丸散以射利』，其他各科都不兼營藥物。這樣，就把『醫權』完全托付給藥店了。而藥店爲了順應人們『避貴就賤』的心理，於是採取種種偷工減料的方法。這樣勢必要影響到療效。

爲此，作者在自己的藥店裏懸挂了四條鋪規。這四條規矩主要是：『置藥首要擇正地道，揀選上品，勿憚價昂也』；『切藥須分清根梢，去净心瓤，不可混雜也』；『製藥必要全依原人本方，不可大意錯施也』；『丸散膏丹，務擇天氣晴和，方可修合也』。每一條下，作者又詳加論述，充分闡述了藥業炮製的重要性，也展示了作者良好的職業道德。像這樣，由一名藥店主人撰寫的『醫相論』，在古籍中還不多見。

《壺中藥方便》是一册醫方書。與一般醫方書不同的是，該書僅有方四十六首，後附方及法六則。這四十六方没有分類，僅每方之下註明秘方（十二首）、珍方（二十一首）、成方（五首）、古方（八首）。所謂『秘方』，乃是作者『先代家藏常備自便』的方劑；『珍方』是『親友矜傳、屢試屢驗者』；『成方』是『前賢略缺、後哲增功者』；『古方』則是『照書製造、應人日用』者。其中，以珍、秘方爲多。

這些方劑的遴選確實是很嚴格的。作者聲明，『其未經製造，未及親試，並藥品險僻者，概不妄録』。即便從現代的眼光來看，該書絶大多數的藥方依然是精當有效的。該書中的『萬應午時甘露茶』，屬於家傳的秘方，和當時市面上的同名午時茶配方並不一樣。該方在當時就有仿冒發售者，可見其療效非常顯著。

該書的方劑，包括了補益、强壯、日常保健湯茶、婦科、外科、兒科、金瘡、皮膚、跌打，乃至常見的瘧、痰、咳等疾病的用方。這些方劑，一般都是通治方，適應面比較廣。且每一方之下，詳細地註明了每一味藥的炮製法，以及每一方的製劑過程、服用法。由於此書的作者對醫、藥均很熟悉，因此，其方的記載兼顧醫藥兩用。醫家可以據以施藥治療，藥家可以據此選藥製劑，實用性很强。

從《壺中藥方便》的性質來説，它屬於藥店的處方集。古代藥店的處方集很多，有的兼帶廣告作用。該書雖然也是在介紹『壺中天藥館』的藥品，但其風格内容却迥然不同於商業廣告。有的方劑之後，作者還討論藥物組成的意義機理，顯示了作者深厚的醫藥理論功底，不同於尋常藥商。

吴氏醫方匯編

曾　莉

《吴氏醫方匯編》不分卷，題『吴杖仙手稿』。現藏於南京中醫藥大學圖書館。

一、著者與成書

作者吴杖仙，乾隆間人（生卒年不詳）。字杞，安德人。吴杞醫德高尚，常施藥於人，且醫術高明，鄉里求醫藥者盈門。是書以其平日屢驗之方集結而成。《自序》書曰：『余淺人也，何足以語此！每究心而願學焉，特恐技淺才疏，以來草菅人命之譏，僅將平日屢驗之方，匯集一册。』又題曰：『安德吴杞杖仙甫著』。是書現存兩序，一序爲弓高李基峻序，一序爲作者自序。有關作者的事跡，可從中略知一二。

是書爲作者吴杞杖仙的手稿本，其《自序》曰：『乾隆歲次甲子仲春既望，書於晚香堂』。故其成書時間可斷定爲乾隆甲子年，即乾隆九年（一七四四）。《吴氏醫方匯編》全書不分卷，綫裝分訂五册。是書字體秀美，爲鈔稿本中之精品。

二、内容與特色

全書以病爲綱，先論病因病機，次述治療要點，然後介紹方藥。如『口齒舌症』，吴氏認爲『口舌生瘡，皆膀胱移熱於小腸，上爲口糜。蓋小腸者，心之腑也。諸經之熱皆應於心，心脈部舌上，心火上炎，故口舌爲患。』治療『大要審本證，察兼證，清胃氣，生脾津，或滋腎水，令燥自潤，火自降，風熄腫消，症自除矣。』其後附有『導赤散』、『瀉黄散』、『八珍湯』等六十個處方。

在治療上，吴氏始終强調内服與外治相結合，並且要注意辨證論治。如『疥癬』，吴氏認爲是由『脾之濕熱及肺之風毒客於肌膚所致』，『癬發於肺，而疥又兼乎脾』。治療『不當祇有外敷之藥，須内服宣毒之劑，方能奏功。』其後附有『苦參丸』、『防風通聖散』等二十一個處方。

是書各類處方以『去繁贅而就簡便』爲總原則，其治療方法包括内服與外治。書中專門介紹了各類内服方藥，包括托裏之劑、清解之劑、發散之劑、攻裏之劑、補養之劑、通用之劑等。外治方法除了大量的外敷方藥外，包括割治、淋洗、灸法等。另外，書中還介紹了某些藥物的炮製方法、各種常用外科器械的規格等。書中各類處方，數以百計，既有經方，又有驗方。經方備列加減變化，驗方處方精簡實用。

《吴氏醫方匯編》是一部中醫外科學專著，全書系統而全面地總結了中醫外科臨床各種常見病證的治療方法。全書主要根據作者臨證經驗而撰成，具有十分珍貴的資料價值。

墨寶齋集驗方

鄭金生

《墨寶齋集驗方》的編集者爲明代人鄭澤，約刊於萬曆三十八年（一六一〇）以前數年。該書集方近千條，按固精、種子、婦人、小兒及内外科常見疾病，分爲三十門。其方多實用經驗之方，但各具體醫方的内容略於主治、詳於方藥組成及諸藥炮製法。此書國内外僅存明刊孤本，刻印精良，現藏於中國科學院上海生命科學信息中心生命科學圖書館。

一、著者與成書

據底本卷首題署，本書的編集者鄭澤，字于滎，號夢圃居士。堂號墨寶齋，故亦稱墨寶齋居士。明萬曆年間新安（今安徽歙縣）人。平素好收集醫方驗方，並將所得方劑再加試用，有驗則録。如此經三十餘年，所集醫方足以成書，於是謀求出版以廣其傳。他向當時的名人太史焦竑求序，焦竑則借機將自己所藏秘驗方也貢獻出來，與鄭氏之方合併，共約千方，集成一書。以鄭氏堂號爲名，而成《墨寶齋集驗方》一書。

該書編輯的年代，因今存明刊本脱落序言，而《醫籍考》所存該書自序又不署年代，因此無法確定其準確刊行年代。但據明·方如川《重證本草單方》所存鄭澤序，其中提到『吾里方君士弱以儒貫醫，博綜之餘，窮心本草，舉震澤單方舊本，敷理闡精，刊訛正緒，而著就一編，爲若干卷。余得手讀之，較與余曩者所集《經驗方》，庖鑾迥别矣』。另方如川序也提到：『於是焦太史薦出禁方，佐夢圃鄭先生濟窮鄉下邑之無從就療者，板行。』因此鄭澤序所稱『余曩者所集《經驗方》』，當即《墨寶齋集驗方》。鄭氏序所署年代爲萬曆庚戌年，即萬曆三十八年（一六一〇），則《墨寶齋集驗方》的成書年當在此前若干年。

二、版本與著録

經檢視國内外現存中醫書目，《墨寶齋集驗方》僅存於中國科學院上海生命科學信息中心生命科學圖書館。該書一函四册。不分卷。據該本不避清諱，另據其紙質、版式及著録情况，似當爲明刻本。

該書最早見於清·黄虞稷《千頃堂書目》著録，云『鄭夢圃《墨寶齋集驗方》卷』。此後日本多紀元胤《中國醫籍考》著録『鄭氏澤《墨寶齋集驗方》卷，存』，並載有該書鄭澤序。這説明日本江户時期曾經收藏此書。但在當今的日本諸家書目中，尚未發現該書存世。

三、内容與特色

《墨寶齋集驗方》雖然方至上千，但却不分卷次。全書分三十門，其門類的劃分與排列亦與衆不同。明代綜合性醫書或方書，多以傷寒及内、外科置於前，其它婦、兒、眼目、咽喉等列於後。但該書却首爲固精、種子門，次爲婦人、小兒門，這以後的分門就頗爲雜亂，其中多以内、外科的病爲單元分門類，但其中又雜有鬚髮、眼目、咽喉、牙齒等以病位爲單元的分門。各門方數不一，或數十方，或寥寥數方。

該書各門之前，缺乏對該門疾病的總論。每門之下，直接羅列諸方。一般說來，這類的方書編集者多爲非醫藥人士，雖好收集醫方，却對疾病缺少足够的認識，故而藏拙，直接列方。

與一般方書所列諸方略有不同的是，該書所收諸方，多數方前缺少主治的記載，即或有該方主治，也極爲簡略。但在方劑的組成藥物、各藥炮製法、劑量、全方劑型、製法等，却不厭其詳。從這個角度來看，該書所收方劑，近似藥鋪裏的『藥目』或仿單。尤其是方劑之末，經常有加減用藥法，偶爾也會記述服藥後的反應等。其方劑主要來源當採自城鎮，其特徵是所收方劑多爲大方、成藥方、補養方，而小方、單方比較少。各方所用的藥物，基本上爲一般藥店所有，而不像某些民間醫方書所載，多用尋常飲食或草藥等物。由於該書收載了不少名方，而且内容詳細，故這部分方劑可供醫藥工作者臨床使用。

此外，該書在某些門類的記載亦不拘一格。例如婦人門，出列方之外，也記載了臨産至妙法、取胞衣要訣等完全不屬方劑的内容。有些疾病用方亦比較奇特，例如該書有『十八反膏藥方』，所用藥物全屬於十八反中的藥物，用它們做成膏，作爲追蟲打積的輔助敷貼藥。該書外科癱瘍效方甚多，對麥飯石的運用尤有心得。書中還繪有麥飯石藥圖，記載其原礦物形態及用法。

綜上所述，《墨寶齋集驗方》乃明萬曆間醫方書，收羅秘驗方數量衆多，其中對方劑組成及炮製、劑型製作法等記載尤詳。

匯生集要

伊廣謙

《匯生集要》，又名《至寶良方》。方書，三十四卷，清·陳廷瑞著，刊於清道光十四年（一八三四）。孤本現藏於上海圖書館。

一、著者與成書

作者陳廷瑞，生平事跡不詳。據卷首著録『古越陳廷瑞君祥著』，扉頁署『山邑湖塘星聚書屋藏』，作者當係就近尋求刻印，推測其應爲清浙江山陰（今浙江紹興）人。

二、内容與特色

本書雖爲方書，但其内容却涵括脈學、内科、眼科、女科、兒科、外科、傷科及針灸，而偏重於内、外兩科。

全書凡三十四卷。卷一講述脈學基本知識，如寸關尺定位、臟腑分配、七表八裏九道脈名、諸脈主病、婦人脈法、癰疽脈法、怪脈、脈訣總論、時令月分脈訣、傷寒脈訣、司天用藥法等。爲便於記憶，多取歌訣形式，鏗鏘押韵，朗朗上口。主體部分是論浮、沉、遲、數、滑、澀、緊、緩、虛、實、芤、伏、洪、濡、弦、弱、微、動、革、大、小、長、短、促、疾、代、散二十七脈，不襲常説，獨闢蹊徑，頗具特色。如論『澀脈，來如刀刮竹皮之狀，曰澀。陰也，金也，爲霧露，爲血枯，爲盜汗，爲心痛，爲精涸，爲不仁。澀而浮，曰表，惡寒；澀而沉，曰裏，燥涸。兩寸澀甚，曰液不足；兩關澀甚，曰血不足；兩尺澀甚，曰精不足，必艱於嗣。』條分縷析，明白曉暢。與通行的《瀕湖脈學》相比，别具一格，而理無二致，並無高下之分。講婦人脈法、癰疽脈法、傷寒脈訣、時令脈訣，都是强調男女、疾病和時令的個體差異，指導因人、因病、因時施治。其述『怪脈』，計有涌泉、浮合（脈來後至者及淩乎前，如浮波之合）、彈石、雀啄、屋漏、魚翔、解索、蝦游、偃刀、轉豆、火新（脈來如火新燃之狀，隨起隨滅）、散葉、交漆（脈左右傍至如交漆之下㬥，匕然而交）、横格、如丸、如舂、如喘、霹靂、關格，共十九種，收録頗廣，可供參考。

卷二講述用藥法，如臟腑補瀉温凉用藥法、引經藥訣、瀉火藥訣（『心瀉必須用黄連，芩君梔佐肺能全』等）、諸藥相反歌、諸藥相忌歌，多爲醫家熟知；不常見者，有外科引經藥歌，云：『頭頂生瘡須藁本，面部以上用防風，兩手引經須白芷，升麻羌活引身中，脚脂（趾）獨活臂赤芍，木瓜牛膝兩腿同，膿加首烏和白芷，要利木香梔子功』，便利初學者。

卷三至卷十一爲内科雜病，依次爲風症、勞怯、腫脹、噎隔、積聚、心胃痛、腹痛、瘧疾、痢疾、疝氣諸疾。病種不多，但録方種類繁多，丸散膏丹，内服外敷，薰洗臍療皆備，數量亦夥。重方輕論，每病以收録效驗方劑爲主，除積聚、腹痛、瘧疾、痢疾各篇前有簡短醫論，餘皆不述病因、辨證，而徑列適用方劑。方劑少數爲後世通用方，但亦不標明出處，如牽正散、定喘湯、保和丸等。絶大多數方劑不見於著名醫書。據書名《集要》，也可推知諸方係集自不知名群書，或爲民間經驗方，書中收録了大量單驗方。個别病名也頗爲稀見，如鬼箭風、流火風、腎上風、紫雲風、蛇皮風、啞聲勞等，多爲體狀名病，或爲民間説法。

卷十三爲眼科，特殊之處，是先論後方，且論述頗詳。論有『眼科要論』，於病因病機、外障内障、諸病症候、遺方用藥，論述遠勝内科雜病。其論眼病，『分而言之，曰心肝脾肺腎，屬陰陽。總而言之，不外乎血，血盛則明，能遠能近；血虛則昏，不能遠近』，又論『眼熱之症有三，虛熱、實熱、氣熱』，可謂要言不繁，提綱挈領。其論眼病用藥，主張『敗血（藥）不可過多』，『涼血亦不可多用』，『木賊、蒺藜之類，雖能止痛去風，然大腸肝腎不能久服寒涼之藥，故木賊等衹可爲佐，暫用』，不失爲經驗之談。更有『藥性按病歌』，詳述眼科用藥要訣：『藿香順氣並木通，防風荆芥能除風。去障牡蠣牛蒡子，明目蒙花最有功。』眼科諸方，則先按腫、疼、泪、翳、昏分類，分別以發散風熱、宣通滯氣、温補肝腎、清氣消痰、養血益精立法處方。繼列退翳散、磨雲散、明目地黄丸、百花丸等方。

卷十四爲女科，前無醫論，徑列醫方。首爲四物湯，以爲『治婦人養血調經之聖藥』，並詳述其隨症加味治療方法。以下爲治療白帶、血海敗症、胎衣不下、産後諸症、痛經、絶孕、下死胎、交腸用方。

卷十五爲種子方。方僅四首。值得注意的是：一爲外用之狗皮膏，實爲調膏搓丸敷臍，外以狗皮貼之，取臍療法治療早泄。一爲取藥製藥綫，繞於玉莖，壯陽之功『不用解藥不息』，用法頗爲新奇。

卷十六爲小兒科，醫論、歌訣、醫方兼備。醫論有神色總論，歌訣有八門審候歌、審指歌、小兒死候歌等。每病則先論後方，簡述辨證、治療要領。

卷十七至卷二十八外科，爲諸科内容最爲豐富者。首爲外科湯藥丸散用藥便論、十二經當分氣血多少，簡述外科用藥大法：『當順氣活血爲主，驅風敗毒次之。順氣則滯散，活血則毒消。』及具體用藥方法。次録治療疔瘡、乳症、肺癰腸癰、痔瘻、楊梅毒症、疳瘡、臁瘡、瘿瘤瘰癧、雜瘡，及咽喉、牙齒、口舌鼻耳二百餘種病症，所用神仙活命飲、陽和湯等四百餘方。並有外敷藥、升降藥、膏藥專篇。篇幅之多，記述之詳，爲諸科之最。内中於楊梅毒症，一一記述臨床見症，内服之外，外敷、外搽、填孔諸法俱全，收方三十餘首，亦可見當時梅毒肆虐，荼毒之烈。

卷三十三爲跌打損傷。卷末專收一麻藥方（川烏尖、草烏尖、生南星、生半夏、胡椒、蟾酥、蓽撥、細辛），可資參考。

卷三十四爲針灸，篇幅不長，不列穴位、針法，而是介紹四種灸療藥針，即神寶針治腫毒癰疽，龍尾針治風濕頭風，九龍針治毒塊風痛，觀音針治療風痛手足不能舉動。其法係取藥加工，紙裹如針，或『搓緊如筆』，類同艾卷，用時以『燈火燒灼』，灸治患處。或製成『薄片』，『臨用時取綠豆大一粒，放患處，用香點灼』。以及灸藥餅、灸藥法等。

三、學術價值點評

《匯生集要》一書，史誌書目鮮見記載。作者陳廷瑞，聲名寂寂，生平著述，不知其詳。書無序跋，無法考察撰輯原委。以其僅存孤本，常人難窺秘奥，或以爲區區一方書耳。細讀之，則迥異尋常方書。作者務求實用實效，不拘一格，兼收並蓄，以一人之力收録秘驗方，數量可觀。這些方劑，不乏組方靈活奇特，思路新穎精巧者。全書罕見引用名著名方，顯見多係採自民間草根階層經驗。面對千餘首醫方，我們不能一一遽斷這些方劑的療效，但它將給讀者提供豐富的綫索和有益的啓示。且其不止於收載醫方，更能選精拔萃，輯録一批簡要醫論。我們雖然無從判定這些醫論究出何人之手，但其言簡意賅，見解獨到，切合臨床實用，當無異議。

《素問·至真要大論》云：『知其要者，一言而終；不知其要，流散無窮。』本書作者陳廷瑞不循常例，另闢蹊徑，廣搜博採，汰粗取精，終於集腋成裘，確乎無愧《集要》之名。

壽世良方

孟慶雲

《壽世良方》八卷，又作《經驗良方》，清代李士麟輯於康熙四十二年（一七〇三）。乾隆五年（一七四〇）曾重刻，是一部綜合性的方書，現藏於上海圖書館。

一、著者與成書

李士麟字孝則，號静山，清初浙江海寧人氏。其家世代儒學，行德久遠。李士麟年二歲，其父李顒玉謝世。其母胡氏，教子撫孤。他自幼秉承家學，黽勉從事，弱冠補弟子員，以諸生入太學，官候詮州同知。其懿德人品爲世人稱誦，海寧縣令許三禮曾題寫『人中孤鳳』的匾額以表旌。晚歲歸田後，杜門著書，他還有《古今文韵》《心影》等文集行世。

李士麟認爲，德道之行必使人無夭札短折，患病者能速康寧而無療疵，故篤志於不爲良相便爲良醫，平素留神醫藥，精究方術，在學習授業之暇，在與朋友論學之時，常談及醫道，每聞一起死回生之方，不禁暢然大喜，尋其來歷，究其對症，探其藥味及立方之意，變通情況，幾日奏功等，詳記載之。除閱讀家藏劉河間、張潔古、李東垣的未刻本外，尚有華佗秘本。讀書時，他凡遇丹方，輒究心爲爰，是博覽廣蒐手録成集。他用方時很注意病者治驗的回饋，强調得其方而會通其意，才合精求之大道。他以此編著方書，傳諸遐邇，『以自壽其身者壽天下，更推而壽百世』，即立此壽人可以壽世之宏願，故命其書爲《壽世良方》。

二、内容與特色

《壽世良方》精解本草二百六十二味，載方九百五十五首，羅列治諸病主藥一百七十五款。就方書著作而論，它有如下三個特點。

一是系統而精備。本書以載方爲主，兼及藥物和理法。卷首以《用藥名例》開卷，概介《神農本草經》大意，君臣佐使之調攝配伍，七情合和及四氣五味、製劑製藥。繼述八法要點，以及煎藥服藥事項。後以精湛之語，逐一概及二百六十二味藥之性味主治。論藥之後，從補益藥開始，至卷八雜證，述九百五十五方之用。陳方之後，敘用方用藥治療之宜忌。全書最後，款列一百七十五種『諸病主藥』結尾。既是用方的提煉，也是經驗的概括，很多是訣竅和藥對，不祇是主藥之選，在對症加減時也堪稱軌範。歷代以來，有很多大型方書，動輒百卷萬方、難以卒讀，倒是本書以其系統精要，如同手册，可置案頭，可攜肘後。

二是實用而效驗。所載之方，全係簡廉而易用者，一般方中七八味左右或一兩味有奇效者。藥也皆常用可以採到購到者。如桂枝湯、麻黄湯、柴胡湯、建中湯、理中湯、承氣湯出自仲景；補中益氣湯、越鞠丸等出自東垣、丹溪，此般名方之外，還有歷代諸方書中的佳方和醫案中所記載的方劑，此類方有的尚無方名，作者在諸病門下言『治某某方』。有效驗則收是其收録原則，毫無派别偏見。有些是來自佛家道家的驗方，但其敘述毫無仙氣和方士痕跡，藥也均爲常用藥，而非猫胎衣治噎塞

（王士禛《古夫于亭雜録》），蛛網爲丸治吐血（王士禛《分甘餘話》）之怪方絶藥。方書爲現實生活中醫療之需提供資訊，叙列了傷筋碎骨方、溺死凍死方、治瘡瘍皮膚病方、治脚眼方足裂方，乃至頭髮不出方、烏鬚染髮方等，均可推名辨病求方。

三是明達而曉暢。作者以其自明而明人。每門下用方之前，先簡介該門病的概況，之後推名示方。藥投其對，還詳述炮製及煎煮法，其闡述臻微入妙，猶如醫家臨證提囊行藥、拿捏輕重，由是也體現作者傳司命之術之審慎。書中對臨證經驗或理論，常以數字逐一概括，使讀者有易於理解、易於記憶的效果。例如卷八《諸毒》中，有『大毒有五善』，有『七惡』之語，其『七惡』是：一惡，神昏，心煩，瘡紫黑；二惡，身强，目邪，瘡頭血水，驚悸；三惡，形瘦，瘡軟，膿清，不知疼痛。四惡，膚槁聲嘶，痰多喘急，鼻動；五惡，舌乾消渴，形慘囊縮；六惡，身熱，嘔呃，腸鳴，發譫語；七惡，瘡倒陷，四肢冷逆，污水自流。本書在得宜的構架中，從藥入手，據理檢方，層次有序，以便初學，又用語順達確當，變秘旨微言爲明切簡備，使茫無畔岸之醫事能方藥對證，本書以此足爲施教之資。達到了作者『不爲醫而以書示人』的目標。

本書對於外感温熱，雖然也有辛凉藥品之用，但作者著書之時，葉天士、吴鞠通輩的温病學派尚未形成，這是歷史的局限。另外，在李士麟的《壽世良方》刊行後，又有幾種同名的書，如清乾隆十五年（一七五〇）徐景熙之八卷書，乾隆六十年（一七九五）熊家驥與痢症合編書，清光緒十四年（一八八八）陳勵編之四卷書，以及民國元年（一九一二）康世泰所編鉛印書等，均與本書同名，但内容迥異而無版本傳承關係。

三豐張真人神速萬應方

賀信萍

《三豐張真人神速萬應方》四卷，江户初期鈔本，明代孫天仁編集，孤本現存於日本東京國家博物館。

一、著者與成書

該鈔本没有序言，從卷首署名『容山探玄子孫天仁集，書林作德堂葉静齋刊』，可知本書的編集者爲孫天仁，號探玄子。從其號可以推知，孫氏可能是道士或崇信道教之人。其書冠有『三豐張真人』之名，更提示了該書屬於道醫所撰之書，也提示了此書的編集是在張三豐（明初人）之後。

關於本書的版本，據卷端題記『書林作德堂葉静齋刊』，可知該日本鈔本應當是據明代作德堂首刊本覆鈔。在中國古代書目中最早記載本書的是明代朱睦㮮所編《萬卷堂書目》（一五七〇），最早引用本書内容的醫著是李時珍的《本草綱目》（一五七八），據此，可以推定本書的成書年應在公元一五七〇年以前。

關於此書書名《三豐張真人神速萬應方》（簡稱《萬應方》），三豐張真人即道教史上著名的高道張三豐。據《明史·方伎傳》：『張三豐，遼東懿州人，名全一，一名君寶，三豐其號也。以其不飾邊幅，又號張邋遢。』張三豐雲游四方，是元明時期影響力巨大的道教人物。『太祖故聞其名。洪武十四年，遣使遍覓之不遇』。後據説三豐真人自知羽化之期，『留頌而逝』，但當人們殮葬他時，又復重生，繼續游歷四川、襄漢，隱入武當山。此後的事，在《萬應方》卷一中得以繼續展開。該卷『三豐真人像』兩側有聯曰：『道法傳天下，依方進國皇。』永樂十九年（一四二一），皇帝朱棣下令訪尋求張三豐回朝治病。大臣胡螢（瀅）於次年在武當山遇到三豐張真人，真人授予『秘奧二十四方』。據稱此方乃真人在元朝時游天臺山，從石匣中得『藥方一本，記二十四方』

云云。此即《張三豐真人秘傳仙方》之前的來歷介紹。

二、内容與特色

《萬應方》並不是單純一種書，而是不同時代、不同作者與内容的多種醫書集合。其總名爲《三豐張真人神速萬應方》，但各卷或卷内的子書又各有名稱，類似一部小叢書。

該書卷一爲《張三豐真人秘傳仙方》，乃道醫方書，也有少數醫理與養生内容。卷二收録了風格與内容各不相同的幾種醫書。其中，第一種名爲《醫科世系節要》，没有出示作者名與年代。其内容不是一般的臨床醫書，而是醫史人物傳承系列以及醫學分科。第二種爲《傷寒十勸》，此書作者乃南宋李子建。據《醫籍考》收録的《傷寒十勸》序言，可知該書撰成的宗旨：李子建的祖、父皆死於傷寒，因此努力學習張仲景之書，悟得『傷寒本無惡證，皆是妄投藥劑所致』。因此他根據自己的體會，撰寫了處理傷寒的十條個人心得，抨擊當時傷寒治療用藥的宿弊。該書世少單行本，《萬應方》所載的《傷寒十勸》是較早的一種傳本。《傷寒十勸》之後是傷寒内容。但其中的『發汗法、取汗法、轉下法、取吐法、水漬法、葱熨法、蒸發』亦見於元代危亦林《世醫得效方》卷一『傷寒撮要』。此後該子書還有藥方二十餘首。上述傷寒雜鈔之後，是《傷寒冰鑒殺車槌法》。『殺車槌』是明代陶華《傷寒六書》之一。經比較，《萬應方》卷二的《傷寒冰鑒殺車槌法》確實就是《傷寒六書》的《殺車槌法》，兩者内容一樣，但文字略有出入。卷二最後一種書是元代杜本《傷寒冰鑒辯舌論》，這是中醫舌診史上最早的舌診書之一。與通行本不一樣的是，該子書衹有杜本自撰的二十四舌法（有圖有文），並無所謂《敖氏金鏡録》中的十二幅舌圖。總之，卷二收録的書比較零散，醫方的内容非常少，但其收録的《傷寒十勸》《傷寒冰鑒殺車槌法》與《傷寒冰鑒辯舌論》都是較早的傳本，具有一定的文獻學價值。

《萬應方》卷三、卷四係孫氏集效方，按不同的分科或類别來歸納方劑，計分内科、外科、中風門、大麻風、婦人科、小兒科、證科、祝由科、收禁科。這兩卷除祝由科全爲符咒外，其它門類都列有藥方，共計三百二十餘首。以上是《萬應方》四卷的整體情況簡介，現將其特色闡述如下：

（一）道醫醫理，濫觴中醫，同根異脈

《萬應方》中收録了這兩種具有濃鬱道教色彩的道醫醫書，即卷一《張三豐真人秘傳仙方》，卷二子書之一《醫科世系節要》。從其内容來看，似與中醫陰陽五行理論相差無幾，但細究之則有不同，且較之中醫更有特色和發展。該卷首爲『五行論』，是一篇討論五行、五臟之間生剋關係的專論。該論的觀點是：『生者爲母，受生者爲子』；『相剋者爲夫，受剋者爲妻』。因此前半篇均以母子、夫妻爲綱，來談論臟腑及其外應的生剋關係與生理病理現象。後半篇則謂真陰生於父母精血，真陽起始於兩腎之水。『腎爲氣之根，心爲液之源』，『火中識取真龍，水中認取真虎。龍虎相交而變爲黄芽』。這一理論明顯源自道教內煉之説。此篇認爲：『醫道通仙道』。衹要調和正陽之氣，謹守養静之要，就是長壽之道。

此外，在卷一『五行論』之後，又有若干道教勸戒之文。其中包括『無心頌』（講述『忍耐』二字對人生的意義）、『備身存德』、『中正之圖』（講述窒慾斷嗔、志行中正對養生的意義）、『周易八卦圖』（講述四時六氣陰陽消長的規律），其後又是一長篇論文『陰陽變化論序』，又稱爲『鐘、吕二仙語論』，講述道教長生之道。這些都反映了道醫治未病的思想更重於養心和調暢情志。

（二）道醫仙方，移精變氣，身心並治

方劑，古稱方技，包括藥方與治療技術，道醫因在道教思想的影響下，組方選藥和治療手段均有其鮮明的特色，除方劑組方遵循道教全真葆炁、扶陽育陰的教義醫理外，因尊稱仙家創製，兼備『移精變氣』的治療作用。首先，在方藥方面，在《萬應方》卷一收載的二十四首『仙方』，與一般醫藥書所載最大的不同有二：一是方前大多冠有神道之詞，例如衝虛至寶丹、神仙失笑散、神授如聖餅子、仙授煮酒方、太清保金丹、神仙太乙丹、鍾離濟世散等等。諸方以丹爲多（十四首），膏爲次（四首）。二是多數方劑之前要介紹一段『仙方』的來歷。例如『衝虛至寶丹』講的是宋徽宗得到漢鍾離所贈的仙方，徽宗服用後神清體健，遂封此方爲『神精中和衝虛至寶丹』。其它諸方所載大多如此。這二十四首藥方中，李時珍收録了五首（神仙失笑散、鍾離濟世散、紫花地丁膏、神仙瑪瑙餅、真人碧雪膏），所引方超過了原書方數的五分之一。在這二十四首仙方之後，又有『續附補養延壽諸方』二十六首。這二十六方雖不像前二十四首那樣每方都要講其仙傳歷史，但其道教色彩依然很濃。例如其中記載了較多道醫所用的隱晦藥名，如大秘琅琊草即石菖蒲，定神安補草即遠志等等。續補諸方中的伐木丸、坎離丸、補脾養胃散三方亦被李時珍引録，其實用價值不言而喻。

其次，在治療技術方面，在卷二《醫科世系節要》中提到：『筋（金）鏃科』提到：『治法見《壽域神方》……及《青囊雜纂》』；『祝由科』提到『已上符術並見《壽域神方》扁鵲救生符法，及張天師《法病書》《鬼竅曆》等』，可見作者推崇的書籍多爲道門人士所撰著作，並明確輔以使用道教符篆咒禁之術。

（三）道醫眼中的醫德、醫史與醫學分科

《萬應方》卷二的《醫科世系節要》沒有出示作者名及成書年代。此書不是臨床醫書，内容涉及醫德、醫史與醫學分科。該子書首論醫家的『十全』（十種必須具備的知識與素質）、『三德』（知識廣博、性淳敦厚、不欺不奉）。然後介紹『十三代明醫』，即伏羲、神農、軒轅、岐伯、扁鵲、秦越人、淳于（意）、徐文理（伯）、華佗、王叔和、張仲景、巢氏（元方）、孫思邈。每一位明醫均有簡短的業績介紹，其中孫思邈的介紹是：『十三代，醫東海老龍眼，傳仙方一部，點石爲金，爲金（唐）孫真人也。』此文不提孫真人（思邈）的《千金方》《千金翼方》，祇談治龍傳説，且誤唐代爲金代，可見此節並非嚴肅的醫史論説。

在『十三代明醫』之後，爲『病有六不治』，乃化裁《史記·扁鵲倉公列傳》所載之文。最後是『八齋十三科』一篇。該篇所列十三科，與一般史書記載的醫學分科不盡相同。其十三科名前都冠有『某某齋』（計八種齋名），故名『八齋十三科』。其内容爲：『全仲齋方脈科、守益齋傷寒科、守益齋雜症科、稽昔齋内科、稽昔齋外科、精微齋婦人科、慈幼齋小兒科、稽昔齋針灸科、吹用齋眼科、立本齋咽喉口齒科、神明齋筋（金）鏃科、神明祭（齋）祝由科、神明齋收禁科，又名産科。』各科冠以齋名，是源於道教齋醮科儀。齋醮係道教儀式，道門謂之『依科演教』，亦簡稱『科教』，也就是俗稱的『道場』、『法事』。其法爲設壇擺供，焚香、化符、念咒、上章、誦經、贊頌，並配以燭燈、禹步和音樂等儀注和程式，以祭告神靈，祈求消災賜福。這樣的醫學分科方式，凸顯道教特色。

又，這十三科内把方脈科、雜症科、内科分别成科，但明代及其以前的醫學分科中並無此分科法。其中方脈科的解説云：『先明脈，後識症，次辨理，宜處方，故編列十三科之首。』其實許多醫科的疾病都需要明脈、識症、辨理、處方，這是醫家看病的基本過程。將這一過程設爲『方脈科』，實屬罕見。

三、學術價值

中國古代書目最早記載《三豐張真人神速萬應方》的是明代朱睦㮮《萬卷堂書目》（一五七〇）。最早引用孫氏之書的是明代李時珍《本草綱目》（一五七八）。但在《本草綱目》中，《萬應方》被分作兩書著録，一書名爲孫天仁《集效方》，另一書名爲《張三豐仙傳方》。清代以後少數書目雖然記載了《萬應方》，但醫書中却罕見直接引用該書者，多從《本草綱目》轉引。《孫氏集效方》經對照，李時珍所引六十餘首題爲『孫天仁《集效方》』中的藥方，正是取自《萬應方》卷三、四（祇有三個藥方出自卷一『張三豐仙傳方』），可見此書的藥方很得李時珍的青睞。與一般醫家（多具儒家背景）相比，明代道教或具有崇信道教背景的人士所撰醫書不算太多。但與其它朝代相比，明代道醫醫書的數量可名列前茅。孫天仁的《萬應方》道教色彩非常濃厚，所載醫藥内容也很實用。該書既能深得李時珍青睞，相信該書也能在當代發揮它應有的學術價值。

以上簡介了《三豐張真人神速萬應方》的主要内容與其道醫特色。該書所載醫方具有較高的臨床治療價值，所收數種明代以前的醫書也具有較高的文獻學價值，可供校勘研究之用。

活命慈舟

陳廷德 李鴻濤

《活命慈舟》八卷，方書類著作，清同治九年（一八七〇）四川威遠合德堂刻本，孤本完本現藏於四川省内江市威遠縣檔案館。

一、著者與成書

據本書卷端所題，輯著者爲：青風、修真、醉酒三夫子。青風（青峰）：即李南暉。李南暉（一七〇九～一七八四），字仲晦，又字迎旭，號青峰，又號西海雲樵（青海湖古名西海），甘肅通渭人。清乾隆三十年（一七六五）十二月，五十六歲的李南暉出任威遠縣知縣，至乾隆四十三年（一七七八）十二月，署政十四載。李南暉爲官清廉，兩袖清風，縣民愛戴，任内修城修誌、修橋築堤、創立青峰書院、辦學育人，政績卓著。政事之餘，傳授醫術、活人活獸。李南暉著有《周易原始》《太極圖説》《青囊心法》《活命慈舟》《活獸慈舟》等著作，從夏慈恕、羅精靈、徐煥文、夏恩義、蕭宗儒爲《活命慈舟》所作的序文中，可以看出《活命慈舟》原稿爲青風（青峰）先生遺作，書稿形成於清乾隆中期。其經過是夏慈恕外出訪道，路過威遠縣西北青風嶺（今又名青峰嶺，嶺上有青峰寺，是祭祀李南暉的神廟），黄庭修真子將《活命慈舟》數卷傳授給了夏慈恕，修真、醉酒對《活命慈舟》書稿進行了輯著，醉酒和夏慈恕於同治三年（一八六四）爲書稿作序，羅精靈、徐煥文、夏恩義、蕭宗儒則於同治八年（一八六九）爲書稿作序。從《活命慈舟》卷八論『活命法』一文中，青風子與醉酒子問答語録行文風格，可以看出與李南暉所著的《活獸慈舟》相同。李南暉的《青囊心法》《活命慈舟》《活獸慈舟》等醫學、獸醫學書稿爲何遺留威遠縣清風砦青峰寺？這與李南暉署政威遠時兼署夾江縣印務和多次奉調出征有關。據清乾隆《威遠縣誌》記載，李南暉在《威遠縣誌·地理誌·山川》末尾題寫按語：『青峰暉曰：余嘗以公事往來此邑之西北山間，其峭峰削壁、高木深篁、凼水曲流、幽禽翠鳥、風雨晦明之際，蓋有劉包吳道子諸公筆所不能繪，而墨所不能潑者……』可見青峰嶺是李南暉去夾江處理公務的必經之嶺，青峰寺是他經常停留的講道之處，在他奉調即將征戰沙場生死未卜之時，他把這些醫學和獸醫學書稿留在青峰寺救人活獸亦在情理之中。

考修真、醉酒當爲兩仙家的道號或名號，兩夫子是何方人氏今已無考。本書刊刻審校者：夏慈恕、羅精靈、徐焕文、夏歧術、倪清溪等門生醫家十七人。夏慈恕：又名夏甸芳，别號栖原，又號會稽栖原氏，爲合德堂堂主。

二、内容與特色

《活命慈舟》爲方書類中醫古籍。全書共八卷，以法爲目，依法列方，凡古方驗方、單方草藥搜羅廣泛。附録篇除論述兒科治法、治吐血内傷虚勞妙方、救急萬應丸方等外，還附刻有《陸地仙經》一書。綜觀此書，有如下特點：

（一）依法類方，方治結合

《活命慈舟》一書，重在示人以法，其言法，有的屬於治法，如補益、導瀉、補瀉、祛風、却寒、避暑、滲濕、潤燥、治火、汗治、吐治、下治等；有的則屬於治則，如先治、後治、認病、生機、病不治等；有的則是指代治療的分類，如治頭、通耳、治鼻、明目、治手、治舌、治喉、治痛、治鳴等；更有的，雖列爲法，但却沒有法的含義，僅僅爲專科分病的綱目，如癰、疽、疔、外腫、癬、瘰癧、刀法等。然而，本書列法的目的主要在於示方，在於給習醫之人提供可供資鑒的實用方藥，故其在具體治法之後往往羅列數個有效的簡便廉驗的方劑，方治結合。這種依法列方的編排體例，較按門類方的書籍，更具實用性。

（二）理、法、術、診，不一而足

全書雖爲方書，但内容不止於方書。除介紹作者方藥治療經驗外，對於醫理、診斷、治法、治則、治療技術等方面的論述也很全面。如卷八論述論醫、論病、審病、斷生、判死、決斷、生死、外感、持脈、用藥、補益、清瀉、辨味、辨色、治標、治本、輕重、依性、論貧富、陰陽辨、養心、調氣、守身、活命二十四法。雖言法，可實際上是由中醫基礎到中醫臨證中的各個關鍵問題都已涉及。中醫學認爲：『方從法出、法隨證立』，辨證準確是方藥奏效的前提。本書理、法、術、診，不一而足，體現了作者不僅擅於用方，而且更善於辨證施治。所以閱習本書，其收獲並不止於方藥。

（三）蜀産名物，廉驗地道

巴蜀素有天府之國美譽，物華天寶，人傑地靈。本書頗具地方特色，作者認爲，窮鄉僻壤，若得急病，倉促之間，他處藥材難免撿斂不全，以致債事，所以『以蜀之藥治蜀之病，有餘也，且非止療蜀之病也，變而通之，即以他省之藥治他省之病，未爲謬也』，故而藥不必遠求。所以，就地取材，方藥選輯重在以蜀產名物、地道藥材爲主。因此，在本書書末附有《活命慈舟藥性》，收録中藥五百四十一味。此外，附篇還有附録和藥性補遺。藥性補遺篇收録中草藥一百一十七味，既記録了蜀產藥材的性味功效，又可對照書中列述的醫方藥物。如其中記載了：普洱茶，味微甘，性平氣薄，解鬱熱，開心竅，利二便，强脾胃，嚼敷癰疽、瘰癧、瘿瘤、蛇犬虎傷、金刀口潰久不斂者效。可見當時人們對於地方草藥醫方的認識和重視已達到了相當高度。

三、學術價值

《活命慈舟》剖析病源詳明，立方施治精道，功效應驗，足以起沉痾而療痼疾，藥味蜀產，俯拾即得，價廉效佳，至簡至便。《活命慈舟》刻印出版一百四十餘年來，特別是在清末和民國時期，在川南一帶影響較大，爲川南丘陵低山區的人們解除疾病和痛苦，並爲養生益壽祛病延年做出了貢獻，研讀應用《活命慈舟》也成就了一批中醫名家。

由於《活命慈舟》是李南暉知縣的遺著，清末才刻印出版於威遠，加之刻板已毁，故留存稀少。據薛清録先生《中國中醫古籍總目》著録，《活命慈舟》國内僅有兩家圖書館有藏，一爲成都中醫藥大學圖書館，一爲陝西中醫藥研究院圖書館，據實地考察，成都中醫藥大學圖書館藏本已遺失無存，而陝西中醫藥研究院圖書館藏本自《活命慈舟藥性·滑石》條下，皆已殘失。近十年來，筆者遍訪威遠城鄉，迄今僅尋訪到此完本。這部《活命慈舟》爲已故四川省名老中醫林南浦所藏，後由其孫女林建華醫生收存，品相完好，且視若拱璧，冀家族代有所傳。經筆者的耐心細致的反復動員，告之以保存中華優秀文化的緊迫性和必要性，林建華醫生深受感動，遂自願將這部家傳《活命慈舟》捐獻給威遠縣檔案館保存，體現了林氏家族的高風亮節。

武林陳氏家傳仙方佛法靈壽丹

賀信萍

《武林陳氏家傳仙方佛法靈壽丹》，又名《靈壽丹方》不分卷，明·陳楚良撰於萬曆十六年（一五八八）。孤本現藏於北京大學圖書館。其主要内容可用三句話予以概括：講一個故事，出一個藥方，註釋三十六種藥物。

一、底本及成書背景

該書未見書坊堂號及刊刻之年，但據原書篇首之萬曆十六年自序，可稱爲萬曆戊子序刊本。與該書合刻的是陳楚良的另一本書《黄帝陰符經闡秘》（與養生導引氣功有關），與該書主體談藥方的内容迥異。

據該書自序署名，作者爲陳楚良，自稱益元道人，武林（今屬浙江杭州）人。陳氏中年以前攻讀儒書，但『功名數奇』，仕途無望，於是中年時棄儒而讀其先人所留下的醫書。自稱後遇異人指示，遂轉身慕道。在《靈壽丹方》的自序與跋中，陳氏講了一個先世的傳奇故事，來烘托其書中所介紹的靈壽丹的來歷。作者的六世祖陳堪（字亦讓，號思殷），南宋末人，慕仙敬佛，好服藥餌。入元朝以後，往游峨眉山，遇一道人傳授秘方，方中所用藥品與世人迥異。據説此方有却病、延年、種子之功。陳堪爲了搜尋該方所需的檀桓一藥，遠赴四川。又周游天台、彭城等山，遇到自稱是藥師佛弟子的西域老僧毗那摩迦耶尊者。陳堪示以峨眉山所得仙方，老僧雖稱贊該方藥品甚佳，但指出製法尚欠完備，於是老僧又授以製藥妙法。此法採草木花葉蒸取氣液，以爲『神水』，很像中國的燒酒（即蒸餾草木所得，後世或稱爲『藥露』）。陳堪接受了道人所授仙方，又接受了老僧所教取神水之法，依法做成萬壽丹，服用後據説活到了一百五十歲。但此方傳到陳楚良的高祖、曾祖之時，因難獲得『檀桓』一藥，無法繼續製丹。陳楚良自己行醫，但也因缺錢僱人去採擇一些珍稀藥物而未能合丹。後來他夢到死去的父親對他説：『汝當以此方示人，必有喜聞而力能辦藥者至矣！』於是他就把祖傳的秘方記録下來，解釋方意，並根據本草所載，以及父、祖平日所談，分别註解方中各藥，輯成了《靈壽丹方》一書。陳楚良序跋中講的故事是真是假，已難以確考。但作爲傳方之書，關鍵是看其藥方的組成是否合理，因此考察此方是否切於臨證應用才是評判此書實用價值的關鍵。

二、靈壽丹的組成與問世原委

本書介紹的衹有一方，全名『群仙靈壽丹』。這是一個大方，有藥三十六種，正合道教所説的周天之數。此方藥物有木本及木質藤本植物十六種（檀桓、松、柏、槐子、青黏樞極、酸棗仁、南天燭、杜仲、五加皮、營實、沉香、合歡、女真實、枸杞、忍冬、蘇合油），草本或草質藤本植物十六種（仙茅、胡麻巨勝、遠志、甘菊花、貫衆、金毛狗脊、木香、白蒺藜子、茵陳、旱蓮草、黄精、石斛、朮、何首烏、薯蕷、菟絲子）。菌類植物一種（茯苓神），動物類三種（龜殻、鹿角膠霜、麋角膠霜)。由此可見，該方是以草木植物藥爲主，動物藥衹佔其十二分之一。

作者介紹此方的主藥是檀桓和松(含松脂、松葉、松節、松根白皮、松花、松子仁，號稱全松)兩味藥。其中檀桓、松各佔全方劑量的十分之三，其它三十四種合起來纔佔全方劑量的十分之六。服用此方時，還可根據人的體質與平素所患疾病進行加減。與尋常傳統補養方製法不同的是，該方汲取了西域老僧所授製藥法，取『各藥之神水，藏以吞丸』，即將各藥蒸餾提取的『藥露』來送服丸藥。

乍看起來，這一以草木爲主的養生方並無多少特殊之處。但如果考察作者生活的時代，就知道它有某種特殊意義。作者在跋中介紹說：『當嘉靖時，姜侍御奉敕訪《長生訣》《掌心雷》等書於江南，良不敢以此方獻者，謂其時方士紛紛競以紅鉛、秋石爲長生藥。使良一人者獨以草木君臣之方獻，衆必糠粃土梗之矣！』要理解這段話，必須瞭解一段特殊的時代背景。

明嘉靖年間，皇帝崇信方士的陰陽採補之術。嘉靖四十年（一五六一）派遣御史王大任、姜儆（即《靈壽丹方》跋中提到的『姜侍御』）、奚鳳等，遍訪州郡，以搜求會仙術的神異之人，以及道教的秘文秘方等書籍。其時講究『以人補人』，所以方士與佞幸大臣紛紛進獻紅鉛（女子初次月經製品）、秋石（人尿提取物）等人部藥。在當時，像陳楚良家傳的這種以草木爲主的靈壽丹是被人看不上的，所以陳氏不敢進獻。嘉靖皇帝服用這些長生丹藥出了醫療事故之後，『以人補人』之風開始走下坡路。陳楚良跋中說：『幸自隆慶以來，餌藥者鮮用秋石、紅鉛，談玄者罕言採戰、搬運，是神農黃帝之正道將復興於世矣！乃敢述《本草》所云主療者，分註各藥之下。』可見陳氏家傳的靈壽丹是在萬曆時『神農黃帝之正道將復興於世』的背景下進獻的，不同於江湖方士的採補長生邪術。

僅僅公佈一首靈壽丹，顯然不足以形成一部書。該書的主體內容，是作者對方中三十六種藥物的詳細註說。

三、三十六藥的註說

前已述及，作者根據本草著作所載，以及其祖父、父親平日所談的有關該方藥物的知識，爲靈壽丹三十六種藥分別作了註。雖然這些註解多數可見於本草書，但仍有幾味藥的解説很值得注意。

靈壽丹的首藥『檀桓芝』是全方的主藥。所謂『檀桓』，就是黄蘗（黄柏）的根。梁·陶弘景《本草經集註》説黄蘗根在道醫藥品中被歸爲『木芝』類，但到了南北朝時期，已經很少有人用此物輕身延年了。唐代陳藏器《本草拾遺》則認爲檀桓是『百歲蘗之根，如天門冬，長三四尺，别在一旁以小根綴之。一名檀桓芝』。靈壽丹一方如此器重檀桓芝，説明該方繼承的是南北朝以前道教醫藥的養生傳統。

此外，值得注意的是，該書對一味古老養生藥提出了前所未見的觀點。這味藥就是《三國誌·華佗傳》提到的『漆葉青黏散』中的青黏。關於青黏，本草書一般認爲是百合科的萎蕤，即玉竹。但在《靈壽丹方》中描述的青黏形狀，實際上是冬青科植物枸骨。這一觀點將爲醫家考證青黏一藥提供新的依據。

此外，還有若干證據可以説明該方的來源確實非常古老。例如該書提到『龜殼』一藥，李時珍指出：『古者上下甲皆用之』。據考證，直到元代朱丹溪倡用龜版滋陰以後，後世遂多使用龜下甲（腹版），且名之爲龜版。但在《靈壽丹方》中，該藥仍使用『龜殼』一名，並指出『此物妙在松、柏子油爍之耳』。這是古代龜甲一種比較罕見的炮製法。

在對三十六藥進行註釋之後，作者對藥物的煎煮法也提出了自己的意見。他認爲：『本草每藥必先氣而後味，今之煎藥、炒藥者，香徹四鄰，氣盡飄散，獨存其味，飲之是有陰無陽矣。殊不知味之力藉氣之力以行，氣陽味陰，有味無氣，如妻失夫而無所依附也。』所以，他提出一種製藥的方法：『人慾補虛去疾，而求必效者，當多取藥汁，煎膏代蜜和丸。有當炒者，不過欲其熟也。當入甑蒸之，收取神水，藏待丸成，日用以吞送其丸，如此則氣味混合，並力兼行，而周身之神氣精血、腑臟魄魂，皆得其養矣。』這種『收取神水』（即藥物的蒸餾液），留待以後送服成藥的方法，很值得現代中醫研究者關注和借鑒。

綜上所述，《靈壽丹方》一書所講的『六世祖遇道人高僧得授神方』的故事雖然不可盡信，但該書所出的一個藥方（靈壽丹）不失爲一個可供參考的實用之方。作者爲該方三十六種藥物所作的註解，其中對藥物來源的考證、製藥方法等方面，都有新穎獨到的見解。因此，《中醫古籍孤本大全》將此書收入，可使更多的讀者關注其中所介紹的藥物知識。

活人事證方·活人事證方後集

鄭金生

《活人事證方》二十卷，《活人事證方後集》二十卷，是南宋著名醫家劉信甫所編。劉氏精於臨床，收集醫藥資料極爲豐富，書中保存了大量的宋代醫藥資料，彌足珍貴。該書宋本曾傳至日本，今已失傳。所幸日本著名醫家丹波元簡得見宋本，並請寫手影鈔，現藏於日本公文書館内閣文庫。

一、著者與成書

關於本書的來由，在該書卷二十之末有多紀（丹波）元簡的題跋：

『右《活人事證方》二十卷，目録及《藥性歌》一卷，宋·桃溪居士劉信甫撰。凡二十門，每方各有事件引證，蓋許白沙《本事》之流亞也。本邦性全《萬安方》，有鄰《福田方》，往往援引其方而世無傳者，每以爲憾焉。今兹吉醫官長達偶携其所藏宋本來而見借，予驚喜不知所況，遂速付寫手影鈔以藏於家。但是書《宋史·藝文誌》，晁氏《讀書誌》、陳氏《解題》，並不著録，故信甫履歷不得詳焉。考葉棠伯序，信甫本儒者，屢擯名場而爲醫者，乃與葉同嘉定時人。享和壬戌夏五月十七日櫟窗書/丹波元簡。』由此可見該底本能留存至今，實爲幸運。

檢視全書，在書前葉麟之序的後面，確有『建安余恭禮宅刻梓』字樣，可見此鈔本所據，即南宋建安余氏刻本。此書雖南宋書誌不載，但在南宋陳衍《寶慶本草折衷》卷二十已著録：『《活人事證方》：首附本草要略：嘉定中桃溪居士劉信甫著此方。凡方内所用藥物，並於本草中以括治效之要，冠於卷首。監行在惠民和劑局葉麟之爲序。〇甫，一作父。』《寶慶本草折衷》並多處引用劉氏書的内容。

劉氏書總目之前，有小引云：『余幼習儒醫，長游海外。凡用藥救人取效者，及秘傳妙方，隨手鈔録，集成部帙，分爲門類，計二十餘卷。每方各有事件引證，皆可取信於人。並係已試經效之方，爲諸方之祖。

不私於己，以廣其傳，庶使此方以活天下也。桃溪居士劉信甫編。』

嘉定丙子（一二一六）葉麟之（棠伯）序中所稱：『桃溪居士劉君信父，本儒家者流，屢擯名場而壯志弗就，乃斂活國之手而爲活人之謀。既而思之，囊有妙劑，僅可以濟一隅，曷若鳩千金之秘方，足以惠天下之爲博也。於是此書作焉。』葉麟之當時官『從政郎新監行在惠民和劑局』，他對劉氏的介紹與前小引所云一致。

據南宋·陳衍《寶慶本草折衷》記載，劉氏名明之，字信甫（或作父），桃溪（一名永春溪，今福建永春縣南桃溪）人，信佛，故號桃溪居士。自幼學儒，後因科場不利，遂轉而習醫。他游歷的地方很多，有許多臨床經驗，並能獲得一些秘傳妙方。由於作者自信該書『每方各有事件引證，皆可取信於人。並係已試經效之方，爲諸方之祖。』所以將他的書名爲《活人事證方》。其成書之年亦當在嘉定九年（一二一六）之前。此外，劉信甫留存至今的醫藥著作還有《新編類要圖註 本草》四十二卷。

前述多紀元簡題跋，僅提到《活人事證方》二十卷，目録及《藥性歌》一卷，未言及《活人事證方後集》二十卷。然今底本前、後集俱全，二集字跡不同，藏書印章則同。後集前有未署名之小引，稱：『是書前集盛行於世，第限方之未全，今再求到桃溪劉居士編集常用已效之方，約計一千餘道，分門拆類。先原其病候，次引事以證之。使用者無疑，服者必效，此方誠可活天下也。幸詳鑒。』據此，則後集成書當晚於前集。其小引口氣，頗似書商所爲。然全書體例大致相同，所引文獻皆爲南宋嘉定以前之書，並無重復，當亦爲南宋之作無疑。二集字跡不同，説明寫手不同。後集第二十卷之末，有『天保辛卯花朝讀，元堅』字樣，則此後集當在天保二年（一八三一）之前已經鈔完，並經多紀元簡之子元堅閲讀過。但元堅未記後集鈔寫原由。

今世傳劉信甫之《活人事證方》，除多紀氏影宋鈔本之外，還有日本轉鈔之本。北京大學圖書館收藏有早年回歸的日本鈔本《活人事證方》二十卷覆鈔本，另臺北新文豐出版公司一九八七年影印了《活人事證方後集》。二〇〇三年上海科學技術出版社還出版了該後集點校本。然此鈔本前集、後集俱備，又是日本多紀氏的影宋鈔本，因此更有益於瞭解該書的全貌。

二、内容與價值

（一）各卷門類

《活人事證方》前、後集均爲二十卷。比較二集各卷分門，却並無太多相同名目。《活人事證方》前集各卷分門爲：一卷諸風門，二卷諸氣門，三卷傷寒門，四卷虚勞門，五卷補益門，六卷婦人門，七卷脾胃門，八卷水腫門，九卷瀉痢門，十卷喘嗽門，十一卷小腸氣門，十二卷脚氣門，十三卷頭風門，十四卷痔漏門，十五卷癰疽門，十六卷瘡瘍門，十七卷補損門，十八卷小兒門，十九卷消渴門，二十卷通類門。

《活人事證方後集》各卷分門爲：一卷中風門，二卷心氣門，三卷虛損門，四卷白濁門，五卷盜汗門，六卷中暑門，七卷瘴瘧門，八卷霍亂門，九卷痰飲門，十卷嘔吐門，十一卷腫滿門，十二卷疝氣門，十三卷胎産門，十四卷淋閉門、發背門，十五卷血疾門、中毒門，十六卷咽喉門、頭目門，十七卷口齒門、耳鼻門，十八卷疹豆門、湯火門，十九卷雜方門，二十卷修養門。

（二）附卷本草要略

此鈔本前集之前，尚有本草附卷一卷。《寶慶本草折衷》稱之爲『本草要略』，稱『凡方内所用藥物，並於本草中以括治效之要，冠於卷首』。今檢視原書總目卷一之前，有文曰：『藥有金石草木魚蟲禽獸等物。其出温涼寒熱，酸咸甘苦，有毒無毒，相反相惡之類，切慮本草浩繁，卒難檢閲。今將常用藥性四百餘件，附於卷首，庶得易於辨藥性也。』可見並非就該書方内所用藥物，括其治效之要。而是從本草中精選藥物四百餘種（實有藥物一百二十四種），簡述藥性功治，以便檢閲。這種在大型方書之前，附藥性提要的做法，在南宋已成風氣。該卷於各藥解説之前，載有『藥性相反歌』、『藥性相妨歌』、『六陳歌』、『十八反歌』，均爲早期的藥性理論歌訣，且不同於當今流傳的同類歌訣。

（三）目録特殊體例

底本前、後集目録與衆不同。一般書籍目録僅出示所述病、方名稱即可，該書各卷目録則於方名之後，簡述其方主要功能。例如前集卷之一『諸風』門，目録記載：『蘇合香圓治中風未辨陰陽證；五積散治卒急中風不醒人事；地仙圓治諸風諸氣五勞七傷；去風丹治中風兼療脚氣傷損……』這一目録體例爲他書所無。該體例與書前附本草要略之舉，均可體現作者處處顧及方便讀者檢方用藥之良苦用心。

（四）以事證方，取信於人

我國古代就很講究方藥的『傳信』。唐·劉禹錫有《傳信方》，每首方劑『皆有所自，故以傳信爲目云』。這種在方劑後註明來源的做法對後世影響很大，所以許多方劑書都註明方劑的書籍出處、傳方人姓名、使用經驗與醫案等。劉信甫對此非常講究，所以他特別注意『每方各有事件引證，皆可取信於人』，並以此來命名其書爲『事證方』，即『以事證方』之意。這是該書的特色所在。

這樣的『事件』，在書中有多種表現。有劉氏所説的『已試經效之方』，有傳聞的經驗案例，也有轉録他書之方，僅簡單註明出處者。正因爲許多方劑都要出示『事件』，所以該書的方劑與古今多數方書不同。該書不死板地列舉各方功效主治，而是用多種方法説明收録此方的理由。其表述法看似繁瑣，但閲讀起來却令人興趣盎然，易於記憶和使用。例如『烏犀圓』下記載：『此藥福州何家一鋪，遠近服食，遂置温燠。余二親在日，鄉里常寄來，時時服之，後來鄉人林用卿常從其家子弟學，因得。』這就把該成藥的來源、效果，其方如何獲得的經歷介紹得一清二楚。

在『真珠母圓』條下，作者還介紹了他的一個醫案：『紹熙間，董生者患伸（神）氣不寧，纔睡魂飛揚多驚，通夕不寐。衆醫皆作心病，用藥不效。再召一儒醫診視。予曰：非心病也，是肝經因虛不能藏魂，所以卧則魂魄飛揚。持此議論，衆醫皆服。此證古今方書並無具載。予處此方服之即愈。』

類似這樣的記載，不僅對用方，就是對辨證也是很有參考意義的。此外書中也有許多傳聞所得。例如一藥酒方下記曰：『廣州劉士彦知泗州日，中風，肩骨脱臼。吴總領楊介勸服此藥，大效。未幾拜起如常。觀其藥雖且平常而有神效，乃知處方之善，其諸方遠不及也。』

醫方之可貴，在於其效。該書附載在方劑中的大量『事件』，爲後世考察研究諸方提供了良好的綫索。盡管這些『事件』的可信程度參差不齊，甚至有些『事件』屬於神話傳説，但能留下相關的『事件』，無論從哪個角度來看，都有它一定的價值。

（五）其它內容

該書雖名爲方書，但其中也有很多其它的醫藥內容。例如前集轉載了李子建的《傷寒十勸》，以及引録了許多南宋嘉定以前的醫藥或非醫藥文獻中的資料。其醫方之中，也包含了一些藥物的記載。例如在元明以後始興盛起來的用胎盤滋補的風氣，其實在該書已經開始運用。後集中的『混元胎丹』即是使用胎盤。又後集引用的柿楂子散治瘡疹不透，其中的柿楂子即後世多用的山楂。這些藥物的使用數據都不曾被李時珍《本草綱目》引用。由於劉信甫的書內容非常廣博，因此該書的價值實際超出了一般的方書之外。

該書傳入日本以後，受到日本醫家的關注。日本著名的《萬安方》《福田方》等書多援引其書之論。

備急良方

鄭金生

《備急良方》爲明末醫家錢國賓著。錢氏曾游歷各地行醫，醫術精良。其書多載作者經驗良方，此書現惟有明天啓七年（一六二七）序刊本存世，今從日本公文書館内閣文庫複製回歸。

一、著者與成書

卷首作者署名爲『廣陵錢國賓君穎父著/京口王應乾勵恒父訂』。據此則該書作者爲錢國賓。錢氏字君穎，廣陵（今江蘇揚州）人。唐世濟序稱：『廣陵錢君穎，以醫來游吾里，會予居多暇，與相辨難，知其博聞宏覽，於軒岐家言無不窺，諸湯液醴灑，鑱石撟引、案抗（扤）毒熨，無能傲以不知者。著書且盈篋。至剖别經絡，繪圖箋註，幾甦（儼）然見垣一方。而復頻年壯游，走雲中、上谷，歷榆關歸，乃翺翔余浙西，足跡半天下。』

從唐序所載，可知道錢氏是一位學驗皆富的醫學家。但其行跡，却已半天下，此又類似走方郎中。從錢氏所著《備急良方》，很少有論病說理之處，其藥方與用藥方式，仍與走方醫略有相似之處。有關錢氏的生平，還有待以後進一步研究。

二、内容及特色

《備急良方》爲醫方書。全書以病爲條，共有四十二條：瘧、痢、禁口、霍亂吐泄、暑、水土不服、水泄、吐血、衄血、舌出血、便血、産後惡露、止經、崩漏、白帶、催生、偏頭風、頭風十二種、腎虚頭痛、心胃痛、牙痛、腰痛（又進氣法）、盜汗、陰症、痰厥、中風、腦漏鼻墜、疝氣、脚氣、小便閉、大小便閉、諸蟲、楊梅瘡（點方）、喉閉單蛾雙蛾急喉風（煎藥）、乳癰乳岩乳癖、臁瘡、金瘡、跌打損傷、諸毒圍藥、棒瘡、膿窠疥瘡、小兒疳瘡。此外有急救、解毒、服藥反忌、飲食禁忌、妊娠禁忌等。

如此菲薄的書，却有病症四十餘種。但病症雖多，其下出方却很少。每病多爲一方，少有二方者。對服藥反忌、飲食禁忌的記載却非常詳細。所出治方，絶大多數爲單方、驗方，簡便易行。也有個别屬於迷信用藥。中風條下，作者認爲中風使用的牛黄丸、活絡丹、蘇合香丸都有嚴重副作用，謂『予親見傷人多矣』，所以他説：『凡遇斯症，即延明醫治療，如最急者暫用。予不敢梓方，表出以戒其後』。從這條的記載，可見作者臨床經驗還是比較豐富的，並非孟浪之輩。

方氏家藏集要方

鄭金生

《方氏家藏集要方》二卷（今存卷上），全稱《方氏編類家藏集要方》）爲南宋·方導編（一一九七）。該書爲醫方書，雖僅有殘卷存世，然所收治方多源於經驗，故爲世所重。此書國内無存，僅日本存該書影宋鈔本，孤本現藏於日本宫内廳書陵部。

一、著者與成書

方導，其生平在其書自序已經介紹得比較詳細：『余早年隨侍□□公侍郎，游宦江淮湖廣閩浙，幾□□□，凡山川之險阻，兵民之利病，貨財之源流，粗所諳曉。以眷戀庭闈，都忘出仕之念。年逾四十，不隕絶，而考妣相繼即世，既免喪，門户之責不輕，故閔勉從仕。既僥幸改秩，試邑佐郡，偶外臺及郡守，皆賢者，遂得行平日之志。郡邑之人頗相愛，秩滿趨朝，荷廟堂處以沅湘，分符之寄，地闕俱遠。自惟齒發漸衰，豈堪遠涉江湖間？遂丐祠家居，饕竊無功之禄。早眠晏起，心地泰然。乃以數十年家藏名方之得效者，與一二良醫是正。分門編類，以備檢閲。或可療人之疾，亦勝飽食終日、無所用心者焉。故書卷首，以示子孫云。慶元丁巳四月旦，覺齋居士方導夷吾。』從該序來看，方導的主要活動期大約在南宋淳熙至慶元間（一一七四～一二〇〇）。他並非是一名職業醫家，乃一地方官員，游歷南方各地，數十年間家藏有衆多名方效方。在其晚年家居之日，編類此書。

關於方導的記載，多紀（丹波）元胤《醫籍考》有按語：『按：先子曰：陳日華《經驗方》云，方夷吾所編《集要方》，刻之臨汀。後在鄂渚，得九江太守王南强書曰，老人久苦淋疾，百藥不效，偶見臨汀《集要方》中用牛膝者，服之而愈。右見於《本草綱目》牛膝註。而淋病載下卷，乃係缺佚，殆不堪惋惜也。』多紀元胤此按語提到的『先子』即多紀元簡。在其弟多紀元堅訪求到宋本以前，其父多紀元簡曾據日本古鈔本謄録此書上卷。他所見的《本草綱目》牛膝條原文爲：『陳日華《經驗方》云：方夷吾所編《集要方》，予刻之臨汀。後在鄂渚，得九江守王南强書云：老人久苦淋疾，百藥不效。偶見臨汀《集要方》中用牛膝者，服之而愈。』多紀元胤少鈔一『予』字。有此『予』字，就是説方夷吾《集要方》是由陳日華刊刻的。

據何時希《中國歴代醫家傳録》提供的綫索，筆者在《普濟方·卷二百十四·小便淋秘門·總論》找到陳日華《經驗方》：『陳氏云：予在臨汀，妻黨方守夷吾以其《編類集要方》見示，遂刊於郡齋。』下有王南强所言牛膝治淋事，可見《本草綱目》並没有見到陳日華書，乃從《普濟方》轉引。同時何老又從宋·張端義（一一七九～一二四八後）《貴耳集》搜得一句，方導『淳熙間人。秀齋方氏即夷吾之女弟，陳日華之室』。這就正好證明陳日華所説的『妻黨』，是因爲陳氏之妻方秀齋就是方導的妹妹。因此，方導將其《編類集要方》給妹夫陳日華看，陳氏就將其刊刻於臨汀郡齋。

關於方導的籍貫，在卷上『神妙延年益壽丹』下記載：『某家世饒之浮梁。先伯參議昱季明，叔父安撫右司敷文琚德彰，居常服食，補助尤多。』若此條可以肯定是方氏自撰，則其籍貫或在饒州浮梁（今江西景德鎮市）。

關於日本現藏該書的來源，多紀（丹波）元堅手跋中有詳細介紹：『京師醫素多藏書家，如福井榕亭，稱爲其雄。余兄弟久與其父子書問相通，以借貸爲常。然未能親到其地，面晤其人，罄其藏而視之，以爲憾矣。昨冬吾友小島學古之陪東叡法親王而西上也。山水之勝，一無所探，而專以搜索異書爲務。先訪榕亭，得見所未見之書十數部。更訪數故家而物色之。其什襲靳秘者亦懇求切請，獲見而後止。於是古鈔舊刊，人間罕覯之書，往往而顯。如孫用和《傳家秘寶方》、余居士《選奇方後集》，及此《方氏家藏集要方》，最其選也。是書藏於畑柳坪成文家，惜僅存上卷。先教諭嘗就一古鈔謄録，亦無下卷。蓋其佚既久，無由補完也。學古曰：陳日華《經驗方》有云：方夷吾所編《集要方》，刻之臨汀，臨汀閩地。閩本粗惡，今此本大板大字，真宋槧之佳者，恐不是臨汀本。理殆然矣。學古訪求所得，或鈔而贈余，或轉而借余，使得校讀。至於是書，則更倩巧手，好寫留真以被惠。既於是曩之以爲憾者，一旦能償之，猶親到其地，面晤其人，罄其藏而視之者，實學古之力也。余深荷其誼之厚，因題數言如右。天保昭陽單閼陽月之吉，丹波元堅庭識於三松齋南軒。』此手跋不僅交代了《方氏家藏集要方》的來歷，而且也使後人知道日本江户時期日本藏書家的一段佳話。

《方氏家藏集要方》殘本在日本不僅有古鈔本，也有宋刊本，但都缺少下卷。天保十三年（一八四二）小島學古訪求得宋槧，請善書者影寫，贈送給多紀元堅。多紀氏又精心校讀，並在書頁上方留下了批註。此本後歸日本宫内廳書陵部，乃皇室藏書，今得以復製回歸。

考《方氏家藏集要方》二卷，首見於元·脱脱《宋史·藝文誌》，載『方導《方氏集要方》二卷』。可見元代此書尚存。至明代書誌已不載。醫方書中雖見提到方氏《集要方》，但並没有專門引用此書。所幸此書宋槧在日本露面。日本·澀江全善、森立之撰《經籍訪古誌·補遺》著録了京師畑坪藏《方氏編類家藏集要方》二卷，宋本，缺下卷。此即多紀元堅提到的今底本所依據的宋本。然今已不知所之。據此底本影寫的《方氏編類家藏集要方》卷上，見於宮内廳書陵部《和漢圖書分類目録》著録。另有一鈔本，見於何澄一《故宮所藏觀海堂書目》。此本現藏臺灣臺北故宫博物館。

二、内容及特色

與南宋衆多大型方書相比，《方氏編類家藏集要方》衹能算是一本小册子。該書僅二卷，今僅存一半。然窺豹一斑，仍能從這半帙之中，看出該書的特點。

該書卷上以病爲門，下列諸方。這些方劑多爲大方名方，成藥多，補方多。其成藥劑型有圓（丸）、散、膏、丹，著名的鷄蘇散、斑龍圓等都被引用。這些成藥的使用，可能與當時社會風尚好用《太平惠民和劑局方》的成藥有關。方導本是一名游宦各地的官員，交游者多爲達官貴人，因此所處方藥補藥爲多，亦不足爲奇。此書本不爲窮鄉僻壤之民而設，故其病其方，皆以都市病人爲對象。因此也就形成了方氏書的上述特色。

除成藥之外，該書也引録了一些湯、飲、藥酒等方，甚至載多個灸法方（見灸中風法等）、淋渫藥方等。這些方劑多不註明出處，衹有少數方下説明了來源。其中比較引人注目的是『深都正方』，多個藥方引用其名。

各成藥方中，諸藥炮製之法詳明，甚至有些藥下還記載本草中的主要功用，這些内容對了解當時的炮製法也是很有益處的。

要之，方導《方氏編類家藏集要方》所收多名方、效驗方，以成藥居多。該書僅有殘卷存世。

湖海奇方

鄭金生

《湖海奇方》（全名《全生類要湖海奇方》）八卷，爲明·許宏撰（一四二二）。該書爲醫方書，所載藥方多爲平民日常所需，簡要易得。此書國内不存，僅日本存有明刊孤本，藏於日本宫内廳書陵部。

一、著者與成書

該書卷首作者署名爲『建安宗道許宏編集』。許宏還曾著有《金鏡内臺方議》，該書國内外有多種刻本，現代也有多個校點本。關於許宏，《醫籍考》轉引《建安縣誌》：『許宏，字宗道。幼業儒，而隱於醫。奇證異疾，醫之輒效。又工詩文。寫山水花卉，皆臻其妙。卒年八十一。所著有《通元録》行世。』多紀（丹波）元胤且對許宏的卒年提出異議：『許又著《湖海奇方》八卷，自序題「永樂二十年歲在壬寅（一四二二）七月二十四日己卯，建安八十二翁許宏謹書」。則縣誌稱以八十一卒，誤矣。』但多紀氏没有繼續引用《湖海奇方》的材料。實際上《湖海奇方》楊壽夫序（一四二八）稱許氏『年幾九十，童顔鶴髪』；又本書黄炫後序（一四二九）稱其年已九旬。按中國古代計歲多以虚齡算，則許宏當出生在元至正元年（一三四一）。到《湖海奇方》刊刻之年，確已年近九旬。

許宏，一作許弘。筆者所見明刊《金鏡内臺方議》作許弘。書誌中亦有引其名作許弘者。清代以後許氏書中均作許宏，以避乾隆名諱，但《湖海奇方》雖爲明刊，亦作許宏。許氏爲建安（今福建建甌）人。其醫書有《金鏡内臺方議》《全生類要湖海奇方》傳世。《建安縣誌》記載的《通元録》今未見。

關於許氏撰寫《湖海奇方》的宗旨，其自序已介紹得很清楚：『宏幼慕真風，長參醫業，自愧材庸智淺，聞寡見疏，學道少入神之妙，爲醫欠洞視之明，讀書無資世之才，遁世乏休糧之術。慾得恬愉淡泊，寂勤苦勞心，仰守科規，罔敢怠息。又念人居天地之中，以飲食起居，爲養生之本。其有飲食誤傷，禁忌起居，有犯災傷。又或遠居村落之中，或在旅之際，或貧常而無力請醫，或貴料而難爲措置，往往束手待斃者焉。於是搜採葛仙遺書，名公詳論，本草節要，湯液餘膏，有所驗者，不必分別經絡，搜求陰陽，人人皆可曉用。用力少而效應多者，列爲八卷，開卷一閲，瞭然在目，此爲湖海之秘傳，實乃濟生之快捷方式，字之曰《湖海奇方》，不惟易於成功，亦且不至差失，更通遇有病者，教益於人，其陰德尤未可量也。』

二、内容與特色

該書内容次第爲序文、目次、正文、後序。序文有宣德三年戊申（一四二八）建安楊壽夫序，永樂二十年（一四二二）許宏自序。書後有宣德四年（一四二九）黄炫後序，另一後序殘末葉。

該書八卷，每卷皆有卷名，依次爲：養生、衛生、攝生、救生、寶生、濟生、全生、悟生。從這些卷名，幾乎令人懷疑這是一本養生書。但實際上並非如此。全書完全没有食療藥養、導引静坐、怡情養性等内容。許宏所説的『養生之本』，是在人們飲食起居的日常過程中，如何避免傷害，又如何在條件不許可的情况下（如『遠居村落』『在旅之際』『或貧常而無力請醫，或貴料而難爲措置』），自我救治。

這八卷中，卷一『養生』，談的是『食忌』，涉及解諸蟲魚、諸禽獸、諸果毒、諸菜蔬毒、諸穀豆、諸藥相反禁忌，也就是説如何避免各種食物藥物由於不適當地食用造成的毒害。

卷二『衛生』，談的是『解毒』，完全是針對日常生活中經常可以遇到的毒害出示的解毒法，其中包括解蛇虺、惡蟲、犬獸、百藥、蠱毒挑生毒、中諸蠱等項。

卷三『攝生』，實際是『救急』，適用於解除卒魘、尸厥、客忤、五尸等原因引起的突然暈厥。

卷四『救生』，屬『傷損』急救，包括解救金瘡、杖瘡、湯火瘡、折傷、簽刺、梗（鯁）傷類的外傷疾病簡易方法。

卷五『寶生』，提供了解除身體各部份（頭面、眼目、咽喉、口齒、耳鼻、身體、四肢手足、下部瘡）常出現的一些傷病。

卷六『濟生』，處理的是日常最容易發生的一些外科瘡瘍，包括風熱瘡、熱毒瘡、小瘍瘡、惡毒瘡、奇名瘡、足脛臁瘡、疔瘡、瘍子。

卷七『全生』，治療『癰疽』類疾病，特別是多見的乳癰、瘰癧、痔漏，以及屬於皮膚病的癬瘕。

卷八『悟生』，實際上無關醫藥，而涉及到一些處世、道德等問題，共有修習、行善、權勢、平糶、賑濟、恤孤、救生、濟宜、方便、誠言十方面的內容。

該書一些救治癰疽、瘡瘍、傷損的方劑，多數是從《證類本草》及

《金匱要略》《肘後方》等醫藥書，乃至《道藏》等書中集取出來的簡便單方，也有少數屬於罕見之書，《仙集方》《嶺南蠱毒方》《闢惡方》《泉僧方》等。爲便於窮鄉僻壤所用，這些方劑中很多是單方、小方。藥僅一二味，易取易購。

要之，該書着眼於日常生活的自我保護，避免意外傷害；自我救治，用簡捷有效的方法處理一些常見的疾病，這在醫方書中别具一格。

匯聚單方

鄭金生

《匯聚單方》（全稱《師古齋匯聚簡便單方》）七卷，明·吳勉學編輯（約十七世紀初）。該書以匯聚大量的民間單方驗方爲特色，然國内今僅存清初殘本，完本藏於日本公文書館内閣文庫。

一、著者與成書

吳勉學是明萬曆間著名刻書家，新安（今安徽歙縣）人。曾於萬曆二十九年（一六〇一）編成《校刊古今醫統正脈全書》，保存了大量的中醫名著。又編刊《河間六書》。然其個人生平不詳。《匯聚單方》並非是前人之作，而是由吳氏個人編輯而成。由於該書無序跋、刊刻年代，故衹能參照《古今醫統正脈全書》成書年，將該書編成初步定在一六〇一年前後。

考《匯聚單方》最早著録於明·祁承爜《澹生堂藏書目》，云

『《師古齋匯聚單方》六册，七卷』。此後日本多紀（丹波）元胤《醫籍考》（一八三一年），僅云『吴氏勉學《師古齋匯聚簡便單方》七卷存』。今《全國中醫圖書聯合目録》著録該書的作者、書名均同《醫籍考》，上海中醫藥大學藏該書順治十七年（一六六〇）殘本。

二、内容與特色

該書因無序跋，因此作者的編書主旨及特色需要從書中實際内容去探求。

該書七卷，大致以外感病、内傷病、外科、婦科、兒科爲序，按病證爲門，共有一百十一門，録一千四百六十餘方。各病證門前多有短論，述其病因、病機及主症。論後附方，多爲諸病簡便單方，故一般不出方名，亦不註諸方出處。其各卷病證情况如下：

卷一分十三門，其中外感病爲主，有風、寒、暑、濕、燥熱、瘟疫等，但同時又將有某種聯繫的癲癇、痛風、痰火等内科病也收入本卷。

卷二分十五門，是以身形爲單元類列相關疾病。主要列述頭痛、頭風、腹痛、心痛及眼、耳、鼻、口舌、齒等方面的疾病。同時又把『誤吞物』列在本卷。

卷三分二十三門，有内科病中的虚損病（諸虚、健忘、勞瘵、盗汗等）、二陰相關的病（脱肛、痔漏、諸淋、赤白濁、疝氣等），但又把烏鬚髮、點瘢痣等也放入本卷之末。

卷四分十七門，主要以脾胃病爲主，如嘔吐、反胃噎嗝、飲食積、霍亂、痢疾等。但卷後又有蟲獸傷、中蠱毒、中諸毒等内容。

卷五分二十一門，基本上都是大外科的疾病，既有癰瘍瘡毒，也包括皮膚病、骨傷、外傷之類的疾病。

卷六爲婦科，分十門，大致按調經、胎前、臨産、産後爲順序，列舉相關疾病。

卷七爲小兒科，分十一門，除『初生』門外，其餘都是兒科常見的疾病。該卷之末，附有『六畜諸症並中毒』，實際上是以獸病爲主。

從該書疾病分門來看，確實有些不合一般醫書傳統的地方。但若結合該書整體，就會發現作者的疾病分門實際上是與所收單方的風格是一致的。

古代單純以匯集醫方爲主旨的書，其實又有很多類型。有的是以收集市醫所用醫方爲主，這類方劑大多藥味比較多，絶少單方，甚至有很多是成藥方。由於治療的對象以城市各階層的居民爲主，因此除常見病所用方之外，也會收集許多補養方、美容方等。其方劑中的藥物來源基本上都是城鎮藥房所售的中藥。

但如果作者是旨意在使醫方服務於平民甚至是窮鄉僻壤的鄉民，那麼其方劑的風格便會力趨簡便。這種簡便主要表現爲方劑小，多爲單方，或少數藥物組成的方劑。所用藥物多爲一般藥店皆有的常用藥，甚至在鄉村隨處可得的動植物類的草藥。檢視《匯聚單方》，其風格屬於後者。

正因爲書中大多數方劑都是單方或小方，因此該書絶大多數的方劑都没有方名，而是統括在疾病名之下。由此可知，這樣的方劑除可以從前代風格類似的書中摘取而外，恐怕還必須在民間廣事搜索尋求。這些來自民間的藥方簡單實用，因此特别適合廣大農村所需。因此，爲適應用方對象，於是作者放棄了按醫學體系分類藥方的套路，而是將一些相關的疾病放在一起，以便檢索搜尋。

單方、小方還有一個作用就是容易考察單味藥的實際功效。大方由於經過配伍，已經很難知道發生藥效的是方中哪幾味藥。但單方則不然，這是認識藥物性能作用的最好依據。正因爲如此，明·李時珍《本草綱目》各藥下的附方，基本上收録的都是單方或小方，使之發揮『以方證藥』的作用。因此該書所載的許多方劑，也可爲當代研究藥物提供素材。

該書之末附有『六畜諸症並中毒』，也是就該書之便，提供一些獸醫所用的單方驗方。這類的方劑一般是不會被城鎮所用的方書所採用的。

綜上所述，《匯聚單方》收集了大量的民間單驗方，這些藥方有益於治療廣大農村及偏遠地區的常見病多發病。由於藥味簡單，因此對考察藥物的功效也有重要的作用。

仁存孫氏治病活法秘方

鄭金生

《仁存孫氏治病活法秘方》十卷（今存九卷），元代醫家孫仁存撰。該書内容非常實用豐富，但到明代即有殘缺，至清代國内已不復存。今惟日本公文書館内閣文庫存有該書多紀氏（丹波）手跋本。

一、著者與成書

據該書所鈐藏書印，可知此書爲日本江户醫學館舊藏本。目録及卷首題書名爲《仁存孫氏治病活法秘方》。無序跋。首爲『仁存孫氏治病活法秘方綱目』（相當於總目），次爲各卷目録，次爲正文（從卷二開始）。卷十之末有『聿修堂』黑絲欄後記，系多紀元簡手跋。其中詳細介紹該鈔本的來歷：『《仁存孫氏治病活法秘方》十卷，余向聞有同僚藏弆者，借而閲之。舊人鈔本，蓋二百年前物。缺自首卷至第四卷，所存第五卷以下，僅六本。是雖零殘，然希世之異編，插架中所不可無者。

因鈔而藏之。甲子冬，偶詣少將雲州公邸，座間有書數卷。公舉而見示，乃斯書殘本，亦恨闕第一卷，然文字端雅，紙刻精好，蓋元版也。余驚喜，遂貸歸而鈔前四卷，以校向所藏六本。諸證論説雖未完，然各病門類，於是始具矣。但首尾無序跋，故不得知孫氏何代人。及讀熊宗立《醫學源流》，云仁存孫氏《活法方》，雖有板刻以行，未能詳其年代出處，乃知原是無序跋可徵者。然考其書體例，論病集方之旨，亦爲元人無疑矣。李東壁《本草綱目》附方引《孫氏仁存堂經驗方》，而考之於此書，靡有載者。豈仁存孫氏乃其人而別著《經驗方》歟？·鈔畢而校一過，記其所以。前後謄寫，始得九本，並識之。更俟他日得第一卷而補之。/文化乙丑歲閏八月十二日雨窗燈下書，櫟翁』。

據上所述，則此鈔本的卷四以前，是鈔自元版，故其字體也不一樣。卷五至卷十則鈔自同僚的舊鈔本。有賴於多紀氏的苦心搜尋和鈔録，才保存下來我國元代這一珍稀之書。

關於該書的作者，除了書名嵌入的作者姓名外，没有任何地方出現作者署名，因此其里貫、生卒年均不明。多紀元簡已考孫氏當爲元人，確鑿無疑。其書所引，全是南宋以前的人和書，未有及於元代者。據該書卷三『傷寒』條下『總説』載：『余生父所著《傷寒綱目》，如經絡表裏，脈證治療，可謂詳盡。今更撮其大略……』可以推知作者的父親也是一名醫者，並撰有傷寒著作。餘無可考。

關於《仁存孫氏治病活法秘方》的著録與流傳，目前能查到是：明·楊士奇等編的《文淵閣書目》載有《孫氏仁存方》一部，四册，缺。又明·趙琦美撰《脈望館書目》亦載《仁存秘方》四本。清·錢謙益《絳雲樓書目》著録所用書名也是《仁存秘方》。下此以往，則未見書目著録。日本則以澀江全善、森立之撰《經籍訪古誌·補遺》載《仁存孫氏治病活法秘方》十卷，鈔本，缺卷一。聿修堂藏即本書。何澄一編《故宫所藏觀海堂書目》著録《仁存孫氏治病活法秘方》十卷，云不著撰人名氏，日本鈔本，丹波元簡跋，定爲元人所撰，五册。這是另一個轉鈔本，今存臺灣故宫博物館。

至於該書的流傳，明《普濟方·卷二百三·霍亂門·痧證引艾湯方》，註出《仁存方》。又明·繆希雍《本草單方》（一六三三）亦引有孫氏《仁存方》。説明了明代初期該書還曾被醫書引録。此外，《四庫全書》從《永樂大典》輯佚的北宋·王貺《全生指迷方》（十二世紀初）卷三『諸積』下有兩處加減方中出現孫氏《仁存方》，可能是輯録者不明《仁存方》年代，將《永樂大典》附入的《仁存方》誤引在《全生指迷方》内。今本《仁存孫氏治病活法秘方》引有南宋書，肯定不可能在北宋人的書中出現。

綜上所述，《仁存孫氏治病活法秘方》在明代醫書已經提到（見熊宗立《醫學源流》），明代書目也著録了殘本。但清代以後此書不見傳世，惟日本有元刻本與鈔本。

二、内容與特點

該書雖然殘缺第一卷，但所幸目録俱全，還能知道全書的結構和主要内容。從整體來説，該書屬於醫方書，從卷二以下，都是以病證爲目，羅列諸方。據原書『綱目』（總目）所列，共有九十三類病名。卷二以下，各卷都有一卷名，次第爲：中風、傷寒、中氣、下痢、虚損、諸血、眼目、婦人、小兒。但這卷名往往無法表現其卷中的内容。例如『眼目』，實際包括了咽喉、口舌、牙齒、耳、鼻以及各種外科疾病。

該書和宋元方書相比，其最突出的一點，是各類疾病之前，設有『總説』，或『集善説』。『總説』就是關於這一疾病的簡要理論概説。『集善説』就是引用前人的有關論説。這兩部分的内容雖然多鈔録前人之書，但也有作者自己的觀點。例如該書卷三『傷寒』下的『沙子』病，就比較詳細地介紹了元代醫家對痧病的看法，並最早把『沙子』病與晋代的沙虱病聯繫起來。其文曰：『沙子病江南舊無，今所在有之。其證如傷寒，頭痛嘔惡，悶亂，須臾能殺人。多用麻繩擦頭及膊間出紫點則愈，或用針刺膝後委中穴，出血則愈。』這一段話在《葉氏録驗方》（一一八六）『辨沙病論』有近似之語。但葉氏没有把沙病與射工等病聯繫起來。而孫氏則引《千金方》與《本草》中的射工、水弩所致的疾病，云其病『中之則惡寒噤瘆，寒熱筋急，似傷寒，但不可用傷寒藥』；『成疾或如瘧狀，及如天行病者，名曰沙病』。這是比較早將痧病與早期的射工等毒聯繫的文字。但孫氏個人認爲：『今人謂沙子證，不見於方書。今《千金方》《本草》豈非方書乎？然亦全非射工、水弩之毒，不過山嵐瘴氣感之成疾。今以繩擦之所，皆是太陽經脈所過之處，則邪氣出而病愈矣。』這又把痧病與最早的射工、水弩之毒區分開來，歸於山嵐瘴氣引起的疾病，這就很接近後世意義的痧病了。

在各類疾病的論説之後，作者則是羅列各種治療用方。其方多採自南宋諸家方書。雖然其中也有一些藥方註明了出處，但並不很普遍。仔細覈對其方，實際上可以發現有一些轉引自南宋及其以前的醫方書。這些方劑能輾轉保存下來，亦是幸事。

五臟方

鄭金生

《五臟方》（全稱《攖寧生五臟補瀉心要》）一卷，乃元末明初名醫滑壽所撰，撰年不詳。該書以臟腑爲綱，以虚實補瀉法爲目，兼及五臟生剋關係，羅列相應的主治方劑。該書國内無存，孤本現藏於日本國立公文書館内閣文庫。

一、著者與成書

該書作者滑壽，字伯仁，晚號攖寧生。祖籍襄城（今屬河南），祖父遷居儀徵（今屬江蘇），遂家焉。滑壽乃元末明初名醫。所撰著作甚衆。其《讀素問鈔》《難經本義》《診家樞要》《十四經發揮》等，均大行於世。今存世醫書尚有《攖寧生五臟補瀉心要》《醫學引彀》《麻疹全書》等，此外見於著録，未見原書者尚有《本草發揮》《傷寒例鈔》《醫韵》等。

關於滑壽卒年，一般工具書都未明載。然《醫學引彀》所載袁鉉跋，或可作爲推考依據：『書《醫學引彀》後：許昌滑先生壽，字伯仁，號攖寧生。幼穎悟，讀書過目能暗誦。業醫。元至正間（一三四一～一三六八）自儀真來爲臨安路教，升江浙行省椽。叔世擾攘，携家過越余姚寓居，著醫書甚衆。晚年作《醫學引彀》，以便來學。其歿後一甲子，鉉得此稿於其外孫駱士泰，不敢自私，乃者槖以游吴。俾昆山龔君大章録之以傳，庶見先生活人之心也。時正統丙寅上元令節會稽袁鉉書。』其中提到『其歿後一甲子，鉉得此稿』，若得稿與題跋同爲明正統十一年丙寅（一四四六），則滑氏當卒於明洪武十九年丙寅（一三八六）。書之以供醫史界同仁教正。

滑壽爲元代名醫，其書素爲後世矚目。滑氏《五臟方》不見於中國所藏，獨有日本刻本，是其可疑處。該本前有『刻五臟方序』，言及『一日坊人德氏取書一卷示余，曰：此是滑伯仁《五臟方》也，吾將刻之，子其序之。』説明在此本之前還有刻本。今檢視原書，其卷首冠名爲：『《攖寧生五臟補瀉心要》』。日本刻本取其簡而稱之爲《五臟方》。考中國書誌，明·朱睦㮮《萬卷堂書目》載『《攖寧生補瀉心要》一册，滑壽』。又日·丹波元胤《醫籍考》引《浙江通誌》著録『《攖寧生補瀉心要》一册，存』。從書名及卷數來看，此《五臟方》與中國書誌所載《攖寧生補瀉心要》應該是同一書。

另明·殷仲春《醫藏目録》著録滑氏《攖寧生要方》一卷、《醫學引彀》一卷。筆者檢視今藏浙江圖書館的《滑氏方脈》叢書，内含書兩種。除滑氏《診家樞要》外，還有《醫學引彀》一卷，後有附方一卷，明正統丙寅（一四四六）休陽吴崧校刻本。所以《醫藏目録》所載的《攖寧生要方》，乃《醫學引彀》後附之方，與《五臟方》無關。

二、内容與特色

該書以臟腑爲綱，以虚實補瀉法爲目，以五臟的虚實及與他臟之間的生剋關係來羅列主治方劑等。言之難明，今以首出之『木肝臟正補瀉藥』一節爲例，其内容爲（括號中文字爲筆者所加）：『木肝臟正補瀉藥：瀉青丸（下爲方組及制法）；鎮肝丸（下爲方組及製法）；肝苦急、急食甘以緩之：甘草；肝欲散，急食辛以解之：川芎；以辛補之：細辛；以酸寫之：芍藥（其下繼續羅列肝虚肝實用藥法則）；別藏乘肝證治（介紹病症、治則、方藥）；別藏生剋肝藏藥治（討論治法）；肝藏實熱（論治列方）；腎虧不能生肝（論治列方）；肝藏雜證（論治列方）：肝實熱（列症及治療方藥）：邪熱傷肝（列症及治療方藥）；肝虚（列症及治療方藥）；膽腑實熱（列症及治療方藥）；肝風（列症及治療方藥）；肝藏虚，客熱攻之（列症及治療方藥）；肝風盛（列症及治療方藥）；肝氣風壅上（列症及治療方藥）；肝藏實熱，相刑於脾（列症及治療方藥）：肝元虚冷（列症及治療方藥）；膽熱（列症及治療方藥）……』其它諸臟腑類此。因爲其書重在臟腑虚實補瀉，故其書名《攖寧生五臟補瀉心要》。

考中醫臟腑辨證，其源雖出《黄帝内經》，然相關内容散在於各篇，且並未把臟腑辨證和具體治療相聯繫。至隋代《諸病源候論》『五臟六腑病諸候』，才將諸症按臟腑爲綱集中起來。張仲景《金匱要略方論》是臟腑辨證法理論與臨床實踐相結合的開山之作。但也没有没有以五臟爲綱分類各病，更没有像《傷寒論》那樣創立嚴密的臟腑辨證體系。隋·巢元方《諸病源候論》中的臟腑病名目雖多，有論無方，不過以臟腑來歸納各種疾病的名目，並非旨在倡導臟腑辨證，所以完全没有中醫臟腑辨證論治的鮮活靈巧之氣。唐·孫思邈《千金要方》仿《諸病源候論》，以十卷篇幅列臟腑的脈論、虚實，然所列方、論並未緊密貼合。直到北宋名醫錢乙，才以臟腑辨證論治作爲兒科辨證的核心，介紹『五臟所主』、『五臟病』。錢氏據自己的臨床經驗歸納出來五臟虚實寒熱辨證要點，又創製了一系列針對性的方劑，使其辨證與論治緊密結合起來。例如錢氏瀉肝熱有瀉青丸、瀉肺虛熱有瀉白散、瀉心熱用導赤散、補脾胃虛弱及治脾疳、腹大、身瘦有益黄散，治脾熱弄舌有瀉黄散等等。上述瀉青丸、瀉白散、瀉黄散、益黄散、導赤散等針對臟腑寒熱虛實的方劑，都是錢乙首創。錢氏以後，金元代醫家進一步發揮，至張元素則有《臟腑標本用藥式》，以臟腑寒熱補瀉爲綱來歸類用藥。

滑氏則在前人的基礎上，以臟腑寒熱補瀉、臟腑之間生尅關係系爲綱，列舉相應的藥方，則將臟腑辨證落實到立法處方。觀此書者，若能從辨證方法、處方用藥來認識此書，庶幾可知滑壽用心之所在。

選奇方後集

鄭金生

《選奇方後集》（全名《芝田余居士證論選奇方後集》），爲南宋余綱撰（十三世紀初）。余氏的《選奇方》在元、明醫書中引用甚多，其中尤以治眉棱骨痛的選奇湯最爲有名。然其《選奇方》早已佚散，今惟《選奇方後集》殘卷四卷存世，故從日本公文書館内閣文庫複製回歸。

一、著者與成書

據該書所鈐藏書印可知，該書原由江户醫學館收藏，後歸日本内閣文庫。該書首册封面載：『選奇方後集，卷一缺，卷二、卷三』。第二册爲卷四、五。殘存四卷之首題『芝田余居士證論選奇方後集』。

最早著録余氏書的是南宋·陳振孫的《直齋書録解題》，載有余綱（堯舉）《選奇方》十卷、《後集》十卷。余氏書在南宋醫書中已有引録。例如陳自明《婦人大全良方》（一二三七）已引用了《選奇方》的當歸散、《選奇方後集》的三棱煎。陳衍《寶慶本草折衷》（一二四二）引『余綱《選奇方》舉孫兆雲：補腎不若補脾』，以及君臣散等數據。楊士瀛《仁齋直指方論》（一二六四）引著名的選奇湯。可見該書在南宋已經頗有名氣。

明·朱橚《普濟方》（一四〇六）中轉載了七十多個《選奇方》的方劑，説明明初我國還存有該書的全本。經查引用選奇湯治眉框骨痛的元明醫書有十幾部，但除《普濟方》外，很少有醫書引用選奇湯以外的内容。明代楊士奇《文淵閣書目》衹記載《余居士選奇方》一部二册，缺。下此以往的書目，多爲轉録前人書目。日本多紀（丹波）元胤《醫籍考》雖著録了《選奇方》十卷，《選奇方後集》十卷，但均云佚。惟日本澀江全善、森立之撰《經籍訪古誌·補遺》載『芝田余居士證論選奇方後集十卷，宋槧，存卷二、三、四、五，缺餘。京師伊良子氏千之堂藏』。但該宋版今亦不見。今存世者衹有日本《改訂内閣文庫漢籍分類書目》所記《選奇方後集》江户鈔本。我國民國間《故宫所藏觀海堂書目》著録的『芝田余居士證論選奇方後集殘本，存卷二至卷五，存二册』，也是該本的轉鈔本。因此，日本内閣文庫所藏的《芝田余居士證論選奇方後集》，實際上是余綱曾多達二十卷原書的孑遺之本。

關於作者，書目記載爲余綱，字堯舉。對其記載最詳的是《青田縣誌》：『余綱，字堯舉，黄岩人。少業儒，長慕老莊之學，自號修真居士。白玉蟾訪之不遇，題屋壁曰：『半斤雷火燒紅杏，一點露珠凝碧荷。錦帳中間藏玉兔，銀瓶裏面養金鵝。鉛花朵朵開青蕊，汞葉枝枝發翠柯。我欲刀圭分付汝，料應汝未識黄婆。』綱著有《選奇方》十卷，《後集》十卷。』據《青田縣誌》所載，則余綱號爲修真居士，乃慕道之隱士，非佛教徒。今存《選奇方後集》題爲『芝田余居士』，或疑『芝田』是青田之誤，其實這可能是他的號。因爲『芝田』是古代仙人種芝草的地方，正合余綱所好。

關於余綱生活的年代，可以白玉蟾爲參照。白玉蟾（一一九四~？），嘉定中（一二〇八~一二二四）師承陳楠的雷法與内丹術，創立了内丹派。《選奇方後集》引用的南宋人名最晚的是洪丞相，即洪適（一一一七~一一八四），又最早引録《選奇方後集》的是《婦人大全良方》（一二三七），則余綱的生活時代大致在此之間，約十三世紀初。其書大約也撰成於一二三七年前的若干年間。

二、内容與特色

據前述書目所載，該書當有十卷。今底本僅從卷二至卷五，存四卷。書前有手繪版框及影寫文字，其樣式顯示當鈔自宋本。書中許多用字正符合南宋方書的某些特點，如『丸』字因避諱而改作『元』或『圓』。

今殘存的四卷中，卷二爲婦人方、治脾胃諸方、治痢神效方；卷三治喘嗽諸方、《傷寒十勸》及傷寒方；卷四，治眼目、治癰疽方；卷五治脚氣、治心氣、治大小便秘澀諸方。

經核查，有些南宋方藥書及明代《普濟方》所引的《選奇方》，實際上就是出自《選奇方後集》。例如《寶慶本草折衷》所引的君臣散、《普濟方》引的『朴消散』（下死胎）、椒附圓（治翻胃）、『雄黄圓』（喘嗽）、鍾乳湯（治虚冷咳嗽）、温肺湯（胃寒咳嗽）等等，都出自後集。

該書與某些南宋的方書一樣，特别注意在方劑中引用一些相關的事例，來説明該方的效果、來源、理論依據等等。例如卷二『五積散』條下云：『醫家多以爲室女血熱，故以凉藥解之。殊不知血得熱則行，冷則凝，《養生必用方》言之甚詳。』這是『血得熱則行，冷則凝』理論比較早期的出處。又如中醫外科採用内托法治療癰疽，是在南宋開始發展起來的。卷四治癰疽方『化毒排膿内補散』下，就記載了當時用此法治癰疽時，『衆醫環立，相目而笑曰：是豈癰疽所用藥耶？』但服藥後效果奇佳，『若有物自内托之』。此方還有當時的丞相洪適寫的一個跋語，這些材料對瞭解外科治法的發展都非常有益。

宋代及其以前的方書，比較側重經驗用方，所以多經驗效方，素爲後人重視。該書卷三記載的治嗽知母散，配方奇特。據説『昔年信州永豐歧路人，作直符結束。手持時辰牌，前面寫申時，背面寫寅時。口稱申時服了寅時效。日得千金，服者無不取效。宜其寶此而不傳。忽因犯事到官有罪，寓客趙吉老挾取其方，懇貸其罪。』這個故事的真實性當然很難全信，但其方獨特的配伍和用藥，很值得研究。余居士的『選奇湯』能經久不衰地流傳到今，足證此書之方有其良效，不容忽視。此外，該殘卷中方劑下詳載了炮製方法，甚至有藥物種類的辨别等内容，也是很值得重視的藥物資料。

從《普濟方》所引余綱《選奇方》前、後集的醫方，可以知道其書内容非常廣泛。其中不僅有大量的治病經驗效方，還有導引、服食等養生方面的資料。可惜的是該書原帙已經散佚，故雖吉光片羽，亦彌足珍貴。

百毒解

孟慶雲

《百毒解》，又名《賴氏新纂百毒解》，清代賴光德、賴福邦父子所撰，清道光十二年（一八三二）先慎堂刻本，孤本現藏於陝西省中醫藥研究院圖書館。

一、著者與成書

賴光德字照堂，賴福邦字輔庭，承德府豐寧縣人氏，大約生活在清代嘉慶、道光、咸豐年間。從《自序》得知，賴氏父子皆爲官宦。賴照堂早年曾爲四川、陝西等行署幕府中行僚，後在清東皇陵内務府任職。於道光十二年（一八三二）五月上旬被誥封奉直大夫孝廉方正，即選分州牧，其子賴福邦加陞河南臨漳縣知事。賴氏父子皆有文才，又關注醫學，任職清東陵時住室名『看山小屋』，深感天地間毒惡多而窮極，殆害蒼生，尤其在窮鄉僻壤，既乏良醫，更缺良藥，偶爾中毒，倉卒危急，求方不得，徒費旅金，以致耽延日久，毒浸膏肓，幾至不爲。他在公餘之暇，以能讀御書房醫書之便，搜閱解毒秘方，其子賴福邦平日採尋典籍並訪聞高明，傳述解毒良法。他系統閲讀《詩經》《山海經》《周禮》《爾雅》《肘後備急方》及《洗冤録》等關於毒與解毒的記述，每聞中毒常親臨急救，還做過一些動物試驗，又按『歸於簡易』的原則選方，其中尤重視急救方法。擇善而從，彙萃取精，二十餘載，輯成一書。惟施濟世普救之念，於受誥封赴任之際刊刻此書。

古人行止也講求合於術數。五月有『九毒日』，即五月五、六、七日，十五、十六、十七日和二十五、二十六、二十七日，共有九日。夏至之臨，外熱而内寒，最易『亢龍有悔』，房事無度則易傷腎損壽。五月以此被稱爲『毒月』或『惡月』。五月應忌房事，行龍舟大賽，注重養生保健。作者故爾在毒月上旬推出此書。可見作者寓意之深。

二、内容與特色

《百毒解》雖然以方書形式撰述，但它應該是我國第一部中毒和急救的專著。先民在尋食和生産生活中，很早就接觸了毒，並建立了毒的概念。《淮南子·修務訓》言：『神農嘗百草，一日而遇七十毒。』《易·噬嗑六三》：『噬臘肉，遇毒。』古人接觸毒物甚多，古籍記載有鷄毒、魚毒、毒卉、毒冒（玳瑁）、毒氣、毒蠱等，以毒草和毒蟲的接觸爲多。故《説文》稱毒爲『害人之草』。但古人在醫療中還發現了毒有治病的價值，故《周禮·天官·醫師》謂：『掌藥之政令，聚毒藥以供醫事。』《周禮·天官·瘍醫》稱：『凡療傷以五毒攻之。』《素問·藏氣法時論》稱：『藥毒攻邪』。從毒爲邪爲害到藥毒攻邪是一個很大的變化。《神農本草經》據毒性類分藥物爲上藥、中藥、下藥，並在君臣佐使的配伍制式下各行其職。『上藥一百二十種爲君，主養命以應天，無毒。』『中藥一百二十種爲臣，主養性以應人，無毒有毒。』『下藥一百二十五種爲佐使，主治病以應地，多毒不可久服。』但這種意識在實踐中逐漸因『若有毒宜制，可用相畏相殺』而改變。《素問·五常政大論》説：『有毒無毒，固宜常制矣。』《素問·至真要大論》説：『有毒無毒，所制爲主。』從以上藥爲君，轉爲主病者爲君。同時認識到，藥物的治療作用在於藥性之偏，也即毒的作用，故藥也稱『藥毒』或『毒』。關鍵在於劑量的大小，適其量有治療作用，逾量過量則中毒。這與歐洲藥理學家帕拉斯爾薩斯在一五八三年所説的『衹有劑量能決定一種東西没有毒』的説法是一致的，衹不過《黄帝内經》的時代要早得很多。在南北朝時代，陶弘景就曾提出毒和制毒的量化問題。他舉例説：『一物一毒，服一丸如細麻；二物一毒，服二丸如大麻；三物一毒，服三丸如胡豆』等。這些都説明中國古代醫藥學家對毒和中毒都有明確的認識。又作者撰書的時代，正是鴉片囂戾、彌漫害世之時際。對此，他精心收録了《解中鴉片烟毒並斷烟法》的内容，比何其偉《戒鴉片之救迷良方》的成書時間（一八三三）早一年，比林則徐推廣『忌酸丸』、『補正丸』

要早數年，比王六典編《吞烟急救方》（一八六七）、林則徐《戒烟斷癮前後兩方總論》（一八七七）的梓付時間早三四十年。作者救難濟急之撰書意圖，在《凡例》第五則中已盡詳明。

《百毒解》全書列各類中毒解毒法一百一十九條。其中，食物中毒三十二條；蟲獸咬傷和螫傷三十條；服用藥物中毒二十二條；毒品毒氣致毒十二條；受傷、誤傷、短見、害命、瀕死者十九條；另有調味解羶二條，解中鴉片烟毒一條，解中時行瘟疫毒一條。作者認爲，瘟疫係時令不正之氣所致，當屬邪氣中毒，選用人參敗毒散、達原飲和太乙紫金錠三個療效確實的名方以治。因太乙紫金錠除用於瘟疫外，尚有解食毒藥毒和傷毒的通治作用，故單列而附於條後，爲全書之殿。

三、學術價值點評

《百毒解》，也即解百毒之意。作者提出了人亦爲毒，有毒必制之解之的見解。作者在《自序》首句中説道：『人本天地間一大毒耳，人有毒天地定不容其毒，必有法以制之』。在十九世紀中葉的中國有此見解，可謂孤明先發。且不談人類間的殘殺和人類造成生物的滅絶，在今日，人類造成自然環境的破壞，已達到危害自身的程度。當時他有此思想可能是對鴉片爲害的反思。作者以普渡慈航的情操著書，耗父子二十年之功，竭其心智。其書有以下特點：一是救治方法必本實用。書中所運用的救治方法，有各種外治法、内治法和針灸等方法。外治法，包括淋洗、搽藥、敷藥、用昆蟲吸毒等。内治法，包括稀釋法、催吐法、吸附法、瀉下排毒法等。針灸法，以放血和穴灸爲多。在内治法中，以解毒方劑最爲多用，作者選擇單味或數味易用之方能萬試萬合者。每種中毒，收録數種治法，以便在不同情況下選擇。即如《凡例》所説：『間有中一物之毒，或羅列數方，緣搜索古今醫書中，解毒之方，主治不一，故匯萃一條，以便用者，此方不驗，再用别方，此藥不便，更用别藥，庶忙中救急，免致措手。』作者以能動的態度對待解毒，認爲『天地間無物不有毒，無毒不可以制，是有可制之毒，而不能無可制之法』。强調掌握方法，提示讀者注意『是在制毒之得法不得法耳』。二是料量方藥，首重確實，審的爲效。搶救中毒和急症，務在首劑建功。如果無效更方，勢必貽誤時機。作者在選方時以案例爲據，『間有引證往事，援引古所以印今也。人或不知毒之輕重，悉視之爲平常。有此一證，遂知注意嚴防，即或事涉疑暗，亦足以解釋犀分』，以療效確實的方劑慎物調劑，用者必其應如響。三是集萃取精，選易求捷。作者在每種中毒解救中，以其試驗體驗，心目暸然，選方皆有會心之處，加圈點以提示讀者，使其巧思而用。作者在《凡例》中説：『集中解毒群方，有極效者，有簡易者，有採方而未經試驗者，故加之以圈點，分先後輕重，試令查方者，先從加圈處用之，以便收效神捷。』四是食飲用藥，重視預防。意外受毒和傷害難以設防，但食飲乃屬日常必俱，用藥也悉以爲常。作者從民俗經驗中，提檢出許多關於食飲和使用藥物的防毒之道。如夏月入古井淘井，下井須防有毒，當『以熱醋數壺投之，再多吃雄黄燒酒則可入。』又如在食飲時，『芥菜不可與兔肉同食』。家居防蛇的方法是：『每居家宜多貯雄黄袋懸之，避毒蛇蟲』等。除上述外，書中還介紹了解羊肉腥羶和解治酸酒法的生活食用技巧，這對烹調者和量酒者大有裨益。

因中醫學所論的毒，還包括各種禍患，《尚書·盤庚》言：『惟汝自生毒』，即指此類。故書中有溺死、縊死、雪光照眼、中暑、天行時疫等條，均有相應治法治方。然而，本書所述，畢竟是一百多年前的中毒因素和解毒水平。在今日毒品更爲繁多而惡劇，解毒搶救也遠非昔日可比。但從《百毒解》中，我們仍可看到中醫學的救治智慧，其理路值得借鑒。而本書以其精闢實用，辭約旨達，明白曉暢，作爲一部手册式的解毒專著，可供臨床醫生和科研人員參考之用。

青囊輯便

賀信萍

《青囊輯便》不分卷，清·安懷堂主人輯著，清道光二十六年（一八四六）刻本，孤本現藏於甘肅省圖書館。

一、著者與成書

本書卷首有著者自序，署爲『道光丙午長至月安懷堂主人題』，並鈐有兩枚印章『安懷堂主人』『但願人人壽命長』。長至指夏至，以夏至白晝最長，故稱。《禮記·月令》言：『是月也，日長至，陰陽争，死生分。』至於安懷堂主人，則屬著者有意韜晦其名姓。考安懷堂，取自成語『老安少懷』，經查清代晚期有以此名命名堂號的見於兩處：一個爲晚清川南自貢地區爲抵御太平天國農民運動而建的三多寨，寨内即有『安懷堂』。安懷堂主人是劉臣舉，祖籍江西彭城，爲漢高祖劉邦後裔。安懷堂的劉家走出了兩個在中國近代史上留名的人物。一個是劉臣舉的孫子，原國民政府鈔票『中央銀行』四個漢字的書寫者劉君愨；另一個是劉臣舉的義子，維新變法的『六君子』之一的劉光弟。可見安懷堂乃一書香門第。另一處爲山東曲阜的孔府，始建於宋仁宗寶元年，院落九進，佈局分東、西、中三路，西路其中即有『安懷堂』。綜合分析，孔府安懷堂若僅以一間房屋的堂號代指主人，似不合常理，且安懷堂劉家詩書傳家、家業殷實，有能力編輯刊刻這樣一部醫方書以濟世利人，故安懷堂主人的真實身份當以前説更爲可取。

二、内容與特色

本書爲方書類著作，分爲内科、外科、女科、幼科四科，列有七十七門，門下列有若干病證，病證之下輯録方劑。每方皆標明出處。本書的特色主要體現在以下兩個方面：

（一）青囊一秩，精選驗方

本書名爲《青囊輯便》，意爲以青囊盛載所輯之方，而便於應用。青囊是游方術士隨身的笥篋行囊，用以盛裝書籍、方術、符箓、藥物、法器等物品。《晋書·郭璞傳》記載隱士郭公把《青囊中書》傳授給郭璞，説明至遲在晋代就有了『青囊』一詞。後世沿用，如唐代陳子昂在《陳伯玉集》有：『傳道尋仙友，青囊賣卜來』詩句。後來專指古代醫家存放醫書的布袋青囊，故又借用來指代中醫。它的來源與三國時期的名醫華佗有關。據説，華佗被殺前，爲報一獄吏酒肉侍奉之恩，曾將平生醫術記録下來裝入青囊贈與獄吏。華佗死後，獄吏亦行醫，使華佗的部分醫術流傳下來，據此，後人每以青囊作典而喻做醫道。如：唐·劉禹錫《閑坐憶樂天以詩問酒熟未》：『案頭開縹帙，肘後檢青囊。唯有達生理，應無治老方。』《醫宗金鑒》的編撰者、御醫吴謙的父親吴敬梓在《移家賦》中言：『爰負耒而横經，治青囊而業醫。』又有鄭觀應《盛世危言·醫道》：『一方試病，妙詡青囊；三指殺人，怨深白刃。』包括本書在内，中醫古籍中亦有很多書籍以青囊爲名，《醫籍考》載：『《青囊方》，佚。徐春甫曰：魏華佗得異人授受，今亡之。』存世者如《青囊訣》《青囊藥性賦直解》《青囊明辨》《青囊方選》《青囊集》《青囊立效方》《青囊秘方》《青囊經驗良方》《青囊奇秘》《青囊全集秘旨》《青囊録》《青囊集要》《華祖青囊再現》《青囊秘要方》《青囊餘録》《壽世青囊》《青囊秘授》《青囊回春》《青囊濟世》《青囊秘本》《青囊秘寶》《青囊萃穎》《青囊雜纂》《青囊有秘》《青囊術》《青囊秘録》《青囊秘傳經驗全書》《青囊妙術》《青囊眼科》《外科集要濟世青囊》《琅嬛青囊要》《青囊游藝》《青囊瑣記》《青囊真秘》《青囊珍珠》等近四十部著作，可見『青囊』一詞着實代表了一種文化現象。本書作者正是以此情懷，選輯匯編歷代名方，藉此青囊一秩以酬濟世活人之志。

（二）傳信適用，備急檢閱

本書所選方劑從所註出處來看，歷代大型醫方書中的醫方，是該書的重要來源，其中主要有《千金要方》《千金翼方》《外臺秘要》《聖濟總録》《太平聖惠方》《普濟方》等。其次是元明時期的衆多醫方和少量的本草著作，例如《丹溪心法》《泰定養生主論》《壽世保元》《儒門事親》《醫林纂要》《攝生衆妙方》《救急易方》《壽域神方》《傳信適用方》《本草綱目》《雷公炮炙論》等。其中有一些醫書很少見諸引用，例如《鄧筆鋒方》《談野翁方》《宋東園方》等，在現存醫書的書誌中均未能找到，屬於今已散佚的醫書。這些散佚醫方書的資料是該書很有價值的一部分内容。本書所引方劑均註明出處，用以徵信，在方劑學發展歷史上，這一現象稱之爲『傳信方』。『傳信』，也就是把自己確信的東西傳告給他人。用在醫方書，表示此書中醫方的可靠可信。作爲醫方書之名，最早始於唐·劉禹錫《傳信方》。『傳信』一詞出《穀梁傳·桓公五年》：『《春秋》之義，信以傳信，疑以傳疑。』自劉禹錫以後，又有多種醫方書將『傳信』嵌入書名，如南宋·吴彦夔《傳信適用方》，以及明·曹金《傳信尤易方》等數種。本書也引用了《傳信適用方》。這些歷史上輯録傳信方的方書，用作者自己的話來説『與偏僻窮乏公之，益爲倉促無知醫者，進一策』，以作臨證備急參考之用。

此外，本書所收方劑的簡便易得。書中極少有藥味衆多的方劑，也不收一般醫方書多見的成藥丸散，絶大多數方劑藥僅數味，單味藥方佔了較大的比例。所用藥品率多尋常易得之品。這些簡單實用的藥方，不僅方便了醫家和病家的使用，而且對研究藥物的功效具有重要的意義。

三、學術價值

該書自刊行以來，未見於清代書目的記載。但書中精選的實用而簡便良方，對中醫臨床有所裨益。從驗方的選材來源看，有些方劑出於已經亡佚的古醫書，能够被安懷堂主人遴選入此書中，對於保存先賢治療經驗和將來文獻的輯復與校勘具有一定的意義。此外，該書較爲精美的版刻也反映了蜀刻典籍的風貌，具有一定的藝術欣賞性，是清晚期木刻本中的精品。

临证各科

（太醫院手授經驗）百效内科全書

鄭金生

《（太醫院手授經驗）百效内科全書》又名《内科百效全書》，明末龔居中（應圓）撰明末潭陽劉孔敦（若樸）參訂，藜光堂梓行。龔居中是明末著名醫家，所撰《痰火點雪》（又名《紅爐點雪》）爲痰火專證的名著，早已風行海内。龔氏《百效内科全書》所收内科疾病治療的内容更爲廣泛，但因此書在國内失傳已久。孤本現藏於日本國立公文書館内閣文庫。

一、著者與成書

龔居中（？～一六四六），字應圓，號如虛子、壽世主人。豫章雲林（即金溪，今屬江西）人。龔氏『初習舉子業，能屬文。髫年善病，因棄而學醫』（明·龔居中《萬壽丹書》虞桂序，崇禎刻本）。《百效内科全書》喻文子序中也提到，龔應圓『始攻儒術，未遂，則以此道旋乎物我之間，而盡調燮陰陽、裁成天地之略，併歸此道。』可見龔氏具有一定的儒學根基，但仕途無望，才轉而業醫。當時的人形容他『似儒流，亦似散人；似大醫王，又似玄宗主。包涵無限，莫可名狀』（《萬壽丹書》虞桂序）。也就是説他是一個亦醫、亦儒、亦道的人物。

龔氏在明末頗有醫名。明崇禎間，龔氏『夙游金陵，往來建陽書林，聲名藉藉。達官貴人多下榻投轄，奚囊甚富』（明·龔居中《萬壽丹書》周懋文序，崇禎刻本）。可見其主要醫學活動地域是在金陵（今江蘇南京）和建陽（今屬福建）一帶。他既以醫術游走於達官貴人之間，又和書林出版界來往密切。至崇禎之時，『先生之書前後數十萬言，佈之海内，已户誦家傳之』（《百效内科全書》喻文子序）。

現知龔居中留存下來的著作甚多，計有《痰火點雪》四卷、《女科百效全書》四卷、《幼科百效全書》三卷、《外科百效全書》四卷（附《經驗全書》）、《（新刊太醫院校正）小兒痘疹醫鏡》二卷、《外科活人定本》四卷、《萬壽丹書》《萬壽仙書》二卷、《經驗良方壽世仙丹》十卷、《百效内科全書》八卷等。綜觀龔氏所撰諸書，頗有章法，且各書形成自己的一個體系。雖然其書中和明代大多數的著作一樣，也不免要鈔輯一些前人著作的内容，但畢竟還是融貫了他自己的臨床經驗和學術見解。在他所有的醫書中，以《百效内科全書》成書最晚，故該書應當更能表現作者晚年的治療經驗和學術水平。

分析龔居中的行醫場所，可知他並不是一名普通的鄉村甚至市鎮醫生。他周旋於當時江南士林官場之間，善於社會交際，故《百效内科全書》序中稱他『善涉世，罔人不可相善，尤篤友誼』。龔氏既混跡於上層社會，自然也會迎合達官貴人的時俗。明萬曆年間前後，社會上層階級中盛行服紅鉛、談採戰的淫風邪術，許多著名的醫家也被捲入這股風潮。龔居中是這股風潮的推波助瀾者之一。他因爲撰寫了房中採戰的《福壽仙丹》，受到了蕭京嚴厲的批評（見明·蕭京《軒岐救正論》）。

但瑕不掩玉，從《百效内科全書》，可以看出龔氏實際上對臨床疾病治療非常在行。他的《百效内科全書》與房中術無關，是一部甚有益於内科臨床的佳著。

關於該書的成書年代，書中的喻文子序並未署作序時間，但其文字却可以提供重要的年代考證依據。該序稱：『先生之書前後數十萬言，佈之海内，已户誦家傳之。此書則近以新得成。訖成，委文子序之』。可知此書撰成之時，晚於已知的龔氏其他醫書。又喻文子序中言：『今國家方有大病，聖明旰宵。先生方抱忠悃，熟民故，學兵法，行將以醫人之心醫國而寓意於此者。孰謂先生醫隱而已哉？』這裏的『國家方有大病，聖明旰宵』，當指明朝在崇禎末年已經是風雨飄摇，滿清入關，雖然崇禎皇帝『旰宵』勤政，也無法挽回大厦將傾的局面。因此，該書有可能成書於明崇禎末年（一六四四）。

二、内容與特色

此書八卷。卷一相當於總論，共有四部分内容：持脈節要、藥性纂要、引經報使、病機總略。『持脈節要』主要包含了脈診基本内容，其中主體内容是『四言脈要』。這部分内容是在元·張道中《玄白子西原正派脈訣》（後世托名爲宋《崔嘉彦脈訣》）基礎上，再加以充實改編。例如該『四言脈要』之前，加了一段鋪陳：『脈乃血脈，氣血之先。血之隧道，氣息應焉。其象法地，血之府也。心之合也，皮之部也。資始於腎，資生於胃……』龔氏將脈學内容放在全書之首，表明了他臨證重視脈診的特點。這一特點在以後各卷疾病診治方面再次予以突出。『藥性纂要』的主體是轉録明·龔廷賢《萬病回春·藥性歌》，共録四言藥性歌二百四十首。『引經報使』中不僅轉録金元諸家的學説，而且涉及藥物的十八反、十九畏、各種用藥宜忌等。其中的『煎藥則例』，簡要介紹各種性質的藥物煎煮法。例如『凡用沉香、木香、乳、没一切香末藥味，經研極細，待湯熟，先傾汁小盞，調香末服迄，然後盡飲湯藥』。

類似的記載較好地總結了中醫傳統的煎藥法。此後還有『服藥序次』、『因時用藥』等節，均與臨床用藥緊密相關。『病機總略』首先用四言歌訣的形式，介紹了各種病因病機辨證以及立法施治的要點。其後又附『診百病生死脈訣』。上述内容雖然有不少是引自前人之書，但却將與臨證密切相關的診斷、辨證、用藥等基本知識彙於一卷，頗有益於初學者。

全書的核心内容是卷二至卷八。這部分醫學知識以病證爲單元，介紹各種内科相關疾病的診治。此七卷共有病證六十九篇。首爲傷於風、寒、暑、濕乃至瘟疫諸證，次爲痛風、痹、咳嗽、霍亂、瘧、痢等，乃至於鼻、口舌、牙齒、喉等身體部位的疾病、各種痛證、虛損等證，末以養老、求嗣終卷。所選病證，皆爲當時的常見多發病。

該書論證的特色，與龔氏另一名著《痰火點雪》有相似之處，都是沿着以脈驗證、因證立治、由治定方的思路。其論證簡捷實用，體現了作者深厚的臨床功底。各病證的論證體例一般是先在病名之下用小字註出脈診要點。其特色是用寥寥幾個字，突出該病脈象的宜忌、吉凶。例如：『中風脈浮大而遲者吉，實大洪數急症者死。治則總以活血利氣爲上』；『瘧脈宜弦遲。若脈散而歇不治』；『霍亂脈多伏絶。洪浮易治』；『喘脈滑静而手足温者易愈。脈浮澀身冷難治』等等。這樣提綱挈領地憑脈預後，對臨床内科疾病的診治具有重要的參考作用。

書中各病證的論説内容大多短小精悍。例如一般内科書把各種出血證都分别立條，然後分别講述其病因病機，難免重復冗沓。但《内科百效全書》則不然，該書設『血症』一篇，將各種出血症揉合於其中。今不妨以該篇爲範例，來説明此書論證的風格特色。『血症』一病之下，照例是雙行小字談脈之宜忌吉凶：『脈宜沉細而芤，忽浮大者死。又云：見血身熱脈大者難治。血症復下惡痢者，易得愈也。』然後將常見出血症逐一述其病因病機：『吐血者，血從上出。陽盛陰虚，有升無降。血不下行，隨火而上出。嘔血者，嘔出全是血。咳血者，嗽動便有血，或與痰相伴。咯血者，隨咳而出，皆是血疙瘩。衄血者，血從鼻出是也。名雖不同，均爲熱症。故《經》曰：火載血上，錯經妄行。陽氣拂鬱於上，所以血出也。』在簡要分析各種上部出血症之後，該篇立即轉入治法的議論：『法當以清熱降火之劑，以下其逆熱之氣。其後以行經和血之藥，以散其上行之火。若虛勞吐、咯血者，以滋陰降火、兼以清肺。』此後又再議論下部出血症的診治：『主如小便血出，熱結於小腸，移於膀胱，而爲血淋。涼血降火，利小便爲主。大便下血，熱結於大腸，隨糞而出，爲之臟毒。又當清火、除濕、涼血，以解臟毒，清其源而塞其流耳。但身熱脈大者難治，血症復下惡痢者易愈。』以上總共不過二百多字，就將主要出血症逐一介紹停當，易明易行。在議病之後，首先出一主方。這是《百效內科全書》《痰火點雪》二書共同的特點。該主方之後，一般都有多種加減用藥法，借以適應多種兼症的治療。主方之後，又附諸方，其方數量比較豐富，組方藥味、劑量、炮製、煎服法等均很齊備，最適合臨床選用。該書所論疾病大多都像『血症』一樣，理法方藥俱全。其編寫體例很近似臨床實用診療手册，既便查索，又實用有效。

龔氏的著作甚多，今存於國内者亦復不少，但《内科百效全書》却在國内早已失傳。該書在大約三百年前通過海上輸入日本，得以珍藏。今從日本國立公文書館内閣文庫將此書複製回歸，並將其影印，以饗讀者，使之重新爲當代中醫的發展服務。

雜證正醫録

李鴻濤

《雜證正醫録》八卷，清·邵成平（庸濟）撰，清乾隆九年甲子（一七四四）三當軒刻本，孤本現藏於寧波市圖書館。

一、著者與成書

著者邵成平，字庸濟，清代松江府華亭縣（今上海市松江區）人氏，著有《傷寒正醫録》《雜證正醫録》《痘疹幼科正醫録》《生生録》，後一種現已亡佚。《傷寒正醫録》與《雜證正醫録》同年成書，前者在孟夏，後者在仲秋，其時作者已七十二歲高齡，當屬晚年總結其行醫一生而成的較爲成熟的作品。

關於此書的編纂，作者是以正本清源的初衷而撰著的。正如其所著《傷寒正醫録》，在序中言道：張仲景《傷寒論》非獨療傷寒，亦爲療諸科之本。然其辭古奥，其義深邃，其法百變，讀者每有望洋之嘆。歷來註《傷寒》者數百家，其中或同或異，皆可互參考證。故對歷代醫家所註《傷寒論》進行考證、研究，並結合己見，務期洞筋濯髓而必求其是。暮年不避寒暑，奮筆纂成《傷寒正醫録》。繼此書後，作者亦有感於時醫比户岐黄者，學不由徑、思不求本，棄《靈》《素》《難》、薛良玉、王宇泰、張會卿、喻嘉言、趙養葵、汪訒庵、高鼓峰等古聖先賢之名著於不顧，其案頭不置一編，口頭不道一語，徒記時尚之歌訣湯頭以執業，實爲爲衣食謀，却又佯托活人之志，操術殺人。故邵成平藉此悲憫之情、諄諄之意而做《雜證正醫録》，以供業醫者一觀。書名『正醫録』，係從博覽中覓其精髓之内涵，既可訂正俗見，又可樹立規範。

二、内容與特色

該書爲中醫内科著作，原書八卷，現僅存六卷，末二卷佚。從所遺篇卷來看，列述了三十個内科病證的辨證論治方案。其中每個病證又是以『總論』、『先賢各家論』、『方論』及『辨治要領』等内容編撰而成。其學術特色有：

（一）綜考百家，正本清源

通覽全書可知，邵成平學術見地的形成是經歷了由博返約的過程，其在治學中，上迄《黄帝内經》，下至歷代先賢名著，凡有卓見者皆通覽無遺，並予以衡訂和擷取。用邵成平自己的話來説，全書的治學理念即是以『目中有牆壁，胸中有繩墨，清其源故也』爲核心。如對中風的研討，他在書中言道：『《素問》舉風傷人，名類甚詳而不及治法，《金匱》亦但言脈證而無方論，後劉河間主火，李東垣主氣，朱彦修主痰，似各有所偏而俱可參互。』在考評各家得失之後，認爲本病雖爲内傷雜病，但辨證可參考傷寒六經辨證，以三陰三陽辨别外感病的層次和方法予以分析，將外在症狀與内在脈象相參合，首分表裏、次分寒熱、再定虚實，如此，中風之中絡中經中腑中臟以及閉證與脱證自然可以鑿鑿指陳主病之方。所以，邵成平循此思路，選輯列述了歷代治療中風名方，逐一點評應用精要並闡述個人學術見解。如在凉膈散方論中言道：『按中風多風木與君相二火之病，故痰涎壅塞上焦，用此方以散火達下，如轉舌膏更加菖蒲、遠志，開心經之藴熱也；活命金丹加青黛、藍根，散肝經之鬱熱也，皆本仲景調胃承氣化出。易老法減大黄、芒硝，加桔梗、竹葉，輕證用之。』可謂綜考諸家，自得其妙。這種正本清源的方法，既可打破門户之見，採納百家之所長，又可以借評述各家言論而抒發作者自家的學術主張故其，治醫之淵博和嚴謹堪爲表贊。

（二）返璞歸真，本諸經旨

邵成平强調學術上的返璞歸真、知常與達變，但巧不離本，圓不離方。所謂『方』即是學養的中正醇和，所謂『圓』即是實踐的圓融權變，對於經典理論的闡述和發揮尤爲突出。如在治療痿證中，他完全遵循《素問·痿論》中的理論，强調五臟氣熱致痿，並對五臟氣熱導致痿證的治療用藥提出了針對性的藥物，如對肺熱致痿的治療，提出『經曰：肺熱葉焦，皮毛虚弱急薄，必生痿躄也。用黄芪、天麥冬、石斛、百合、山藥、犀角、通草、桔梗、枯芩、山梔、杏仁、秦艽之屬。』並在後文中例舉了翁幼嶷先生運用瀉白散治療的一個典型肺熱葉焦致痿醫案，既驗證了經典理論，又啓發後學治療疑難病當熟讀《内經》、仲景諸書，不可單憑歌訣入手，如此樸素中見真功，平凡中顯神奇，即書中所言臨證自可易如『以菜做虀』。

（三）闢俗定戒，自出機杼

書中除評述諸家學驗外，可稱得上是句句理法，字字經驗，不尚空談。是一位臨床家在不厭其煩的諄諄告誡與警醒醫界同仁，勿爲俗套所囿。如治療虚損勞熱之證不可恣用寒凉削伐之品，引用趙獻可《醫貫》之言警告醫者臨證不可專事對症而忽略其本，其言：『咳嗽吐血時時發熱未必成瘵也，服四物知母黄柏之類不已，則瘵成矣；胸滿膨脹，悒悒不快，未必成脹也，服山楂神曲之藥不已，則脹成矣；面浮胕腫，小便秘塞，未必成水也，服滲利之藥不已，則成水矣；氣滯膈塞，未必成噎也，服青皮枳殼寬快之藥不已，則噎成矣。』對於闢除俗治流弊不遺餘力。又如噎嗝治療，俗見往往以『消滯利膈』爲治療一定不易之法，醫者若用温補，必遭病家與旁觀者誹謗，他指出此病『中氣已敗，非速救本源，脾氣何由再健，飲食何由漸進……苟性急者惑於邪説，妄用大黄、芒硝、三棱、莪朮、滚痰丸之屬，圖片刻之通快，不知胃氣益敗，徒速其亡，生理何在？余因庸工沿習之誤，不憚再四痛言，確有所見，非臆説也。』作者一面闢除邪妄之説，一面又闡揚自家之見，獨出機杼。如對虚損的認識，他認爲可以分爲三段：自下而上者，腎水虚也；自上而下者，肺氣虚也；自上而下或自下而上皆不離脾胃。將虚損病機着眼於肺脾腎三臟，而尤以脾胃爲中心。並以此觀點遴選治療方藥，可謂執簡馭繁。

三、學術價值

該書作爲清代醫家邵成平晚年論治內科雜病的經驗匯集，對於內科疾病的治療，每能提出個人獨到的見解，在成書後未得以廣泛流傳，險遭亡佚。縱觀全書，其學術內容和編撰水平均屬上乘，且版刻精美，紙墨俱佳，堪稱善本。

百病問對辨疑

孟慶雲

《百病問對辨疑》五卷，明·張昶撰，明萬曆九年（一五八一）曲沃張學詩刻本，孤本現藏於中國中醫科學院圖書館。

一、著者與成書

張昶，字甲弘，號海澄，是明代嘉靖至萬曆年間河南大梁（即今開封人氏。出身於醫學世家，是宋代名醫張銳的後裔。張銳字子剛，在《宋史·藝文誌》有傳，官任成州團練史，以醫知名，又作過太醫局教授，在《文獻通考》《夷堅誌》《書録題解》《古今醫統》等書中都曾記載過他的奇技驗案，著有《鷄峰普濟方》三十卷、《鷄峰備急方》一卷傳世於今。張昶自幼從學於他伯父張維屏，盡得家傳，又精研五運六氣，除本書外，同時將《痨瘵問對》單行刻印，並還著有《運氣彀》《小兒諸證補遺》等書。

二、内容與特色

該書是問答體例撰寫的内科著作。全書重點論述了癆瘵、痰證、諸氣、諸鬱、諸血、諸汗、諸痛、瀉泄、痢疾、霍亂、瘧疾、腫脹、脾胃病、内傷、噁心、哮喘、痞滿、吐噦、淋、三消、關格、噎膈、痛風、吞酸噯氣、癘風、破傷風、難睡、斑疹、瘈瘲顫振鼓慄等三十餘種病證。

因張昶本人在萬曆六年（一五七八）患時疫後復得癆瘵，經三年多的治療於萬曆九年（一五八一）得愈，他以自身患病自家調治的經歷對癆瘵病最有體驗，又最有研究，例如他以五勞六極七傷論説病機，以氣和命門相火的關係解説在癆瘵病時多種複雜症狀，他支持癆瘵是由癆蟲傳染的理論，他根據癆瘵的證候在一日内和一年内因時序的不同症狀表現不一，他認爲這是『六蟲傳染六代』，再結合運氣因素，來説明病情有周期性機理，進而又提出對各代癆蟲的不同治法，可見他的癆瘵六蟲傳染六代假説不僅僅是解釋性假説，還有治療的實踐價值。他在《癆瘵問對》中，提出一些預防傳染和治療方法都有可取之處，對於他所創立（或者搜集）的天靈蓋散，也見諸於明清時代一些驗方集之中，同樣是應該研究的。作者就是把這些『一得之愚』設爲問對撰著此書的。

三、學術價值點評

問答體的醫著和叙論體、醫案體、醫話體等文體相較，以概念清晰、重點突出見長，每一設問都須直指要害，應對之辭簡明扼要，所引經典要準確中的而不能博綜泛引，本書對三十幾個病證的問對辨疑，確實能悉其奥旨而到位。最突出的就是，以著者之明見、著者自己的語言回答疑問，所提出的應治方劑和藥物也都是作者自己有所體會應用過的。因所出示的方劑多是廣大醫家所熟悉的，故在叙述中就没有必要提示出處和組方的藥物，這使讀起來非常流暢。

方症會要

孟慶雲

《方症會要》四卷，清・吴邁編，清乾隆二十一年（一七五六）刻本，孤本現藏於中國中醫科學院圖書館。

一、著者與成書

中國古代的學者們尊醫爲仁術，不僅認爲『醫源於聖』，也認爲知曉醫術是他們德行博愛的體現，又把爲人子知醫作爲行孝的標準之一。魏晋以降，諸生愛身知己兼覽醫書，同時也搜集驗方撰述方書，以至在中國醫學史上，許多名著出自文士之手。《方症會要》就是撰者吴邁的先君留給他的手澤之一，其先君雖然『體素康健，不輕餌藥，然究心方症，手集諸書，質之當代明於指下者，參之古昔傳流』編輯此書，作爲效法東坡先生撰《聖散子》以『病者得藥吾爲體輕耳』的實踐，表達他利濟爲懷的志向。吴邁本人身弱善病，得此書後『按病檢方，服之頗效』，深感先人究心於此的深意和此書的價值，於是付梨棗以公諸於世，惜其問世後未廣泛流傳。

二、内容與特色

該書爲内科專著，共列中風、瘟疫等四十餘種病證的證候與相對應的治方。作爲以知要取精，方症互應爲撰著目標的醫書，《方症會要》書如其名，並有以下三方面突出的特點。

（一）言得其要，立見能醫

本書對病證的概述，選取了自《黄帝内經》以降歷代醫家最精闢論説。例如在中風病中，對於真中風證候，他用花溪老人提出的四症爲指徵，即暴僕暴瘖，口眼歪斜，手足不舉，話語謇澀，甚者人事不省，否則不能算是真中風，又强調『非中風若用風藥禍不旋踵』。在明確的定義之下對應的方劑也精當妥切，例如風邪中腑則選用小續命湯。故學閲此書有審的爲效，立見能醫之功。

（二）搜妙闡幽，工於技巧

吴邁的先君，究心極慮，博採前人精華和經驗，雖然是會要方症之書，却在叙述中融入了深邃的理論，其運用理論、言之有理而不刻意的論述理論，反倒顯得自然通脱，其處方的路數和用藥也都有很高的技巧性。例如在用小續命湯治風邪中腑，書中還提示了伴外風的『六經加減』，太陽中風有麻黄續命湯、桂枝續命湯，陽明中風時有白虎續命湯、葛根續命湯，太陰中風時仍用桂枝續命湯，少陰中風用附子續命湯等等。本書處方對症，辨證施治層次井然，例如中風急症肺絶見痰涎壅塞口眼喎斜、舌强不語者，先用瓜蒂末輕吐，不愈再用稀涎散加藜蘆，以羽毛探吐，吐後能進米湯再用蘇合丸通竅，隨後再用順氣散。慢性病的調治亦强調先後之法，如飲食傷及腸胃者，先用保和枳實導滯丸消食化痰行氣，次用六和湯蕩其未盡之邪，再用調中湯回其散失之氣，最後用健脾丸復其本體。本書處方按五運六氣應變藥物也頗具特色，例如治瘟疫之五瘟丹，係由黄連、黄柏、黄芩、梔子、大黄、香附、紫蘇、甘草梢等八味組成，其君臣佐使配伍則是按運氣而變：甲己之年甘草爲君，乙庚之年梔子爲君，丙辛之年黄柏爲君，丁壬、戊癸之年黄連爲君，一年一君，餘四爲臣，而香附、紫蘇原係爲臣藥，大黄爲丸，朱砂爲衣，水呑服之，初病煎服亦可。我們大可在這些細末之處進行理論探索。

（三）求真篤實，着意簡捷

作者没有學派傾向，按照本書自設的框架，孰者精闢，就乃從其論；孰者有效，就乃從其用。這使讀者在讀此一部書的同時，間接汲取了歷代以來的學術精華。著作以簡捷爲上，爲簡捷起見，作者在大框架之中，安排了很多病證的實用治法，例如在卷四『大便血症』項的最後，列出了三個治汗證方劑，其一是加味補中益氣湯治陽虛自汗，其二是加味當歸六黄湯治盗汗，其三是稱爲治盗汗方的食品：『蕎麥粉早晨作湯圓空心服不用油鹽』，此三方用在書尾愈顯得此著作的精煉實用。作爲儒者撰書，還曾以歌訣的形式展列書中，如卷一的『諸症挾瘀歌』以其高度的概括性文藝性，論述了多種挾瘀證的病因、特點及治要，這也是本書的特點之一。

由此看來，本書是以實用性取勝，但是也具備一定的理論價值和資料價值。

丹溪摘玄

伊廣謙

《丹溪摘玄》二十卷，著者佚名，鈔本現藏於中國中醫科學院圖書館。

一、著者與成書

本書爲我國著名醫史學家、藏書家范行準先生棲芬室舊藏，後捐贈給中國中醫科學院圖書館，故書中可見鈐有『湯溪范氏棲芬室所備醫史參考圖書』、『范氏棲芬室所用圖書』、『棲芬室圖書』等章。范先生認爲圖書乃『天下公器』，收存在自己書齋不過是暫時棲止，日後仍將歸諸社會，故從不以『藏書』自詡刻章。據《棲芬室架藏書目》，本書爲明白皮紙寫本。按書中神效丸下有『昔神宗皇帝』云云，明神宗即萬曆皇帝，則推測本書成書至早當於萬曆之後，即公元一六二零年之後。元明之際，丹溪學説大行其道，冠名『丹溪』之書聯翩問世，或出於門人整理丹溪治驗，或托名以廣其傳，如《丹溪心法》《丹溪心法附餘》《丹溪心法類集》《丹溪手鏡》《丹溪治法心要》《丹溪纂要》《丹溪要删》《丹溪幼科全書》《丹溪脈法》等皆是，本書亦屬托名之作。

二、内容與特色

全書凡二十卷，以内科雜病爲主，分門論述諸病證治，包括中風、痛風、癘風、癲癇、諸虚、吐血、瘧疾、泄瀉、便秘、咳嗽、哮喘、痢疾、痰證、傷寒、痞、脾胃病、心痛、五疸、疰夏、水腫、痼冷、霍亂、諸氣、消渴等數十種病證。每門病證先論後方。論中扼要引述丹溪之説，考察其文字，多數出於《丹溪心法》《格致餘論》等書而酌加化裁，亦有引用丹溪門人如戴元禮者。方則以丹溪製方爲主，兼及諸家，可考者除張仲景方外，他如《太平惠民和劑局方》，及朱肱、嚴用和、張潔古、李東垣、劉完素、羅天益、王好古等，亦多有採録。要之，本書實乃薈萃諸家，而非專輯丹溪方論，自囿家門。有些方劑蓋爲當時醫家習用方而不知所出，如書中十寶丸、白鳳膏下皆云『諸方書無可考』。

三、學術價值

全書所論諸病證中，於中風、痛風、諸虛、痰證、諸氣各門論述尤詳，從中可以窺見丹溪學派重視滋陰降火與氣血痰鬱辨證的學術特點。當然，重視並非偏執，於宋金元諸家多能擇善而從。如書中頻繁應用李東垣的補中益氣湯諸方，即可見一斑。對於朱丹溪激烈批評過的《太平惠民和劑局方》，本書也多有引用。

丹溪著作及托名之作，關於傷寒的論述不多，本書這方面内容相對較多，且頗具特色。如論傷寒治法，謂：『凡傷寒中風，外傷之病，自霜降之後至春分之前，其有發寒，宜發汗，依張仲景法；春分以後夏至以前爲温病，宜辛凉解散，用劉守真法。』於傷寒辨證大綱，主張『但當以脈證分别陰陽表裏盛衰之爲治』。更詳析傷寒諸證，如譫語、鄭聲、呃逆、發黄、發斑、發狂、厥逆、多汗、結胸、嘔吐、下利、下膿血、吐蛔、煩滿等的辨治，看出其治傷寒是屬傷寒類證一路。

本書爲寫本，從字跡看，並非出自一人之手。書寫工整，清晰悦目。僅存孤本，世人罕見。

症治晰疑録

孟慶雲

《症治晰疑録》四卷，是明代吴中名醫戴氏的家傳内科秘本，明鈔孤本現藏於中國中醫科學院圖書館。

一、著者與成書

戴家即婺州浦江（今屬浙江諸暨縣）戴思恭家。家世業儒，世代爲醫。據《建陽建溪戴氏宗譜》記載，自第十四世行醫始，除第十六世無人行醫外，均以醫爲業。戴思恭爲第十八世。其父戴垚，其弟戴思温皆以醫名，其叔是文學家戴良，即寫《丹溪翁傳》者。戴思恭，字元禮，號肅齋，又號復庵，以字行。元朝至正三年（一三四三），戴垚携子思恭、思温到鄰縣義烏，投朱丹溪門下學習。朱丹溪見思恭穎悟倍常，傾心授之。思恭自是『識日廣，學日篤，出爾治疾，往往多奇驗。』《宗譜》記載：『公游丹溪之門二十餘年。』之外，他還從學於朱丹溪的老師羅知悌。《明史》謂戴思恭學純粹而識深遠。戴思恭在明朝初年曾爲三朝御醫。朱元璋建明之初，太醫院石逵推薦戴思恭爲御醫，授正八品迪功郎。朱元璋臨終前，太醫院諸御醫『治其無狀，敕付獄正其罪』，唯獨沒有懲罰戴元禮。朱元璋指御醫戴元禮謂侍臣曰：『戴元禮，仁義人也，無與汝事，勿恐。』戴思恭頓首而退。十六天後，朱元璋駕崩。建文帝時升任太醫院使。永樂皇帝當年爲燕王時，患癥瘕，太醫韓奭治不效，戴思恭投一下劑而愈。至永樂朝，寵渥尤深。永樂元年以老邁，四次奏請歸里得許。永樂三年夏，又召回太醫院，當年冬季又請奏告歸。皇帝遣官護送，獎以金幣。戴思恭以辨證細，用藥準見稱。《涌幢小品》記載人稱他『國朝聖醫』。當年在蘇州行醫時，每次診費紋銀五兩。他行醫的軼聞甚多。著有《秘傳證治要訣及類方》《本草摘鈔》《類證用藥》《推求師意》和校補朱丹溪的《金匱鉤玄》等。戴思恭卒於永樂三年（一四〇五），享年八十二歲。

戴思恭不僅繼承朱丹溪的『氣有餘，便是火』之説，還補充爲『氣屬陽，動作火』，並稱『捍衛衝和不息之謂氣，擾亂妄動變常之謂火。』又提出『陽易亢，血易虧。』朱丹溪的『人身諸病，多生於鬱』的致鬱理論，戴思恭也大有發揮，指出傳化失常是致鬱的關鍵，鬱證中以中焦致鬱居多，治療責諸中焦。戴思恭的胞弟戴思温及其後人、弟子等也皆循繼此學。《明史·方技傳》稱朱丹溪及戴思恭、劉純、徐用誠同屬滋陰派。戴思恭又傳王彦昭、王仲光、盛啓東等，紹述丹溪之學。

《症治晰疑録》雖然還不能確斷是戴思恭以後哪一代的傳本，但從其撰述内容及引述的歷代文獻來看，未見明末及清代時較有影響力之文獻，故可以確定兩點。第一，此書記載的是戴思恭的戴家的學術。第二，稿本成書的下限在明·張介賓著述之前。

二、内容與特色

書以精湛之短語，集醫論、醫案、經驗、秘方和戴氏之要言，向從醫的子孫，傳授從中風到惡寒共三十二種病證的診法要領和治療訣竅。

戴思恭擅於治癥瘕積聚，而且創『倒倉法』，即用輪回酒治療，爲其一絕。在樓英的《醫學綱目》中，也記有戴思恭曾著《論倒倉法書》。這是戴氏的一項專長，但此書此法久已失傳，恰好在本書『積塊第二十六』的治法中得以保存。戴氏治癥瘕積聚特有見樹，不僅一劑治愈時爲燕王的朱棣所患的瘕積，而且對此病證的命名，他提出了自己的見解，認爲稱『積塊』準確。他説：『諸書論積聚癥瘕不一，學者固宜詳辨。然積者停蓄之總名，丹溪衹以積在中、在左、在右爲異。既不以積聚癥瘕之異立治，故於此直以積塊名篇云。』言積塊是有形之物非氣也，乃痰、食積、死血，在中爲痰飲，在右爲食積，在左爲血積。『大法咸以軟之，堅以消之，行氣開痰爲主。』對此病證，戴氏出示了有效的治法，如石醺白术湯、倒倉法、三聖膏、琥珀膏、阿魏丸、伏梁丸、大小温中丸等。

鬱證是朱丹溪對《素問·六元正紀大論》中『鬱積乃發』五鬱的發揮創

新。朱丹溪還創製越鞠丸治諸鬱。《症治晰疑録》在『鬱症第八』中，對鬱證的論治，不僅和《秘傳證治要訣及類方》如出一轍，而又有精闢的點撥。如言：『諸鬱藥春加防風，夏加苦參，秋冬加茱萸、蒼朮、撫芎。總結諸鬱，凡鬱在中焦，以蒼朮、撫芎開提其氣以升之。假令食在氣上，氣升則食自降。餘仿此。』又如在痰鬱後提示道：『《金匱》云：昔肥而今瘦者，痰也。』他用温膽湯爲治。在簡論下，又附了四則短明的醫案，也體現了戴氏鬱證責諸中焦的特點。這種筆風，與《明史·戴思恭傳》評價他著述『簡明實用、不滋流弊』是一致的。

三、學術價值點評

在全書中，對病證之論治，貫穿了戴氏承丹溪之學，特别是他提出『陽易亢，血易虧』的氣血盛衰理論和重視火的病機，强調顧護胃氣、四時用藥等特長。此書立論平正，廣搜諸家之長。每多引用許叔微、李東垣、王安道、劉宗厚、薛已、黄承昊、李湯卿等名家之語。説明此家傳秘本，經戴思恭或其先人初撰之後，歷代傳人不斷有所增益，補充了當世醫家的新見解、新方藥。

戴氏論病，理端平正；治療有序而細膩。例如，中風之證，唐宋以前多以内虛邪中立論。金元四家重在内因，從『心火暴盛』，從『正氣自虛』，從『濕痰生熱』。其後，王安道又有『真中』與『類中』之辨，認爲先傷於内後感於外等。此般疑難，戴氏析疑曰：『因火因氣因濕者，亦未必絶無外邪侵侮』，以内虛外邪合凑立論，按傷寒六經辨證用《千金方》之小續命湯爲治。但在用法用藥上做了調整，變爲加減續命湯隨症治之。其加減套路甚爲靈巧：中風無汗惡寒，以麻黄續命湯主之；中風有汗惡風，以桂枝續命湯主之；中風有汗身熱不惡寒，以白虎續命主之；中風有汗身熱惡風，葛根續命湯主之；中風無汗身凉，附子續命湯主之；中風有汗無熱，桂附續命湯主之。此中風六證，分經治療，體現了戴氏的思路和六經中風的框架，戴氏深知内虛發汗之弊。故在小續命湯句下，引文示警：『東垣曰：中風自汗者，不可輕意發其汗，此藥也不可輕用。

戴氏論證，以脈爲先。把脈診列爲望、聞、問之下爲第四，是明季以後的醫家所爲。全書方證對應清晰。重要方劑自擬方歌以便於記憶。其傷寒按日用藥頗具特色。而在瘟疫中，作者提示要推歲運、知節候。傷寒和瘟疫兩病證衹用精煉之篇幅，令人執簡馭繁。篇中時而挾有短論，如在『傷寒第二』篇中，有《附説傷寒傳足經不傳手經論》，係引用劉草窗之論，作者評曰：『可謂發前人之未發也。』堪是一語中的。全篇醫理、醫案、醫方、點評結合得融通無間，讀此秘籍大有事半功倍之獲。不僅揭櫫了明中葉以前的内科理論水平，也是一部耐讀而實用的臨證綜合性醫書。

玄機活法

李鴻濤

《玄機活法》二卷，内科專著，清·沈又彭集著，任企銘參訂，精鈔孤本，現藏於上海圖書館。

一、著者與成書

沈又彭，字堯封、堯峰，清代乾隆間嘉善（今屬浙江）人。少習舉子業，博通諸家，兼涉星占、堪輿之術，尤精於醫學。又彭生性曠達，工吟咏辭賦，與曹六圃（字廷棟，少宰蓼懷之孫，隱居不仕。自號慈山居士，自爲壽藏，不下樓者二十年，著作甚富）交從甚密，二人酬和之詩，俊絶一時。據《嘉善縣誌》所載，沈又彭年三十以國子生身份三赴省闈，皆不售，遽爾棄文從醫。寒窗苦讀岐黄之道十載而藝成，治病有奇效，淡泊名利，醫德高尚。凡診病，嘗施醫捨藥，不沽名，不計利，甚則留治於病家，待其病愈始歸，故而名信俱重於鄉里。據傳，有鄰人之子患重疾，瀕危，其家貧母老，無力延診，又彭不計辛勞竭力赴救，其時又有杭州鹽商富賈持重金相聘，又彭惻然曰：『富者不得我，轉聘他醫，可活也；次子非我不活，忍以區區長物而令人死且絶乎？』遂不應聘，而鄰人之子終獲痊愈。清乾隆五年（一七四〇）制府（明、清兩代的總督，均尊稱爲『制府』）以『曾飲上池』旌其廬。其治學，筆耕勤篤，著述頗豐，據《清史稿·藝文誌》載其嘗輯著《醫經讀》《傷寒卒病論讀》《沈氏女科輯要》《玄機活法》《女科讀》《治雜病讀》《證治心編》《治哮證讀》等，據查《中國中醫古籍總目》，目前僅有前四種傳世。前三種均有刻本，唯本書僅存精鈔孤本。

本書書名『玄機活法』，體現作者著書立説用意尤深。玄機即指深奥微妙的義理。唐代張説《道家四首奉敕撰》之三曰：『金爐承道訣，玉牒啓玄機。』活法者，蓋取宋人詩論中提出的學詩所必須掌握的能靈活變通的法則之意。宋代吕本中《夏均父集序》曰：『學詩當識活法。所謂活法者，規矩備具，而能出於規矩之外；變化不測，而亦不背於規矩也。是道也，蓋有定法而無定法，無定法而有定法。知是者，則可以與語活法矣。』又如宋代辛棄疾《水調歌頭·賦松菊堂》詞：『詩句得活法，日月有新功。』此處泛指學習和運用醫學理論知識必須掌握靈活的原則、方法。如《醫宗金鑒·張仲景〈傷寒論·可下病〉》『用湯勝丸散』集註引程應旄曰：『用湯勝丸，貴活法也。』沈又彭即以此書名諄諄告誡後來學者，醫學爲深奥玄妙的學科，本書雖爲之粗立規矩，但臨床實際運用還需圓融變通，如此方能得心應手，左右逢源。

二、内容與特色

全書第一卷列十一種病證，第二卷十五種病證，除感冒、温疫、暑外，均爲内傷雜病。語言精煉而不飾浮詞，辨證審因往往一針見血，也不堆砌方藥，惟求實效。其特色主要體現在以下幾個方面：

首先，該書是沈又彭積數十年的中醫學養，甄選匯輯前代醫學名賢獨到經驗而成。中醫古籍汗牛充棟，能在數千種中醫古籍文獻中，去粗取精，去僞存真，若不是老於臨證、獨具慧眼之人是很難做到的。書中引述《黄帝内經》以降，歷代著名醫家辨證施治的獨到認識，如《黄帝内經》中的虐論、痹論以及水脹、膚脹等，《金匱要略》的中風歷節病脈證並治，王燾《外臺秘要》載格食不下，許叔微治遺滑，張潔古辨吐，朱丹溪論中風主濕熱生痰，劉河間三消論，戴元禮辨失精夢泄，王宇泰論卒倒神昏，繆仲淳辨泄瀉，張景岳、孫一奎辨失血，趙養葵詮逍遥散，吴又可温疫傳變及逐穢開達膜原法，喻嘉言治痢，乃至清代名醫葉天士。其對葉天士之學推崇有嘉，認爲『吴門葉氏實仲景後之一人耳，其識病用藥迥然不同』，但是又不是盲目的崇拜，如在温疫論下法中眉批言：舌如積粉，葉案一條用附而愈，未足爲憑。須舌心黄而渴者乃可下。可見其對温疫掌握用下的時機有個人的獨到見解，却不因葉天士的名望而盲從。書萃百家之言，體現了沈又彭博覽群書，擇善而從，由博返約的治學精神。

其次，書中除遴選編輯各家學説之外，並附有作者本人的豐富經驗。沈又彭是一位臨床經驗豐富的醫學家，一方面能够綜納百家，另一方面還能開拓出新。在很多臨床中的疑難問題上能够自出機杼，而不墨守成規。如在『半身不遂』中言：『彭閲歷數年以來，每見患左者，大半肝陽内動；患右者，大半痰滯經絡。痰由氣病，肝由血虚，氣血大似分屬，特不可固執耳』。又如，沈又彭治療噎食、格食、噎食、吐食中提出應用小柴胡湯和解樞機的辨法來治療格食不下。其在深入研讀《傷寒論》『食穀欲嘔者，屬陽明也，吴茱萸湯主之。得湯反劇者，屬上焦也』，『與小柴胡湯，上焦得通，津液得降，胃氣因和』兩句悟得：『通上焦即通少陽法，上焦得通、津液得降、胃氣和者，上焦出于胃上口，並咽以上貫膈，而佈胸中，即咽旁之小管子，如酒壺之有小口於。平時水穀在胃，胃底之陽氣蒸氣上騰，從上焦而出，所謂上焦開發，宣五穀味，熏膚充身澤毛，若霧露之漑，是謂氣是也。食入胃管，時則旁通之氣，從上焦而出者，較平時愈甚，所以食下胃中，全無阻礙。若上焦不通，一時水穀之氣無出路，凝聚而爲涎沫，一則食下時如納一口之瓶，旁不通氣，水漿自然溢出，所以上焦通則津液降，胃氣可和也。』

第三，沈又彭還重視民間醫療經驗和驗方，所以書中還收載了一些臨證見聞和驗方活用心得。在『晨泄』中言四神丸，載道：『四藥治晨泄神效故名，有人用之不驗，一醫云：此必朝服爾，朝服至夜則藥力微，不能敵一夜之陰寒，故不效，遂夜服果驗』，對於四神丸的臨床應用，乃至服法對於中藥臨床療效發揮的影響頗具啓發性。又如在『感冒』中言道：『感冒不外五氣，第所感者輕，不必用麻桂等方，是割鷄不用牛刀，緣録數方，備輕治法。』其輕治之方爲代麻黄湯，治脈浮頭痛，惡風寒無汗，全是麻黄湯證，初起時病不甚者。由川芎、生姜、甘草、蘇葉、葱管組成。此方明顯是汲取自民間驗方，經過作者應用得驗的方劑。並言

『得汗則愈』，藥精而取效較捷。

三、學術價值

綜觀全書，匯輯歷代名家臨證心法及著者本人實踐經驗，删繁取要，去蕪存菁，言簡而義賅，頗切臨證研習和應用。扉頁有任企銘題記，其曰：『此書乃葉天士真論、真案，並沈又彭寒暑之學，共成一書，而銘又校正，論中一無鄙陋之言，句句精確雅致，感好友不得而睹。』此書之價值可見一斑。

此外，從本書扉頁題記及卷端三枚鈐印（宗文圖章、文照堂、巢念修藏）可以得知，該書係任企銘（宗文）釐訂謄清，藏於其『文照堂』，後又爲巢念修所藏。任企銘生平無所考，據其在書中批註及參訂之文，可以推知，或爲略晚於沈又彭時代的醫家。巢念修爲現代中醫學家、藏書家，與其父收藏有諸多名玩珍賞、古籍字畫，且在古籍扉頁多有考註題記。如清代著名畫家王鑒（字符照，號湘碧，又號香庵主。王世貞孫。家藏古今名跡甚富，摹古工力深，筆法非凡。爲『清初六家』之一。擅長山水，遠法董（源）、巨（然），近宗王蒙、黄公望）所畫紙本立軸『浮烟遠岫圖』曾爲巢氏父子所收藏，即鈐有『巢鳳初藏』、『巢鳳初念修父子品書讀畫記』二枚印記。巢鳳初，字符瑞，清末民國初期江蘇武進孟河人。學識廣博，臨床經驗豐富，立法治方，宗李東垣『内傷脾胃，百病由生』之説，師古而不泥古，廣涉内、外、婦、兒科，尤其治濕温時病頗有心得。巢鳳初其父即爲巢峻（一八四三～一九〇九），字崇山，擅長内、外科，能以刀針治腸癰，爲孟河醫派代表人物，被今人譽爲費（費繩甫）、馬（馬培之）、巢（巢崇山）、丁（丁甘仁）孟河四大家之一。

綜上所述，因本書記述了沈氏内科臨證經驗，與其它存世的《醫經讀》《傷寒卒病論讀》《沈氏女科輯要》三種論述醫經、傷寒、女科的專著互補，爲研究沈氏醫學經驗與成就提供了新素材。

性原廣嗣

賈克琳　劉　虹　羅艷秋

《性原廣嗣》六卷，清·王宏翰撰，清康熙三十年（一六九一）刻本，孤本現存於雲南中醫學院圖書館。

一、著者與成書

明清時期，名醫薈萃，百家争鳴，學術氣氛濃厚。王宏翰是這一時期研究性學、子嗣的醫家之一。著書十餘部，由於歷史原因多數失傳，對其生平及學術思想也了解甚少。

王宏翰，字惠源，號浩然子。明末出生，卒於清康熙三十九年（一七〇〇），江蘇華亭人。先世本江蘇河汾人，其祖父王國臣爲當地名醫，父親王廷爵（號蒲村）被譽爲『神醫』。宏翰少年時就跟隨父親身邊，對醫道耳濡目染，將自己親眼目睹的典型病例記録下來，在數十年行醫生涯中不斷補充總結，他在《性原廣嗣》自序中説：『余昔每常揣摸意想，無從可疑，及讀泰西、天文、性學、格致諸書，始得其原。』成年後又博通經史，對理學、天文學亦有研究，是中國醫學史上中西醫匯通醫家之一。王氏一生著述較多，所著《古今醫史》《古今醫籍誌》《急救良方》等十餘部著作均未見傳世，其晚年所著《醫學原始》《性原廣嗣》尚存。據薛清録先生主編《中國中醫古籍總目》記載，《性原廣嗣》屬孤本，目前僅存於雲南中醫學院圖書館。

據李雲主編的《中醫人名詞典》『王廷爵』條載：『字君惠，號蒲村，明代江蘇華亭人。著有《性原廣嗣書》六卷，行於世。』考證原書，卷一至卷五爲王宏翰著輯，卷六爲其父王廷爵（號蒲村）原輯，王宏翰續訂。『續訂』是指在原輯内容基礎上進行了修訂改編。王宏翰在《性原廣嗣》卷五中自述：『宏翰少年時，每見世人雙生弟兄或年壽相若而終者，或天壽不同者，何也？我父蒲村公曰：此雙生有二，有一産雙生者而胞胎有二種焉。』説明該書是王宏翰所著而不是其父王廷爵著。

二、内容與特色

《性原廣嗣》成書於清康熙三十年（一六九一），是王宏翰生前最後一部著作，著者秉承《黄帝内經》的理論體系，衆採李東垣、朱丹溪、李時珍等著名醫家之論，崇尚古論而不拘泥於古論。卷一著論五篇，卷二著論三篇，卷三著論五篇，卷四著論四篇，卷五著論四篇，卷六著論四篇。共載處方九十三首，配方嚴謹，製作精良。書中提出『人的生命之根，在於元濕元火』的理論；闡明了男女房事與胎兒形成的根本道理；指出婦女懷孕後及早進行胎教的必要性；分析了不孕不育的機理，對胎兒出生前後及婦女孕産期的疾病診療、處方也作了一一論述。書中的觀點除了繼承中醫傳統體系外，還接納了西方醫學的解剖生理學理論，是一部對臨床實踐有指導意義的著作。

（一）主要學術思想『元濕元火』理論

王宏翰認爲『人的生命之根，在於元濕元火之和』，『如遇嚴冬，或大雪，或飲冷水，其元火爲大寒所撲滅，命斯斃矣。若元火太旺，亦能焦枯元濕，命亦殂矣。』這是王氏對《黄帝内經》陰陽學説的另一種樸素直觀、具體形象的理解，這裏的『和』是指調和、平衡。王氏認識到自然氣候的反常變化和内在飲食情志的刺激是導致疾病發生的兩大重要致病因素，指出了元火被滅（生命消亡）有外感和内傷二種病因所致。『濕』爲有形物質，屬陰；『火』爲無形功能，屬陽。濕火平衡，不偏不倚，身體無恙；濕火不調和，失去平衡，輕者産生疾病，重者因病而死亡。這和《黄帝内經》『陰平陽秘，精神乃治』的陰陽對立統一觀是一致的。

（二）房事的方法及禁忌

王宏翰潛心研究性學，從隋代巢元方到清代蕭賡六的著述，無不遍讀，他認爲：『交感之時，必天朗氣和，神思爽旺。』『若夫天地晦冥，日月薄蝕，疾風暴雨，霾霧地震，虹蜺雷雹之候，厠墓冢尸柩之旁，切戒夫婦交會，倘不戒忌而受胎，則生子暴戾、殘疾夭狂。』『凡夫婦交會之際，勿嗔怒而驕傲，勿醉飽，勿用房術，勿動邪惡之心。』作者告誡世人性交時要選擇好時間、地點，要有好心情，男女融洽，自然而然；尤其强調不要用房術。在四季、陰陽、寒暑、雷霆風雨變化時性交會對男女雙方的心理和生理上産生影響，比如雷霆風雨時性交就會産生恐懼、害怕心理，情緒受到干擾，導致臟腑功能紊亂，對受胎也不利。這些論述有一定科學道理，和現代保健養生的理論也是相似的。

（三）指出孕期胎教的必要性

王宏翰針對歷代衆多醫家認爲懷孕後可借外力改變胎兒性别的觀點，在《性原廣嗣》中提出了不同看法：『慾男操弓矢，慾女弄珠璣之言，甚屬荒唐。』『結孕之後一定不移，何至三月，反藉外用方法移變，慾男則男，慾女則女之術，揆之實理，决無此事。但慾子女之賢愚聰頑，其胎教之移性情，當恪遵行之。』『坐胎之婦，動静循和，宜遵胎教之禮，所產自得賢豪也。』他肯定婦女懷孕後，母親腹中胎兒的性别是不會改變的，可以改變的則是胎教對後代的影響，重視胎教，所生子女『自得賢豪』。對於提倡優生優育，《性原廣嗣》有重要的史料研究價值。

（四）指明不育不孕的機理

王宏翰認爲：『世人不能得子者，其原有二：陰失其道而不能受胎者，乃氣勝血衰故也，衰則寒熱乘之，氣凝血滯，營衛不和，則月水先後不調。陽失道而不能施者，或施而不得子者，是腎虚精弱故也，弱者起於色慾過度，以致耗其精元，精元既弱，譬之射者力弱，安能中的乎？』對女性不孕指出是『氣盛血衰』所致，女性屬陰，以血爲主，血虚則不孕。男性不育的原因首當指出是性慾過度。腎主藏精，藏而不瀉，房事耗散精氣，行房次數過多，導致腎虚精弱。把腎虚和不孕生動比喻成『射者』和『的』的關係，强調性慾過度對身體造成的危害。可見，作者極爲重視修身養性的重要性。

（五）融會西醫解剖生理學觀點

王宏翰在臨床實踐中不斷完善中醫知識，並接受學習西方醫學知識，把中西醫學理論融會貫通。他在《性原廣嗣》中說：『心之内成左右二孔，以受血。右之孔，即周身大血絡之幹支，進其細煉之血於内，以爲心之須用。左之孔，則接成脈絡之根，亦即分爲二枝，一枝大而上升，爲通各肢體脈絡之血；一枝更闊順下而分，以通脈絡之血。』以西醫學觀點，把心臟解剖生理及體循環、肺循環的解剖部位和生理功能描述得如此清楚，説明他在人體解剖生理學方面作了認真的觀察研究。

三、學術價值點評

綜上所述，王宏翰所著《性原廣嗣》是第一部以『性』爲標題和主要專題的醫學著作，其書名或取自『方陳性情之原』之意，其中記述的有關房室保健、優生優育等内容至今看來仍是非常有科學意義的。

此書成書後，並未廣泛傳播，淵博如日本人丹波元胤《醫籍考》中亦著録此書未見，流傳至今，幾成絶本，今幸有此孤本存世。

外科經驗精要方

伊廣謙

《外科經驗精要方》，又名《外科經驗精要》《外科精要》《外科要方》。明·張翼校訂，不分卷。明隆慶六年（一五七二）建邑劉亨屏山堂刻本，孤本現藏於上海圖書館。

一、著者與成書

本書著者不詳。有『欽差整飭鄖襄兵備兼理撫民分巡下荆南道湖廣按察司副使安邑楊一魁』所撰序文，序文已有殘闕。據所存序文，本書係編者『廣詢博採，得若干方』，『乃於按楚公暇，刊佈會省』。書名《醫方摘要》，已明示本書是摘録群方之要，『既精且備』。但《醫方摘要》今已無存。後又考慮到醫學爲專門學問，科有内外之别，故又『摘其既嘗經驗者，翻刊成書，名爲《外科精要》』，即本書。卷端署『委宜城縣主薄張翼校正，建邑書林屏山堂劉亨梓』。宜城在今湖北省。張翼生平事跡無考。建邑，指福建建陽，自隋唐以來，特别是宋代以來，一直是我國重要刻書中心。宋代葉夢得《石林燕語》盛稱：『福建本幾遍天下。』明代建陽書坊林立，『天下書籍備於建陽之書坊』。李致忠《歷代刻書考述》謂『明代閩建書坊約近六十家』，但所記書坊獨缺『建邑書林屏山堂』，本書可補其未備。

二、内容與特色

全書共收録有關癰疽、疔瘡、臀癰、腸癰、囊癰、乳癰、騎馬癰、便毒、瘰癧、流毒、脚氣、時毒、咽喉病、口齒病、痔漏、紫白癜、汗斑、風損、癬瘡、疥瘡、下疳瘡、耳瘡、臁瘡、面瘡、凍瘡、癩頭瘡、漆瘡、楊梅瘡、杖瘡、傷手瘡、臭田螺、婦人陰瘡、體氣、癖塊、各樣瘡毒雜病，凡三十五種病證的治方。所用方劑，既有千金消毒飲、玉樞丹等常用名方，也有大量民間驗方，諸方多不註明出處，但求實用而已。部分病證，引用《丹溪心法》《外科精要》及『程氏』的相關論述。多數則徑録治方。

其中篇幅最多的是癰疽門，收録較多前人論述和大量内服外用方劑。尤其是專門記述了『南京世家名醫外科萬二松所傳』治療經驗，彌足珍貴，文中講述癰疽初起、成膿、破口、或有膿痛甚不破口、出膿後等不同階段的處理原則和具體方法，可謂絲絲入扣，頗有章法。萬二松爲當時民間外科世家名醫，或忙於診務，無暇著述，歲月流駛，今已默默無聞，《中醫人物辭典》《中醫人名辭典》及卷帙浩繁的《中國歷代醫家傳録》均無記載，其事跡賴本書以傳。

全書卷首有醫論一篇『瘡瘍分三治論』，可視爲瘡瘍的治療總綱。認爲瘡瘍乃火之屬，『須分内外，以治其本』。其治療不外疏通、托裹、和營衛三大法則：疏通者，疏内以絶其源，治其内之外者；托裹者，托裹恐邪氣傷於内也，治其外之内者；内外之中者，外無焮惡之氣，内則臟腑宣通，知其在經，當和營血。

三、學術點評

要之，本書不是原創性的學科開山之作，不是有重大理論建樹的扛鼎力作，不是體大思精的鴻篇鉅製，也並無特立獨行的另類新説；它始終盤桓在中醫傳統理論的框架之内，扶正袪邪是其一以貫之的宗旨，方便效驗是其不變的追求，它是踏踏實實切合實用的經驗匯編，『平實』二字足以當之。

四百多年過去，本書已成孤品，但保存尚屬完好。建邑書林屏山堂劉家刻印的書籍，書品甚佳，字體疏朗瀏亮，爽心悦目，在明刻中應屬精品。在讀書尋方之外，刻工亦足資賞玩。

大河外科

鄭金生

明·王拳《大河外科》約成書於明永樂間（一四〇三～一四二四）。作者外科臨床經驗豐富，此書爲其家傳秘籍，至嘉靖間始刊刻傳世。書中論外科瘡瘍三十六種，採用疏解、托裏、外敷、手術等綜合療法，簡明實用。此書國内失傳，孤本現藏於日本公文書館内閣文庫。

一、著者與成書

作者王拳，里貫不明。關於他的記載，衹有該書的初刊本王時槐序有簡略的介紹：『永樂中，大河王拳得異人秘授，精外科方。密傳其子孫者六世，效大顯，世莫不知有大河外科者，而其書顧益秘，莫有傳。』所謂『大河』，可能是作者所居的地名。鑒於此地名古代甚多，無法確定準確位置。

該書今存有兩序，其一爲『嘉靖丁巳六月福建按察司僉事廬陵王時槐序』，其中提到『代巡山泉吉公來按閩，間出一帙』。『書故鈔本，督屯憲僉黄君朏一見，謂宜廣其傳，遂相與請於公付梓云』。可見該書原來是鈔本，後被福建的某些官員賞識，於是利用地方官府的資金予以刊刻。嘉靖本首刊本，刊於嘉靖三十六年丁巳（一五五七）。嗣後有欽差督撫四川軍門喬壁星，得到里人黄雲蛟郵寄之書，又再次重刻於四川，其時在萬曆三十八年（一六一〇）。

二、内容與特色

該書僅兩卷，上卷論瘡病三十六種，下卷集方七十一首。

上卷三十六種瘡病爲：發背、發腦、發鬢、發髭、紫疥、火赤、紅絲、魚脊、骨疽、冷疳、血疳、風疳、鴉啖、疔腫、青疔、赤疔、白疔、黑疔、黄疔、冷疔、陰蝕、漏睛、臁瘡、瘰癧、耳疳、骨槽風、便癰、喉閉、鎖喉、發乳、火殞、纏腸、牙疳、水流麻根、赤瘤、疥癬。每病一圖，圖後簡要介紹病因，後附詩一首（多爲五言歌訣），再講治法。每病不過百字上下，簡明扼要。

此書的特點之一是没有浮詞虚語，也不引用任何經典著作或名醫的言論。具有這樣特點的專科書，大多出自臨床醫師。首刊此書的王時槐也看出了這一點，言道：『所論著多樸而不文，往往務爲謇澀重復，雜以俚下之語。豈其故爲是，慾以晦其指而終秘其傳耶？』其實王時槐是過慮了。作爲民間外科醫生，他的長處就是極爲豐富的治療經驗，本不善於文辭，所以全書論病簡約明了，甚至保留了民間樸素原始的病名或術語。這正是該書不尚浮華，惟求實用的特色所在。王氏序中還提到他的一些同僚使用該書的方劑，治療疑難外科病有效，這説明該書最大的優點就是實用有效的治療方法和方藥，而不是其理論及文采。

古代的外科術，或偏於用毒藥攻治，或喜用刀鐮動手術。明代中後期又興盛補氣内托，忽視外科手術。但在該書中，其治療特色就是綜合運用多種療法。書中卷上目録之後，作者有一句話：『凡羸瘦衰弱癢麻者虚，補之；豐肥堅硬疼痛者實，瀉之。』雖然這話看似籠統，但反映了作者講究辨證論治，補瀉兼施。在各病之下，還可以發現作者使用的多種療法，内外兼施。從用藥來看，初起或毒邪偏勝的時候多用解毒、疏通之劑，但到瘡瘍後期，或體衰弱，則用補氣托裏、調和營衛等法。其治癰瘡，也經常配合使用外敷之藥。必要時也動小手術，『去其惡肉』，或採用針刺等法，去其惡血。從該書所載的方法來看，可以看出大河外科名揚天下，確實有其獨到之處。

該書卷下收録了七十一首方劑，絶大多數是外科用方，衹有少量的瘧疾方、雜病、婦科病方等。這些方劑大多經驗有效，由此也可以看出作者選方用方的水平是非常高的。

新鍥鰲頭復明眼方外科神驗全書

孟慶雲

《新鍥鰲頭復明眼方外科神驗全書》，是明代醫家龔廷賢所撰眼科、外科兩部方書的合刊本。此書在明代初刻時稱爲《龔氏廷賢復明眼方外科神驗全方》。日本丹波元胤在著《醫籍考》時，以爲亡佚，言其『未見』。至清季三槐堂王祐梓行此書時才知是書仍存世。王氏把書名的『龔氏廷賢』改爲『新鍥鰲頭』，把『全方』改爲『全書』。三槐堂本流傳至今日也衹存孤本，當年藏書的主人又將書名改稱爲《眼方全書》。現藏於上海圖書館。

一、著者與成書

本書編纂者是明代被稱爲『醫林狀元』的龔廷賢。龔廷賢字子才，號悟真子，又以雲林爲名爲號，或署雲林真人。江西省金溪縣人。生於明嘉靖元年（一五二二），卒於明萬曆四十七年（一六一九）。享年九十七歲，行醫六十載。其家世代業醫，一門數杰。其父龔信，任職太醫院。他的兩個兄長龔敏所、龔琯四和三個弟弟龔廷器、龔雲來、龔雲嵩也是名醫；龔廷賢有五子龔懋升、龔守寧、龔守國、龔安國、龔定國和侄龔懋官、龔南塘也皆從醫。其中，弟龔廷器爲太醫院醫官，侄龔懋官爲周王府醫官。龔廷賢自幼業儒，因讀韓愈《原道》、張載《西銘》，深感醫藥濟世堪壽國脈，遂棄儒就學於尊翁。他繼承家學衣鉢外，還訪賢求師，折衷諸家，以精醫業重醫德稱善。又以製方萃味，用藥簡易，有時以一二味藥而動療鉅疴，以此被交口稱譽爲醫之王道。他精通内、外、婦、兒、眼各科。先在江浙一帶行醫，後由河南轉至河北、京師。在開封行醫時，適逢當地瘟疫流行，他立方施治，活人無算，於是名噪中州。在兖州因治愈魯王妃之臌脹，酬千金不受，王刊刻其書爲《魯府禁方》，並畫其像以禮之。又被尚書某薦爲太醫院吏目。他晚年奮切編摩，纂述諸方，以其豐厚的方書著作成爲方書派的名家。龔廷賢的著作除前述《新鍥鰲頭復明眼方外科神驗全書》《魯府禁方》外，還有《壽世保元》《萬病回春》《濟世全書》《小兒推拿秘訣》《雲林神彀》《種杏仙方》等，龔氏還曾整理了其父龔信的《古今醫鑒》。因其著作易讀切用，特别是《壽世保元》和《萬病回春》二書，梓行後棗梨再易，多次翻刻，從明代至民國，《壽世保元》有七十六種版本，《萬病回春》也達五十六種版本。大受業醫和書商的歡迎，所刻之書常在首頁上標有『醫林狀元』或『鰲頭』字樣，以求營利。以致流行：『壽世保元，書賈賺錢』之語。這也説明，龔廷賢以其著作，在普及醫學知識方面取得了成功。

二、内容與特色

本書是龔廷賢的《復明眼方》與《外科神驗全書》兩部書的合刊本，分上下兩欄，上欄爲眼科，下欄爲外科，屬於兩層樓式版本。全書無序跋，也無目録。

《復明眼方》分《治眼總論》《總論眼法》和《治眼良方》三部分。

《治眼總論》概述眼對人身的重要如日月，眼的『五輪八廓』學説及眼七十二症等。其中八廓學説雖然也按八卦方位所屬臟腑，但與其前《世醫得效方》和《銀海精微》都不相同。眼有七十二症是和於術數的應同，按術數之道，七十二爲天數，人身也分天、地、人，頭部屬人身之『天』，以此有許多著述言眼有七十二症、喉有七十二症等，但都没具體列出。本書也是提及而未經論。《總論眼法》是關於眼病證的五臟六腑辨證，對眼病依病位病象逐條分析，述及屬於何臟何腑，提綱挈領，很是精要。《治眼良方》是書的主要内容。大抵是叙述病證之後，出示治方。所選之方，一是名家名著之治眼方，如瀉肝散、補肝丸、三聖散、羊肝丸、石斛夜光丸、益氣聰明湯等。二是他本人獨創或他人方經龔氏加減使用後有獨到之處的方劑，如一寶丹、二寶丹、三寶丹……直至十二寶丹者，十二個寶丹，主治十二種眼病證；又如他出列了數種還精丸，組成藥物略有不同，也各有其用。三是他搜集一些走方郎中的治眼方，其中很多是藥味少，製工獨特而有捷效者，如治眼瞼下垂之助陽活血湯，治痘疹後目痛眼翳之復明散等。

《外科神驗全書》分《瘡瘍總論》《急救神方》和《凡例》三部分。古代中醫外科之範疇大異於今日。現代之內外科分類，是以操作手段分類，將需手術治療者劃歸外科。古代係以唯象的原則分類，即把身體外部疾患稱屬外，凡瘡瘍、外傷、急救類均是所應。《瘡瘍總論》首先述及瘡瘍辨證原則和用藥法象，繼則是以治方爲主論及所治病證、藥物組成、用量用法，從陽癰、陰疽到瘰疬流注諸病，其中也挾雜喉腫、牙痛乃至烏鬚方之類。作者對方證之用常以詩的形式予以概括，每首治方後常在『詩曰』後誦以七言絕句，令人易記而醒目。《急救神方》部分，包括縊死、溺死、木石壓死、折傷、熱死、凍死、魘死、絞腸痧等急救方法，先列病證，後出示治方治法。作者把本書之《凡例》放在書後，除逐條寫出本書體例和讀書要領外，又以分條的方式列出一些治驗，每條如同一個不記患者名姓的醫案，也有醫話意味，其中也有婦人病、小兒病的內容等。在《凡例》後又附《治六畜類》《治衣服類》《雜食忌類》三部分，以家庭實用爲目標，分别記述有關治方、治法和要領。綜觀全書，收録資料豐富而實用，在結尾處，又書以兩段關於醫德的箴言，以告誡讀此書的醫生，在行醫時要從慎爲仁，體現這位被稱爲王道醫的『醫林狀元』對民衆的關懷之情。

外科備要

孟慶雲

《外科備要》又名《外科證治方藥備要》，四卷，清代易鳳翥編輯，清道光甲辰（一八四四）以前初告葳事，六十年後，即清光緒甲辰年（一九四四）在長沙刊行。活字模印，楷字疏朗。是書刊行後，版毁於兵，此是用爲校勘的家藏原版，現藏於中國中醫科學院圖書館。

一、著者與成書

撰者易鳳翥，字丹山，號梧軒，長沙峙山人，乾隆己丑年（一七六九）生，卒於道光甲辰年（一八四四），享年七十六歲。易氏爲長沙望族，世代儒業，出官宦甚多。易鳳翥的曾祖父易芝田，曾誥贈榮禄大夫。祖父易樂村爲易芝田長子，在乾隆癸未年（一七六三）入博學鴻詞館，授職檢討纂修。後改知甘肅鎮原縣，三年後以奉養雙親呈請爲常德府教授，後還長沙。易鳳翥是其祖父在京任職時，降生於長沙會館，還長沙時年四歲。自幼深受曾祖父、曾祖母、祖父、祖母的喜愛。曾祖母羅太夫人初見易鳳翥，撫摩熟視後，說『是兒氣清神逸，非科名中人，然福澤必厚』。幼承家教，飽讀詩書，擅書法、金石之學，但如其曾祖母所言，他平生與科名無緣，中年游歷半天下，從五十歲後，在峙山布衣蔬食，奉親讀書。其祖父歸田後，置田耕種，藏書萬卷，又辦義莊義學，義學以易氏子孫爲多。他兢兢業業，執教於義學，尊程朱理學教導子弟，耕讀的同時研究醫理。他性豪宕而重仁義，以資財分潤親戚。他以仁術治醫學，外科尤其精邃，積三十餘年之經驗，完成了這部四卷本之《外科證治方藥備要》。書中記載他在家鄉的治驗，其侄易潤壇曾用於軍旅中爲士兵治療，亦有效驗。據郭宗熙序中說，易鳳翥的從子易昀荄『嘗見知於曾文正公（曾國藩），文正公號能知人，其所以傳丹山公者，決不誣』，可曾國藩也知道此書。易鳳翥將其數十篇詩文稿盡焚，獨傳此部醫書。可見作者對醫學及對此書的重視程度。本書卷前有郭宗熙的『序』和其侄易眴荄寫的『傳』。從郭序中還知郭宗熙之師易葦元也出自易鳳翥的門下。從易潤壇寫的傳，還知易鳳翥有『奉直大夫』的誥贈。

二、内容與特色

中醫外科，古稱瘍科，係以惟象的原則分科，即醫體表外部之疾患者爲外科，與今日按操作手段分科不同。中醫外科主要診治瘡瘍、癰、疽和毒傷。因病象直現於外部，辨證分明，療效顯見。《外科備要》即屬於外科專著，其卷一卷二爲症治，卷三卷四爲方藥，本書有以下幾個特點。

一是首重脈候。本書以脈候開篇。外科者通常以爲，外科病證皆在明處，將切診置於望聞問之次，而易氏殊重脈診，在他看來，外科脈診有分辨八綱，預測病勢凶險和指歸方藥的價值。如首條言：『浮數之脈應發熱，其不發熱而反惡寒者，若有痛處，瘡疽之證也。』以脈爲瘡疽辨證。其後又言：『洪大之脈，其主血實積熱瘡腫，凡洪大者，瘡疽之病進也。膿未成者宜下之，膿潰之後，脈見洪大則難治，若兼自利，尤爲凶矣。』以脈定治法，判預後。又如言『短脈主虛，經曰：「短則氣病」，以其乏胃氣也。瘡瘍脈短，真氣虛也。諸病見之皆爲難治，尤不可攻也。」』此外還列出齊德之、劉河間、薛立齋等諸家及外科毒證的脈法及辨識，這些經驗，真可謂字字皆理，句句皆法。

二是病象詳贍。本書依部位命名證候，便於認證。又因瘡瘍癰疽毒之病竈，在不同部位，其凶險程度與治法皆不同，便於醫家把握辨證論治。例如鼻部病證有鼻疔、鼻疽、鼻痔、鼻瘡、鼻淵、鼻䘌、肺風粉刺、酒渣鼻與鼻衄等病證。唇部有龍泉疽、虎髭毒、燕窩瘡、唇疔、唇疽、繭唇、唇風等。具體症狀體徵描寫精確細膩而形象。如卷一之『油風』證言：『俗名鬼剃頭，毛髮乾焦，成片脱落，皮紅光亮，癢如蟲行，亦或生面部鬢眉間。由毛孔開張，風邪襲入，風勝燥血不能榮養毛髮』而致病，形象逼真。又如對於癭瘤，他將癭分五種瘤分六類，一一述及各種類，皆狀態如睹，顏色鮮明。

三是方藥精選，治法適用。每病證皆在叙述病象之後，繼言治法治方和要領。如在『油風』證，言『不能榮養毛髮』之後，繼云：『宜服神應養真丹以治其本，外洗海艾湯以治其標，若耽延年久，宜針砭其光亮之處，放出紫血，毛髮庶可復生。』本書卷三、卷四各列三百個方劑，全書共集六百個名方，包括丸、散、膏、丹、湯、飲、酒、雪、撚子、糕、錠子、油等劑型。同名功效同的方劑同時列出，同名功效有别的方劑，以創方人之姓氏，在方名之旁示之。作者將常見的内婦兒科之病證，如肺癰、胎瘤、水痘等列入『雜證』，故此六百個方劑足以覆蓋各科，此書又可視爲一部較全面的方書。本書對各方的組成、藥量、炮製、用法、禁忌叙述詳細精確。例如張氏太乙紫金錠，又稱紫金丹、玉樞丹，治脾發疽，唇焦，大温煩躁，本書詳述組方之藥量份量及製藥方法，及成人用量和小兒藥量和貯存，以下便詳細介紹此成藥治療諸中毒、山嵐瘴氣、癰疽發背、陰陽毒、中風牙關緊急、婦人邪氣鬼胎、攪腸痧、縊溺驚死、惡蛇瘋犬毒蛇傷及小兒急慢驚風等十種急危重症，還用治天行瘟疫、頑固頭痛、新生兒皮膚斑爛，赤白痢疾、新久瘧疾、牙痛、跌打損傷等七種病證，最後以一蟲疾瘵症的病例，以『此真濟世衛生之寶藥也』一語概括此藥的功效，强化讀者的重視。全書對外科方藥的分類也可見作者心意，除腫瘍主治方外，尚有腫瘍托裏方、潰瘍補養方、瘡瘍洗滌方、瘡瘍吹藥方、瘡瘍敷貼方、瘡瘍麻藥方、瘡瘍膏藥方、去腐丹藥方、生肌散藥方及金瘡藥方等，其中有很多生活實用的簡易方，例如止痛的外敷麻藥，治雀斑的正容散，治小兒夢中咬牙的宜風散，治老人牙齒鬆動的牢齒散等等。

四是以氣化論病機和藥性。作者醫理精深，以天人升降氣化理論闡釋病機和藥性。例如稱楊梅瘡之皮膚梅毒，又稱廣瘡、棉花瘡、天疱瘡、翻花楊梅等。病因有氣化與精化二者，氣化係傳染而成，精化縱慾而成，氣化精化皆受梅毒不潔之氣，而受於脾肺及肝腎，先見之皮膚後入裏，繼傷元氣。對瘡瘍諸證，也從邪氣浸及臟腑後，或鬱或毒以致體表形狀之變論病機，以此而用托裏、排毒等治法。以氣化論藥性，始見於金代劉完素，惜乎所著之《素問藥註》亡佚。元代李杲著《用藥法象》雖也亡佚，但其主要内容收載於王好古《湯液本草》書中，在『藥性要旨』中叙述了藥性升降浮沉，並講藥對臟腑經絡的取向。此後發展起藥物歸經理論和引經報使、部位引經之論，明清醫書多有記載，但不集中。易鳳翥對此尤爲重視，在卷一『脈候』之後，對『引經報使』和『各部引經』做了系統的歸納。這一番歸納，不衹對外科，對臨床各科的處方都有重要意義。

五是本書記述了多種後世疏於傳承的針灸技法及特種療法。例如在灸法有腎俞灸法、隔蒜灸法、生姜片灸法、黄蠟灸法、附子餅灸法等。針法有雷火神針、火針烙法、消腫火針、祛寒火針、觀音火針等，還記有砭刺放血、磁鋒砭血法，以及神燈照法、桑柴火烘法、牛膠蒸法等特種療法。作者對手法皆詳細介紹，如介紹針的深淺、造針法、煮針法（消毒）等，不厭其細，以利傳承。

《外科備要》是一部不可多得的外科著作，對針灸技術和製方也有鈎沉輯佚之功，文字通達簡明，内容豐富，極具可讀性。

祁氏家傳外科大羅

孟慶雲

《祁氏家傳外科大羅》爲上下兩卷之稿本。清代祁坤纂輯，由其孫祁文翀（字輿亭）述録於清乾隆十年（一七四五）。稿本現存於首都圖書館。

一、著者與成書

纂輯者祁坤，字廣生，號生陽子，堂名愧菴。浙江紹興府山陰縣人。山陰祁家是清代初期的儒醫世家。明代時，家人專攻儒業，祁坤父忠敏，易代之際爲明朝殉難，之後族人業醫。祁坤以精通儒學的功底治醫，内科外科皆精，外科更爲卓煉。清順治時召入宫廷，康熙帝對他嘉賜優渥，累擢至太醫院判。著有《外科大成》《内科證治初評》和《祁氏家傳外科大羅》。祁坤之子祁昭遠，也在康熙、雍正兩朝太醫院任職，贈太醫院判官。祁昭遠有子弘濤、宏源、國興。弘濤早逝，國興乾隆四十三年中進士。祁宏源爲監生，考授縣丞，後也任職於太醫院。乾隆欽命修《醫宗金鑒》時，祁宏源爲副纂官，修外科部分。祁宏源有兩子，即祁邦相和祁邦柱。祁坤還有孫祁文輈字輿亭者，即是依祁坤口述而録寫本書的人，故本書是祁文輈的墨跡。

《祁氏家傳外科大羅》是與《外科大成》互爲表裏的書。書名『大羅』，即是應對『大成』意即將外科技法理論大致畢羅。《外科大成》初刊於康熙四年（一六六五），至乾隆十年其孫據口述録寫完畢時已經八十年了。可以説，他初刊《外科大成》之後，至少有幾十年的時間對先著再思考、再概括。這是劉勰《文心雕龍》所謂『養氣』的過程：『既暄之以歲序，又煎之以日時』。學問與年並進。後書比之前著更贍邃精闢了。祁宏源在《外科大成·序》中道及：吴謙領銜纂《醫宗金鑒》時，外科編纂推薦祁宏源，乾隆帝欽命之。祁宏源即以《外科大成》爲原始本，擴修成《醫宗金鑒·外科心法要訣》。《外科大成》一書，以其義晰辭明、字釋句解、部分類別、領挈提綱、法方善備而稱著於外科醫籍。

本書既稱『大羅』，可見其著書的超然意旨。

二、内容與特色

《祁氏家傳外科大羅》全書括羅了以瘡瘍外科爲主的三十八個專題。書稿無序跋，也未能出示目録，分上下卷，依序是：論脈，癰疽之源，癰疽之别，癰疽陽症歌，癰疽陰症歌，癰疽五善歌，癰疽七惡歌，癰疽生死法，察形色順逆，内消内托，虛實，經絡，針砭灸烙烘炤蒸拔等法，症治總訣，日期次第，標本，標使治宜，汗，下，嘔，寒熱，痛，飲食，辨暈，辨舌，内陷，潰瘍，膿，血，瘡口，生肌，驗膜，四言脈訣，經絡歌，奇經八脈，腫瘍門湯頭歌，潰瘍門湯頭歌，藥性總義。祁坤向子孫口述此書，意在摘其要領取重明道，傳承經驗。

《祁氏家傳外科大羅》在學術上有以下特點：

一是取徑於經，識症明理。作者認爲，癰疽在身，其瘡瘍繫體，見諸之外而必本於内，要有準確的認症，才能知乎内而求乎外。而知乎内則依據對《内經》《難經》等經典理論的把握。作者以三因説闡述癰疽之病源。在内因方面，舉《素問·生氣通天論》之『汗出見濕，乃生痤疿，膏粱之變，足生大丁。』爲例論之。又數舉七情内鬱，論述癰疽與内因的關係。對於外因，作者除贊成六淫致病同時，更强調『外因者，乃氣運外感』，這説明他吸收了五運六氣的病因理論。還指出：『八風之變，皆寒癰之例』。對於癰疽等，除房勞，腎水虧損，濕化内生是不内外因致病之由外，而瘰癧、痰注氣痞、癭瘤之屬，生於肉裏膜外者，亦屬不内外因。治法以養氣血，調經脈，行痰開鬱，健胃和中爲善。以理論爲先導，作爲診治痰的核心，貫穿於全書。

二是觀察細微，辨有指徵。瘡瘍之治，於細膩處見功力。撰述者，臨證豐富，對瘡瘍的症狀、演進、預後的觀察體驗細微到極致，病形證候的發展變化以日爲計，有明確的診驗指徵爲判。還總結概括出『癰疽陽症歌』、『癰疽五善歌』、『癰疽七惡歌』等精言勝義的歌訣，便於理解記憶和運用。例如『癰疽五善歌』，既用藏象詮釋癰疽，又判别預後：『心善精神爽，言清舌潤鮮，瘡疼兼不渴，睡醒得安然。肝善身輕便，因煩自不煩，指頭紅活色，坐起覺平安。脾善唇滋潤，衾幃蘭麝香，凡餐俱有味，膿厚更把黄。肺善聲音響，無痰韻更長，肌膚多滑潤，大便自尋常。腎善誠爲要，水升火自降，口和兼不渴，小水得稀長。』又如『察形色順逆』説：『凡閲人之病，必先視其形色，而後與脈病相參，誠識於始，以决其終，百無一失矣。蓋陰病見陽色，腮顴獻紅，陽病見陰色，指甲呈青，此二者俱死。又身熱脈細，唇吻反青，目珠直視者死。面如塗脂，色若土黄油膩黑色塗抹者死。唇舌乾焦生烟，眉眼神透露者死。形容憔悴，精神昏短，身形縮小者死。喘粗氣短，鼻掀精露，言語譫妄者死。尋衣摸床，遺尿失禁撮空者死。』等等，描述形象，有明確的指徵，易於判斷。

三是重視脈象，鑿鑿可證。《黄帝内經》及張仲景，皆先於脈。浮沉之不同，遲速之反類，曰陰曰陽，曰表曰裏，抑亦以對待而稱脈象以象統會，以象爲大道。但唐以後，醫者言『望聞問切』，而致切脈讓其尊位列第四，但善脈者仍進於工巧。本書作者仍持脈診獨大的理念，以脈象爲確診和判定療效及預後的第一指徵，這種理念來自作者的經驗和對脈學精詣的研究。本書上卷以『論脈』開篇，闡述了脈診要點及對外科診斷的關鍵，其中藴含很多作者的經驗。上卷尾和下卷開篇，又援用宋代崔嘉彦的《四言脈訣》，可見作者對崔氏脈訣脈法推崇有嘉。

四是循按經絡，論言不煩。經絡理論，不祇用於針灸選穴按摩，而對於病症診斷、標本病傳判斷，循經臟腑治療，特别是外科諸症治療，尤爲重要。本書選擇了汪昂增潤加註的『十二經絡歌』和補輯的『奇經八脈』示教於讀者。此歌訣富於音韻而易記，着重於絡屬臟腑和支别，在解讀病症病機方面，更深層次地展現了中醫理論的藴意。《靈樞·經脈》

篇所論的十二經脈，固爲經典先源，但奧旨難明，惟此歌訣簡而得要，昭其旨韻。本書對其他内容的論述也十分精闢，例如『標本』，論曰：『夫症之有標本，如五運爲本，六氣爲標。五臟爲本，六腑爲標。初病爲本，傳病爲標。元氣爲本，病氣爲標。治宜本而標之。如有嘔吐、泄瀉、食少不寐等症，宜先治之。所謂内症愈而外症易瘥，是標而本之也，仍兼外治。』又有標註云：『本而標之，先治本，後治標也。瘍科主外症，治宜先治内症，是先標而後本也，故曰標而本之，仍兼外治。』此簡短數語即通明了標本理論及應用。

五是手法精妙，方藥相值。書中對癰疽治療技法，列專欄述之。分針、砭、灸、烙、烘、熠、蒸、拔等七種技法。其中砭石療法，諸皆云唐代以後失傳，從本書所記看，不僅没失傳，而且還改變了工具，承傳下來，其方法是：『法用細磁器擊碎，取有鋒芒者，劈筋頭夾之縛之，以磁鋒對患處，去寸許，另以筋頻擊之，令毒與血皆出，依法敷貼之。次日腫未全消，再量砭之，腫消紅散爲度。』此外，焗法、拔法等技法，也屬奇技，臨床每見奇效。全書列腫瘍湯頭歌十六首，潰瘍湯頭歌二十一首，精煉而實用，可謂『方不在多，心契則靈』。本書最後是『藥性總義』，是作者對本草理論最爲精闢的歸納提煉，主要論及五味、五色、陰陽、升降浮沉、歸經、相須相使等，其中不乏作者的昭見，例如五色、藥性相生、五行相合、五病所禁、五藥所傷、入藥、炮製所宜等，是作者經驗的結晶。作者最後以『藥性宜明，施用貴審』八字箴告讀者，誠爲大醫明道，徽音之屬。

女科心法

王樹芬

《女科心法》，不分卷。明清間醫家鄭欽諭撰。孤本現藏於安徽中

一、著者與成書

鄭欽諭，字三山，又字保御，江蘇長洲人。《醫籍考》鄭兼山條載：『鄭之先，昉自宋武顯大夫。扈蹕南渡，賜田松陵，子孫留。外家李氏帶下醫。七世祖海官太醫丞，即始卜居長洲之吉田里。門前壘卷石爲小圃，至今稱僻山鄭氏，而其子孫亦世以山爲號。以予所見，有保御三山公，君之祖也。……保御爲醫，有大名於三吴，不減古之秦越人、太倉公。』在鄭三山條下稱：『吴門鄭氏受業於李垣，爲帶下醫尚矣。傳至三山，而克大厥緒，能宏其道，博覽無不通。病者毋論老幼男女沉痼疾，一經診治，其病如失。』據此可知：鄭之先世，北宋時期爲官，高宗南渡時由中原遷至長洲（今江蘇蘇州），其外家李氏爲帶下醫，傳至欽諭

醫術始大顯，醫名始大振，而其後嗣代有傳人。欽諭行醫垂五十年，活人甚衆。清康熙初卒，享年七十六歲。其門人吴吕渭，孫鄭櫛（兼山），四世孫鄭開山，五世孫鄭鑒均爲良醫。鄭氏不僅醫術精湛，醫德亦隆，嘗云：『術不精而嘗試，與術精矣而操心不仁，其害皆足以殺人』，乃輯秦漢以來醫家事跡，爲《醫家炯戒》一書，以正醫風。所撰《女科心法》當爲鄭氏對家傳婦科經驗之總結，抑或爲教授其孫及門人之讀本。

二、内容與特色

《女科心法》是一部臨床經驗總結性著作。與其他婦科著作的不同之處在於：本書未對婦科經、帶、胎、産做全面講解，而是選擇幾種有代表性的疾病或疑難重證、妊娠後患其他病及胎孕産育的某些問題加以闡述。所論題目有：調經論、經閉、血崩、赤白帶、虚勞、胎孕論、候胎、養胎、惡阻、胎動、胎漏、子煩、子懸、子癇、子瘖、子淋、中風、傷寒、頭痛、咳嗽、諸血、傷食、脹滿、心腹痛、腰脇痛、小腹痛、瘧疾、霍亂、泄瀉、痢疾、驚悸、瘈瘲、小便不利、半産、臨産、臨産論，共計三十五項。其中，總括性論述有三（調經、胎孕、臨産）、非疾病論述有二（候胎、養胎）、經病二（經閉、血崩）、帶病一（赤白帶）、妊娠病十（惡阻、胎動、諸血等）、妊娠後患其他疾病十七項。可見作者完全以臨床實用爲原則，不追求面面俱到。其中，候胎法、養胎法最具特色，應是鄭氏家傳秘法，值得研究。論病則先出總論，引經據典，要言不繁；繼出辨證施治原則，脈症分明，提綱挈領；後附方藥，於方名下標出主治，與辨證遥相呼應，使人一目瞭然，易學易用。

三、學術價值

本書體現的鄭氏學術思想有三：一爲强調治病必明辨病機。外現症候雖然相同，内中病機却有差異，『臨症施治，殆不一法，是當逐一而詳之耳』，是作者最爲强調的原則。二爲重視人體正氣的保護與培養。特别是妊娠婦女，調補氣血、固護真元是保胎祛病的關鍵所在，作者反復告誡臨證不可妄施攻補，以免貽害母子。三爲治療中重視『和法』的使用。和法是治病八法中的一法，本書所用『和法』更確切地説應叫『調和法』或『調補法』。作者在每種病證的治療中大都提到『調』或『和』，如『調和氣血』、『調補脾腎』、『調肝和胃』等等。五臟功能協調、營衛氣血和順則人體生機旺盛，作用不亞於補法，故稱『調補』。作者多用調補法施治，是其療效顯著的原因之一。

婦科約囊萬金方

伊廣謙

《婦科約囊萬金方》兩卷，書名又作《求志堂任秘藏萬金方神書》《求志堂任秘藏婦科約囊萬金方》，版心簡稱《萬金方》。求志堂爲作者堂號，孤本現藏於中國中醫科學院圖書館。

一、著者與成書

卷端署『淞南求志堂月嶠氏樹仁珍藏』，『後學任樹仁月嶠氏訂』，並鈐有任氏名字堂號印章。本書當爲作者稿本。作者任樹仁，字昞含，號月嶠，齋號三芝居。據何時希先生《中國歷代醫家傳録》，謂任樹仁爲明代人，但未詳何據，今姑從之。

又何時希先生引《女科書録要》，謂本書係『訂宋鄭春敷所著《婦科濟陰要語萬金方》』而成。經比勘二書，任書與鄭著確有繼承關係，甚至書名亦仍《萬金方》之舊，但内容與體例已有很大不同，任氏於鄭氏有繼承更有發展。

二、内容與特色

從全書内容看，可以分爲醫論和證治兩部分。醫論是作者對婦科疾病的理論見解，證治則具體體現其治療經驗。

上卷醫論有婦人科説、分陰陽論（即求子論）、大小産論、滑胎論、瘦胎論、調理精血論、《直指》真源論、男女服藥論、《濟生》寶産論、《産寶》病源論、調經總説、受妊説忌、十月胎形訣等。證治部分有經候不調、經候不通、崩中、漏下、帶下、胎動不安、難産、子死腹中、胎衣不下、惡露不快、惡露不止等四十則，每則概述病因、證候、治則、方劑等項。又有『胎前一十八問奥旨』，有針對性地取胎前常見十八種病候，如胎動不安、胎動腹痛、胎漏經血妄行、妊娠期面青口苦舌乾心煩腹脹等，以設問形式，述其病因證治。

下卷首爲産後論，經考察其内容，實際就《産育寶慶集》（又名

《産育寶慶方》）附加訂補而成。任氏保留了原書二十一論，但將原書陳言述評部分，删去陳言名字，並加改寫或擴充，從中可以了解任氏處理産後疾病的思路。論後附有『婦人胎前産後補遺妙方』，收方三十餘首；又附『産後至捷一撮珍用藥目録』，目録示爲收録治療胎衣不下、血暈等五十症的用方，但僅存完整者二十三症。目録標明第二十五症之後皆『失方』，説明任氏鈔録時，原書已有散佚。也證明本書的相當部分是輯録前人之作。

在上述諸多醫論中，作者闡述了對婦科疾病證治的綱領性看法，如謂：『血盛氣衰，是謂之順，順則百病不生；血衰氣盛，是謂之逆，逆則災害至矣。』關於婦人發病的特點，指出：『婦人嗜慾，多於丈夫，生病倍於男子。及其病也，比之男子十倍，故云難治。』進而分析，由於婦女『愛憎慈戀，嫉妬憂恚，抑鬱不能自釋，爲病深故也，乃以治療十倍於男子。』這就提示醫家，在施治時應充分注意婦女患病的特殊性，注意情志調理對於婦科疾病治療的重要性。

又如在『大小産論』中，作者極爲重視對流産的處理，提出了補虚臟、生好血、下惡血、保臟氣、祛風邪、節飲食六項原則。同時警示：『世人多輕小産，而不得養，因而百病蜂起，傾危者不可勝數，可不惜哉！』這都是從豐富的醫療實踐中得出的寶貴經驗。

與一般的婦科專著不同，本書既有較全面的有關婦女經帶胎産的各類疾病，又注意到婦女在罹患内科疾病時，如何結合婦女的生理特點，尤其是胎前産後時出現身痛、腰疼、心腹痛、小腹痛、小腹脹悶、嘔吐、咳嗽、喘促、喉痛、寒熱、虚汗出、肌熱骨疲、煩悶、消渴、身腫、陰腫癢疼、大便閉、大便溏瀉、下痢、下血、小便秘瘄、溺血、小便不禁等複雜情況下，如何統籌兼顧，妥善治療。這可視爲本書勝出之處。

三、學術價值點評

江蘇昆山鄭氏，自南宋薛將仕始，累世以婦科爲業，歷二十九世，迄今已近八百年之久，堪與江南同爲八百年二十九代相傳的婦科世家何氏相媲美。但與何氏相比，鄭氏婦科著作存世數量不多。《婦科約囊萬金方》羽翼鄭氏醫學而光大之，因而彌足珍貴。

自宋代陳自明《婦人大全良方》問世，後世婦科著作，以影響論最著名者還有明·武之望《濟陰綱目》、清·傅山《傅青主女科》及清乾隆間之《御纂醫宗金鑒·婦科心法要訣》，《婦科約囊萬金方》自不能相比，但與其它婦科著作相比，應在伯仲之間。

自《御纂醫宗金鑒》出，挾御纂之權威，相當於官頒教科書的地位，和著作自身品質之優勢，《婦科心法要訣》大有一統天下之勢。這恐怕也是《婦科約囊萬金方》未得廣泛流傳的原因之一。但今天看來，我們可以從中了解另一流傳有序的民間醫學，及其强大的生命力。這生命力即來源於臨床療效，和醫家的世代相守。《婦科心法要訣》中許多婦科病名，被後世醫家廣泛接受，幾成定名。而本書延承鄭氏醫學，另成格局。更於病名外，詳加描述症狀，這對於準確瞭解病情和正確施治，無疑是有積極意義的。在提倡繁榮中醫流派的今天，也足資借鑒和參考。

女科濟陰要語萬金方

段逸山　任宏麗

《女科濟陰要語萬金方》兩卷，宋·鄭春敷編，清·徐大椿録，鈔本現藏於中國中醫科學院圖書館。

一、著者與成書

指卷前《録鄭氏婦科濟陰要語萬金方序》，款識爲『隆興三年菊月鄭春敷題，松陵後學徐大椿手録』。可知該書係清代名醫徐大椿手録的鄭氏女科家傳方書。江蘇昆山鄭氏女科始於南宋，根據鄭氏家譜記載，鄭憶年的五世孫鄭公顯，得其妻之外祖薛將仕所傳醫術，遂專精女科。鄭氏女科的學術傳承，主要以鈔本爲載體，至今二十九世，綿延八百年，仍然薪火不息。在中醫藥家族鈔本中獨樹一幟，也是中醫藥學術傳承史中的一簇奇葩。徐大椿（一六九三～一七七一），原名大業，字靈胎，晚號洄溪老人，江蘇吴江松陵鎮人，清初名醫。卷後有『先生筆法已在晚年』語，表明此書爲徐大椿晚年所録，應爲乾隆年間鈔本。至於該鈔本的成書年代，可據書中記載加以推測。正文内不時出現『守恒云』的插入語。『守恒』即鄭守恒。其中卷下兩處頗能説明問題：一是『美字號清金退熱飲』方後載：『守恒云：吾吴戴叔賓室，患勞怯病，求鄭育治之。』鄭育字蠡孫，明中葉人，主要生活於十五世紀下半葉（見上海圖書館館藏清同治十年鈔本《昆山先賢冢墓考·文學鄭伯昌墓載高巷朱謹表》）。古人對平輩稱字，對晚輩才直呼其名，則守恒應是鄭育的叔伯輩；二是『果字號草果飲』中還提到醫家陳光遠的事跡。據《蘇州府誌》載，陳光遠，明中葉名醫，擅治痘疾，不近女色。據此二途，可知鄭守恒應爲明中葉人，鈔本的成書年代當在十五世紀。

二、内容與特色

卷上將女科疾病類分爲『治經水』、『治胎前』、『治産後』、『治雜症』四門，每門逐條闡述各種病證及治則治法、處方用藥。處方有的直接給出方名，如『經水參前調經飲』、『經水落後理經湯』；有的以字號代之，如『肥胖女人經事或二三月一行者……以並號治之』。同時，另附『先天歸一湯』等十一首方劑。

卷下爲『萬金方』。卷首題『諸方』，有『守恒曰』代序。共載方一百五十首，係上卷所用方劑按字號編排而成，如『倍字號四物湯』、『良字號四君子湯』等。所編字號没有明顯的規律，有些僅署數字，如『二四號八物湯』、『四字號四烏湯』，估計屬家傳的秘號。體例是逐條闡述每首方名、適應症、方歌與配伍。在配伍部分，以雙行夾註的方式，詳列各藥加減宜忌，如『倍字號四物湯』條，當歸後註『酒浸用，冬倍加』，川芎後註『春倍加』，白芍後註『炒，夏倍加』，熟地後註『酒洗蒸，秋倍加』。同時，方後總括『按四時加減用』，如『慾止血，用當歸頭、白芍；慾行血，用歸尾、赤芍；慾養血，用歸身、白芍；慾活血，當歸全用，熟地須懷慶』。由此，對四物湯的各種加減變化詳論備至，以備醫家取捨選用。不僅如此，著者又强調：『大抵地黄性滯，泥膈引痰，除止血外，諸方慫行血消痰皆宜少用。若用，須以姜汁製之。』可謂不刊之論。另外，全書方歌朗朗上口，頗具特色，如『並號理經湯』方後載：『歌曰：血虚血少過期行，四物參芪术橘升，淡色來時主痰治，芎歸需與二陳併。』篇末另附『婦科痘症治括』和『婦科治括』兩篇。

三、學術價值點評

綜觀全書，有兩點值得一説：

其一，與鄭氏家傳方書原貌最爲接近。《女科濟陰要語萬金方》又名《濟陰要語》，目前發現三部，中國中醫科學院館藏兩部，上海中醫藥大學圖書館藏一部，均爲清鈔本。經比較，三部鈔本的正文内容基本相同，衹是個别條文的前後順序有所出入，宜爲據同本鈔録而成。相對其他兩本，徐氏手録本不僅鈔録的時間最早，而且在具體行文上最爲妥貼。以上卷『治雜症』門首條爲例，徐氏手録本作『産後陰户中下一物，如鉢狀，有兩歧，此子宮也……以四物加人參數帖而安』。中國中醫科學院館藏另本作『以四物加人參四帖而安』。産後氣虛所致子宮脱垂，當大補氣血，升提子宮，病家體質各有不同，怎能一概論定『四帖』？當以『數帖』爲宜。又同篇徐氏手録本有『婦人有氣證者，不拘遠近，雖寒熱甚作，必用八字號，一切不可遽用七字號、益字號等藥』，上海中醫藥大學圖書館藏本作『一切不可用七字號、益字號等藥』，脱一『遽』字，高下立判。

其二，不乏鄭氏家傳方藥和治驗。如『治經水』門載：『調經之道，貴乎抑其氣以行血，血盛氣衰爲從，從則百病不生，孕育易成。』該門載鄭氏家傳『歸朮破瘕湯』，方用歸尾、赤芍、香附、三棱、莪朮等活血化瘀藥，配以烏藥、白芍、青皮等抑氣行氣藥。守恒云：『昔有名手，但知補血，不知抑氣，經水竟未得調，後延予診視，下抑氣藥，其效如神，乃知家傳秘書真妙。』又如『治胎前』門載使用家傳藥末的經驗，

『如安胎，則以條芩爲末，或法製白术末；催生，益母爲末，及白芷燒焦，百草霜、滑石爲末，芎歸煎湯；如産後，或用山楂末，或用香附；如産後傷食，枳殼或枳實、青皮爲末』等等，内容非常豐富。

綜上所述，徐大椿手録《女科濟陰要語萬金方》鈔本無論在中醫文獻領域，還是在中醫婦科臨床科研方面，都有深入研究的價值。

支氏女科樞要

孟慶雲

《支氏女科樞要》三卷，明·支秉中著。卷前殘存有作者的『引』，『引』尾記：『萬曆辛巳（一五八一）秋七月既望改齋支秉中書。』藏於上海圖書館。

一、著者與成書

支秉中，字改齋，堂號仁壽。蘇州平江吴東人氏。出身於世醫之家，族中有數人在明太醫院任職，支秉中曾任太醫院吏目。據明代朱儒於萬曆十二年（一五八四）所著《太醫院誌》的記載，支氏家族的御醫支如坤曾獲贈謚，支如昇曾任鴻臚寺署丞。支氏醫家最擅長女科與兒科。這部《支氏女科樞要》，是支秉中集萃了世代家學和經驗而成書。除本書外，支秉中還著有《痘疹玄機》五卷和《痘疹秘要》一卷，均存。據明代徐春圃《古今醫統大全》記載，支秉中曾著有《保嬰直指》四卷，又據明代殷仲春的《醫藏目録》記載，他還著有《支氏痘疹》三卷，兩書今均佚。

二、内容與特色

《支氏女科樞要》是一部婦産科著作。女科暨婦産科，大致可分調經、種子、崩漏、帶下、胎産、臨産、産後、雜病等項目，簡言之爲經、帶、胎、産、病。春秋末期至戰國時代的扁鵲，在趙國邯鄲曾爲婦科醫生，被稱爲『帶下醫』。西漢初，婦産科醫生稱爲『乳醫』或『女醫』。中國很早便有婦産科專書。馬王堆漢墓出土的《胎産書》，是公元前二世紀以前的婦産科專著。《漢書·藝文誌》記有《婦人嬰兒方》。此後在歷代婦産科諸書中，有産科專書，如唐代昝殷撰《經效産寶》，宋代楊子建撰《十産論》等；也有婦科專著，如三國時衛汛著《婦人胎藏經》，清代的《傅青主女科》等；最爲多見的是合婦科與産科的女科通論之書，如南宋陳自明撰《婦人大全良方》、明代王肯堂撰《女科證治準繩》等書。支秉中所撰的這部《支氏女科樞要》，在明代女科通論諸書中，從刊刻時間看，略晚於薛己的《女科撮要》（一五二九）和萬全的《萬氏女科》，但早於王肯堂的《女科證治準繩》（一六〇二）、武之望的《濟陰綱目》（一六二〇）和張介賓的《婦人規》（一六二四）等書。較之諸書，其特點有五：

一是作者是出自專科世家的婦兒科專科醫生，對婦産科的技藝游刃嫻熟，故能對女科學術作深入實用的闡發。這一點大異於全科醫生或儒醫所著的女科專書。後者可以在立論高度、資料豐富等方面見優，但統觀之，還是專科醫生所著之專書，闡微知機，最堪實用。例如卷二難産第十四，將難産分爲試月、弄胎、破水後産門關閉、驚恐氣結致産位不正、逆生、横位産、乾産、下血後胞宫乏力、交骨不開、不破膜、盤腸生等原因，每項原因都標以確實的指徵以便判斷，並以見證預其生機。對於乾産，書中寫道：『或産久不下，因力已竭，漿水已乾，致口噤目翻，面墨唇舌俱青，白沫吐出，則子母俱斃矣。若面上微有紅色，則子死猶可活。』針對每項原因，在叙述徵象之後，繼書處置方法及施治方藥，有者是來自民間的簡潔適用的手法和驗方。又如對於盤腸生的臍繞胎兒之臍先出者，書中介紹了如何與穩婆配合，並從心理上安撫産婦等具體操作。在叙述見症施治後，列出催生丹、無憂散、來甦散等十三個有效方劑，都是詳備的真經驗。

二是以自家的實踐表述理論。作者能將諸經、帶、胎、産以十八門類簡括，示其樞要。在叙理中，每以自身體會言之。例如卷二脈法第十二，對於妊娠諸脈，雖循諸脈書之論，但也道出自家體會，如言：婦人脈『血衰氣旺定無孕，血旺氣衰應有體，寸微關滑尺帶數，流利往來並雀啄，小兒之脈已見形。』又如對脈書所言『往來三部通流利、滑數相參皆替替』，作者體會：『替替』是『有力也』。又如對妊娠五個月以後，夜半覺痛，見腰痛腹痛眼生花者，以雀啄脈、屋漏脈判斷是否慾産時，指出此爲離經之脈：『離經雀啄等，皆歇至之脈也。』以妊期各種表現與脈相結合確定圍産期狀態，展示了作者理論與實踐結合之功力。

三是在辨證論治方面有新義。『辨證論治』一語，是歷代學者在實踐中精闢概括而來。自張仲景『平脈辨證』以降，歷代醫家對臨床操作不乏概括，南宋陳無擇用『因病以辨症，隨症以施治』十個字統概之。支秉中在本書中提出了『見症施治』，又在《痘疹玄機·小引》中使用了『相機施治』，此二語的使用當是先行者，其後才有徐春甫的『因證施治』，周慎齋的『辨症施治』，張景岳的『見證施治』『診病施治』等，至清代章虛谷才在《醫門棒喝》中提出了『辨證論治』一語，今已爲醫界所公用。從支秉中對『見症施治』和『相機施治』的使用，就足以見其對臨床操作理論的創意與理論素養。

四是處方用藥的精確性。自張仲景在《傷寒雜病論》以方藥的準確使用開精確性先河以後，歷代醫家皆遵從之。本書也堪爲典範，在用方的適應證、每方的藥味組成、各藥的劑量與炮製煎服劑型乃至製作等，均做了詳細的論述，這也使本書成爲經驗與實用的完美結合的典範。

五是文筆精煉通達。這是作者的文風。每門病證，先述概念及證候要點，後列治法治方，最後殿以方劑名稱、藥味、藥量等項。這一程式本身即有論證邏輯。對於雜證中的病證，每能與其他科的同名病證相比較而論，就更能明晰婦人雜證的特點與論治理路。作者撰著此書時，辨章學術，惟理是從，惟善而用，精煉文句，使本書極具可讀性。

作者在《痘疹玄機·小引》中曰：『若曰良醫不立方書，此則吹齏之談，非仁者之心也，覽者幸相諒焉。』支秉中之傳書意向及仁心仁術昭然可鑒。

女科切要

孟慶雲

《女科切要》二卷，清·秦之禎著。該書下卷『胎産卷』已佚，僅存上卷『經帶卷』，現藏於上海圖書館。

一、著者與成書

秦之禎（一六七五～一七一八），字皇士，號思垣，上海松江縣人。江南秦氏居素有『天下名醫出松江』之地，世代業醫，聲名卓著。秦之禎的曾祖父是號爲廣野山人的秦昌遇，即是明代名醫秦景明，他曾著有《症因脈治》《病機撮要》《醫驗大成》《幼科折衷》《大方幼科》《痘疹折衷》《脈法頷珠》《秦氏醫案》等書。《上海縣誌》《松江府誌》《江南通誌》《三弄筆談》等都記載了他的醫事奇聞，説他讀家傳醫籍，不由師授，妙悟入微，治多奇案，名動四方。秦昌遇之兄秦昌明也是名醫。秦昌遇有弟子簡日明。又有金銘，爲秦昌明、秦昌遇二人的合傳弟子。金銘將其藝傳給秦昌明之孫秦學謙及徐磐。本書卷前有王氏、簡氏和涇氏三篇序文，其中簡命昭和涇鳳洲、涇鳳苞兄弟所撰的序文中，都談及秦氏的遠祖，是南北朝劉宋時代的名醫秦承祖。秦承祖於劉宋元嘉二十年（四四三）任太醫令，在太醫署設教席，是醫學教育的創始者，精於方藥和針灸，著《秦承祖藥方》四十卷、《脈經》六卷、《偃側雜針灸經》三卷，《偃側人經》二卷等。其醫事在《隋誌》《舊唐誌》《新唐誌》《通誌略》等有所記載，陶弘景《神農本草經序録》也言及『宋有羊欣、元徽、胡洽、秦承祖，凡此諸人，各有所撰用方。』

秦之禎爲醫界所重視，主要是他編纂了曾祖的《症因脈治》和他自己在此前三年所著的《傷寒大白》。《女科切要》由他的受業門人須用恒（晞黄）編次，陳曰壽（全五）增訂。從簡命昭的序文知道，簡命昭之弟簡寄亭也是秦之禎的高足，也參加本書的校讎。

二、内容與特色

此存卷包括經候總論和經閉總論、經漏門、崩症門、帶症門、淋瀝門和熱入血室。書名『切要』，名符其實。全卷理義博通，臻特卓識，文理標致，有如下幾個方面的特點。

一是論列學驗，自家義諦。對於經帶諸候的生理病因，多是秦家世代經驗的總結概括，以『秦氏曰』爲主論列之。如在經候總論門下，論及月經形色時説：『經爲陰血，蓋陰必從陽，故稟火化色紅，如淡屬虚寒，紫屬氣熱，白屬氣滯，黑屬血熱，腥臭血塊，乃屬熱甚』，僅用四十個字，就盡道月經形色氣化之因。又如帶下證，從《巢氏病源》《千金方》《三因方》等書，綜概之以六淫、氣血寒熱、赤白等，秦氏據《素問·陰陽別論》『二陽之病發心脾』和『陽明病則帶脈不引』之論化立家秘：『諸方調養中氣以除致病之根，故曰帶下當以胃藥收功者』，以此二十三個字精論帶下。其治又有樗皮丸、蒼黼樗皮丸、側柏樗皮丸，見解獨到。

二是理論明達貫通。對於婦人經帶，秦氏深悉醫理，並以自家精要之語叙述，援引天人之理和唐詩引伸其意。如在開篇《經候總論》即言：『秦氏曰：女科經候屬氣血盈虛消息所致，蓋婦人稟太陰而生，太陰主月，月生精水，故月盛則潮大，經候象焉。按潮汐係地之血脈，隨月之盈虧往來不爽，乃天地間至信者。婦人承坤道，衝任脈盛，月事流通，每三旬一見，古名入月，唐詩「密奏君王知入月」正謂此也。以其月盈則虧，故曰月事、月信、月水，其行有度，故曰經期、經事、經水，總一理也。』

三是理法切要實用。秦氏以其家傳數代的經驗積澱，對各經帶病證候的機理和治法，做了最切臨證的要言概括。他所著之《傷寒大白》被稱爲『詞句分明，治法中病，獨得其真。』例如淋瀝症，秦氏以『清肺清胃爲要』，清肺澄源又當先清胃氣，清胃乃清肺之本，歸太陰、陽明，僅立家秘清胃湯和家秘清肺飲兩個主方，再佐以幾個對症方即可施治。

四是用方藥味少堪比經方。所用之方，藥味都在十味以下。如治血崩症之柏黃散，僅用黃芩、側柏葉、蒲黃炭、伏龍肝四味，而收濕去血止之功。又選有瑞竹堂蒲黃散，僅有破故紙、蒲黃、石灰三味也治血崩。還以黃芩浸七日醋糊爲丸，稱黃芩一物丸，也是治血崩佳劑。對四物湯的加減妙用，令人贊嘆，本卷除直用四物湯外，還有芩連四物湯治月經先期，奇效四物湯治血崩，香附四物湯治月經愆期，加味四物湯治痛經，四物益母丸治血瘀經閉，姜桂四物湯治血寒經漏，黃芪四物湯治損傷經漏，又有柴芩四物湯和海藏四物加柴胡湯治熱入血室，還有四物二草湯，以輔佐兩個清肺胃的家秘方治淋瀝作痛者，此方對『酒客多慾之人最效』。此十個加減四物湯，也足以展示秦氏運用四物湯之精能旨趣。

五是脈法精篤。脈診在女科價值殊大，不僅診其寒熱虛實標本緩急，還有斷其胎孕之變適，女科對脈診要求尤爲切究嚴辣。本卷最後之《附脈》將秦氏女科脈法精髓予以總結。其中秦氏之脈法，在判斷預後方面最爲獨到可寶。

總之，此部秦氏《女科切要》經帶卷意醇、精闢、實用。

胎産大法

孟慶雲

《胎産大法》兩卷，清代程從美編，文星堂藏板，刊於道光二十六年（一八四六）。現藏上海圖書館。

一、著者與成書

《中醫大辭典》記程從美號志陽子，四川新都人，業婦産科數十年，以其經驗並結合前代胎産諸法撰《胎産大法》二卷。《胎産大法》中作者自述『十六歲時，身弱失血，歷一二載，百醫不效，因潛心習醫』，二十二歲時以醫爲業，道光元年（一八二一）他三十三歲，『瘟疫大行，按運而調治，活人甚衆』。據此推測，作者當生於乾隆五十四年，即一七八八九年。初梓此書時五十八歲，印刷五百餘本。刻書前曾有三年雙目失明，三年後復明。他六十五歲時重病便血，昏厥欲死，後復甦，他自云：『夢神賜號志陽，又增陽壽』，遂以志陽子爲號。他將生平患病經歷補寫於上卷『起痿至剛丸』之後。至於其卒年和師傳等，有待進一步考證。

《胎產大法》是作者以『四十餘年之苦心，研機徹悟、躬歷神效之方，考前賢之法，俾胎產無夭枉之危』，而寫出的方書專著。卷前有作者『自叙』，說明此書宗旨。作者認爲，生生不已，養育子嗣，是乾坤人倫之道，以此宣明胎產的重要性：『天地陰陽，化生萬類，生生不已，自然之道也。不孝有三，無後爲大。自古流傳之身，至此終止，絶祖宗之烟祀，暴自身之形骸，生平事業，孰大於此！迺人生之首務，忠孝之本源。』在闡述『天地之大德曰生』的同時，作者提出了能動的生育觀，指出：『豈曰天命？人事之未盡也。天地之大德曰生，而人作爲，日趨不生之路。』認爲人的道德行爲善惡與子嗣有關。作者贊同三教皆從善之論，指出：『儒教曰：雖有惡人，齋戒沐浴，則可以祀上帝。釋教曰：放下屠刀，立地成佛。道教曰：雖愚昧小人行之，立躋聖地。三教大聖，極言勸人，改行從善，可消罪愆。悟出迷津，超苦海而登彼岸，神享五福，得産賢嗣。』從道德論及醫德，筆鋒轉向醫術中胎産技藝的重要，他批評『求嗣妄服藥餌，胎産不明法度，性命喪於錯誤』。鑒於『方書浩繁，各專一派，散無統紀，倉忙稽考。如涉海問津，不知適從，轉增疑惑。』而此專科之學『尚難悟其微』，有者株守淺見，『道聽途説之詞，臆度不經之見，失於扶持』，以至『隱曲難明，顯而易忽』因此他要編寫一部『明方法之源流，闡聖賢之奥理，醫稱專科』的專論胎産的書。作者認爲，在胎産中，方法最爲重要，『蓋天下事物之理，時行氣化，禀其自然，難知者法，難盡者意』。於是將這部專論胎産的書命名爲《胎産大法》。

二、内容與特色

中醫胎産理論，淵源久遠。馬王堆出土先秦醫書中，即有《胎産書》，唐末昝殷有《經效産寶》，宋代有楊子建的《十産論》及陳自明的《婦人大全良方》等，形成了從重視孕産至養胎接生的專科之學。本書重視孕産理論，以『男女媾精，萬物化生』爲開端，從《素問·上古天真論》男女腎精天癸論保精種子，從二分二至之八節氣論入房忌期，從九宫八風論産室避忌，從四時論養胎等，係以《易經》《黄帝内經》經典理論爲據，從源導流。在闡述中也援用後世醫家及佛道之論。如孕期疾病，以五運六氣及佛家四百四病爲之解説。又以道家《丹經》曰：『油盡燈滅，枯骨人亡』以喻腎氣竭。理論上引巢元方、孫思邈、陳自明、朱丹溪等人較多，而文中『志陽子曰』之下，則往往是作者自相發明或經驗者。

作者以《胎産大法》名書，對『法』尤爲重視，多處論及『明方法之源流』和『難知者法』，以示樞要。此書論法，除種子安胎諸法外，以臨産大法、催生方法、諸産逆症（難産）手法、下死胎法、下胞衣法等最爲精巧。作者是親臨産房的實醫，而非靠記聞鈔録者，或指導穩婆，或親自操作，故其所闡述的手法，每能『知其要者，一言而終』。例如在下卷『諸産逆症』門之『倒産』項下，述曰：『倒産又名脚踏蓮花生。倒産者，産母胎氣不足，關鍵不牢，兒赤轉身，用力太早，催逼直下，先露其足。令産母仰卧，收生老娘速推其足進去，産母不可分毫用力，心定勿驚，緩緩候兒自順，時至便生。』這裏僅用七十五字就把原因和要領明明白白地道出。現代醫學稱倒産爲『足先露』，仍然用此法接生，稱『曹阿利佐夫助産法』，定名是在十九世紀，而我國在宋代陳自明的《婦人大全良方》中就有記述，程從美當是繼承於兹，但其叙述得更爲簡捷明達，是實踐經驗豐富所致也。

上下兩卷共載一百六十三方。方以藥味少、易録購、廉價而宜用。但製方講解細膩，對藥量、炮製、選藥、修合、調配到用法、禁忌都精準確實，非醫藥者的病家也能尋證選方，循方配藥。此書在四時用藥和妊娠禁忌的論述，都詳而達理。治法上工，治方精細，展現了作者臨床取法乎上的大醫醫風。

本書文辭明達曉暢，言簡義賅。誠如作者在『自叙』中所說：『不飾文辭，不涉浮談，俚言直述』，『緊要處言之再三，隱微者詳細而論，着意參求，自然朗徹。』」。可以說，《胎産大法》這部書，以醫德從其善，以理法著其優，以實用展其長。

婦科宗主

李鴻濤

《婦科宗主》四卷，附《續增胎産心法》一卷，又名《婦科正宗》，清·崔建庵（秉銑）撰，清道光二十八年戊申（一八四八）存誠堂刻本，孤本現存於湖北中醫藥大學圖書館。

一、作者與成書

崔建庵，字秉銑，生平事跡不詳。據本書扉頁及户部尚書王鼎序文可知，崔建庵乃江右（江西省的别稱，古時在地理上以西爲右，江西以此得名）南城（今撫州市南城縣）人氏，其叔父爲崔農村，曾官拜刺史。此外，《婦科宗主》作者自序時年七十歲，爲清道光二十八年（一八四八），由此上推，崔建庵當生於清乾隆四十三年（一七七八）。又據本書序文可知，崔建庵年不及二十即有志於醫道，二十歲後以醫道爲業遍歷山川湖海，最後定居於燕京，並在燕京從醫四十餘載。清嘉慶元年（一七九六）崔建庵曾與王鼎一同參加會試，故有同年之誼。序中談到，崔建庵『自幼由儒習醫，秉性衝和淡遠，別有襟期（襟懷、志趣），不務名利，學仙學佛，每逢山林古刹，心竊慕之』，據樂善堂本《桃園明聖經》記載，此道家經典著作在清咸豐五年（一八五五）曾爲崔秉銑刊刻過，可見崔建庵本人不但自儒習醫，還兼修神佛之學。《婦科宗主》王序中亦言道：『道光壬午癸未京師大疫，建庵製就丸散施送，全活者不少。』故此推斷，崔建庵應是一位儒釋道兼通、醫德高尚且享有高齡的京都名醫。

據《婦科宗主》崔建庵自序，清嘉慶九年（一八〇四），崔建庵扶先人靈柩歸里安葬，守陵四載，寄寓在當地寺廟中，閉門謝客，專心整理在京都所編《醫宗會要》，釐訂爲十二卷，本欲付梓，但因困於家境而中止。至清道光二十八年（一八四八）崔建庵年七十歲時，此事終不能釋懷，故勉力將其中四卷《婦科宗主》先行栞刻，公諸於世。據查各種公私書目，《醫宗會要》十二卷未見，因此，《婦科宗主》爲崔建庵目前僅存的著作。

二、内容與特色

本書爲婦産科專著，撰述婦人經帶胎産雜病的辨證論治及將息調養。全書分四卷，但分卷主旨不甚明朗，經帶胎産雜病在每卷中均有述及。總體來看，卷一主要論述婦人經帶病，卷二爲轉録竹林寺女科秘方，卷三、卷四主要論述婦人胎産病及雜病。其學術特色主要表現在以下幾個方面：

首先，本書是一部有關作者積四十餘年學養，治療婦人經帶胎産雜病經驗方治的著作。除卷二轉録《竹林寺女科秘方》中月經四十症、胎前三十八症、産後十症等外，其餘均是作者究心數十年、自立應驗者，有方有論，有法有案，但以驗方爲主。其自創經驗方尤爲可貴，如調經種子養榮丸、膠歸和肝養榮丸、膠貝清肺養榮膏、膠歸固腎調經養榮丸、膠歸固腎安胎養榮丸、荆防養榮丸、温腎峻補丸、參耳湯、四灰散、沉香滋腎丸、虚損大造丸、導經丸、參歸固真丸、暖宫止帶丸、化痞調經丸等。這些成方成藥的擬訂是作者數十年歷驗總結而成，從方劑的組成來看，藥味精簡，而療效確切。作者擬方充分重視婦人『不足於血』的體質特徵，治療婦人病强調『必養必和』的治療原則。方劑的用藥特點以血分藥，尤其是養陰滋血的一類藥物，如阿膠、當歸、白芍使用較爲頻繁，並慎用木香、檳榔、桃仁等行氣破血之品。同時，治療婦科病重視補益後天脾胃，促進氣血的生化，故驗方中較多使用麥芽、神曲、山楂，其中山楂不但可以促進脾胃健運，還可以活血化瘀止痛。此外，方劑不限於内服，外治方也很豐富，如産後陰户不閉及陰脱出外治法、産後陰翻燥熱翻花熏洗法、秘方外治擦法、陰挺外治法、洗面如玉膏等，這些看似不入經典名方主流，惟求實效的驗方，成爲了本書的一大亮點。

其次，本書收録病證豐富多樣，不限於婦科經帶胎産雜病，凡與婦人相關者，靡不備載。如：婦女髮少或脱髮方、婦女浸頭油方、婦女狐臭方、婦女頸項痰瘰症治法等。此外，書中還輯録了一些婦科雜病的民間異名，對於規範現代中醫婦科病證名稱提供了依據。如『鷄冠瘡』，指子宫脱出紅腫潰爛者。多因子宫脱出摩擦損傷或邪毒感染而致。崔建庵認爲是濕熱下注所致，外用方：飛礬、銅緑、五味、雄黄、桃仁，共研細末煉蜜爲丸，重五錢，以方内雄黄爲衣，每周一丸納陰中。又如，『側水』，指婦女妊娠期間陰道偶有白稠液體流出。崔建庵指出：『婦人有孕，或因氣怒，或取重物，偶來白色水，稠者，非胞破之水，名曰側水。』可不作處理，宜養心怡神，避免提舉重物。若白稠液體多者，可參妊娠白帶治。再如『童子怯』，書中云：『閨女十五、六歲，月經行一二次或從來未行而經閉者，人漸漸黄瘦，内骨蒸熱，咳嗽或腹内有塊時疼，名曰童子怯。』治參室女經閉成勞。

再次，本書不但是一部婦科驗方著作，同時還是一部婦産健康指南。

書中多處列有婦人健康保健宜忌等内容，如卷一有診脈論、女科經論，卷三的産後總括，卷四有調經論，都是概述婦人生理及治療的原則性問題。此外，還有卷三的新産宜忌十五條，卷四的行經宜禁忌、孕婦禁忌宜知等均是婦産科保健的常識。同時，作者對於婦産科病證的治療方面也設定了很多具體的宜忌原則，如：瘦人經閉不可用木香、檳榔、桃仁等藥，行經時感冒風寒不可攻表發汗，産後大便閉塞不可用硝、黄，産後小水不利不可用五苓散，産後暑氣入心狂叫奔走不可大凉大下，産後用藥不可偏執補虚論等。這些具體的保健養生指南，既體現了作者防、治、養並重的學術思想，也值得現代中醫婦産科學習和借鑒。

三、學術價值

本書作者崔建庵行醫於京都四十餘年，既交善公卿，又體恤百姓，德藝雙馨。他認爲醫有三難：『第一莫難於治婦女，繼則莫難於治壞症，三則莫難於治癆病。』婦女病爲三難之首，且認爲『病之苦亦莫苦於婦女』。所以，有感於此而特將婦科經驗整理成書，此書是其畢生所感、所驗、所集婦産科乃至雜病的心得之作，故其中記録收載的寶貴方治經驗彌足珍視。

此外，從書中可知因作者囿於財力，故此書版印無多，據查《中國中醫古籍總目》，流傳至今僅爲上海中醫藥大學圖書館和湖北中醫藥大學圖書館兩家有藏，而湖北中醫藥大學圖書館所藏爲完本。

廣嗣編

張明鋭

《廣嗣編》二卷，清·方耐庵編著，許光國參訂，清乾隆十五年庚午（一七五〇）務本軒刻本，孤本現藏於上海圖書館。

一、著者與成書

此書爲清朝乾隆間婺源名醫方耐庵編著。方耐庵，字允淳，清乾隆時休寧人，約生於清康熙二十九年（一六九〇）。按本書自序所言『乾隆庚午端陽前一日自叙於須塢之雒溪草堂』，可知成書於一七五〇年端午。本書卷首有王序一篇，作者王又樸，字介山，雍正元年進士，乾隆十年（一七四五）從徽州知府任上降職廬州府同知。據序中有『耐庵先生令嗣文樸，寄呈還古書院誌，並耐庵先生行狀』，此中有『行狀』（行狀乃古時叙述死者世系、生平、生卒年月、籍貫、事蹟的文章，常由死者門生故吏或親友撰述，留作撰寫墓誌或史官提供立傳的依據）一詞，知此時方耐庵已去世。據王序落款時間爲『乾隆庚午中秋』，可見此《廣嗣編》成書後不足三月，方耐庵先生即離世，當在一七五〇年端午與中秋之間。

方耐庵精研中醫經典，尤精於婦科，撰《廣嗣編》二卷，刊行於世。畢生研習儒學經典，曾興辦『還古書院』，與邑中諸儒授課研講儒家經典，開春秋會講，累年不輟，可謂『儒醫』。且爲休寧人士，所以其著作當屬於中醫傳統流派『新安醫學』中重要組成部分。新安醫學乃根植於豐厚的徽州文化，其以新安江上游（歙縣、休寧、婺源、祁門、黟縣、績溪）爲核心區域。起始於宋，鼎盛於明清，流傳至今已數百年，有文獻資料可考證的醫家近九百五十多位，著作八百餘部。名醫名著，名派名説，名藥名方，博大精深，異彩紛呈，燦爛奪目，皆具有鮮明的新安特色。縱觀《廣嗣編》一書，方耐庵先生高尚的醫德醫風，嚴謹的治學態度，豐富的臨床經驗，精闢的學術觀點，確實具有鮮明的新安醫學醫家的特點。《新安名醫考》休寧籍醫家補遺中已將方耐庵補入新安醫學名醫之中，其著作也爲新安醫學胎産叢書增添了重要的一筆。

此書鈐有『東山逸樵』、『方允淳』兩枚白文方印，爲方耐庵先生字號。另鈐有『文樸』朱文方印，當爲其哲嗣方文樸之印。

二、内容與特色

本書分上下兩卷，分妊娠、護胎、保産、壽嬰、雜治五門，現將其學術特色淺述於下。

（一）便覽婦兒經典，詳列胎産門類

方氏游歷新安江一帶，見其地醫者不精胎産之書，民不諳養護之道，一遇疑難，母子兩傷，或斫喪元氣，抱恙不覺，種種迷誤，指不勝屈。故立志勤求岐黄之書，廣集古賢胎産證治，但苦於散落在諸書之中而無專帙，故遂謝絶往來，搜羅古今秘旨，細心篩選，善者録之，疑者删之，一改以往醫書保産護生祇言産難，不問調經、養胎、稀痘之弊，遂博採名方更加增訂，積匯成書。全書妊娠、護胎、保産、壽嬰、雜治五門頗稱詳悉，各門備有醫論、將養、調理、方藥、醫案，皆由其精選羅列，雖不能稱胎産全書，但已十倍於尋常胎産護生之書。正如笠翁所言『勞一人以逸天下者也』。

（二）行文力求淺顯，擇方必詳出處

書中所集，皆引自家喻户曉之書，凡精於胎産保嬰者，不論辭藻，雖自居粗淺，概行選録，所採碩論、間附警語皆通俗易懂，務使婦女輩家置一部而胎産之明鑒得以相傳。方氏治學嚴謹，採集名方、格言、醫案皆註明作者姓氏、堂名、以備稽考。凡所附按語必加『逸樵』二字，重要處方悉遵《集解》《準繩》範例，詳病機於方前，註藥性經絡於方後，力圖據證無誤，不惜墨節言。所以此書所集皆前人日用效驗且君臣藥品雅俗皆知之屬，奇僻霸道之方悉爲摒棄。各門諸病後附有簡易方甚詳，此仁者之心，恐窮僻之鄉，措藥維艱，多能從其便也。

（三）詳病證於方寸，擇驗方於古今

方氏編輯各門諸病證治，力求方寸之中一目瞭然。如上卷妊娠門調經説中，附按語曰『氣血乃人身周流不息之至寶，今月事不來，或帶下崩漏，是爲陰陽失和，若不加意保攝，自其戕害，則變生百病』，故詳列病機，分爲血少經閉、痰阻經遲、熱鬱經遲、血熱崩漏、勞傷崩漏、氣滯經阻、氣盛於血、虛熱帶下等十種，並從古今名賢胎産方藥中，擇其精要，羅列十個相應效驗良方。以圖據證檢用，縱於窮鄉僻野檢方用藥亦非難事，由此足以見得，方氏潛心編著，用心良苦。

（四）立文針砭時弊，易俗戒溺女嬰

《廣嗣編》中記載，新安江北州郡喜男憎女，或因多女而惡其累則溺之，或因家貧而厭所養則溺之，無論貧富皆染俗習而成風。方氏針砭時弊，撰文於其書中，怒斥惡俗『父子乃五倫之首，傷生乃十惡之魁。鳥戀巢雛甘心受戮，鱣憐腹子鞠體重湯，物類如斯，人何忍焉！』可謂聲淚俱下；又言其母懷胎『十月成形，一朝坐草，乃較男而量女，遂殺女而生男，天性傷殘，生機幾息，昏同狗彘，暴類豺狼。目睹晢晢之形，耳聞呱呱之泣，赤子何辜！號召牧民君子廣而傳其文，使僻野鄉民知敬天地之畏，好生慈愛之德，則善氣充斥兩間，善莫大焉！』此文在當時社會如石擊水，響而應者甚衆，由此正見於醫書之中，實屬難得。

另外，書中所載煮食鴛鴦可令夫妻和睦，鶴神占卧室方位，及藏胞衣法，具有歷史的局限性，當予揚棄。

三、學術價值

此善本《廣嗣編》爲方耐庵晚年閉門所編，現今僅存孤本，該書以嗣育爲專題，廣集歷代醫家著作，擇取胎産大意，分門别類，詳述妊娠、護胎、保産、壽嬰、雜治諸門證治，條分縷析，實屬歷代論治胎産書籍之精品，且流傳甚少，彌足珍貴。

幼科百效全書

余瀛鰲

《幼科百效全書》三卷，明·龔居中所編撰，明崇禎十七年（一六四九）建陽劉大易劉龍圖刻本，孤本現藏於上海圖書館。

一、著者與成書

龔居中，字應園，號如虛子，又號壽世主人。晚明豫章（今江西金溪縣）人，曾任職於太醫院，以精於癆瘵證治著稱。兼擅外科、婦科、兒科，代表作有《痰火點雪》（又名《紅爐點雪》），詳論肺癆病之證治），《外科活人定本》《外科百效全書》《幼科百效全書》《女科百效全書》（已佚）、《内科百效全書》《小兒痘疹醫鏡》《福壽丹書》等，《幼科百效全書》爲其兒科論著。

二、内容與特色

書分三卷，卷上自『活幼心傳説』、『手指五臟六腑歌』至『變蒸論』、『五臟虛實相乘』共三十七節，以按摩、推拿診治内容爲主。爲使讀者易於學習掌握推拿治法，除介紹若干歌訣（如推法要訣歌、手法治療歌等）及龔氏家傳手訣外，並列有五指筋、手六筋、脚穴等多幅繪圖，明示穴位、穴名及其治法概要。其中『家傳秘法手訣』等則屬龔氏推拿治療男女幼兒若干病證的獨到經驗，值得重視。

卷中列胎熱、胎寒至痱瘡、黄水瘡，共五十九節，所述病證包括胎黄、夜啼、急慢驚等兒科常見多發病。在擷取前人方治方面，較爲嚴謹，選方以切於臨床實用爲原則。

卷下爲諸方總録，約二百餘方。後附述『經驗棋盤局方歌』及龔氏生平兒科治驗記録，頗堪兒科臨床醫師學習借鑒。

綜覽全書，此編具有兩大學術特色。其一，其内容包括推拿按摩與臨床方治兩部分，從診療學整體而言，内涵較爲豐富。其二，闡述内容圖文並茂，論方治精審可取，並有其家傳之診法、治法、臨床心得。作爲晚明的一代名醫，龔氏一生著述宏富，有不少著作均有多種刊本問世，唯獨此書幾瀕於失傳，故而彌足珍視。

全幼對症録

鄭金生

《全幼對症録》三卷，明·劉漢儒傳，明隆慶六年（一五七二）序刻本，現藏於日本國立公文書館内閣文庫。

一、著者與成書

『刻廣嗣全書序』是該書唯一的序言，該序末署爲『隆慶陸年正月既望賜進士第中憲大夫知漳州府事前兵部郎中蜀忠州羅青霄撰』。從序言的名稱來看，該序是爲《廣嗣全書》而撰。那麼，《廣嗣全書》和本書又有何關係呢？羅青霄介紹説：『予嘗生子七，而幸長成者三，固備嘗醫藥之苦也。即此以推諸人，則其幸與苦也，有同然者矣。因以所得，於郡守梁月川所寄之《便産須知》，劉憲副所與之《全幼對症録》，付龍溪李尹刻之，與予所刻《痘疹書》，並傳於人，則廣嗣之道，庶幾乎全矣。因名之曰《廣嗣全書》。』由此可見，《廣嗣全書》實際上是由三種書組成的，即《便産須知》《全幼對症録》《痘疹書》。從内容考察，此部《全幼對症録》僅是《廣嗣全書》的子書之一。

關於該書的作者，《（改訂）内閣文庫漢籍分類目録》著録爲羅青霄，看來是不够準確的。從前引羅氏序言來，羅青霄不過是《廣嗣全書》中《痘疹書》的輯録者及全書的作序者。與《全幼對症録》有關的人物是『劉憲副』。羅氏對劉氏的介紹非常簡單：『劉諱漢儒，號憲吾，河南沈丘人……此皆與人爲善者也。』考劉氏爲嘉靖三十八年（一五五九）三甲五十九名進士（《明清進士題名碑録索引》），乃與羅青霄同朝爲官者，並非職業醫家。羅青霄在提到劉氏與《全幼對症録》的關係時，僅用了『劉憲副所與之《全幼對症録》』一語帶過。考慮到明代官場盛行書帕風，官員常刻書互贈以附庸風雅。因此，《全幼對症録》雖不排除是劉漢儒編輯的可能性，但從序言所用的表達方式看來，劉氏恐怕祇能是該書的傳録者。有鑒於此，筆者認爲《全幼對症録》的作者最好著録爲『明·劉漢儒傳』。

二、内容與特色

該書首爲羅青霄序，次爲目録，目録將全書分作三卷，但正文却不分卷次。卷前爲『對症用藥賦』，此後三卷的主要内容是討論了瀉、驚、疳、風、痰、積、痢、傷寒、痘疹、瘧、骨蒸、蟲痛、疝氣、丹毒、眼疾、龜胸龜背、解顱、五軟五硬等十八類病症，末爲『雜方』。顯然該書是以『症』作爲全書的大綱，其内容屬於小兒常見病。具體内容如下。

首先，『對症用藥賦』一篇，僅寥寥數百字。其内容不同於一般『藥性賦』。一般『藥性賦』簡介的是藥物的功效主治，而該書『對症用藥賦』介紹的是不同病症宜用的方劑。如謂『惺惺散治變蒸發熱，參蘇飲療停食感冒。羌活散發四時風寒，化滯丸疏利三焦』之類。

『對症用藥賦』之後進入正文。卷一爲小兒初生内容，首論『小兒初生稟賦、虎口脈理論、初生方、拭穢法、刺泡法、回氣法、通便法、治初生遍身無皮方、治七日腎縮方、治初生遍身如魚泡方、辰砂膏、治初生七日口噤、治初生不飲乳不小便方、治初生噤口不開方』等，涉及小兒出生的生理、常見急症處理和一般護理法。繼而進一步討論兒科某些生理現象和常見的疾病，計有變蒸、瀉、脾胃、驚、疳等內容。卷二及卷三則全爲病症，論及風、痰、積、痢、傷寒、痘疹、瘧、骨蒸、蟲痛、疝氣、丹毒、眼疾、龜胸龜背、解顱、五軟五硬，書後附『雜方』。

該書正文每一病症之下，首出一論，論説該病的病因及治法、方藥。然後附述常用的方劑。以『痰』症爲例，首爲簡短的論説：『火者痰之根，痰者風之苗。熱生於心，痰出於肺。水澄則清，水沸則渾。小兒痰嗽，乃心火剋金，或寒邪停留肺腧，寒化爲熱，必生痰喘咳逆、上氣肺脹、齁䶎，俗謂馬脾風。又爲風喉，若不速治，立致危殆。』其論説重在病因病理，没有過多的疾病鑒別診斷。叙説中也很少引經據典，多用自己的話予以歸納。立論比較平正，每多經驗之談。簡論之後，列舉常用的有效方劑。諸方一般先述主治疾病，其後則詳細列舉方劑組成和各藥的炮製方法、劑型、服用方法等。所選方劑多爲名方，對臨床治療頗多裨益。

三、文獻點評

該書今唯有明隆慶六年所刻的孤本存世，該本因係官家出資刊刻，故刻工甚佳，頗具藝術價值。作爲國内久已失傳的中醫善本書籍，以往從未見中國明清以來的史誌書目記載，故其内容不爲國人所知。此書複製回歸，將會爲祖國醫藥學的傳承和研究增添新的資料。

幼科輯粹大成

鄭金生

《幼科輯粹大成》十卷，明·馮其盛所編，不見於中國明清書目記載。該書的明萬曆二十三年（一五九五）序刊本（存五卷），今國内無傳，收藏於日本國立公文書館内閣文庫，屬於江户醫學館舊藏。該書内容頗爲豐富，但因流傳不廣，見者甚少，加之著録時的某些失誤，使此書難於爲世人所知。

一、著者與成書

該書作者爲明代萬曆年間的馮其盛。馮氏字躬甫，又字安予，明代吴門（江蘇吴縣）人。其身世及撰書經過在相關序中都有簡介。如萬曆乙未（一五九五）申時行序云：『余友馮躬甫早工博士業，廩於庠，久而不第，自以家世名醫，不欲墜先業，則時時爲人治病，病良已，所籍方書皆奇驗，因匯録成帙。』而徐顯卿序中更明確地指出『馮氏世業幼科』。萬曆乙未（一五九五）楚桃源江盈科序：『躬甫馮君，蓋儒流之後也……輒取先世所遺幼科諸方術，研窮探索，久乃遂窺其奧，以治里中小兒，無不應手起者，衆驚爲神君既已收其功於身，又欲廣其傳於人人也，於是博採精校，匯爲一書』。王敬臣（以道）序稱：『其卷十，其類六十有奇』。

綜上所述，馮氏家世業醫，長於幼科。其早年習儒，但久而不第，遂棄儒而繼承家業，於萬曆二十三年將家傳方術及個人經驗，匯集而成《幼科輯粹大成》十卷。以上是從原書所得的可靠的記載。

今所見該書，爲明萬曆二十三年（一五九五）序刊。原十卷本，今殘存前五卷兩册。刻工甚佳。卷首題名：『吴門安予馮其盛躬甫纂輯／弟熙東馮曙升甫校正』，其後還有同校之門人姓氏，但各卷門人姓氏不同，可見馮氏之弟子甚多。

二、内容與特色

由於該書祇有前五卷存世，故難知全書內容。不過從前五卷的內容，也可以窺知其大略。

該書卷一主要涉及小兒的生理、診斷，乃至初生兒的調護等內容，具體名目有：訓醫論、五臟標本論、血氣論、初受氣諸論、初生調護諸法、臍風撮口口噤、鵝口重腭重齦懸癰重舌木舌、蓐瘡、小兒醫難於大人論、小兒與大人不殊、相夭壽法、病症賦、面部圖、看形色論、觀形氣論、諸家色證歌論。從上述標題可知作者對望診情有獨鍾。馮氏認爲：『小兒虛實，非係肥瘦，係乎氣色。何也？蓋有肥而氣怯，瘦而氣壯。氣怯則色必嫩，其爲虛可知；氣壯則色必盛，其爲實可知。由是論之，五臟之氣形於面部』。因此，馮氏主張在『男女十歲已前，凡有病觀其面。』卷一的『訓醫論』，是討論爲醫的一些基本準則。如謂『凡爲醫者，遇有請，不擇高遠近必赴。一到其家，須先問曾請醫否，曾進何藥。已，未經下，可得虛實也；如曾經下即虛矣。更可消息則無誤。又必明南北稟受之殊，察土地寒溫之異，不可一概施治。』這裏既有醫德的内容，但更多的是教導醫生如何通過各種方法瞭解病情，並掌握一些治療的大法。

卷二的内容主要是：虎口三關紋形圖、脈息三關手形圖、諸家脈理論、五臟證治論、五臟相生剋論、五臟病四時所不宜論、諸家死症歌、變蒸、五氣弱論（行遲、語遲、鶴膝、解顱）、囟門腫陷、手脚拳、龜胸背、天柱倒、滯頤、諸啼、胎黄肥弱。第二卷的前一部分仍然主要是診斷和理論方面的内容，後半部則開始集中討論具體的病症。此後的三卷，均爲病證内容，如卷三爲風、寒；卷四爲暑、濕、吐（嘔噦附）、瀉、吐瀉、霍亂；卷五爲驚。根據前五卷的内容，可以想見已經失傳的該書後五卷，應該是以病證爲主要内容。作者爲具有豐富臨床經驗的兒科醫生，因此該書主要的學術價值在於通過論病及施治，表現作者與衆不同的見解，給後人以啓迪。

在這方面，《幼科輯粹大成》有比較多的個人一得之見。例如該書在『血氣論』中反複强調血氣之間的關係，以及臨床治療如何顧及血氣：『人生之初，具此陰陽，則亦具此血氣，所以得保全性命者，氣與血也……然氣又血之帥也，氣行則血行，氣止則血止，氣溫則血滑，氣寒則血凝。病出於血，調氣猶可導達。病原於氣，調血又何益焉。故人之一身，調氣爲上，調血次之。先陽後陰也。若血有敗瘀，泥滯諸經，壅遏氣之道路，經所謂去其血而後調之，此又不可不通變矣。然調氣之劑，以之調血，則兩得；調血之劑，以之調氣，則垂（乖）張。如木香、官桂、細辛、厚朴、烏藥、香附、莪术、三棱之類，治氣可也，治血亦可也。若以當歸、地黃輩施之血症則可，然其性纏滯，有虧胃氣。胃氣虧則五臟六腑之氣亦餒矣。善用藥者，必以助胃藥助之。』這一段關於使用氣藥、血藥的論述，即便是在當代，也有其參考價值。

作者對小兒疾病的診治經驗是比較豐富的。例如他在討論『小兒伏暑』時指出：『小兒伏暑，祇緣脾胃虛弱，腠理開疏。暑氣乘虛而入故也。大抵暑月小兒最要調理，脾胃安和則風邪暑未易攻也，夫暑者在天爲熱，在地爲火，在人爲心，是以暑氣先入心。蒙蔽心竅，則搐搦不醒，此名暑風症也。古今暑風一症，書多不載，但診其脈浮而虛者是也。蓋浮爲風、虛爲暑，此症似驚非驚，若誤以驚風治之，必不救。』這一段見解可以説是作者經驗所得。

驚風是古代兒科的四大症之一。《幼科輯粹大成》用了一卷的篇幅專門討論『驚』。該卷涉及胎驚、急慢驚風。其中驚風又分四證八候。所謂四證指『驚、風、痰、熱』，八候指『搐、搦、掣、顫、反、引、竄、視』。馮氏對四症的用藥有過細的辨析。云『四證相須，不可留一。若理得驚風定，隨便下了痰熱，則驚風不復作，此理爲至妙也。』然後不厭其煩地介紹用藥時如何顧及四症。在遇到驚風時，作者有自己一套經驗。他認爲：『凡小兒驚搐，不可驚擾，但扶持，不得擒捉。蓋風氣方盛，恐拘持流入筋脈，多致手足拘攣。』這些經驗之談至今值得中醫臨床工作者借鑒。

三、著與版本考察

但因過去很少有人親見該書，因此有些記載不免出現錯誤。例如《中國分省醫籍考》根據光緒時《桃源縣誌·藝文》所收的江盈科《幼科大成·引》，遂將《幼科大成》及馮躬甫置於湖南省。《幼科大成》即《幼科輯粹大成》，其作者馮躬甫也就是馮其盛。所謂《幼科大成·引》，就是前述萬曆乙未（一五九五）楚桃源江盈科爲該書所作的序。江氏雖然是湖南桃源人，但馮氏並不與其同里。僅據江氏序言而將馮氏也作爲湖南人，顯然是錯誤的。鑒於日本丹波元胤《醫籍考》中曾著録了馮其盛《幼科輯粹大成》，《中國分省醫籍考》又有了馮躬甫《幼科大成》，故而此後的《中國醫籍通考》將二者兼收，於是就出現了馮其盛《幼科輯粹大成》與馮躬甫《幼科大成》並載之誤，實則是同一人寫的同一書。借助回歸的該書原本，我們解决了這一著録上的疑誤。

雖然《幼科輯粹大成》不見於明清間書誌的記載，但這並不等於說該書在中國從未流傳過。前述《中國分省醫籍考》從光緒時《桃源縣誌》發現了該書的江盈科序，説明其時該書的確有過流傳。另檢視《幼科輯粹大成》原書，其上有王來儀的藏書印章。王氏曾經發刊過《痘疹慈幼津栰》，可知該書曾經經過王氏之手，後來才傳到日本。據書上的日本藏書印記，可知該書曾經被日本著名醫家多紀元簡收藏，經江户醫學館、大學東校，最後入藏於内閣文庫。該書有幸在二十世紀初回歸祖國，希冀爲中醫兒科的發展提供參考。

保赤心筌

张灿玾

《保赤心筌》八卷，清·胡鳳昌（蕓谷）撰，孤本現藏於中國中醫科學院圖書館。

一、著者與成書

胡鳳昌，字蕓谷，浙江余姚人，生卒年代及身世未詳。其『幼科指掌賦』後，有清同治壬申年（一八七二）自跋云：『余今年逾六十，精力衰頹，恐一朝物化，此賦爲覆醬瓿，未免可惜。』據此而論，其生年當在嘉慶十五年前後。其卒年抑或在光緒年間。詳其『指掌賦』云：『醫學之难，兒科爲最，言語不通，病情難會……無脈息可憑，病機安在，先求面部，是曰心筌……』其自跋亦云：『余自游庠後，心慕岐黄，先習幼科色診，以爲方脈根本。於是搜羅善本，遍訪兒醫……余雖不敏，不忍聽此道之沉淪，維時博採群書，摘其至精至確者，約以駢體……』據此可知，其始學，亦當治舉子業，爲諸生，後乃習醫，特重於兒科，足見其慈幼之志，及親撰『指掌賦』之良苦用心。

書中內容，除自撰少量賦文及歌訣外，大都爲精選群書及博採衆方，兼以己見，編纂而成。

二、內容與特色

全書共八卷。第一卷爲小兒病略及諸多診法，包括診額、觀眉目、色診、脈診、聞聲等。另有初生保護、小兒五臟主病及小兒六腑主病等文。

第二卷爲胡氏自撰『幼科指掌賦』上下篇，以賦體爲文，概述兒科要義；『兒科死證歌』一篇，『兒科危證歌』一首，大都爲個人經驗之談；諸風病之辨證，如臍風、驚風、卒驚風與類驚風、急驚風與慢驚風等，參之諸家，詳爲辨析。另有寒熱一門，論惡寒、發熱之辨治二十餘條。

第三卷至第六卷爲兒科雜病。包括內科、外科、外感、內傷及湯火傷、跌撲傷、中毒、蟲積等雜病五十餘種。每病皆列出辨證論治、病機引用方藥，大都出自名家，或經屢試效顯者，必有交待，少有空泛之論。是一部理論聯係實際，匯名家之説及一己之見的兒科佳作。以『小兒喘促』爲例，全篇有文十四段。第一段，概述喘、哮之别，風寒外束與痰火内鬱之因，分别虚實之治，雖出己説，文中亦多參《幼幼集成》之文。第二、第三、第四段，言喘因外寒、因熱、積痰、積食之治，盡取《幼幼集成》法。第五段，論積食傷脾，土不生金者，仿薛立齋用六君子加桔梗法。第六段，介紹治鹽哮與冷哮方。第七段自云老少哮呻治法。第八段介紹因陽虚所致者，引用張景岳潛陽法及喻嘉言鎮法。第九、第十兩段，介紹此病死證。第十一段，介紹簡易方，亦見《幼幼集成》。第十二段，自云其寓杭時，用潛鎮法以治標，以開提法治本，曾治愈多人之經驗。第十三段，另有引痰法、開秘法、納氣歸原法，俱見别篇。第十四段，言江南土落信鬼，係俗談，不可妄執一説。

據上例，可見此書兒科雜病諸篇内容之一斑。

第七卷、第八卷爲兒科八方，計發表方四十四首，和裏方六十八首，祛寒方三十首，泄熱方四十六首，補虛方五十首，攻實方三十首，因方六十二首，備方四十三首。皆治療各種病證之常備醫方。

綜觀此書，有以下特點。

（一）以臨床實用爲主，故理論方面的内容選用較少。

（二）選用前人名醫名著較多，大都指明書名或人名，不没古人之實也。

（三）凡記述個人經驗或見地處，均以『藴谷云』别之，凡此，大都爲其臨證所得，亦可謂經驗之談。

（四）其自撰『指掌圖』上下篇，均具兒科學中要義，初習兒科，盡可頌讀，作爲入門之課。

（五）書中所論，雖具歷代名賢之見及一己之長。然其不足之處，學者亦當有所鑒焉。

此書傳本極少，現存中國中醫科學院圖書館之清代鈔本，幾成絶本。該鈔本雖非盡出一人，然皆字體端正，書寫規範，筆畫清秀，猶鈔本中之佳品。

慈幼玄機

萬芳

《慈幼玄機》二卷，明·李景芳撰，明萬曆三十八年（一六一〇）刻本，現存於中國中醫科學院圖書館。

一、著者與成書

序言稱《保幼全書》。此書卷首題『盱江李景芳著、新都魯稚子集』，卷二作者署名處爲長墨釘，疑爲翻刻者挖版所致。後署『歙東里鄭應婁集』。據本書唯一序言推測，鄭應婁爲安徽歙縣人，爲新安名族。曾携巨資游歷齊魯之間，居賃不數年即爲巨富。其人幼而通敏，習舉子業，但終未成功名，遂轉而攻醫，立志大丈夫『不爲良相，則爲良醫』。又認爲醫中之最難精者，尤莫若活幼術，乃足跡遍江南北間，訪名家全幼奇術，不吝百金購之，久而成帙。且深心體會，日以實踐。若幼兒疾者，輒造訪舍館，傾心畢力以治之，多獲效驗。當地士大夫每與交游，雅重於君。作序者李燦，與鄭氏父子過往甚密。鄭氏珍藏此書日久，去世之後，其子繼承父志，慫付剞劂，以播海内。故請序於李氏。

由上述可知，此書非鄭氏原撰，原作者當爲李景芳。卷二署『東里鄭應婁集』，疑爲鄭氏之子翻刻之際所加。當然，書中内容或許也有鄭氏據已經驗予以增删之可能。由於此書今僅存鄭氏明萬曆年間唯一刻本，無以比勘，唯此推測而已。

二、内容與特色

卷首開篇爲面部形候，次以額脈、三關、八段錦、八片錦、指脈形證、幼幼口議、寸脈、總訣、汗下温脈、脾胃有脈、陰陽順逆、太衝尺脈、死候、用藥辨理等。以上内容可謂此書論述具體病證診治之前的總論部分。不難看出是書作者對於幼科尤其重視望診，望診於周歲小兒更爲切用。望診之中又以面部形色爲第一直觀印象，以此爲初步判定病證部位、寒熱虚實、疾病深淺、預後吉凶等。次則脈診，與成人切脈不同，小兒切脈與觀脈結合，關注診脈部位脈形與脈色變化，以此推測病證進退、確定辨證用藥法則。小兒病證往往來勢洶洶，變化迅即，朝夕之間，判若二人。然疾病信息皆不能主動提供，多憑醫生直觀獲取。故序中言：『醫中之最難者，尤莫若活幼術。』此書所論望診主要涉及面部形色與脈形色澤，以此配合其它四診進行辨證，充分體現幼科特徵。其中三關、八段錦、八片錦、玉環集脈訣、王氏脈訣等脈診内容於現存南宋幼科古籍有相類記載，故知此書收集了前賢歷經數百年傳承而積累下來的幼科醫學知識。

卷一在上述内容之後論述了初生兒常見疾病證治，包括初生兒調養法、月内症候、撮口臍風、變蒸、胎風傷寒、初生傷寒、傷風咳嗽、嬰兒乳嗽、感冒風寒等。每證皆簡言主症表現特徵，概述病機與預後，指出治法選方，但未及藥物組成、劑量、服法等。所論提要鈎玄，點明關鍵，不失確當之語。初生兒病證之後爲幼兒常見病證治的内容，包括傷寒、夾驚傷寒、夾食傷寒、重症、表裏俱見、虛冷陰症、實熱陽症、中風、癇、痙痓、急驚、慢驚、天瘹、内瘹、盤腸、腹痛、疝氣、夜啼等近百種餘病證。幼科病證較之初生兒病證的論述略詳，有五臟病證、生長不良病證、外科病證、五官頭面病證、皮膚病證等。每證分析病證産生緣由，討論病機病理，描述症狀及其與其它病證之鑒別，建議方藥。常常一種病證，列出若干世所常見方藥隨症加減選用。遺憾的是，是書僅列方名，未指出具體藥物組成、劑量、服法，醫家若不熟知此方，則無從使用。

卷二論痘，首篇治痘總括，次則發熱症治、見形症治、起發症治、養漿成實症治、收靨症治、落痂症治、餘毒症治、婦女痘症治、疹毒症治。按痘證發病階段分述每個時期診治。痘證，現代稱爲天花，爲一種小兒常見急性烈性傳染病，以渾身皮膚出現痘疹爲突出特徵，伴見高熱、臟腑器官的病變，此病傳染性極强，病情危重，預後凶險，死亡率在古代佔兒科疾病的第一位。故中醫兒科古籍以痘疹書居多，兒科醫籍論述以痘疹最詳，篇幅最多，本書也不例外，設專卷詳論此證。

書中論述痘疹病因來自胎毒，每逢疫癘之年交相感易。預知痘疹吉凶在於面部氣色的顯現，尤於山根部位，爲緊要之處。紅光爲吉，黯青爲凶。痘疹病脈貴於平和，弦急浮洪爲實候，微遲短滯則爲虛。治之以解毒和中爲權重之法，汗下之法不可輕易使用。痘疹初期見發熱，譫語神昏，吐利並作，發搐，爲毒邪入裏病重，清熱通便解毒爲治法之要。發熱之後，痘出現形，頭面胸前稀疏，四肢多見爲順，反之爲逆，疏解之法爲此階段治法主導。痘疹起發宜適中，過與不及均易出現變證，痘形視其根窠紅活充肥則爲平和，反之青乾紫黑，險相環生。痘形變化直接反映患兒氣血虛實寒熱病情，故觀察其形色態勢貫穿痘證各個時期，是臨證醫家製定治則方藥的關鍵指徵。痘瘡漿成化膿，毒隨膿化，此時手足、神情定爲吉，若成漿之時空囊、或淫濕、或塌平倒靨則爲逆證，病情轉機不良，此期因勢利導，隨機審證施治。痘疹成膿之後進入收靨時期，宜見膿乾痘瘡斂束周圓爲安，若滿面臭爛不成型，寒戰咬牙，失聲嗆水，食難，則病仍屬危厄，不得掉以輕心，然總在調和中外取法以治。落痂時期爲痘疹收尾階段，痘瘢平整、紅鮮，則日漸轉安，反之突陷黯黑爲反複。此時脾胃虛弱，正氣不足，補脾實表爲常規治法。

痘瘡之治，自宋以降，有南北流派之分，本書所論屬南派之列，審證施用補瀉，以解毒調理爲重，不主張清凉攻伐，書中取法取方總以平和爲上，於南方痘瘡病證的發病規律頗爲適宜。南方患兒體質不如北方强壯，脾胃功能尤爲不足，發病之後易出現正虛邪盛之態勢，故不可輕言寒凉，不堪猛攻之法。此書較爲鮮明地體現了江南診治痘瘡的醫療風格。

明代仍爲痘瘡發病猖獗之際，至清晚時期，牛痘接種從歐洲舶來，自朝廷而下，庶民百姓，普遍推行，皆種牛痘以防發病。至上個世紀中葉以後，痘瘡（亦即天花）漸趨漸遠，終於消失。追溯歷史，《慈幼玄機》

不僅爲今天中醫臨床提供了可資借鑒的兒科疾病證治文獻資料，而且爲研究明代痘疹呈現一份鮮活素材。

此書面世後，鄭氏爲之翻刻，流傳至今，僅存孤本。是書全篇以歌訣形式撰寫，文字通俗，淺近明了。學者讀來順口，易記誦於心。對於初學者當更爲有益。

全氏幼科指南

史欣德

《全氏幼科指南》，又名《全氏家藏幼科指南》精鈔稿本，係清人全兆龍所撰，其胞兄全兆鵬（字翼雲）參訂，成書於清乾隆三十六年（一七七一）。孤本現藏於中國中醫科學院圖書館。

一、著者與成書

全兆龍，字乘六，河南紫陵人。生卒年代及身世不詳。從其自序可知，全氏有感於當時一些醫家治療痘疹『偏用寒凉剋伐之劑，一見温補群相攻之』的時弊，認爲『兒之所禀有强弱之不同，病有久暫之或異，虚實寒熱四證俱有，豈可執一偏之見，以療無窮之證哉』。另，據『自叙』與卷三『審證要略』中所云，全家世嫻幼科，先輩曾著《痘疹秘録》《保赤方書》，但全氏認爲兩書卷帙頗繁，不利初學者掌握。全氏有感於此，遂利用診餘閑暇，歷時三月餘編成此書。該書集痘疹與雜證於一帙，分門別類，『務求簡要』，爲初學者指點門徑，免入歧途，故名爲『幼科指南』。並告誡其後輩：『勿以此書淺顯而輕視之，亦勿以此書爲至善而於他書並忽之。』可見作者謙虛的將此書定位於初習幼科的入門之作。

二、內容與特色

全書共分四卷，分元、亨、利、貞四部分。

卷一爲痘瘡總論，以賦文概述痘瘡的成因、辨證原則、治療原則、預後判斷等，篇名『痘瘡碎金賦』。後分『痘原、認出痘法、痘症傳經、順逆、部位吉凶、氣血虛實、形色老嫩、三陰三陽、治痘要法、痘瘡日期、認痘日數用藥大略、痛癢、諸陷證、音啞、嗆水、寒戰咬牙、惡症不治歌訣、指南賦』等十八篇，分別論述痘瘡發病的原因、早期識別痘瘡法、痘瘡逆順吉凶預後判斷法、陰陽證的判斷法、病程判斷法、用藥法、識症法等等。

卷二分爲三部分。第一部分爲痘瘡應用方，是作者爲初學者選出的『雖屬平談，實至神奇』之方，『乃治痘之準繩，不傳之秘訣也。』主要有元參解毒湯、發表導赤散、起痘解毒湯、滋陰養膿湯、實脾解毒湯、更新湯、家傳金花丸、八珍湯、全氏解毒凉血湯、四苓散、大連翹飲等十一方。每方前列主症，後詳述加減，示人變通用法。第二部分是痘瘡後並發雜證的治療。包括痘後癰毒、發熱、眼目、走馬牙疳、喘嗽、驚搐、渴、嘔吐、泄瀉、痢疾、出汗等。諸證先論臨床表現與致病原因，再出數首治療方劑。前兩部分爲痘症专論，反映了中醫理論體係指導下的兒科急性傳染病辨證施治原則與方法。近百餘年來，由早期的種痘術到人工接種免疫療法的發展，時至今日痘症雖然已絕跡，但本書所記載的思辨理論與經用效驗方劑，仍是值得深入研究的。尤其對兒科急症、變證、壞證的處理及救治，彌足珍視。

第三部分論麻疹，也先以賦文總述麻疹成因、辨證原則、治療原則等，再列『認出疹法、麻疹諸名、麻疹顏色輕重、治疹要訣、治疹藥性賦、麻疹證治』數篇，分別論述早期識別麻疹法、麻疹的古今異名與地域異名、治療原則、藥性與藥證等，並出『疹科聖藥』檉柳甘桔湯一首。最後爲疹後身熱不退、疹後喘嗽、疹後咽腫、疹後失音、疹後痢疾、疹後浮腫、疹後牙疳、疹後失血、疹後風等九種疹後雜證的辨治。編寫方法同痘瘡雜證。

卷三、卷四爲雜證門，開篇爲『幼科發微賦』，總論幼兒的生理特點、護養方法、雜證的成因、診察方法、辨證方法、治療原則等；其次介紹頭面周身部位的臟腑所屬、十二經手足分佈、十二經相傳次序、十二經氣血多少、臟腑表裏關係、五行相生子母相應、臟腑之位、臟腑與官竅的對應關係、五臟主病、五臟五味補瀉、審症要略等基礎知識；最後爲臍風、急驚風、慢驚風、慢脾風、癇症、疳疾、癖疾、積滯、吐症、瀉症、痢疾、瘧疾、喘症、咳嗽、腹痛、失血、發熱、汗症、天柱骨倒、鶴膝風、二便不通等二十一種病證的辨治。每病先有概述，總論該病的特徵、病因、治則，最後列出不同的治療方劑，每方主治、藥物、劑量、用法具備。

三、學術價值點評

《全氏幼科指南》爲一部有淵源、有經驗的幼科佳作。該書是在全家先輩所撰書稿的基礎上編輯而成，也引用了不少前代名家的經驗語録，如文中常見『丹溪先生云』、『萬密齋曰』、『管橓曰』、『翁仲仁曰』等。書中有許多家傳獨到的經驗，如卷二『痘瘡應用方』中的第一方『元參解毒湯』下提到，丹溪治痘疹時，凡見紅點不可更服升葛湯，而全氏介紹『余家治痘，即未見點時並此二味（指升麻、葛根）全然不用，法益善矣。……故用元參解毒湯代之。』另外，全書共涉方約二百二十九首，其中不乏參苓白术散、補中益氣湯、八珍湯、四苓散、導赤散、二陳湯、仙方活命飲等前世名方；也有不少全氏家族的經驗方，如全氏解毒凉血湯、全氏定喘湯、全氏柴胡四物湯、全氏清肝湯等，共約二十四首。這些方劑大多也是在前世名方的基礎上，結合全氏的經驗，或加減或合方而成。體現了全氏兒科的傳承特色。

夏氏小兒良方

史欣德

《夏氏小兒良方》，李輝傳，明·夏珊鈔録，明正德七年（一五一二）鈔本，孤本現藏於中國中醫科學院圖書館。

一、著者與成書

夏珊，安徽蕪湖人，身世不詳。據夏氏前記所述，本書在夏家已傳七世。因其祖輩爲官施恩於民，有石洞逸叟姓李名輝者，敬授此小兒方書一部，其祖拜受之，世代按此方書治病，『活人功多，施無不驗。』夏珊恐此書失傳，遂於明正德七年九月鈔録此書，並作前記，希望其子孫能世守無失。

二、内容與特色

全書不分卷，無目録。按内容實爲三部分：

第一部分篇幅最大，均爲小兒病方劑，共載一百七十二方。每方的著録方式與前代相同，即先出方名，次列主治，後示組成藥味與劑量，再列用法。僅少數方劑無方名，或無主治、劑量。方劑的排列基本無序，除前十二方按吐、瀉、驚、疳、積、熱六種病證分類外，後均不分類，但仍以治此六種病證的方劑居多，而最多的是治療小兒急慢驚風的方劑。此外，還有治療感冒、傷食、浮腫、黄胖、痰喘、咳嗽、癇證、痢疾、絞腸痧、疝氣、淋證、滯頤、重舌、鼻塞不通、胎毒、胎黄、語遲、汗斑、火瘡、丹毒、赤游風等病證的方劑。

第二部分篇幅其次，爲『小兒看法捷訣』，即以五字、七字等歌訣形式詳細描述小兒病證的診斷、預後判斷方法及服藥法。其中包括：五臟死絶歌、五臟脈病虚實歌、五臟形證虚實相乘、五臟所應歌、審味歌、五臟所傷歌、辨色歌、聽聲歌、面部五色歌、四肢症候歌、眼部五色歌、兩眉形色歌、兩耳形色歌、鼻色形症歌、年上形色歌、人中形色歌、舌色形症歌、唇色形症歌、牙色形症歌、兩臉形色歌、兩頤形色歌、承漿形色歌、太陽形色歌、山根形色歌、額色形症歌、印堂顋門形色歌、驚風相似辨歌、小兒虎口脈紋圖、論脈、指紋脈主病，並附三關歌、服藥法例歌等三十二首。

第三部分篇幅最少，爲『論嬰兒五臟虛實寒熱』，按肝、心、脾、肺、腎五臟之序分段，每段前加『錢仲陽云』四字，將宋代名醫錢仲陽《小兒藥證直訣》一書中散見於各篇中的有關肝、心、脾、肺、腎五臟虛、實、寒、熱證治内容進行了歸類匯編，便於讀者更清晰的認識與掌握各臟證治。最後附録治療『雙鵝』、『單鵝』驗方一首，稱『祖傳驗效』，彌足珍視。

本書特點：一、多自創經驗方。所列方劑大多未見於前代兒科醫籍，多爲夏家自創的經驗用方。二、用藥少而精。大多數方劑組成藥味數不多，如治小兒之吐的『九一散』僅用藥四味，治急驚風的『利驚丸』用藥六味。三、用藥不偏不怪。方劑雖多不見於前世醫籍，但處方用藥多屬常用藥，且多有前世名方的藴意。四、切合臨床實用。從書稿的編排看，雖然本書不分卷篇章節、方劑未予分類，但所列方劑曾經夏家數代臨床檢驗，實用有效，診病歌訣也多爲臨床經驗的概括，故對現代中醫兒科臨床仍有重要的參考價值。

（新刻太醫院校授丹溪秘藏）幼科捷徑全書

伊廣謙　侯如艷

《（新刻太醫院校授丹溪秘藏）幼科捷徑全書》，兒科著作，又名《幼科全書》《幼科捷徑全書》，題元·朱丹溪（震亨）著，明·傅紹章校。編撰年不詳。孤本現藏於上海圖書館。

一、著者與成書

據傅紹章序云，本書係從其『先大父遺笥中』檢得，『讀之則幼科也，再讀之皆丹溪姓字圖書』，並推測本書蓋爲丹溪『秘而弗傳』者。按朱丹溪著作，可以明確是其親撰者有以下八種：《格致餘論》一卷，《局方發揮》一卷，《本草衍義補遺》一卷，《風水問答》（非醫書）一卷，以上四種存世；《素問糾略》一卷，《外科精要新論》（或名《外科精要發揮》）、《傷寒辨疑》《宋論》（理學著作），以上四種已佚。著名的《丹溪心法》，則是後人據丹溪有關論述和醫案整理而成，並非丹溪本人親撰。此外，冠名丹溪的醫書甚多，如《丹溪心法附餘》《丹溪治法心要》《丹溪手鏡》《丹溪衣鉢》《丹溪脈訣指掌》《丹溪重修脈訣》，皆非丹溪親撰。還有一些題名丹溪的醫書，如《脈因症治》《活法機要》《胎産秘書》《産寶百問》《羅太無口授三法》等亦非丹溪所撰。不難看出，本書乃托名之作。傅氏所云於其『先大父遺笥中檢得，丹溪『秘而弗傳』云云，不過是故神其説，以高身價。其實，一部書的作者固然重要，但更重要的還是要考察書的具體内容及其學術價值。

至於書名，則爲傅氏從《周禮》『醫師十全爲士』之説，取名爲《幼科全書》，即實爲傅氏命名。書名冠以『太醫院校授』，似書商射利而爲。傅氏序文不談書之内容，不談醫理，傅氏似非醫家，撰者當别有其人，有待續考。署『豫章傅紹章精校』，知傅氏爲南昌人。序稱『書於金陵之富春堂』，則其時客寓南京。

二、内容與特色

全書凡四卷。卷一，首爲兒科基本知識，如觀形察色法、辨小兒脈法、論小兒治法；次述小兒常見疾病如胎疾、變蒸、驚風、嘔吐、泄瀉、吐瀉、痢疾、發熱、哮喘、咳嗽的證治。於小兒常見疾病，均有論列，也頗爲簡明扼要。如論嘔吐：『有物無聲曰吐，有聲無物曰嘔，有聲有物曰嘔吐。其症有三，有寒、有熱、有食積傷。』可謂條分縷析，要言不繁。而且不止於此，如論食積傷，更要細『分三焦明白』，『如食日（後）即吐者，此積在上焦胃口也』；『如食下一二時而吐者，此積在中焦胃下口過小腸上口處也』；『如早食晚吐，晚食早吐者，此食在下焦小腸口下過大腸上口處也』，分別提出相應治療方藥。又進而分析，如嘔吐久而諸藥不納，爲『胃口伏火關格之病』；如吐嘔出蛔蟲，當予理中湯加烏梅、附子、黄柏、川椒以驅蛔；嘔吐後瘦弱，則當調養之。對『諸吐不納藥』的頑症患者，認爲是『陰虛拒陽也，必加童便、猪膽』，以和理中湯服，則『陰體漸消，陽性乃發』。是本《内經》『伏其所主，先其所因』之旨，爲其獨到之秘。並鄭重表示：『非吾子孫不示』。

卷二前半論述小兒驚風，有小兒急救驚風記、看小兒生死歌、看孩童諸驚生死歌訣、認驚之法、看筋法、辨驚治法、看孩童法、法古辨嬰兒三關方脈、辨手筋色歌、形症歌、活法要訣、辨小兒生死、小兒死症十五候，爲諸病中記述最詳者。

卷二後半及卷三、卷四則專設痘科，詳論痘疹證治，内有原痘賦、治痘節要總論、治痘總括歌、預估小兒痘疹輕重歌、首尾皆宜汗下歌、通利大小便歌、痘疹脈候歌、不可汗下歌、不除熱歌、不可妄補歌、可表歌、四時施治歌，及痘疹伴發發熱、口渴、腹痛、腰痛、發搐、吐痢、譫語、四肢厥冷、失血、煩躁等數十症的證治，及婦人痘疹、孕婦痘疹，乃至痘後調理，細針密縷，論述詳密。

爲便於記憶，以利初學，編有大量詞賦歌訣，卷一記述常見諸病，幾乎每病皆以詞牌『西江月』韵文表述。如驚風：『小兒驚風症候，須分急慢根由。急爲實熱瀉凉求，慢是虚寒温補。急因風寒食積，慢因久病綢繆。如斯辨認不差繆，終顯神功妙手。』文字整飭雅馴，概括簡明得當，便學易用。

三、學術價值點評

小兒稟稚陰稚陽之體，氣血未充，病情變化迅速，稍有不慎，即易出現壞病。故前人有云：『寧治十男子，不治一婦人；寧治十婦人，不治一小兒。』敢不慎乎！小兒不能自述病情，無從問診，人稱『啞科』，向稱診治困難。故本書於小兒疾病，首重望診，卷一開篇即爲『觀形察色法』，從望診入手，瞭解病情。如驚風病，有『看筋法』，自述『又是一家科法』。其法取六分法，分别爲『赤筋，乃浮陽屬火』；『青筋，乃純陽屬木』；『黄筋，屬土』；『淡黄筋，居中分界屬土兼火』；『白筋，乃純陰屬金』；『黑筋，乃濁陰屬水』。對由此出現的症候，提出相應治法。而驚風分類中的天吊驚、内吊驚、馬蹄驚、鷹爪驚、担手驚、撒手驚、挽手驚、烏紗驚、鯽魚驚、肚膨驚、水眼驚、乂凳驚、坐地驚，其實都是依據望診命名的。

此外，本書編寫有略有詳，略如驚風之外的小兒常見諸病，尚不足一卷；詳如痘疹，篇幅居然有兩卷半之多，佔全書一半有餘。這個現象，值得注意。痘疹，即天花，是世界上一種嚴重危害人們生命健康的傳染病。一九七九年十月二十六日，聯合國世界衛生組織在肯尼亞首都内羅畢宣佈，全世界已經消滅了天花病。這是到目前爲止，在世界範圍被人類消滅的第一個傳染病。在中國，痘疹曾長期肆虐，貴如皇帝和王公大臣，也畏如蛇蝎，遑論平民百姓。康熙皇帝得繼大統，與其先前安然出過痘疹有關。兒科著作，痘疹是其必須涉及的題目。

本書書名《幼科全書》，既曰『全書』，而痘疹獨重，説明本書編寫刊印之際，正是痘疹横行之時，因此才會引起醫家的高度重視。明清兩代，痘疹著作風起雲涌，汪機的《痘治理辨》，魏直的《博愛心鑒》，萬全的《痘疹心法》，翁仲仁的《痘疹金鏡録》，朱惠明的《痘疹傳心録》，聶尚恒的《活幼心法》，歷歷可數，是爲其佼佼者。痘疹已引起社會的高度關注，明代著名思想家、政治家吕坤，在他的文集《吕坤全集》中，也收有所撰痘疹專著《疹科》。

在本書痘科，我們看到作者不厭其詳地記述痘疹的種種症候，諸如痘形稠密、黑陷、囂薄破損、潰爛不齊，痘色紫黑、紫紅、灰白，甚至痘瘡入眼，伴發嘔噦、吐痢、狂躁，驚搐、失聲咬牙寒戰，想到患兒的苦苦挣扎，醫生的焦灼困窘，真是驚心動魄，感嘆唏嘘。在天花疫苗出現之前，更多的是治療的乏術和無奈。

隨着天花的消滅，痘疹已經離我們漸行漸遠，當代醫家對痘疹的瞭解也日漸淡薄，對痘疹文獻的掌握更是缺乏。而作爲人類醫學發展史上的一種重要疾病，我們不應忘却。本書爲我們保留了一份既豐富又珍貴的痘疹文獻，同時，其中的辨證論治思想和診療經驗，對於其他疾病仍然具有參考價值。應當說這也是本書值得珍視的一個重要方面。

中醫古籍中的托名之作甚多，著名者遠的如托名華佗的《中藏經》，晚近如清代《陳修園醫書》二十一至七十二種，其中大量是托名之作。金元四家中，托名朱丹溪的著作最多，這反映了丹溪及其門人影響的廣泛和深遠，醫家和民間大衆對丹溪學說的普遍接受。是丹溪親撰固佳，但托名之作若確有真知灼見，亦不應忽視。《幼科全書》就是一部不乏精彩的兒科佳作。

幼兒雜症説要

孟慶雲

《幼兒雜症説要》又稱《幼兒雜症》《幼兒科説要》，兩卷。清代孫豐年著，清乾隆五十年（一七八五）劉葆初刻本。是書曾爲民國任湖南督軍的唐生智收藏，現藏於中國中醫科學院圖書館。

一、著者與成書

孫豐年，字際康，號小田子，清代兒科學家。南京人，從醫在乾隆年間。爲儒醫，中醫經典及内科功底醇厚。除本書外，作者尚撰有《治痘湯丸説要》和《治痘藥性説要》，此三部書合編爲《孫豐年先生幼科三種》。

二、内容與特色

書中討論了幼科雜症的六十七個理論問題和十則驗案，其中不僅四痓驚風痢等涉及温熱，而且上卷還有『温症温疫大瘟論』等專論，可見本書不僅僅限於雜症，而是作者對兒科重要理論問題的闡述。

理論精湛明晰是本書最突出的特點。小兒之生養疾病，自中古師巫《顱囟經》以後，始向專科醫學方向發展，自宋代錢乙始爲獨立分科。正如《四庫全書總目提要》所云：『小兒經方，千古罕見，自錢乙始别爲專門，而其書亦爲幼科之鼻祖，後人得其緒論，往往有回生之功。』宋以後改太醫院之少小科爲小方脈科，並隨着金元時期各家學説的争鳴，兒科醫師在許多問題上都有不同的理論見解，以此促進了兒科的理論發展。明清兩代的兒科，不僅理論更爲充實，而且對已往的争論問題，做了明確的論斷。本書正是以『説要』爲題，對歷代以來兒科的重要問題，如小兒體質、變黄、指紋、虚實寒熱、痙驚、痰證、五疳五積等，加以精湛而簡明論述。

三、學術價值點評

小兒體質，歷代醫家立論繁雜。宋代錢乙以『肝常有餘，脾常不足』

立論，明代萬全、薛立齋，清代張璐玉、陳復正等皆從之。然金代劉完素言小兒『純陽之體』，當用寒凉。明代王節齋也從其説，並言『小兒無補腎法』。元代朱丹溪繼劉完素理論，又發展『陽常有餘，陰常不足之論』，用於兒科謂『小兒真陽之體，稚陰不足』等，其弟子戴元禮從之。本書在上卷提出了自己的觀點，以『小兒陽常有餘辨』和『小兒無補腎辨』兩則，從陰陽體用和先後天兩方面進行探討。又據張景岳『小兒作嫩陽』的觀點，認爲如此則合宜小兒爲太極生生的生長發育特點。又引據《仙經》水生於火，易理『天一生水』之論補充。由此推論出小兒『保赤』（赤爲火，爲陽）的養治要點：『小兒爲先天陰陽之體，小兒陽爲嫩陽，保赤者其念諸。』

本書在『變蒸魅病未可盡憑論』中，對變蒸的概念做了合理性的解讀。『變蒸』一詞首見於王叔和《脈經》，《顱囟經》也有記述。係言小兒四個八日即三十二日爲一變，一變生腎；兩變六十四日爲一蒸，生膀胱。小兒經九蒸九變後臟腑始爲成熟。認爲是小兒發育過程中之正常生理過程。持此觀點者如宋代陳文中（《小兒病源方論》）、清代陳復正（《幼幼集成》）等人。唐代孫思邈則認爲變蒸屬病理的症狀。本書作者同意明代張景岳的見解，認爲嬰兒生長過程有此情況，但不能拘泥日數，其實質是『長養之機』，可謂一語中的。

對於小兒之診察作者最重視望聞，以『治幼首重望聞二診』爲全書第一則開篇。特別指五色五音配五臟的重要，並且在眉批中做重點强調：『五色之中，尤以黄色爲正。五岳之中，尤以鼻準爲要。蓋黄爲中央土色，鼻爲中央土位，鼻不失中央之色，其他部或青或赤或白或黑而苟有黄色隱於其内，病雖危篤，胃氣尚存，往往有可望之生理，幼兒慢痼久病，尤當識此』。以此爲判斷預後的要點。

作者對小兒之脈和指紋的診治價值做了確切的論斷，否定了『幼兒三歲以前無脈，憑指紋以决死生』的認爲小兒百病皆可取决於指紋的説法，指其爲玄虛之謬説。在『指紋辨』一則中，指出以手陽明之太淵之旁支與太淵同源指紋驗病，可據變易顯示本經病象，但擴大至十二經主病另立異説，則眩人心目，莫能置辨。特別是把太淵指紋之寅卯辰部位發揮爲風關、氣關、命關之三關診法，作者言『更難臆度』。包括張景岳的某些推演，作者也以惋惜之情予以駁斥，指之爲齊東之語。對於小兒之切脈，作者則最重視四脈，把四脈形象與四脈主病，又列出『陶節庵脈診扼要』，『陳飛霞（復正）總括脈要歌』，並在眉批上言：『雖屬片言，深得《内經》、仲景論脈，衹論陰陽之旨。』示人應牢記。

作者對小兒諸病病因病機及治療原則的闡述極爲精闢至要，常常是僅以一兩句話就持其大體。例如作者認爲小兒痰證最多，言道：『痰惟小兒最多，小兒脾未堅，易傷乳食，健運慢則痰生，故各藏皆能爲痰，而脾尤甚，脾爲太陰，痰亦陰質。小兒脾燥者少，脾有燥痰者則更少。』對小兒口水證論道：『小兒口水謂之滯頤，脾液出爲涎，乃脾胃虛冷。』

又如論及小兒先天後天時説：『腎爲先天脾爲後天在小兒尤爲切要。』中醫之學，醫案價值最大，是王充在《論衡》中所謂『事莫明於有效，論莫明於有證。』醫案有述證候，記經過，講理論，傳技巧之功。本書卷下附十數個醫案，在示範辨證論治、展示醫工技巧的同時，又有明確疾病概念、鑒别診斷的意義。例如對於痓、驚風、抽搐、瘛瘲等，《内經》《傷寒論》以降的諸多醫書，常因缺乏專有的定義，而給醫者造成辨證之困惑。本書在『撮記説中切要治驗項下』，以『驚風治驗三則』即『剛痓似驚風』、『柔痓變慢風』、『慢脾風』三種類型的治驗示人以規矩。諸證皆有項强、抽搐、瘛瘲、目竄、反弓，但剛痓爲太陽傷寒，風傷於衛，寒傷於營而致，用麻黄湯加苓半羌活法。柔痓爲太陽經證風傷衛的變證，用逆水挽舟之法以桂枝附子湯加參芪法治之。對於慢脾風之抽搐，其項軟，有胃腸表現，以理中湯增人參加附子治之。而小兒高熱驚風，屬於温病，當治從辛凉。

總之，孫豐年先生這部《幼兒雜症説要》展示了『醫儒相通，形神得兼』的豐彩。本書以理論精湛明晰，汲取諸家之長，方藥簡煉易用，語言華彩會心等方面，稱著於世。

幼科雜病心得

孟慶雲

《幼科雜病心得》二卷，作者佚名，是由清末醫學家陸九芝先生精刪點校，其子陸潤庠鈔録，此係手鈔稿本。以往未曾刊刻，也未見著録。稿本現存於國家圖書館。

一、著者與成書

陸九芝，名懋修，又字勉旃，號林屋山人，江左下士等，清嘉慶二十三年（一八一八）生，卒於光緒十二年（一八八六）。蘇州府元和縣人。是清代後期醫學家，《清史稿》有傳。其子陸潤庠，字鳳石，爲同治十三年甲戌狀元，官體仁閣大學士，曾主樞軍機處，也善醫學，領太醫院，慈禧、光緒請脈後的處方，須由陸潤庠核準。

陸九芝先世以科第顯，皆同醫學，是康熙二十四年（一六八五）會元狀元陸肯堂的六世孫。陸九芝自幼承繼家學，博極群書，爲咸豐三年恩貢，有七試省闈不售的經歷，任鎮江府訓導，候選直隸州州判，後既棄舉業，不求仕進，專攻醫學。以『世補齋』爲堂號者，蓋取《舊唐書·孫思邈傳》之贊語：『處非己任，貴爲世補』之義。陸九芝之學，一以仲景爲法，向學柯韵伯和尤在涇，自闢爲傷寒温病派。認爲温病都在《傷寒論》中，屬於《難經》所謂『傷寒有五』之一，吴有性、戴天章之論瘟疫也如是。臨證也全用傷寒之方爲治，輒有奇效。精研五運六氣，更力倡大運氣之説。太平軍攻戰江浙時，轉徙上海，教子讀書行醫，活人無算，陸潤庠金榜奪魁後居北京，就養山左學署。著有《世補齋醫書》等六種，又删定、摘鈔、輯録四種爲續集。又有《嶺上白雲詩集》《補張仲景傳》《隨筆所到》等十數種未刻或不存遺稿者。

陸九芝點校《幼科雜病心得》的緣由，他在書前親筆所書的簡短的叙言中已道其經歷：咸豐九年（一八五九）冬，作爲候補吏等待補缺之際，到浙中餘杭看望姑夫董寅谷，董寅谷字廣文，對他能繼承家學儒醫之業大爲欣喜，將其珍藏佚名作者的稿本贈與陸九芝，説讀此『可以幼人幼』。陸九芝將書裝入行篋之中隨身携帶。咸豐十年（一八六〇），太平軍攻佔蘇州，陸九芝全家避居上海青浦鎮胡海霞家。胡海霞字其炳，明經秀才。（《世補齋醫書》中，有一則著名的醫案，是用茯苓、黄連、丹皮、石膏、元明粉五味藥，治愈胡海霞的頑固性噦逆。）陸九芝避居途中，僅携帶《通鑒綱目》和幾種醫書，即有這部《幼科雜病心得》，他就用這些教授兒子陸潤庠。對此書，他既點校又删節。由他口授，陸潤庠録寫。陸潤庠以書法清秀名世，在頤和園的題匾和楹聯中都有所見。此鈔本以此也展示陸氏父子的手跡。

二、内容與特色

雜病之名，在《靈樞》已有專篇，僅指厥氣、心痛、衄、聾，以及項、腰、腹、膝部位的疼痛等病。而到東漢張仲景之際，諸病衹分傷寒和雜病兩大類。這種理論大致延續至今。明清時代，兒科論及雜病與内科所稱範圍有所不同。本書所言之『雜病』，概指除麻、痘、疹、痧外的其他兒科病。明清之際，麻、痘、疹、痧類，多列專科專病，本書則據證型列入相關門類。書分上下兩卷。上卷依病證列十九門，下卷論列諸方，共一百五十八方。

上卷十九門包括感冒門、咳嗽門、痰門、喘門、水腫門、腹脹門、黄疸門、嘔吐門、積滯門、泄瀉門、痢疾門、瘧疾門、血證門、汗門、頭痛門、腹痛門、淋證門、疝證門、驚風門。小兒諸多證大體堪備，病證名稱也通脱易明。對各門病證，是以分證論治的方式辨治的。例如感冒門分十二種證型：一傷風，二傷寒，三感冒夾食，四感冒夾熱，五感冒夾驚，六風温，七熱病，八瘟疫，九斑疹痧，十傷暑，十一暑濕，十二暑厥。從這一分證論治的證型可知，原作者的觀點與陸九芝的傷寒統温病的論説有一致之處，可以推測，陸九芝的學説是受了此書的影響的。其選方也是用諸治温病、瘟疫公認有效的方劑。例如感冒的第八種證型瘟疫，叙曰：『瘟疫一證，乃天地之癘氣流行，無論老少强弱，觸之即病。蓋邪氣自口鼻而入，故傳染之速，迅如風火。但邪有在表在裏，在陰在陽之分。其或發或攻或清，當因春風夏熱秋凉冬寒之各異，而隨人虚實量病輕重以治之。古法皆以攻毒爲急，以瘟疫之邪，自内達外，非若傷寒之邪，自外傳内故也。』對於應證選方，則述曰：『發以荆防敗毒散，清以普濟消毒飲，攻以二聖救苦丹。酌量合宜，庶有得心應手之妙。』

本書下卷所列的一百五十八方，皆係十九門病證所擇用的方劑，是僅一百四十六字，即把感冒瘟疫的理法治方叙述的明明白白。

常用習用之方，没有標引出處與劑量。我看本書有以下三個特點：

一是簡而得要，切中肯綮。以精闢通明的文字，解讀深湛的醫理，以作者之明，讓讀者能懂能用。

二是分證論治，清晰實用。把一病分成幾種證型的分型論治，在明清時代，已較多的見諸醫書，説明分證論治是辨證論治的發展。故然，依據三因之異要落實到證候，但把握證型無疑是辨證論治基本理路的框架，對於初學的人，實用而易記。

三是選方輒應，藥味相植。作者是富於臨床飽有經驗者，所選之方契合於證，效如桴鼓。方劑藥味精煉，多在七八味上下，多者不超過十五味，不用游移假借之藥，非此方不能治此證，非此藥不能成此方，足稱美備。

我看《幼科雜病心得》一書，可以作爲中醫内科、兒科醫生的案頭肘後之書。

徐氏活幼心法

孟慶雲

《徐氏活幼心法》六卷，常熟徐恂甫著，清光緒二十年（一八九四）何君娛鈔本，孤本現存於國家圖書館。

一、著者與成書

本書是鈔書者何君娛於清光緒十九年（一八九三）得到後鈔録，一年後告峻。對於他和作者的情況，目前僅能從何君娛的書後跋語中略知一二。何君娛字大湳，常熟虞陽人，居宅稱『醉月山莊』，又自稱醉月主人。從師於胡雲裁，『習醫三年，所得此書，據吾師胡雲裁説，是徐氏傳下，故部上書八字：「非有德者，切勿輕傳」，真秘書也。』跋語還説：『《活幼心法》一書，是琴川徐恂甫先生所著。』常熟別稱琴川，明清兩代載於史誌的徐氏名醫世家如繆仲醇弟子徐鵬家、董浜徐小齋家、虞山徐養恬家等，尚不了解徐恂甫與諸徐家的親緣關係，對徐恂甫的家世、經歷及其他著述情况也不得而知。但從本書所展示的内容來看，作者是理論博湛而富於實踐經驗的兒科大家。其書誠如何君娛在跋語所言：『小兒方法非止一端，分章旨，立議論，有歌訣，立要方。有驚須看虎口，有病須問乳母，因小兒無知覺，衹能嘑哭大叫，醫者必須望聞問切四字最不可忽略矣。』明清之際，小兒痘疹類疾病最爲流行，本書將其放在諸病首列。其書關於辨證，也未見有衛氣營血和三焦辨證之論，書中也未載清代初期温病學派的名方，可據此推測，作者是清代初期以前的兒科學家。

二、内容與特色

全書分六卷。卷首以『四知便蒙』開篇，後述虎口脈紋訣等六則心法。四知便蒙即以生、病、診、治四的四知所概述的兒科總論。卷二也是以兒科診法爲主的總論部分，包括面部形色、面部分五色訣至病證疑難等十三則内容，在病證疑難則中又列十四篇疑難病證。卷三從痘疹論起，以三十三則論病證、症候、逆順、禁忌以及治訣等。卷四論及從疳積至咳嗽等十一種病證的診治心法。卷五列從傷寒到腦症的二十五種病證的診治心法。卷六列從鼻病到霍亂的二十八種病證的診治心法，包括耳、鼻、喉、眼、丹毒、夜啼及各種雜證。凡屬幼兒之生理狀態及疾病，都可以從病、從證候、從症狀在各則中尋覓到論治。前二卷之總論與後四卷的各論互相呼應。全書有以下六方面的特點：

一是全面系統。卷一開篇之『四知便蒙』是全面論述小兒生長發育過程和疾病特徵的精萃。從天生地長、人與天地相應、人身小天地爲發端，『故稟天地陰陽氣，父精母血其成形。一月胚胎似露珠，二月大似桃花痕，三月始分男與女，四月形象俱分明……』，之後論及小兒變蒸即至周歲的嬰兒時期，男子八歲而曰齠，女子七歲而曰齔，十歲之外稱童子，生牙，行經，臟腑發育及人生旺、相、囚、休、否的生命過程，以及五臟、五色、五音、五液等與四時諸病的關係闡述得理哲清晰，釋解實際。尤其是對逐月變蒸的詳明解讀，察於微渺，與現代生理學觀察所見盡同。變蒸之論，自王叔和《脈經》首論之後，唐代孫思邈認爲屬病理，千餘年來各執己見。此書之論令人信服。

二是殊重實際實用。在理論上沒有把陰陽五行、臟腑經絡、四時六氣、四診八綱等做專則專篇闊論，而是揉到具體的診法和論治之中，在實用中講實際。對臨床病證的講述，也以多發病重危病做重點贍詳的闡述。對急危病證，迭出奇效方法以應治。如『穴道圖』後所附華山老人所授的『小兒回生急救方』曰：『凡小兒驚嚇中惡，以及風痰火閉，卒然死去，山陬僻壤，一時延醫不及，即揑小兒合谷穴，次揑老龍穴，一嘑即醒。倘不應則以艾絨搓緊如萊菔子大，於中衝穴灸之。此火一燃，則心中惕然而覺，若灸仍不應，百無一救矣。』

三是書以歌、括、賦、訣成章，通篇有韵。繼卷一之『四知便蒙』之後，卷二有『入門賦』和『脈病賦』兩篇有總論意義的賦。『入門賦』從小兒初生後，從骨體觀相，從五色察體質，從嘑哭推秉賦，從虎口之關判邪氣，以及小兒諸種多發病的診察治法要點，以賦一以貫之。『脈病賦』從小兒切脈要點，各年齡特徵，一直述到憑脈論治。『歌』多用於陳述，『括』則進一步總結概括。歌如『小兒病症歌』。『青黃白黑歌』中，五色各有主病歌。之外又有『雜色歌』。很多病證在其論治之後，用七言四句韵語『括』之，醒人而示重，如『鵝口瘡歌括』、『暑症歌括』等。在本書方劑的歌括最爲多見，對於所用的不是衆所熟知的方，或衹在本書中使用的新方，作者在藥的後面加以歌括，爲讀者使用和記憶提供便捷。本書的『訣』最爲精闢，其援用有二，一是對某一問題的至真要語，須牢記者，二是以短文要語總括他人的論述。前者如『痘瘡禁忌訣』：『小兒痘瘡症，禁忌必須知，瓜果教休喫，房勞總護持。月經難觸犯，客忤也非宜，啖冷防成瀉，食多恐不齊，甘甜並穢氣，莫犯始爲齊。』後者如『虎口脈紋水鏡訣』，是把唐代王超的《仙人水鏡圖訣》一部書中虎口三關的要點，概括成一篇訣，真可謂精約旨達。

四是診治一體，細要詳明。兒科之要，在乎診和治。全書把診、治、預後判定一事而論。作者的經驗，最繫小兒生命的當屬『四症八候』。四症者驚、風、痰、熱；八候者搐、搦、掣、顫、反、引、竄、視。在形象逼真描述各症候後，詳述演進過程、逆順及治療方劑的使用。四症中對每一症闡述也至爲細膩，如驚風也有四症八順候之論。對於病證的論治，一般是在簡述概念之後，按辨症法、診脈法、用藥法的『三法』程式闡述，每法都是知其要者，一言而終。也有的做了較詳細的分症而論治，例如咳嗽八症，實際是分證治之。對重點的多發病尤重視預後判定，如『痘疹七不治』一則，把出痘第一天至第十二天，逐日的詳細的録寫每天的病象及判定逆順的要點，同時歸納了七種不治的情況。這在古代既推助了醫生的責任心，也有利於對患兒家做出交待。

五是引選繁富，深心密意。作者繼承了宋代錢乙的『直訣式』著書方法，用自己的立論框架，以歌、括、賦、訣等文體容匯古今，特別是道家的兒科技藝。除前已述及用道家醫學的《水鏡訣》虎口三關指紋診法外，《八段錦》和《玉環集八段錦》《一指脈説》等都出自道醫兒科，本書保存了這些文化遺産。作者雖然廣學衆法，但並不滯於一曲。兒科自宋代以後又有流派的發展。如對於痘疹，錢乙近於凉解，陳文中偏於温補，朱丹溪乃折衷其間，解毒、發表、和中三者兼用。本書則據痘疹的病象採用化毒清養營衛調元爲主，據不同日期的表現加減用藥，無傷寒和温熱的偏弊。本書雖廣採衆家，但選方則極爲精湛，例如白濁衹選八正散、清心蓮子飲、五苓散三方。五淋證下，衹言：『其治不過分利爲止，五苓八正導赤清心之類，至妙選而用之』二十四個字。本書作者頗喜歡用飲子劑，如治腫脹，用分氣飲子、營衛飲子；治便血，用蕩紅飲子；治耳道腫痛流膿水，用犀角飲子；治口舌生瘡，用大連喬（翹）飲子等等，甚至説『散劑也可飲用』。這可能是作者的用藥習慣。本書對於小兒之龜胸鱉背、語遲行遲齒遲、自汗盜汗等諸雜證，皆有實用有效的治方，由是也可見這位大醫的宅心厚意。

總之，本書是一部內容全面而精湛的兒科專著，惜其成書以來未曾刊刻而廣泛流傳。

保幼新編

孟慶雲

兒科通論《保幼新編》全一册，係明初無忌先生所著，於朝鮮刊刻。是書朝鮮《李朝家藏醫書目録》未見，中國也僅存此孤本，孤本現藏於中國中醫科學院圖書館。

一、著者與成書

書刻於明萬曆三十三年（一六〇五），書首有號爲『勿齋病夫』盧光履的序。序稱昨年秋有僧人正訓者，示其明成祖時代無忌先生所撰的《保幼新編》一册，『論症製方最爲詳備』，『恐久而漫滅，蕩瓶鉢，付剞劂』。他攬閲之際，又與諸籍比較，見此書『其説源於古經，附以新方，删繁撮要，無浩博難尋之患。參運氣，化五行，察陰陽，看日時，對證輒效，如持左契。』爲保赤壽民，『殊而回甦之，共登慈航，同登壽域』而付梓。至今對於序者盧光履及著者無忌先生之生平事跡皆無從查考。從盧氏序中自謂及其人對醫學的理解和文筆，可推知他是一名關注醫學的文士。他把唐代孫思邈『寧醫十丈夫，難醫一小兒』之語稱『經曰』，這與中土僅把《内經》《難經》《傷寒論》等十種醫書稱『經』的習俗不同。又從版心魚尾中有十字花葉圖像及印本刻寫字體、裝禎形式等特點看，當爲朝鮮刻本，盧光履應當是李朝時代朝鮮人。書中的文字偶爾有按朝鮮習慣及文字刻寫者，如稱『壯火』爲『大火』，稱『少陽』、『少陰』爲『小陽』、『小陰』等。對此，閱讀時應予以注意。

二、内容與特色

本書分時病急證、雜病、瘡瘍及異常等三大部分。時病急證十九證，雜病五十三證，瘡瘍及異常三十八證，共一百一十證。目録後有四條例言叙及作者心意和小兒飲劑之要：一是治小兒病當證情未危而治；二是作者提示選方用藥，對妙緊之劑當考慮用家鄉所産藥材以製方，這一避用稀貴藥材的原則，大有益於鄉村居民之救治；三是提示診治小兒當

『病不過日』，小兒病以『驚、熱、風、痰』四證爲重，用藥當删其峻毒，取其和平之味爲通治之，每證皆立一兩個通治方，如有别訂，當加減一二；四是湯劑用量，一二歲小兒分五六次飲，五六歲小兒分二三次飲。全書理論性内容有『運氣流行』和『病源總論』兩篇。把五運六氣理論置於卷首，表明作者的重視，並説：『醫而不知運氣，如面牆而立』。此部份内容雖然衹有四頁，但論述得精要有創。分化氣五行、看日、看年、看節、看日時五段分述。這也是作者獨創的推演格局之體現。其看日者，以某日之干支相合，推得之天符、歲會、順化、天刑、小逆、不合、太乙天符（書中稱『符會合日太乙』）來推測預後。而在看日時一段，發揮了十二經主時理論。作者以時序推經絡病情，最後説：『况未語小兒之病，尤難辨某某經之所屬，保幼之家，不可以不知此也。』『病源總論』以五臟氣血虚實，論述驚熱風痰等諸證的病候病象，文字不多，却捷要而中的。

本書對小兒急證最爲重視，分列發熱、驚風、腹痛等，也包括刀傷小指、跌撲致傷、肛門皮塞等意外急證，每證都列有方藥和方法。其雜病和瘡瘍及異常諸證，所選用的方劑，有古代醫家習用的名方，也用捷便之單方驗方和鍼刺法。其中隨處闡示診法經驗和三關脈法，觀形色法和聽群音法。有的病證如胎熱（包括胎黄）辨證非常詳明，在加減鎮心安神湯主方下，分五臟熱、六腑熱、筋熱、血熱、氣熱等，每臟、每腑都分條列其症狀、加減藥物和劑量。作者認爲小兒變蒸雖爲益精神、長知覺之候，但因爲有汗吐啼驚之症狀，應當治療，用『惺惺散』主之。書中還對小兒常見之龜胸、龜背、解顱、五軟、疳積、齒久不生、行遲、語遲等諸證，都有確實可行的處方。卷最後的『稀痘法』，用於行痘之時，因毒熱重而痘顆稀少之危證，以免紅丸、獨聖丹、服梅花法、龍鳳膏及加減人參敗毒膏等爲治，可摧痘減毒，免生瘡疽。由此可見，《保幼新編》是一部醫理精要、簡明實用的兒科疾病防治通書。

正宗幼科

張明鋭

《正宗幼科》四卷，清·余濟川編著，清乾隆三十年乙酉（一七六五）德星堂刻本，孤本現藏於江西省圖書館。

一、著者與成書

該書爲清代新吴醫家余濟川輯著。余濟川，名念，奉新（今屬江西省宜春市）人氏，出生於世宦書香之家，其祖父澹園公讀儒書習舉子業，入外翰苑任宜黄學博。舅父兼實公鑾聲黌序（古代學校），名噪南郡。濟川幼聰敏而性情多静，喜游學，樂詩書，得補博士弟子員，然其樂醫藥，以濟人爲急，醫術漸臻佳境，尤以幼科名世。其學乃私淑於清初名醫喻昌。喻昌（一五八五～一六六四），明末清初醫學家，字嘉言，南昌府新建縣（今江西南昌市新建縣）西山朱坊村人，别號西昌老人。《清史稿》贊其：『才辯縱横，不可一世。』喻嘉言幼年聰敏，治舉子業，博通經史諸子百家之學。明朝滅亡後，他游歷於南昌、靖安等地。《江西歷史名人傳》指出喻嘉言在『順治十年（一六五三）前後』出游江、浙，受友人錢謙益之邀，移居於常熟城北虞山下，懸壺濟世，並在診務之餘課徒著述，直至去世。喻嘉言中年以後致力研習醫學，攻讀《黄帝内經》《傷寒論》等中醫經典醫籍，對其中理論頗有創悟。據《靖安縣誌》載：嘉言『居靖安最久，治療多奇中，户外之履常滿焉。』其醫名遠振，與張璐（字璐玉）、吴謙（字六吉）併稱清初三大名醫。先後著有《尚論篇》四卷、《尚論後篇》四卷、《醫門法律》六卷、《寓意草》四卷等。

正是喻昌蜚聲遐邇的名望，又加上余濟川與喻昌生活及醫療活動地域相近，因此受喻昌影響並傾慕於嘉言先生學術之情可想而知，故其在整理搜集喻嘉言有關兒科治療學驗的基礎上，淹貫百家之學，條次編列以成《正宗幼科》。

二、内容與特色

（一）學有所宗，補遺幼科

余濟川反復研讀喻氏所著《尚論篇》《尚論後篇》《醫門法律》《寓意草》等書，對書中獨到之處頗爲稱頌，以至於其專著《正宗幼科》通篇以喻氏爲宗，其大綱盡出喻氏之旨。以傷寒爲首，發喻氏之所未發，言喻氏之所未言。書中多處引用喻嘉言整篇醫論，如闢驚風論、五法六經證治、六經定禁等篇。該書補喻嘉言醫書中無幼科之憾，雖爲私淑喻氏，實繼喻嘉言之絶學者也。故此書名之《遵闡喻嘉言先生幼科正宗》，非爲托名之作，乃遵喻氏之旨，闡嘉言之學，故卷端署爲『新吴余濟川述』。

（二）旨遵喻氏，論有發揮

該書四卷余濟川皆遵循喻嘉言先生闢驚風、重傷寒的學術特點，卷首即列喻嘉言先生闢小兒驚風論一文，開篇明宗。並指出風寒中人必先入太陽經，病則筋脈牽强，而小兒肌肉、筋骨、臟腑、血脉具未充，腠理未密。風寒中之，多發抽掣，稱之驚風。時醫每以金石重鎮，此千百年之誤也。篇末余濟川提到先生在《寓意草》中與門人弟子諄諄提命，懇切詳明，後又列於温證之首，祇緣從前童幼一科狃成陋習，錯言驚風之病機，誤立驚風之方藥。然小兒實有驚病，多因小兒氣怯神弱，凡卒遇怪異形聲及驟然跌撲，皆生驚怖，此與傷寒抽掣、熱邪塞竅迥異。可見喻嘉言之醫論與余濟川之闡述，影隨聲應，相得益彰。

（三）博採諸家，條分縷析

考其終篇，此書乃余濟川遍讀歷代醫家幼科醫論和專著，輯録歷代醫家論治幼科之大成，書中所引書目如《證治準繩·幼科》《保嬰全書》《幼幼集成》《幼科鐵鏡》《幼科發揮》《活幼心書》《脾胃論》《内外傷辨惑論》等諸多有關幼科闡論皆有選録。如八痫篇中

『冷痢白積，熱痢赤積，冷熱不調，積下赤白，疳痢黄白積，或見五色，下無時度，驚痢青積下臭，休息痢糞黑如魚腸，愈而復作，痢停積又來。』節選於李梴《醫學入門》；嘉言先師六經定禁篇之用藥六禁：『凡治病服藥，必知時禁、經禁、病禁、藥禁。夫時禁者，必本四時升降之理，汗、下、吐、利之宜。大法春宜吐，象萬物之發生，耕耨科斫，使陽氣之鬱者易達也。』則選自《脾胃論》之用藥宜禁論。總之，通篇讀罷，可見諸家之論：元代醫家趙嗣真之《活人釋疑》、『北宋醫王』龐安時之《傷寒總病論》、明代醫家黄仲理之《傷寒類證》、南宋醫家許叔微《類證普濟本事方》、北宋醫家孫兆《傷寒方》及《傷寒脈訣》、金元醫家張元素之《醫學啓源》及《臟腑標本寒熱虛實用藥式》、明代醫家樓全善之《醫學綱目》等。全書引用歷代醫家醫論、醫案、方藥、診法等多達四十餘人，選録書籍共六十餘部，可謂琳琅滿目，並將所引内容精心分列到傷寒驚風篇、幼科診斷篇、幼科諸病篇、痘瘡篇中。條理清晰，文脉順暢，此真覽一文而得諸書之精華之謂也。

三、學術價值

本書清代新吴醫家余濟川輯著，余氏精於儒學詩文，曾得補博士弟子員，後專研醫藥，飽覽歷代醫藥經典，對清初『三大名醫』之稱的喻嘉言研究頗深，雖爲私淑，每稱先師。他深得喻氏要旨，以半生心血補喻氏無幼科專書著述之缺憾，並遴選歷代諸家兒科精要條列於《正宗幼科》一書，實爲集歷代兒科醫書之大成。更爲可貴的是，其中有些書如宋・孫兆著《傷寒方》和《傷寒脈訣》、元・趙嗣真著《活人釋疑》、明・黄仲理著《傷寒類證》等均已亡佚，本書已成爲這些書部分内容存世的稀有載體，彰顯出本書的文獻價值和歷史資料價值。且此書已僅存孤本，彌足珍貴。

幼科秘書

李鴻濤

《幼科秘書》六卷，又名《著石堂新刻幼科秘書》，清·孟河（介石）撰，清康熙二十一年（一六八二）寶光閣刻本，現藏於中華醫學會上海分會圖書館。

一、著者與成書

孟河，字介石，清代江蘇江寧府人。據《幼科秘書》何采序，可考孟河生於明天啓丙寅年（一六二六），至《幼科直言》（一七二六）刊刻時孟河被尊爲先人，故可知孟河當生活在明天啓至清康熙年間。除本書外，還著有《（新刻）幼科百效》六卷，《幼科直言》六卷（又名《幼幼指掌集成》或《著石堂新刻幼科直言》）。

關於孟氏兒科家學傳承，從書中序言可知，孟河所學承自其父孟起潛，爲家中第三子。金陵孟氏爲兒科醫學世家，綿延三百餘年，活幼無算，至介石公，男女大小症皆擅，而尤精於幼科。晚年編撰幼科診療心得，不秘其學驗，而成此書。《四庫全書總目提要·醫家類續編》言：『河，字介石，江寧人。世習幼科，其子東山承其業。』又據《幼科直言》孫嘉淦序言可知，孟河之子孟東山業儒，於儒而兼醫，其醫尤邃，『善繼先志而能仁天下』。孟河在書中立庭訓以警兒孫，言道：『古之良醫，明其道，不謀其利；行其義，不居其功。如若行堅言僞，欺世盜名，止足供有識者一嘆耳』。淡泊名利而安貧樂道。

經對比《幼科直言》，《幼科秘書》書前有四篇序言，《幼科直言》僅有一篇孫嘉淦於雍正四年所作之序。前六卷主體部分完全相同，而以《幼科直言》内容稍多。而《幼科直言》卷首多一篇『送方送藥説』，卷六内容又較《幼科秘書》多『白虎歷節風』、『發背勿藥良方』、『雜症驗方』、『頸項對口毒良方』、『久痢不止方』、『吞黑豆良方』、『痔瘡良方』、『壁蟢傷人方』、『治婦人兒風』、『治刺良方』、『洗浴用藥必分陰臟陽臟説』、『敷毒驗方』、『心口疼方』、『治中風口眼歪斜』、『大麻風癩疾』、『膈食病方』、『受蠱毒』、『華仙人稀痘良方』、『跌打刀傷方』、『去竹柴魚刺方』、『鵝掌風神效方』、『湯火燙傷』、『治一切腫毒疼痛難忍』二十六段文字，此部分似屬孟河之子孟東山附録的個人經驗。從兩部書的學驗傳承關係來説，《幼科秘書》刊刻於孟河在世時，而且版刻無多，未受到時醫重視，故此書流傳並不廣泛。相反，在其身後，經其子孟東山校訂重編之《幼科直言》，保留了其全部内容，又做了適當增補，而頗爲後世青睞，據薛清録先生《中國中醫古籍總目》著録，《幼科秘書》僅存此孤版，而《幼科直言》除清雍正四年（一七二六）刻本外，還有清嘉慶三年（一七九八）著石堂刻本，並且近代曹炳章將其收入《中國醫學大成》。

二、内容與特色

《幼科秘書》卷首首言論脈直言，卷一、卷二論痘症各證，卷三論痧疹及證治各方，卷四、卷五着重闡論兒科診療方法及生理變化，如小兒有病看三關虎口、小兒始生變蒸、小兒脈法、望色，以及兒科雜病證治，如嘔吐、泄瀉、急慢驚、五疳、痞疾、奶癖瘡、喘、汗、童子癆、龜胸龜背、吐蟲、解蟲、鼻衄、赤游風、疥瘡、風疹等四十四病。附有孟氏庭訓，卷六主要論列經驗雜方，如敗毒良方、易産良方及一切雜方。綜觀全書，孟氏兒科辨治經驗學有所本而又獨樹一幟，現將其學術特色舉隅如下。

（一）望色察形，綱舉目張

兒科，古稱啞科，並有『寧醫十男子，莫醫一小兒』之説，蓋緣小兒臟腑柔弱，易實易虚，且神智未全，痛苦癢疴難於表述，若遇倉卒急症，差遲毫釐，禍不旋踵。故自古以來莫非精專者，概不敢以此業鳴世。孟氏家族一脈相傳，業此科歷三世，可破《禮記》『醫不三世，不服其藥』之說。尤爲可貴的是，孟氏兒科正因爲在長期的臨床實踐中積累了豐富的臨診經驗，可嫻熟運用望色察形等兒科診法，故能做到診察精準，辨證確鑿，施治奏效。如其在卷四中列有闡述小兒持脈、望色、辨指紋形態的診斷專篇。持脈以浮沉遲數爲綱，有力無力爲目，並參考脈形之滑澀，應之於何部，以決病狀。望色强調『察其面色之神情，即知五臟氣血之受病』，辨青赤黄白黑變現之處以斷死生。小兒診法最足憑者，當屬食指指紋脈絡之形態，著者以七言歌訣形式，概其精要，如『色青應有傷寒症，若是空紅瀉定生』，將青紅二色變現於指紋的分證要領，講的要言不煩。

（二）痧痘疫證，宣肺泄腸

孟氏兒科世醫，其論治病再三强調『有雖病而不須服藥者，有宜攻伐者，有宜安守者，病家急欲求好，醫家又圖速效，兩家相急而致於壞者，此等不可不知』；又論『送方送藥，錯傳爲害』，則皆閱歷有得之言。同時，對於痧痘驚疳兒科險重症的辨治頗具心得。痧痘驚疳被稱作是兒科四大症，其中痧痘驚以其起病急驟、變化迅速、病死率高而被列爲兒科急症之首。而疳積又是影響小兒生長發育的、治療頗爲棘手的慢性病。孟氏兒科亦十分重視這四類疾病辨治經驗的積累，如對痘疹的治療不僅對於本症各症逐條予以辨析，而且對於變症和壞症的處理亦稱周全。痘疹即天花，雖然已經絶跡，但其辨證論治的思路，仍然可以爲其他傳染病的中醫藥防治提供借鑒。痘疹和痧症其主要表現都在皮膚，中醫認爲肺主皮毛，部分醫者往往囿於『熱病下之過早，引邪深入』之説，而畏懼熱利並見，但孟氏兒科通過長期臨床觀察認爲，治療痘疹和痧症，並不忌諱下利，或用瀉藥，認爲『痘前作利，毒隨利減，此吉兆也』，『痧毒盛，多有發熱，躁亂不安，必用大黄、玄明粉行利後，方能現出，大腸通利，肺熱清減，方能透達於外』。可謂實踐出真知。

（三）驚疳雜症，調脾和胃

宋代兒科名醫錢乙認爲，小兒脾常不足，肝有餘，所以小兒之疾當以脾胃爲核心，並兼顧五臟。孟氏治療驚風，分爲急驚和慢驚，急驚責之於心火肝風脾痰而致清氣不升，濁氣不降，官竅閉塞。治療宜行清涼行痰之劑。用醒風湯、凉肝散、清氣化痰湯、抱龍丸或牛黄丸，或自製牛黄鎮驚錠子。慢驚責之於禀賦不足，或病後體虚，元氣不足，神不歸經，或饑飽失常，内傷脾胃，乃因虚生風，宜健脾補中，緩肝柔肝，不宜戕伐。而選補中益氣湯、附子理中湯，或自製加味逍遥散。對於疳積的治療，認爲兒科中雖有肝心脾肺腎五疳之説，但孟氏幼科認爲此證『總因氣血失調而起』，故在臟腑辨證選藥施治的同時，念念不忘培養小兒氣血的生長。又因『脾胃爲氣血生化之源』，故五疳的治療均不離健脾和胃、益氣和血。

三、學術價值

前已述及，《幼科秘書》與其稍後刊刻的《幼科直言》，傳承關係甚密。既然《幼科秘書》主體的全部内容已爲《幼科直言》全部收録和傳承，那麽後世關於《幼科直言》的評價，《幼科秘書》亦當之無愧。《中國醫籍通考》言：『《幼科直言》，載録於乾隆元年《江南通誌》。嘉慶三年新鎸本扉頁題作《幼幼指掌集成》，並有「是書採百家之精蘊，集群賢之奥旨，果能專心致志，自可起死回生，識者診之。天士謹識」等語。而其首頁則題云《著石堂新刻幼幼直言》。』《中國醫學大成總目提要》評價道：『以淺顯之文，達幽深之理，雖村翁老嫗，亦能讀之，日直言者，以直言無隱，簡而不繁，質而不華，介乎淺深之間，狀難明之症，傳經驗之方，按其方而治病，百無一失，足使舉世之稚兒無夭枉之患。』

綜上所述，此部清康熙寶光閣刻《幼科秘書》，爲孟河在世時刊刻的孟氏家族兒科經驗的最早傳本，刻工精美，字大疏朗，堪稱善本。

橡村治驗小兒諸熱辨合刻

李鴻濤

《橡村治驗小兒諸熱辨合刻》二卷，兒科專著，由醫案著作《橡村治驗》和醫論著作《小兒諸熱辨》兩書組成，清·許豫和（宣治）著，現藏於中國中醫科學院圖書館。

一、著者與成書

作者許豫和，字宣治，號橡村，清代乾隆嘉慶年間歙縣人，新安醫家。少年時棄舉子業，致力於醫道，十五歲嘗從邑名醫程嘉予習醫七年，又受業於黄席有、方博九。其於諸書無所不窺，醫名著於郡邑，就診者履滿户外，而以擅長幼科尤爲稱著，享年近九十歲。積六十餘年之經驗，撰著《許氏幼科七種》，包含有《幼科痘疹金鏡録》《橡村痘訣》《痘訣餘義》《怡堂散記》《散記續編》《小兒諸熱辨》《橡村治驗》。作者臨診幼科以來，每日診治少則十數、多則近百之患兒，其中病熱者十居八九，故而對於各種小兒熱病積累了豐富的經驗。同時，又感慨時醫者不察古人論辨，偏執通套方藥，實實虛虛，草菅人命的敷衍醫風，因此結合臨床治驗，不顧寒窗夜永，筆之成書。

二、内容與特色

《橡村治驗》記載了許豫和治療的疑難病案五十五則，且較有心得者往往隨案附論。如驚風發搐録十症附論七條，暑風發搐附論十條或問五條，又有丙申長夏附論暑風，頓嗽附論一條，腫脹附論兩條，痢疾附論一條，丹痧癍瘡附論一條，並記有兒科三難二險、用藥須知及小兒初生病，誠皆經驗之談也。覽觀此卷，兒科難症辨治自可有所領悟而會然於心。

《小兒諸熱辨》爲醫論著作，列有醫論二十篇，除十篇雜論外，主要詳述兩大專題，一爲小兒外感或内傷發熱諸證，一爲小兒驚風發擿。其中驚風論闢除俗見，而分爲虛實，以急驚慢驚分別立論，可謂傳承自古人，又有個人獨得之真知灼見。此外，許豫和於小兒熱證着墨尤勤，許氏認爲『小兒之病，惟熱爲多。外而風寒暑濕燥火之乘，内而乳食生冷甘肥之滯，以及驚恐跌撲、麻痘丹疹，莫不由熱而生。』圍繞小兒因熱致病列有醫論六篇，上自《内經》，下至歷代先賢諸家，凡有關發熱論辨，皆結合小兒熱證予以剖析詳辨。其學驗特色有三：

（一）治外感發熱，察小兒之體，辨六氣從化

許氏結合經驗所得認爲，雖有四時氣運不齊，但外感發熱其因與小兒純陽之體關係密切。蓋小兒純陽之體，六氣外感皆可從而化火。雖屬火證，但當辨其在何臟腑經絡，氣分血分，並參以兼症。然後根據患兒體質虛實，斟酌使用甘寒苦寒之味。並對治療熱病中的『視芩連知柏苦寒若砒鴆』『久熱陰爍誤用發散消導』兩種俗成之見予以批

判，認爲治療當求其本而治之，『風化爲火，火静則風熄；暑化爲火，火退則暑平，若專事疏解則火勢愈甚而驚作矣。』因於風者，宜疏散；因於寒者，宜温散；因於暑者，從暑治；因於濕者，主平胃；因於燥者，或清燥解肌，或甘寒滋潤；並認爲丹痧麻痘瘖疥之類乃一類特殊濕熱之邪，其往往鬱滯於營衛之間，故發熱久久不去。治宜疏托之中，加以和營利濕之品。

（二）療内傷發熱，診致病之源，分積滯驚恐

小兒以其臟腑未實、神氣未全，内傷發熱多由乳食積滯或卒受驚恐，致胃氣或神氣浮越而成，或積滯鬱久而發熱，故許豫和認爲當詳診致病之源，於其中推而求之，治療方能應手。因於傷乳過飽而作吐，吐則胃氣浮，浮則生熱，故禁用發散，當予節乳消導；因於傷乳而泄瀉發熱者，當辨有無火熱鬱積，有者消乳之中佐以清熱解毒，無者但行和中；因於傷食發熱者，當辨新久，新者消導，久而漸傷積

久，生寒生熱，時困時好，肌瘦膚枯，痞結腹大或渴或利，或雀目生翳，或頸項生核，或吐利蛔蟲，或吃泥土生米、布炭鹽花等物，以致午後潮熱，清晨指冷，最爲難治。許豫和指出此等發熱當先益其氣而後磨其積。因於驚恐而發熱者，驚則氣散，氣散則神浮，其熱必夜甚，且無外感内傷形症，治當分辨虛實，虛者濟養，實者定鎮。

（三）詳雜症從屬，析寒熱異同，明温清之别

本書爲辨治小兒熱證的專著，許豫和擅長治療小兒熱證在於其能够明辨小兒病證之屬寒屬熱，因寒熱温凉衰之以屬，而致和平，故收佳效。《小兒諸熱辨》中設有『辨諸雜症之屬熱者』『辨諸症之有寒有熱者』『辨寒症之當急温者』三篇專論，對於兒科疾病常見症狀屬熱屬寒予以辨析，並且述列了治法和宜選藥物，如其中囟填熱證、虛熱證、痢熱證、疳熱證、痿熱證等病證的治療方案可謂一語中的。識得寒熱異同，方能正確使用温、清二法，許氏在『辨寒症之當急温

者』亦有明言。可見其臨證能够精審寒熱，故此方能善治寒熱。

三、學術價值

此書爲名醫許豫和闡述臨證經驗的主要著作，醫案與醫論交相輝映，相得益彰。其中兒科病證注重辨識體質，立論重火，並反對濫補尤其對於新安醫家每以擅長温補著稱之現象，然書中亦不乏點明有屬於寒凉而當予急温者。故此書可作爲研究許氏兒科學術思想的重要素材。

眼科六要

余瀛鰲

《眼科六要》一卷附方一卷爲晚清眼科專著，清·陳國篤（厚溪）撰，清咸豐元年（一八五一）貴州胡霖刻本，孤本現藏於中國醫學科學院圖書館。

一、著者與成書

作者陳國篤，貴州遵義人。其父陳德圃爲貴州名醫，國篤幼承家學，長繼父業，尤精於眼科，其天資、學力兼備，懸壺多年，後撰成《眼科六要》，由胡霖澍捐資付梓。

二、内容與特色

陳氏此編，突出『以因分證』，闡述方治則以簡要、實用爲特色。他在自序中説：『六要者，曰風、曰火、曰血、曰水虚、曰火敗、曰神勞，此六者，眼病所因也』。並指出：『眼病雖多，六要之説莫能外也』。陳氏在本書中闡述的有關眼病病因説，可謂執簡馭繁，獨樹一幟，對於中醫眼科學辨證論治體系的構建與完善具有重要學術價值。

此書於論述病證前，列有『五輪分屬五臟』、『目者肝之竅』、『眼病當分虛實』等總論內容。在『眼病多鬱』一節謂：『凡眼病多宜解鬱』並列舉有關常用藥物對各類鬱證之作用，並對前人學術經驗作了歸納性的闡析。在『眼病易治難治』一節，指出某些眼病易治，某些眼病難療，使讀者對眼病的治療和預後有一個整體性的認識。

其後介紹眼科病證，作者的主導思想是『列症標名，惟取簡易』。自『目赤』至『小兒因痘因疳』共四十證，每一病證，以闡述因證、治療爲重點，選方力求少而精，使讀者易學易用。須予指出的是：此書對『翳膜』病論析有新意，陳氏謂：『凡眼生翳膜，多因風熱而致。或血盛血積，與夫小兒疳積，痘後亦皆生翳。總之，乃肝氣過盛而致。翳雖因熱而生，然治法宜先去翳而後去熱』。並批評前人以翳之部位、形狀而致命名之紛雜。認爲應根據病因之『風、熱、血』，將翳證分爲氣翳、血翳、蝕翳、陷翳、黑珠翳、膚翳、疔翳七種。同時分别列述其病因、症候及治法，對後世學習眼科翳證臨床甚有幫助。後附《眼科六要》滙方目録，計内服諸藥三十九方，點眼諸藥五方，洗眼諸藥三方，共四十七方。體現作者選方之精要，以及對眼科證治『由博返約』的學術思想。

銀海精微補

孟慶雲

《銀海精微補》四卷，清·趙雙璧（字公瑶，號景陵）著，清康熙十二年（一六七三）由奉天府安東衛刊刻，孤本現藏於中國中醫科學院圖書館。

一、内容與特色

關於本書的學術傳承與研究，應當與眼科名著《銀海精微》對照研討。古代醫學著作取名，不乏用典文雅，《銀海精微》即是顯例。道家稱眼目爲『銀海』，宋代文學大家蘇軾《雪後書北臺壁詩之二》有句云：『凍合玉樓寒起粟，光摇銀海眩生花』，《四庫全書總目提要》認爲《銀海精微》的書名與此有關。《銀海精微》舊題爲『唐·孫思邈輯』經衆多學者考辨，實係僞托，除唐宋著録不載，序文與《仁齋直指方》雷同和採用金元以後的歸經説等依據外，東坡詩句也是證據之一。作者雖是僞托，但並不影響其在中醫眼科學發展史上的重要地位。是書首論五輪八廓，並附圖示，其診法和病象描述系統而形象，又分述八十餘種病證，載方一百零七首，還採用問答方式闡述要點。書爲眼科醫家之肘後。

採用註或補的形式撰著書籍，體現了學術傳承與發揮的特色。本書作者趙雙璧，其醫學理論，在折衷諸家同時更有創見，如他用的五輪八廓從臟腑定位到八廓功能，不僅和《銀海精微》不同，就是和現今的眼科教科書也全然不同，比較起來，倒是趙氏所持之論有很强的實踐性，能够做到診治一體。

二、學術價值點評

本書卷一所載的《鈎割針烙説》，是作者的創新精華，如果説中醫的眼部手術一直是作爲技術來承傳的話，那麽，此篇論文則標誌眼科手術學的成熟。本書所推重的幾個理論，如《素問·六節藏象論》的『亡血過多説』、劉河間的『目昧不明説』，彭用光的『立方開方説』和張子和的『目刺血説』等都有很强的實踐性並『理則無窮』，但時至今日已漸被疏落了。本書中有『推人神所在法』與『推逐時人神所在』乃是中醫時間醫學在眼科的應用，也很值得鑑留參討。閲讀本書才知道眼針療法亦淵源於此。

本書稱『補』而不言『註』的緣由，正如他書中所言『書必補而後精義始備也』，其書是名副其實的補精微而非註精微。全書分四卷，一卷述理論。二卷講臟腑用方及藥，他很注重用單方，也詳述了用於眼科諸藥的功效與藥用，内障之病也在二卷。三卷述外障，以七十二問答（實則只列五十五問答以合大衍之數），二十三歌訣的形式撰著。四卷爲《簡易便民方》。書前有本書詳定者，安東衛經歷官王璘胤書寫的序文。作序人親見他用手術使三個雙目失明患者頃刻復明，對他的技術有『神人異授』之驚讚，對他妙不可思議的針法，深恐廢絶，因而支持他刻書。書尾有李澄中、丁泰、楊蕃三人分别書寫的《跋》，也稱讚他在安東行醫的奇績。跋語的書法與文學價值皆高，也耐人閱讀。

總之，作爲清代早期的一部理論與實用價值皆高的中醫眼科專著，若深入研讀本書並能付諸實踐，定會對當今業已失傳的中醫眼科技術和理論有所搶救與發揮。

新編鴻飛集論眼科

鄭金生

《新編鴻飛集論眼科》，不分卷，爲明·胡大成傳録，其玄孫胡廷用新編，初刻於明嘉靖三十五年（一五五六）。其書列六十二眼症，分别述其主症及治法，簡明實用。孤本現藏於日本國立公文書館内閣文庫。

一、著者與成書

《新編鴻飛集論眼科》卷首言：『昔有日華子，北齊雁門人也。幼年好游獵。忽一日，同行數人各執弓矢，出於雁門嶺南，見征鴻數隻飛過，墜於道傍。日華子又張弓而射之。群雁皆棄所捨廬，去書二卷。日華子收之，乃覽其文，是昔時黄帝、岐伯問答論眼症書，故曰《鴻飛集論》。』基於這一典故，日·多紀元胤將該書著録爲《日華子鴻飛集論》一卷。但實際上，該書並没有將作者托名日華子撰，其卷首署名爲『浙江胡氏南淵編集/書林劉氏日新堂刊行』。所以《聿修堂醫書目録》著録本書爲

『明·胡廷用撰』。《躋壽館醫籍備考》還辨析説：『按是《褚氏遺書》《鬼遺方》之類，後人精眼療者，僞托日華子，以奇其事而已。』《褚氏遺書》是宋代一部托名南齊褚澄所撰的醫書。《鬼遺方》即《劉涓子鬼遺方》，乃南齊龔慶宣編訂，其序也講述了晋末劉涓子射鬼得遺書的故事，與日華子射雁得遺書有相似之處。所以，『鴻飛』典故中的日華子，也衹是一個傳説人物，與本書的來源無關。

明·焦竑《國史經籍誌》記載有『胡大成《鴻飛集論》一卷』，其書名與本書一致。本書序中介紹該書傳承過程爲：『至如浙江胡大成，太醫院御醫，得此家藏眼科寶，不私其書。今六十一世玄孫善志胡廷用傳録。』據此記載，該書當爲浙江籍太醫院御醫胡大成得此眼科書，以爲家藏之寶。後其玄孫胡廷用（字善志，號南淵）再予編集，首刻於明嘉靖三十五年（一五五六）。該書扉頁題爲『太醫院傳七十二症明目仙方』，其中的『太醫院傳』，即由胡大成爲太醫院御醫而來。由序言記載推斷，胡大成得《鴻飛集論》，大約在十五世紀中。該書序言行文語氣，似爲書商所爲。其中提到『然惜其方奇驗而無（圖），難明其眼形相。七十有二，依目附焉。既成於書林，如撥雲取日，以廣其傳』。因此，也可能該書的眼圖由書商後加。

該書雖然在中國已不傳，但在明代的書誌中還是有記録的。前述《國史經籍誌》所載的胡大成《鴻飛集論》，以及明·殷仲春《醫藏書目》著録的《鴻飛集》七十二問，都應該是指本書。可見該書在明代是有一定影響的。

二、内容與特色

該書的内容大致可分爲兩大部分。其一爲論説與歌訣，其二爲具體眼病。

根據該書的序言與扉頁記載，眼科七十二症應該是該書最早的、也是最主要的内容。但檢視該書的眼病，衹有六十二種，比扉頁及歌訣中提到的七十二種差了整整十種。其原因今已無可考。

至於眼圖、論説、歌訣，可能都是在該書刊行時後補的内容。其論説爲『五輪八廓論』，這是明代眼科書經常引用的一種理論，但是在具體眼病中，並未涉及。

在『五輪八廓論』之後，是『七十二症内外障眼詩訣』。該訣又分三篇，次第爲『内障受病訣歌』、『中篇詩訣』、『下篇詩訣』。但仔細考察這三篇詩訣，却全談内障，並不涉及外障。這三篇内障詩訣中，又主要談的是針撥内障的適應症、術後的護理等内容。正文没有專門談針撥内障的手術方法，因此這三篇詩訣與正文的眼病似乎脱節。細考這三篇詩訣，又與《秘傳眼科龍木論》中的『龍木總論』有許多相似之處。例如，本書的『内障受病訣歌』，類似於『龍木總論』的『内障眼法根源歌』；『中篇詩訣』類似於『龍木總論』的『針内障眼法歌』；『下篇詩訣』類似於『龍木總論』的『針内障眼叙法歌』。綜上所述，本書的這些論説及歌訣，似乎是後來補編進去的内容，與具體眼病診治的聯係較少。

該書的精華是六十二種具體的眼病。其内容格式爲眼病之名、眼圖、問答、方劑。

考察該書的眼病名，雖然也有與《銀海精微》等明代眼科書相似甚至相同者，但絶大部分並不相同。其眼圖多千篇一律，純粹是書商爲綉梓裝飾而補，無法發揮輔助診斷的作用。

眼病的正文，一般先叙一句治療總則，再引出問答。所謂治療總則，既有用藥總則，也有治法總則。例如『冰霞翳障』用藥爲『陰一陽一』，『拳毛倒睫障』治法爲『用夾，看膜厚薄』之類。

所謂『陰一陽一』、『陰三陽七』等用藥法，在本書中並没有詳細解釋。考《銀海精微》卷下『丹藥和論』有『陰丹』、『陽丹』的製作法。這些丹藥主要用於外障，用來吹翳膜。具體用法是『以陰陽動静用之，或可加可減，斟酌膜之厚薄，翳之遠近。假如年久翳膜厚者，加以陰丹，減陽丹；若使翳膜薄者，或乍發不久者，又加以陽丹，減以陰丹。外障諸症不出此藥。』所以，根據翳膜厚薄、時間遠近的不同，陰丹、陽丹的配合比例也就有不同。《銀海精微》介紹的比例有對交（五五）、四六、三七、二八、九一等。本書則用前述『陰某陽某』的格式與以表達吹點翳膜的用藥比例原則。

在此之後是一組問答。回答的內容主要是介紹病因、主症、治療注意事項以及建議服用的藥方。試舉『冰霞翳障』爲例：『問曰：人之患眼冰霞翳障，何也？答曰：此眼患之時，皆因肺臟熱在肝，肝家受風，當發熱不定，致令烏睛漸漸生翳，白色，濃淡如水之相。不宜劆洗鈎割，宜服克刷子散。』然後在另一頁出示一個或幾個方劑。

綜觀該書各眼病，其介紹都十分簡單，但對治療當用外治（劆洗鈎割等）還是内服，都有明確的記載。

從内容來看，《新編鴻飛集論眼科》確實不如明代的《銀海精微》等書更全面豐富，但該書在明代眼科書中屬於較早的一種，仍然值得深入研究。明代眼科醫書的數量有了長足的發展，但其學術傳承的源流至今不是很明了。從今存的刊刻年代來説，本書屬於比較早的一種，對考察眼科發展源流有其一定的作用。其書方劑雖然不是太多，但均頗爲實用，也可爲當今中醫眼科臨證提供參考。

明目神驗方

鄭金生

《明目神驗方》是明代中期的眼科書，撰者佚名，今存明弘治十三年（一五〇〇）刻本。該書的主體爲六十二種眼疾的診治法，其中眼科方劑的内容尤爲豐富，對考察明代眼科書的發展具有重要意義。該書在國内失傳已久，現存於日本國立公文書館内閣文庫。

一、著者與成書

該書的原作者不明，據書中江源序，其流傳情況大致如下：該書最早的來源，是『黄州府判饒君鐸乃翁得之遼陽一老兵，但不知創於何人。老兵以眼科鳴世，累試累驗，真醫目之奇書也』。於是該書首次在黄州郡齋刊刻，屬於地方官府刻本。此本後來又再刻於南京民曹公署，三刻於陝西藩省。明大臣、巡撫江西都御史韓邦問得到了陝西的刻本，久藏於笥篋。明弘治十二年己未（一四九九），韓邦問任職廣東，將此書授給番禺郡守高天章，次年由『江西等處承宣佈政使司』重刻。

在該書流傳過程中，一個重要的人物就是韓邦問。考《四庫全書·浙江通誌·卷一百六十》，邦問字大經，原籍浙江會稽，明成化五年己丑（一四六九）進士（見《明清進士題名碑録索引》）。他在游宦各地時得到了《明目神驗方》，最後在廣東刊行。據以上流傳過程推算，該書可能在十五世紀中，甚至更早已經成書。這一明確的流傳年代表明，該書早於明代其他著名眼科書（如《秘傳眼科龍木論》《銀海精微》）現知的刊刻年代，因此很值得研究這些眼科書之間的學術傳承關係。

該書在明代的書誌中已有著録，可見於明·周弘祖《古今書刻》、明·殷仲春《醫藏書目》。但清代書誌及當今國内也未見該書著録。

此本現藏日本國立公文書館内閣文庫，有明弘治十三年（一五〇〇）江源『明目神驗方序』。卷首署爲『弘治十三年歲在庚申秋八月江西等處承宣佈政使司重梓』。從該書的印章可以推測，此本原藏日本江户醫學館，後歸日本政府。據王鐵策先生考證，日本醫學世家多紀氏《聿修堂醫書目録》曾記載有一部寬永十七年（一六四〇）的該書鈔本，雖下落不明，却能説明本書在一六四〇年以前就已傳入日本。多紀元胤《醫籍考》也著録了該書，衹記載『亡名氏《明目神驗方》，《國史經籍誌》，未見』。也許他編寫《醫籍考》時（十九世紀初），《明目神驗方》還没有入藏江户醫學館。該書之末有『劉元昕』小方朱印，元昕即多紀元胤之子。因此，該書確有後來歸藏江户醫學館的可能。

二、内容及特點

該書大致分三個部分。第一部分是眼科理論，第二部分是眼疾診治，第三部分是治眼方藥。

第一部分内容主要有：目疾證候總論、論五輪主病根因、論五輪病證、論八廓病證、論五臟所屬輪廓貫通、五輪虛實用藥法。此外還有五輪所屬主病之圖、八廓所屬主病之圖兩張圖示。這部分内容中的『目疾證候總論』，用七言詩的形式總括了眼疾的主要證候。考察其内容，與明代葆光道人《秘傳眼科龍木論》中後附的七十二問非常近似。雖然後者是問答體裁，但其内容却基本是一致的。究竟是《明目神驗方》將《秘傳眼科龍木論》的問答撰爲詩歌，還是《秘傳眼科龍木論》將《明目神驗方》的歌括演繹爲問答，還有待進一步考證。但可以肯定的是，這兩書的學術上存在淵源關係。

這部分理論内容中，大量引用了五輪八廓劃分眼疾部位法。其内容經核對，與明代後期流行的《銀海精微》非常相似。尤其是五輪所屬主病之圖、八廓所屬主病之圖，基本一致。《銀海精微》今存最早的刻本是明萬曆本，晚於《明目神驗方》。因此，《明目神驗方》與《銀海精微》之間的傳承關係很值得研究。

第二部分眼疾診治的内容，是該書的主體部分，共收録眼疾七十二種。每種眼疾先出一名，下附眼圖，圖下再出解説文字。其文字内容大致順序是：先用幾個字表述該病的病因，再撰寫七言詩一首，講述症狀、治法及其要領。最後是應該採用的藥方名稱。雖然其内容極爲簡略，但却非常實用，重點突出，易記易誦。

將《明目神驗方》的七十二症與《秘傳眼科龍木論》的七十二症相比較，可以看出，兩者肯定存在同一個學術淵源。其表現不僅在於許多眼病的名稱十分相象，而且許多眼病名的排列順序也大致相同。但不同的是體裁不一、詳略差距較大（《秘傳眼科龍木論》非歌訣體，文字更多），有些眼疾名稱與内容並不全同，治法方藥差别更多。這兩書在論眼疾方面的關係，還有待查考。

該書最後一部分的内容是羅列治眼方藥。其中，『明目諸經丸散類』有一百三十六方，『分類藥性品目』則按二十一類功效集録了四百一十五個藥名。此外眼科外用方有四類，包括『明目洗眼藥類』（二十一方）、『明目敷貼藥類』（九方）、『明目搐翳藥類』（四方）、『明目點藥類』（十二方）。共計有一百八十二方。這些方劑，包括多種成藥、外用藥，多數均爲實用有效之方。但這些方劑中，多數衹出示方組藥名，對製劑的詳細過程介紹較少，是其不足。

總而言之，該書是明代一本實用眼科書。其書診治眼疾所用的方法其實包括了藥物與多種外治法（包括金針撥內障、刀鐮鈎割等）。但因該書述病之診治時，採用了歌訣體裁，限制了對某些手術的詳細解説，因此給人的印象是重藥治、輕手術。此外又因該書是僅存於世的孤本，以往學者幾乎無人關注。書中記述的很多實用的中醫眼科方治仍然值得深入發掘和利用。

眼科啓明

楊國英

《眼科啓明》二卷，清·鄧雄勛（捷卿）撰，鄧逢時（少捷）參訂，清光緒十一年稿本，孤本現藏於廣東省立中山圖書館。

一、著者與成書

著者鄧雄勛，字捷卿，籍貫廣東南海，清代同治光緒間人，師從一僧人學眼科針灸刀割之法，撰《眼科啓明》二卷，其餘生平事跡未詳。《眼科啓明》爲未刊稿本。作者自述受先嚴之命『不爲良相，亦作良醫』，故儒學之餘，旁及醫書。家姊因患眼瘖疾，延請多醫而未能稍效，經友人介紹一僧人診視，調理得愈，遂爲之醫技折服，在其父命下拜僧人爲師，並得僧人授以内外障治法，但『僅有法傳，而無書傳』。鄧雄勛因致力於舉業而始終未以此術行世，但不時以師傳之法救療親朋罹患目疾者，皆效如桴鼓。當著者年近六十後，恐師傳之法彌散無傳，故

『博採群書，妙術妙方，匯成一書，顏之曰《眼科啓明》』。

二、學術傳承研究

全書共二卷，目錄中載卷一爲五輪八廓、經脈、七情、内外障、選藥用方、治法及大眦赤脈傳睛等以外障爲主的四十八證；卷二爲小兒眼證、目暗生花等以内障爲主的二十四證，以及諸方、丹藥製煉、方歌、藥性、醫案等，全書合計七十二證。

該書病證内容主要源自《銀海精微》，僅個別病證名稱有所變動，如將瞼停瘀血改爲胞瞼停瘀，能遠視不能近視在目錄中易爲遠近異視（病證中題爲『能遠視不能近視，能近視不能遠視』），大患後生翳改爲大熱病後生翳；同時對病證的編排順序有所調整，使相關部位和各類病證更加集中，從《銀海精微》原來散漫無序變得更有規律。現將《銀海精微》以及與本書的傳承關係簡述於下。

（一）關於《銀海精微》

《銀海精微》大約成書於在元末至明代萬曆年間。該書撰者不詳，自明代刊刻流傳後，清代書肆商賈翻刻時多假托孫思邈所著。全書廣泛介紹了明代及其以前的眼科成就，將眼科理論和方藥、手術治療緊密結合起來，故該書自刊行之後，隨即成爲指導中醫眼科臨床重要著作之一。此書分上下兩卷，共列有八十二種病證，其中包括肉輪胞瞼病十二種，血輪大小眦病二種，氣輪白睛病十三種，風輪黑睛病二十種，水輪瞳仁病十三種，目痛病七種，目癢病二種，目外傷三種，目珠脹突四種，全身病所致目疾六種，每種病證分別配有簡單的示意圖，指示所發眼科病變的具體部位或病態。書中開創中醫『五輪八廓』學説，强調眼睛疾病與相應臟腑經絡的關係。在治療上，很重視以内服用藥爲主，兼以外用點藥、洗藥等的配合應用，確立了中醫眼科的辨證論治體系。

（二）《眼科啓明》與《銀海精微》傳承關係

《眼科啓明》每一病證正文有關症狀的文字描述主要以《銀海精

微》爲基礎，但對原文有一定加工提煉，個别字句爲新撰，内容看起來更加清楚和易於掌握，也更加符合病情的特點，每一病證選用的方劑名稱和藥物組成亦主要來源於《銀海精微》；下卷病證後『治證諸方』方劑來源於《銀海精微·眼科諸方》，但順序有調整，如《銀海精微》以駐景補腎明目始，《眼科啓明》將此方及隨後諸方移後，而從三泪起，其他如眵泪方、川芎丸原在三泪條下，本書將其調後，同時個别方劑名稱或藥物稍有變化，如九子連環進天門丸即《銀海精微》中八子丸，藥物中八子等未變，新增山梔子、黄連，原麥門冬易爲天門冬。

下卷『製煉丹藥』配合丹藥源於《銀海精微·丹藥合論·合丹日切要法》；『古方歌括』即《銀海精微·金針眼科經驗方藥詩括》，結尾密蒙花散位置有變化；但『藥性便覽』的内容與《銀海精微》不同。就目前比較兩書後發現，本書近五分之四的内容來源於《銀海精微》，有的稍加改編（如病證），有的完全相同（如古方歌括、配合丹藥等）。

現存此書稿本内容基本完整，與目録對照，書末病案缺一則，病證中風牽出瞼等順序有變化，上卷增玉翳滿睛，下卷缺小兒雀目到早晨疼痛九證；同時下卷順序有出入，小兒眼生翳後爲諸方、製煉丹藥、古方歌括，藥性便覽、醫案，隨後接『不赤而痛』等，應將這部分内容調到病證全部結束之後。

三、學術價值點評

中醫古籍中有相當部分的匯鈔、類鈔和雜鈔的文獻。據薛清録先生所著《中國中醫古籍總目》著録，共收載了一百五十八種中醫眼科古籍。這些古籍文獻中存在着傳承鈔匯的現象亦不鮮見。眼科文獻中大量重複鈔匯的内容，與中醫學術繼承性强，以及明清一些學者學術態度、學風等都有關係，也與真正有眼科學識和修養的醫家不多有關。但是，就此書而言，雖然援用《銀海精微》一書的内容較多，但確是經過著者與其師歷驗而精選的，以其親身的臨床應用體會來有選擇性的編排鈔輯書籍，這與一般的隨意雜凑拼鈔有明顯區别，其書後治驗的案例即可説明這一問題。

總之，本書作爲一部匯集中醫眼科名著和民間眼病治療方法的著作，具有一定的臨床參考價值。

明醫諸風癘瘍全書指掌

鄭金生

清·釋傳杰所撰《明醫諸風癘瘍全書指掌》六卷，乃清初麻風專書。該書不僅詳細地列舉了當時麻風診治内容，而且附刻有《内外雜症要方》二卷。目前該書僅有孤本存世，藏於日本國立公文書館内閣文庫。

一、著者與成書

作者釋傳杰，字子木，號曹溪，明末清初江蘇無錫萬壽庵一僧人。出家前爲上虞蘭亭（今屬浙江）成氏子。據其書自序，十歲父母雙亡，依兄習學，稍長而嗜經文。但因自幼喜歡佛學，遂皈依佛門。清順治二年乙酉（一六四五），因遇兵亂，一家四散，顛沛流離。子木漂泊到江蘇江陰、無錫之間，矢志遁入空門，投澄江（江陰）智文禪師門下，削髮剃度，後居於無錫萬壽庵。因思好生之德，無過於醫。而癘瘍之疾，最爲痛苦。子木早年曾留心於醫學，搜羅醫典，咨訪同述。曾從智文禪師得傳丸散之方，又從金溪子宣林先生處學得針刺治療癘瘍之法。經過子木朝夕研思，揣今訂古，於癘瘍診治，漸臻神境。於是，將其二十多年的考訂成果、累用累驗諸法與方藥，和盤托出，整理積稿成編，題名爲《明醫諸風癘瘍全書指掌》（以下簡稱《癘瘍全書》）。其自序作於康熙十四年乙卯（一六七五），則其書亦當成於其時。

二、內容與特色

《癘瘍全書》不見於中國古代書誌著録，可見，在中國古代流傳甚少。扉頁作『燕山竇太師論定/曹溪子木師著/外科正宗全書/本衙藏板』。扉頁的書名『外科正宗全書』，與書中卷首所題書名不符。

扉頁提到『燕山竇太師論定』，卷首也題有『燕山太史竇漢卿論定』，但實際上，竇氏與該書並没有直接的關係。竇太師漢卿，即金元間著名針灸醫家竇默，河北肥鄉（故稱『燕山』）人。元世祖曾加官爲昭文館大學士，卒贈太師。其裔孫竇夢麟，乃明後期無錫人，曾著《瘡瘍經驗全書》（又名《竇氏外科全書》），托稱其祖竇漢卿所傳。《癧瘍全書》乃清初釋傳杰所著，書中所引多爲明代醫家言論，因此，與元代的竇太師本無關係。惟一的聯係，就是釋傳杰也生活在無錫，與竇夢麟生活的時代相比，稍後不過百餘年。《癧瘍全書》扉頁所題之所以附庸竇太師，原書並無明文解釋。據筆者揣測，大概是《竇氏外科全書》在無錫頗爲有名，當地書商爲牟利，故牽强附會題書爲『燕山竇太師論定』。

《癧瘍全書》由兩部分内容組成。第一部分是正文六卷（四册），第二部分是《内外雜症要方》二卷（二册）。

正文前三卷，重在『列辨、列方』。所謂『列辨』，就是介紹癧瘍的辨證、辨病經驗。作者認爲：『論辨不精，糊塗過日。』針對『臨證辨藥，能井然者寡矣』的現象，作者提出了批評：『藥方不備，潦草塞責，左支右吾，與病情不合，自欺欺人，其挂誤者多矣！』所以在第一卷裏，着重介紹有關癘瘍的辨證理論。其中，首論該病的根源，提出『治病宜早』、『辨症宜詳』的論治總原則。在辨析癘瘍時，從風火、蟲、血、濕、汗等多方面去辨析，進而對癘瘍的主症、疑似症予以辨析。在具體治療方面，重點討論了下法、刺法。用針刺法治療癘瘍是該書的一個重要特點，學有師傳。第二卷是從辨病角度進一步辨析癘瘍。該卷將癘瘍分成重症（二十四症），輕症（二十三症），類症（十六症）。其中的重症、輕症，大多是根據皮膚表面的病狀表現來區分病型。這些疾病的名稱有很多都是民間的『土』病名。癘瘍（麻風）在這一卷後半部，又有『敘前哲粹方』，羅列了二十八首常用方劑。第三卷繼續羅列癘瘍內服用方五十餘首，外敷方藥三十餘首，並專門介紹了針刺法的經驗。作者認爲，他的書中既然已經詳細地介紹了『類症』，就應該也介紹類症之方，因此，在第四卷羅列了類症用方一百餘首。此外，作者認爲：『用藥不究藥性，難免疑貳』。故按功效分類，約舉藥物二百四十七種，列於卷五。又有補遺藥六種，包括大風子、粟殼、樟腦等。

作者寓居無錫的萬壽庵，得以與僻鄉患者接觸。一年要接納四方求治的患者，據説一年的醫案『不止盈寸』。作者經過遴選，十中取一二，集爲卷六。其中，收録經治的案例一百一十四首，據載都已治愈。麻風是古代肆虐數以千年計的傳染病，治療不易。作者利用他多年積累的治療經驗，强調針藥併用，去其毒血，導其邪風，内拔其根源，外敷其腫潰，『直至氣血通和，膚肉完好，病根盡除，永不復發，無礙生育，不留斑痕，咸稱美善』。至於作者的療效是否真如其，尚待考查。從前六卷正文來看，理法方藥俱全，完整地表達了作者治療癘瘍（麻風）的理論和經驗。麻風在現代已經有更爲强力有效的藥物，該病已經行將成爲歷史陳跡。所以該書雖然在治療癘瘍方面缺乏用武之地，但其中體現的辨證論治思想，特别是某些處理外科皮膚疾病的經驗，仍然值得發掘整理。

該書的第二部分是附録的《内外雜症要方》。作者認爲，古今醫方書甚多，但『萬全無誤』的方劑千百中不過一二。於是，作者將日用必效之方，經過『博考群書，身親屢試』者，選出三百餘條，附在全書之末，題爲《内外雜症要方》。這部分内容的適應面更廣，並不汲汲於治療麻風。所以，這部分的方劑内容，也值得後人去研究整理。

《癘瘍全書》是麻風史上一部重要的著作。過去，我國醫家知之甚少，也未見後人引用。但該書傳日以後，受到日本醫家的重視。日本多紀元堅的《雜病廣要》中參考並引了該書，今此書已從日本複製回歸。

臨證綜合

世醫通變要法

余瀛鰲

《世醫通變要法》二卷，明·葉廷器撰，明嘉靖十八年（一五三九）刻本，孤本現藏於上海圖書館。

一、著者與成書

葉廷器，字子玉，浙江義烏人，曾任『太醫院支從』，係明嘉靖間名醫。據禮部尚書葛鼎臣序言稱，此書係『葉子玉廷器以其先人文遜所遺要法，纂成二帙……』。葉氏七世祖名榮實，得元代醫學宗師朱丹溪薪傳，文遜所爲榮實之孫，由此可見數世均宗丹溪之學，並有所變通。故工部主事鄭廷鵠序言謂：葉君以『通變』名其上世所傳方書，『……上世秘而不傳，而葉君傳之。傳之而恐其泥也，且以通變之志告諸後人。』並指出此書所載之通變治法，『至君（葉廷器）始裒分門類，集其大成，復通變以名於時』。本書已收入《醫藏書目》，現僅存明嘉靖十八年（一五三九）刊本。

二、内容與特色

該書爲臨床著作，分兩卷，共二百一十三條。卷上自中風、中寒至癮疹、蠱毒共列一百個病證。所選多屬内科雜病，也包括傷寒六經病及一些皮膚病（白癜風等），末附解諸毒方。卷下論病較多，自水腫至異病，共一百一十三種病證，包括少數内科雜病及外科、五官、口齒、婦人雜證、若干兒科疾病等。

作者闡論諸病，『各源病本，次及諸方』，着重述其病因、病機、症候，或介紹歷代施治概貌。對於有些病證（如中風等），則從證脈予以明辨，作出鑒別診斷。書中所列述的方劑，具有兩大特色：

其一，作者對所論病證，首列『主方經驗』，這是葉氏的家傳經驗方，大多配伍精契，易於學用。

其二，列述之古方，方名前多冠以『加減』二字（如治療中風的加減疏風順氣散等方），評述其加減之法，突出地體現了書名『通變要法』的學術特色。此外還介紹了一些『專病通治方』，有利於臨床廣泛交流。如『治瘧通用』方，配合大膏藥貼於背部心俞、肺俞以治瘧疾等，均爲葉氏之家傳經驗效方。綜觀全書，葉氏之學屬丹溪學派，但又有一定的變化發展。對臨床極有參考價值，值得我們重視，並予深入研究。

家藏蒙筌

孟慶雲

《家藏蒙筌》十六卷，清·王世鐘編纂，清道光二十四年甲辰（一八四四）文盛堂重刻本，孤本現藏於中國中醫科學院圖書館。

一、著者與成書

王世鐘，字小溪，四川岳池縣人，大約生活在嘉慶至光緒年間。素以習儒爲業，曾爲監生，因自幼困於羸疾，又常懷濟世之誠，慕范文正公良相之言，中年之後棄儒習醫，以其歷發苦志，精研醫書，在實踐中能『得醫之意，察脈之真』，儼然成爲一方之名醫，正是俗言所謂『儒學醫，菜變齏』。除本書外，王氏還有《本草》《脈訣真傳》《醫家入門》等著作，其書皆以實用而易讀見長。

《家藏蒙筌》，書如其名，原係爲家藏以傳後裔，蒙以養正，筌自有真，爲子弟輩取資初學啓蒙之書，『非徒務虛名妄佈行世也』。但該書脱稿後，一些深知醫理的朋友披讀之餘，很爲贊賞，深覺此書幾易星霜，斟酌盡善之枕秘，可以傳家，何不可以傳世？應從友之請誼，付之剞劂，於道光十六年（一八三六）公諸於世。

二、内容與特色

《家藏蒙筌》共十六卷，爲綜合性醫書，包括中醫理論、脈法、臟腑經絡、傷寒、内科、婦科、幼科、外科、針灸、本草等各方面内容。其中脈法部份包括《脈訣真傳》《滑氏論脈》《正脈十六部》《取獨脈》《從捨辨》《編輯切要四言脈訣》等内容，其中的《脈訣真傳》和本草、幼科等還獨立成書。本書有三大特點：

一是廣博涉獵，採諸家之長，擷群書之萃。中醫古籍可謂連楹充棟，本書遠稽古籍，近搜旁門，皆選精華，每能一言而終，可謂知其要者。

二是選裁實用，推而行之。書中對常見病證二百五十餘種，進行了理要精當的論述，每病證皆方論結合，探本推標，條分縷析，多所稱道。

三是以作者之廣見深識，通鑒之能，抉醫理之奧，將各病證之論治，闡述得通脱明白。正如作序者所説，很多古籍，『千卷萬帙，大率類然，藹然莫解』，而作者以深研熟慮之功，得醫之精要，其叙述是者仍之，非者辨之，驗者存之，舛者去之，使學者豁然能解，正是九折臂三折肱之功底使然。不僅使初學者心知肚明，對有一定醫學素養之士也能妙境同臻，堪稱雅俗共賞。

太素心法便覽

余瀛鰲

《太素心法便覽》四卷，明·宋培（太素）編著，王永光删正，明崇禎刻本，孤本現藏於中國中醫科學院圖書館。

一、著者與成書

作者爲明末醫家宋培（字太素），少習儒，並留心内典。當時他目睹世醫不能已人之疾，甚至造成弊害，他分析其主要原因是由於世醫不能以正確的思路和方法學用古方，遂矢志攻讀醫典，並結合臨證心得撰成此書。

宋氏此編的指導思想和學術特色，誠如王永光在序言中所説：『余閲是書，首引古方而加以參駁，非駁古人也，駁夫用古而不能逆古人之志，故泥古而不能達今人之病也。後分類而著方，隨於各方之下，附立方方解，緩急先後標本之間，寒燥虚實補瀉之宜，病與時變，藥亦隨之。』

明示作者遣用古方講究靈活應變，而反對泥學死用。這是他撰著此書的主導思想。

二、内容與特色

卷一開章明義，即以『表古偏方示今當易』列爲首篇，着重闡析『不可執古方以治今病』之理，指出古方『善用可療疾，固執則害人』。宋培在分述病證、確立治法方面亦致意於精細、切病，如卷一介紹咳嗽，作者首撰總論，次列述風寒、痰飲、火鬱、勞瘵、肺脹、午前、午後、黄昏、五鼓諸嗽，内容豐富而有新意，論治亦有心得。

在方藥運用方面，宋氏亦頗有見地。如對於二陳湯臨床應用及其禁忌方面的闡析等。其個人診療諸病，尤擅長於運用清法，或根據治則予以擬訂新方（如治奔豚之清火降氣湯，治瘟疫之清火解毒湯，治中風之疏筋順氣活血方，治梅核氣之順氣開鬱方等）。其立方治病，喜用柴胡、葛根、槐花三藥。他指出：『柴胡虚火實火皆能解散，葛根解肌療表，而且能生津液，槐花消散邪熱，而又暢達血氣……』由此可見，宋氏此編，較爲突出的是闡述臨證心法。

綜觀全書，證治論述精當簡要，確有著者本人的臨證獨到見解，值得今日中醫臨證借鑒、參考。

醫法青篇

余瀛鰲

《醫法青篇》八卷，清嘉慶年間燕山（今北京市）陳璞、陳玠所編纂，清嘉慶二十二年（一八一七）稿本，珍藏於中國中醫科學院圖書館。

一、著者與成書

陳璞、陳玠兄弟，均以醫問世。據陳璞門人徐紹熙稱：其師講學，重視醫法，『觀其用意，非同世俗。』陳璞於自序中提及編纂此書的動機是，前賢編撰之臨床醫著，或有不够全面之處，故『每覽各書，見其精妙之處，撮其要旨，匯集小卷便於揀用。』其弟陳玠則謂：『前賢所著之書，不啻數十家。或有内而無外，或專門外科而無内證；或論證而不言脈，或講脈而含忽其症；或偏於補，或偏於瀉；或語句繁多，或理奥難明，使之後學者有望洋興嘆也。余兄弟同志選著斯書，名曰《醫法青篇》，男、婦、大、小、内、外各有分門；脈訣、湯頭、藥性依前賢諸法，擇其善者而從之，其不善者而改之。庶幾有濟，以爲後學之一助耳。』

二、内容與特色

書稿共分八卷。卷一爲脈訣湯頭；卷二至卷五以傷寒、時氣、内科、雜病爲主，兼及《内經》瘡瘍、牙齒、口舌、咽喉病證；卷六爲婦兒病證；卷七外科；卷八藥性。

脈訣選二十七脈予以闡論，湯頭共選百餘方，均係臨床實用價值較高的名方，着重介紹其主治及用法要旨。其於症證論治，則以較多篇幅闡述内科症證，兼及臨床各科常見病，體現其科别較全，充分反映這是一部臨證及其相關内容密切結合的纂著，也可以説這是本書的主要學術特色。在編撰和取材方面，其方治内容，除選輯四大家（張仲景、劉河間、李東垣、朱丹溪）及歷代諸名家臨證部分精萃内涵外，作者於葉天士醫案中之症、因、脈、治，尤爲重視，纂輯較爲精要。至於各科所選方治，則不拘於經方、時方，亦適當收選並非名著中的效方，以及陳氏兄弟個人臨證心得用方。又從治療學的角度，編纂者在一定程度上將中醫的辨證論治與辨病論治予以融匯。其於每一病證，介紹病因、病機、證候，均較簡明、恰當，對前人立言中客觀存在的浮泛、不經之言，力求予以摒棄，體現了較爲正確的繼承、取精用宏和由博返約的編寫思路，使讀者易於領悟，便於臨證實際應用。

醫略正誤

王樹芬

《醫略正誤》二卷，明·李象撰於明嘉靖二十四年（一五四五），孤本現存於中國中醫科學院圖書館。

一、著者與成書

李象，字石泉，清江人。少業儒，殫力學《易》，兼及諸子百家，坐是遘疾，奉父命輟學就醫。時東陽盧廉夫以醫術鳴於寧藩，遂禮致在館以就盧醫。盧見李而奇之，遂傾心教之，未逾年疾瘳，且盡得盧氏之學而歸。自是益肆力醫學，潛心《素》《難》及前賢諸書，有心得處筆之，與己之病候應處筆之，見時醫得失處筆之，寒暑按經絡治驗處又筆之，參訂指摘，積帙成册。因深慨時醫於大人小兒發熱一症『尤爲謬誤』，『後閱王節齋公著論（指王著《發熱論》），益感於中，乃欲採摭諸家以爲治例一篇，……條例諸熱證治方論，並摘目前謬誤數條以例其餘，或採諸家之粹，或申一得之愚，間有就問學醫之概於予者，予欲慎其迷誤，故以是應之，因目之曰《醫略正誤》」。

二、内容與特色

全書分上、下二卷。卷上又可分前、後兩部分。前部爲正時醫之誤十六論：首條『醫略正誤概論』，指出醫生不讀《素》《難》及前人之書易致診治失誤，兼述本書撰述之旨；第二條『正脈診之誤』；第三至第五條『正以感冒發熱概作傷寒治』、『正以東南痰火等疾概作中風治』、『正火熱諸證作寒治』等誤；第六條『正不明經絡及攻補偏行之誤』；第七條『正製方用藥之誤』；第八條『正升麻柴胡概用之誤』；第九條『正人參黄芪概用之誤』；第十條『正飽食晚食過暖之誤』；第十一條『正證治差謬遺禍無窮之誤』；第十二條『正用二陳湯劑之誤』；第十三條『正治病不求其本之誤』；第十四條『正瘡疹解毒補虚後期之誤』；第十五條『正滋陰壯陽補益偏行之誤』；第十六條『正泥古今方藥之誤』。這十六條醫論主要針對時醫不重視理論學習、不明經絡、診脈不精、辨證不明、認病差謬、攻補失宜、生搬硬套名家方藥等一系列失誤以正之，論之有據，言之成理，確可對業醫者、初學者有指導和警示作用。

卷上後部分專爲正成人熱證治誤而設。首列『類編大人熱證正誤』，其下小字註曰：『節齋著《發熱論》，蓋以諸熱外候雖同，而其中實異，世醫混而無別，種種致誤，今各分條析類，庶幾所謂界限判然，治法昭若，醫當一一辨，如某熱某證、某證某治，酌古準今，自無混錯』。本書所論諸證皆用『證』字，且明確指出須辨『某熱某證、某證某治』，表明作者已有明確的『病』、『證』區別意識和辨『證』施治的思想，這在當時是很難能可貴的。次叙熱證綱領，共有六條。首條指出辨治大法：『大法，濕熱相火爲病最多，諸證尋熱尋痰而治』；次條承其師説，對朱丹溪『氣有餘便是火』的論點給予辨析，認爲『丹溪不曾説得明白』，所謂氣有餘『非充足有餘之謂，乃本氣不足，鬱遏反盛而爲火』，這是對『氣有餘便是火』的最好解釋；第三、四兩條論觸摸患者肌膚以測邪之部位淺深及治法；第五條論三陽爲病發寒熱；第六條論治法，認爲『除真正傷寒發熱及寒疫爲病俱用仲景正法外』，其餘俱需審察病機，辨證而治之。接下來爲『叙次熱證條目』，共臚列潮熱、往來寒熱、傷風感冒發熱、食積發熱、積痰發熱、傷暑發熱、勞役發熱、温病發熱、瘟疫潮熱、瘴氣發熱、陰虚發熱等十二個病證。每個病證先有總論，次論脈法，再論病候之辨識，章法井然，切於實用，且所論多從脈之虚實出發，凸顯作者臨床長於脈，無愧醫中高手之譽。

卷下專論小兒發熱之證。一如論大人熱證之序：先有總論，次列小兒熱證綱領，次列小兒熱證條目，共列胎熱、驚熱、客忤熱、傷風熱、積熱、疳熱、瘧熱、暑熱等十八個病證，基本上概括了小兒發熱的各種病因和證候類型。每證之論有繁有簡，以驚熱、積滯熱、潮熱和瘡疹熱論述最詳，且在潮熱證末增加了『論陰陽相勝』一節，詳述五臟發熱有正經自病，有五邪所傷（由他臟傳來之邪），治療時應區別自病、相勝、反勝等情況。最後『泛論熱證治例』，雖有七條之多，要之，『衹一瀉實補虛、除邪養正，斯爲得矣。』

總之，《醫略正誤》一書，是作者針砭時弊的傑作，是對『發熱』這一臨床最常見的症候的全面鑑别和闡釋，可説是中醫學最全面的一部『發熱症狀鑑别診斷及治療學』，有很高的學術價值，值得深入研究。

（新刊）醫學集成

余瀛鰲

《（新刊）醫學集成》十二卷，明·傅滋撰，明正德十一年（一五一六）刻本，孤本現藏於上海圖書館。

一、著者與成書

《醫學集成》是一部賅括臨床各科證治的綜合性醫著，由明代『丹溪學派』醫家、浙江義烏傅滋編纂。此書初撰於正德五年（一五一〇），後經修改補充，刊於正德十一年（一五一六）。該書學術、臨床並重，搜羅宏富，並以選論、選方精契，切於診療實用著稱。

作者傅滋字時澤，號浚川，初習儒，於青年時期罹疾，經『丹溪學派』名家虞天民治愈，後即拜虞氏爲師。傅氏以《素問》《難經》等書爲基礎，又廣泛參閱典籍名著，潛心博訪，積三十餘年始編成此書。作者認爲：丹溪製方能『力救偏一之弊，以訂千古之訛，發前人所未發，開後學之盲瞶。……遂以丹溪所著病爲主，參以諸家之説，精别校讎。諸證皆定脈於先，附論於次，醫案與方則續其後，且加之以註釋。』於此可知傅氏之學術淵源、編撰思路方法。

二、内容與特色

綜臨覽全書，卷一爲醫論，重點闡述診病内涵，突出臨床各科的理論基礎。其後各卷論述病證，作者先談脈法，次針對所述病證，選取朱丹溪及諸賢精論，另以小字按註、發揮，使之易於理解。又次爲醫案，徵引朱丹溪及諸賢經治案例；後爲附方，精選歷代名方，標示出處，若干選方另增加减用法。對於某些病證，如中風、咳嗽等病，復於方治後，增列『針灸法』，多係摘自明以前針灸典籍，並在穴位名稱下，註以所在部位、針刺深淺及刺法，灸法則註明其施治之壯數。又如對各型傷寒，作者除介紹張仲景及後世有關名方外，另附葱熨、火攻、水攻等法，詳述其宜忌情況。從治療學的角度衡量，此書的方治内容，體現了辨證論治和辨病論治的雙重特色；又從全書的學術臨床價值予以分析，它具有以下值得重視的内涵：

其一，這是一部相當典型的『丹溪學派』著作，即以朱震亨的學術臨床作爲主旋律，旁參諸家論述及方治内容。

其二，搜羅各科病證較廣，列證頗多，其中有些病證較少見於專科文獻。如外科之金絲瘡、手痴瘡、砂瘡、櫻珠瘡等，兒科之喫泥、赤瘤、尾骨痛等病證，可補臨床專科著作之不足。

其三，闡述病證，作者能博採、引證諸病學説和典籍、文獻，資料宏富，並能合個人見解及淺註以羽翼之。

其四，重視脈診和藥性之立論，選方較爲精審可取。除方治外，力求豐富治療手段，增補其它治法。

其五，在筆叙方面，正如作者在『凡例』中所指出：『惟務詳明。』這也體現此書的著述風格是着眼於易學易用。

總之，此書是一部過去不爲世人所知，而有較高學術臨床價值的『丹溪學派』論著，具有一定的學術價值。

百代醫宗

余瀛鰲

《百代醫宗》十卷，由太醫院醫官涂紳撰於明萬曆三十五年（一六〇七），其扉頁題作《（太醫院頒行内外諸科方論）百代醫宗》。該書成書後，刊本多佚，現僅有孤本存於中華醫學會上海分會圖書館。

一、著者與成書

涂紳出身於世醫之家，精於臨證。本書即涂氏經多年各科臨床實踐而編成。本書屬綜合性醫書。涂氏『捃摭諸籍，附以已意，經十餘年而成一書。』内容『凡男婦小兒、内外諸科，罔不具備』，故張應試在序中稱其爲『醫學之指南，百代之宗主』，由此反映了著述概貌及書名之含義。

二、内容概要

全書分爲十卷，並以天干相配屬（如甲集卷之一、乙集卷之二……），共二百二十四篇論。内容以各科病證之證治爲主，並有若干總論闡述分列於諸卷之中。其中卷一總論内容較多，而論病着重分析真中風、類中風等以及一些婦人病證，頗能體現出圓機與靈變相結合的診療觀，並注意因人、因地制宜的不同，分析相當透闢。

卷二至卷六自『診脈切要』迄『痼冷論』，共百餘篇論，包括診法、十二經脈見證、六經用藥法等，論病以内科雜病爲主，幾乎賅括了常見多發病及若干疑難重證。從方治情况分析，作者博採前賢名著及諸家之長，尤爲重視朱丹溪診治雜病之『活套』（指靈活的治療法則及治法）。卷七自『耳論』至『點眼藥訣』，共十五篇論。主要列述五官、口腔類疾病，兼述針灸、眼藥、合藥、煎藥等。卷八自『婦人總論』至『赤白游風論』，以婦産科疾病爲多。卷九、卷十自『小兒脈法總歌』至『漏睛瘡論』共五十二篇論，以兒科、外科常見病證爲主，證治内容相當豐富。

總之，本書賅括了臨床各科多種病證，論方兼重，易於學用。

(新刊東溪節略)醫林正宗

鄭金生

《(新刊東溪節略)醫林正宗》八卷，明·饒鵬纂輯於嘉靖七年(一五二八)。該書内容主體爲綜合性臨證醫方書。首卷撮取若干醫學入門基礎知識，其餘諸卷尊張仲景、朱丹溪、李東垣、劉河間四子爲正宗，輯録傷寒、氣血痰鬱、内損、癰疽瘡癤等相關治方。該書國内早已失傳，歷代醫學書目不見著録，惟日本存有該書孤本，今將該書複製回歸。

一、著者與成書

該書各卷前不署作者姓名，惟書前嘉靖七年(一五二八)黄玠序中談到與此書纂輯者交往過程及其所撰此書的情況：『臨川饒東溪叟之醫之學，得其源委。已人危矣，如手發蒙。余偶入廣，經長樂，徂暑，用其藥果驗。間適遞藥者爽實，余且待持，時天氣斗熱，東溪不旋踵而至曰：藥服乎？從者詘。其慎重如此，是能知所敬矣。一日乘余情暇，袖其平日手纂仲景、東垣輩《四子醫要》一集，請曰：吾每奏效於貴游家，惟有此，願畀一言，以弁其端。東溪江右人也，久游廣海，天隆其壽。游久則閱歷熟，壽隆則智慧精。手纂四子之要，可謂得醫學之的者矣。是可傳也，又何加焉？……叟名鵬，字九萬，以醫功冠帶於正德壬申之祼。東溪其別號云。』

據此序文，可知其纂輯者爲饒鵬，字九萬，號東溪，臨川（今江西撫州）人。至明嘉靖初期，年事已高（所謂『天隆其壽』），則其生活年代當在十五世紀至十六世紀間。饒氏雖爲江西人，但長期在廣行醫。其醫術高明，且非常敬業。曾『以醫功冠帶於正德壬申（一五一二）之祼』，可見是當時一位很有名氣的醫生。所纂該書推崇『四子』（張仲景、朱丹溪、李東垣、劉河間），故初名《四子醫要》。刊刻時以《東溪節略醫林正宗》爲名。

二、著録與版本

饒鵬的《醫林正宗》不見於中國古代書目著録。明《萬卷堂書目》著録有同名書《醫林正宗》八卷，題爲虞摶撰。此書名及卷數均與饒氏書同，但實爲虞摶《醫學正傳》一書更名之版。原名《醫經正宗》，明嘉靖十八年（一五三九）廣勤書堂刊行。此本今日本公文書館内閣文庫有存，據考是現存最古的《醫學正傳》的版本（小曾户洋：《醫學正傳》解題，載於《和刻漢籍醫書集成》第八輯）。《萬卷堂書目》又將《醫經正宗》誤作《醫林正宗》。筆者曾在内閣文庫檢視虞氏《醫經正宗》，並與饒氏《醫林正宗》相比較，始知並非同書。此書藏日本國立公文書館内閣文庫，爲明嘉靖七年（一五二八年）序刊本，原系江户醫學館舊藏。八卷三册。序頁及各册之首有『日本政府圖書』、『躋壽殿藏書記』、『大學東校典籍局之印』、『多紀氏藏書印』印記四方。封面題書名爲《醫林正宗》，序及卷首題書名爲《新刊東溪節略醫林正宗》。魚尾間題『東溪集』。書後有多紀元簡手跋：『天明戊申正月十四日獲之於城東書鋪。廉夫識』。可見該本乃日本江户間名醫多紀元簡購藏。

三、内容與特色

該書八卷，卷一爲脈、藥方面的若干入門歌賦。脈學歌賦首爲《脈賦》，始於『爲醫之道，診脈爲先；辯證治於指下，决生死於眼前』，終於『所謂神聖功巧，在於通變機關。此賦略述相式，其詳有《王叔和脈訣》存焉』。這和宋代以來流行的托名王叔和所撰《脈賦》不同。此後爲《寒熱温凉藥賦》，即明代廣爲流行的四性《藥性賦》。此賦之後，有『玄理秘序』，其文主體爲宋·劉開《脈訣理玄秘要》所録『脈旨綱領』，但末尾有所更改。其後之『六陳』、『十八反』、『十九畏』、『妊娠服禁』、『引經藥報使』等，均爲明代常見的藥性歌訣。

卷二以後，各有附題。其中卷二至四題『長沙張仲景先生傷寒方法

（或治方）』，卷五題『丹溪朱先生氣血痰鬱四證方』，卷六題『東垣李先生治内損方』；卷七題『河澗（間）劉先生治癰疽瘡癤方法』；卷八題『河澗（間）劉先生外科秘要』（包括骨傷科、皮科、外科瘡瘍等）。張仲景、朱丹溪、李東垣、劉河間是饒氏最爲推崇的四位醫學家，故其書最初又以《四子醫要》爲名。實際上饒氏是借四子之名，分别介紹傷寒、氣血痰鬱、内科、外科等方面的醫藥知識，並非簡單鈔摘四家醫書。

卷二附題爲『長沙張仲景先生傷寒方法』。内含『啓蒙』、『論傷寒見證識病』等篇。『啓蒙』爲傷寒辨證啓蒙；『論傷寒見證識病』簡明扼要地歷數傷寒各種見症的辨别。此後則出六經圖，圖後之文列述各經循行部位及常見之症，次列各經見證法、辨證法、診脈法、用藥法。

卷三、四爲『長沙張仲景先生傷寒治方』。其中卷三爲『四時傷寒傷風發表之方』，按春三月、夏三月、秋三月、冬三月出示發表方，其後又各附相關治瘰癧、痢等方。卷四則直接以方劑爲單元，依次羅列諸方，如消斑青黛散、生地芩連湯、加味犀角地黄湯等，全無一個張仲景方。故此兩卷雖以張仲景傷寒治方爲名，實際上以時方爲主（如香蘇散、羌活冲和湯、紫蘇解肌湯等）。

卷五爲『丹溪朱先生氣血痰鬱四證方』。羅列四大主方。其中氣主方爲四君子湯，血主方爲四物湯，痰主方爲二陳湯，鬱主方爲越鞠丸。各方之下，又不厭其詳地羅列加減法，通過不同的加減，來適應不同的氣、血、痰、鬱四證的不同兼症。

卷六爲『東垣李先生治内損方』。共列舉方劑二十一首，號稱爲東垣李先生所立方。實際上也有很多出自《太平惠民和劑局方》等書。該卷之方如補中益氣湯、枳术丸、平胃散、和中丸、交泰丸、葛花解酲湯、清神益氣湯、升陽散火湯等，都是健脾胃、升陽益氣爲主要功效。主要方劑之下仍然是大量羅列加减法，以擴大該主方的使用範圍。

卷七爲『河澗（間）劉先生治癰疽瘡癤方法』。該卷内容更與劉河間没有太大的關係。其行文體例也與前六卷迥然不同。該書前六卷很少有諸症論説，每直接出方，該卷則不然。首出瘡瘍論説，且將瘡科十脈（浮、洪、滑、數、散、芤、長、牢、實、弦、緊）逐一羅列，述其脈象體狀。又以『治瘍五毒方』作爲後世醫之祖方。其後爲『癰疽形證』，繪圖二十二幅，在圖中標示癰疽的部位和形狀，又通過文字解説其證，列舉治療方法和藥物。此後則列舉『癰疽灸法』等治療外科瘡瘍癰疽之法和方。

最後一卷爲『河澗（間）劉先生外科秘要』。其内容包括骨傷科、皮科、外科瘡瘍以及少數内科雜證。該卷首出麻藥方、合瘡口方，以及許多治療打撲傷損、破傷風、癰瘍、瘰癧、瘤贅等方。甚至將治療癆證喘嗽等病的方劑也附綴於卷中。該卷之末爲『雜補』方，主要是治療虚癆、陽痿等方面的方劑。

總而言之，《醫林正宗》各卷雖分別冠以『四子』（張仲景、朱丹溪、李東垣、劉河間）之名，作爲醫學正宗，但其實際内容是介紹傷寒、氣血痰鬱、内傷和外科的一些實用有效方劑。其中一些基本方下，介紹了大量的隨症加減法，甚便於臨床運用。

醫聖階梯

鄭金生

《醫聖階梯》十卷爲實用綜合性臨證醫書，明·周禮輯著於萬曆元年（一五七三）。周禮出身於醫學世家，故其書頗多記載臨床經驗。該書國内僅存殘本，今從日本公文書館内閣文庫覆製回歸明萬曆元年序刊本。

一、著者與成書

中國醫學史上有好幾位名叫周禮的醫學家。《醫聖階梯》的作者周禮，字半山，歸安（今浙江吴興）人。其主要醫學活動的年代在明嘉靖、隆慶乃至萬曆初年。關於周禮的生平，已見載於《吴興縣誌》，但極爲簡略。《醫聖階梯》的三個序言，却已較詳細地勾勒了周氏的主要經歷。《醫聖階梯·自序》中提到：『先君菊潭翁甫以醫鳴世，載諸郡誌，足徵也』。『菊潭翁』即周禮之父周濟，是明代著名醫學家。《歸安縣誌》

載其傳記：『周濟，字用仁，歸安人。正德癸酉（一五一三）選召爲御醫，不就，辭歸。濟少從馮泰習醫，克盡弟子禮，極精醫書。善運氣學説，通傷寒，雅好文學。啓迪後輩，孜孜不倦。弟子號稱爲菊潭先生。』此後的多個版本的《歸安縣誌》記載了周濟的事跡。關於周濟的名聲，《醫聖階梯》中范應期序也有記載：『醫在近世，惟吳中多良焉。針砭若凌氏，顱顖若王氏，傷寒若陶氏，雜疾若周氏。一時神名天下。而周氏並擅傷寒，見於《誌》，至今稱之，所謂菊潭翁也。』可見周家治雜證在明代中期頗負盛名。周禮耳濡目染，得家學之傳，其《醫聖階梯》中，多處引録『先君菊潭翁』之言論。

周禮雖是醫學世家出身，但其父却命其業儒，初得以『補郡庠弟子員』，後則『屢試弗捷，貢太學生』。范氏序云：『半山公起家博士弟子，以明經上貢倅臨清州，爲循吏有聲』。從《醫聖階梯》卷首署名『臨清州判官歸安半山周禮』來看，周禮最終也不過是當上了臨清州一個小小的判官。就是這樣一個小官，周禮也因『素性弗克脂韋（阿諛奉承），於時仕甫三載，即謝政歸』。陳行健『刻《醫聖階梯》後序』中提到：『半山翁秉豪宕不羈之材，負倜儻有爲之志。鄉學國學，並有令聞，乃竟數奇弗第。』看來周禮雖有才華，却仕途不利。周禮卸任之後，『思先正有云，不用於時，則當爲明醫以濟世。乃因究心醫業，博觀前輩遺書，汗牛充棟，言各有長，然紛紜浩漫，靡有歸一，苟非神而明之者，莫窺其涯。是以庸醫貿貿，未免執一廢百，而以藥試病，其爲仁術之累多矣。禮幼侍先君，頗知梗概。既而鋭意鑽研，殫心窮究，乃克會通諸家之説，撮其樞要，析其淆亂，間附己意，以成全書』。這一過程，也就是范應期序中所説的：『既挂冠，歸追其父遺志，編醫家書十卷』。因此，《醫聖階梯》既是周禮博採衆書，會通諸家，撮要萃精而成，同時也附録了其父周濟和周禮本人的一些醫學見解。

陳行健後序中提到：『隆慶壬申（一五七二），周君子雍氏，持其尊人半山公所著《醫聖階梯》示余』。可知《醫聖階梯》至少在一五七二年已經完成。該書今有周禮萬曆元年（一五七三）序，則該書最後定稿當在一五七三年。

二、著録與版本

周禮《醫聖階梯》不見於中國古代書目著録。日本丹波元胤《醫籍考》最早著録該書，並録有周禮自序。該書的日本藏本見於《改訂内閣文庫漢籍分類目録》著録：『醫聖階梯，十卷，明周禮撰，張崑校，明萬曆元序刊』。此即原江户醫學館藏本。另該書目著録同版本《醫聖階梯》一部，原藏紅葉山文庫。此二部明刻本均爲完帙，書品甚佳。今從日本公文書館内閣文庫覆製回歸的《醫聖階梯》明刻本乃原紅葉山文庫所藏。

國内書目惟近代宋慈抱原著、項士元審訂之《兩浙著述考》著録有《醫聖階梯》。該書目雖然明確指出：『（周濟）其子半山君以貢倅臨清州，既歸，爲編醫書若干卷，號曰《醫聖階梯》，刻而傳於世。』但却還是誤將《醫聖階梯》署爲『明·歸安周濟撰』（見李茂如等《歷代史誌書目著録醫籍匯考》）。宋慈抱未見原書，僅轉録地方誌所載，故有此誤。

今國内亦存有該書殘本，首見《北京圖書館善本書目》著録：『醫聖階梯□□卷，明周禮撰。明刻本。九册。存八卷：二、四至十』。由於該書殘去序文及凡例等，故不明其成書年代。

三、内容及特色

該書共十卷，卷一『醫論門』，録醫論三十一則。卷二至六均爲雜症，録雜症六十二則。卷七婦人症四十則，卷八、九爲傷寒，分五十一症，末附『藥性』（多爲入門歌括）。卷十爲『重方』，凡一百零五首。又附諸方歌括（凡九十五方）。

此書爲初學入門而設，故内容淺近而周全。周禮在解釋其書名時說：『編訖，題曰《醫聖階梯》。夫神聖工巧，醫之等級也。然必由易簡而後極至可臻。志於醫學者，苟能於是書而尋繹焉，則向往不迷，而神聖之域，不於此而可漸躋乎？』這表明該書以通俗簡易爲其特色，可作初學者登堂入室之階梯。

但該書又不同於一般的醫學入門書，其中頗多作者父子的醫學心得。例如卷一『醫論門·診家大略』中列舉脈象二十種（浮、沉、遲、數、滑、澀、虛、實、長、短、洪、微、弦、緊、動、伏、促、結、代、散），其中没有常見的芤脈。周禮的理由是：『先君菊潭翁曰：吾老醫也，從不見芤脈。故《診家大略》不附録之。』也就是説按周濟多年的臨床所見，見不到芤脈，故捨棄此名。此外作者還合並了許多種脈象：『濡、細、弱、小四脈與微脈，疾與數脈，大與洪脈，其形狀、其爲病相去不遠，亦不附録之。』故此書亦不載濡、細、弱、小、疾、大六種脈象。古代脈書中，像周氏父子這樣根據臨床實際來歸併脈象者十分罕見。由此可以看出該書的取材多從臨床實際出發，而非徒事鈔録。

地方誌中稱周濟善運氣説。但在該書首卷的『運氣不可適從』論中，周禮却極力反對以運氣指導傷寒診治。該卷『運氣不可適從』一節稱：『運氣治傷寒，謂某日當得某經，某經當用某藥，而以仲景一百一十有三方，按法施治……此無稽之術，殺人之方也！』周禮的理由十分充分，他分析説：『世之業醫者，欺天罔人，動以五運六氣爲言。殊不知寒毒之氣入人腠理，相搏於榮衛之間。怯者則著而成病矣。壯者氣行，即時未病，或過一二日，或過三四日而始覺，則得病之日無真正之日矣。以此不真正之日，而謂某日當得某經，某經當用某藥，正所謂差之毫釐，謬以千里，禍不旋踵！』類似這樣的個人見解還可見於該卷『藥石各逞其能』、『治病先審飲食』等論説中。

周禮之父周濟以治療雜症名聞天下。因此，《醫聖階梯》一書中，雜症是該書最重要的内容。全書用了五卷的篇幅，介紹六十二類疾病的治療。每一類疾病之前設一『論』或『辯』，深入淺出地分析其病因病機、辨證治法以及用藥要點，後附實用方劑。這部分内容最能體現周氏治療雜症的特色，是全書的精華所在。

卷七爲婦人科，相對於前六卷雜症來説，其内容比較單薄。各症叙説也明顯不如雜症詳細周密。其論説平正公允，切於實用。

卷八、九爲傷寒。傷寒治療也是周氏所長。該卷首爲『傷寒用藥大略』，其中的用藥法已經大不同於張仲景。芎蘇散、五積散、參蘇飲、敗毒散、九味羌活湯等成爲該書治療傷寒的主要方劑。這説明當時治療傷寒的方法已經與張仲景時代大不相同。該卷對許多傷寒辨證施治的理論問題發表了自家的見解。例如關於『傷寒傳足不傳手』的問題，周氏在分析了手、足經的屬性後，認爲『言傷足不傷手則可，以爲傳足不傳手則不可』。該卷在傷寒辨證方面，提出『傷寒提綱之要，表裏、虚實、寒熱、陰陽八者而已』。這表明周氏强調用八綱辨傷寒，尤其注重表裏、陰陽的辨證。在外邪方面，除討論風、寒等外邪致病之由以外，還專設『疫癘』一節，指出『一歲之中，病無少長，多相似者，謂之天行時氣。治法與傷寒不同』。此外，該書對傷寒其它症的辨證論治也都有簡要介紹。

該書在討論諸症之後，一般都出示所用方劑。每一症後有治方、備方二類型。意思是先用『治方』進行治療。如果還不能控制疾病，可以到『備方』中去尋找當用方劑。另外在最後一卷設『重方』。『重方』的意思是許多病症治療都要涉及的某些重復使用的方劑。這些行之有效的方劑集中放在最後一卷，編以序號，共一百零五首，以便查閲。卷末還有『諸方歌括門』，將常用之方編爲歌括，以便初學者記誦。

綜括該書，可知其内容非常豐富，且貼近臨床治療實際。書中所論各症，理、法、方、藥齊備，論説簡要，且附有作者的臨床經驗之談。書後所附衆多實用有效的方劑，亦可供臨證選用。

醫學集要

鄭金生

《醫學集要》九卷，爲清初朱鳳臺等編纂的一部實用綜合性臨證醫書。該書編成於清康熙七年（一六六八），但在國内早已亡佚，僅日本公文書館内閣文庫存有該書的清康熙七年序刊本一部、江户寫本一部。

一、著者與成書

該書正文各卷之前所署作者之名，除卷九署爲『古績唐雲龍玄真父原本，靖江朱鳳臺慎人父增删，姑蘇孫胤嘉昌所校對』之外，前八卷均署爲『靖江朱鳳臺慎人甫纂（訂）定』。因此從卷首署名來看，該書當爲朱鳳臺所纂。

然而該書的目録之下的署名却是：『通州盧恒胤龍孫父/武進金敞廓明父，靖江朱易闇卿父，靖江朱鳳臺慎人父，海門丁元弼右升父，（靖江）朱鍔肅瞻父仝纂。』也就是説，目録所記載的作者有六人，依次爲盧恒胤（龍孫）、金敞（廓明）、朱易（闇卿）、朱鳳臺（慎人）、丁元弼（右升）、朱鍔（肅瞻）。

該書之前有康熙戊申年（一六六八）的序文二篇，前序作者爲朱鳳臺，後序作者爲朱易。朱易與朱鳳臺同里，自稱『眷弟』，當爲朱鳳臺的同輩姻親。其序提到：『適朱慎翁以《醫學集要》一書，惠然見示。書凡九卷，大小内外，各有分科。考論集方，皆歸精要。凡予之數十年懷此而未能者，慎翁已不憚窮源擷鈔，如數家珍。』觀其意，此書是朱鳳臺擷鈔而成。但朱鳳臺序則明確地介紹了該書的編輯宗旨及主要有功人員：『是集也，亦詳亦慎，必躬必親。非經已驗，不敢誤人。其蒐羅採集，實賴盧君龍孫；而校定損益，斟酌去取，則朱君闇卿，暨其孫肅瞻之功居最云。』據此，可知朱鳳臺雖爲該書的組織者和擷鈔者，但盧恒胤（龍孫）在『蒐羅採集』資料方面，朱易（闇卿）與其孫朱鍔（肅瞻）在『校定損益，斟酌去取』方面，都出力甚大。目録中還提到了金敞（廓明）、丁元弼（右升）二人，他們也當是參與資料收集或校訂損益者。此外，朱鳳臺的兒子廷客（我嘉）、廷宏（父定）、廷宋（嗣殷）、廷寧（式屏）、廷宫（中治）、廷密（近宸），侄子廷宛（西域）也都參與了其中某一卷的『對讀』（即校對）工作。

朱鳳臺爲清順治四年（一六四七）科三甲第九十一名進士（《明清進士題名碑録索引》）。該科爲清代順治三年（一六四六）首次科舉之後的加科，其時距明代滅亡僅四年。因此，朱鳳臺當爲清代最早的一批進士，其生活年代在明末清初。

朱鳳臺爲靖江（今屬於江蘇）人。《靖江縣志稿》有朱鳳臺生平簡介：『朱鳳臺，字慎人，居布市。鄉賢應鼎之三子。舉順治丙戌鄉試，丁亥成進士。令於直隸阜平甫十月，調浙江開化縣，以奏最，擢兵部車駕司主事，告歸終養。與諸紳士請增學額，創惜字庵於後鋪，建育嬰堂於西城，又置義塾、義冢，五舉鄉飲大賓。鄧侯重延主修誌。卒年八十又

八。著《痘科鍵》《醫學纂要》。』（《中國分省醫籍考》）

據縣誌所載，朱鳳臺本業儒，後步入仕途，並非職業醫生。《靖江縣誌稿》中關於朱鳳臺醫學著作的記載並不準確。其中誤《醫學集要》爲《醫學纂要》。又將明末朱巽（噓萬）《痘科鍵》一書誤作朱鳳臺所撰。其實《痘科鍵》乃朱鳳臺所獲得『秘傳』稿本，朱氏將此稿本『蒐討詮次，窮歲月之力，而後授之梓』，並命此書之名爲《痘科鍵》（見朱鳳臺《痘科鍵·自序》）。朱鳳臺在《痘科鍵》中提到：『余少時出痘，幾爲醫者所誤。長而聞父母言，每竦然自危，而並爲衆嬰兒危。以故留心斯證，苟有良方，無不採輯』。可見朱氏雖以儒爲業，但對醫藥頗爲關注，熱衷於收集醫藥良方、編校醫藥書籍。他在入仕之後，能組織編纂並刊行《醫學集要》，也是情理中事。

綜上所述，《醫學集要》的主要纂集者朱鳳臺，明末爲儒生，清初中進士，後入仕途。朱氏因幼年出痘險些爲醫者所誤，故長而留心醫學。在盧恒胤、朱易、朱鍔等人的幫助下，纂成《醫學集要》九卷。此後又校訂朱巽《痘科鍵》，刊以傳世。

二、内容與特色

該書九卷，首卷爲若干診治理論問題，卷二至五爲内科雜病，卷六爲傷寒，卷七爲婦科，卷八爲小兒，卷九爲外科。該書涉及的醫學各科覆蓋面較廣，但内容十分簡要，非常符合其書『集要』之名。

卷一列診治内容二十四則。首先介紹『診候大要論』，概述臨床診斷的要領。其次爲脈學論三則，顯示了纂集者對脈診的重視。其中『各脈體狀』一節次第述脈二十七種（浮、沉、遲、數、滑、澀、虚、實、長、短、洪、微、緊、緩、芤、弦、革、牢、濡、弱、散、細、伏、動、促、結、代）。每種脈之下，又分脈體（該脈的體狀）、『相類』（相似脈辨别）、『主病』（該脈對應的疾病）三部分。從脈學各節内容來看，纂集者推崇的是南宋崔嘉彦脈派的四脈爲綱説。脈診内容之後，爲十幾則醫學理論、治療大法論説及用藥法，其中又以治療大法爲多。例如治法有『表裏虛實大法』、『益火之原壯水之主』、『養肝論』、『正治反治論』、『痛無補法辯』、『諸鬱症當調氣論』、『補益論』等；用藥法有『補劑宜緩論』、『寒涼禁久服論』。

綜觀首卷的内容，很類似一些臨床綜合性醫書的總論。但其特點在於它並不是一般地系統介紹醫學的生理、病理、診斷、治療等内容，而是選取某些臨證實用的問題展開討論，完全不受醫學理論體系的束縛。這些論説多集取前人論説之精粹，引録了《黄帝内經》《丹溪心法》《醫説會編》《醫談》以及滑壽等家的觀點。從中可以看出，該書的『集要』，不是簡單的鈔輯，而是精選糅合前人論説，再簡捷地表述出來。某些論説之後，間或附有纂集者自己的見解。某些不註出處的論説，很可能就是纂集者自己的觀點。

卷二爲『諸風』，實際上介紹的是兩大類風證。一類是中風，討論『卒中風氣痰火等症急救法』、『論卒中多主於虛不可概作風治』、『論偏風偏枯半身不遂痿痹症治』，涉及中風的急救和治療方法。『痹症與偏風偏枯同類惟痛與麻稍别』一節則主要是中風後遺症的鑑别診斷。其論説之後，附有許多實用有效的方劑。該卷還有一類風症是癘風（即麻風）。纂集者將『瘋症』分七科（即七類，爲大麻瘋、爛麻瘋、雲頭瘋、螞蟻佈陣瘋、雁來瘋、剪指瘋、麻上麻下瘋），然後列舉麻風病損傷人體的某些特徵、藥物調養禁忌、必用之藥等，内容豐富，爲一般臨床綜合性醫書少見。其中該書認爲用藥禁忌應該包括當時特别流行的麻風用藥種類，如提出忌用大風子（多食壞眼）、烏梢蛇（性冷無益五臟）等。

卷三至卷五爲各種臨床常見疾病的診治。其中卷三對暑、咳嗽的討論尤多，這可能是纂集者所居處之地多見這兩類疾病。例如暑病，在討論了『暑天乘凉鬱遏衛氣』之後，就討論治療方法，提出『氣虚中暑昏僕不可作風痰症治』，並討論了『暑月過食生冷内傷症』的治療方法，又列舉了『清暑益氣等方及驗案』。至於咳嗽，則從外感、内傷鑑别入手，逐步深入到真臟受傷咳嗽、各種臟腑咳嗽的討論，並就『治嗽不用人參辯』、『寒痰爲嗽用附子例』進行討論，並附有治療實例。咳嗽以後，該卷又介紹了眩暈、肺癰、濕症、翻胃、膈氣、瘧疾、霍亂、嘔吐、瀉、痢等病的治療方法，有時還附有相關醫案。

卷四繼續介紹了若干内科雜症的治療，其中涉及喘、脹滿、諸氣、痰、痞、三消、腰痛、脅痛、腹痛、心脾痛、欬逆、發熱、疝等疾病；卷五則有頭痛、勞傷、血症、遺精、痹痛、五疸、發沙（痧），以及大小便、赤白濁等病證。和前幾卷一樣，該書論病也不同於一般的内科書。該書不拘泥於每病系統的論説，選症重在實際，論症抓住臨床實用的要點，或重辨證，或重治法，或附方藥，並非千病一面。

卷六爲傷寒，並沒有按六經羅列證治。全卷除了前面四則（傷寒論、傷寒死症並脉、傷寒脉法、辯六經形證）之外，均爲治療大法（汗、吐、下、温等）與鑑别診斷的討論。本卷在診察方法上，列舉了『辯目』、『察舌』、『察大小便通利』、『察病人心胸有無痛處』、『察渴與不渴』的診察方法辨析。

卷七爲婦科，内容十分簡要。首爲『婦科總論』、『婦人脉法』、『月經』等一般性論述，此後才展開各種胎前、難産、臨産、産後各種病證。

卷八爲小兒，初卷首有『提綱』一節之外，直接選出二十六種病證，介紹其診療法。這和一般小兒臨證書有所不同，没有長篇累牘的理論解説。

以上各卷雖然内容不同，但其共同特點是不講求系統理論介紹，注重臨床實際，重點討論臨證中庸醫忽略或錯誤的内容。

該書最後一卷爲外科。該卷的題署爲『古績唐雲龍玄真父原本』，説明該卷以唐雲龍所撰之書爲主體，再經朱鳳臺增删，而不是像前面各卷一樣廣泛輯録前人論説。考唐雲龍之書今存者有《痘疹奇衡》（一六二六），藏國家圖書館、安徽省圖書館，但中外各種書目都没有見到唐氏外科著作存世。《醫學集要》能將唐雲龍的外科全卷採入，説明唐氏之書還具有一定的文獻價值。該卷前半部主要圍繞癰疽的辨證、治法、用藥展開。後半部則分十二經，每經出圖一幅，然後依次介紹各經的外科病變，間或有某些疾病的用藥要點。該卷作者認爲：一切腫毒，實源於内而發外者也，這表明其推崇薛己的温補學説。

三、著録與版本

朱鳳臺《醫學集要》一書在中國散佚已久。考中國歷代醫書相關書目，有同名書五卷，見於明·殷仲春《醫藏目録》、明·趙琦美《脈望館書目》著録，但不著姓氏。據《（改訂）内閣文庫漢籍分類目録》（一九五六）記載，明代書目記載的《醫學集要》，並非朱鳳臺等纂集，而是明·閔道揚所撰之書。

朱氏《醫學集要》九卷，首次見載於日本丹波元胤《醫籍考》，僅載作者、書名及卷數，不録序文，故世人並不知道其内容及價值。《（改訂）内閣文庫漢籍分類目録》記載：『醫學集要，九卷，清朱鳳臺，清康熙七序刊』。該本原爲日本毛利高標（一七五五～一八〇一）所藏，首序之中鈐有『佐伯侯毛利高標字培松藏書之印』。首爲『序』（朱鳳臺）、『醫學集要叙』（朱易），次爲目録、正文（九卷）。刻工甚佳，唯今存之本内有少數殘破蠹蝕之處。

總之，《醫學集要》是一部非常實用簡捷的臨床綜合性醫書，它的編寫方法與一般臨床指南書籍有所不同。該書注重精選前人之説（包括方藥），間附己見。該書引録明末唐雲龍的未刊外科書，也具有一定的文獻價值。

方脈舉要

伊廣謙

《方脈舉要》三卷，宋·劉開撰，明嘉靖三十三年（一五五四）蘇州黄魯曾刻本，現藏於國家圖書館。

一、著者與成書

劉開，字立之，號復真先生。南宋時南康（今江西省九江廬山）人。曾習佛老之學。其時名醫崔嘉彦隱居於廬山西原庵，劉開投於崔氏門下。據張道中《玄白子西原正派脈訣》自序云，崔氏之學經『口傳心授，竟爲劉先生開發而行之』。劉開得崔氏真傳，遂爲其學術繼承人，『兩山南北名醫之流，悉自劉氏』。《百川書誌》謂其爲宋太醫令。《方脈舉要·序》云：『宋淳祐（一二四一～一二五二）中，由草澤召入禁廷，治疾奏功，自是名播江左，目爲神醫。』其診法獨特，認爲食指審察輕重最爲準確，乃『先以食指候病人寸部，次移食指候關部，至於尺部』，故時人稱之曰『劉三點』。也有人謂其别有所得，『略用三指點病人脈，不專於診切』而得名。除本書外，劉開還撰有《劉三點脈訣》（又名《脈訣理玄秘要》）、《脈訣元微》《復真子劉先生脈法》存世；另著《太素脈訣》一卷、《傷寒直格》五卷、《醫林闡微》《已效方》等，已佚。

本書序署『延祐戊午秋七月』，即元仁宗延祐五年（一三一八）。序中作者稱：『余拜受之，誦習之，屢以救人而屢效，藏諸私稿四十年於兹矣。』上推四十年，當爲一二七九年。即本書約成書於南宋祥興二年，亦即元前至元十六年（一二七九），迄今已七百餘年。歷經宋元鼎革，多少人間滄桑，今已僅存孤本矣。

二、内容與特色

本書爲綜合性醫書，集脈診與方治爲一體而舉其要，故名《方脈舉要》。作者『夙尚醫術，專以濟人爲務』，既投名師，又博覽群書，『凡古今經方、本草等書，研究精微，洞明死生』，在此基礎上，『採擇諸家之善，經用有驗者，舉綱撮要』而撰成本書。

全書三卷，上卷爲脈診；中卷爲内科雜病證治；下卷爲傷寒、温疫證治，及婦人、小兒諸病證治。略有殘闕。

上卷分辯色、議脈、五臟六腑本形脉、七表脈、八裏脈、九道脈、定孕脈七篇專論。其中『九道脈』已殘闕不全，『定孕脈』則已付闕如。作者脈診之學師承崔嘉彦，崔氏脈學的核心是『四脈爲綱』，即『以浮沉遲數爲宗，風氣冷熱主病』，也就是以浮、沉、遲、數四脈爲綱，結合其他脈象表現，以辨析疾病的病因、病位。由於本書並非脈學專著，上述觀點在劉氏的其他著作中已有闡發，故本書未予展開，而偏重於介紹其他脈診理論和基礎知識。如『議脈』篇，分述持脈之道有三，曰舉、按、尋；察脈之形，論須識上、下、來、去、至、正六字；明脈之道，論須辨表、裏、虚、實四字；主張診法應色脈相參，未診其脈，須先觀其色，當以脈參色，而毋以色參脈等等。其中特別提出辨病須分『脈病證治』，如浮緩爲風，浮緊爲寒，此爲脈；曰中風，曰傷寒，此爲病；風則頭眩招搖，寒則發熱身疼，此爲證；風則散之，寒則逐之，此爲治。四者結合，不可偏廢，而識温凉冷熱之性，達補瀉汗下之理。這實際上是在探索規範化的診治程序，已開明代『脈因證治』、『症因脈治』説的先河。其七表（浮芤滑實弦緊洪）、八裏（沉微緩澀遲伏濡弱）、九道脈（一般指長短虛促結代牢動細脈，此處有殘闕，且與他書有所不同），則詳述每脈脈象，並着重條列其六部脈象的主病，如左寸浮而大散，心氣耗也，主虛煩；左寸沉，内寒邪，胸中冷痛等。所述脈診，均屬『舉要』性質。

卷中論述中風、脚氣、吐瀉、痢疾、喘急、吐血、腫疾、瘧疾、氣疾、頭疼、咳嗽、自汗、黄疸、白濁、翻胃、喉痹、泄病、小便、大便、腰疼，共二十類疾病的病因、脈證、類似疾病的鑑别、治療及禁忌等。

如中風門，即指出痰飲、飲厥、氣中、氣虚頭暈亦如中風之狀，宜加區别，不可便用治風之藥。又有中寒、中濕、中暑，亦類中風，又當察時月、氣候等而施治。而酒食過度，感冒風寒暑濕，酒與邪氣聚而爲痰，壅滯關節，氣血不通，亦似中風，不可混淆。並指出如何從脈象上，結合詢問病史加以區别。凡此可見其辨證之精細。又如腫病，十分注意兼證，有腫而喘者，有自利者，有小便不通者，有上腫而下不腫者，有下腫而上不腫者，以及蠱腫消瘦，種種不同，其治亦相應有别。於腫病治療，謂治腫病不可便利大便，大便一轉，仍復不通，又復膨脹，不可再下；謂上腫而喘滿者，斷不可少葶藶；謂腫病乃脾胃虚憊，當救脾胃，都屬經驗之談。又如論治咳嗽，謂『咳嗽古方極多，收效者少』；論治自汗，謂『傷寒及大病後皆有自汗，宜以温粉撲之，最不可依古法用麻黄根節等藥，麻黄終有疏導之性』，足徵作者乃久經歷練，經驗豐富，決非叢撮群書，食古不化者。在内科各病中，凝聚着作者真知灼見，不可等閑視之。

下卷論述傷寒、温疫證治，及婦人、小兒諸病證治。於傷寒、温疫，作者尊崇仲景方論『深賾玄遠』，『治法無出仲景書，不可以私方私藥爲説』。其大略是，先辨表裏陰陽，『所謂浮沉遲數脈，表裏虚實證』，這正是宗法乃師崔嘉彦的『四脈爲綱』説在傷寒、温疫上的應用。一般而言，浮爲在表，沉爲在裏，在表汗之，在裏下之。但臨證施治須深入細化，如陽脈實大或遲、沉、滑、數方可下，陰脈盛大或遲、實方可下，並要參之以證方可。值得注意的是，作者引用古人『治傷寒有法，療雜病有方』之説，於治療方劑，不拘於仲景方，而是兼用時方，如十神湯、參蘇飲、香薷散、神术散等，即宗其法而活用方。婦人則分産前、産後、血崩三門，産前門述惡阻、子懸、漏治、胎死腹中證治；産後門述惡露、未盡、下痢、喘急、血崩不止、陰脱、心痛不止、煩渴、大小便不通、傷食、感冒、筋脈拘急兩脚疼痛、泄瀉、血風癮疹等的證治，皆取簡要便捷，切合實用。小兒則分急慢驚風、痘疹、傷寒、吐瀉、痢疾、瘧疾、癥瘕痞癖、腫疾、咳嗽、自汗、疳疾、胎驚、胎寒、胎熱、腹痛、鼻衄、口瘡、小便白濁、小便出血、瀉血、癎疾、脱肛、夜啼、雜證諸門，結合小兒特點，叙其證治，於小兒病證，全面覆蓋，而又提綱挈領。

三、學術價值

全書所論，方脈兼顧，内傷雜病，傷寒温疫，婦人小兒，堪稱面面俱到；取法古人，而又時出新説；審證辨因，不費虚辭，鞭闢入裏，每能恰中肯綮。《黄帝内經》云：『知其要者，一言而終；不知其要，流散無窮。』綜觀全書，作者可謂深得此中三昧。韓愈《進學解》云：『記事者必提其要，纂言者必鈎其玄。』其此之謂耶！復真先生享譽宋元，絶非浪得大名。

本書刻工書品頗佳，在明刻中應屬上品。字體遒勁疏朗，似有北魏筆意，不失爲學術與藝術雙馨的佳作。

士林餘業醫學全書

鄭金生

明·葉雲龍《士林餘業醫學全書》（一五九八）六卷，爲綜合性醫書。該書宗四子（張仲景、劉河間、李東垣、朱丹溪）之學，旁採明代諸名家之論，將中醫基礎理論及臨證常用知識類編成書，以便臨證實用及初學。

一、著者與成書

作者葉雲龍，字以潛。明萬曆時江右盱江（今江西南城）人。曾從羅明德習儒。然於文治餘暇，好讀醫書，且善治人病，療效甚佳，人皆『目以爲良醫』。作者纂集諸家之要，編成《士林餘業醫學全書》六卷。因該書乃其業儒之餘所編，故以『士林餘業』爲名。

葉氏認爲，『學醫之法，宜專主《内經》，而博觀乎張、劉、李、朱四子。』他把《内經》比作儒家的六經，而把張仲景、劉完素、李東垣、朱丹溪比作儒家的《中庸》《論語》《孟子》，認爲四子之書是學習六經的階梯。所以，他在臨床治療中，主張『凡見人形氣實者，宜以劉、張大法治之；形氣虚者，宜以李、朱之法治之，不可概用其藥也。』因金元醫學流派之争的影響，明代醫家或尊劉完素，或尊李東垣，或尊朱丹溪，各成家派，互相攻訐。有的醫家則拘守《太平惠民和劑局方》，不講辨證。葉雲龍不守門户之見，客觀地分析了四大家的學術特點，主張取四大家之長，『因人看症，隨症用藥』。這種不執偏見、辨證論治的觀點對臨證治療是有好處的。在這一思想的指導下，作者將中醫臨證的一些基本知識編纂成書，用以作爲臨證的參考並指導初學醫者。

二、内容與特色

該書以『醫學全書』爲名，表明作者想全面反映醫學的精粹。按照作者的觀點，是以《内經》爲宗，然後把張仲景、劉河間、李東垣、朱丹溪四家之長融於一書，所以全書的構架也是按此設計。

該書卷一篇幅很大，幾乎佔了全書六卷的一半。該卷首爲『自箴篇』、『箴時篇』、『陰騭篇』、『保養篇』，是作者自撰的幾篇短文，闡述作者的學術主張，針砭時弊，並迎合當時的朝廷頒佈的《陰騭録》，勸善戒惡，但這並不是全書的主要内容。

概而言之，該書卷一的中心内容集中在介紹運氣、形氣（即臟腑等）、經絡、脈診、本草等醫學基礎知識。其中的運氣、形氣、經絡都是以《素問》《靈樞》爲宗，結合後世的一些解説。這一部分的内容並没有單純地摘録《内經》的條文，而是簡要地將與臨床實用關係較密切的内容集録在相關的内容之下。

脈診在卷一中佔了較大的篇幅，其内容主要摘録《脈訣》《醫經小學》所保留的崔嘉彦四脈爲綱説、《脈經》等書的内容之要，述而不作，並未對各家脈學主張加以評述。

本草在卷一也佔了較大的篇幅。其内容以金元醫家的藥學理論及藥物論説爲主。作者從《醫經小學》《醫方捷徑》等書中轉引了潔古《珍珠囊》、王好古《湯液本草》等書中的藥學理論，以及一百五十七種藥物的簡要性味陰陽、功能主治的介紹，以爲用藥入門之需。

卷二到卷五，均爲外感、内傷諸病臨證的常用知識。其中傷寒以張仲景爲主，兼取宋、明較有影響的傷寒詮釋；温暑則全取以劉河間的《原病式》。在内科疾病方面，主要尊崇的是李東垣治内傷、朱丹溪治雜病的方法。但在卷次編排上，却看不出以上的宗旨。

該書的卷二主要是傷寒診要與辨證、瘟疫病治；卷三首爲『總方關要』，介紹四君子湯、四物湯等九個常用方的作用與加減使用法。然後講述外感、内傷的基本辨證方法，繼而簡略地介紹臨床診斷、立法、用藥的一些基本原則，要言不繁，重點突出。卷四爲『六淫治法』，分風、寒、暑、濕、燥、火來歸類各種疾病，講述辨證治療方法。卷五爲『内因症治』，以内科諸病爲主，列舉近三十種疾病的辨證論治方法。

該書最實用的内容，就是其諸病之下的文字。一般説來，每病之下首先簡要介紹其病因、辨證要點、預後及主要治法，各家論述該病的言論，以及常用的方藥。其文字簡潔，内容選擇精到，對中醫臨證頗有裨益。例如咳嗽，先提出咳嗽要審辨虚實，次分外因、内因，列出兩大類咳嗽的不同情况及細致的辨證方法、當用方劑，並詳細比較了各種用藥法。最後提出一些臨床治療咳嗽中需要注意的一些重要原則，其内容非常簡潔實用。

該書最末一卷，主要是婦科。這部分内容是以《婦人良方》爲主，兼參各家論説，其凡例中提到有兒科『以（楊）仁齋爲主，並《安老懷幼》等書』，但實際上書中並無兒科内容，而有『痰火秘旨』（凡十二條十三方，十八症）。痰火辨證雖倡於金元，但興盛於明代，所以葉雲龍説『今十病九痰』。在當時的學術前沿中，痰火致病很受社會重視，所以該書在書末專論痰火，次第列舉了痰火之候、痰火之藥、痰火之法、痰火之標、痰火之本等，對痰火這一熱門問題予以相當通俗而實用的介紹。其中多數内容是類纂前人的治療痰火經驗總結。

要之，該書並無作者多少自己的學術見解，但却能充分汲取當時比較流行的各家精粹，類編成書。其文字簡約，内容實用，是明代萬曆年間一部比較好的中醫臨證綜合性醫書。

該書今存世甚少，目前僅存有明萬曆二十七年（一五九九）跋刊本，閩建書林劉雙松刊。該本刻工較好，在明末福建刊本中屬上乘。

家學淵源

孟慶雲

《家學淵源》四卷，清·作德主人編撰，孤本現藏於中國中醫科學院圖書館。

一、著者與成書

該書是署名爲『作德主人』者向其子孫傳授臨證精要和訣竅專供自家人閱讀的秘本。從作者的《叙》中得知，實屬完成於清嘉慶七年（一八〇二）。作者在第四卷《外科》卷首中説道：『余閲歷有年亦曾治療應手，又何妨筆之於書，永爲家訓，書既成卷，豈敢公世，僅可裝藏，取名之爲《王氏家學全書》可也。』看來作者還擬將此書稱爲《王氏家學全書》，其中也透露了作者姓王。但作者的名字一直没有在書中表露，有待於今後進一步考證。家學家法是與師學師法相併而行的古代醫術傳承方式，多是口傳親授，對於絶技妙竅奇效驗方等，往往因保密而不願公諸於文字或公開出版，這部以家訓形式的醫學著作，能流傳下來，也是鮮見之幸事。

作者是個全科醫生，除有家學的世代積累外，作德主人也是『業醫三十餘年』，以此學養和經驗撰寫此書。

二、内容與特色

全書分四卷，第一卷爲外感温熱病，第二卷爲雜病，第三卷爲婦科、兒科病，第四卷爲外科病。從其學術理路來看，作者尊崇張仲景與張景岳。書中幾次提到他得力於《景岳全書》。作者對仲景之學不僅有深厚的功底，還學用到一個新的境界。作者論道，歷代治傷寒『專家顧其書，别户分門，往往各抒己見，使業此者不能别開法眼，亦將何所適從哉？』而他僅用二十七條證治，便將傷寒的脈 證治要做了通盤的概括，言簡意賅、切合實用。他批評把學習傷寒引向繁瑣：『如俗語所謂七十二樣傷寒者，誠無稽之談，斷不可信！』條陳證治後，又作《傷寒逆證賦》一篇，以歌訣的形式昭示要領，便於記憶。他將平生治病用藥關鍵總結爲三十四條的《諸病用藥入手便覽》，作爲傳授至真要的臨證箴言，列在卷一之首，示其行醫的子孫要牢記或背誦。作者堅持張景岳的傷寒可統概温病的學術觀點，他在《瘟疫》條中言瘟疫：『察其治法亦論汗下，亦分經絡，與傷寒不甚相悖，所以景岳先生雖另設一條，註明與傷寒門合參，但理可知矣。』

診治雜病，最見技巧。卷二之雜病卷列四十餘種雜病，每病先以簡要文字鈎稽診斷要點之後，以一兩個作者驗用有效的方劑出治，『决去游移兩可之見』。在附言中再用幾句話點撥其要藴。例如在癃閉用方後附言：『景岳先生治此，方中用升麻以提之，其意譬諸盛水之器，閉其上竅則下竅不通。開其上竅，則下竅自利，無升不降，理有自然。余用此法得效亦多，故附録於此，豈知藥力原不在多也。』書中對方劑和藥物的修合配製及投藥講解細致，例如在便結（便秘）用蜜煎導法中講到：『用蜜一匙，熬起金花，急倒凉水内即完取出，以硝石面揉之如棗大，納入糞門即解』，又有旁註：『加猪膽汁、牙皂末少許更妙』。這是《傷寒論》蜜煎方製作肛門坐劑的具體方法，遠比其他解註明白實用。

治婦兒科病，在於膽識。作德主人在第三卷中把幽隱而難醫的婦女諸病，用『現症雖多而不過血之一字』的一個『血』字概括。又認爲『不過以經脈爲主，經脈常調，則百病全無。一有不調，則諸病叢至。凡以婦人大半皆肝旺者居多。』他把諸經血病統概於六證，用六個有效方爲治。對於依脈象判斷胎兒性别，他歷數十年的經驗是：『不拘何部，亦不拘（左右）何手，倏見沉滑者，多是胎應。而脈沉滑有力者，竟多是男。』作者認爲産育之事應本天地自然之理。對當時所傳讀的《達生篇》一書，評價是『論之甚妥』。卷中對小兒之諸病候觀察和體驗最爲細膩，小方小藥也最爲精到。其家世代診治痘疹，堪稱絶技。作者先君當年治本州堂首令郎慢驚風，因堅持己見而獲效，被授予『保赤誠求志』的匾額。注重對危重痘疹的見證和預後判定，明如秦鑒。如他所述：『大約小兒出痘，其兩手食指肚心凉，通身壯熱，兩耳梢必凉，耳後必有赤脈紅筋，再視其脈，脈必洪數。』他論述痘疹合併症非常簡明，易於辨證用藥，他指出痘發於肝經則抽搐，痘發於心經則驚恐，痘發於胃經則嘔吐，痘發於脾經則發熱、腹痛，痘發於肺經則喘息，痘發於腎經則腰痛，此症凶多吉少。此六症下各列有經驗治方。卷中有《小兒服藥宜講氣味》的專論，理明透徹，有自家卓見，最爲耐讀。

外科診治，内外一理。卷四之外科，設有按病分條而列，是依據『内外一理而相形會意，舉一可以例餘』的原則，闡述外科病證辨證論治的理路。從這點看，他在外科上是繼承了南宋陳自明、元代齊德之、明代汪機等人的學術思想，屬於外科保守派。但作德主人堅持的内外一體、外病内治自有其創新自得之處，那就是他把治療痘疹的套路用於治瘡瘍，因此它在外科卷的寫法上不按病症條分縷析，而是强調『原不必逐一條刊』。他治痘的套路是：初發用加味升麻葛根湯發表透毒，中期用保元湯托毒和中，釀漿後養氣血清餘毒，在保元湯基礎上再酌情加藥。他治麻疹的套路是：初方用宣毒發表湯，次方用化毒清表湯，三方用清熱導滯湯，最後用治咳嗽及音啞方治並發症。他治瘡瘍的套路就更爲簡明：如瘡瘍初起發表行氣和血，腫未潰發表化濕行血，瘡已潰爛則托毒助膿，破潰後收口生肌。正可謂示人以方法，匠心獨運。它在外科卷中作瘡瘍與痘疹比較的同時，進一步總結補充了診治痘疹的經驗，包括按病期辨證、按部位辨證和吉凶預後判定，這些都具有極爲重要的臨床價值。

四卷書體現了作者不衹把醫理方義和藥論洞悉於胸中，還附有讀後能增强理解的醫案和其應如響的偏方，作者曾應診過四五歲時即患半身不遂的患兒，可見他博涉識病。同時，作者對中國傳統文化也有深湛的底蘊，他本人認爲，醫學未曾標舉『齊家治國平天下』，但是『雖小道必有可觀者焉』、『隱然有相道焉』，他以此理念篤行於臨證。作者詩文也佳。目録中示有詩十二首，未見。但在卷二中，他治好漢軍刺史高公便血如注，其後附有高公和他的唱和。書中也叙述了經他延治而療效不彰和死亡的病例，例如痰飲嘔吐和霍亂等，體現了作者必抒真得、不亂塗傳的學風，使本書迨爲可信。有趣的是，作者在書尾寫一短篇《脈按式》，全文僅六十八字，其中有三十一字要讀者填空補足。這種未濟卦的深心密意，似紅樓判詞，誠如作者在書中最後一句話所言：『也俟高明再酌』。對此有志趣的讀者不妨嘗試去解讀。

蔣氏脈訣真傳

余瀛鰲

《蔣氏脈訣真傳》二卷，清抄本，孤本現藏於中國中醫科學院圖書館。

一、著者與成書

《蔣氏脈訣真傳》（簡稱《脈訣真傳》）又名《醫學脈訣真傳》，是蔣氏父子闡述、整理和編輯的醫著。書名雖突出『脈訣』二字，實際上應作廣義的理解。從全書的學術内容與多種病證的臨床方治來看，該書是一部以記述傷寒、温熱病和内科雜病爲重點的綜合性醫書。編撰者雖將書名冠以『蔣氏』二字，但終因未署名號，今已難予考證。是書分兩卷，從卷一『弁言』獲知，編纂者蔣氏父子均業醫，蔣父受業於『名師法氏』（亦未列名號），不論是蔣氏、法氏，亦均未標示其里籍。著者在『弁言』中交代此書撰成於清乾隆二十五年（一七六〇）。蔣氏父子早在乾隆十年（一七四四）便開始本書的撰寫工作，在蔣父提要鈎玄地爲其子講述臨證諸病的基礎上，由蔣氏子遵其父命『先爲輯治傷寒、温暑、雜病之法，取先賢往聖之書，列其爲治……』。嗣後探研、涉獵的病證證治逐漸增多，蔣氏子能由博反約、删繁就簡，力求使之條舉目張，最後纂輯成書。故此書的學術經驗，當屬蔣氏父子所承襲與變創，但最後編輯全帙，則是蔣氏子的手筆。

二、内容與特色

該書學術内容頗具特色，如卷上的『脈要』、『審病』與『見證識病法』，包涵了蔣氏父子的學術經驗。其中的『脈要』，則以分析傷寒諸病證爲主，蔣氏十分重視脈診中的三部九候，强調『明脈辨證』的重要性。其下分述八門病證，即正傷寒、内傷外感、類傷寒、温病、暑病、濕病、時氣與瘟疫。其中闡論尤爲精詳的則是傷寒、類傷寒，提示讀者應如何正確辨析論治；卷下共闡論七十七種病證，蔣氏在闡介病證前，專寫了一篇『見證思治活法』，這是醫者必備的查疾診療之要素，內蘊豐富的診療經驗。而在七十七種病證中，則以內科雜病爲主。蔣氏對於某些病證，分類辨析頗細，如常見的汗證，書中分之爲無汗、自汗、頭汗、手足汗、盜汗五種（係七十七種病證中的五種），至於他科病證則基本闕如。

關於蔣氏此編的學術主流，我們從『弁言』中可以獲知。蔣氏首先認爲歷代醫家，當以張仲景、劉河間、李東垣、朱丹溪四大學術流派爲主，並認爲如此則『治傷寒以及溫暑、雜病無遺蘊矣。後雖名賢輩出，不過於四公表彰而闡發之，究無能超越其範圍也。』特別是對仲聖的傷寒六經脈證，能結合歷代名醫名方予以辨析、施用，同時全書引述古今名醫名方亦頗多，其中亦蒐集有清初醫家的有效方治。

值得一提的是，此書論病，學術與臨床並重，詳於闡述因證，辨析不同的證情，選方亦較精要可取。而下卷後所附『用人參法、用發汗藥法、用吐藥法、用攻下藥法、用溫熱藥法、用寒凉藥法』六法，顯示了蔣氏父子獨到的診療經驗，當予重視。

總之，這是一部未見刊行的清鈔孤本，内容完備，述證精詳，經驗獨到。

明醫要訣

余瀛鰲

《明醫要訣》二卷，清·張楨訂，清道光一年稿本，現藏於中國中醫科學院圖書館。

一、著者與成書

《明醫要訣》係臨證綜合性醫著，其原編撰者已難於考證，據清·道光元年（一八二一）傳承此編的張楨（蕚樓）精鈔本記載，他幼年嗜好岐黃，以經典醫籍奠基，常向他祖父（張公北奇）請教句解，其後張公將珍藏數代的家塾舊鈔本《明醫要訣》傳交於張楨閱誦。張楨於整理舊鈔本後指出本書『言簡意賅，最易成誦』。從該鈔本表述證治和選方內容分析，此書當係明末清初之作。因爲在選方中既有『四大家』（張仲景、劉河間、李東垣、朱丹溪）之方，又載有《千金方》《外臺秘要》《傷寒六書》《太平惠民和劑局方》《傷寒全生集》《仁齋小兒方論》

《外科證治全生集》《明醫雜著》《萬病回春》以及刊於晚明的《證治準繩》《扶壽精方》等書中的方劑。由此分析，可見此書原編當在十七世紀中葉，而在原鈔本中的方治内容，基本上未能標示出處。

二、内容與特色

此編共分上下兩卷，共列述常見多發病和疑難病證五十二種，對於每一病證，作者重視脈、因、證、治，且選方精契明晰。此精鈔本有『初學之寶筏，濟世之金鍼』的美譽。我們閲習此書，重點要對原編纂者的臨床學術加以辨析、歸納與研究。應該説，《明醫要訣》列述諸證之學驗，上自《黄帝内經》《難經》《傷寒雜病論》等典籍，下迄明代後期論著，特别在分證、方治方面，其中引述歷代名醫名著均有重點表述。至於該書的學術流派，擇要而言，傷寒宗仲景，主參陶節庵《傷寒六書》；至於温病、内傷、陰虚諸病證，則宗法河間、東垣、丹溪之旨，對於多種雜病，亦廣參明以前歷代諸家之説。全書以七字訣的形式予以表述，易於記誦，言簡意賅。

此書上卷闡論中風、中寒、瘟疫、傷寒、内傷等十七種病證；下卷爲臟脹、水腫、疸證、消渴、人體各部的痛證及五官疾患等共三十五種病證。從該鈔本列述的每一病證分析，堪稱是脈因證治俱全，並能根據諸病不同的證情予以分别辨析，立方遣藥既有歷代名醫名著選方，又有編撰者個人常用的經驗方藥。

該書書名冠以『明醫』，亦頗耐尋味。所謂『明醫』，不同於『名醫』的概念。因爲名醫的社會影響，雖多屬名實相符，也有屬於名實欠符者；而明醫之『明』，有神明、明晰之義。作爲明醫，一定須具有堅實的學術臨床基礎，並在診療上對患者的病情、治法『心知肚明』。聯係到當前的業醫者，應該不衹是能在診療方面『神乎其技』，甚至應在繼承與創新方面多所貢獻。實際上，古代用『明醫』作爲書名的有數種，其中最爲著名的是明·王綸的《明醫雜著》。王氏宗法『四大家』，該書有四句名言，即『外感法仲景，内傷法東垣，熱病用河間，雜病用丹溪。』此説對後世的中醫學術發展以及臨床有很大影響。由此，亦可看出《明醫要訣》的編纂要旨和學術傾向。總之，《明醫要訣》是一部力求撰述精煉、切於臨證實用的孤鈔醫籍。

靈蘭社稿

孟慶雲

《靈蘭社稿》八卷，著者佚名，爲臨證綜合性醫著。稿本現藏於中國中醫科學院圖書館。

一、成書概略

在書的文字中，未見有清代咸豐以後的醫著和醫家。今據此點推測，書稿完成於清道光間，即一八五〇年之前。

『靈蘭』是古藏書之秘府。《黄帝内經素問》中有《靈蘭秘典論》，明代以後醫書也開始冠名『靈蘭』稱謂，以示珍重。例如，明代王肯堂有《靈蘭書室醫案》，民國時代何舒曾輯有《靈蘭醫書六種》等，但從内容、文筆和格調看，均與本書無涉。本書包括雜證六卷、錦囊藥性賦二卷。藥性賦也是圍繞雜證用藥所編寫的歌訣，故本書實際上是論治雜證的專著。

二、内容與特色

稿本的書寫分上下兩欄，下欄爲本書的主體，在論述中有小字爲註。上欄主要是眉批、評語或對秘法、秘方的提示，有時也以簡短的醫案印證下文。上下兩欄，互相鈎證，彌爲一體。

閱讀此稿，深感本書作者是一位經驗非常豐富、理論素養極高的内科臨床家。他把冗繁的雜病分爲風門、虛勞、諸痛、寒暑、大小便和諸氣六門，病證爲門下之目。例如，在第一卷風門項下有中風、瘈瘲、顫振、攣、痿、痿厥、破傷風作痓、癘風、痓、痹痛、癲、狂、癇等子目。作者這種門目之列，並不僅僅是求其簡約，而是依據病象病機的關聯和治法的相通，是作者多年的臨床積澱，藴藏沉思所致。這種門目的分法，體現了作者對諸證的理解，上考諸古，下質諸今，出新自得。六大門目之分，還有便於理解，有助記憶，助益學習者靈變取巧之功。作者對諸證的論述，可謂『知其要者，一言而終』。如作者在卷二『虛勞門·血病總論·吐血』眉批曰：『吐血用寒藥百無一生』。又如作者在卷三『諸痛門·頭痛·偏頭痛』眉批註曰：『右爲氣熱，左爲血虛』。諸如此類，或論或批或註，皆能一語中的。作者廣採諸家之至理名言，如在『血病總論』中述血之特性時，引王文淥語曰：『血雖陰類，運之者其陽和氣也。』精闢卓特。作者引仲景、金元醫家、明清醫家，皆如是。值得注意的是，作者援用《黃帝内經》之文，多經揣摩而簡述其意，這也折射出作者的學風，乃是紀用其要而非套鈔原文。可見，作者著書，全出於自家的體驗，故而剴切詳明，流暢耐讀。

本書第七第八卷爲《錦囊藥性賦》，共列十二類二百三十八味中藥。以四言或多言歌訣韻語的形式，隨藥而異，其中輔以句解，把作者對每藥的體會娓娓道來。因藥物用以配伍組合方劑，每一方中往往十數味藥物，醫家能體驗每味藥物之所長，洵爲功夫。此藥性賦無所鈔摘，全係自撰，足見作者之錦心妙諦，這也是作者用藥經驗的寫照。作者也把他用藥的經驗隨時寫入各門目之中，例如，作者在『虛勞·咳嗽附肺痿肺癰』項下曰：『肺癰，白及一味最妙』。這也是眞積力久的經驗，也是他向讀者傳授的秘方。衆所周知，醫生的經驗最爲可貴，薈萃諸家也出自體驗，所謂『淹博難，識斷難，精審難』者是也。本書醫論和藥性賦，字字凝結着作者的經驗。以此可以說，這是一部傳授經驗的書，一部至爲可貴的内科雜病典要。

方脈權衡

段逸山

《方脈權衡》鈔本一册，不分卷，清·江一維編，現藏於中國中醫科學院圖書館。

一、著者與成書

該書係清初劉元暉（號易門）整理並增補乃師江一維遺著而成，約成於道光元年（一八二一）。前有劉元暉序文，概述江一維生平。江一維，蛟川西鄉（今屬浙江寧波）人，早年習儒，後隨湯美學習岐黄之術。年三十餘，其術乃彰。『見貧人助以藥費，無德色』，通曉『天文、地理、奇門、六壬、《史》《漢》諸書』，集有《方脈權衡》一書。據序中謂江一維『年逾七十』語，江氏的生年當不晚於一七五〇年。劉元暉應錢瑶仙之邀，對是書加以增益，並鈔録而成。序後載有劉元暉『贈瑶仙賢契』七律一首，内有『青囊一卷留知己，珍重從此可着鞭』語，表達勉勵之意，並可知錢瑶仙爲劉元暉的晚輩。

二、内容與特色

該鈔本學本《内經》、仲景之論，旁貫《脈經》、東垣之説，係通俗易明的普及讀物，適宜於初學中醫者閱讀。誠如劉元暉序所言：『示人切脈以辨證，因端以施治，爲初學之先路。』

作者的這一思想，具體表現在三個方面：

一是體現在總體内容的編排上。首列『内景賦』，描繪臟腑的位置，叙述臟腑的功能。有感於『不識經絡，開口便錯』，故列『十二經脈歌』於次，細數經脈的走向，並概述『是動』『所生』主要病證。認爲『臟腑明而經絡熟，可以診矣』，因繼之以『脈理精要』，備述三十二種脈象的特徵、兩手寸關尺呈現單種脈象與兼見脈象所反映的證候及其屬性。以爲『脈象既悉，然後可辨證立方』，因續之以『診法』，詳論五臟的特性以及脾、肺、腎、肝、心五經本經所病，計收録常見雜病六十一種、經用方劑一百四十三首。又『以傷寒繼雜病之後』，而從《傷寒論》中摘鈔綱領性條文，成『六經提綱』。鑒於《傷寒論》『所立各方，味少分重，後世無古人之識見，多置而不用』，故特摘録『諸家證治』，以方便學者『對證發藥』。終之以『諸死脈證』，『亦免謗之一道』。有條不紊，循序漸進，方便初學者升堂入室。

二是體現在具體内容的叙述上。如『診法』部分，不僅列舉本經所主病證，於每一病證下叙述病因、病機、證候，而且開列相應的主治方劑，分析方中各種藥物的作用。以『脾經』爲例，羅列十七種證候、五十八首方劑。如嘔吐，主用藿香正氣散、藿香平胃散兩方；噦逆，主用丁香柿蒂湯、小柴胡湯等六方；反胃、噎膈，主用四君子湯、太倉丸等六方；胃脘痛主用烏梅丸、桃靈散等七方。對每一病證，先提出基礎方劑，再逐一分解其病因、病機、證候，予以加減。如：『嘔吐，風、寒、飲食、酸、火、虛損皆能致之，參詳分治，毋執一也。大約以二陳起劑，加減治之。』因於脾胃氣逆者，用半夏破逆，陳皮理氣，茯苓、甘草健脾和中。因於風者，脈浮，頭疼，風爲巽木，脾受賊邪，引之而上，加藿香、防風，或用藿香正氣散。因於寒者，寒則不能剋化，脈沉而遲，加乾姜、豆蔻之類。因於火者，火則衝上，脈浮而數，加黄連、梔子之類。因於飲食者，脾胃受傷，滿則傾覆，故出脈必氣口緊盛，平胃散加消導藥。因於酸者，脈必沉滑，喘急痞滿，二陳加天花粉、瓜蔞之類。因於脾胃虚損不能運化者，加黨參、茯苓、白术等藥。方證對應，剖析入微，方便初學者對證用藥。

三是採集前輩的精華，爲後學提綱挈領。如『持脈法』部分，由於浮、沉、遲、數、滑、濇六脈能集中反映脈之位置、速度、形狀，故爲衆脈之提綱。如洪、芤、散、大、長、濡、弦，皆輕手而得，統屬於浮；如伏、石、短、細、牢、實，皆重手而得，統屬於沉；如緩、結、微、弱，皆往來遲緩，統屬於遲；如疾、促、動、滑，皆往來迅疾，統屬於數。從陰陽言，浮爲陽，沉爲陰；從寒熱言，數爲熱，遲爲寒；從氣血言，滑爲血多氣少，澀爲氣多血少。『所謂脈之提綱不出乎六字者，蓋足以知夫表裏、陰陽、冷熱、虛實、風寒、燥濕、臟腑、氣血也。』如：浮爲陽爲表，其病爲風爲虛；沉爲陰爲裏，其病爲濕爲實；遲爲在臟，其病爲寒爲弱；數爲在腑，其病爲熱爲燥；滑爲血有餘；澀爲氣獨滯。對此，作者感嘆地說：『人身之變不外乎此，能於六脈求之，則疢疾之在人者，奚能逃哉！』

該篇還提出察脈的六字訣與四字訣。所謂六字訣，即『上下來去至止』，認爲『不明此六字，則陰陽虛實難別也』。其中『上』、『來』、『至』爲陽，『下』、『去』、『止』爲陰。作者對此六字作如下解釋：『上者，謂尺部上於寸口，陽生於陰也；下者，自寸口下於尺部，陰生於陽也；來者，自骨肉之分而來於皮膚際，氣之升也；去者，自皮膚之際而還於骨肉之分，氣之降也；應曰至，息曰止也。』所謂四字訣，即

『表裏虛實』。凡六淫之邪襲於經絡，而未及臟腑者，皆屬於表；七情之氣鬱於心腹，飲食五味傷於臟腑，皆屬於裏。虛爲元氣自虛，實乃邪氣自盛。這些論述，雖然不屬創見，但是由於採用歸納的方法，概括得精要透徹，實有裨於初學者把握，是一部頗切實用的臨證綜合性醫著。

醫家赤幟益辨全書

鄭金生

《醫家赤幟益辨全書》爲明·吴文炳所輯綜合性醫書，成書於萬曆年間。全書共十二卷，内容豐富，多輯録當時醫界推崇的醫家之論。所載多種醫學歌括，尤適合初學醫者習誦與臨床醫生實用。

一、著者與成書

據該書卷首署名，該書的輯者爲吴文炳，字光甫，號紹軒。建武南城（今江西南城）人。醫學活動主要在明萬曆年間。現存吴文炳輯録的醫書較多，除《醫家赤幟益辨全書》之外，還有《（吴氏家傳養生必用仙製）藥性全備食物本草》四卷，《明醫校正參補難經脈訣合編》兩卷，《軍門秘傳·太醫院纂急救仙方》四卷，《（新刊吴氏家傳神醫秘訣遵經奥旨）針灸大成》四卷，又考證了《（新刻東垣李先生精著）珍珠囊藥性賦》。另清·范邦甸等《天一閣藏書總目》著録了吴恕輯、吴文炳增補的《活人指掌》四卷。清·王邦傅《脈訣乳海》中還提到吴氏有《脈學釋語》一書，今未見存世。

吴氏的上述醫書很少見於古代書誌著録。關於吴文炳的生平，更少見諸記載。《醫家赤幟益辨全書》書前有其族兄吴思學（念虚）的引言，其中提到：『族弟紹軒氏，製藥潭雉，雖未便國手，要亦良醫壽民者。』可見，吴文炳是一位藥家。他在製藥之餘，編輯諸書，以便壽民。吴氏的書多在福建建陽（一作潭邑，即大潭城，乃福建建陽縣治）出版，其中以熊衝宇刻本居多。《醫家赤幟益辨全書》即屬於熊氏刻本。建陽是古代刻書的名城，與吴氏家鄉南城非常接近。因此，吴文炳的醫學活動地域亦應主要在建陽一帶。

關於《醫家赤幟益辨全書》的成書年代，雖有吴思學的引言，但也難精確判斷年代。這是因爲吴思學序後落款的年代是『萬曆屠維旃蒙』。按歲陽、歲陰紀年法，屠維對應於干支的『己』，旃蒙對應於『乙』。但己、乙都是天干，不與地支配合則無法用來紀年。吴思學是江西廣昌人，隆慶五年（一五七一）進士，曾官任『八閩大中丞』，與吴文炳同族。由於吴思學之力，促成了該書的刊行，故扉頁大書『伍爺發刊』。參考吴文炳其他著作的成書年代，在萬曆二十一年至四十四年（一五九三～一六一七）之間。《益辨全書》引用了吴恕《傷寒圖歌活人指掌》（有熊成冶一六〇五年刻本）、徐春甫《醫學指南捷徑六書》（多見的是一五九七年刻本），説明《益辨全書》確有可能使用萬曆年間上述醫書刻本。這些刻本多刻於十六世紀末至十七世紀初，因此《益辨全書》成書年代也可能在十七世紀初。

二、内容與特色

該書之名《醫家赤幟益辨全書》，乃作者族兄吴思學所題。吴思學是一位熱衷於醫理研究的官員。他認爲，醫學道理『辨之既明，則方之有定，而藥之有益於世也』。也就是説，衹有辨明醫理，才能有益於處方用藥，故以『益辨』名書。該書内容廣泛，故稱『全書』。書口題爲『益辨全書』，當是該書的簡稱。至於『醫家赤幟』，則屬溢美之辭，乃將該書視爲醫家行業引航的一面紅旗。

該書卷首題書爲『新刊十八大家參並名醫方考醫家赤幟益辨全書』，扉頁也在版框上方突出位置標以『十八大家』，又出示『四子』之名（即張仲景、李東垣、劉河間、朱丹溪四位名醫），借以突出該書所選資料的正宗與精要。其實書中所引用的資料，也有出自『十八大家』之外的許多醫書。例如，王叔和的《脈經》、劉完素的《素問玄機原病式》、徐鳳的《針灸大全》、高武的《針灸聚英》等等。明代坊間所刻醫書，多有廣告宣傳用語，故所謂『十八大家』，並不能完全反映該書的主要内容。

從學術層面來説，該書重在類集當時醫界比較流行的一些基本知識，使之適合廣大學醫者及臨床醫家所需。從該書的取材與編排來看，都體現了作者要編寫一部醫學『全書』的意願。

該書共計十二卷，前三卷依次爲基礎理論、針灸、本草，後九卷則分別是臨床各科病證。

首卷主要是脈診與運氣學說的内容。其脈診首先引録了《内經》中若干基本脈學知識，繼而摘引了浮、沉、遲、數、滑、澀、大、緩、洪、弦、緊、微、伏、濡、動、芤、實、長、短、細、弱、革、結、代、促等二十五種脈的體狀與主病，以及『諸病形證相反生死脈例』等許多實用脈學知識。脈學部分最後引録的《東垣十書·秘要脈訣》，題爲『紫虚崔真人撰』，此即明代流行的《崔真人脈訣》。據現代學者考證，該書乃是元·張道中《西原正派脈訣》的托名之書。總的看來，該書脈學内容以《内經》《脈經》爲基礎，兼採明代盛行的脈學常識，完全擯棄了曾在宋元時流行的《王叔和脈訣》的七表、八裏、九道脈學分類法。

首卷脈學内容之後，羅列了一些運氣的基本内容，並編入運氣的一些示意圖與推算法。

該書第二卷屬於針灸内容。據黄龍祥教授考察，該卷主要輯録自明·徐鳳的《針灸大全》、高武的《針灸聚英》（引作《針灸萃英》），以及元代竇太師針書，其内容遠比同爲吴文炳輯的《針灸大成》要豐富得多。該卷分經出示臟腑及經絡圖形，並採録諸經穴的歌括與用藥之法，也摘録了『子午流注逐日按時定穴』以及一些元、明以來諸針灸書多見的一些針灸手法等方面基本知識的歌括。

第三卷爲本草内容，但没有羅列具體藥物的性味功能，而是重在藥學的基礎理論知識。其資料主要來源於當時坊間頗爲流行的本草著作，亦有閩書林刻印的《太醫院增補醫方捷徑》以及徐春甫的《醫學指南捷徑六書》。其中的内容多源於金、元時的藥學理論，包括用藥法象、升降浮沉、藥類法象、引經報使、十八反、十九畏、各種用藥禁忌、藥物炮製、配伍、隨症用藥法等内容。所録《藥性賦》，原出徐春甫《醫學指南捷徑六書》卷三的『病機藥性歌賦』，但在部分藥物之下，補充註明簡要炮製法。此後該書還引録了一些涉及主要病證治法及用方的内容。

從第四卷開始，則爲臨床各科病證内容。由於各卷資料來源不一樣，因此體例往往有很大的區别。例如，卷四在目録中爲『中風門』，但正文並没有出示中風病證的論説，而衹是羅列一些治療方劑。卷五『傷寒門』則不同，該卷主要採用陶華的《傷寒六書》，因此直接引用了陶氏書中的許多篇章，尤其是『傷寒秘要殺車槌法』引用較多，也有部分元·吴恕《傷寒圖歌活人指掌》（引作《活人圖訣》）的内容。但由於正文並未逐一註明文獻出處，因此讀者很難判定其具體引文的來源。

卷六爲中暑、中濕、火、痰飲等門，雖然凡例介紹該部分内容主要取材於劉河間《素問玄機原病式》，但正文實際上採録朱丹溪的論説較多。從卷六到卷十一前半部分，主要是雜病的内容，其中引用《丹溪心法》的地方較多，也包括楊士瀛《仁齋直指方》等諸家的内容。卷十一後半部主要是外科内容，凡例介紹主要取材於明·薛己的《外科樞要》。卷十二則爲婦人門、小兒門。該書凡例介紹婦人門主要取材於宋·陳自明的《婦人良方大全》，小兒門主要取材於陳文中《陳氏小兒病源方論》、錢乙《小兒藥證直訣》，痘疹主要參考《丹溪心法》以及明·陸道元增補、翁仲仁原撰的《痘疹金鏡録》。

目前，《益辨全書》今僅存明態衝宇刻本，軟體字，刻工甚佳，字大疏朗，頗爲美觀。

醫學引彀

鄭金生

《醫學引彀》一卷，傳記及題詞一卷，附方二卷，爲元末明初著名醫學家滑壽（伯仁）晚年所撰臨證綜合性醫書。該書集各科常見病證四十五則，各證首重審脈、論證、求因，辨析甚詳。後出治法方劑，兼述單方。書後又將各病治驗之方匯爲附卷，以便臨床實用。該書今存於明刻孤本《滑氏方脉》（合刊本）中，且附有滑氏傳記等珍貴史料。此書現藏於浙江圖書館。

一、著者與成書

滑壽字伯仁，晚號攖寧生，祖籍許州襄城（今屬河南），生於儀真（今江蘇儀征），元末明初寓居余姚（今屬浙江）。據《醫學引彀》書後正統丙寅（一四四六）袁鉉跋，稱滑氏『歿後一甲子，鉉得此稿於其外孫駱士泰』，則滑氏約歿於洪武十九年丙寅（一三八六）。明朱右『攖寧生傳』中提到滑氏『年七十餘，容顔如童，行多輕捷，尚能豪飲』，則滑壽約生於元延佑（一三一四~一三二〇）初或更早。滑氏一生大部分時間生活在元代，但因其卒於明洪武中，因此《明史》亦爲之列傳。

滑壽自幼穎悟，初學儒書，尤長於樂府。京口（今江蘇鎮江）名醫王居中客居儀真，滑壽從而師之，得王氏之傳，於《素問》《難經》等書頗有心得，後撰寫了《讀素問鈔》三卷、《難經本義》二卷。嗣後又研習張仲景、劉完素、李東垣諸大家之書，醫道益進。又學針法於東平名醫高洞陽，深悟《靈樞》經脈之要，後遂有《十四經發揮》三卷之作。滑壽挾技游於江蘇、湖北一帶，治病多神驗，其醫名在當時可與朱丹溪、葛可久相比肩。元至正間（一三四一~一三六八），滑氏自儀真來到浙江臨安路，最終寓居於余姚。

滑壽以儒入醫，故在臨證之餘，頗留心著述。除前述數種醫書外，還有《診家樞要》一卷、《醫學引彀》四卷、《巵言》一卷、《五臟補瀉心要》（今存本名《五藏方》）一卷。今存世題爲滑氏撰的著作還有《脈理存真》（一名《滑氏脈訣》）三卷、《麻疹全書》四卷，真僞待考。另滑氏所撰見於著録、未見原書者尚有《痔漏論》一卷、《醫韵》四卷、《本草發揮》一卷、《傷寒例鈔》（又名《讀傷寒論鈔》）二卷等。滑氏勤於著述，於此可見一斑。

滑氏的著作，今流傳較廣的有《讀素問鈔》《十四經發揮》《診家樞要》《難經本義》等書，所論多爲醫學理論、經絡、診斷内容。他晚年所撰的《醫學引彀》，乃是臨證診治專著，更能反映他的臨床學術思想，因此很值得發掘研究。

《醫學引彀》一書流傳甚少。但從明代以來，該書先後被明·朱睦㮮《萬卷堂書目》（著録爲一卷）、清·黄虞稷《千頃堂書目》（著録爲四卷）著録，可見該書並非没有流傳。又，明·殷仲春《醫藏目録》著録了滑氏《攖寧生要方》一卷、《醫學引彀》一卷。據《醫學引彀》

卷首：『許昌攖寧生滑壽伯仁著/休陽後學晌 庵吴崧汝高校刻』及全書內容可知該書並 非單行本，而是與滑壽的《診家樞要》合刊，總書名爲《滑氏方脈》。吴崧合刻本因爲書前的序言殘脱末頁，已無法知道具體刊刻年份，但從字體、版式來看，當爲明初刻本。

此吴崧所刻《滑氏方脈》，首爲『校刻滑氏方脈序』（殘序末），然後依次是《診家樞要》《醫學引彀》。《診家樞要》已經嚴重殘缺，僅存『診家宗法』數葉。因此，在《滑氏方脈》合刊本中，實際比較完整的衹有《醫學引彀》一書。

《醫學引彀》目録與正文俱全。由此可知，《醫學引彀》共記載內、婦、兒科疾病四十五則。正文不分卷，統爲一書，所以有的書目著録爲一卷。正文之末爲『書醫學引彀後』，署爲『正統丙寅上元令節會稽袁鉉書』。

在《醫學引彀》之後，附録了許多題詞。最重要的是朱右『攖寧生傳』。此外，還有許多名人題詞，依次爲：翰林侍講學士金華宋濂、括蒼劉基、太常丞張孟兼、史官東陽朱廉、江都瞿莊、湖廣參政天台陶愷、姑蘇林以義（子方）。『攖寧生傳』是《明史》撰寫滑壽傳的重要素材，後附的名人題詞也都有一定的史料價值。這些附録由於數量較多，遂被藏書家作爲單獨一卷對待。

此後又有《醫學引彀附方》前後集二卷。前卷八十一葉，今存最後的二十葉；後卷八十九葉全。此附方就是明·殷仲春《醫藏目録》所著録的《攖寧生要方》，並非另一種獨立的著作。

因此，《醫學引彀》正文一卷，附録題詞一卷，附方二卷，共四卷。

《醫學引彀》無序言，祇有書後正統丙寅（一四四六）會稽袁鉉的『書《醫學引彀》後』，其中簡述了滑壽的生平與得到此書的來歷：『許昌滑先生壽，字伯仁，號攖寧生。幼穎悟，讀書過目能暗誦。業醫。元至正間自儀真來爲臨安路，教昇江浙行省椽。叔世擾攘，携家過越，余姚寓居。著醫書甚衆。晚年作《醫學引彀》，以便來學。其歿後一甲子，鉉得此稿於其外孫駱士泰，不敢自私，乃者橐以游吴。俾昆山龔君大章録之以傳，庶見先生活人之心也。』

可見，《醫學引彀》由袁鉉得自滑氏外孫駱士泰，其時滑氏已亡故了六十年。如果袁鉉在得書的當年就將其録之以傳，那麼這一年就是正統丙寅（一四四六）。往上推一甲子，則滑氏應該卒於一三八六年。袁鉉稱滑壽『晚年作《醫學引彀》』，那麼此書差不多成書於一三八六年（或此前數年）。

二、内容與特色

《醫學引彀》正文按病分條。首爲内科雜症，包括中風、中寒、中暑、中濕、感冒、瘧、痢、嘔吐、泄瀉、秘結、咳嗽（附痰症）、喘急（諸氣附）、頹疝、噎隔（附翻胃）、虚勞勞瘵、首風等三十八種病證，中間夾有眼目、咽喉諸證。末爲婦人雜證、小兒雜證。一共四十五種病證。全書没有診治理論等概説，直接以病爲單元，可見該書乃專爲臨證而撰。

書中各病首爲論説，講述病因及致病特點，次審脈論證，辨證求因，要言不繁。論後列出治法方劑，兼述單方，以便實用。爲了便於臨證查找方劑，又將各病治驗之方單獨集爲兩卷，附在書後。這樣的編排更有利於該書發揮臨證備要的作用。

三、學術價值

滑氏一生忙於診務，他早年所著醫書多涉及《素問》《靈樞》《難經》《傷寒論》等經典著作，類似讀書筆記，少有臨證心得。《醫學引彀》則不然，該書相當於臨證備要，又形成於滑氏晚年，因此，對研究滑氏的診治經驗和學術特點，必然有着重要意義。

辨症入藥鏡

鄭金生

《辨症入藥鏡》六卷，明·唐相原編、唐昌胤校輯，該書論内、外、婦、兒各科五十餘種病證。每一病證之下又分『辨症』、『入藥』兩項。『辨症』項下辨析該病成因及鑒别診斷，『入藥』項下則爲用藥大法與具體組方用藥法。作者爲臨床醫家，臨證經驗豐富，其書不尚引證，多根據臨床所得，論病用藥，簡潔實用，孤本現藏於中國科學院上海生命科學信息中心生命科學圖書館。

一、著者與成書

《辨症入藥鏡》一書卷首署名爲『古吴唐昌胤雲泉校輯/男大猷升于閲/茂苑馮夢龍猶龍、秀水卜祖學公述鑒定』。其中最有名氣的人是該書鑒定者之一的馮夢龍。馮氏爲明末著名文學家，話本《三言》的輯定者。關於該書的作者及成書經過，書前唐昌胤序及書後卜祖學跋已有詳細介紹。唐昌胤序略曰：『先院判公諱相者，以上池高術名重長安。先叔祖心湖公獨得其傳，然以業儒未行。予幼病腹痛，時一舉發，輒昏叫慾絶。家大人不强以讀書，遂得數從心湖公游，因私習《素》《難》之教。稍長，復苦瘡瘍連年作楚，元氣虚脱，乃專精外科，以意製方，自療有驗，宿疴漸平。於是悉心此道，求爲良醫。如古人所云「半積陰功半治生」者，蓋亦不忘箕裘之意也。余每購良方，傾瓶粟不吝。心湖公鑒余之誠，一日出一册示余，曰：『此先院判遺編，審脈察病，言約旨明。汝能熟此，神聖工巧，盡在是矣。』余既持誦，頓覺豁然有悟。更以三十餘年所參訂者，稍加删益，得成此書，名曰《辨症入藥鏡》。』又，卜祖學跋對該書校訂經過也有詳細的記載：『庚午夏五，薄游蘇市，忽患瘍疽，得請教於雲泉先生。聆其緒論，既淵且博，一切症治，叩之響應，因日請教焉。先生手一編示余曰：此醫家要筏也。望洋向若者，可以歸宿；問津學步者，可以祝轅。久慾梓之以濟世矣，第秘本在御院，此係傳寫，恐有訛謬。亥魚帝虎，慮或誤人。余曰：校讎之力，請任之！……先生以余生長藥餌之中，頗習醫旨，命之較讎。自長夏至杪秋，繕寫始就，因濡毫而識其末。先生姓唐氏，名昌胤，雲泉其別號也。蘇之婁江人。』

綜上所述，此書最早爲太醫院院判唐相所編，後唐心湖得此書鈔本。唐心湖是唐昌胤的叔祖。昌胤因病跟隨其叔祖習醫，後唐心湖將所鈔唐相遺書授予昌胤，昌胤持誦之餘，豁然有悟，於是根據其三十年臨床所得，予以參訂，稍加刪益，而成《辨症入藥鏡》。崇禎三年庚午（一六三〇），卜祖學在蘇州得遇唐昌胤，唐氏向卜氏展示了此書的鈔本。該書原本在太醫院，唐氏所持爲鈔本，恐傳寫訛謬而誤人。卜氏遂自告奮勇承擔了校勘的任務，費時半年，完成該書的校訂繕寫工作。是年唐昌胤作序，刊行此書。因此該書的作者應該著録爲明·唐相原編，唐昌胤校輯。其書原成書年代無可考，但其校補刊行此書，當在崇禎三年（一六三〇）。

作者唐相生平，目前尚未發現有關資料。至於唐昌胤生平，其序及卜祖學跋中已有簡介。唐昌胤，别號雲泉，古吴婁江（今江蘇太倉）人。自幼多病，所以其父不强迫他讀書，於是他得以從其叔祖唐心湖學醫。昌胤成人之後，又連年患瘡瘍，於是專攻外科，自療獲效，從此以醫爲業。後得其叔祖所傳唐相之書，稍加删益，而成《辨症入藥鏡》一書。昌胤後行醫於京城，其書得到諸縉紳的贊賞，遂將此書刊行。

此書刊行時，得到了秀水（今浙江嘉興）卜祖學的幫助。清·陸以湉《冷廬醫話》提到：『考《嘉興府誌·撰述門》，祇有卜祖學《藥鏡》』。卜氏本非醫者，疑此處之《藥鏡》乃《辨症入藥鏡》之誤。卜氏僅參與校對，並未著書。

二、著録與版本

《辨症入藥鏡》未見於明清書誌著録。據前文所引《冷廬醫話》，筆者疑所謂卜氏《藥鏡》，當爲《辨症入藥鏡》之誤。此或可證明該書在清代曾有流傳。

《辨症入藥鏡》真正浮現於世，當在民國時期。據何時希《中國歷代醫家傳録》唐昌胤條記載：『字雲泉，古吴人。崇禎三年（一六三〇年）著《辨證入藥鏡》。——《三三醫社通借書目》。』《三三醫社》創建於一九二一年，然該社所刊《三三醫書》（一九二四）及《珍本醫書集成》（一九三六）均未收此書，因此該書浮現或在二十世紀三十至四十年代之間。《三三醫社通借書目》能著録該書作者及刊年，可見其所據之書原有序言及作者題署。

此外，該書正文『由』字避明崇禎皇帝朱由檢的名諱，均改爲『繇』，可知確爲明崇禎刻本。

三、内容與特色

《辨症入藥鏡》的書名由三部分組成：『辨症』、『入藥』、『鏡』分别爲該書論病的兩大項目名。所謂『鏡』，據作者序中介紹：『鏡以照物無遁形，此書以照病無匿症。雖素不知醫者，一寓目焉，亦能稍窺一二，不至爲庸醫所悮。』因此，該書的命名，體現了該書論病的特點，並顯示該書旨在清晰地展示諸病成因及診治法。

全書六卷，按六藝（禮、樂、射、御、書、數）爲序命名各卷。此書作者爲臨床醫生，故其撰書不尚引證繁文。該書雖然是臨證各科診治專書，但却不像明代其他同類書那樣，在書首羅列許多中醫基礎理論。

此書卷一即開始論病，終至書末，論病五十餘種（不計附條），毫不涉及論病之外的其他内容。其書卷一到卷四，均以内科疾病爲主。僅卷四之末爲眼、喉、齒等科疾病。作者唐昌胤最擅長的外科，僅設一『瘡瘍門』，但内容極爲豐富。此後卷五爲婦人疾病，卷六爲小兒疾病。

該書的特點是論病簡潔實用。每一病證之下，祇有兩項。『辨症』項下論述疾病名稱、病因病機、症狀鑒別、治法等；『入藥』項下則列述辨證施治諸法則，每法之下介紹配伍用藥法，但一般不出方名，僅述用藥、煎藥、服藥等法。因此其論理與治療緊密結合。通觀全書，極少引證，多爲作者個人見解，統爲直述，要言不繁。明代學界，好鈔前人書者甚多，甚而攢書、竊名者亦不少見。相比之下，此書不愧是臨床醫家所撰，全無因襲陋習。

該書論病，注重實際，取材精審。如『心痛』一病，作者在『辨症』一項中開宗明義地指出：『心痛者，非真心痛也，乃心胞絡與胃脘痛也。』然後詳細解釋其中的原因。並指出兩者證候的區別在於：『大抵痛而有痰，常覺噁心，嘔去痰飲即寬者，即謂之心胞絡痛也；痛而作飽，時時噯氣，直至饑而後緩者，即謂之胃脘痛也。』然後進一步介紹各種不同的痛法及辨證。並在『入藥』一項中，列舉了心胞絡痛、胃脘痛、寒痛、鬱痛、蟲痛、血痛、痰痛、真心痛等治法及用藥法。

作者雖然極少引證前人之書，但對當時某些醫家的偏見，却時常能明確予以批評，如謂：『醫家以瀉爲在脾，痢爲在腎。故先瀉而後痢者，則曰脾傳腎，爲賊邪，其病難愈。先痢而後瀉者，則曰腎傳脾，爲微邪，其病爲易愈。此前人之説也。以愚論之，瀉爲在脾，不暇言矣。而謂痢爲在腎，不能無議焉。瀉固多繇於飲食，而痢獨非飲食之所傷乎……』

對某些難治的疾病，該書從不諱言，不像古代某些醫書，似乎天下無病不可治。例如該書記載：『癆瘵喉啞無治法』、『癆瘵傳尸無治法』等等。按當時的醫療水平，這些預後都是些大實話。在外科疾病診治中，作者注重癰瘍的内因，如謂：『瘡瘍之疾非外得也，而古人列之爲外科者，以形症在外，非若内症之無形可見也。然外之所成，皆内之所發，未有不繇臟腑而出者，其可視爲外症而忽之乎？』

此外，該書在組方用藥方面也很精到。在辨明某病證成因之後，所出治法中，多指明何藥爲君，何藥爲佐使，有時還講解用藥義理，這比單純羅列方劑又更勝一籌。其婦科用藥法，有『加減總方』，即以四物湯爲主，然後隨症加減。又有『换湯總方』，即選定童便浸炒香附子、烏藥、甘草、生姜、葱白五藥，好醋爲丸。然後根據不同的證候，選用不同的藥湯化開此丸，然後服用。如『血氣不順，心胸痞滿，柴胡湯化下』等等。

綜上所述，《辨症入藥鏡》所論各科病證，簡潔明了。作者具有豐富的臨床經驗，故其論病，多切實用。此書成書以來，流傳甚少。今幸有此明刊孤本存世。

敬修堂醫源經旨

鄭金生

明·余世用《醫源經旨》八卷，是一部不見於古代書目記載，今僅有明刊孤本存世的臨證綜合性醫書。該書內容豐富，主要爲内、外、婦、兒各科病證診治法，分作一百一十門。作者富有臨證經驗，故其中論病與治法尤其平正實用，頗有利於臨證參考。孤本現藏於上海圖書館。

一、底本簡介

《醫源經旨》全稱爲《敬修堂醫源經旨》，八卷。該書不見於我國明清公私書目記載，亦不見於日本等國有藏，可見流傳甚少。該書首見於當代《全國中醫圖書聯合目録》，題名《敬修堂醫源經旨》，明·李日宣編，崇禎四年辛未（一六三一）刻本。今藏於上海圖書館。此即本次影印的底本。

該書共八册，每卷一册，各以『金石絲竹匏土革木』爲集名。正文版式爲四周雙邊，白口，上黑魚尾，書口題『醫源經旨』。每半葉九行二十一字。刻印精良，書品甚佳。

該書無扉頁，亦未見書之首尾載有刻書坊之牌記及刻書之年。據書中李日宣崇禎四年（一六三一）序，此書乃李氏得自其師所藏《醫源經旨》鈔本，後由大梁諸官員謀梓，故當爲大梁（今河南開封）官刊本。李氏序中『皇明』二字提行破格，可見此版乃明刻。

二、著者與成書

據該書的李日宣序言明確指出：『然余考是書，實出吾里余化民。乃序稱其幽縶後苦心成之。』可見李氏自己認爲真正的作者是余化民，由余氏在監獄撰寫成此書。

《醫源經旨》中還有幾處可見余化民之名。該書前的序言之一就是余氏所撰。余序中對自己生平及撰寫此書的經過叙述甚明：『余幼事儒，志期兼善。殊謭劣數奇，爲時所阨。會家君以醫鳴世，遂授趨庭之教，得悟正傳，起沉疴於西蜀之間，活人頗多。己亥歲，誤於播事羅織，幽縶燕都。道業陸沉，形骸骨立。賴諸縉紳屬意，愍余之冤而闡余之道，余生不致於顛覆者，實醫之力也。每於嚴棘之下，嗟乎騶虞麟趾之湘，世不恒有，而都情苟矜一善，其不爲鑽抹焉者寬矣。繇是上祖軒岐，下宗盧扁，暨録劉張朱李論之確者，褫其瑣紊，參附己言，彙成一書，厘爲八卷，名曰《醫源經旨》。』

結合卷一之首的署名籍貫，可見余世用（字化民），豫章（今江西南昌）人。自幼習儒無成，遂跟隨他業醫的父親學醫。後在西蜀（今四川）行醫，活人頗多。萬曆己亥（一五九九），余氏因事下獄於燕都（今北京），在監獄裏撰成此書八卷，成書於萬曆三十四年丙午（一六〇六），名爲《醫源經旨》。這一經歷，在曹學程的序裏也有同樣的叙述。也正因爲這兩個序，讓李日宣（江西吉水人）瞭解到此書是他的同鄉余化民在『幽縶後苦心成之』。因此，該書作者爲余世用（化民），應當毫無問題。

該書成書後，没有及時出版，其鈔本爲鄒南翁所得。鄒氏卒後，此稿又爲其學生李日宣所藏。李日宣爲萬曆四十一年（一六一三）進士，在他任兩河使臣至大梁時，將此書展示給他的同年及同僚閲覽，得到大家贊許，於是共同將此書刊於大梁。該書卷一的署名中，題李日宣『選訂』，賈鴻洙、朝玉碩、游王廷、劉伸、劉餘佑、葉大受、張定志、李天經八人『仝閲』，余世用『編輯』。所謂『選訂』，乃因李日宣的推薦。其餘『仝閲』人，都是當時參與出版的官員。

三、内容與特色

《醫源經旨》的命名，據余世用序中所言，乃取『醫之源，即軒岐之墳典』，繼而博取後世諸家之確論，以闡經旨，故以此名書。

該書首卷爲醫學理論，萃取五運六氣、十二經絡、脈學等理論，又自撰『藥性氣味體用論』，並編寫藥性賦，病機賦，共成一卷。這一卷的内容除藥性之外，多摘取前人之書，並無太多新意。

其餘七卷，則爲全書主體，按病分門（計一百一十門）。諸病排列大致爲六淫爲病在先，繼而爲内科、外科諸病，其中也夾有眼、耳、口舌、齒、喉、鼻等病。末爲婦科、兒科諸疾。

該書各病之下，首爲『論』，闡釋該病的發生機理。繼而爲『脈』，摘録《四言舉要》中的内容。次爲『方法活套』，即介紹該病治療的法則，末爲治療該病的常用方劑。其書論病的精華所在，即在於『論』和『方法活套』兩項。

各病之論，很少引經據典，多直叙病因病機，辨證要點及預後。作者身在牢獄，可能缺乏足够的書籍可資鈔録，所以其論病多用自己的語言，統而述之。例如該書選擇了『體氣』爲名，來講述以往多稱之爲『狐臭』的病證：『體氣門：夫人之體氣者，兩脅孔中如臊狐、死葱之味。此蓋經絡中之濕熱，臟腑中之濁氣也……此皆傳染，多自胎生。凡人母有體氣，則傳於男；父有體氣，則傳於女。交互之意，必然之理也。有此患者，若不醫治斷根，源源相繼，爲人終身之惡疾也。』以現在的眼光來看，余氏論病並非無懈可擊。但他能直截了當講清當時對該病的認識，這對臨證治療多有裨益。在病論中，作者往往以簡潔的語言，講述不同病證名的實質區別。例如：『眩暈冒者有三，或云眩暈，或云眩冒。蓋眩者言其黑，暈言其轉，冒言其昏也。三者皆爲中風之漸也。』

此外，各門之下多見的『方法活套』一項，最值得重視。作者對大多數病證的治法都有自己的見解。一般來說，該項下首先指出以何種治法爲主，再辨別不同的病證，羅列各種相關的治法。這一項的内容能較好地體現作者的臨床功底，也是該書最有價值的内容。今略舉數病的主要治法：『癇病不分五等，大率屬痰。宜用黄連、南星、瓜蔞、半夏，尋火尋痰，分多分少而治也。有熱用凉藥以清心，有痰必吐之，後安神、平肝。柴胡、川芎治之。』『三消：大概屬内虚有熱。消渴：養肺、降火、生血爲主。』『胃脘痛須卜新舊。若行之於身犯寒氣，口得寒物，初當温散温利之。若病久則成鬱矣。多用炒山梔爲君，或以熱藥向導，則邪易伏而病易退矣。此病日久不食亦不死，中宫有食積與痰，胃氣亦賴其所養。若痛方止即吃物，恐病復作，勿歸咎於醫也。』

在總論該病治法之後，作者又分别列舉該病不同證候的治療大法，且先出簡易方藥，再列舉常用的方劑，頗能體現作者方便醫者、患者的一片苦心。所選各種單方或複方，多屬有效之方。

要之，《醫源經旨》一書以論病爲主，其作者富有臨床經驗，故所編之書，於諸病論説及治法等，解説簡明，頗有益於臨證。此書首刊後近四百年，未能再刊，流傳甚少。

醫學經略

鄭金生

《醫學經略》十集，明·趙金編著，初撰於嘉靖四十五年（一五六六），後重編於隆慶元年至五年（一五六七～一五七一），明天啓三年（一六三〇）繆希雍校訂本。該書爲臨證綜合性醫書，內容廣泛，取材純正，理法俱備。書中諸病之末，常在『證治』下介紹個人治驗，或在『愚謂』後闡發己見，對臨床診治頗有裨益。該書傳世本甚少，孤本現藏於中國科學院上海生命科學信息中心生命科學圖書館。

一、著者與成書

作者趙金，生於明代弘治五年（一四九二），卒於萬曆八年（一五八〇）九月五日，享年八十九歲（《烏程縣誌》），乃是一位長壽的醫家。趙氏字淮獻，號心山，浙江吳興南潯鎮人。吳興境內有東苕溪、西苕溪等水流，至吳興城內匯合後稱爲雲溪。故苕溪、雲溪均爲吳興之別稱。趙氏世居於此，又以隱逸自居，故自號苕霅逸仙。

據《烏程縣誌》記載，趙氏自少穎敏端静，不妄言語。博學强記，工詩、善畫，尤精於醫。他的學問才藝雖好，但却不求仕進，不慕虚名。他既不參加民間會社，也不理會官家屢次徵召。趙氏品行高潔，家貧而了不在意，惟在行醫之餘，閉門讀書、著述。據地方誌、書誌記載，趙氏著有《浮休集》（《烏程縣誌》）、《醫學經略》《廣嗣全書》（《千頃堂書目》）、《鼇正傷寒六書》（《醫藏目録》）。其醫書中除《醫學經略》外，均未見流存至今。明·殷仲春《醫藏目録》在著録《鼇正傷寒六書》時，稱作者爲『趙心山』。心山乃趙金的號，但現今數種工具書將趙心山作爲另一醫家，實誤。

《醫學經略》是趙金唯一存世的醫學著作。關於該書的撰成之年，書末王世寧跋介紹甚詳。趙氏之書約成於嘉靖末年，其時大司空蔡白石見到此書後，稱贊有加，認爲『不惟信今，亦可傳後』，遂爲該書作序且欲付諸梓人。嘉靖四十五年（一五六六）蔡氏將此書帶到南都，却忽然逝世，所以没能完成該書的出版。不久此書在一場火災中化爲灰燼。趙金此時已經年過古稀，深爲心血之作喪失而嘆息。但他没有就此作罷，於是找出舊稿，再加參酌，在他七十六歲時再次完成了書稿。又經數年，該書終於在隆慶五年（一五七一）謄録完畢。

該書前有繆希雍所作序言，序稱趙金撰成此書，『歷年二十，易數次乃成編』，可見此書乃是趙氏的力作。繆氏又云：『余讀是編，而知其濟世之衷甚殷且切，不敢爲天下後世私之，因是爲集。』該本卷首署名曰『吴興心山趙金編著/東吴仲淳繆希雍校定』。繆希雍爲明末名醫，此書能得到繆氏賞識與校訂，可見該書的學術水平並非尋常醫書可比。

《醫學經略》見於清·黄虞稷《千頃堂書目》著録，但不載卷數。又《福建藝文誌》著録了趙金《醫學經略》十卷，這説明該書在社會上確有流傳。民國間孫殿起《販書偶記續編》著録了趙金的《醫學經略》，但稱『無卷數』，且云該本『約乾隆間鈔本』。這説明直至民國，該書的節鈔本尚流傳於民間。日本·多紀元胤《醫籍考》亦載有該書之名，但未見其書。

二、内容與特色

該書兩函十册，按天干爲序分爲十集。書首爲天啓三年繆希雍序。次爲目録，再次爲正文。卷首題『醫學經略甲集／吴興心山趙金編著東吴仲淳繆希雍校定』，書末有王世寧（思泉）、崔一易（雲汀）二跋。該本刻工甚佳，字劃清晰，非尋常明代坊刻本可比。

該書名爲《醫學經略》。其中『經略』二字，在該書序跋中有不同的解釋。作者同邑之人崔一易的解釋是：『「經略」者，其諸經濟韜略，化而裁之者歟！』意思是作者將經世濟民、管理國家的才智謀略，轉化運用於醫學。名醫繆希雍序裏的解釋有所不同：『夫常用之謂經，大略之謂略。古人以「經略使」命官，其知此義乎？』崔一易的解釋，是古代儒士經常拔高醫家著述境界的套話。作者本爲山野隱逸之人，未必有將『經濟韜略』化裁入醫的初衷。繆氏的解釋，意思是該書載醫學中常用簡要内容，其説較貼合該書風格。『經』本有常道、規範之意，『略』本有簡省不繁之意。該書内容，確實符合『經略』的字面意義。但繆氏又引證『經略使』官名，實屬蛇足。『經略使』的『經略』，含策劃運籌、管理處置之類的意思，與趙金之書名意義並無關聯。

該書十集，第一集内容爲脈法、藥性，爲醫學入門的基礎知識。第二至第六集，爲内科病證（載病證六十八種）。第七集爲眼、耳、鼻、齒、喉舌及外科病十一種。最後兩卷次第爲婦科與兒科，分别記載相關的病證及診治法。這樣的内容及編排方式，屬於臨證綜合性醫書。明代此類醫書很多，如《萬病回春》《壽世保元》等，均以各科疾病診治爲主體，兼收某些醫學基礎知識。趙金之書，在編排形式上並無新穎之處，其特點在於取材精審與經驗實用。

明代有一類醫書，是書商請人『攢』出來的。這類醫書内容看似面面俱到，引證周全，但因作者並非精於醫學臨證者，因此選論列方往往因缺少鑒賞力，顯得蕪雜冗沓，紙上談兵，難符實用。《醫學經略》則不然。作者趙金是一位無心仕進，有極爲豐富臨床經驗的老醫，因此其書不尚空談，不收運氣等虛玄之論。除脈學、藥性之外，也不熱衷於收録其它醫學基礎理論知識。其書以各科病證爲主體，介紹臨證診治的理論與治法。

具體來説，該書的每一疾病之下，一般首先引用前人論説。所引諸家，除《内經》《難經》等醫學經典著作之外，主要是金元醫家（如劉河間、李東垣、朱丹溪、羅天益等）的醫學著作，間或引用元末李湯卿《紺珠經》、明代王節齋醫書中的内容。所引用論説多切實用，不尚奇異，故繆希雍序中稱贊其『集古今名家方論，凡切病機、純王道者摘其要』。『切病機』即諸論緊密切合疾病病機；『純王道』則指立論醇正，用藥平正温和。前人論説之後，爲該病所用方劑。這些方劑絶大多數爲臨床實用名方。

除引述前人論、方切於實用外，該書在學術上的一個突出的進步是將『痘疹合論者，訂正存焉』。因爲此前醫家的痘、疹方論，每『漫無分別』，趙金認爲痘疹乃是兩種不同的疾病，於是逐一予以訂正，釐而爲二。諸病之後，作者又在『證治』項下，列舉個人所治之案，介紹自己的診治經驗。此外，對某病、某藥有心得時，作者又在『愚謂』之下，對所論疾病、治療、方藥等表述自己的觀點。這兩項之下的文字，是爲該書最有特色的內容。例如對於外科疾病，趙金首先申明治療外科病不是他的專長。但他還是盡力編纂外科病證及其治法，列舉自己治療外科疾患的驗案。他認爲癰疽膿將潰時，可以使用刀針決破。但如果外科病屬於初起，則不宜妄用針刀，否則就會引起『拙病』而造成病人的死亡。又如，在『愚謂』下也有辨藥的內容。當時有人認爲能治癰疽的合歡皮，實際上是木槿樹皮，但作者經過考證，詳細地描述了本品的植物形態與特徵，證實治療肺癰的合歡皮，並不是木槿皮。

此外，書中也記載了趙金的養生長壽之道。《醫學經略》第七集，趙金提到了一種類似氣功的養生法：『予嘗醉卧，覺則瞪目轉睛噓氣，或呵或呼，使濁氣吐而清氣納，則眼目喉舌終無腫痛之患。吐故納新之功，不爲無益。』但趙氏同時又指出，吐故納新等『練氣』法，並不是人人可學的：『若勞役形體之人，强學練氣，反以爲害者。蓋氣運不到，使之阻滯。或爲癰腫，或爲腰脅痛，及爲難明之證。若此纖塵不立，念息俱忘，可以行之。惟華陀五禽之戲，爲導引法。此亦可養血脈，亦可却疾。攝生者當知之。』也就是説，趙金認爲練氣不可勉强。凡是勞役形體的人，一般不强求他們『練氣』，因爲若『練氣』不得法，就很容易引起副作用。祇有能做到『纖塵不立，念息俱忘』者，才能從事『練氣』。趙金認爲，動静結合的『導引』法，『亦可養血脈，亦可却疾』，對各科疾病診治多有裨益。

醫林正印

伊廣謙　侯如艷

《醫林正印》十卷，明馬兆聖編著，成書於明萬曆四十四年（一六一六），孤本現藏於國家圖書館。

一、著者與成書

馬兆聖，字瑞伯，又字無競，號遇丹道人。虞山（今屬江蘇常熟）人。明萬曆間醫家。據其重孫馬龍祥云，馬兆聖嘗『著書十餘種』，但今已不詳書名。又據《常昭合誌·藝文誌》，馬兆聖撰有《傷寒一覽》《醫案》，惜已佚。

《古今圖書集成》引《江南通誌》：『馬兆聖，字無競，常熟人，初以詩名。善病，遇異人授方藥，得不死。遂通醫，活人無算。』兆聖自謂：『余家世能醫，因各售儒，弗以醫名。』蓋其家爲儒而知醫者。其十餘歲即爲舉子業，且『稍有端緒』。然於十五歲時『忽抱危疾』，邑中老醫『皆爲袖手』，對他刺激很大。於是，『盡發（家中）先世所藏岐黃諸書，搜其旨，日夜探索，不減季子（季子，指蘇秦。意謂其攻讀之刻苦，不在蘇秦之下）』。又據《醫林正印》陳禹謨（錫雲）序：『馬瑞伯氏，以儒英攻儒業，而間以其暇習軒岐之言，則遂精於軒岐言。』可資印證。

在學醫過程中，馬兆聖痛切感到『醫之變化，擢髮難悉，洵在可解不可解之間』，醫學的複雜猶如紛亂的頭髮，難以一一數清，他長期爲之困惑；與友人張選卿一起切磋醫學，『相與揚榷，耳目不覺一新』，似乎『病之變化，一言可蔽』。在經歷了從儒或從醫的反復抉擇後，他遵從父命，決定『一意專攻醫業』。萬曆三十三年乙巳（一六〇五），他拜同邑繆仲淳爲師。在繆氏門下，馬兆聖年紀最小，而得法最精，頗得真傳。繆希雍（約一五五六~一六二七），字仲淳，一作仲醇，號慕臺，常熟虞山人，明代著名醫家，在江浙一帶影響很大，撰有《先醒齋醫學廣筆記》《神農本草經疏》等。馬兆聖和張選卿是其門下最足稱道者，『以爲能明其意』。出身儒醫兼通之家，加上自身苦心鑽研，又投身名醫繆仲淳門下，馬兆聖終於醫道大行，雖『日投甓而應四方不暇也』。投甓，典出《晋書·陶侃傳》：『侃在州無事，輒朝運百甓於齋外，暮運於齋内』，可知其診務之繁忙。

繆仲淳諄諄爲其『解悟』，『指示醫傳存乎心悟』，他通過『漚心從事，更有悟門』，乃悟出『天人相通，真邪並亂，變化之機，捷於轉盼』，既往感知的醫學『擢髮難悉』，絶非當年以爲『一言可蔽』那麽簡單。於是，他以數年之功，厚積薄發，『詮次諸病，訂成方論』，而爲《醫林正印》。

二、内容與特色

《醫林正印》取材上自《黄帝内經》，下迄漢、晋、宋、元諸名家，『究觀得失，綜覈同異，滙而輯之』。卷一爲序文、凡例、目録。卷二至卷五，爲本書重點，係作者『博採群書，附以己見』而成，是其着力所在。内容以内科雜病爲主，按病證如中風、傷風、中寒、諸暑、諸濕、傷燥、諸火、諸氣等分列，論述其證候、治法及預防等項。所論必引經據典，如論中風，引《内經》、張仲景、孫思邈、李東垣、劉河間、朱丹溪諸家之説，從流溯源，理清脈絡，闡述病因病機。論述條分縷析，要言不繁，如論『中寒』治例，徑言『此證温補自解，切忌吐下』，治法則分寒中太陰、少陰、厥陰施治，提綱挈領，簡明扼要，『一覽洞然』。做到每一病，必『窮極病變，無有遁情』。

其師繆仲淳精研本草學，馬兆聖得承師傳，於卷六專述藥物，是爲『日用藥性反忌方産炮製略』，逐一講述每種藥物的炮製、配伍、用法、禁忌等。

作者認爲，『向往諸書，多以病與方相混，不便檢閲』，故卷二至卷五於諸證治療，衹具方名，不列藥物，而將所用方劑集中單列於卷七至卷十。所用方劑，『俱細心擇取，存其近理可用者，復較定分兩，精註服法』，意在『因治例以定方，非執方以合治例』。

三、學術價值點評

按《醫林正印》的編撰，意在破決學醫『擢髮難悉』、『莫知所適』的困惑，爲讀者指示門徑和規範。所謂『正印』，『正宗』之謂也。明清之際，出現了一批講求治療規範的醫書，如《證治準繩》《醫門法律》等皆是。《醫林正印》考察古今得失，『薈萃爲書』，正如作者自己所說，『即不敢謂言言證諦，而入門由此，或可不失足歧途矣』。總之，本書不是孜孜以求標新立異，故創新不多，但確乎達到了規範治療，使讀者『知所印正』的目的。

作者有儒學功底，好學善悟，又得名師指點，識見既高，則品騭恰當。加之本書編寫結構嚴謹，剪裁得宜，行文流暢，頗得時賢佳評，此點卷前錢謙益序可以證明。錢謙益，字受之，號牧齋，官至禮部尚書，爲明末清初之文壇領袖。錢序謂本書：『蓋自《金匱》《玉版》以來，迄於（李）東垣、（戴）元禮諸家，無所不攬採，而折衷以師門之指授。其於班（固）氏所叙醫經、經方兩家之旨，蓋裕如也。』錢氏自視甚高，不輕爲溢美之辭，對本書的評論大體公正，也可見《醫林正印》在當時上層學人心目中的地位。

《醫林正印》家刻本初刻於明萬曆四十五年（一六一七），至清康熙時因刊行已久，已存世無多，『藏書家多秘之枕中，未見者以爲恨』。迨康熙五十八年（一七一九），馬兆聖的重孫馬龍祥，『間出家藏板檢校，則殘脱已十之二三』。由於《醫林正印》存本甚稀，既往之書誌目録作者多未獲見，故或未見著録，或雖有記載亦是寥寥數語。由於未見作者著作，自然對作者學術的瞭解也付闕如，諸多醫學人物詞典，對馬氏的介紹也是語焉不詳。此孤本當爲研究馬氏家學提供寶貴素材。

脈症治三要

孟慶雲

《脈症治三要》，六卷，孔胤著，長白山人隆竹軒鈔於光緒十八年（一八九二）。此六卷爲涂行可世藏，現存於中國中醫科學院圖書館。

一、著者與成書

孔胤，字八桂，號黎陽道人。河南省浚縣人。浚縣古稱黎陽，爲漢高祖設置魏郡的十八縣之一，因在黎山之南而得名，元代以後稱浚縣。孔胤生於儒醫世家，飽讀儒學經典及歷代醫學名著，臨床各科均有豐富的治驗及理論見解，《脈症治三要》即是他撰寫的臨證綜合性著作。稿本殺青後未曾刊刻，幸有此鈔本保存至今。

作者認爲，在臨床的辨證論治過程中，至爲關鍵而又當明晰的是脈、症、治三者，故命其書爲《脈症治三要》。縱觀全書，其理論窮源竟委，臨床博通各科，臻微入妙，作者當是一位學養深厚的耆年碩彥。關於作者身世和生卒年的資料，尚付闕如。從書中的論述和引據的醫家醫方來看，未見明代晚期如張景岳、趙獻可、李中梓等人的著作内容，也没見清初温病學派醫家的著作内容，其首篇『醫評』從神農起，止於薛立齋。以此推測，書的作者，可能是明代晚期至清代初期的儒醫。

二、内容與特色

作者熟諳醫理，歷富臨床，以清秀簡雋的文筆總結了他平生的識悟和經驗。首卷首篇的『醫評』是開篇，也是對明代以前各家學説和流派要點的評價。如評價王叔和《脈經》與高陽生《脈訣》，説：『晋王叔和《脈經》，叙陰陽内外，分三部九候，辨人迎氣口，陳十二經絡最爲昭晰，惜乎高陽生以誤訣竊名，禍蒼生也久矣。』其點評《褚氏遺書》，説其書有是有謬：『齊褚澄謂子嗣可以必得，僧寡療之不同是也。至謂女脈反男，以心肺爲兩尺則謬矣。』評楊上善僅十七個字：『楊上善以《太素》名家，徵休徵咎，别有神授乎。』所評宋之錢乙和龐安常最爲精闢：『宋錢乙條五臟之方，謂肝有相火，有瀉無補，腎爲真水，有補無瀉，大哉言乎！龐安常述人迎氣口，在手在喉，上下齊等，引繩曰平，過勝即病，而有三陰三陽之分，二千年晦蝕之旨，一旦昭明功非渺也。』醫評堪與元末明初之吕復相媲美，足可彰顯孔胤先生之醫學和文學功力。

該書諸醫論皆以精要見稱，貫穿古今，旁通方域。如其『雜論』中的『亢則害承乃制論』、『不治已病治未病』兩篇，是以『集古』的形式予以撰述。其『治病必求其本』、『標本論』、『化源論』、『審察病機無失氣宜』諸篇，論據實在而不空泛，又自有發明。其『傷寒温病熱病論』一文，對争論已久的傷寒、温病、熱病從病因發病予以定義，從其叙述，可知葉天士、吴鞠通等人創立温病學説，可能經歷了前有本書爲之醖釀的過程，而後才奠立成熟的發展。本書還概述了《内經》以降的治法要言，包括具體的治法要訣和製方、藥性及諸證的針對性用藥。其『諸病主藥』之論尤爲獨到，歸納了二百一十個症狀體徵的有效對症治療藥物，例如：『卒倒不語謂中風，牙皂、細辛、麝香爲主。痰氣壅盛，南星、木香爲主。語言謇澀，石菖蒲、竹瀝爲主。口眼歪斜，防風、羌活、竹瀝爲主。手足搐搦，防風、羌活爲主。左癱屬血虛，芎歸爲主。右痪屬氣虛，參术爲主。諸風，防風、羌活爲主。中風陰證，附子、乾姜爲主。傷寒頭痛，川芎、羌活爲主，如不愈，加各引經藥。頂巔痛，藁本爲主。遍身痛，川芎、羌活爲主。發汗，桂枝、麻黄爲主。發汗久不出，紫蘇、青皮爲主』等等。這二百一十條對症用藥的要點，是對用藥理論的歸納，凝聚着作者數十年經驗之精萃。作者引用過繆希雍對五運六氣的評論，同意五運六氣非《素問》的原初文本的見解，也以『論五運六氣之謬』爲標題，但他對五運六氣的解讀非常明晰，包括『運氣總略』、『運氣證治』、『主氣客氣辨』、『南政北政』、『十二支年氣運』、『五運主病』等，諸論不衹理論闡述辟闢，而且聯繫臨床病證和治療，盡掃五運六氣學説的神秘性，屬於五運六氣醫論的上乘之作。對五臟六腑和十二經及穴等理論，除述及解剖生理之外，還聯繫症及治以例爲説，更能精詣演明，披圖而解。

三、學術價值點評

書中對於脈象極爲重視。自張仲景《傷寒雜病論》以降，四診中尤重脈診，平脈辨證、脈證，均以脈置於證前。《傷寒論》中也有僅憑脈象而斷的條文，後世也不乏捨證取脈的醫案。但自唐代以後，醫著中多言『望聞問切』，將脈診與望聞問之證並列，在叙述時置於望聞問之後。可知，隨着對疾病信息認識的增多，脈診已難獨執牛耳。本書作者仍恪守仲景重脈的傳統。在卷一諸論中，以『統論脈理』、『脈理陰陽要語』兩論闡述脈學理論及脈法，在一百八十四種病證的脈、症、治中，都置脈象於前，其叙述也精要準確。

全書以『症』字概括症狀和體徵。叙述用辭規範，病狀形象兼及發作時間演變等，突出重點，表達準確。作者學術觀點有很多獨到之處，例如中風一病，作者以《靈樞・九宮八風》之理論，對中風進行了婉致蘊妙的解讀。對一些病證的解讀，書中還另概以『證』字，引述諸名家名著之言爲據。

『治』的内容最爲豐實詳贍，叙及治則治法附列諸方，各方示以適應證候和要點，各有分際以稽同其意。全書一百八十四種病證之治，理法方藥詳備，堪爲證治全書。

縱觀全書，法程縝密，極中要道，文從字順，囊括貫珠，其理論和臨床的内容，都具有很高的實用價值。

醫林口譜六治秘書

盛增秀

《醫林口譜六治秘書》係清代周指航編撰，成書於康熙戊寅年（一六九八）。周氏諱笙，字古聲，嘉興王店鎮人，愛以墨寫罌粟而不輕畀（給予）人，精醫，還著有《靈素實要》。《醫林口譜六治秘書》是在陸麗京《醫林口譜》的基礎上纂註增補而成。全書凡四卷，内容以内科雜病爲主，兼及外、婦、兒諸科。孤本現藏於浙江省中醫藥研究院圖書館。

蓋陳恂所作的序曰：『武林陸麗京，海内名士也，纂集《醫林口譜》，名醫秘之。』據有關史料記述，陸氏乃明末清初人，名圻，字麗京，號講山，武林耆宿，爲西泠十子之冠，晚年遠游不歸，或云在嶺南爲僧，釋名合龍，或云隱武當爲道士，終莫得其詳也。他所著的《醫林口譜》，《中國中醫古籍總目》未見記載，其成書年代和原書的面貌及内容，無從稽考。然則周笙《醫林口譜六治秘書》自序曰：『武林陸麗京先生，憫人疾苦，乃成斯論，發前賢之心法，示後學以一隅，學醫者必讀之書也。』由是觀之，周氏對本書評價頗高，心爲之折服。但周氏亦認爲是書有美中不足之處，嘗云：『弟立論精要而六治未晰，恐初學臨症之時，未免疑信相參。蓋六治者何？表、裏、虛、實、寒、熱是也。』又說：『但惜其大略而章法未能次序，雖明者一目瞭然，恐昧者愈增其昧，不免有成方鮮效之誚。』於是他廣徵博採古代文獻，諸如《內經》《傷寒論》《金匱》及後世王肯堂、薛立齋、喻嘉言諸家著述，節取其精要，並參以自己的經驗體會，以補充陸氏原書之不備。更爲突出的是，對歷代有效方劑，包括單方草藥，廣泛予以搜羅，從而充實和豐富了治病方法，使理、法、方、藥蔚成大觀，益臻完備。周氏纂集之功，實不可泯。

試觀《醫林口譜六治秘書》的體例和内容，堪稱門類清晰，次序井然，内容精要，說理明白，誠如陳恂評價說：『今觀《口譜六治》，陰陽分而寒熱正也，品味校而補瀉辨也，次第序而表裏明也，炮煉得而調製審也。因門別類，隨症列方，麗京之意賴以不墜，而業醫者得此，如得指南矣。』以喘病爲例，先引朱丹溪、張慶之、初虞世諸家之説，對本病的證、因、脈、治進行了詳細的叙述和分析，尤爲可貴的是，周氏還對有關論述，分段予以精要的點評，特意指出其證其治屬於表、裏、寒、熱、虛、實的何種類型，此即周氏所謂『六治』。如『有遇寒即發，脈浮緊，先與三拗湯表之』文末，註一『表』字；『口乾舌燥，二陳湯加瓜蔞霜、蘇子、枳實、黄芩降之。甚者玄明粉、滚痰丸下之。因氣怒即發，脈沉，蘇子降氣湯主之』文末，註一『裏』字；『中年人病後氣促、痰喘、腿足冷腫、腰痛、面目浮腫、太陰作痛，悉爲命門火衰，若作痰治則殆矣，八味丸主之，中白丸更妙』文末，註明『虛寒』二字，如此等等，旨在爲臨床辨證用藥指明綱要，可謂用心良苦，體例新穎。

繼附歷代治喘名方和單方秘方，如：參蘇温肺湯、調中益氣湯、紫金丹、大承氣湯、二陳湯、滚痰丸、三拗湯、蘇子降氣湯、八味丸、秘製中白丸、七氣湯、千緡湯、導痰湯、清金丹、定喘奇方，哮喘秘方和單方等，洵爲琳琅滿目，足資借鑒。

又，值得一提的是，文中還穿插着典型驗案，如載：『夏秋之交，一婦素有痰火，忽一日大喘吐痰如涌，身汗如油，脈浮而洪，命絶須臾之間，速進人參三錢、麥冬二錢、五味子錢半。煎服喘定汗止，三帖痰少，復加瓜蔞霜一錢半、白术、當歸、芍藥各一錢，二十帖而安。』筆者按：本例乃哮喘脱證，屬心肺化源竭絶瀕危之候，方用生脈飲益氣斂汗，强心救脱，得以挽狂瀾於既倒，救垂危於頃刻，足可師法。

綜上所述，《醫林口譜六治秘書》是一部珍貴的孤本醫籍。是書博採衆長，融以作者的經驗，具有較高的學術價值和實用意義，值得深入閲讀和研究。

辨症玉函

李鴻濤

《辨症玉函》四卷，清·陳士鐸著，王之策訂定，清康熙癸酉（一六九三年）刻本，孤本現藏於中華醫學會上海分會圖書館。

一、著者與成書

陳士鐸，字敬之，號遠公，别號朱華子，又號蓮公，自號大雅堂主人，浙江山陰縣（今紹興）人。據嘉慶八年《山陰縣誌》記載：『陳士鐸，邑諸生，治病多奇中，醫藥不受人謝，年八十卒。』又根據康熙丁卯（一六八七）陳氏年過六旬（《辨證録·凡例》），可以大致推斷陳士鐸約生活於明天啓七年（一六二七）至清康熙四十六年（一七〇七）年間，是一位享有高齡的醫學家。

陳士鐸出生於一個醫學世家，《洞天奥旨·凡例》稱：『先大父安期公，生平頗好方術，游蜀遇峨眉山羽士，傳有秘方，效驗如響。』陳士鐸初習儒，攻舉子業，爲諸生，因屢試不售，明亡後已無心於仕途，在家學的影響下，遽而棄儒習醫。《石室秘録·岐伯天師序》言：『遠公陳子，幼讀班、馬之書，長習黃、岐之教，且性喜好游，足跡幾遍歷宇內。』陳氏在游歷中遍訪天下名士，求教解惑，答疑問難。『凡遇名山勝地，往往探奇不倦，每逢挾刀圭秘技者，或虚心請益，或往復辯難，苟有所得，必書笥中。』（《遂初軒醫話·名醫補傳》）康熙丁卯（一六八七）陳士鐸游於燕市（戰國時燕國國都，即今北京市），遇二異人（托名爲岐伯天師、張仲景真人，見《石室秘録·序》），『尚論《靈》《素》諸書，辨脈辨證』（《辨證録·自序》），逾五閲月而盡傳其道，因其所聞者『多非世間語』，辨證立法迥異别家，陳士鐸乃將所聞整理成帙，即爲《辨證録》。陳士鐸自稱在康熙『癸酉（一六九三）冬，再游燕市』（《洞天奥旨·自序》），吕道人感陳氏『習醫救一人，不若救一世也；救一世，不若救萬世』，並説『乃邀天師至燕市，而天師又邀仲景張公同游客邸』（《石室秘録·吕道人序》），並通過岐伯天師邀華元化參補發明，再次指點授書，罄傳方法。

陳士鐸一生敏而好學，孜孜以求，他在燕市先後兩次『遇仙授書』，得以請益高人，其時陳氏雖已年過六旬（《辨證録·凡例》），但仍精勤不輟，毫不懈怠。同時陳士鐸喜交天下有識之士，並虚心求教，據《辨證録·凡例》云：『吾越多隱君子，頗喜談醫，如蔣子羽、姚復庵、倪涵初、金子如、蔡焕然、朱瑞林諸先生，暨内父張公噩仍，與同輩余子道元、葉子正叔、林子巨源、錢子升、丁子威如、家太士，或聞其餘論，或接其片言，均採入靡遺。』歷經數十年，陳士鐸乃將其所學、所驗、所聞、所授者，發奮編摩之志，著述立説，垂訓後世。此外，陳士鐸不僅醫術精湛，而且具有崇高的民族氣節，據學者考證，明亡後，陳士鐸與當時抗拒清廷統治的愛國人士交從甚密，所受之書即是山西傅青主及一些隱於醫林的反清志士所傳，爲避清廷文字獄的迫害，故此假托爲『異人』、『神仙』。

陳士鐸一生精勤不倦、安貧樂道，《辨證録·凡例》言：『鐸勤著述，近年以來，廣搜醫籍，又成一編……帳卷帙浩繁，鐸家貧不克災梨，倘有同心好善之士，肯捐資剞劂，鐸傾囊付之，不吝惜也。』因此，除《辨證録》外，據嘉慶八年《山陰縣誌》載，陳士鐸尚有其他著作問世，包括《内經素問尚論》《靈樞新編》《外經微言》《本草新編》《臟腑精鑒》《脈訣闡微》《石室秘録》《辨症玉函》《六氣新編》《洞天奥旨》《傷寒四條辨》《嬰孺證治》《傷風指迷》《歷代醫史》《濟世新方》《瓊芨秘録》《黄庭經註》《梅花易數》等書。今存世的僅有《辨證録》《洞天奥旨》《石室秘録》《脈訣闡微》《本草新編》《外經微言》《辨症玉函》等，其中以後兩種流傳不廣。

據《辨症玉函》王之策序言可知，是書陳士鐸『久欲問世，憾剞劂無資，有懷未遂耳。』因陳士鐸秋試入省，經友人介紹治愈王之策之子

『異症』，王之策嘆服陳士鐸妙手著春的醫術之餘，並感其拯溺救焚之仁心，故予以訂定後授梓，以公當世。惜囿於財力，『陳子所輯《洞恒》秘笈尚富，未能一一鋟行，其以是編爲嚆矢也可。』可見此書爲陳氏諸多著作中較早行世者。

二、内容與特色

全書共四卷，卷一陰症陽症辨，列傷風、中風、吐症等三十一門。卷二虚症實症辨，列咳嗽、喘症、雙蛾等二十一門。卷三上症下症辨，列怔忡、痿症、氣病等八門。卷四真症假症辨，列癰疽、火症、厥症等十五門。該書内容以内、外、婦科雜病爲主，每門病證以介紹作者自己臨證經驗和驗方方治爲主，其主要學術特色有以下幾個方面。

（一）立綱析證，臨證擅長起手以『二分法』類析證候

《素問·陰陽應象大論》言：『善診者，察色按脈先別陰陽』。本書重視以『陰陽、虚實、上下、真假』爲辨證綱領，即起手便將一個獨

立的病證按其病機特徵劃分爲兩類，即陰證、陽證，虛證、實證，上證、下證，真證、假證，根據這兩類的不同特點再分别予以辨治。

首先，『二分法』具有非此即彼的特點，這樣可以使複雜的病症和病情易於梳理和辨識，處方用藥寒熱温凉、攻補消和，明若秋毫，判若朗星；其次，二分法的分類本身就寓有鑒别診斷的含義，也在明示讀者，不可將這八個方面的兩兩之間混爲一談，否則臨證茫然，必定南轅北轍。再次，在『陰陽、虛實、上下、真假』綱領之下，有很多病證重複出現，如『瀉症』，卷一則辨其屬陰屬陽；卷二則辨其虛症實症；卷四則辨其是真是假。又如『痰症』，卷一則辨其屬陰屬陽；卷三則辨病症之上下；卷四辨痰症真假。此外還有咳嗽、喘症、目痛、吐症、瀉症、頭痛、心痛、腹痛、大小便閉、大瀉等均在兩卷中重出，深究其意，即可知曉，泄瀉的辨證重點在辨清其陰陽、虛實、真假；痰證的辨證重點在辨清其陰陽、上下、真假。這樣的辨證歸類方法，《黄帝内經》中稱之爲『各司其屬』，即《素問·至真要大論》所言『謹守病機，各司其屬，有者求之，無者求之，盛者責之，虛者責之，必先五勝』，將病證的『上下』病位，『陰陽、虛實』病性，『真假』證候本質予以辨清，是辨證論治中非常關鍵的一步。正如《辨證録·黄退庵序》評曰：『凡辨論證候，别具心裁，實能闡揚《靈》《素》所未備。』但是，我們仍要認識到，陰陽、虛實、上下、真假等辨證綱領是一個相對籠統的概念，是『粗分』證候的標尺，雖具有單刀直入、執簡馭繁的特徵，但若言具體論治之法和處方用藥，還需回歸到臟腑辨證上來。

（二）博涉識病，重視以陰陽轉化、虛實傳變、氣機升降辨析臟腑病機

本書是在陳士鐸博覽群書、廣涉臨證的基礎上撰著而成的，書中注重中醫整體觀念和辨證論治原則，在以臟腑辨證爲基本辨證方法的思想指導下，尤爲重視臟腑兼病、陰陽轉化、虛實傳變及氣機升降，體現了

中醫學整體恒動觀的思想。如在卷二咳嗽中認爲，咳嗽不獨肺家之患，涉及肝、脾、腎諸臟，其根據臟腑生剋制化關係所製土金丸、木金兩治湯、水金兩治湯，均以人事之理，整體動態的反映了臟腑疾病傳化關係，可謂別出心裁。

特別值得提出的是，其在書中專立上症下症辨一卷，以此爲綱領深入分析了怔忡、痿症、氣病、痰證、痨病、心驚、中滿、關格八個病種的病機，尤其對於痿症的病機分析透徹，在《黄帝内經》下痿責之於肺的觀點基礎上，多有所發明。『上下病機』這一辨證思想發軔於《黄帝内經》，《素問·至真要大論》言：『諸痿喘嘔皆屬於上』，『諸厥固泄皆屬於下』，而『上病下取、下病上取』亦是《黄帝内經》所提出的重要論治法則，强調臟腑氣機升降的失常是導致上下病證轉化的重要物質基礎，同時也是辨治此類病證的重要思辨法門，意在指明醫者臨證應『治病必求於本』（《素問·陰陽應象大論》）。

（三）屢用達藥，强調組方用藥切中病機，藥精量重

全書所列方藥爲陳士鐸臨診經驗方藥，言之有據、用之有效是其特點。因其辨證思路清晰，立法明確，因此製方精簡，緊扣病機。藥味少、劑量大，這是《辨症玉函》中所載經驗方藥的又一大特點。藥味少可以突出組方治療的重點，藥專量大可以單刀直入、力宏而速效。如治療頭痛的解痛神丹用川芎一兩，治療大渴症用玄參四兩等等，如此大開大合的手筆，若非是臨證老辣之人絶無此等膽識。翻閲此書，此類製方用藥法比比皆是，啓人思路。

三、學術價值

《辨症玉函》歷代史誌書目少有記載，如《醫藏書目》《醫籍考》《醫學讀書誌》《四部總録醫藥編》均未收録本書，除此本外，上海中醫藥大學圖書館藏有此書殘本（僅存卷二、卷四），由此可見，此書湮没已久，向爲習醫者罕覯。即如書名『辨症玉函』，全書首重辨證，書中以臟

腑辨證爲主，靈活將八綱辨證、氣血津液辨證、病因辨證等各種辨證方法貫穿其中，在辨證求因、審因論治上多有卓見。全書主體特點爲：審查病機，同中求異，重在鑒別診斷，據證言病。

此書卷端鈐有『伍連德藏書記』，伍連德（一八七九－一九六〇），公共衛生學家，中國檢疫、防疫事業的先驅。他在與梁啓超、辜鴻銘、嚴復、胡適等人的交往中，對中國古籍也逐步有所瞭解，這些頗有助於他以後對中國醫史的研究。其在國内工作期間搜集了不少古文獻，本書即其珍藏品之一。

總之，本書是陳士鐸早期的臨證經驗專著，辨證思路獨到，處方用藥精當，内容豐富，臨床實用性和參考價值較高，且書版刻印精美，至今以孤善完本存世。

新刻太醫院發刻醫家必究杏苑生春

李鴻濤

《新刻太醫院發刻醫家必究杏苑生春》八卷，明・芮經編纂、紀夢德删訂，明金陵書房蔣氏石渠閣刻本，孤本藏於南京中醫藥大學圖書館。

一、著者與成書

芮經，明代朔方（今寧夏靈武縣西南）人，《朔方新誌・卷三・方技》載：『芮經，明通脈理，修治丸散尤精，往往有奇效，一時重之』，紀夢德生平無所考。從書中可知，芮經是一位胸懷大志的儒醫，他在《杏苑生春・卷一・論醫》云：『客曰：「然則子於斯道已□，經世之術，胡不以此上説吾君，□敵平亂，治國安家，徒介區區愁肝腎之微説，何異乎雕蟲琢蛙，豈忍爲小丈夫哉？」曰：「吾豈不知此，……獨不聞伊尹大聖人也，嘗廣湯液之説，使身不遇（商）湯，不過終身耕於有華之野，或以湯液之説著於後世，功及生靈久。宋朝范文正公微時嘗詣靈祠求禱，而願爲相神且不許於是，復禱願爲良醫，蓋賢人之用心非慕苟富貴而貪利，志在持己利物，□行道也。夫宰相可澤天下良醫，仁及於人，雖行道有高下之殊，其濟人利物之心則無異也。且……所謂治世安民之術，蓋上醫之事也。」』引古聖賢之説闡揚鴻志，其人可謂慷慨大義。另外，本書有金壇王肯堂於萬曆庚戌（一六〇一）孟夏月所作之叙言，從序中稱謂可知，芮經爲後學晚輩。王肯堂誇贊其人『素懷普濟，舉凡一切醫經靡不博覽』，而其書『識燭先天之數，動觀人事之由，存心會解，執病求原，彰彰可考，誠所謂醫學指南』。

關於成書，從卷端題記即可瞭解本書編刻情況，本書是在太醫院醫正芮經匯集編纂的《杏苑生春》初稿基礎上，經秣陵（今南京的稱謂）紀夢德删訂編次，再由醫官龔廷賢校正而成。書稿竣工後，由太醫院使徐文元發派至金陵書坊蔣氏石渠閣予以梓行。

二、内容與特色

全書共八卷，卷一、卷二均爲醫論，共二百零五篇。其醫論短文從『醫學習業』到『用藥製方』、『問病求因』、『藥劑準則』、『煎熬服法』等等。簡言之，就是從開始習醫到診斷、處方，凡是有關中醫基本知識，均有簡要叙述，爲從事醫學專科之人設立的總論。卷三至卷八爲臨證各科。卷三主要論述風、寒、暑、濕、疫病、温熱等六氣病證，以及外感、内傷等病的脈證病治和方藥。卷四與卷五均爲内科病證，如瘧、痢、霍亂、泄瀉等常見病證。卷六上爲五官科病證，卷六下爲小兒科病證，如驚、疳、疹、痘等常見病以及小兒雜證。卷七爲内科雜病。卷八上爲外科病，如癰、疽、瘤腫等常見病證，卷八下爲婦女科病，如經、帶、胎、産等常見病證。以上六氣、内科、五官科、婦科、兒科共論列一百一十七個病證，其中以内科病證爲主。其學術特色主要表現在以下幾個方面：

（一）醫儒同源，博學廣識，由博返約

芮經認爲，儒學與醫學相通，其治學思路莫不由本及末、從源溯流，因此强調治學當從經典入手，漸次旁通諸家，先博學而後約取。其在《杏苑生春·卷一·醫學習業》中云：『學古之道雖別，而同爲儒，必讀五經三史、諸子百家，方稱學者。醫者之經，《素問》《靈樞》是也，史書即諸家本草是也，諸子《難經》《甲乙》《太素》《中藏》是也，百家《鬼遺》《龍樹》《金鏃刺要》《銅人明堂》《幼幼新書》《産科寶慶》等是也。儒者不讀五經何以明道德性命仁義禮樂，醫不讀靈素，何以知陰陽運變德化政令；儒不讀諸史何以知□才賢否、得失興亡，醫不讀本草，何以知名德性味、養生延年；儒不讀諸子，何以知崇正衛教、學識醇疵，醫不讀《難》《素》，何以知神聖工巧、玄理奥義；儒不讀百家，何以知律曆制度、休咎吉凶，醫不讀雜科，何以知脈學骨空、奇病異證。雖如是猶未爲博……，博則博矣，倘未能返約，則何以適從？予今所述乃收拾諸經筋髓，其亦返約之道也。』這種醫儒比類研討治學的方法，是符合《黄帝内經·示從容論》中所言：『覽觀雜學，及於比類，通合道理』的基本精神的，給學醫者，甚至是習儒者，樹立了軌範，書前詳辯此説，可謂開宗明義。

（二）提綱挈領，删繁贊簡，醫家定鉢

王肯堂叙言中言道：『觀經一書，識燭先天之數，動觀人事之由，存心會解，執病求原，彰彰可考，誠所謂醫學指南者也。且也秣陵紀子，提其綱揭其領，删繁贊簡，緝而成編，遂爲醫家定鉢，名曰《杏苑生春》。雲間漱友元庚，睹之曰「天下奇珍也，宜付之剞劂，以開天下之迷，則陰功不淺矣！」某亦無吝。後之學者，得是書而誦之，信手拈來，頭頭是竅，將亦無難於醫云』。

王肯堂（一五四九～一六一三），金壇（今江蘇金壇）人，字宇泰，亦字損中，别號損庵，又稱念西居士。明萬曆十七年（一五八九）進士，選庶吉士，官至福建參政。書法深入晋人堂室，輯鬱岡齋帖數十卷，手自鈎揭，爲一時石刻冠。曾授翰林院檢討，參與國史編修，著有《尚書要旨》《論語義府》等。由於朝廷不採納他的抗倭疏議，憤然稱病，辭職回鄉，從此重操少時喜愛的醫學。他廣泛收集歷代醫藥文獻，結合臨床經驗以十年時間編著成集明以前醫學之大成的名著《證治準繩》，還輯有《古今醫統正脈全書》四十四種，著有《針灸準繩》《醫學正宗》《念西筆塵》等。作爲有明一代的著名儒學、史學和醫學家的王肯堂對於芮經匯編的這部《杏苑生春》給予了極高的評價。

《杏苑生春》編撰體例爲：每一病證先予以病因病機的概述，其次爲脈證，再次爲病、治、方等五個方面，内容豐富而全面。論理清晰，述證全面，辨治詳明，方藥選取得當，理法方藥一脈貫通，使學者易於沿此階梯登堂入室，故爲『醫家定鉢』。

（三）取法丹溪，綜納百家，治養兼備

該書引述文獻，上自《黄帝内經》《難經》，中及漢、唐，下逮宋、金、元、明，尤以金、元四家的醫論文章匯集較多。古法有『雜病宗丹溪』之説，從全書引述朱丹溪的醫論及治療經驗之處較多，可以看出作者芮經是奉行這一主張的。但另外一個方面，作者也選用了大量的歷代醫藥學成果，不但對於基本理論問題，如『亢則害承乃制』、『瀉南方補北方』、『三焦』、『四海』、『五鬱』、『六腑』、『七情藥性』、『八風』、『九針』、『十變』、『十二經水』等進行了詳細的闡述，而且對於臨證應遵循的法度規範予以了明示，如『診候定式』、『習醫規法』、『約方之法』、『藥劑準則』等。

此外，本書除病證治療之外，還對於養生防病予以了重視和發揮，認爲養老當培補精血，切忌温燥辛辣升陽動火之品，以及當茹淡，即清淡飲食，同時力闢『房中補益』荒誕之説。撫幼當遵『人生十六歲以前血氣俱盛，如日方升，如月將圓，惟陰長不足，腸胃尚脆』之説，主張『童子不衣裘帛』，『不食發熱難化之物』，與今日兒科『若要小兒安，常帶三分饑與寒』觀點相同。可見本書是一部治養兼備的全書。

三、學術價值

本書是明代的一部内容宏富的醫學全書，經諸多醫學家參與編寫、修訂，其成書也經歷了作者多方選材、甄别和酌定的過程。但因某種原因，流傳不廣，丹波元胤在《醫籍考》中亦云：『芮氏經《杏苑生春》，《醫藏目録》八卷，未見』。從全書内容來看，不但保留了大量的明代失傳著作的方治經驗，同時也融滙了芮經本人的醫學建樹。作爲由明代太醫院校訂發刻的醫家必究的『醫家定缽』，當具有重要的研究價值。

雜病治例

李鴻濤

《雜病治例》不分卷，明·劉純（字宗厚）撰，蕭謙（字子豫，號易庵居士）校正，明成化十五年（一四七九）刻本，孤本現藏於遼寧中醫藥大學圖書館。

一、著者與成書

劉純，明代醫學家，淮南吴陵（今屬江蘇泰縣、如皋一帶）人，後移居陝西關中，直至病殁。其父劉叔淵曾受業於名醫朱丹溪，據《醫經小學·自序》可知：『昔丹溪先生以醫鳴江東，家君親從之游，領其心授。純生晚學陋，承親之訓有年矣！其於經論習而玩之，頗嘗得其指歸。』劉純繼承家業而頗有醫名，依此而論，則劉純應是朱丹溪再傳弟子。此外，他還從學於馮庭幹等人，得以博採各家之長。在《玉機微義·自序》中言：『始，從學於江右馮先生庭幹，間嘗請其義。授以會稽徐先生所著書一秩……獲詢先生學行，知深於醫者也』。在《玉機微義·論腸疽》亦言『純早年居淮南，於陳復初契家齋堂得東原郭文才甫家傳《瘡科心要》一書，持行四方，按法每擇用之，多獲奇效，故不敢湮没其道。』《雜病治例·蘭室誓戒》第二條中也説：『吾宗累世簪纓（古代達官貴人的冠飾，後藉以指代高官顯宦），名門右族（有聲望的世族之家）。吾父橘泉翁始從丹溪朱彦修學此術，患難中實得濟。余又得從鄉先生馮庭幹、許宗魯、丘克容數君子印正，方始道明藝精。但以因虚名，多受權要捃摭（願意爲採集，引申爲選擇、挑剔），後吾子孫，遇道行時，仍守儒業可也。』可見，劉純之學乃家學淵源，並博採當世名家而成。

劉純一生著述頗豐，流傳較廣者有《醫經小學》《玉機微義》《傷寒治例》等。《雜病治例》流傳不廣，僅存孤本，故彌足珍貴。此外，劉純還撰有《太素脈訣》及《壽親養老補遺》若干卷，惜此兩書早已佚失。《雜病治例》爲劉純晚年所著之書，且刊刻成書亦晚。據《陝西通誌》載劉純『洪武中(一三六八~一三九八),居咸寧』,咸寧即今之長安。明憲宗成化十五年(一四七九)長安蕭謙在《傷寒治例·引》中説:『其先淮南人,以事移關中,遂家焉』。蕭謙在《雜病治例·序》中説:『余髫年入郡庠,讀書之餘,有志醫術。……乙未(一四七五)中進士,官政户部,奉命給賞甘州官軍。甘州,即漢之張掖酒泉郡也。而名醫劉宗厚……神方妙術。現有存者,乃延其後人,禮貌之,懇求之,慨然以《太素脉訣》《雜病治例》見與。……即欲板行,則力又不及焉。今幸以菲材來尹應天之上元,遂捐俸資,以償夙願。』可見劉純曾在陝西、甘肅等地行醫,前後約四十餘年。因其醫術精湛,著作宏富,被譽之爲『神方妙術』。其著作在其殁後由陝西佈政使司刊刻,流傳至今,被譽爲是明初丹溪學派在西北地區具有代表性的著名醫家。

二、内容與特色

本書不分卷,卷首列『蘭室集·醫家十要』、『蘭室誓戒』、『戒行吟』、『調鼎吟』四篇勸誡持家、修身、業醫的警語。書的主體部分共列風、火、暑、濕、燥、寒、發熱、頭痛、腹痛、腰痛……瘻、癩、白癜風、紫癜風、下疳瘡、骨梗等七十四個病證的辨證施治經驗。全書主要特點表現在以下幾個方面：

（一）例舉病機方治，突出治則治法選取

本書名爲『治例』，意指以簡明的文字敘述疾病的病機、辨證和治療方法。故在列風、火、發熱七十四個病證門類下直述其病機，開門見山，不做鋪陳。病機後即列治法，從全書體例和篇幅可以看出，作者十分重視病證治法的選取。如在第一門『風』的治療中，就列出復氣、捷嚏、汗、宣、下、雙解、劫、理氣、理血、補氣、補血、通關透肌骨、導痰通經、清熱、灸、針以導氣、熏、敷貼等治療方法。

這些豐富的治療方法，若嚴格地來劃分，有的屬於治則，有的屬於治法，有的則屬於治療技術或者治療方案的內容。如『復氣』應該歸入治療原則，即治則中，是指使患者其正氣、真氣復常，是取《素問·調經論》『血之與氣，並走於上，則爲大厥，厥則暴死，氣復返則生，不返則死』之意，通過應用蘇合香丸開竅醒神而令病者復常。又如，『宣』，嚴格地講，不是治法，而是指『十劑』中的宣劑。『十劑』最早由唐代陳藏器提出，後爲北宋徐之才引用在其著作《藥對》中，言：『藥有宣、通、補、泄、輕、重、滑、澀、燥、濕十種』，並言『宣可去壅』，《本草蒙筌》釋曰：『宣，涌吐之劑也。經曰：高者因而越之。又曰：木鬱則達之。以病在上，而涌吐之也。若瓜蒂散、姜鹽湯、人參蘆、藜蘆之屬，由此可見，本書中大量出現的『宣』這個詞用以指代『吐法』。再如，灸、針以導氣、熏、敷貼等治療方法應該屬於和內服湯丸膏丹的內治法並列的治療技術或者治療方案。此外，按中醫傳統的治療八法（汗、吐、下、温、清、消、補、和）的劃分，『捷嚏』應歸入廣義汗法，『劫』、『通關透肌骨』、『導痰通經』、『理氣』、『理血』歸入消法，『補氣』、『補血』歸入補法，『清熱』歸入清法。

因此，在閱讀本書時，在深入體會和理解病證病機的基礎上，按照治則、治法、治療方案這三個方面領悟作者豐富的臨床經驗，方可會其意中三昧。

（二）針藥熏灸並投，强調内治外治並重

書中治療各種雜病，强調内治與外治並重，内治法中湯、飲、丸、散、膏、丹内容豐富，外治法中熏、洗、貼、吹、敷、摩、熨、搐鼻面面俱到。值得重視的是，在《雜病治例》中記載各種雜病的針灸方法，或針或灸，或補或瀉，而且腧穴的選擇精當扼要。各種針刺手法依據病症特點靈活選用，如治療風證以平補平瀉法『針以導氣』，是遵循《靈樞》『不盛不虚，以經取之』的治療原則。又如，治療實證水腫採用繆刺法。繆刺是與巨刺相對而言的施針手法，均是指機體一側有病，在對側進行針刺治療的方法。但巨刺主治經脈爲病，取其經穴；繆刺主治絡脈爲病，取其絡脈。此外，還强調治療時間對於治療效果的影響，如治療痿證施針時言『須停待氣至一二時或三四時方可』。並選擇三里和肺腧施灸，簡要而確當，體現了《素問·痿論》『治痿獨取陽明』和『肺熱葉焦』致痿的理論認識。

（三）方治靈活多變，經方、時方、驗方並舉

本書中所列的各種方劑取材廣泛，既有傳承張仲景《傷寒雜病論》中的經方，如人參白虎湯、八味丸、調胃承氣湯治療消渴，五苓散治療水飲嘔吐；又有學驗丹溪學派的時方，如虎骨散治療痛風，丹溪阿魏丸治療痞塊；還有採集民間巷間的驗方，如用血餘灰、棕櫚皮灰、鞋底灰、猪牙皂角灰酒服半兩治療下血，敷貼細辛、草烏治療頭痛。此外，方劑的使用不局限在内服方上，在外治法治療思路指導下，亦有靈活運用，可謂經方、時方、驗方並舉，方治豐富而靈活多變，體現了作者深厚的醫學功底和高超的醫療技術。

三、學術價值

《雜病治例》這部書相較劉純其它的著作，如《醫經小學》《玉機微義》等，流傳並不廣，此本亦已成爲孤本，但其實用價值和學術價值是很高的，一方面保存了劉純晚年治療内傷雜病的經驗，同時對於考證劉純的生平事跡提供了重要的綫索和素材。本書雖然篇幅不大，但是要言不繁，綱舉目張，無論是初學者入門，還是業醫者提高，熟讀體味本書的學驗治例都將會大有裨益。『治例』本身即言示範例舉之意，如何能够在錯綜復雜、變化萬端的調治雜病過程中，做到舉一隅而反三，是作者『大匠誨人必以規矩』的良苦用心和撰述本書的初衷。

綜上所述，劉純一生輾轉坎坷，安貧樂道，《雜病治例》匯集了其晚年得力精要的臨證經驗，因囿於財力，故此書在劉純去世後方得資助而刊刻行世，作爲明代早期的官刻本，刻工精美，字大疏朗，亦不失爲一件難得的古刻佳槠。

太醫院纂集醫教立命元龜

李鴻濤

《太醫院纂集醫教立命元龜》七卷，明·朱儒撰，明萬曆十八年（一五九〇）閩建潭城書林余成章刻本，孤本現藏於甘肅省圖書館。

一、著者與成書

朱儒，字宗魯，號東山。明萬曆間人。祖籍江蘇吴江（今江蘇省吴江市），年弱冠，貧不自存，入贅秀水（今嘉興市）陳氏，因隨而居家，遂佔籍。嘗得僧人楊時昇授予醫術，乃悉心鑽研，造詣遂深，後游京師，得太醫院院判朱恭時賞識，引爲族屬，並考究醫學，再加指駁，業更進。適其時京都大疫，經朱儒救治者，活人甚衆。久而授太醫院醫士，後遷吏目，供事聖濟殿。萬曆帝病『痰壅眩暈』，詔儒診視，奏曰：『肝氣未平，胃脈微滯，是以痰壅眩暈。宜寬平以養氣，安静以益神。』帝從其言，乃愈，賜宴於太醫院。《明朝小史·萬曆紀》：『帝嘗静攝宫中，不時召太醫朱儒，或傳旨命和劑以進。嘗奏功，上喜，賜食内殿。諸醫至，上曰：『朱儒勤勞，特與一席。』此後，凡兩宫太后及后妃、公主有疾，率令宦官言病狀，儒爲立方，服之多效。縉紳士大夫患病，亦争延致之，故而名震京師。乃升任太醫院院政，復因其子國祚入閣爲相，而贈太子太保大學士。編纂《太醫院誌》一卷，刊於明萬曆十二年（一五八四）。昔有患者悲憂不悦，形體羸弱，知困於貧病，朱儒乃置『白金』於藥中，並囑家人曰『必令自開』，患者啓篋得金而喜，病遂痊愈。『朱宗魯投金入藥』被後世傳爲美談，亦爲心理療法之一端。其隱德類此者甚多，未久遷太醫院院判，次年遷院使。年七十七歲卒。

本書書名爲《太醫院纂集醫教立命元龜》，元龜即大龜，借喻可資借鑒的往事。《三國誌·吴誌·吴主傳》：『近漢高祖受命之初，分裂膏腴以王八姓，斯則前世之懿事，後王之元龜。』又晋·劉琨《勸進表》：『前事之不忘，後事之元龜也。』本書乃朱儒世代家傳醫教秘本基礎上編纂而成，既傳授知識，又遺教方法，故爲立命保元之龜鏡。此書又爲國子監祭酒前翰林院編修南習孔推薦刊行，故名之。

二、内容與特色

全書共分七卷，卷一除諸部脈歌、藥性歌、諸病主藥等醫藥學基礎知識外，主要列述了内科四十六門病證，卷二三十一門，卷三婦科三十三門，卷四兒科三十九門，卷五痘疹，卷六外科。每病證門下先述病源病機，再列治方，方藥選取多源自經典古方，如此編排更近乎是一部方書。内外婦兒痘疹這幾編中較有特色的是外科，在外科卷中不但論述了治療宜忌、方法、診療技術等，還在每種病證的綜論後附上了作者的親身治驗，可見作者是以傳統的瘍科爲專長的醫生，其學術特色主要表現在以下幾個方面：

（一）辨瘡瘍重在識脈

外科卷篇首即述『論瘡瘍二十六脈所主』，詳辨各脈 脈 形及主病，並着重闡述各種脈象在瘡瘍病證中的實際臨證意義，同時由此引伸出治法。如『滑脈之診實大相兼，往來流利，如珠，按之則累累然滑也，其主或爲熱或爲虛，此陽脈也。瘡疽之病，膿未潰者宜内消也，膿潰之後宜托裏也，所謂始爲熱終爲虛也。』對滑脈的脈形以及在瘡瘍科中如何辨脈施治進行了分析，可謂要言不煩。又如『弱脈之診，似軟而極微，來微而似有，仲景云：微弱之脈，綿綿如瀉漆之絶。其主血氣俱虛，形精不足，大抵瘡家沉遲濡弱皆宜托裏。』將弱脈脈形、主病及在瘡瘍科中的意義介紹得精到。

（二）治癰瘡重在調和臟腑、宣通氣血，慎用寒凉

朱儒認爲，《黄帝内經》指出『五臟不和則九竅不通，六腑不和則留而爲癰』，又云『形傷痛，氣傷腫』，故在瘡瘍腫毒的治療上强調『氣血宣通』，因此警戒不可泛用寒凉，不論是内服藥，還是外用敷藥都要注意這個問題。對於因誤用寒凉以致冰伏，腫堅不潰，或潰後不收的患

者，應根據情况分别予以六君子湯、補中益氣湯扶脾陽，或八味腎氣丸助命火，採用内托的方法，鼓舞氣血生長，驅散寒凝。

（三）遥承温補學派，善用六君、八味

受到明代中期温補學派的影響，朱儒在論治瘡瘍病中重視扶助脾腎，充養氣血的治法。尤其對於腫堅不潰、潰後不愈的瘡瘍，多用六君子湯、八珍湯、十全大補湯或補中益氣湯補氣健脾養血，托瘡外發或生長肌肉，對於命火虚衰不能生脾土者，補脾不如補腎，而予八味地黄丸。但也並非一味温補，其中還可酌情參入逍遥散或加味逍遥散，疏肝行氣，流通氣血。

三、學術價值

綜觀本書，朱儒本人是位經驗閱歷豐富的名醫，他編撰此書取材廣泛，取捨得當，其編寫此書的初衷是爲在明代太醫院中作爲講習醫學的教材，書中内容内外婦兒科均有涉及，但重在外科，對於歷史上中醫外科學的形成和完善具有重要的傳承意義。

濟世丹砂

鄭金生

《濟世丹砂》，全稱《醫學匯纂濟世丹砂》，明仁壽堂刻本，明·黄河約纂於明萬曆前期。該書匯集了明代及其以前許多基礎理論、病證、方藥、針灸等歌賦精品，甚便於初學。國内明清以來公私書目從未著録此書，但有多種該書的同書異名之書存於日本。此書現藏於日本國立公文書館内閣文庫。

一、著者與成書

《濟世丹砂》有多種同名書，一爲《醫學搜精》，一爲《醫學會源》。日本均存其明刻本，但目前尚未查到國内書目的記載，現此三書已全部複製回歸。

該書分正卷、全卷兩部分，兩卷各有目録。卷首作者題署爲『余姚星陽黄河纂，當湖友渠陸堯臣校』。可知作者爲黄河，字星海，余姚（今屬浙江）人。關於其生平，鮮有記載。黄氏尚有《醫學搜精》一書（即《醫學匯纂濟世丹砂》同名書），今有明萬曆二十六年（一五九八）余氏雙峰堂刊本。又書中引陶華『一提金六經證治捷法』之名，可知黄河的書至少是在陶氏《傷寒六書》初刊的一五二二年之後。其中還有雖未出示原書之名，但却能知道引文來源於哪些書的情况。例如該書最後的小兒科部分，有一些用『西江月』寫成的痘疹賦，其出現年代，已在十六世紀中葉。因此黄河大約生活在萬曆年間。其書雖未標明出版年份，但可能和異名同書的《醫學搜精》差不多都在一五九八年前後。

另外，從該書收録的歌訣來看，也可以體現作者的醫學功底。正如楊府序的介紹：『黄君所集，多隱括群書，發明五臟六腑、十二經十五絡，與夫五運六氣，悉本《素》《難》。言藥性則本《珠囊》，而更收其遺；言脈則本叔和，而先揭其用；言用藥凡例則本東垣，而充廣使各以類從，且俱爲歌括，豈非後學門户，神聖階梯哉。』

二、内容與特色

該書可以稱得上是『醫藥歌賦大總匯』，搜羅了各個方面的一些歌括，以作爲醫學入門的階梯。

本書『正卷』（相當於上卷）主要收録了藥物、運氣、經穴三個方面的歌賦。藥性歌括是在《珍珠囊藥性歌括》八十六首的基礎上，又續收藥歌一百九十五首，總計有二百八十多首，某些藥名後還略加註解。此外還收録了十八反、十九畏、用藥凡例、引經、用藥生熟、用藥身梢、湯藥丸散等許多有關藥性的歌訣。正卷的另一個切合使用的内容是針灸經穴。其中包括十二經穴歌、十二經主病歌、十五絡歌訣、行針血忌、太乙人神、逐年人神、禁針穴、禁灸穴等歌訣，其中的經穴歌也配了若干經絡圖。此外，該卷也用了相當的篇幅收納五運六氣歌括、還配有圖來説明内容，也有望聞問切、病原等診法的歌括。

本書的『全卷』（相當於下卷）分成三個部分：首爲『湯散歌括』，

以病證分門，列舉方歌；次爲『婦人科』，述婦科治療要點及主要方劑；末爲『小兒科』，介紹小兒診斷及常見病治法。其中湯散歌括首先定出『四要方』，即四君子湯、四物湯、二陳湯、越鞠丸。這四要方分別對應於補氣、補血、治痰、開鬱，很明顯是接受了元代朱丹溪以來的氣血痰鬱辨證思想。此四方以後，再分氣、血、痰、鬱、風、寒、暑、濕等四十餘門，介紹方劑歌訣。這些歌訣一般都是四句七言歌，簡便易誦。婦人科的歌訣則主要涉及治療要點，如調經、求嗣、胎前産後調理等内容。小兒科則主要是圍繞診斷、常見疾病治療方面的有關歌訣，如面部形色、虎口脈紋、脈證順逆，以及十幾種常見病的診治歌訣。最後是採録明代頗爲盛行的『痘疹賦』、『痘疹西江月』、『麻疹骨髓賦』、『麻疹西江月』等。

三、學術價值點評

元、明以後，中醫歌訣之類入門書越來越多。但是像這樣全書十幾萬字全都是各類歌訣，恐怕僅此一種，堪稱對明代醫藥歌賦一次頗有規模的總結。全書歌賦、圖訣齊備，易記便誦，誠爲醫學入門之階梯。

心醫集

鄭金生

《心醫集》六卷，清初醫家祝登元（茹穹）撰於順治七年（一六五〇）。該書爲綜合性醫書，包括方、脈、臨床病證、醫案及養生静功，國内稀見完本。孤本完本藏於日本公文書館内閣文庫。

一、著者與成書

該書卷首作者署名爲『古龍丘祝登元茹穹甫著／侄有旗以文甫校正／門人李如龍虎友甫訂正』。書前有順治七年庚寅（一六五〇）張學聖、佟國鼎、丁文盛、鄭廷櫆、鄭清、朱正源、顧礽、彭六翮等八序，最後爲作者同年所撰自序。這些序言多爲祝氏治愈的高官，故序中除提到祝氏原任漳郡太守外，介紹祝氏生平者甚少。惟彭六翮序提到祝氏『天下才也，總角即穎特過人，好尚超舉；鍵户則旁覽異書，覓交則首詢方外，登巒則足跡海涯。』

有關祝氏生平，在祝氏另一著作《祝茹穹先生醫印》（藏中國中醫科學院圖書館）中，其弟子沈朝璧有所介紹：『夫子學貫天人，静坐之餘，即有著述，如《天文秘占》《地理確義》《鏡古篇》《冰暑集》《字學考》，諸刊久已行世。其未刊者，尚有《四書講成》《通鑒紀實》《字畫廣滙》數種。區區《心醫》《紀驗》，謂足見夫子乎？』

此外，在《中國分省醫籍考》所引《龍游縣誌》祝慶堂條下載：『字茹穹。幼嗜學，弱冠爲諸生。崇禎十七年（一六四四）選貢。平生淡於仕進，又值世亂，乃閉户著書，思以澤今傳後。刻有《鏡古篇》八十卷，《心醫集》六卷，《入道始終》四卷，《功醫合刻》十二卷，《日用必需》六卷，《静功秘旨》二卷，《字學考》十四卷。一時聲名藉甚。順治三年，台府交薦，授福建漳州府知府，兼署監軍漳泉道。有《署閑詩稿》六卷，未幾，解組歸田。嘗游京師，金之俊、楊廷鑒、嚴我師諸人，咸有贈答。』

其中提到祝氏有《心醫集》《静功秘旨》等書，可知此『祝慶堂』就是本書的作者祝茹穹。其籍貫、時代、曾任福建漳州府知府等都與《心醫集》諸序所言相符。惟其名爲祝慶堂與本書祝登元不符，可能是祝氏另一名，或方誌有誤，或轉引有誤，待考。

其實在《心醫集》卷六『静功妙藥九種』中，作者亦曾自述其治學經歷：『予幼年習八股業，工夫祇在夜間。披華振秀，屢試輒冠軍。揣摩既久，覺八股無甚用處，究心醫理、地理、諸傳。自趨庭傳授而外，游名山大川，訪高人異士。讀已見書，讀未見書。名師剖晰，秘訣始多。醫理、地理，確乎有驗。著《天文秘占》《地理確義》。』可見地方誌所載祝茹穹，確是《心醫集》的作者。

綜上所述，本書作者祝登元（或作慶堂），字茹穹，堂號曠曠居。明末清初浙江龍游人。弱冠爲秀才，明末崇禎十七年（一六四四）選貢。明末戰亂時閉門著述。順治三年（一六四六）被舉薦爲福建漳州府知府，兼署監軍漳泉道。未幾棄官歸田，仍從事著述。有天文、地理、書畫、歷史、詩詞、醫學等多方面的著作。其現存醫學著作有《心醫集》六卷，以及弟子張嶷整理的《醫印》三卷、《醫驗》一卷。另有醫藥相關書籍《功醫合刻》十二卷，《日用必需》六卷，《静功秘旨》二卷等書，今未見。

二、内容與特色

《心醫集》六卷，各卷分別有名，依次爲：紀驗、症方、三科、脈論、秘方、静功。由此可見，該書的内容比較廣泛，但以臨床診治爲主，可稱爲綜合性臨床醫書。

該書卷一『紀驗』，即醫案集，記録作者治療中效果最好的一些驗案。該卷共記録患者三十九例，因作者曾任太守，故求治者也多爲高官名人，僅少數爲友人，或經官員介紹的將官等。每一例先述姓名、官職等，次述患病時日、症狀、治療經過，並將所處藥方附在該病案的最後。從這些醫案中可以看出作者臨床經驗豐富，且經常有獨到見識，故其療效甚佳。不過像此書這樣把醫案排在最前面的編書法實屬罕見。

卷二爲『症方』。『症』即諸病症，『方』即各症之後所列的方劑。該卷或以病症爲名，或以身體部位爲名，下列相關病症。計有：傷寒、中風、瘧、痢、二便、手足、頭、耳、鼻、口；氣、痰火、嗽喘、霍亂、噎膈、虛損、諸血、脾胃、嘔吐、泄瀉、心腹、腰腎、脅。各『症方』之中，有時加入作者的按語，表達自己的見解。因爲該卷內容比較多，所以從『氣』以下，又分『卷之又二』，即卷二的第二部分。

卷三『三科』，即婦人科、小兒科、眼科。作者在每一科之前，作長篇大論，然後出示一些常用方劑。其中作者在婦科方劑後，表達了對該科疾病診治的許多獨特見解。例如他對婦科以月經紫黑論寒熱表示反對，提出當看症候如何，病史如何，再結合脈象來判斷寒熱。

卷四『脈論』，分脈竅、脈印、平脈、生脈、死脈、怪脈、壽脈、夭脈、富貴貧賤脈、婦人脈、小兒脈、臟腑圖藥屬。該卷主要論脈。作者認爲《王叔和脈訣》不可盡信，『予另有解明脈旨，證訛存真，兹集不能悉載，姑節取其要者以相質云。』現知在祝氏的另一著作《醫印》三卷中，有兩卷論及脈學，所以本卷屬於作者脈學觀點提要。其中《内經》脈學佔了很大篇幅，同時又贊同四脈爲綱説。惟對太素脈，認爲有可信有不可信者，故設『富貴貧賤脈』一節，辨論脈象察人富貴貧賤之理。但本卷最後的『臟腑圖藥屬』，按臟腑列舉常用藥物。藥學内容置於『脈論』卷，恐非所宜。

卷五爲『秘方』。作者稱本卷秘方『或自家傳，或自友傳，或自師傳，或自高人術士傳。予藏諸笥中，何啻珍貝。』這些方劑並非單方秘方，多爲成藥大方。

卷六『静功妙藥』，内有『静功妙藥醒語』、『静功妙藥八懿』、『静功妙藥前珍』、『静功妙藥九種』。作者認爲：『諸病皆有藥，獨此心一動，諸患爲招，雖百華佗、扁鵲在傍，無處下藥。』所以作者主張静心静坐。該卷自述得異人傳，習静坐功，已達『開關』的程度。卷中輯録閉息、導引、八段錦、呼吸十六字訣、三字（静、忘、空）、六字、十二字、九返九還、袁了凡静功訣等静坐法。這一卷純粹是静坐養生内容，内容比較純正。

《心醫集》一書在國内存本極少，或有殘損，今從日本複製回歸其順治間曠曠居家刻原刊本，可爲研究中醫及養生者之一助。

醫法指南

鄭金生

《醫法指南》十卷，清代醫家李夢龍原編，徐人鳳補集，首刊於康熙二十六年（一六八七）。該書爲綜合性醫書，主要内容爲臨證各科疾病診治法。今國内未見此書傳世，孤本現藏於日本國立公文書館内閣文庫。

一、著者與成書

關於該書的成書緣起，徐可先序已有介紹：『余於經驗奇方，雖好手録，未敢出以示人。歲當康熙壬子、癸丑，余次孫幼秉孱弱，其母發心施藥，有全活萬人之願，延金沙李君賓主其事。比時君賓年已八十有三，屨滿山莊户外，一如其症以應，無不慶更生者。予長兒奇之，授兒以秘本去。間出以療人，亦隨手輒效。今兒蹇值讀禮（居喪），每痛兩慈母爲庸醫所誤。思時醫切脈，脈理幽微，不若詳問病證，顯見可治。爰取君賓所授，廣以經驗奇方，梓出活人。』

徐可先的長子徐人鳳在凡例裏進一步介紹該書作者與成書經過：『各證首歌訣，老友李君賓所授也。李君嗜好方書，於《内經素問》各名家議論，《本草綱目》，靡不參究，而尤得力於《丹溪心法》。爲余施藥於青山別業，不假思索，隨手付藥，活人無算。余奇而問焉，乃云有歌訣一册，非甚怪病，概不越此，見余嗜岐黄，因以授余，余亦隨手輒效。今於讀禮暇時，勉遵父命，翻閲舊帙，梓以公諸同好。』由此可知道，該書的原編傳授者爲李夢龍。據徐可先序中提到他的年齡推算，李氏大約生於明萬曆十八年（一五九〇），至康熙壬子（一六七二）、癸丑（一六七三）依然健在。李氏字君賓，清代金沙（今屬貴州）人。他的醫術，都記録在一本歌訣書中。後來李氏將此書傳授給徐人鳳。徐人鳳又在這歌訣的基礎上，進行了加工補編，而成《醫法指南》十卷。

據該書凡例，徐人鳳的補集工作大致有如下幾個方面：在歌訣後增加附方：因爲李氏原書衹有歌訣，所以徐人鳳『選古方以補歌之所未及』，所選藥方『止取其切於用者附之』。在某些方前增加『辨證』，以利於辨明相似病證，便於用方。在某些方之後再附『餘論』，『或發明前訣之意，或申明致病之由，或指出各症禁藥，或補辨證所未詳。』對某些險症、兼症附以脈理。諸症中間無歌訣，未加補撰，遂集名家議論及選方以備覽。此外，增加了卷一和卷十的某些内容（見下文）。經過徐人鳳的補集，原本是一種臨床醫家診治手册類的歌訣書，儼然成爲内容比較豐富的綜合性醫書。

二、内容與特色

該書共十卷。首卷前半部分是藥性、脈理、病機内容，徐人鳳稱之爲『醫家三要』，這是全書涉及中醫基礎知識的一個部分。『藥性』包括東垣藥性、諸病主藥、東垣用藥心法、用藥凡例、修製藥味法、藥性裁成、藥鑒等，多爲金元醫家的通俗藥性知識。脈理衹收了《脈訣》，病機則收了《病機賦》《原病論》兩篇。此後則爲内科的内傷、傷食、傷酒、消渴等十四症。

卷二到卷五，介紹内科各種疾病診治法，共計五十三症。這是全書的主要内容，也是最能反映李夢龍臨床治療經驗的部分。

卷六爲婦人科，收載虚勞、經閉、崩漏等十症。

卷七爲小兒科，與前數卷不一樣的是，該卷收録了許多小兒診斷方面的内容，如：入門審候、面部形色、虎口三關、指紋、死候、看臟腑所屬手指穴等。該卷還收載了小兒推拿、二扇門手、掐法、按摩等治療方法，以及痞積、慢驚、急驚、吐瀉、斷痢等三十三症的治法。

卷八爲外科，在『總歸』理論内容之後，介紹了神燈照熏藥法以及連翹敗毒散、真人活命飲等外科必用十三方。次爲外科大頭瘟、腦疽、眼昏胬肉等四十四症三十六種風瘡的證治。最後是外科通治服藥、通治敷藥、諸膏方、治下疳等。

卷九急救方，含解諸毒、救暴死、治誤吞等六大類急救諸法。

卷十可能是徐人鳳所增補。凡例中提到：『末卷似涉於閑，然普濟門多調理元氣，所謂治於未病也。』但他收載的是一些明萬曆間多見的補養方，如彭祖接命種子丹、暖子宮丸等，也包括邪術『取紅鉛法』。這些内容很難和『治未病』聯繫起來。其中的一粒金丹治一百零四種病法、羽澤散治七十三症法，屬於當時興盛的通治方。此外還有二十幾首較好的補益方。

卷十後半部所附餘的生活方面的一些方法，屬於該書的閑筆。其中含治蟲豸十法，及熏衣香、造香炭、香餅子、耐點蠟燭等法，也有冬月養花、藏皮襖法、刻圖書、製印油法、闢蛇法、防蠹蟲蛀法，造藥酒、神仙醋、醬油、淹肉、紅豆腐、琥珀蛋、千里肉、法製陳皮、桂花湯等日常用品、食品的製作法。

統觀全書，雖然看似格調不很高，但内容比較豐富，其中有不少實用的方藥和治療經驗值得借鑒。

醫學便覽

鄭金生

《醫學便覽》四卷，明·解楨撰（一五七四）。該書以圖解或圖表的方式解説臟腑經絡，並及諸疾方脈，故其書以『便覽』爲名。該書今國内無存，孤本現藏於日本國立公文書館内閣文庫。

一、著者與成書

該寫本的底本是明胡文焕刊本。書前有胡文焕序，次爲萬曆二年（一五七四）廣陵宗周（理庵）序。次爲目録、正文。卷首題署爲『陽山蘆河解楨應堅著，錢塘全庵胡文焕德父校』。

據卷首署名，該書作者當爲解楨，字應堅，號蘆河，陽山（今揚州）人。關於該書的撰寫與作者情況，宗周序稱：『吾門人蘆河解子章，縫儁士爲儒，探易理之陰陽，悟詩學之情性，核河洛之休咎，析太極之五行。少而多疾，又以「爲子不可不知醫」，故手輯《内經·靈樞》等篇，體驗秦越人之脈法，參究張李劉朱之秘傳，乃棄其筌蹄，游神意旨。故病者沓至，即投匕起之，邑人賴焉。乃思以其道公之人人，懼其學之無宗也，暇著《便覽》一書，分爲經絡臟腑，詳以諸疾方脈，如登昆侖而圖萬山之支，泝黄河而寫衆流之派，山川入目，無遺觀也。』據此，解氏並非職業醫家，乃是儒士，此書爲其個人熱衷醫學而撰，其時間大約在萬曆二年或略早。

明代胡文焕是著名的刻書家，他爲本書作序，講述他刊刻此書的原委及該書的特點：『逌余閱《華佗内照圖》有得也，業已梓之。兹復閲解盧河所著《醫學便覽》，又不獨内照而已。凡病凡藥，靡不備具，而列諸圖焉，俾一閲之間，瞭然可明，捷然可用，誠有便於醫藥也。余不忍棄，乃並付諸梓。即吾儒等輩置一册於案頭，或以侍親，或以自照，藉之以爲藥石，警之以爲調攝，可得謂之無裨矣乎？』可知該書原有明·胡文焕刻本，此本首見於《醫藏書目》著録。又明·祁承㸁撰《澹生堂藏書目》、清·虞稷《千頃堂書目》亦著録此書。又清·王聞遠《孝慈堂書目》："『醫學便覽，解楨，四卷，胡文煥刊本，一册。』"然今胡氏原刻本未見存世。王聞遠的書後爲黄蕘圃士禮居收藏。黄氏的書籍後多散失，現存的《士禮居藏書題跋記》未見記載。又《中國分省醫籍考》引萬曆三十二年《揚州府誌》卷二十四《文苑誌·經籍之雜類》亦著録《儒門醫學便覽》。

日本所藏《醫學便覽》，則惟有此江户時從胡文煥刊本轉鈔而來的寫本。

二、内容與特點

該書編纂方式頗有特色，全部採用圖表或示意圖的形式來表述臟腑經絡、諸疾方藥。

卷一載有二十二幅解剖圖，首出『華佗五藏圖』，嗣後分别爲：五臟背後圖、前圖喉下五臟分類註解、前圖喉下六腑分類註解、左側肺圖、左側肺圖心系註、右側肺圖註、心系諸臟圖、心系諸臟圖分類註、氣海膈膜圖、氣海膈膜圖分類註、脾胃包系圖、脾胃包系圖註、大小腸膀胱之圖、大小腸膀胱之圖分類註、命門大小腸膀胱之系圖、命門大小腸膀胱之系圖分類註、任脉爲陰海圖、任脉爲陰海圖分類註、督脈爲陽海圖、督脈爲陽海圖分類註。

經比較，除右側肺圖外，其它均與《華佗内照圖》相同（現在傳世的『華佗内照圖』，是明·胡文焕於萬曆中葉時所刊行，收於《格致叢書》之中）。

其後爲氣血、五行關係、五臟關係以及有關東垣理論的論述，用圖解的方式解析人體氣血生成、升降過程，五臟合四時四方五味五色圖，以及各種病因、藥性。其中對補中益氣湯、八珍湯的表解，是較早的方劑圖示解析之例。該書的解剖圖比較精細，對肺系隔膜的描述尤其詳細，爲研究明代解剖發展的重要史料。

卷二爲病證，主要爲傷寒六經、傷寒各種病證的辨證施治、處方用藥的表解。傷寒之後，亦有少量內傷病證的鑒别診斷、病因分析、辨證用藥等方面的圖示。卷三用圖示方法列舉了痰病的治法，五飲、咳嗽、頭痛、瘧、痢等數十種病的辨證施治要點。卷四圖示的疾病有煎厥、癇、心疾、胃病、腰病、脅病以及婦人各種疾病，其中還夾述了脈診方面的内容。

該書作者用圖解方式解説辨證用藥，是一個新的嘗試。作者没有轉述引録前人的論述，而是經個人消化融會之後，用對比、圖示等方式，將許多知識展示出來，令人一目瞭然。對該書的内容及表現方法，宗周在序中充分予以肯定：『分爲經絡臟腑，詳以諸疾方脈，如登昆侖而圖萬山之支，泝黄河而寫衆流之派，山川入目，無遺觀也』。

該書的圖解方式，將爲中醫解剖和疾病辨證施治的教學和臨證提供重要的參考。

醫學集要

鄭金生

《醫學集要》五卷，爲明醫家閔道揚撰，約成書於十六世紀後半葉。該書爲綜合性醫書，介紹臨證各科病證的治療方法與經驗，簡明實用。國内今無傳本，孤本現藏於日本國立公文書館内閣文庫。

一、著者與成書

我國明代殷仲春《醫藏書目》就已著録閔道揚的《醫學集要》五卷。另明末趙琦美《脈望館書目》也載有《醫學集要》五册，但未載作者（其它書籍亦多不註明作者）。趙氏（一五六三～一六二四）與閔道揚生活時代比較接近，該書五册，與五卷相符，今存鈔本亦作五册，故亦有可能是閔氏書。清代以後此書未再見於書目著録。

該書作者閔道揚，號守泉山人。新安（今安徽歙縣一帶）人。由於現存閔氏著作中均無序跋，故其生平不詳。關於其生活年代，有一内證可大致予以判斷。在《醫學集要·烏金丸秘訣圖像》中提到：『愚按：烏金丸未明修煉之法，内云「發火煉」，又不詳其義。吾友義城彭用光先生傳之書曰「爲細末，煉蜜丸」，本方又云「角黍丸」。則言不矛盾。總由未詳修煉之者，故强云云。』據此，作者當與彭用光爲同時代的人。彭用光有《體仁匯編》（一五四四），則閔氏亦當爲嘉靖（一五二二~一五六六）時人。另有一旁證是：《販書偶記》載：『《全嬰要覽》二卷，閔道揚編輯，隆慶壬申孟冬刊』。隆慶壬申即公元一五七二年。這説明直到民國間，閔道揚的另一著作《全嬰要覽》還在世間流傳。以上兩例，可證明閔氏的醫學活動大致在明嘉靖、隆慶間（一五二二~一五七二）。故其書也大約成書於這段時間。

閔氏的醫學著作甚多。明·殷仲春《醫藏書目》著録的閔道揚著作除《醫學集要》五卷之外，還有《傷寒纂録》二卷，《醫指如宜方》四卷，《全嬰要覽》二卷。今唯見《醫學集要》存世。

在《醫學集要》中，還可以發現作者曾記載：『予幸傳授京師，教以石蜜和勻，如前製法，果有奇效。』（見『癀風』條下）又『予書曾授京師，教以文武。』（見『烏金丸秘訣圖像』後）據此，則閔氏似平曾經到京師傳授過醫學。

二、內容與特色

該書五卷五冊。第一冊由『醫學集要家傳雜錄』和『醫學集要卷之一』組成。『醫學集要家傳雜錄』並沒有專門的一卷，而是書前集錄的一些醫學問題論述。從其名稱來看，這是作者家傳的一些醫療經驗，無法單獨歸於其病，故以『家傳雜錄』爲名。其主要內容爲：『議說諸症綱目引，心集診脈要訣，論奇經八脈所起主病之由，篤證不治條，論手足三陰三陽表裏引經藥使主治例，論諸藥瀉諸經之火，論四時用藥法，論用藥丸散例，論諸藥相反例，論妊娠服藥所禁例，論人瘟家不相傳染法，論傷寒須診人迎氣口太溪衝陽條，論傷寒傳足經不傳手經條』。

《醫學集要》一書的主體分爲五卷。各卷以病分門，各門首爲『論』（理論論述），並出示治法，包括針灸和湯方，後繼以所用湯藥。其中卷一爲中風門、癘風門等十六門，以外感熱病居多。此後諸卷亦以病分門，其中卷二共十七門，主要是内科諸門的疾病；卷三共二十三門，主要是内科内傷及五官諸門的疾病；卷四共十一門，内、外科疾病都有；卷五共七門，爲婦人、小兒科的相關病證。

各門議病之因，後附主治方劑。其中多引金元醫家如東垣、丹溪之説。其中有『守泉曰』或守泉經驗方，有不少自家見解，值得進一步的整理發掘。例如前面冠以『守泉經驗』的方劑就有紅花當歸散、五靈湯、和氣和血飲、參芪湯、桃仁逐瘀湯、防風湯、預防痘疹回生丹等數十方。對某些治法，作者也表達了自己的一些看法。例如：『愚按：以醋水噀面，誠恐虛弱之人，遭此驚怯，或脱氣失神，至於夭枉。此醫之責也，不可慎之？』這些寶貴的臨床經驗，提高了該書的實用價值。

閔道揚具有豐富的臨床經驗，該書反映了他治療各科疾病（尤重在内科）的診治心得，值得進一步發掘研究。

醫宗三法

鄭金生

《醫宗三法》爲明代醫家馮愈撰，約成書於明嘉靖中。我國明清書誌中從無該書的記録，但它却是有關中醫病因的一部實用而編排新穎的好書，孤本現藏於日本公文書館内閣文庫。

一、著者與成書

關於馮愈，據此書所附的天啓元年（一六二一）岳和聲『病因論治序』所稱：『偏問之國中，求所爲淑沙氏何許人者，長老莫曙所由。已而問之水西高士殷東皋，東皋曰：有之！予師楊學博，楊學博師淑沙氏。故世宗朝裏中一畸人。博覽强記，無所不窺，而更饞精於岐黄家言。每踉蹌而由（出）爲人治病。道遇里醫，輒以病因窮之。謂某某脈理若何？足下主方若何？古之已病者如某如某，其指訣手劑若何？里醫無不大詘而遁，坐是名噪境外内而喜忌者亦相半，或呼爲馮顛、馮顛云。晚乃好金丹外事家，亦終落耄期謝世。所著岐黄家言凡三種，其一則《病因》，爲嘉興陳令君版而佈之通都者。』以及《病因論治》作者署名爲『秀水淑沙馮愈』，則知馮愈，字淑沙，秀水（今浙江嘉興縣）人，主要醫學活動在明嘉靖（一五二二~一五六六）中。馮氏是一名畸人，雖身有殘疾，却極爲聰明，記憶力超强，尤其精於醫學。此人又生性古怪，祇要他步履踉蹌出外給人看病，遇到了鄉里的同行，就要用病因去詰難人家，結果使人困窘而逃。所以他在當地很有名，喜歡他的和畏懼他的差不多一半對一半。不喜歡他的人給他外號叫『馮顛』。這樣一位奇人，自然也會寫出與衆不同的醫學著作。岳和聲序中提到馮愈着有醫書三種，但現在除了《醫宗三法》（即《病因論治》）外，還有《醫藏書目》著録的《本草病因》一卷。今未見。

考察《醫宗三法》，此書在日本共有兩種傳本。其一爲日本宫内廳書陵部藏明版，六册，四周單邊，白口，無魚尾。横表格式，上一格大，下有十個横格。每半葉框廓高二十二點二釐米，寬十四點五釐米。卷首鈐有『圖書寮印』，該本未署作者姓名。另一種爲日本國立公文書館内閣文庫藏有江户寫本。三册，書後附多紀元堅手跋及《病因論治》若干内容。書首有印四方：『多紀氏藏書印』、『躋壽殿書籍記』、『日本政府圖書』、『醫學圖書』。

關於《醫宗三法》的作者，宫内廳所藏明刊本並未署名，迄今亦未見署名的《醫宗三法》刻本全帙，故在《醫籍考》中稱此書爲『亡名氏』撰。日本鈔本後所附多紀元堅手跋對作者有所考證：『右《醫宗三法》三卷，不審撰人名氏及刊行歲月。又有《病因論治》一書，分爲乾元亨利貞五策，署曰秀水淑沙馮愈纂。天啓元年岳和聲爲之序，云淑沙世宗朝人。今閲其書，全與是書無别。但文辭稍加節略，至藥品亦用單名，殆似就是書而删訂者。今録其序目以存其梗概云。存誠藥室主人元堅。』據此考證，多紀氏認爲《醫宗三法》與《病因論治》『無别。但文辭稍加節略，至藥品亦用單名，殆似就是書而删訂者』。但《醫宗三法》没有撰人名，而《病因論治》却署曰『秀水淑沙馮愈纂』。多紀氏極爲審慎，並没有完全肯定《醫宗三法》與《病因論治》就是同一書的異名者。

實際上細閲《醫宗三法》，可知其中已經記載了作者的名字。《醫宗三法·百證圖》的小引有『愈宗三法而編也』之言，『愈』即馮愈也。據此，可斷言《醫宗三法》與《病因論治》都是馮愈撰的同一書。多紀氏所見的《病因論治》中，有《醫宗三法》傳世刻本所無的内容，《病因論治》的序言、卷首目録首葉及單名藥目。多紀元堅乃將這些内容鈔録於後，非爲一卷，乃是附録而已。這些附録對考證作者非常重要。又據岳和聲序，《病因論治》曾由『嘉興陳令君版而佈之通都』，説明該書曾有刻本。日本宫内廳所藏乃《醫宗三法》的明刻本。可見該書在明代曾刊行了不止一次。

鑒於《醫宗三法》的多紀氏鈔本内容更爲完善，又經多紀氏手校，故取日本國立公文書館内閣文庫藏江户寫本複製制回歸。

三、内容與特點

《醫宗三法》是一種以表格爲主的臨床病因診治手册，這種形式的醫書並不多見。由於該書的特殊形式，所以並没有分卷。馮愈在講述其撰書宗旨時，提到是根據《内經》『治病必求其本』的原則，並在陳無擇闡發『三因』的基礎上畫圖列表，進一步將病因細致化，所以該書實際上是由論説與『百證圖』兩大部分組成。

論説部分首出『内外因圖』，就是兩個以『因』爲中心的圓圈。『内因』圖列舉了喜、痰、思、津、憂、氣、色、尿、恐、屎、驚、蟲、怒、血、悲、勞共十六種病因。『外因』圖列舉了暑、瘴、濕、毒、燥、食、蟲、水、寒、跌、風、惡、温、酒、熱、火，也是十六種病因。在『内外因圖』之後，分乾、元、亨、利、貞五策，也就是五册，并非分卷。

乾策有論四篇，依次爲：『内外因説』、『識病總訣』（各種病因分析）、『究病因法』、『單名藥目』（以一個字代表一個藥物，並於其下列舉最常見的功效，如『砂：丹砂，能鎮心安神；管：鵝管石，能止寒嗽』等）。

元、亨、利、貞四策都屬於『百證圖』。所謂『百證圖』，馮愈解釋説：『百證圖者，愈宗三法而編也。用是圖者，須要問其所致之由，先傷何邪，後挾何邪；又要問其所見之證，先見其證，後兼某證，一一明白，然後斷其邪在何處，宜用某藥，直攻其邪，則證自愈。此即《内經》治病必求其本之法，學者宜細推之』。

『百證圖』介紹了頭腫、頭痛等二百八十五個病症的各種病因與治法。具體做法是：

列表：在各種病證名下，列舉實際存在的各種病因。每一病因之後，列舉兼症、簡要治法與使用的藥物。試舉一例：『頭重（因）：濕，滯於頭爲重，用瓜蒂搐之；水，溢於頭爲重，用苦瓠泄之；怒，逆於頭爲重，用檳榔墜之；氣，虛於頭爲重，用升麻提、人參補之；血，逆於頭爲重，用萊菔汁破之；痰，壅於頭爲重，用皂角、礬石吐之；色，虛於頭爲重，用蓯蓉壯之、人參補之；勞，傷於頭爲重，用黃芪温之。』

作者把中醫的病因濃縮到三十二種。在『百證圖』中，有此病因則填寫，没有不填，且配合了治法與當用藥物。

中國病因專著並不是太多，該書爲明代重要的病因專著之一。此書亡佚已久，今將其複製回歸，必將爲研究中醫病因提供新的資料。

百病回春

鄭金生

《百病回春》，全稱《百病回春要緊真方》，明代醫家王大德、王紹南撰，約成書於明代末期，明萬曆福建進賢堂刊本。該書爲通俗綜合性醫學入門讀物。我國明清書誌未著録此書，國内無存。今據日本國立公文書館内閣文庫所藏本複製回歸。

一、著者與成書

卷一之首署爲：『太醫院醫官王大德集著；豫章金綉谷王紹南參閲；福建邑書林進賢堂梓行』。但在卷四之首却又署名爲『豫章綉谷王紹南精著』。卷二可見有『紹南祖傳傷寒驗方』，卷三『中濕類』又有『紹南自患脚疾，用此得大功也』等記載，因此，王紹南絶不是一名普通的參閲者，他至少參加了此書部分篇章的編撰。關於王大德、王紹南的史料闕如，暫無可考。

該書不見於中國明清書誌著録。最早見於日本多紀（丹波）元胤《醫籍考》卷六十一『方論』：『王氏大德《是病總覽緊要真方》，或題《百發百中萬病回春緊要真方》，七卷，存。』但檢視今從日本複製回歸的《内閣文庫》藏本，未見多紀氏著録的書名。從本書爲江户醫學館收藏來看，其傳入日本的時間不會晚於十八世紀。

該書封面題爲《百病回春》，卷一之首則題爲《新鍥太醫院秘傳妙訣百發百中百病回春要緊真方》。其它卷首或漏去『百中』二字，或脱去『要緊』二字，但均無《是病總覽緊要真方》或《萬病回春》之名。今遵該書封面所示，取《百病回春》爲簡要書名。

二、内容與特色

該書爲『三層樓』版式，這是明代坊刻通俗醫藥書常可見到的一種版刻方式。該書各欄絶大多數内容並不互相對應，偶爾上下欄會屬於同一類型内容，互相呼應。一般説來，中欄爲全書主要内容，以下按中、上、下欄爲序介紹各卷的内容。

（一）中欄

中欄的版面比較大，因此也是全書内容的主體。卷一依次爲『醫家總訣』、『藥性賦』、『新增用藥快捷方式賦』和『調臟腑藥性』諸標題。其中所謂『調臟腑藥性』就是按心、肝、肺、脾、腎爲序，羅列各臟及其外腑的應用藥名。如『心臟補瀉温凉藥訣』下就列有涉及心臟補、瀉、温、凉的各種藥名。卷二以後各卷的内容主要爲各類疾病診治。其次序爲『治病總訣』、『中風類』、『中傷寒類』（以上卷二）；『中暑秘訣』、『中濕類』（以上卷三）；『傷飲食類』、『咳嗽類』、『瘧疾類』、『霍亂吐』（以上卷四）；『諸氣類』、『補益類』、『失血類』、『汗證類』、『麻木類』、『癲狂類』、『大小便閉』、『體氣類』（以上卷五）；『眼科類』、『結核』、『肺癰類』、『肺痿』、『婦人類』（以上卷六）；『小兒科類』、『急驚類』、『慢驚風類』、『疳疾類』（以上卷七）。

中欄有編纂者的『評曰』，表述治療經驗或見解，簡明扼要。例如卷二『治病總訣』有『評曰』：『凡治傷風、傷寒者，最宜酌量，不可概而行之。且夫春夏秋冬，四時八節，氣候不同。但冬景人乃有積熱，到春來失調，傷風受寒，必然發出，而進藥宜溫和，不可用熱。又且審察其人禀性，厚實虛弱何如，不可執一，須當變動加減，自然成功，無有不效也。』其所指示的某些治法比較符合臨床實際。又如書中的治痰『訣』云：『凡治痰症，不可全用利藥。太過使脾氣虛弱，則痰反易生也。若脾虛生痰者，用健脾燥濕。且痰乃穢污之物，宜吐不宜下，（下）則反加別症矣。』類似這樣的評述雖然不是很多，但對臨床不無裨益。

（二）上欄

上欄卷一首列『病根捷覽』，其內容涉及臟腑生理、經絡和脈學知識。此後的『宜忌類』實際上介紹的是脈象與疾病症象的關係，如『中風（脈）宜遲浮，忌急實也；傷寒宜洪大，忌沉細也』之類。卷二首爲『病原所屬』，除列舉病機十九條之外，還叙述了各種病原及病名。隨後是『傷寒脈訣』、『傷寒審症訣』、『傷寒治法』、『紹南祖傳傷寒驗方』等内容，實際上是傷寒病的診斷和治療。卷三則依次爲『中暑脈訣』、『瘟疫類』、『中温脈訣』、『火證類』等内容，羅列這幾種病證的常見診斷要點及治療方藥。卷四爲『痰飲類』、『喘急類』、『痢疾類』、『泄瀉類』，内容也是各類疾病的診治。卷五上欄又有『翻胃類』、『虚傷類』、『眩暈類』、『小便閉』、『大便閉』、『痔漏類』諸類。接下來的是卷六的『咽喉類』、『心痛類』、『腹痛』、『腰痛』等病證整治。從卷七開始，上欄載有『婦人雜治』、『血崩類』、『帶下類』、『虚勞類』、『求嗣類』等涉及婦女的一些疾病診治。

（三）下欄

下欄比較狹小，内容相對來説比較單一，主要是有關藥物的内容。卷一爲『藥性歌』，載五十五味藥物功效主治，每藥僅寥寥數句。卷二、三及卷四前半部的下欄爲『諸藥性類』，共述藥一百七十九味，每藥也衹有十數字。

從卷四下半部開始，爲『諸病主藥』。其内容是以病證爲綱，簡介其首選藥物。如『發黄用茵陳、枝（梔）子爲主；中寒陰症用附子、乾姜爲主』等等。卷五雖改題『病原主方』，但實際上和『諸病主藥』的内容完全一致，主要是介紹各種病證的首選常用藥物。在列舉諸病用藥之後，則爲『婦人類』，主要是有關婦科用藥的内容。至於此後的『十宣所屬』，牽涉到一些藥物的『十劑』問題。卷六有『晝夜屬分』一節，其實也是出示各種治法。此後是『婦人脈訣』，這部分内容與上欄的婦科内容可以互相對照。該卷最末的一個内容是『望聞問切』的簡單内容。

下欄最後一卷（卷七）是小兒科内容，主要有『小兒審候訣』、『面部五色』、『手指三關訣』、『三關脈紋主病歌訣』、『小兒脈法總歌』、『小兒死候歌訣』等内容。

要之，該書乃一切刻的醫學入門書，内容綜合簡要，可作爲初學者研習之用。

醫案醫話醫論

婺源余先生醫案

李鴻濤

《婺源余先生醫案》不分卷，清咸豐元年辛亥（一八五一）劉祉純鈔本。現藏於安徽中醫藥大學圖書館。

一、著者與成書

案主余國佩，字振行，國學生，清代婺源沱川人。《婺源縣誌·人物·義行》載：『性沉静，接人温恭，中年棄儒就醫，由《參同契》而悟岐黄三昧，名噪一時。自擬余氏普濟丸、闢痧丹、倉公散等藥，用之頗效。著有《痘疹辨證》二卷、《燥濕論》一卷、《醫案類編》四卷、《吴余合參》四卷、《金石醫原》四卷，均未見傳世。』又據《泰州誌·流寓·余鑒傳》載：『因避兵禍徙居泰州姜埝。精於醫術。其子余鑒，同治戊辰（一八六八）進士。』可知，余先生生活在清代晚期，是當時新安地區頗具聲望的名醫。

二、内容與特色

本書收載其生平治驗的内、外、婦、兒、雜症等各科醫案七十五則。每症載醫案一二則。病證疑難危重者佔多數，且病機多主燥證，即如本醫案論證論病如此强調燥證，則爲其他醫著中所罕見，亦爲余氏學術上一大特色。現就其燥證並濕證所闡述的觀點做一總結：

（一）燥證論治

燥證之由：本案所列燥證産生之因不外四端：一則歲氣時稔不和，釀生燥熱，此爲外燥；二則投藥偏差，誤用發散消導、辛香行氣、開破温燥等藥，傷津劫液以化燥，此爲『藥燥』；三則亡血吐瀉，汗出過多而生燥，此爲『陰虛則燥』；四則濕久鬱極，濕燥對化而成燥，此爲『重濕則燥』。前三者較易理解，唯第四則須予説明，余先生在噎膈三則中的胡以安封翁尊堂案中，言道：『熱極似寒，寒極似熱，向有發明，獨燥極似濕，濕極似燥，千古未發，近代鄭奠一著《温熱明辨》有留飲腸間，唇舌反燥，仍須治濕，濕去津通，其燥立轉，此即濕極似燥之一端。液虛生内燥，氣虛生内濕，勢漸必然，有内燥易招外燥，即同氣相求，同聲相應也。』

燥證致病：余氏認爲，燥邪爲病甚廣，變端不一，不但有『燥勝則乾』的致病特點，而且因燥而轉歸釀生諸多變證。《醫案》中記述了如：燥致疼痛、燥致腫脹、燥致墮胎、燥致泄瀉、燥致痢疾、燥致痿痹、燥致痛經、燥致痘陷等。其中對於燥致腫脹的論述頗具新意，在『腹腫』案中，余氏言：『腫脹之由燥症者極多，古人未嘗言及，殊屬缺典。蓋肺少清肅，水精失佈常道，泛溢爲腫，下注爲瀉，最易溺少。因膀胱不化，利之反能耗液，温補亦能助熱化燥，正是病上加病，至於攻導行水，適以傷陰刻液，更是促死之法。』據此説法，我們當深切領會到《素問·經脈别論》中所言的水液代謝循環的藴義。肺爲水之上源，主水道治節，肺氣爲燥所傷，即不能通調水道，下輸膀胱，水精而焉能四佈？五經何以並行?爲腫爲瀉勢屬必然。而清燥法治腫、治瀉也便容易理解了。

燥證之治：從《醫案》中可以看到，余氏治療燥證，比較推崇西昌喻嘉言，在本醫案余氏的處方中即可見到喻嘉言所創的『清燥救肺湯』的依稀印記。此外，余氏根據臨證所得自擬了很多治燥經驗方，如清金解燥湯、安本解燥湯、甘雨湯等。在其治燥方中，亦體現出『陽生陰長』的辨證思想，如在『霍亂轉痢』案中，余氏言道：『燥必澀，則治之以滑。佐味微苦以理脾，微辛取其能潤，「腎惡燥，急食辛以潤之」，即此謂也。石膏同細辛配合，辛凉清燥妙品。瓜蔞、薤白體滑解燥，而流利氣機最神。杏仁、桔梗宣利氣壅，且皆體潤而不助燥。』如此滋潤之品和辛凉升津之品相合，則津液自能佈達，燥證自解。其治燥常用以下三類：一爲清潤之品：麥冬、沙參、川貝、蔞皮、玉竹、桑葉、杏仁、鮮斛、蘆根、天冬、知母；二爲血肉有情：龜甲、鱉甲、阿膠、龜膠；三爲富汁藥膳：梨汁、蔗漿、蚌水、油煮豆腐皮湯、燕窩、人乳、猪膚、白蜜。

並且養陰增液也注意顧護脾胃以助化源，常佐用：建曲、穀芽、扁豆皮、懷山藥等。

（二）濕證論治

對於這位在《醫案》中反複强調『醫貴圓通』的『明醫』余先生來說，必然不會在臨證審查病機時墨守偏見、囿於一隅。客觀上講，余氏曾經生活的江西婺源和江蘇泰縣等地域恒多濕證。如上所述，余氏臨證重視燥證爲病，但是除燥證外，余氏也重視並擅長治療濕證。廣而言之，在病機轉化上，濕證處理不當即會轉化爲燥，所以，他言道：『液虛生内燥，氣虛生内濕，勢漸必然』。且從季節轉化上考慮，長夏向秋過渡時期，人體若攝養不慎，最易發生燥濕失調的病症，無論燥病也好，濕病也罷，衹不過是陰陽轉化的兩個方面。余氏以燥濕二綱立論，擅於因地制宜，探求當地的病證發生發展規律，切中病機，故而療效突出，可稱得上是靈活運用中醫辨證思維的典範。

余氏治濕化濕擅用苦辛通降法，如黃連、半夏、陳皮、砂仁、蒼朮、黃柏等。並佐以淡滲：通草、豆卷、豬苓、茯苓、木通、苡仁。甚則佐以辛温之桂枝、羌活，以化氣燥濕。

（三）燥濕同病

人身小天地，寓有元陰與元陽，五臟不和，即變生五邪（風火濕燥寒），加之六淫外侵，因而即便同一患者，寒熱燥濕等病邪見症兼而有之者並不鮮見，這恰恰是臨床中所謂疑難病之一端。治療之法，寒熱補瀉，升降開合，神乎其用，在於一心。『燥證頸腫』案中，余氏指出：『濕屬闔機，用藥可剛燥，宜開劑，苦辛之味，或升陽之品、淡滲之類，俱可採用。兼熱者佐清降，開中參闔。勁、澀、數多主燥，燥屬開機，宜用闔劑，酸咸之味佐甘潤之品，或清降之法，或佐辛通闔劑兼開。醫家若能體認燥濕之病，投劑開闔適宜，無往不利矣』！道破燥濕二證辨治玄機。

余氏臨證多年，精於辨證，對於濕熱久羈，耗液釀燥者，則與燥濕兩濟法，苦辛以利濕，養液以存津，二者並行不悖。如『胸痹發痙』案、『痿』案等。

三、學術價值點評

本書篇幅不大，但頗具啓發性。鈔輯者劉祉純盛贊道：『編中叙諸症之屬燥者，頗具深入理潭處。其發明方藥，亦多有本草所未及者。』因此，本書實用價值是不言而喻的。余氏在自序中言道：『古人存案以示變通之意。予述家傳醫理，立論傳方，不無頗有異於古法。醫家病家從來未見未聞，誠慮膜視置之。故擇近年共見共聞，某姓某名，鑿鑿可憑者，各存一二以爲式。』細讀每案，自可領會余氏之深心密意。

續貂集

李鴻濤

《續貂集》二卷，係作者追記生平治驗精華而編撰的醫案著作。因書非醫學全集，乃輯録個人臨證心得，故作者自嘲爲『狗尾續貂』，而取其書名曰《續貂集》。孤本現藏於中國中醫科學院圖書館。

一、著者與成書

作者張正文，字含英，浙江桐廬縣桐溪人，自號桐溪釣叟。生活在清康熙、雍正、乾隆年間，乃一方名醫。

該書乃作者晚年追記而成，約完成於乾隆五十五年（一七九〇）。其堂弟張正珊（瑞珍）、張正瑚（奇珍），及其子張星炳（蔚如）、張大瀾（汝回），門人方光祖（射墟）、陳賓儒（淑文）共同參與刻校。其書卷上四十案，卷下四十五案，共八十五則，主要涉及内科、婦科和兒科。所書之案多係疑難病證，乃至死證、痼疾、急證。作者辨證精準，理法圓通，文辭暢達，行文擅於運用排比句闡述病因病機或治療精要，且論述的清晰明朗，絲絲入扣。因此，對於提高臨證水平頗具參考價值。

二、內容及特色

（一）審證重視『伏其所主先其所因』，治病必求其本

作者對於臨證中虛實寒熱、真假錯雜的疑難病證，尤其重視審證求因，即《素問·至真要大論》所提到的『必伏其所主，而先其所因』。如在卷下『虛寒下痢』案中，患者下痢晝夜十餘行，發熱口渴，腹中脹悶，煩燥不安，完穀不化。醫者皆作火治，投以黄芩黄連檳榔厚朴，命懸一髮。作者診之，其脈大而數，按之空虛，從而認定『火衰不能生土，内真寒而外假熱』，用附子理中湯加荷葉一片，煎令冷服，採用反治法『熱因熱用』，調治半月而愈。又如，卷下『水飲停積』案，患者患嘔吐、心下痞塞、心悸頭暈、飲食少思，經歷數醫皆不能治。作者依據脉症斷爲水飲停積症。予半夏、生姜、橘皮、人參、茯苓，七劑，嘔止痞消，心

悸頭暈並愈。再如『元氣大虛，無根失守之火浮越而爲陰斑』案的治療取效，皆取決於『先其所因』。可見立法處方必當以審因爲第一要務，否則方藥雜投，效即難求。書中每案都體現了這一精神。

本書的『治病必求其本』主要體現在依據臟腑之間的生剋關係，進行辨證施治。如卷上『血虛肝痛』案，用滋水涵木法治療肝腎兩虧、血虛肝痛。『脅痛泄瀉，發熱振搖』案中，補土瀉木、佐金平木法治療土虛木乘證。『肺病力不制肝，胸膈小腹疼痛』案運用補土生金、佐金平木等，書中皆給予了精闢透徹的闡介。

（二）治療重視補脾腎，滋化源，調和氣血

作者重視調補脾腎，在學術上比較推崇明代温補學派的創始人——薛己，在卷上『咳嗽早吐痰、夜喘急』案中曾提到『不讀新甫書，何能透此迷關耶』。如書中對於脾虛致病、腎虛龍火上炎等病機闡述的尤其透徹。治療重視對於脾腎先後天之本的調治，務滋化源。如卷上『心肝肺皆病，治腎爲主腦』案中，對於腎在發病和種種見症中的作用分析的十分透徹。全書在治療虛損疾患時用到四君子湯、補中益氣湯、六味地黄丸、八味腎氣丸等温補名方的相對較多，即是從滋補人體生化之源着手論治。

在運用温補時，作者依據薛己提到的『若朝寬暮急，屬陰虛；暮寬朝急，屬陽虛；朝暮皆急，陰陽俱虛也。陽虛者，朝用六君子湯，夕用加減腎氣丸；陰虛者，朝用四物湯加參、术，夕用加減腎氣丸；真陰虛者，朝用八味地黄丸，夕用補中益氣湯。』（《癘瘍機要·變證治法》）採取朝夕不同的補益方法，以糾正陰陽的偏虛。如在『久困瘧疾案』、『膈脹便溏、冒風即嗽案』中即體現了這種順應自然變化規律，因時制宜的思想。運用朝夕分補法，能够根據患者複雜病情的需要制定針對性的治療方案，符合辨證論治的基本要求，在調治慢性病上具有非常重要的意義。

作者推崇喻嘉言『氣與血兩相維附，氣不得血則散而無統，血不得氣則凝而不流』觀點，治療疾病重視調和氣血，或補血以和氣，或調氣以和血。如書中『血虛肝痛』、『血虛腹痛』、『脾胃陰虧，潮熱咳嗽』、『羅婦腹痛經閉』等案即充分體現了這一思想。

三、學術價值

本書所載醫案不多，但都是經過作者深思熟慮後臨床所經治的驗案，且析理透徹，論治精當。因此，此書對於提高閱案習醫者的臨證思辨水平，大有裨益。

東皋草堂醫案

李鴻濤

《東皋草堂醫案》不分卷，清康熙刻本，清·王式鈺撰。現僅存孤本，藏於中華醫學會上海分會圖書館。

一、著者與成書

作者王式鈺，字仲堅，又字翔千。約生活於清代早期，爲儒學世家，其人『博學善屬文，名重詞壇久』，曾被詔博學鴻詞而未就。後以醫爲業，並與當時名醫程應旄和喻嘉言交往甚密，常師事之，得以請益咨詢，加之勤奮聰穎，醫術由是精進，名噪吴門，著作僅存《東皋草堂醫案》。

書首有三篇序言，即：『新安程應旄郊倩』、『洞上震岩道人興機』、『虞山二痴道人馮斑』。三篇序言中均對王式鈺的人品、醫術和治學的精神給予了高度的評價，稱他『以詩書世其家，以岐黄游其藝』。

王式鈺治學嚴謹，其學術主張有三個方面：首先，學醫講求『讀書明理』，於古今聖賢醫經經方必博覽旁通，並積極向同行請教學問，『上考四聖之精藴，下證先賢之經驗』，融古匯今，破疑解難。其次，他强調博涉經歷的重要性，批評『從幾案上問醫，不從㞘上問醫』敷衍草率的醫療作風，要將所學驗之於臨證，不可執書御馬，紙上談兵。第三，倡導以醫案作爲考驗得失的依據、總結經驗的徵鑒，醫之有案，若弈之有譜，『效與不效，其案俱在』，可作爲醫者進步之階梯。除此之外，王式鈺還對當時醫則『有方秘傳，有訣口給，逢迎有術』、藥則『蚖脂鳳卵，麟脂龜趾』的醫療陋俗予以了批判，體現了這位被患者稱贊爲『仁術之大，功同良相』的儒醫風采。

另據醫案卷首可知，本書經過新安醫家程郊倩先生審閲，同學朱元度校訂而成書。

二、内容與特色

全書病案以病證名稱爲綱，共記録了四十三個病證，把具體案例分列其中，每案詳略不一。案中還附有三陰傳中直中辨、七損八益論、痿痹論、用藥不可太過辨、幼科論概等醫論，論辨中闡發了其獨到見解，並和醫案交相輝映。現將其學術特色簡述於下：

（一）療疾重視内外並用

作者重視治療中的内外得宜，内則湯丸，外則針灸、膏藥。内治法重在病因病機的辨析，學理一本經典，處方用藥較爲純正，並不險奇。常見之方，如六味地黄丸、腎氣丸、濟生腎氣丸、人參敗毒散、東垣清暑益氣湯、藿香正氣散、補中益氣湯、歸脾湯、六合湯、大順散等。有作者自家的内服經驗方，如治噎膈的猫胞散，治積聚的消積丸，治療氣厥的乳金丹，治療臌脹的治療痹痛的金刀如神散，治療痛證的立馬捉痛丹，還有古方成藥耘苗丹、保命丹、奪命丹等，可以看出作者臨證運用方藥有時是湯丸並用，用以處理復雜的病情。外治方面，如治療胃脘痛外貼上池膏（枳實、木香、延胡、蓬朮、厚朴、陳皮、木通、烏藥、桂枝、玫瑰花），證屬寒凝氣滯者。此膏還用治嘔吐、心疼、積聚等，『經驗者不下千餘人』。又如瘧病案，『一人久瘧不已，爲取十宣出血而愈』，以及『一人患咽喉急症，水漿不入口，余思用藥無益，急取少商出血，立愈。』『一人哮喘綿延不愈，爲取璇璣、氣海、足三里灸之痊。』從書中所列醫案來看，病情輕淺或病機單純者，徑處以湯藥或外治，而對於病情複雜，虛實兼夾、内外交困等，則湯丸並施，體現了作者臨證的圓機活法。

（二）用藥强調適中病情

作者在醫案中每每提及因前醫治療不當而引起的壞症，因而在喘案後附『用藥不可太過辯』一文專以説明，作爲對於從醫者的警醒。所謂適中病機，一方面爲中病即止，不可過劑，過則傷正，另一方面也指應當切中病情，合理用藥，當用則用，不可遷就。即既無太過，也無不及。

其中尤以不及最爲貽害病情，醫者爲求穩妥，迎合病家，遷就用藥，看似穩妥，實際明哲保身以致僨事。再有對於大積大聚衰其大半輒止，不可過劑，强調疾病的預後調理。此外，對於所用藥物也强調炮製得宜以適中病情，書中很多處方用藥標明炮製方法，有的甚至十分繁複，其用心於此可見一斑。

（三）審機度勢破除俗套

作者在醫案中隨案所及，往往道破俗見，强調讀書臨證必當以明理爲先。如對於『大黄活人、人參殺人』正反之説予以辯駁，認爲『物物有活人之功，物物有殺人之力』，當視用之何如而用。又如俗醫謂冬月有傷寒而夏月無，『三陰傳經爲熱，直中爲寒』，治喘不分上下虚實概以宣肺降氣，痹證誤認爲箭風妄行挑刺禁用湯丸膏藥等等，時醫鄙見屢屢不鮮。在辯駁分析中，理法論治方得臻善，我們即可從中學習到很多思辨的精要。

三、學術價值點評

本書是一位『明醫』以平實的語言，詳實地記録了他臨診的驗案。值得一提的是，本書書首震岩道人興機的序也頗具學術水平。從其對於醫案的理解，可以看出，這位隱於道門的方外人士也是一位博覽醫籍、通曉醫道的高人。他在序中將中醫醫案濫觴與發展的沿流，做了高屋建瓴般的概括，值得重視。

從《東皋草堂醫案》中可以看到，在作者生活的時代，可以説當時的醫療水平是相對較差的，由於醫生認證不準、辨析不清、誤投方藥所致患者不因病死而因藥亡的現象亦較普遍。王式鈺所經治的一些病症，確屬疑難危重，他能够精準辨證，從容投藥，獲得療效是難能可貴的。因此，本醫案可作爲培養臨證思路、提高臨證素養的較好的參考讀物。

魯峰醫案

李鴻濤

《魯峰醫案》不分卷，清·魯峰撰，醫案類著作，清鈔本，孤本藏於山東省圖書館。

一、著者與成書

著者魯峰，字觀岱，生平事跡未詳。據其自序，魯氏立志從醫時爲乾隆甲申（一七六四），書成時爲乾隆五十二年（一七八七），因此，推斷魯氏應生活在乾、嘉之間，係一方著名醫家。

從序中亦可概知其從醫治學經歷。魯氏素不知醫，又無家傳，因乾隆甲申仲秋罹患虛火喉痹，初不經意，後遷延乃至痰壅火升，痛啞氣促，爲衛守張公以六味地黃湯加減八劑而愈，遂折服而拜倒門下，張公學理多自仲景之學，魯氏深受其師影響，而『一奉吾師之教，且遵用仲景諸方更多奇驗』，但同時又不泥於經方之學，而『鋭志研求，廣覽群書』，於方術精究博採二十餘年，遂將平日『經驗數事，著方列案』，故此該書所述内容均突出實效實驗，非爲『駕空立議，假症擬方』等泛泛之論者可比。

二、内容與特色

是書按所輯病症特點及科别類屬，劃爲五部分：虚損類、傷寒類、瘟疫類、諸痛類、婦人類，載其臨證經驗之方八十二首。全書以病症類别爲綱，以經驗方劑爲目，統案、統論。醫案體裁新穎，論辭周密，行文流暢，内容翔實可徵可信，是一部具有相當參考價值的臨證醫案著作。

魯氏學宗仲景，兼承後世各家，書中所述病證包括外感熱病，以及喉痹、消渴、痢疾、中暑、蒸汗、盜汗、嘔吐、泄瀉、咽腫、火嗽等内傷雜病，並設有婦人專篇。值得重視的是，《魯峰醫案》所列述的醫案用方中，其中有不少是他的多年臨證中所創用的魯氏效方。如治療不同病因所致的頭痛諸證，其中有魯氏的益氣祛風湯、雙補拈痛湯、理血止痛湯、消風解毒湯等，方藥配伍精契可取；又如治療口瘡之補水瀉火湯；『婦人類』中治療經閉之解滯通經湯，治療血虛、月經不調之通絡調經湯等，顯示了他臨證多年所形成與衆不同的學術經驗流派。現分別將其學術特色列述如下：

（一）論傷寒，遵仲景六經之法，靈活權變

魯氏治傷寒之學，宗仲景之論、沿仲景之法，而不泥於仲景之方，注重遵循臨床實際，圓機而變通，『傷寒類』下列方十六首，用仲景原方者僅三首，其餘或係取自先賢所擬，或係個人臨證所得，總爲切於臨證實際者是用。如回陽通脈湯，顯然有經四逆湯和當歸四逆湯化裁的痕跡，經過化裁，該方既可挽少陰欲絶之殘陽，又可暖厥陰血虛之寒痹，擴大了四逆湯的主治範圍。又如治療『冬末春初外感傷風，表證未清，傳入陽明，熱結胃腑』表裏不和，三焦不解，三陽合病之『白虎兼承氣湯』，取太陽之桂枝、白芍解肌調營衛、驅邪達表；取陽明之石膏、知母清陽明熾熱，小承氣湯下陽明痞滿、便結；取少陽之柴胡、黄芩和少陽樞機，解三焦鬱熱；更增青皮入少陽膽經，疏理氣機，調暢三焦；麥冬、花粉、梔子協白虎清瀉陽明之力，兼以護陰除煩。三陽並治，法取仲景，但方藥運用加減拆貫、穿合比附，游刃有餘，靈活權變，於此可見魯氏臨證功夫之勵練精深。

（二）辨瘟疫，主募原邪傳之説，護陰保津

魯氏辨瘟疫，多遵吴又可募原邪傳之論，認爲『瘟疫係春夏間外感時症』，時氣外感由募原直走中道，伏邪蒸變相傳而引發表裏諸症，故始得之時脈反不浮而沉，迨由裏達表時『脈始不沉而數或兼弦兼大』，證雖類陰寒但『氣味敗臭，面色油膩，舌苔厚澀，神情煩躁』，與傷寒初起截然不同。並指出仲景之文已言及瘟疫之症，故仲景之方亦可以施治於瘟疫，但『人稟造化以生，病隨時令而遷』，古方治今病往往不能盡合，况瘟疫屬火熱内熾，每易傷陰劫液，世襲之『九味羌活之蒼术、白芷，六神通解散之蒼朮、麻黄，燥烈亢甚』，故魯氏針對瘟疫『陽火獨亢，陰水偏枯』病機，而立疏解、和解、蕩熱諸法，並時時注意顧護陰津，從實踐中創立了不少治療瘟疫的有效方劑。同時，魯氏還力砭『瘟疫下不厭早』之説，指出下不得當易致邪毒内閉、危及生命，並提出『舌黄有苔腹滿或痛而拒按，爲用下藥之準。』與《金匱要略·腹滿寒疝宿食病脈證治》『病者腹滿，按之不痛爲虚，痛者爲實，可下之。舌黄未下者，下之黄自去』，同出一轍，以『舌黄與否』爲可下之徵，既見魯氏學識淵源有自，又體現其不盲從俗論，從實際出發的嚴謹學風。

（三）治虚損，本五臟氣血陰陽，因證施治

魯氏承襲仲景《金匱要略·血痹虚勞病脈證治》中『五勞六極』所致虚勞之理，將這類病症概言爲『虚損』，並認爲『虚者，氣血之虚；損者，臟腑之損。虚久致損。』指出了虚損類病症的基本病理。氣血爲臟腑所化生，若臟腑健旺，傷及氣血也相對易復，但久虚未復，遷延不愈而致臟腑受累，故成損而難復，指出了虛損的成因和輕重淺深，可謂要言不煩。

所以魯氏治療虛損亦本五臟氣血陰陽，臟腑定位、氣血陰陽定性，氣虛責之肺脾，宜益氣補中；血虛責之心肝，而養心補血；陰虛責之腎中真陰虧損，而用純甘壯水、補陰配陽，如治虛火喉痹，指出喉痛痰壅乃腎水虧竭，水不制火，爍津而成，故用清金化痰湯（生地、熟地、元參、枸杞、女貞子、天冬、麥冬、丹皮、山藥），壯水之主以制陽光；陽虛責之腎中真陽虛乏，宜用甘溫益火之品，補陽以配陰，如治命火虛衰、脾腎衰敗之口瘡下利用桂附養臟湯（熟地、附子、肉桂、補骨脂、山藥、黨參、黄芪、當歸、白芍、茯苓、陳皮、罌粟殼、訶子、肉豆蔻、川牛膝、車前子），脾腎雙補，甘温引火歸元。其引火歸元之方，必用補骨脂、牛膝、車前子，並注重陰陽互根而配以熟地。類似方還有導火止瀉湯、益火資土湯。由上可見，魯峰虛損證治，綱舉目張。

（四）析雜病，據五行生剋制化，補瀉制衡

魯峰辨析雜病重視五臟五行間的生剋制化，既體現在病證病機的討論上，又體現在治則治法的選擇上，强調五臟間的制衡規律。如在辨治痿證時，他在《素問·痿論》提出的五臟氣熱基礎上認爲，該病起於嗜慾無節、水失所養，肝腎陰水虧虚爲先。繼而水虧則火寡於畏，火炎而乘金，金被損則木性剛急，木氣偏旺則乘脾，脾被傷則四肢痿弱無力，痿證成矣。基於以上病機認識，他提出瀉火則金清，金清則木有所制，脾自不傷；補水則火退，火退則肺得所養何至於熱！因此，他從五臟制衡關係上提出滋水清火的治法，如此則陽明實則宗筋潤，骨堅機關利，痿證自除。

（五）詮婦科，依陰血陽氣虚實，調氣爲先

魯峰在《魯峰醫案·婦人類》中，簡要的論述了婦人經帶胎産諸疾，注重氣血辨證，每依陰虚和陽氣的虚實辨證用方，尤其强調陽氣對陰血的統攝作用，他說：『婦人屬陰，以血爲主，是以女科治法首重調經，……經爲氣之配，因氣而行，經行成塊者，氣之凝也；將行而先作痛者，氣之滯也……；行後而作痛者，氣血俱虛也……；錯經妄行及出於口鼻者，氣之亂也……；經色紫者，氣之熱，黑則熱之甚也。』

如治療婦女肝鬱氣滯、經閉不通之解滯通經湯，方中以柴胡平肝膽之邪熱，宣暢氣血，散結調經；香附血中氣藥，通行十二經八脈氣分，主一切氣；澤蘭葉苦泄熱，甘和血，辛散鬱，香舒脾，通調月經，行而不峻；當歸養血和血入心肝脾三經爲血中之氣藥，治婦女一切血證；川芎入厥陰心包肝經，能行血滯於氣也；延胡索能行血中氣滯，破氣中血滯；枳殼寬中利氣；生地黃凉血生血入手足少陰厥陰及手太陽經，爲血中之血藥；赤芍瀉肝火散血痹，能行血滯也；丹皮瀉血中之伏火，而通經；紅花破瘀活血；益母草去瘀生新，行血調經；引用黑豆，補腎鎮心，下氣活血。如此則肝舒氣暢血行而經自通。並舉鄰婦肝鬱氣滯經閉，應用上方，療效確鑿。

綜上可見，魯氏治學嚴謹，基本理論及臨床功夫精深純熟，這部醫案凝聚了他行醫二十餘年的治驗體會，並將臨床所得加以精心總結與編排，以便嘉惠後學。但《魯峰醫案》自以鈔本問世以來，流傳不廣，僅存孤本，因此未得到後世醫者的足够重視和研究。

（薛立齋先生）内科醫按摘要

鄭金生

《（薛立齋先生）内科醫按摘要》不分卷，爲内科醫案著作，明·薛己撰，首刊於嘉靖八年（一五二九）。此本爲明萬曆泰昌元年（一六二〇）應麐删校重刊本。該版本國内未見，乃日本國立公文書館内閣文庫複製回歸。

一、著者與成書

薛己（一四八七～一五五九）爲明代著名醫家，字新甫，號立齋，吴縣（今江蘇蘇州）人。薛氏家世業醫，其父薛鎧在明弘治年間以明醫徵入太醫院。薛己幼承家學，殫精方書。正德初年（一五〇六）補爲太醫院院士，九年（一五一四）擢太醫院御醫，十四年（一五一九）授南京太醫院院判。薛己在當時名聲顯赫，所著醫書甚多，内容也十分廣泛，涉及内科、瘍科、婦科、外科、骨傷、口齒等。其中《内科摘要》是其代表作之一。

二、内容與特色

《内科摘要》原分作兩卷，内含二十一類疾病的醫案共二百餘案。應麐所校的《（薛立齋先生）内科醫按摘要》不分卷，主體内容與今通行的《内科摘要》大同小異。所不同者，應麐校本除多校者之序、書前評述之外，其餘内容並無根本區别。

正文卷前有一頁文字，評述《（薛立齋先生）内科醫按摘要》所用治法方藥之特色，頗爲精到。其文略曰：『兹録所治，多士大夫法，與齊民小異，故薛氏别爲一卷。每見時醫之治齊民，不出汗、吐、下三法，無煩再劑，而霍然起矣。人固有宜攻者。若士大夫之病，得之虚者十九。居平思慮之所傷，加以房帷之所耗，元氣之存幾何？能再堪攻伐之劑乎？所以薛氏用藥，必先化源，以培土之母，此政（正）醫中之王道也……』這一頁評述文字，提示如何把握薛氏内科醫案要領。薛氏身居太醫院高位，所治病人多爲士大夫及養尊處優之人，其體質和疾病譜顯然也與尋常百姓有所差別。

該書目録出示了二十一類醫案。書末總附『各症方藥』，係將《内科摘要》附在兩卷之後的『各症方藥』聚爲一體，内容基本一樣。

薛氏醫案所治的疾病，從證候來説，多爲内傷所致外感、氣虛、陽脱、發熱、吞酸噯腐、停食泄瀉、痢疾、瘧疾、咳喘、結核、臌脹、暑濕所傷、五等病證、小便遺淋、虚勞怯弱、遺精吐血、下部瘡腫、大便秘結等，都是極爲常見的内科雜症。從病因來看，則更爲簡單，絶大多數屬於脾胃虧損或脾肺胃虧損，因此其治療也主要是重在培補化源，調補元氣。

三、學術價值點評

從醫案的書寫體例來看，應屬追記式醫案，並非治療實録。此類醫案能簡捷地展示整個治療過程，並突出其治療中的關鍵内容，表述治療者的心得、闡發對某些醫學理論的見解。本書案例經過精選，描述治療過程能抓住主症，並有適當的分析。處方用藥則略述其大法，列舉主要藥名。

薛氏内科醫案所展示的薛氏臨證辨治思路與方法對中醫内科治療學的發展影響大，且此本國内久已失傳，可資校勘之用。同時該本還有新增的序言、眉批和評述之文，也是瞭解薛氏醫案著作的重要資料。

冰壑老人醫案

孟慶雲

《冰壑老人醫案》又題作《金少游先生醫案》，是明季吴天泰（謚生）、朱茂暉（子若）、薛珩（楚玉）、姚森（公静）四個醫家，輯録浙江嘉興名醫金九淵的七十四個病案而成編。明崇禎刻本，孤本現藏於中華醫學會上海分會圖書館。

一、著者與成書

案主金九淵，别字長鳴，號少游，晚年又自號冰壑老人。吴天泰的序中説，金九淵是在年八十歲無疾而逝，也正是在當年鎸刻此書工竣，老人的孫子金肆聘請吴天泰校書且委之作序，時爲崇禎十四年（一六四一）臘月。據此推算，金九淵當是嘉靖四十一年（一五六二）生，卒於一六四一年。故本書的成書年不應晚於一六四一年。又從姚森的序中稱他爲『秀水大夫』得知，他是嘉興秀水縣人。

書的三個序言，敬佩稱絶地概述了金老先生崇高的人品和俠義，在醫術上『刀圭神效，活人不可勝數』。他有『天假之才』、『少時慷慨雄論』。二十歲爲諸生，譽重鄉黨間，性喜俠鄙儒，數試不第而受折。三十歲時，郡吏『以細事屈辱諸生』，引發了『諸生群嘩幾致大亂，人情遑遑，輟市數日』。變定後監司追詰倡亂者，正當諸生驚懼思避禍求免之時，金九淵先生雖没參與却憤嬰禍難，挺身就獄。此番捨身壯舉，引起『諸生咸敬憚其義，酒食相餉，獄門之外衣冠之士日百人。御史以其事上之天子，天子哀而釋之，時年三十有三。』這一驚世駭俗的事件使他『無意而成名』。此後他專事於醫學臨證五十年。姚森序文言及其祖父與金九淵先生比屋而居，情好彌篤，並交結於文章。姚森用『殆儒而俠者哉』一語概括了金九淵的品德和性格，稱他才高氣奇，樂談游俠之事，可堪比司馬子長。從他晚年自號冰壑老人，也足以見其情性。他豪俠和仁術濟世的一生，得到後人『年躋上壽，德絶天區』的贊譽。

金九淵佳案甚多，吴天泰序中稱，此集是『擬刻其十之一以行』，是憑記憶所述。可想而知，人至老年，記憶所及應盡是印象深刻或自認爲得意之案，故此，本書所載之案具有關鍵質樸而簡煉的特徵。讀案可知老人在臨證上『或守古方，或神明厥意，因病發齊（劑），新新不窮』。讀此案還使我們對古代『良醫用藥也簡』有所體會。

二、内容與特色

本案集有傷寒、内科、急症、外科、婦科、産科、兒科、痘疹等諸病，這也足以表明案主當年是一位全能的上工。概括起來這七十四則醫案有以下三個特點：

一是博涉識病，診多奇驗。輯者稱金先生：『揆陰陽，審虚實，以察病之所在；聽聲寫形，能期决死生。』讀過本醫案後，相信絶非虚譽。第五案記葛氏宗弟春患三陰證，俗工見其目赤，投黄連湯二劑，至第三日邀先生視診。先生一見便知是戴陽證，説是三陽耗盡之時，僅存一點孤陽丙火戴上的表現，見直神（目睛不轉動）髮指（頭髮豎起）時鷄鳴死，『至期果驗』。第二十三案，産婦屠氏妊娠雙胞胎，先産男嬰一日後無胎動，穩婆云另一胎已死腹中，先生細切脈，據脈洪有神知胎兒未死，之後果安産一女嬰。第三十五案趙當世患對口瘡，即癰在風府穴處，『一醫生用刀切開後來問先生，先生曰：何需多問。七日殞。』第四十六案，治項仲展孺人衝任受病者，病家小腹下痛，上升至心坎，手發厥，不能言，不省人事，晝夜痛不絕，庸醫以爲痰，服竹瀝，寒更甚，痛慾絕，先生診而知是疝瘕，爲女子七疝之一，醫者聞所未聞。先生用桂、附、高良姜、秦椒爲引，痛漸止，又以附子温中數服而安。第五十九案，海寧陳無爲次子患險痘三朝，請先生視診，見病象便知，是發痘時用凉藥升發後用温藥唤膿所致，諸醫對金老判斷如神驚贊不絕。先生解説此痘疹成膿機理後，指出四君四物草木之氣難達峻補，當以大劑斑龍膏、參、芪、何首烏治之，病兒終於轉危而甦，此案診治成爲海寧地區之奇聞。

二是理路清晰，應湯捷效。醫家常言：傷寒如流水，雜病如漩渦。雜病不像傷寒有病期，且多反復，往往用數劑也無桴鼓之應。金老先生治病，不論傷寒雜病，還是外科婦科兒科，都有清晰的理路和切入點，依據的都是衆所熟知的理論和方藥，没有什麽仙授秘法或奇方貴劑，却能在短期内應見療效。第三案，治在石四封語溪書館任教的吕某，在途經震澤時受風濤驚恐，又有房勞，赴館數日發高熱，語溪諸醫按傷寒治，病人又見困疲，昏瞀不識人，危殆而回家求治，又見鄭聲、循衣摸床，脈浮無根。先生診後説是神已出舍，投五味子一錢、人參一兩、酒製紅花五分、棗仁三錢，服後病人酣睡十二日，後甦醒病愈。第九案是治沈初平内人習慣性流産，係運用套路分段爲治。患婦已滑胎六次，此次妊娠三月又復胎動，脈如絲，手足冷，醫生已投參、附、藿香兼行血藥，入咽即吐，一晝夜後又增喘急。請先生診後，知此胎已經難保，遂在前醫之方中又加訶子、乾漆，每次以一勺許小量漸進喂服，藥受十分之一後胎已墮。但胎衣不下病人又驚恐，繼後投抱龍丸十五丸，胎衣下病人鎮定，之後遂投大量補氣血之劑。最後一步用大造丸加味治療。以後患婦生子並育數胎皆安産。第十一案是治蔡夫人晝夜不寐已八個月，無醫不延，金壇名醫王宇泰也曾診治不效，遂請先生往脈。見兩關洪大，浮有餘沉不足，獨左手尺脈微，右尺脈則大，問診得知病人善飯，知不是胃不和卧不安者。看以前所用之藥，皆是茯神、遠志、棗仁、柏子類。先生診爲『腎虚不能制心火，心肝兩熾，補之反實。以腎氣丸減澤瀉、茯苓，加人參、五味，熬膏服之，漸得寢，徐遂安卧。』

三是極度精要，隨時爲變。先生以此發方書所未發，體現了他辨證論治的技藝和境界。如在第一案治項蘭齋都督傷暑身熱，病人暑月策馬至徐州患熱病，之後又乘船南下，仍身熱不食，就醫不效。他曾自投於水中，爲舟人泗水撩起後抵家。諸醫會診，一醫以爲傷食，一醫定爲外感，第三個醫生主張辛散泄氣，處方爲羌活湯加枳實、厚朴、生姜。金九淵先生據脈數而虛按之少神，指出此傷暑的脈證，服辛熱泄氣藥必加劇病情。無奈『衆議益堅硬不可破』，患者遂服前藥，但服藥更餘，患者『狂躁譫語，躁且走躍』。翌夜患家長翁踵門延請先生。先生詢問其貼身僕人，指他從徐州南下，一路上想必是無小便，僕人回答是。遂投辰砂六一散一兩，汲井水灌之，後便下如注，即安寢。又令徐飲冷粥，服清暑益氣湯，十日愈。第四案，治石楚湘内人，妊三月患瘧，先生投益元散，以石膏收安胎之功。第二十一案，患兒毒痘内陷將死，先生用獨參一兩略佐附子，大補元氣使病兒生還。第五十三案，臨産婦交骨不開，産婦胎兒皆垂危。穩婆説自從十九歲執業以來，首次見此産婦交骨如鐵鑄銅堅無從運一指者。先生初擬用佛手散，深思片刻後用威靈仙加以大料，産婦服兩劑而胎下，可謂得醫之意獨此。

三、學術價值點評

七十四個醫案涉及浙江、江蘇和安徽等地域的病人，足以説明這個隱於方技的冰壑老人在世的知名度。醫案書寫文筆流暢，叙事簡捷，理義通脱，不僅表達了臨證思路，還具有文勝質的價值。吴天泰在序文中提出了古籍史書『皆案也』的觀點，這也道出了中醫重視醫案的文化根源。是太史公在《史記》中首發醫案之先河，歷代以來，醫案不僅是『宣明往範，昭示來學』的醫學文獻，其文本也成爲獨特的文體，章太炎先生贊揚説：『中醫之成績，醫案最著。』明代是醫案從成熟走向繁榮的時代，韓懋在《韓氏醫通》中提出了著名的『書案六要』理論，吴崑也在《脈語》中倡導『八書』，此際，醫案已成爲中醫學中的一個科目。在明代醫家傳記中，很多人都曾經留有醫案，可惜亡佚甚多。作爲孤本的《冰壑老人醫案》在今日能够存世，真是至甚幸哉！

女醫雜言

伊廣謙

《女醫雜言》一卷，明·楊談允賢撰。明萬曆十三年（一五八五）錫山純敬堂刻本，孤本現藏於中國中醫科學院圖書館。

一、著者與成書

據本書明正德五年（一五〇一）作者自序，其時年五十歲，知其當生於明天順五年（一四六一）。又其侄孫談修在本書跋中，稱談氏『壽終九十有六』，知其卒於明嘉靖三十五年（一五五六）。因其夫家楊姓，故又名楊談允賢。

談氏爲無錫人，談家『世以儒名』，父祖皆曾爲官。曾祖父爲『贈文林郎南京湖廣道監察御史』；祖父爲『封奉政大夫南京刑部郎中』，而又『兼以醫名』；父爲『萊州郡守進階亞中大夫』，但『以甲科顯，醫用弗傳』。允賢長期跟隨祖父母生活，祖父固以醫名，祖母亦『善醫』。

允賢自幼聰慧，其祖父頗爲開明，『不以尋常女紅拘之』，而令其從之習醫，暇時其祖母更爲之講解大意。在這樣一個儒醫並重的家庭，一方面接受儒家經典的熏陶，一方面自少時即得誦讀《難經》《脈訣》等書。婚後『連得血氣等疾』，每請醫則必『先自診視，以驗其言，藥至亦必手自揀擇，斟酌可用與否』，加以體驗。在祖母去世後，『相知女流眷屬』，因不願找男性醫生就診，乃『絡繹而來』求治，並『往往獲奇效』。於五十歲時，將其得於祖母傳授者與自身經驗者，條列而爲《女醫雜言》。可以説，本書反映了談氏祖孫二人的醫療心得。

二、内容與特色

《女醫雜言》，名曰『雜言』，實際共收三十一則醫案，就診者均爲女性。病種既有婦科疾患，如崩漏、習慣性流産、癥瘕、服墮胎藥失血過多、産後勞傷等；更多的是其他各科疾患，如内科雜病吐血兼咳嗽、風濕麻木、泄瀉、翻胃嘔吐、氣虚痰火、瘻證、傷寒後轉成黄疸、憂傷不食等，外科疾患瘰癧、火丹、纏腰癧、痰核、癩瘡、荷葉癬、荔枝鼻（酒皶鼻）等，以及小兒瀉泄、食積等。應當説，這不是女科（婦科）專著，而是一部女醫生診治女性病人內、婦、兒、外諸科病患的醫案選集。同時，從中可以看出，談氏臨證，雖然接觸均爲女性，但所見病種繁多，經驗堪稱豐富。談氏臨證，其特色可以概括爲以下三點：

一是喜用時方，藥皆尋常，方多平易。如所用方劑十九出自《婦人大全良方》《太平惠民和劑局方》《濟生拔粹》及朱丹溪、李東垣、劉河間等醫家的名方、常用方。所用藥物，亦尋常可見，不尚珍貴稀缺，亦不矜奇炫怪，嘩衆取寵，可見談氏樸實無華的醫風。

二是擅用灸法。三十一個病例，有十三例採用灸法。施灸病種，既有內傷雜病，亦有婦科、兒科疾病。如『一婦人年四十歲，患兩手麻木，六年不愈，循其病原，云無分春秋晝夜，風雨陰晴，日逐把舵』所致，以『風濕症治之，灸八穴遂愈』。又如治一纏腰癧，『醫者誤認爲肚癰開刀，七年膿水不開』，『兩頸繞腰，皆生腫塊』，乃『灸一十二穴』，並服散腫淡堅湯，『其塊漸消，誤開刀瘡口亦愈』。晋代女名醫鮑姑亦以擅用灸法著稱，談氏與之前後輝映。女醫家爲女性患者施灸，在操作上比較方便，也是一個有利條件。

三是問診細致，體貼入微。出於對女醫家的信任和就診的方便，談氏可以深入閨幃，求醫的患者亦能向醫生坦誠講述病情，醫患之間良性互動，這在那個時代是極難得的機遇。從醫案中可以看到，談氏對病人的平和與關懷，詢問病情的細膩和深入。這對準確判斷病情，正確施治，無疑具有重要意義。如治一婦人『血崩三月不止，轉成血淋，三年服藥無效。循其故，云家以燒窑爲業，夫出自運磚瓦，一日運至二更才止，偶因經事，遂成此症』，乃斷其因『勞碌太過，用補中益氣湯』加味而愈。又治『一婦人年四十三歲，其夫因無子，取（娶）一妾帶領出外，婦憂忿成疾，兩腿火丹大發』，加之『熱甚，其脈大而數』，請過幾位醫生，

『多以憂愁鬱結治之，皆不獲效』。談氏細循其病因，知其『自爲室女時得此症，每遇勞碌憂忿必發，不久而退，惟今三月不痊』。乃改從清理濕毒入手治之，先用防己飲一帖，其熱速退；又服一帖，火丹亦退大半；最後於患處刺出惡血，加服前藥而愈。前人每云『寧治十男子，不治一婦人』，原因之一，即在於問診未得的確，施治自然難得合拍。談氏固然問診精細，但以女醫生而得女病人的和諧配合，能獲知與發病相關的諸多隱情，是其優勢。

三、學術價值點評

要之，《女醫雜言》一書，除去序跋，不過區區十八葉，但其言簡意賅，皆出自作者經驗之談。其意不在理論的闡發，而在治驗的總結。每病一案，示例而已。雖無更多理論和治法的創新，但却可以真切感受到一位醫家踏實認真地療治和對病家的體貼入微的關愛，一種温馨的人文關懷。

這是一部女性醫家撰寫的著作，也是我國歷史上現存最早的女性醫家著作，歷史上在以男性爲主導的社會環境下，女醫家可謂鳳毛麟角，見諸文獻記載的，僅有漢武帝時『女侍醫』義姁，晋代名醫葛洪的妻子、以灸治名世的鮑姑，但都没有著作流傳下來。此外則踪跡難尋。僅此一點，即可見《女醫雜言》之彌足珍貴。

蓮齋醫意——立齋案疏

孟慶雲

《蓮齋醫意——立齋案疏》二卷，是由明末清初醫學家葉崧評疏薛己的内科醫案而成，現藏於中國中醫科學院圖書館。

一、著者與成書

葉崧字瞻嵩，浙江嘉興人，曾於康熙甲子年（一六六四）參訂過蕭壎所著的《女科經綸》。

案主薛己，字新甫，號立齋，江蘇吴縣人。生於明成化二十三年（一四八七），卒於嘉靖三十八年（一五五九）。其父薛鎧，字良武，府學諸生，亦精於醫，擅長兒科和外科，著《保嬰撮要》等書，每爲後世所法程。弘治間任太醫院院士，後贈爲院使。薛己少承家學而繼醫業，聰穎苦學。林懋在《保嬰撮要》序中説，曾見他在家中『蓬頭執卷，紬繹尋思』研讀醫書。薛己原爲瘍醫，後以内科著名。『内科』之稱謂和學科之命名，就肇始於他的《内科摘要》，被後世尊爲温補學派的開山。他沉潛於易水，得元素、東垣之精蘊；又深耽於先天，推重治病當遡本求源，主張在辨證上以脾胃分陰陽，腎命分水火；治療上擅用補益，以補中、四君、六味、八味等爲主，直補真陰真陽。『滋化源』之理論即發軔於斯。他以古方出入化裁，多在一兩味間見其神機妙化之巧，大有至理，被人稱爲『醫中之王道』。其後，孫一奎、趙獻可、張介賓諸家，循紹其腎命之論，進一步創發了命門學説，形成了温補學派。同時，薛己在外科也有理論上的創見。宋代以來，外科遵崇托裏内消之説。薛己指出：『癰疽瘡疖，機在氣血壅滯，當推其虚實表裏提早治之。托裏即是内消，若毒氣已結，則不能拘泥内消，當辨膿之淺深，酌用透膿等法。』又對『五善七惡』中『見四惡屬不治』的説法提出異議，指出應當在『純補胃氣』中求治。他對婦、兒、針灸、口齒、眼、正骨、本草等諸科之學也皆通曉。明正德元年（一五〇六），薛己補爲太醫院院士；正德六年（一五一一）經外差考績醫業，擢爲吏目；正德九年（一五一四）升任御醫；正德十四年（一五一九）任南京太醫院院判。嘉靖九年（一五三〇），以奉政大夫南京太醫院院使致任，故後世醫家尊其爲薛院使。薛己離職後，繼續懸壺於江浙等地，又肆力於著述，有己著者九種，訂定他人之書六種，又整理和增補了其父薛鎧的《保嬰撮要》，共十六種，彙刻爲《薛氏醫案》。

《薘齋醫意——立齋案疏》，又稱《薛院使醫案疏》，是對《薛氏醫案》中的《内科摘要》所記的二百餘案加以箋疏。疏者，疏通其義之謂。對於本書何以有《薘齋醫意》之稱謂，這涉及版本問題，也是一桩公案。薛己的《内科摘要》書名和版本繁多，又稱《薛氏内科撮要》《薛氏醫録》《薛立齋先生内科醫按摘要》等，現在見諸的版本有從明萬曆至民國十數種之多。此書的註疏本，現在也見有四種數個版本，除本書外，尚有《醫録内科註疏》殘鈔本二卷，無作者署名，各案疏語與本書略同，無『崧疏』字樣。又有《薛案辨疏》兩卷，稱錢臨、徐蓮塘編，也有二十一類疾病，醫案和疏語内容與本書略同但較爲簡要，各類順序與本書小有不同，直言『疏曰』而無本書的『崧疏曰』字樣。還有《立齋醫案疏》四卷，署錢臨疏，錢本瑜輯註，有鈔本和乾隆序刻本。值得重視的是，編《薛案辨疏》的徐蓮塘氏，是明代慈溪人。何時希著《中國歷代醫家傳録》稱他是内科醫家。朱德明著《浙江醫藥史》書其爲徐連塘，他的生年早於本案的疏主。他應是較早整編薛己《内科摘要》的人，故爾將書名既有蓮塘之『蓮』字，又有立齋之『齋』字而合稱爲《蓮齋醫意》。至於徐蓮塘與本書的疏主嘉興人葉崧，二人的疏文是誰爲先尚待考證。

二、内容與特色

《内科摘要》原書兩卷，内含二十一類疾病的醫案共二百餘案。本書爲二卷二十一類醫案。兩書目録的内容基本一致，惟次序略有差異。各類目中的醫案内容和醫案數又完全一致。從病證看，均屬於内傷雜病的範圍。載有元氣虧損、飲食勞倦、五臟虧損等病因所致的外感、内傷發熱、瘧疾、噯腐吞酸、泄瀉、咳嗽、痰喘、頭眩、結核、小便不利、腹脹、暑濕、頭目耳鼻證、小便遺淋、虚勞怯弱、遺精吐血、下部瘡腫、大便秘結等病證。從病案的分類，即可展現薛己對脾胃虧損、元氣損傷、命門火衰和腎虚所致諸證的治療經驗極爲豐富。薛氏選擇這些醫案，意在申張其温補理論。醫案採用去繁就簡的順叙式寫法，證候記載切實而形象，理法簡捷而清晰，可見薛己文學功底之深厚。

本書各案後的疏語，即『崧疏』部分，以其精深有致和薛案聯璧。解讀醫案，有賴於疏者的理論素養和臨證實踐經驗，非識無以斷其義。對於薛案，認證並非所難，關鍵在於病機的判斷和方藥的選擇。薛己治病，以用方有先後最爲突出。一般是先化源以培土之母，然而又有數案在汗吐下之後，病已霍然而行温補者，又可以能在悉知的補方中，衹有一兩味藥的加減而收功；病家見證甚多，以何證爲辨識機要？此般思緒的關節點盡見於疏語之中。疏語不衹傳達了讀案方法，也對後世一些『服古派』對薛己的攻訐作了提前的回應和反駁。如在『元氣虧損内傷外感等症』下的車駕王用之案，患者卒中、昏憒、痰氣上涌、咽喉有聲、六脈沉伏，薛己用治脱證的三生飲加人參一兩煎服而取效。疏語評其『病未至於脱而用之』、『病未至而藥先至，故曰煎服即甦』之理，以及病無外感而稱中風（中風内風之説在張景岳之後方大興於世）、三生飲使用要點等等。從此案及疏語，足可見薛己用重劑救治急證之膽識與經驗，而非如後世徐靈胎、陳修園、陸九芝等説他執用補劑、膠柱鼓瑟之弊。本書的疏語當屬上乘之論。

總的來説，薛案是佳案，此書的疏，足堪翹楚。此書原係著名傷寒學家黄竹齋先生所藏，後獻於中醫研究院圖書館。篇中存有黄先生的圈點批註，亦有助讀警示的價值。

祝茹穹先生醫印

鄭金生

《祝茹穹先生醫印》三卷，附《祝茹穹先生醫驗》一卷，清順治十三年（一六五六）祝氏曠曠居家刻本，孤本現藏於中國中醫科學院圖書館。

一、著者考

該書卷首署爲『祝茹穹先生醫印卷之一／廬陵弟子趙嶷一蒼子記註』。從學術内容來説，該書真正的作者應該是祝茹穹，其弟子趙嶷不過是整理者。

《祝茹穹先生醫印》（以下簡稱《醫印》）有兩序，其中祝氏弟子沈朝璧序介紹祝氏説：『夫子學貫天人，静坐之餘，即有著述，如《天文秘占》《地理確義》《鏡古篇》《冰暑集》《字學考》，諸刊久已行世。其未刊者，尚有《四書講成》《通鑒紀實》《字畫廣匯》數種。區區《心醫》《紀驗》，謂足見夫子乎？』可見祝氏是一個知識淵博、興趣廣泛的學者。該書的郎廷佐序稱：『龍丘祝子茹穹，棄二千石如脱屣，而倘佯乎山水之間，其意不在山水也。茹穹有壺翁之秘，游戲軒冕，退而講壽人之術。』有《心醫》《静功》合刻。

綜合此二序，可知祝茹穹乃龍丘（今浙江龍游）人，棄官不做，隱於山水之間，以醫名世，著作甚富。醫學著作有《心醫》《静功》《紀驗》等。以此爲綫索，可以找到地方誌的有關記載。

《中國分省醫籍考》引《龍游縣誌》明朝人祝慶堂的記載爲：『字茹穹。幼嗜學，弱冠爲諸生。崇禎十七年（一六四四）選貢。平生淡於仕進，又值世亂，乃閉户著書，思以澤今傳後。刻有《鏡古篇》八十卷，《心醫集》六卷，《入道始終》四卷，《功醫合刻》十二卷，《日用必需》六卷，《静功秘旨》二卷，《字學考》十四卷，一時聲名藉甚。順治三年，台府交薦，授福建漳州府知府，兼署監軍漳泉道。有《署閑詩稿》六卷，未幾，解組歸田。嘗游京師，金之俊、楊廷鑒、嚴我師諸人，咸有贈答。』從所著書籍來看，此『祝慶堂』就是本書的作者祝茹穹。

但是在《全國中醫圖書聯合目録》中又著録了《心醫集》六卷，作者爲祝登元（茹穹）。這位祝登元也字茹穹，那麽他們是否就是一人呢？

根據從日本回歸的祝登元（茹穹）《心醫集》，可考此祝登元就是《醫印》的作者祝茹穹。《心醫集》祝氏自序署爲『順治庚寅（一六五〇）孟春龍丘祝登元茹穹父書於曠曠居』。其時代、籍貫、字、堂號均與《醫印》相符，因此，《心醫集》作者祝登元就是《醫印》題名中的祝茹穹先生。何時希《中國歷代醫家傳録》誤將祝登元作爲清人，祝慶堂作爲明人分别立條，實際上祝氏是明末清初之人。《心醫集》有多個序言，其中多提到祝氏曾擔任過福建漳州太守，後退居林下，以醫爲業。

將上述多方面的綜合起來，可知祝氏名登元，字茹穹，明末清初浙江龍游人。弱冠爲秀才，明末崇禎十七年（一六四四）選貢。因明末清初改朝换代的戰亂，乃閉門著述。順治三年（一六四六）被舉薦爲福建漳州府知府，兼署監軍漳泉道。未幾棄官歸田，仍從事著述。有天文、地理、書畫、歷史、詩詞、醫學等多方面的著作。其現存醫學著作有《心醫集》六卷，以及弟子張趙整理的《醫印》三卷、《醫驗》一卷。另有《功醫合刻》十二卷，《日用必需》六卷，《静功秘旨》二卷等書。

二、《醫印》與《心醫集》的比較

《醫印》兩序，一爲順治甲午（一六五四），一爲順治丙申（一六五六）。無刊刻書坊牌記，僅書口下方署『曠曠居』。據《心醫集》（一六五〇）祝登元自序，『曠曠居』爲祝氏堂號。因此，可以認定今《醫印》乃祝氏的家刻本，《醫印》比《心醫集》的刊刻僅晚了四、五年。

那麽《醫印》與《心醫集》之間有什麽關係呢？經比較，這兩書有某些相通之處，但内容並不重復。

《醫印》分三卷，從内容來看，前二卷均爲脈學内容，末卷爲醫論。

另附有《祝茹穹先生醫驗》（以下簡稱《醫驗》）一卷，即治療案例。

《心醫集》六卷，各卷内容分别是：紀驗、症方、三科、脈論、秘方、静功。將此六卷與《醫印》相比，可見《心醫集》是一綜合性的臨床醫書，既有診斷（脈論），又有各科臨床診治内容（如症方、三科、秘方），還有醫案（紀驗）、静功（静坐等養生法），而《醫印》則偏於基礎理論探討。即便二書都有的内容，如《心醫集》中的『紀驗』，和本書之《醫驗》無論體裁還是内容都不相同。《心醫集》卷四脈論，雖與《醫印》前二卷一樣都是談脈，但角度不同，内容也不同。因此可以説《醫印》與《心醫集》是反映祝茹穹學術思想的兩種學術著作，不存在《醫印》是《心醫集》的節選或縮編之類的問題。

但從兩書某些細微末節，又可以看出其某些共通之處。例如《心醫集》脈論中有一章爲『脈印』，與本書《醫印》命名近似。所謂『印』，有印證、信驗的意思，『醫印』也就是醫學最具信驗的内容。

三、内容與特點

《醫印》三卷，屬於基礎理論著作。前二卷重在論脈，其論脈側重從經典醫書中的某些觀點入手進行闡釋，這和《心醫集》着重介紹常用脈法及實用診斷法有所不同。

祝氏脈論，首重胃氣。所以第一卷的第一條，探討的就是『胃氣一綫，定部分用』。作者認爲：『人秉中和而生，診脈要先識胃氣。』但他對胃氣的理解和前人有所不同，他認爲『胃氣者，三陰三陽之界，中間一綫是也』。《内經》則以胃氣作爲四時之生脈，也就是中和、平和之脈。作者認爲，診脈候六部之脈，則『不如候中間一綫。一落指頃便知，爲簡易之至理』。故自成一家之言。

該書論脈，多從八卦、五運六氣入手，因此討論起來不免煩瑣。作者對《内經》脈論頗爲推崇，並有所發揮。例如他認爲：『自頂至踵，皆可以候。人有脈絶，而尺澤不絶，亦謂之有胃氣，不可便斷其死也。』

此外還認爲『寸口、人迎，不得其平主病』；『《内經》關格兩説，其實一理』等等。作者在前兩卷中，幾乎不涉及到後世對脈學的論述，都是從《内經》脈論展開討論。從中可以看出，作者並没有沉浸他生活的時代流行的脈學，而希望從古脈法中發掘出有用的東西。

《醫印》卷三占篇幅最多的是傷寒論治。但在卷前，討論了『五臟、五行所屬，有剋之反生、生之反剋，舉一而知』、『傷風有傷風寒、傷風熱，稍分别治法，大同小異』、『傷寒初證，與傷風疑似，比類分别』。其後則均爲傷寒診治相關論説。這些論説中結合臨床比較緊密，甚至會談方議藥。這部分内容可爲傷寒的研究提供材料。

該書之後有附卷《醫驗》，其體裁與衆不同，也與祝氏《心醫集》有所不同。《心醫集》每一醫案先出人名，下有小字介紹其名字、官職、當時的工作等。然後記述病情，診斷之後處一藥方，標明藥物組成、劑量和加工法等。但《醫驗》並非如此。

《醫驗》的醫案不是祝氏自撰，每一案之後都載有記述的人名，可見是不同的人追憶而成。這些人的身份不明，不知道是弟子還是患者或旁觀者。其醫案屬追憶型，所以故事情節比較完整，甚至有些醫案頗具傳奇性。其醫案一般不記載藥方組成及具體藥物的劑量，甚至衹説給藥，而不説具體的方藥名。《醫驗》記載的疾病類型很多，包括内科、外傷、婦科等許多奇症怪病。雖然其方藥記載欠詳，但治療思路和大法仍然值得後人玩味。此外，《心醫集》的『紀驗』，記録的患者絶大多數是官員。但在《醫驗》中，上自官員，下至鄉民，什麼類型的人物都有。這些醫案中，有稱祝氏爲『祝仙人』、『祝仙師』者。其治療情節，甚至事涉鬼神，這可能是記述者據民間傳説的祝氏神驗添加的色彩，類似這樣的《醫驗》在醫案著作中，比較少見。

從《醫驗》所載諸病案，可以看出祝氏在當地的聲望。同時也可知祝氏講究辨證，用藥頗有膽識，敢於用攻下藥治療危症。從醫案記述者的籍貫來看，多在浙江、江西、湖北、江蘇、安徽一帶，尤以江西籍爲多。由此推測，可能是作者原籍龍游地近江西的緣故。

要之，《祝茹穹先生醫印》三卷是清初浙江醫家祝登元（茹穹）對醫學理論（重在脈學和傷寒）進行闡發的一部著作。該書之後所附《祝茹穹先生醫驗》，屬於追憶型的醫案，也可部分反映祝氏的治學思想和治療經驗。該書今有清順治十三年（一六五六）家刻本，書法秀麗，此本存世者極爲罕見。

倚雲軒醫案醫話醫論

孟慶雲

《倚雲軒醫案醫話醫論》包括《醫案》三卷、《醫話》三卷、《醫論》二卷，共計八卷合編，是清末民初醫學家方仁淵撰於清光緒二十五年己亥（一八九九）的手稿。孤本現藏於中國中醫科學院圖書館。

一、著者與成書

作者方仁淵，字耕霞，號倚雲，别號思梅。江陰顧山鎮人。生於清道光二十四年（一八四四），卒於民國十四年（一九二五），享年八十二歲。方氏少攻舉業，曾游泮宫，經史詩文書法造詣甚高，常與邵松年、俞鐘穎、劉石香、陸懋宗等文士以詩文酬和，有文稿《今雨舊雨樓詩集》兩卷、《倚雲軒吟草》一卷。先受業於無錫名醫王泰林（字旭高），逢太平天國戰事而輟學，往蘇州藥店爲徒，又從名醫邵杏泉先生游。邵杏泉，字炳揚，又名文學，江南名醫也，曾著《三折肱醫書》等。邵杏泉是薛雪弟子邵步青的曾孫。邵步青名登瀛，著《四時病機》《温毒病論》《女科歌訣》等，一家四代名醫。王泰林、邵杏泉兩位醫家又都精於運氣之學，方仁淵盡得其傳。方仁淵藏修苦讀，明鏡不疲。他以醫爲仁術，嘗云：『爲醫者當時時刻刻以病人之痛苦，即爲己之痛苦着想。』醫道成後，先執業於無錫蠡園等地。光緒初年，移居常熟，懸壺於城内草蕩街，名『倚雲醫館』，其書齋曰『倚雲吟館』。方仁淵待人謙恭有禮，和藹可親，與鄉賢前輩交往，暢談無礙。其學融通各科，疏明大例。其治病，宗天人合一之旨，每據歲運，辨證施治。清光緒六年（一八八〇），歲值太陽寒水司天，太陰濕土在泉，民病多寒濕，以温燥辛開之劑，無不應手，因而醫名鵲起。求醫者繼踵相接，遇有疑難危證，必苦思冥索，竭力挽救。方仁淵對中醫學發展極爲關注，民國十一年（一九二二），時年已七十九歲高齡，被選爲常熟醫學會會長，曾爲抗議國民政府内務部頒佈的旨在逐漸取締中醫的《管理醫士暫行規則》，團結同道，共議對策。

並創辦《常熟醫學會月刊》，凡二十六期，爲常熟縣醫學期刊之首創。其醫學著作除本書外，還有《新編湯頭歌訣》《舌苔歌》等。

二、内容與特色

《倚雲軒醫案》三卷完成於清光緒二十五年（一八九九），包括外感寒熱、内傷雜病、婦科疾患等十八個門類的二百二十個醫案，均採用扼要順叙式的書案方式，對其疑難者，有的案例竟一診、二診、三診，直記到十五診，患者病愈而案止。清代陸九芝有言：『醫則全在接方上見本領。』方仁淵先生辨證論治的技巧和思維方式均展現於他的醫案中。作者又把學習同道的有卓效方劑附於案中，例如，第一百九十五案陸某，醫案之後記載了白喉吹方聖藥——鳳衣散。在二百二十案後，又記有六則方論，是：『喉症備用方論』『王應懷毒搽藥方』『沐泰山珠黄十寶丹』『珠黄化毒散』『種牛痘須知』『調經』。其後的『診餘記事』也是二十八則醫案，採取的却是叙述附案式的寫法，有如醫話，在自然流暢中傳達了醫學經驗。此醫案最後附有友人姜鴻如的《龍砂醫案》十則，方仁淵認爲很有價值，故鈔録於後。

《倚雲軒醫話》三卷完成於清光緒三十四年戊申（一九〇六），是時他已六十三歲。他回寫醫話書稿引言，深感年已花甲，未能十全，僅得其半。蓋於古今書籍雖未盡觀，亦已不少，於臨證之際，有些疾患尚不能拿穩，心中瞭然，指下模糊，願來世仍爲醫士，遂自作一挽聯於書眉：

『可憐身入紅塵，苦辛歷盡，志未成，學醫未濟世，安貧行我素，不學仙，不倭佛，惟望將來再爲醫士。』

『從此魂歸碧落，色相皆空，登山可御風，玩水可乘雲，壯志盡消磨，生無怨，死無恨，尚留空願負於後人。』

數日後他對此聯又行修改，尾於引言之後：

『讀書不爲世用，學醫未盡濟人，碌碌人寰，不學仙，不倭佛，惟願來生再爲醫士。』

『遇事不敢驕矜，立身惟求儉恭，茫茫天壤，生無怨，死無憾，要留耕地付於後人。』

甫稿與定稿可堪爲獨立的二首挽聯，是方仁淵先生的銘志，也是他著述的緣起。

醫話内容豐富，有記述當世醫學流變者，有評論各家學説者，有臨證和讀書心得者，有討論醫理藥用和治驗者，更有醫籍的點評和精論，還記載了佚聞奇聞和秘方。如在《中權居士誚前醫各派》的一則，當時報牘曾登載署名中權居士的文章，譏誚當時醫人中有看相的流弊，同時闊論明清醫學有三派：薛立齋、張景岳、張石頑、趙養葵爲温補派，徐靈胎、陳修園、黄坤載爲信古派，喻嘉言、葉天士、吴鞠通爲江湖派，其言娓娓，對三派皆有貶意，惟對葉天士、吴鞠通尤甚。對此，方仁淵在醫話中寫道：『因屬有感於中而發，但不知據彼意見須知何而後可夫？古人之言固有是有非，在讀書者胸有成竹，去短取長乃爲有益，彼已成名而至，何必如此痛倒之，其狂亦可想見，况如喻、葉、吴三公，開闢温熱之旨，於醫學不爲無功，今刻示此等人已不易得，又安可詆呰乎！』作者身處西學東漸的時代，醫話不乏對中西醫學和藥物進行比較，對匯通派的某些對號，也持理性的審慎態度。例如，唐容川據西醫解剖圖譜，在《中西匯通醫經精義》中，認定綱油即是三焦。作者指出，此假設『亦賴西醫指明綱油之功用，方敢斷其即是三焦。』作者對讀註仲景書和錯簡派攻訐王叔和提出了披堅執鋭之見。『余讀仲師《傷寒論》《金匱》註釋，幾數十家言，人人殊不知究竟何者爲是，恨不能起仲師而問之。論者每疵王叔和撰次之非。夫叔和與仲師，相隔不過百十年，當時必有原書可證，不至顛倒是非，如後人所云：設當時無叔和之撰次，不知兩書當能陳傳至今日與否，不崇其功，反攻其短，後學往往如此。且《傷寒》《金匱》，原久已明白曉暢，後人愈註愈紛愈不明白，即陳修園之《淺註》，唐容川佩之仍不滿意，再加《補正》，容川亦蹈此弊竇，不知如何而後可，皆好名之累也！願後人切勿再註，即彰顯其學問，盡可自成一書以惠後學。』説得至切至要，十分精闢。

《倚雲軒醫論》包括《五種傷寒論》等三十一論。稿本中未標寫完稿時間，此醫論之篇章和目次的排序，是以寫作的先後而排列的。首篇『五種傷寒論』篇幅較長，論述全面，成書較早。第四論《丁未年占病》，應是在清光緒三十三年（一九〇七）之前占病的，此篇寫作應在此之前。第二十三論《張群小兒驚風》，是寄給上海周雪樵《醫學報》的文稿。該刊一九〇四年創刊，一九一〇年停辦。此文應在此段時間完稿。第二十七篇《醫學會問題》，其中有『宣統紀元以來』字樣，據此而知，此篇寫於一九〇九年以後，一九一一年辛亥革命之前。據以上情況推測，《倚雲軒醫論》兩卷的完稿時間約在一九一一年之前。

方仁淵無需從蹈襲前人、贅述舊論而求名，所論都源出自家在臨證中的感悟和引驗，可分爲新的見解、辨治體會和新病新説三方面内容。屬於新的見解，諸如『五種傷寒論』『小兒外感多七情無論』『虛損與虛勞不同論』『兩感温病論』『天地爲先天一大五行論』『腎爲胃關胃亦爲腎關説』等。辨治體會，如『温病誤汗止陰』『霍亂轉筋論』『小兒驚風論』『癒痙論』『藥有連類宜辨』『傷寒半表半裏不同』『瘟疫論』『吐瀉痢疾論』『青蒿白薇辨』『痴狗咬方論』『瘟疫論』『切脈大要論』『肝胃氣論』『五癇丸方論』等。屬於新病新説，如『丹痧今昔不同論』『牛痘與胎毒不清辨』『烟痢論』等。這些都是作者實踐中的創新和新知。

總之，這是一部理論實踐俱佳，而又有新知卓見的醫著，讀後將大獲進益。

兩都醫案

孟慶雲

《兩都醫案》兩卷，明·倪士奇撰。因其上下卷分載的是在北京和南京的治案，分爲北卷和南卷，故爾又稱《南北醫案》。南北卷各有四個《序》。記案的時間是《北案》在先，《南案》在後。序書最晚者爲《南案·葉紹顒序》，寫於明崇禎十四年辛巳（一六四一）。三年後，甲申易政，由此可知，此書刊刻於明亡之前。現藏於浙江圖書館。

一、著者與成書

作者倪士奇，字復貞，今江蘇鎮江南徐人。鎮江在三國至唐代稱京口，宋代稱潤州，倪士奇以此稱他世醫之家『業鳴京口』，『南徐』人、『古潤』人。在醫學上，倪士奇可謂家學淵源，其先祖在宋室南渡時即爲京口之名醫，宋元明三朝世代承傳。倪士奇在《自序》中，將自家的醫業相繼與龍門司馬遷家世代執太史業相比堪。其祖父倪龍山曾遇異人傳授針灸之術，認證和對醫學的理解均有深識卓見，集很多真要之言播慧後人。其父倪小龍行醫淮海，也譽滿當地，之後定居揚州。倪士奇兄弟三人，兄倪士英、弟倪士彦皆以醫爲業。倪士奇自幼習儒，曾游泮宫。但他在十二歲時的一次偶然機遇，竟顯示出具有明醫悟性的資質。當年，乃父的友人因家中有病人前來延醫。倪士奇在父親外出的情况下，居然詢問病情後，斷爲陽明經證，設大柴胡湯以濟急。病家也略通醫學，取仲景書閲之契符，遂用藥一劑而愈。經此事後，倪士奇有『不爲良相，願爲良醫』之志，又特到關帝廟求卜也應合。此後，以八年時間讀《素問》等醫經和百家秘典。其父病逝後，便轉歸京口行醫十九年。在明天啓元年（一六二一），因治好大司空王公奇的病而被推薦進京，在武英殿任秘書之職十年。於明崇禎三年（一六三〇）出京南游數處名勝之地，又在南京行醫六年，之後又回老家鎮江行醫著書。

二、内容與特色

《兩都醫案》採用順叙式的寫法，病家的姓名、身份、發病和治療過程及用方用藥記載詳明。倪氏在用方用藥之前皆述之以理，但其治病，絶不止於『按脈議方，按方治病』，而是『盡翻世醫之案』，却違而不犯，和而不同，以其有膽有識，突破習見，知機妙用，疲癃可起，夭死可甦。《兩都醫案》中《南案》三十一則，《北案》四十一則。包括傷寒、雜病、婦科、兒科、外科和針灸。從辨證識方看，倪氏無門派之囿，也不存在治病在北方有效到南方就無效的問題。縱觀各案，倪氏重視切脈，脈理精深，脈法卓絶。如《南案》第一案，診大司農鄭公之續弦，十年不孕，閉經已四月，諸醫皆按癥瘕或痞證論治。倪氏診脈爲『左手寸脈數大，右手寸脈細實；左關脈洪大，右關脈雀啄；兩尺脈俱旺』，判爲『真胎脈也』。鄭公笑曰：『十年不生，安得有此』？倪氏則斷然曰：『不但是孕，敢保弄璋（男胎）無疑』。遂用養血調氣安胎之藥，一劑胸膈寬飲食進，二劑胎氣動子母俱安。又如《南案》第五案，診左公夫人飲水即吐粒米不咽者，諸醫皆云是膈證，技窮莫措。倪氏憑脈斷爲惡阻，作胎氣治，病愈後果生一女。《北案》第十七案，載張相國如夫人停經六個月發熱，被認爲是妊娠，倪氏切脈：『兩寸脈浮數，兩尺脈沉微，右關浮弱，左關浮芤』，倪氏據芤脈主積血，況在藏血之肝經，肝爲血海。斷爲此非胎脈，乃《素問・陰陽別論》『二陽之病發心脾，有不得隱曲，女子不月』之證，先行氣活血通經，後滋陰養血治之而愈。書中載有數案，辨證精確，力挽沉疴。如《北案》第七案，何相國芝翁，脾氣素弱，偶感風寒且痢，日下三十餘次，頭腹痛身發熱，諸醫議論紛紛：如急欲解表而腹病不可緩；欲先利腹而體弱不宜下。倪氏診脈，見人迎氣口皆盛極，認爲應先開鬼門，之後去菀陳莝，必須先解外邪，否則風寒傳入，日傷元氣，則導致解之不能，下之不敢，非佳候也。遂力主先汗後下。衆醫聞聽，驚疑半之。案主先投葛根、羌活、柴胡、升麻等解肌之品，後用大黄爲君，當歸、白芍爲臣的導氣湯一劑，滯氣盡下而痢止。又如《北案》第二十九案，太學蔣麓亭病，諸家以爲是傷寒，治療罔效，已備好衣棺，延請倪氏診治，按六脈尚有根，但虛弱，病者角弓反張，搐搦，面垢不言，望而知之，非傷寒乃暑風。即令疾者卧地，洞開户牖，先進六一散，以新汲井水和下，再以黄連香薷飲一劑，投之而痊愈。案中，倪氏或以對理論的精湛把握而獲效，或用方得宜而收功，也有家傳秘方和絶技而起死回生者。如《北案》第十四案，是多年復發舌下泡起之病，諸家以犀角地黄湯瀉心火爲治不效。倪氏據脈判爲命門真火，以《難經》瀉南補北之法，滋腎清脾補坎水，坎水上升，離火自降而愈。又如《北案》第十六案，以羌活、柴胡、升麻等劑開鬼門，治小兒高熱驚厥已十四日者，一劑見愈。《北案》的三十三案，以甘温除熱治産後發熱；第三十六案以二陳湯治癃閉。倪氏在《北案》第二十三案，以開胃補命門治陽痿；第二十八案，提出因氣有餘便是火，故妊娠下血不宜補氣。倪氏用家傳秘方甚多，《北案》第二案有千金化痞膏，治痞證屢驗。第八案的琥珀丹治痰滯諸痛。第十三案的催生散秘方，治難産使産婦母子平安。用火針治内癰，是倪氏的家傳絶技。腹腔内之膿腫，包括肝癰、腸癰等，統稱内癰，危重而常致患者死亡。《北案》第三十九、四十、四十一案，即是運用火針治此急危證的案例。其中，也顯現了古代中醫治療急腹症的智慧。

縱觀《兩都醫案》，可見案主倪士奇的學養和醫術。其文筆通明流暢典雅，他的醫案無需註釋，包括醫内功夫和醫外功夫。他的友人將他與宋代龐安時相比，其醫術精湛絶倫。正如《吳光儀序》中所言：『儔急而緩，儔緩而急，用奇而奇，用平而奇。蓋非學術之獨優，抑其膽其識有以，大膽人之心焉耳。』倪氏托於醫以自行其志，他以儒醫通天地人自況，其醫案南北兩集共七十二則，應天文之數七十二，合於術數。頗爲有趣的是，他把當年在關帝廟求籤時的籤詞也記於書中。詩曰：『一紙官書火急催，扁舟速下浪如雷，雖然目下多驚險，保汝平安去復回。』

倪士奇認爲，他的先人令他學醫和傳授他火針，都是與先聖『通靈入化』，故以此作爲醫案之殿。然而，從他的經歷和展現的學術看，雖非『醫術神授』，但也確實具有傳奇性，其人其術都已經達到相當高的境界了。

徐氏四世醫案合編

孟慶雲

《徐氏四世醫案合編》五卷，係將清代世醫徐養恬祖孫四代醫案匯編而成。第一代徐養恬，撰有《徐氏第一世醫案》；第二代徐兆豐，撰有《徐氏第二世醫案》；第三代徐士玉，撰有《徐氏第三世醫案》；第四代徐同熙，撰有《徐氏第四世醫案》。四種醫案都獨立成書，均爲家傳秘本，未曾刊版，鈔本藏於南京圖書館。

一、著者與成書

徐養恬字澹成，是江蘇常熟謝家橋人，住南沙大樹坡。常熟地處吴中，屬轄於蘇州府，徐養恬在《蘇州府誌》《常（熟）昭（文）合誌稿·人物誌·醫家》均有記載。他行醫的時間大約在清道光前後，達三十年。他自幼學醫於同里名醫蕭函谷，盡得其指授。他醫德高尚，《常昭合誌稿》説他『性慷慨，遇貧病不取貲，戚友有求輒應，歲施棺木以爲常。』行醫之暇，還喜歡圍棋與吟詩，時人謂之『三絶』。居齋號『飲香室』。除本醫案外，還著有《傷寒心法諸論》《飲香吟草》（又稱《飲香室詩稿》）。

徐養恬之診治每以奇驗見稱，他診治過林則徐和大學士王觀等人。道光甲午（一八三四），林則徐時任江蘇巡撫，親自主持疏通從白茆經常熟向北的一段河道工程，到虞山時感患微疾，幾次在黎明時夢見有小童獻肉一盤，他悉盡吃完。諸醫皆稱疑難，治不見效。林則徐身着便服至徐養恬處延診，問是何病。徐養恬診其脈後，告林則徐曰：『是痰病焉，不必服藥。但診君脈，六脈調和，是大貴人脈，非平常輩也。』林則徐抱拳笑曰：『良醫可敬焉。』方未書畢，門外即有差官來迎林則徐回返。大學士王觀致仕歸田後，痰喘屢發，服徐養恬的藥皆應手而愈。其後又復發作，病勢較輕，徐養恬診後以善語安慰患者無妨，但另告其家人説已經不可爲治，請從速料理後事，翌日王觀果然謝世。

徐養恬積三十餘年的臨床經驗，論病透徹，預判神應，用藥精能，霍然奇效，在吴地一時稱冠。有馬嘶橋錢玉堂之子十三歲，久病請諸醫會診之後，患兒説想吃熟鴨，敢問衆醫不知可食否?諸醫皆曰：寒熱未除不可服也。惟有徐養恬説：『病在脾胃，今病已去，不食熟鴨，脾胃之氣何能服復也。』患兒吃熟鴨後，果然無虞而病愈。大東門外吊橋堍有趙姓患者病傷寒，諸醫曰病雖危可調治。時已天晚，徐養恬診曰：『病人壽不過半夜，如呼喚慾便，就將死去，此際已無須再復投。』褚杏村有醫生吴逸葵等，都謔嘲徐養恬是怪語驚言、賈名弄錢之輩。吴逸葵在當夜飯後，同另一人特地待在患者鄰居家觀望。方到二鼓，患者果然呼慾大便，二人聞後心怯驚訝之時，病人已身亡。兩人愴促離開之際，也無顧門外，有停放湯圓擔子，被撞翻個正着。此醫事在當地傳爲笑談。退寇橋一位姓李的六十餘歲患者病重，邀請徐養恬診治後，他説不妨事。同時，對診視的十餘歲患風寒咳嗽的小兒的家人説：『此孩活不過百日。』

此兒果於八十餘日後卒。

醫案作爲醫生診治患者的記録，稽其醫事，包羅宏富，有『宣明往範、昭示來學』的價值。自司馬遷《史記·扁鵲倉公列傳》記載淳于意二十五則病案以降，宋代已有醫案專著，許叔微所著《傷寒九十論》，記録了九十個證案及評析。明代經韓懋、吴崑、張介賓、喻昌的研究，已成爲專門之學。其内容及格式，頗難悉舉。包羅宏富者如《名醫類案》，論病透徹者如《寓意草》，用藥輕靈者如《臨證指南醫案》，據經斷證者如《羅氏治驗案》等。醫案已成爲中醫的一種文體，但並非皆以醫案字樣名書。如《太平聖惠方》，名爲方書，其中有千首醫案；《東垣試效方》，雖無醫案之名，而實爲醫案；《薛立齋醫案》，有醫案之名，而不止於醫案。此部醫案即是徐氏第四世徐同熙整理其先祖及個人經診脈案所成之書。

二、内容與特色

歷代以來書案方式多樣，有順叙式、倒叙式、夾叙夾議式、先案後論式、方論附案式、去繁就簡式、行誤後正式等多種寫法。《徐氏醫案》採用的是先論後案與去繁就簡相結合的案式。他依據病名分類，每病證先精論病證定義和辨治要點，然後列案。徐養恬書案，不衹是爲治有徵符，而且要承案傳教子孫，因是而在《徐氏第一世醫案》始，就確定了這種書案格式，其後的二世、三世、四世醫案，都繼承此種寫法。此案之用方，皆以藥物正名一一臚列，以便學習；書藥順序，皆把君藥置於前列，也便於學者解讀其方義方源。案主認爲『用藥本無一定分量，輕重各隨其症，故未録方中』；案中患者均不記其名姓及年歲住籍，唯小兒者有所記歲。書案順序是，在病證門，先書證候及治法，後書以藥方，最後寫治療效果，其中間有治要點撥。

《徐氏醫案》中，《徐氏第一世醫案》分兩卷，共列三十七種病證；《徐氏第二世醫案》一卷，列二十二種病證；《徐氏第三世醫案》一卷，列二十一種病證；《徐世第四世醫案》一卷，列六種病證外，並有諸門雜證和女科案。

古云：醫不三世，不服其藥。此係四世醫，以逐代記案之合案，在現傳諸醫案著作中爲獨見者。四代醫生皆爲學術全面無偏執的醫家，四代醫人的風格一致，這也體現了中醫學家法傳承的價值。除第一世醫案卷前之序言是長孫徐士玉誌書外，二、三、四世醫案之序言，均是案主自序。讀其諸序後，深感常熟徐氏是厚德仁愛的儒醫世家，代代向學，學風易簡，各以心得而立案。如詳讀此案，必有嘉獲。

李氏醫案

孟慶雲

《李氏醫案》五卷，清代李成榮傳案，其後人李德良鈔於道光三十年（一八五〇），鈔本現藏於中國中醫科學院圖書館。

一、著者與成書

關於案主李成榮的身世，因資料缺乏，目前尚待補足。卷首有其孫李龍飛，號抱龍居士的一篇短『叙』，示以醫家要謹慎，不可冀僥幸以成功。正告後人『夫不治不過無功，失治則有大過矣。更有急切危症，疑似隱症，久病壞症，暴中險症，尤爲生死所繫，聲名所關。於此而達從處方，一有不效，則四面受敵矣。何也？用清則言症之寒，用溫則言症之熱，用攻則言症之虛，用補則言症之實。欲加之罪，何患無辭，豈非捋虎鬚而踩蛇尾哉！』告以冒然行醫，毁之甚烈。提出了執身爲業的醫者術維謹記的『十戒』，是：『莫貪功，莫僥幸，莫邪心，莫粗工，莫荒疏，莫險怪，莫叩門，莫計利，莫執己，莫談人。』

『叙』的結尾用箴言式的聯語闡述行醫之要：『未動身時籌利害，攻補清温，先小試而後大用；欲提筆處計安危，虚實寒熱，多精察以少粗工。』讀『叙』後令人感知，李氏幾代是執業的實醫，傳此醫案，不在於遺春得譽，而是要謹循醫德，法程傳家。此『叙』也是案主傳案的意圖。

二、内容與特色

《李氏醫案》諸卷分門立案。各卷之書，依『五常』之仁、義、禮、智、信名標卷部。卷一仁部，卷二義部，皆内科案。卷三禮部，爲婦科。卷四智部爲婦科、幼科。卷五信部，爲痘瘡麻疹及眼目病。五卷之五部，共覆蓋病證一百四十七門，每門下有兩三案或數案，未發現文字及内容有舛誤，是精鈔本。更主要的是傳主學殖深富，案所記載多所危重急證，各門案囊括貫珠，此案可爲案主之學術標識，也有益讀案者增長認識病證的經驗和治病的技巧，進而啓迪臨床思維。

清人周學海曾說：『每家醫案中必有一生最得力處，細心遍讀是能萃衆家之長矣。』《李氏醫案》確是李成榮先生辨證論治技巧的展示。閱讀此案，覺得有如下五個方面的特點：

一是重視急重危證和疑難證，案主對此能够認識準確，治療精當。如卷二肺癰門，一中年酒色人喘咳膿痰，前醫以發散温補之藥，治用發散温補之藥不應。案主視診乃肺癰膿已成之危證，先以葶藶薏苡瀉肺湯去黄芪。飲後病家由惡寒轉爲發熱，案主知此發熱乃是藥力『撥動其火』，遂用桔梗湯，又飲童便及瀉黑丸，熱止喘定後，又用連翹、牛蒡子、知母、貝母、生甘草、梔子、黄芩、枳殼、桔梗、當歸、黄芪一劑，同時用薏苡代茶飲配合。服後病人吐痰及紫血塊，能進食。後又用前方加地骨皮、天花粉、童便，一劑後又加赤芍。最後以六君子湯合小柴胡湯、甘桔湯，加五味子收閉火毒，症狀消失，用逍遥散加五味子十劑鞏固療效。又如卷五麻疹門，鄧子孟夏出麻疹，先醫曾用凉膈之劑八日不退熱反便秘五日，又投大柴胡湯及清咽滋肺解毒湯等，反見氣喘鼻煽、潮熱頤赤腹脹。案主診後知是麻疹内陷之逆證。據病人有神，先輕瀉，後又用小承氣湯瀉後黑便熱退，以保和丸、麥門冬湯調一劑，待病人能進食後，以清熱理氣凉血之劑合大柴胡湯加減而清熱止喘，但仍咳嗽又見潮熱，最後以石斛清胃散加增液湯瀉黄便以進食，用參苓白术散加減治咳嗽午後潮熱，最後以二陳湯加味，三劑而痊愈。

一是辨證殊重脈診和舌苔。案主所記諸案，脈證合參最爲貼切。許多病證，因症狀特異鮮明，如痘疹門等，未書脈候。所書脈者均是脈證相諧，堪互證之用。本醫案對舌診的記述甚爲中的，多記有舌黄、黄苔、舌净等。有病之進退全從脈看者，如卷二咳血門的萬年案；也有憑脈判可否繼用下法者，又如卷一傷寒門，瑞官傷寒誤用補劑病重案，以下後脈沉宜再下，至下後脈浮而用收闔之劑。對屬於『死脈』見證者，也有治愈的案例，如卷一傷寒門譚二案，已見魚翔脈之危證，案主順次用九味羌活湯、温膽湯加柴胡、柴胡清燥湯和清燥養榮湯等收功。

三是選方應證，接方功篤。案主是清初雍乾時代的醫家，所用的方劑多是仲景經方和宋金元醫家的名方，也有明人的方劑，如明代張時徹《攝生衆妙方》之荆防敗毒散等。書中稱温病爲時疫，案中也未見到用桑菊銀翹清營等清代温病學家的時方，但案中對時疫已經首用辛凉爲治，和葉天士、吴鞠通温病學家的理路一致，顯現了温病學派發生的學術基藴。用方頻次較高的如柴胡劑、桂枝劑、建中劑、當歸羊肉湯、陷胸湯、瀉心湯、大青龍湯、小青龍湯、當歸六黄湯、白虎湯、五苓散、温膽及二陳湯、六味地黄丸、凉膈散、雙解散、升陽散火湯、補中益氣湯、九味羌活湯、達原飲等。在辨證論治中，一方之用後，病情有所進退，醫家或加藥物或變换方劑者稱爲『接方』，此接方者，是以病人爲中心的動態處置，也最能體現醫者的治療藝術。全案各門巧於接方的案例隨處可見。如卷一全書的首案鄧三老之中風者，病者是酒客，夙動作汗多，晨瀉畏熱，孟冬晨起卒然昏迷失語，惟左手足能動，用過防風、鈎藤、烏藥順氣湯等，未效而又嘔涎出熱汗，案主對此重病分十數步驟，從開竅醒神依次接方貫序而治，終達治愈。第一步，據脈浮滑緩，昏迷判爲閉證，用蘇合丸，使『微知人事』。第二步以小續命湯去參杏芩，加菖蒲、遠志、膽星、竹瀝、姜汁等，又加如聖湯，患者『人知事』。第三步，以凉膈散加菖蒲、遠志及竹葉湯加生大黄等，患者『人事漸清』。第四步，針對語言不清，右半身不遂用菖蒲、遠志、二陳、竹瀝等，病人反見語言謇澀、口喎於左、便秘、尿黄、口穢氣。第五步，用凉膈散、轉舌丹加減，患者瀉一寸硬便，因患家無禮鄙薄而辭去。繼之醫者，誤將此病辨證爲虛，用補藥後病更重，遂又苦求案主。第六步據舌根兩旁有紅子各三，右半身不遂，脈浮洪長，右寸弦之徵，用如聖湯加竹瀝等，『人漸好』。第七步據左邊汗多用當歸六黄湯等，汗止又加如聖湯爲治，病人手足能移。第八步，據舌尖赤黄苔等證，用導痰湯加竹瀝等藥，其間因足微冷惡風用天麻丸，因倦懶臂酸等症狀用全蝎、僵蠶、防風、遠志等，後仍以導痰湯加藥含指迷茯苓丸後，舌根赤子平。第八步，又見舌根大、不開，動喘手足無力，用二术、二陳、威靈仙、膽草、竹瀝等使手足大開，氣平脈和。第九步繼用前藥加菖蒲、遠志、竹瀝、膽星、全蝎、防風等，舌根腫消。第十步以六君子湯加歸芍薏苡仁減人參爲丸，服後患者能食有力。第十一步針對筋不活、舌不轉、脈浮長，用八珍湯加羌、防、木瓜、姜汁、竹瀝三劑。第十一步針對左脅痛、手難舉、善悲脈洪長，用導痰湯加味投五劑，針對身重用拈痛散去升麻，六劑後足輕便。第十二步針對失語，及用豨薟丸、侯氏黑散不應，仍用轉舌丹十劑並加二陳、二术、二妙、羌活、姜汁、竹瀝等，四劑後汗出在右，知是營衛不通，用大秦艽湯六劑，服後患者能語但字不清，手足無力。第十三步，用灸法不應，後用菖蒲、遠志、當歸、茯神、甘草、羌活、黄芩、南星、全蝎、連翹、半夏、生术，二劑後手足輕便。又配和藥酒及化濕理氣活血的水丸，患者病愈。病愈後令病家繼服侯氏黑散以鞏固療效。以上全程二百日，因用竹瀝而伐竹三百竿，病人全愈。

四是加減用藥，理據嚴明。案中常用藥如升麻、柴胡、大黄、芒硝、防風、桂枝、石膏、羌活、青皮、陳皮、白术、茯苓、黄芩、人參等，凡其加減，皆有針對的症狀，還有以舌苔脈象爲憑，或以大小便爲憑者，案中還有因季節之異而有選藥之别。此案確以用藥的章法示人以規矩。讀案盡知，不特專叙。

五是眉批之語，最爲至道精要。每頁的天頭處，多有眉批，最爲可貴。此案的批語，或點睛辨證要點，或點撥用方之妙用藥之巧者，也有示以病重藥輕或换用何藥更洽者，案中點示脈要和詮釋病機者，每能啓示讀案的悟性，如言『大便黑爲蓄血』、『肝膽熱證咬牙』、『喜熱飲有痰也』、『發哭火入心臟最危』等。眉批中還有提示飲食之藥性者，如『鷄（肉）動肝火』、『鱉肉陰冷』、一側汗出是『營衛未通』等。點評中還有鈔述方劑藥物組方者，以方便閲讀。可見，此精妙的點評，與案融爲一體，使讀者有階可升。

雪蕉軒醫案

孟慶雲

《雪蕉軒醫案》十卷。案主佚名，由門人陳鍾元和其子元琦同校，鈔本於清光緒十六年（一八九〇）完成，現藏於中國中醫科學院圖書館。

一、著者與成書

卷首有校者元琦的『序』。序文簡短，言及元琦還有兄長夔一，曾有《脈經校議》之作，乃因無論從音義或醫理，尤其是對照宋・龐安時的《傷寒總病論》，許叔微的《傷寒百證歌》諸注文所引，《脈經》傳本與『王叔和《脈經》』，不盡符契，指『爲林億所亂』，由是而作《脈經校議》。循湖陽孫氏（星衍）考《神農本草經》與績溪胡氏（澍）著《素問校議》之理意，稱其書爲《脈經校議》，但此書已亡佚而未見諸於書目收載。序中還自陳校者元琦是治經方的醫生，一直爲其父侍診，鈔寫之方案盈帙，於六個月内編成這部内科四卷、外科六卷的醫案，家大人閲後謂『尚無棼亂』，而命之曰《雪蕉軒醫案》。從此序駐筆文雅，有超曠之識見，知校主家學淵藴，再觀其案記，深感所記之案真實嚴謹審慎。

二、内容與特色

醫案是醫生臨床診治病人寫真的記録，記案不僅是工作的一個環節，也是案主醫學思想、理論水平、臨證經驗、技術能力，乃至醫德醫風的體現。十卷醫案均是順叙式的寫法，先書以病證之名，之後向左另起行叙記病情及辨證立法。首字是患者姓氏，名字從略。姓氏下有一點，之下簡練地概括證候所見及脈象舌象，間有精闢的病機分析或前時治療情况，段落的末尾述及治法。之後另起段逐藥叙寫處方，藥下均標明劑量。藥味中如有特殊炮製或包煎、後下者，均用小字書寫於該藥之旁。如有接方則另起一段仍是叙述病情病機之後，再旁開書寫處方，劑量炮製等均如前。接方時的要語每於病情病機段的最後一句，在段後别起一行，置於方前。其中也有一些因用成藥名方而不書藥味藥量者。

卷一爲内科，記中風、偏枯、眩暈及耳、目、鼻、牙等二十四種病證的醫案，每病證下皆有數案。《内經》言『風爲百病之始』、『風爲百病之長』，據此，歷代有很多醫案都把中風病列於案首，本案也不例外。卷二内科，列喘、脱等二十六種病證。第三卷内科，列遺尿、疝氣、温病、斑、疹等二十五種病證。第四卷内科，從復病、痰、蟲等，也包括婦人病之經、帶、胎、産前、産後等共二十四種病證。第五卷外科，包括頭癰等十八種癰。第六卷外科，包括胎毒疽、脱疽等十九種疽。第七卷外科，包括額疔、紅絲疔等十種疔。第八卷外科，包括喉風、舌疳、牙癰等二十三種病證。第九卷外科，包括癭瘤、骨瘤、廣瘡、黄水瘡、大麻風、紫癜風等三十三種瘤、瘡、風。卷十外科，包括眼癬、耳菌、火丹、腎岩、胎毒、胎癩等三十七種雜證。十卷共列内外科二百十九種病證，婦、兒、五官科病證都分列其中。

三、學術價值點評

民國時代名醫惲鐵樵先生曾説：『我國汗牛充棟的醫書，其價值不在議論而在方藥，議論多空談，藥效乃事實，故選刻醫案乃現在切要之圖。』本書所列諸案字少而信息量大，議論少而以處方爲憑。從醫案的内容和治病風格看，有如下四個特點：第一，案主是經驗豐富的全科醫生，稔熟於内、外、婦、兒、五官等多科疾病的治療，出手準確，應手如拿，很多病證是一方到底，守方獲效。其二是見識獨到。如第四卷之復病，案主把病愈後或治療過程中的繼發病稱復病。案中有寒熱解後遍發紅瘖者，有病愈後神情異常者，也有病解後食飲大便異常者，更有因寒熱病而發驚厥之危證者，其處方用藥都是前病復病兼顧而收功。卷四之『痰』病之論既有『脾爲生痰之源，肺爲貯痰之器』之論；又有從胃肺論治者，言『胃爲生痰之源，肺爲貯痰之器』，以氣化行水爲治。對痰飲之病，不祇是『以温藥和之』，也有以補陰活血而治者。案主把腸癰列在第五卷外科諸癰病之中，可見其對疾病分類獨具慧眼。第三，在外科醫案中，對腫瘤等難治病多有治驗，諸瘤如癭瘤、血瘤、骨瘤、癌病在本案中稱『岩』，如乳岩、腎岩等，皆有寫真的記載。第四是案主的處方用藥風格。案主每方用藥十味左右，如廣鬱金、新會陳皮、雲茯苓、真野于术、東白芍等等，很多藥要特殊炮製，如洗打鮮生地，鹽炒粉丹皮，人乳浸拌雲茯苓等。重視藥引的使用，很多方皆有用藥引者，藥引寫在處方後另一格低數字單寫。藥引或特殊炮製的單味或對藥成藥，如鮮竹瀝、白金丸、紫金錠之類，也有開胃助消食之品如香穀芽之類，也有加青葱管、桂圓肉之類，還有別加一味不屬於煎劑的藥物以藥引與主方的配合，以次方或佐使的功效，强化治療。

對於醫案，前人曾指出：《東垣試效方》雖無醫案之名，而實爲醫案；《薛立齋醫案》有醫案之名，而不止於案；《太平聖惠方》爲方書，其中千餘首醫案。本書名爲醫案，但所載之方很有價值，能彰顯處方用藥之技巧，案皆立於病證之後，可以說，本書是案也是方書。

赤崖醫案

盛增秀

《赤崖醫案》不分卷，清·汪廷元撰，清乾隆四十七年（一七八二）刻本，孤本現藏於浙江中醫藥研究院圖書館。

一、著者與成書

汪氏約生活於清康熙末年至嘉慶初年（一説生於一七二三，卒於一八〇〇），據《歙縣誌》記載：『汪廷元，字瓚，又名禾，邑城人，以儒醫著名，傳三世，著《廣陵醫案》《新安醫案》。』《安徽通誌稿》載：『清·汪廷元，字瓚禾，號赤崖，歙縣人。與許豫和爲親家，乾隆間亦以醫名噪一時。生平治病多奇驗，因摘其中百條，分爲二編，曰《新安醫案》《廣陵醫案》。』

《赤崖醫案》係將《新安醫案摘録》和《廣陵醫案摘録》集於一書，凡二册。本書刻印甚工，紙質上乘，字跡清晰，堪稱善本。

汪廷元出身於醫學世家，自謂：『顧吾家世以醫名，活人無算，自吾大父至於吾，已三世矣。』汪氏自幼博覽群書，由儒而醫，程瑶田在本書序言中指出：『先生入學鼓篋時，即兼習黄帝、神農、素女之書，至於壯年，益肆力於漢唐以後諸名賢，若王叔和、皇甫士安、王啓元之所著録，一一遍觀而盡識之，既以張仲景爲太宗師，而更出入於百家之説以博其趣。』可見先生平生精研《内經》《本草經》《傷寒論》等經典，旁及歷代諸名賢之著述，無所不覽，是以學識廣博，功底深厚。汪氏行醫數十年，兢兢業業，刻苦鑽研，於是積有豐富的臨床經驗，金雲槐評價其術曰：『汪氏之於醫，其用力爲甚勤，宜其術之精矣。』又曰：『治疾應若桴鼓，騔騔乎入劉李朱薛之室，汪君之功不其偉哉！』其精湛醫術，深得醫林贊譽。《赤崖醫案》乃汪氏從大量臨證醫案中摘取其精粹編集而成，程瑶田曾説：『先生治病多奇驗，則爲按筆之書，歲月既深，卷帙益富，今摘其中百條，分爲二編，曰《新安醫按》《廣陵醫按》，瑶田見而讀之，曰：此壽世之良藥也。』

二、内容與特色

是書編撰體例新穎，不以病種分門别類，而是以每案的主病主治和治療經過的縮語爲目次，如『張子春兄時熱津血枯涸將絶危候』、『吴渭川翁腫滿奇症愈後復病誤治』等等，十分醒目，能引人入勝。

清代醫家徐靈胎嘗謂：『凡述醫案，必擇大病及疑難症，人所不能治者數則，以立法度，以啓心思，爲後學之津梁。』細觀《赤崖醫案》，其最大特點是所選醫案，多係重危和疑難病證，讀者不僅能從書中窺得汪氏臨證診治危重和疑難病證的經驗，而且還能領略其理法方藥運用的獨到之處。案如：『邑學悦嚴王先生夫人，年近四十，形體清瘦，五月間煩懣不食，終夜不瞑，舌黄苔，面發赤，腰痛，帶下。醫用六君子、歸脾，皆不效。延綿一月，更嘔噦不止，噦甚即厥暈，醫又投以逍遥，益劇。及予診，脈皆虚數而微。予曰：此非心脾肝膽之病，法宜温補元陽爲治。因與附桂八味加人參，連服八劑，漿粥漸入，嘔定神藏。惟大便秘結，此由食少腸枯，加肉蓯蓉、胡桃肉頗應。忽又遇事惱怒，當即嘔噦吐食，魄汗淋灕，五更渾身忽熱，少頃氣逆上奔，人事不省。予恐真陽隨散，乃急研進黑錫丹五十粒，再以人參、炮姜、附子煎熟頻灌，勢遂漸回。仍主八味去丹皮、澤瀉，加人參、鹿茸、五味子、牛膝爲丸服之。但氣性躁急，食養不善，前此諸症，猶間舉發，煎劑則用附子理中、鎮陰煎出入，調攝半載，始獲全安。共計服附子六斤，人參二斤。又病甚時，舌苔必黃，心中必熱，面部必赤，投以大溫補即平，非火不歸原之驗歟？人言瘦人多火，此則虛寒已極，豈可執乎？』本例洵爲醫案中的精品之作。患者迭經他醫治療而乏效，危症蜂起，險象叢生，汪氏細心辨證，慧眼獨具，認定爲『真陽隨散』，投以溫補元陽、引火歸原之劑，先後計服附子六斤，人參二斤，遂使病情峰回路轉，漸入坦途，終獲全愈。又如：『巴濱上翁，八旬外尚能生子，禀受異人，平日惟多痰火，偶因如君病，憂思辛苦，一日忽然寒戰，又即發熱煩躁，時氣候已涼，翁單衣尚不能耐，正有思坐卧泥井之狀，脈弦大而疾，重取空虛，諸令嗣慾作瘧治，予執不可，曰：此乃陰盛格陽，真元慾脱之象，宜用四逆湯加人參，爲對症之方。温服一劑而平，三劑而病旋已。』治病貴在識病，特别是當病情出現『大實有羸狀，至虚有盛候』，或『重寒則熱，重熱則寒』的假象時，誠能透過假象，抓住本質進行治療，方稱高手。本例汪氏不被假熱所惑，斷定爲『陰盛格陽，真元慾脱』之證，毅然決然地投以回陽救逆之劑，病情迅即轉機，患者化險爲夷，絶處逢生。此等大病重症，得以挽狂瀾於既倒，若非有膽有識，熟諳臨床的老手，斷難有此傑構。程瑶田稱汪氏『治病多奇驗』，信不我欺。

汪氏治學嚴謹，診病注重四診合參，臨證必詳詢病情，周密審察，宜其辨證準確，投藥切中肯綮。如『吴永箴翁脾腎虚寒不以標症論治』案，患者主訴無他病，惟因飲食不慎，又當風易衣，自以爲受凉而停食，以致出現頭痛惡寒，腹中不寬等症。汪氏診得『寸口六脈但覺細弱無神，因手探其額，冷而有汗』，還從問診中得知其『氣怯神倦』，遂認爲『非風、非食，乃本病也。』用培補脾腎方藥而獲效。先生深有體會地説：『是知醫之臨症，在合色脈，察其虚實，懼有伏焉。倘徒聽病者所述，粗心以應之，不幾於殆乎？』閲歷有得之言，足以爲鑒。

總觀上述，本書版本珍稀，案例精闢，經驗獨到，確是一部不可多得的醫案專著，具有較高的學術意義和實用價值。

醫學心傳・歷年醫案

鄭金生

《醫學心傳・歷年醫案》爲清・王明德（築溪居士）撰於光緒間（十九世紀末），該書以醫案爲主，且有諸多醫論、醫方内容。作者醫療經驗豐富，博採諸家之長，對中醫臨證治療甚有裨益。原書全帙今已不存，僅殘留《歷年醫案》部分，近年始被發現。

一、底本與作者

該書因係《醫學心傳》所遺殘卷，故無序言凡例，難明此書全貌。據該書正文所涉年號、年份及干支紀年，最早的年份爲同治末（一八七四），所治病案最早年份爲光緒丁亥（一八八七），最晚年份爲光緒二十一年（一八九五）。由此可知該書成書當在光緒後期。又該書嚴格避清諱（『弦』字缺筆等），結合其書所存年份標誌，可推測此書約刻於清末。

該書未見古今諸家書目記載。《中國中醫古籍總目》載有同名書兩種，一爲鈔本，不分卷，著者佚名，藏浙江圖書館，成書之時附於一八八二年。另一種爲鉛印本，四卷，清·華秉麾著，成書於一九三二年，據考察均與此王明德同名書無涉。

著者王明德，築溪居士或爲其號。武陵人（今湖南常德）。生平無可考。據醫案中提及的年代，其主要活動年代當在光緒中。從正文各醫案的叙述中，可知該作者乃一理驗皆富的臨床醫家。醫案中常引據前人之書，涉及清代名醫喻嘉言、葉天士、徐大椿、陳修園、吴鞠通、夢覺道人（《三指禪》作者周學霆）等。其學術見解等詳見下文。

二、内容與特點

該書以醫案、醫論爲主，並非一般的醫案書。從該書内容與編排來看，既未刻意以疾病類案，也没有嚴格按經治時間爲序排列，而是將醫案與醫論夾雜而叙，各立標題，很類似臨證隨筆，有感則發。概而言之，該書有兩大學術特點：

（一）醫案、醫論、醫方緊密結合

該書的内容可分醫案、醫論、醫方三大類，這三類内容從篇目數量的比例來看是不相同的，共有四十六個篇目，其中第一卷存目二十六篇中，有五論、六方、十五案；第二卷存目二十篇，有三論、八方、九案。可見這兩卷以醫案居多（共二十四篇），醫方其次（十四篇）、醫論最少（八篇）。

二十四篇醫案並不等於衹有二十四個醫案，有的醫案篇目中會列舉二到四個醫案。其醫案的寫法類似喻嘉言的《寓意草》，屬於追憶體裁，因此，每一個醫案起始、結局都是完整的，治愈的案例較多，失敗的案例較少（其中『産後血臧案』病人最終未能挽救過來，作者自言有『不明之罪』）。醫案的篇目大多以病證爲名，有時名稱中還會突出診斷或辨證的特點，非常醒目，如『新産脈大案』、『肺虚咳嗽案』、『脱陰目盲症』、『勞力傷腎案』、『傷寒挾水成痰飲症』等。

這些醫案最大的特點是夾敘夾議、案中有論。多數醫案均注重辨析辨證要點，講解遺方用藥思路，評議治療得失。因此，與某些醫案著作相比，該書的醫案數量雖然不是很多，但多數案例都會給臨床診治提供某些方面的啓示。例如作者在『血崩』與『傷寒蓄血症』兩篇中，都提到血證診斷中的脈診問題。他認爲，無論下血、吐血、傷寒蓄血，『此等症當憑證不憑脈』，『但度其新久虛實而已』。他還提出，在辨脈之浮沉中，『以上下別浮沉是一義，以來去別浮沉又是一義』。『以來去別浮沉』罕見醫書記載，具體來説就是：『傷寒初病，脈不沉便是浮；傷寒久病，脈不浮便是沉。甚矣，浮中認沉，沉中認浮，非一朝一夕之故也。』

該書的八篇醫論多圍繞某些病證展開，如有陰虛咳嗽水泛爲痰論、喘咳論、疳疾論、關格病論。這些醫論與一般醫書中的論説相比，最大的特點是論中有案，論中有方，把醫理論説落實到疾病的治療。例如『喘咳論』中，作者云：『喘咳、膹鬱，皆肺病也。喻嘉言謂皆屬於肺燥，製有清燥救肺湯。余未敢盡信！』他在分析病機、結合治案的基礎上，指出『膹鬱之氣，不屬肺燥』，主張治膹鬱喘咳，當依四磨湯法治之。又如『陰虛咳嗽水泛爲痰論』中，作者在精細辨證的基礎上，結合治療經驗，創設『滋陰救腎湯』爲主來進行治療。『調經論』中，作者在議論之末，提出『醫者能知經水應月，喜潤而惡燥，則思過半矣』，並介紹了個人的用藥經驗。

此外，該書中十四篇醫方的篇目中，集中介紹了數十首經驗有效之方。其中有的取自前人書，有的屬於作者自擬新方。例如作者自擬的方劑有『擬補腦止疼方』、『自製復陰救盲湯』、『自製補腦止疼方』、『自製斑龍四物湯』等，都是作者臨床治療經驗的歸納總結。還有的篇目屬於方論，即專論某方的適應症、方組配伍機理等，以便臨床採用。又

『三瀉心湯辨』一篇中，講解黄連、半夏、甘草三瀉心湯的化裁變化及適應症，簡明扼要。作者非常重視經方的運用，但又能注意不斷總結新的用方經驗。因此，古方的活用、新方的創製、醫方機理的論説，是該書一個非常重要的特點，值得深入發掘提高。

該書除專門的醫方篇目外，幾乎在每一醫案、醫論篇中，都會涉及用方，可以説是案中有方、論中有方。例如『水腫』病案中，作者『將用效方藥列後，以備參考』。『舌麻』醫案中，作者宗喻嘉言資壽解語湯加潤腎之劑，投之即效，故辨析其辨證選方理由，爲後世治療此類疑難病症提供重要參考。

總之，該書中的醫方專篇雖然不是很多，但其中出示的經驗效方數量及篇幅却佔了很大的比例，成爲該書的特色之一。

（二）廣求治法，不守一家之言

與一般的醫案書籍相比，《醫學心傳·歷年醫案》的醫案撰寫法没有固定程序，不拘一格，娓娓而談。作者聲言：『余凡立醫案，皆是實言，決不虛謊以欺世，自招罪孽。』他在醫案中經常講述其探索用藥的過程與思路，令人讀起來饒有趣味。例如在『臟寒症案』中，作者講述了他治療『陳嬸母』臟寒症的曲折過程。此案從使用桂附八味丸開始，逐漸增加用熱藥的劑量，以至於最後生附子用至十二兩，明附片用至三四斤，始得精神强健。作者慨嘆：『用藥之險，世所罕見。』在此案中，作者總結道：『附子補陽救腎，爲第一要藥。無論外感内傷，但逢陽虛，投之立效。虛甚者必久服始效，並無中毒變症之患。』作者在治療其姑母臟寒症時，川附片用一兩，乾姜用一兩二錢，始獲良效。但作者認爲他這樣重用熱藥，並非一己之見，『四川廖老醫早知此意，故其用藥，與此相仿，而用藥則過此數倍，其症無不療者。同治末年，余親見其醫案云』。可見清代同治末年，四川善用附子已是大有人在。

從該書『臟寒症案』、『暑汗亡陽症』等篇所載的大劑量用熱藥來看，人們可能會把作者王明德歸入後世的『火神派』。但再看其它醫案，則知作者並非執意好用熱藥，而是辨證論治，當寒則寒，當熱則熱，並非固守一法。例如在『馬厚翁温熱病垂危復生案』中，對患温熱病的馬厚翁，作者十分推崇葉天士、吴鞠通的温熱治法，而採用辛凉甘寒之品予以救治。他的這一治法在當地引起了一些議論，有人甚至懷疑他『好用藥，偏尚一家』，但作者否定此説法。他辯解説：『不思余披肝露膽，引證分明，豈猶有所阿好哉？顧醫者皆博覽群書，廣求治法，切勿徒守一家之言可也。』由此可見，作者之所以重用熱藥，或重用寒藥，都不是固守一家之言的偏好，而是在深入辨證論治基礎上確立的治法。

綜上所述，該書叙事樸實誠懇，將醫案、醫論、醫方緊密結合，對中醫臨證治療有較高的參考價值。

管見集

李鴻濤

《管見集》不分卷，醫案類著作，清·徐大椿編撰手録，稿本現藏於上海圖書館。

一、著者與成書

該書係清初名醫徐大椿編撰手録。徐大椿（一六九三～一七七一），江蘇吴江松陵鎮人，字靈胎，晚年隱居吴山洄溪畫眉泉，又號洄溪老人。徐大椿出身於書香門第，青年時期博涉經史，治舉子業，受家學影響又曾精研水利，聰穎過人。其他『凡星經、地誌、九宫、音律，以至舞刀奪槊、勾卒、嬴越之法，靡不宣究』（袁枚《徐靈胎先生傳》）。中年因手足連病，轉而精心醫藥，遂棄儒從醫。『每視人疾，穿穴膏肓，能呼肺腑與之作語。其用藥也，神施鬼設，斬關奪隘，如周亞夫之軍從天而下。諸岐黄家目瞠心駭，帖帖折服，而卒莫測其所以然」（袁枚《徐靈胎先生傳》）。其於醫道頗有過人之處，又在於敢於指陳發聵，别樹己見，並且著述頗豐，在中醫學術發展史上，是一位饒有建樹的理論家、評論家和臨床家。

據《中國中醫古籍總目》著録，署有徐大椿所著、所編的醫學著作，自《難經經釋》（一七二七）至乾隆三十九年（一七七一）四十四年間，共有三十九部，其人在醫門之中的影響可見一斑。也正因爲徐大椿在有清一代的顯赫醫名，故其間難免有書賈爲漁利而篡入的假托僞之作。但根據《徵士洄溪府君自序》和明確文獻可考的徐大椿著作，約計十二種，大致可分爲四類：在中醫學理研討方面，著述有《難經經釋》《神農本草經百種録》《醫學源流論》《慎疾芻言》《傷寒類方》《蘭臺軌範》等；在醫理衡正評論方面，著述有《徐批葉天士臨證指南醫案》《徐評外科正宗》《醫貫砭》等；在臨床治驗方面，有後人整理之《洄溪醫案》；在編輯鈔録方面，有《女科濟陰要語萬金方》《管見集》。以上著作，從經典釋文到發揮運用，從外感熱病到内傷雜症，從基礎理論到臨床各科，皆是徐大椿畢生研探岐黄的碩果，足以抒發其淵博穎慧的胸臆。

此書同《女科濟陰要語萬金方》，均鈐有『靈胎氏』朱文方印，『大椿手録』白文方印，『徐氏家藏秘笈』白文長方印，故此本當是徐大椿手稿無疑。據其筆法，與其另一晚年手録本中國中醫科學院圖書館所藏《女科濟陰要語萬金方》比對，此《管見集》編撰成書當在徐氏壯年。

本書流傳遞藏有序，又有『壽昌』『煉藥草堂』和『青瑶藏書』『顧氏秘笈』『上海圖書館藏』五枚印章。可知本書先爲壽昌氏煉藥草堂收藏，繼爲現代女書畫家、篆刻家顧青瑶收藏，最後此書歸藏上海圖書館。

二、内容與特色

（一）承先啓後，萃取百家

此稿本爲醫案類編著作，爲『二層樓』版式，上層載方，下層録案，以『病證驗方醫案』體例編撰。本書所輯醫案大都來源於明清名醫醫案，間有作者本人臨證驗案。開闢了不同於《名醫類案》和《續名醫類案》的别具一格的類編醫案方法。徐大椿通過博覽群書，擷取百家驗案並予以類編，從方案選取的治療效驗中體味和掌握臨證辨治思路、方藥運用經驗等，這種精進的治學方法，值得後人學習。

（二）選案精要，方案相應

全書以病證分門，計有八十三門，所録醫案門類較全，内外婦兒、外感内傷皆有涉及，均是歷代臨床名家經治的佳案，細閲每案可見其法度井然、效驗確鑿，雖體量篇幅不大，但可見其精要之處。值得一提的是，徐大椿在此書中選録醫方，既有歷代辨證效驗名方，又有民間單驗方，每方詳其組成，並以簡要精當的語言概括辨證選用要領，如頭痛就有肝風頭痛，風痰頭痛、腎厥頭痛、氣虛頭痛、肝胃火頭痛等，既示人以方，又示人以法。其中重要的方劑還列有方論，乃至於相類方鑒別，便於理解和臨證精準選用。方下列案，方案相應，既可佐證方劑之效能，又能生動的揭示驗方臨床如何辨證應用。個別醫案還附有按語，以明其中辨病辨證用藥的精要之處。因此，本書對於提昇閱案者臨床思辨水平的價值是不言而喻的。

（三）病證結合，主方主藥

正是基於以上以『病證驗方醫案』體例研討臨床治療的思路，徐大椿逐漸形成了病證結合、主病主方的臨證理路。在《管見集》的編撰中體現的淋灕盡致。其在《蘭臺軌範·序》中言道：『慾治病者，必先識病之名，能識病名而後求其病之由生，知其所由生又當辨其生之因各不同，而症狀所由異。然後考其治之法，一病必有主方，一方必有主藥。或病名同而病因異，或病因同而病症異，則又各有主方，各有主藥，千變萬化之中，實有一定不移之法。』並且，他反對『不論何病，總以陰虛陽虛等籠統之談概之，而試以籠統不切之藥。』（《醫學源流論·藥誤不即死論》）總之，其提出的『病證主方主藥』的臨證思路，强調了治療中辨病與辨證相結合，既使得辨證論治在辨病的基礎上不失靈動圓通的本色，而又不因過於强調辨證論治、辨證分型而使得臨床選方治療漫無頭緒、亦步亦趨而流於泛泛。具體到臨證應用上，他在《蘭臺軌範·凡例》中言道：『一病必有一方，專治者名曰主方；而一病又有幾種，每種亦各有主方。此先聖相傳之法，莫之能易也。』並在《醫學源流論·藥誤不即死論》中例舉了主方的含義及運用，『凡一病有一病之名，如中風，總名也。其類有偏枯、痿痹、風痱、歷節之殊。而諸症之中，又各有數症，各有定名，各有主方』。又言『凡病盡然，醫者必能實指其何名，遵古人所主何方，加減何藥，自有法度可循』。這種『病證主方主藥』的臨證辨治模式，由於辨的是中醫的病，雖然與現代『西醫辨病、中醫辨證、病證結合』的模式有一定的區別和局限性，但徐大椿對於識病辨證、主方主藥的理解和運用對於當今中醫臨床工作仍不失爲一種極具指導意義的臨證思辨大法。

三、學術價值

本書作爲著名醫家徐大椿爲研討醫學所蒐集類編的參考與資鑒，在類編醫案方法上具有創新性，並且倡導喻示了『辨病辨證主方主藥』的臨證思辨模式，具有重要的學術價值。加之，此稿本《管見集》爲徐大椿親手編撰、訂正、謄録，却在其生前未得刊刻面世，僅以孤本流傳，而現今存世的關於闡介徐大椿臨證理路和臨床治案方面的著作較少，故本書顯得彌足珍貴。

徹賸八編·内鏡

王樹芬

《徹賸八編·内鏡》（以下簡稱《内鏡》）二卷，係明末清初人劉思敬所撰《徹賸八編》之四。清康熙刻本，孤本現藏於中國中醫科學院圖書館。

一、著者與成書

劉思敬，字覺岸，號碧幢山隱，史誌無考，生卒里貫未詳。據書前石焕然『讀内鏡小言』稱其爲『覺岸先生』，卷端題『碧幢山隱』，知其爲隱士，抑或道家者流。其生卒年雖不可確考，但因本書多處引用了『浮山愚者』之語，『浮山愚者』是清初思想家方以智之號，故知劉氏應是明末清初人，約略與方以智同時或稍晚。其生平事跡，從石序中可略見端倪：『覺岸先生天資高穎，學窮二酉，又復精研乾竺典墳（佛經）、蝶夢丹鉛（《道藏》）者有年。己卯之役，與余同寓，秦淮之邂，笛步入闈，廿三藝援筆立就，而精神笑語不異平時』，則知劉思敬曾與石氏一同參加己卯年科舉考試。此『己卯』科考，應爲明崇禎十二年（一六三九），時年劉氏以二十歲計，則當生於一六一九年前後。石序繼云：『宦成力學，儼然寒士，鷄窗既博，游名山大川以資長其學問』，知此次科考，劉氏已得到功名，併入仕途，但不久即棄仕而『游名山大川』，這當然不是個人意願，而是江山易姓，舊朝不存之故，這從全書無論序言、卷端、卷末均無朝代、年號記載，亦可爲佐證。劉氏在雲游山川時，『而鉛塹時勤，數十年筆墨，勒成《徹賸八編》』，則《徹賸八編》當成書於康熙前期，其書：『上窮日月星辰，下究山川疆域，遠稽邃古聖賢，邇誌近今耆碩』，即廣泛論及天、地、人三才之事，而《内鏡》即其中論及『人』的部分。

二、内容與特色

《内鏡》爲醫論性著作，分上、下二卷。全書論題共八則。上卷論敬身格言、四大爲身説、頭面臓腑形色觀，主論惜身養性、防病於未然之重要性及身心性命之理；下卷論診候徵商、奇經八脈、五運六氣標本説、考證、取鑑，主要論述脈理、診脈法、五運六氣與臓腑經絡標本關係、《内景經》詮解的考證及前賢治驗與名言軼事以爲借鑑。

『敬身格言』五十六條，引《黄帝内經》及周敦頤、程伊川、朱熹等名家言，告誡世人要愛惜身體，不可恣意妄爲；順天時、節嗜欲，保精全神以盡天年。『四大爲身説』十三條，論人之身形，由氣、水、火、風『四大』組成，『四大升降生息，無刻有停』，論『四大』内容時，引李時珍『人火』、『天火』説、繆仲醇『少火』、『壯火』論、《黄帝内經》病機十九條、浮山愚者之言等闡明水火相濟則人安、不濟則人病之理。其於陰陽互根、水火既濟理辨得十分透徹，表明作者於身心性命之學確有深刻研究。『頭面臓腑形色觀』九十二條，粗述人身結構與聯絡，本節前三條論腦與髓對人身的重要意義十分精到，明確指出：『人之脊骨中髓上至於腦，下至於尾閭，其兩旁附於肋骨，每節皆有細絡一道內連腹中與心肺繫，及五臟相通』，實發前人所未發，誠可謂中醫解剖學之獨樹。

『診候微商』論診脈之法，計三十九條。對三部九候法、獨取寸口法、人迎氣口等皆有論述，其次論傷寒病之傳變及治法、五臟虛實補瀉法，雖多引前賢之言，亦不乏獨出心裁之論。『奇經八脈』共三十八條，主論奇經八脈的作用及診奇經八脈之法，引李時珍所撰『氣口九道脈』之圖並論，以與吴焕然之問答解釋氣口九道脈之臨床用法，有一定理論和實用價值。五運六氣標本說前列運氣概念與民病，次引沈括《夢溪筆談》三則以證運氣之不虛，後對五運六氣標本歌逐句解釋，並指明本歌的出處與傳承，後附吴焕然之論天和脈及醫案二則。考證一節，先對道家經典《內景經》個別註釋未確處進行考證與詮釋，後列三十八例前賢奇疾妙治之驗案，末附作者『己亥之夏』（一六五九年）病膈氣，用針灸治療而不效，因對針法傳承不力有所議論。取鑑一節，匯輯二十餘條前人修身養性之言行，以爲有志修身者鑑，内容浮泛，且多殘損。末有作者跋語，僅存首尾各半行，莫可尋掇。

三、學術價值點評

總之，《内鏡》一書乃隱士而兼通醫者所撰。卷上主論人體生理功能及養生保健的重要性，卷下主論脈理、脈法、傷寒傳變、五運六氣標本、五臟虚實補瀉等，有一定理論與實踐價值。全書對人體臟腑經絡、營衛氣血之論多引述佛、道之理，於中醫學醫理或有一隅之見，且佛醫道醫等在傳承發展過程中，每多與中醫學互有借鑒發明，在本書中亦可窺一斑。同時也反映了中國古代文人術士隱志於醫林，『不爲良相，當爲良醫』的普濟宏願作爲一種歷史文化現象是值得珍視和予以深入研究的。

指南後論

孟慶雲

《指南後論》不分卷，著者佚名，清代精鈔稿本，現藏於中國中醫科學院圖書館。

《指南後論》是研讀葉天士《臨證指南醫案》而撰寫的論著。全書依然按着《臨證指南醫案》的病證架構和順序論説，在明析概念之後，歸納葉氏辨證論治的思路和用方，通過與前代諸名家相比照，解析佳案，闡發特點。

一、著者與成書

本書著者佚名，無序言，亦無跋語，從書中的叙述看，作者也在葉天士的家鄉吴縣行過醫，並且得到葉氏之親炙，是帶藝從師。從作者稱葉天士爲『葉氏』、『先生』、『此翁』、『此老』看，作者與葉天士比較親近。書中記有學界熟知的一段關於葉天士對徐靈胎感嘆的話，與作者有關。在《眩暈論》後有作者的附記：『古人必用金石鎮墜之品，此則先生所未及知也。憶初至郡中治病，是時喜用唐人方，先生見之謂人曰：有吴江秀才徐某，在外治病，頗有心思，但藥味甚雜，此乃無所傳授之故。已後先生得宋版《外臺秘要》讀之，復謂人曰：我謂前徐生立方無本，誰知俱出《外臺》，可知學問無窮，讀書不可輕量也。先生之服善如此，尤見古風，所謂藥味雜，即指金石品也。附記於此。』作者也曾經治愈過葉天士未能治愈的病人，例如『嘔吐論』：『洞庭有一金姓者，患嘔吐症數年，其先人與此老甚相契，此老竭力治之年餘，皆用此等方，而病者幾殆。因求治於余，余曰：蓄飲也。世無知者。爲製一方，其病立已。其人因受業於余，即此可徵矣。』從評語看，他未曾參加過《臨證指南醫案》一書的編輯整理工作，他是在該書已經刊刻以後才見到書的。《臨證指南醫案》首刊於乾隆二十九年（一七六四），以此推知，《指南後論》的成書年代不會早於一七六四年。

和中醫學有内經學、傷寒學、本草學等相類，《臨證指南醫案》刊行後，研究是書或葉天士者也成爲一個系列的專學。二百餘年來，研究葉氏醫案的專著甚多，從史學和文獻學角度的研究者也不乏其人，又有吴鞠通在整理醫案中撰著了《温病條辨》，並有三焦辨證的創新，本書作者也是從理論層面弘揚葉氏學術的。作者認爲，中醫一些病證概念多源自《黄帝内經》，治病方法之津梁在仲景，葉氏温熱之治，『實超越前人，以此羽翼仲景，差可嘉惠後學』。有此思緒，他論病從《黄帝内經》，治療理路從仲景始向下循求，以葉天士爲高格標致，他以探討各病證論治要點和用方思路爲首要，略舉大綱，精煉叙述，無問藥物和加減配伍等項，他把這一番研究的成果匯總於每一個病證，各病證的標題不是病證名稱，而是病證之『論』，全書分上下兩卷，上卷自『中風論』至『泄瀉論』共五十二論，下卷自『痢論』至『蟲論』共三十六論。作者年資、學養和經驗都不在吴鞠通之下，同是以發明葉案爲創新，如果説吴氏成就在温病，那麽此佚名作者的成就在雜病。《指南後論》與《温病條辨》相比，可謂工力悉敵，各美其美。

《指南後論》以精思絶倫之論足稱獨步，其特點有三：一是作者能用數百字就把一個病證的概念和治療思路博綜釋懷。例如在『咳嗽論』中，僅用二百餘字，就從『咳爲氣逆，嗽爲有痰』的定義起，到治療思路和用方，論得旨深意遠，理足可傳。其『胸痹論』也不足二百字，其他各論也皆涵泳古今，深知要領。正是《黄帝内經》所謂：『知其要者，一言而終。』二是把葉案對前人的超越之處點撥得精深要妙，洽切之至。例如『肺痿論』，作者概括仲景法之要在於『生胃津潤肺補真氣』八字，《外臺秘要》用炙甘草湯，意在益肺虚，潤肺金，從肺論治，《備急千金要方》用甘草湯和生姜湯，意在生津化燥，陰火自熄。而葉天士乃用『甘緩理虚』四字，以甘藥理胃，虚則補母之意，謂『得仲景之法矣』！

又如『脾胃論』中，他説葉天士將脾胃病分爲胃陰虛、胃陽虛、中虛、饑餓、傷等種種治法最易明悉，其『升降』二字最爲策要，總評是『發明切當』。他在『瘧疾論』中評葉天士『不愧良工之名也』。他從葉天士治傷寒的醫案中感到，此翁學有淵源，心思靈變。三是作者本人學風嚴謹，求真務實。他反對理論界廣徵泛引的學風，如他在『諸痛論』中，引古聖賢『其説愈繁而去道愈遠』的話批評繁瑣哲學。書中對葉天士的不足和錯誤有多處批評。如在『失音論』中『久嗽』之後，他説葉天士『此老竟茫然也』。他在『噎膈反胃論』中質言葉老『多用人參之誤』，而在『痢疾論』，後人亂補竟説『本於此老』，他説這是『殺人無算』，而又爲葉天士辨誣。因《臨證指南醫案》係葉氏門人所撰，故《四庫全書總目》也評論説：『未必近桂（葉天士名葉桂）本意也』，《指南後論》公允地評價葉案和葉天士，展示了作者的科學態度。在他諸多評價中，最值得記録的一句話是：『此老幼科痘症，不僅名家，可稱大家矣。』

敬服，敬服！《臨證》一書，《幼科要略》，最要熟悉。』這是作者的感悟，也是他奉獻給學習葉案和學習《指南後論》的有志者的贈言。我們閱讀此書，既能從中學到中醫理論的精華，也能學到治學的方法，故此《指南後論》是值得精讀的書。

針灸經穴

徐氏針灸全書·銅人針灸全書

黄龍祥

此書原藏日本國立公文書館内閣文庫，共二册。第一册封面題作『徐氏針灸全書』（上、下），卷端書名下題有『豫章古臨衡懷朱鼎臣編』、『閩建書林三槐王佑發行』字樣，卷尾有『萬曆甲申年三槐王佑梓』木記。第二册封面題作『銅人針灸全書』（上、下）。提示該書係明萬曆十二年（一五八四）建陽刻本。從書名上看，似乎是當時建陽廣爲刊刻的《徐氏銅人針灸合刻》（即徐鳳《針灸大全》與王惟一《銅人針灸圖經》的合刻本），而實際考察的結果表明，此書基本上是據《徐氏針灸》（即徐鳳《針灸大全》）一書改編而來。

一、書名辨析

逐篇考察《徐氏針灸全書》和《銅人針灸全書》後發現：除《銅人針灸全書》下卷針灸及附篇『小兒針灸』外，均出自徐鳳《針灸大全》

一書。既然如此，爲何日本國立公文書館内閣文庫藏本分別以『徐氏針灸全書』、『銅人針灸全書』兩種書出現呢？據筆者考察，現存五種明刊《徐氏針灸》（通行本題作『針灸大全』）中有四種爲建陽刊本，而且明代隆慶、萬曆間，《徐氏針灸》多與三卷本《銅人針灸圖經》合刊，這種合刊本扉頁明確題有『徐氏銅人針灸合刊』或『銅人徐氏針灸合刊』字樣。至於底本以『徐氏針灸全書』、『銅人針灸全書』兩種書合刻的形式出現，而扉頁祇題『（太醫院校正）萬應膏藥、徐氏針灸全書』，有兩種可能性：第一種可能是，當時朱鼎臣改編採用的底本即是『徐氏銅人針灸合刻』本，而此本脱落了《銅人針灸圖經》（這種情況確實存在），於是朱氏將僅存的《徐氏針灸》改編成《徐氏針灸》與《銅人針灸》兩書，以充全本；第二種可能，朱氏改編本原祇是《徐氏針灸》一書，後來書商挖改成兩書，以充合刻本。鑒於現存本扉頁未註明『合刻本』，而且分卷非常不合理，後一種可能性更大些。

不論是哪種可能，所謂《徐氏針灸》《銅人針灸》實際上都是據徐鳳《針灸大全》一書改編而成，其正確的書名應作『新編徐氏針灸』，可視爲徐鳳《針灸大全》的另一種傳本。

二、著者與編者

底本《徐氏針灸全書》卷首朱氏記曰：『且夫《徐氏針灸》之書，乃先師秘傳之奥旨。得之者每私藏而不以視人，必須待價求之乃可得也。予今以活人爲心，更不珍藏於卷中，與同智之士共知，學者慎勿輕視，若能熟讀詳味，久當見之，則用針之法盡載於此書矣。』從朱氏之段告白來看，似乎他衹是將徐鳳的《徐氏針灸》付梓以廣其傳。如果是這樣，全書不署原著者『徐鳳』，而衹題他『朱鼎臣』的大名，顯然説不過去。下面讓我們一層層解開這個謎。先來看看朱氏的這段告白的來歷：『此《金針賦》，乃先師秘傳之要法。得之者每私藏而不以示人，必須待價之千金乃可得也。予今以活人爲心，更不珍藏，載於卷中，與同智之士共知，學者慎勿輕視，若能熟讀詳味，久當見之，則用針之法盡於此矣。後學廷瑞識』（明·建陽進堂刊本《針灸大全·金針賦》徐鳳識語）。

可見，《徐氏針灸全書》卷前朱氏識語直接照搬徐鳳的小序，衹是將徐氏原文首句中『此《金針賦》』改作『且夫《徐氏針灸》之書』，删去了徐氏原文末的『後學壬瑞識』字樣。這提示：朱氏改編的就是《徐氏針灸》一書。如果是兩種書，那麽在第二種書前也當有一個類似的『告白』，並且也像第一種書一樣，署上改編者姓名。

那麽，朱氏對《徐氏針灸》究竟作了哪些改動呢？通考朱氏删定之《徐氏針灸》《銅人針灸》二書，其重大改編之處有三：對於徐鳳《針灸大全》原書的編次進行了較大的調整；用當時建陽地區流傳的《針灸捷徑》下卷部分針灸方替代了徐鳳原書中『八法主治病症』篇所採用的針灸方書；卷末新附『小兒針灸』一篇。

正是由於作了較大的改動，故在卷端書名下署『朱鼎臣編』。正確的署名應作：明·徐鳳著，朱鼎臣重編，王佑刊行。值得一提的是，此朱鼎臣實係改編古書老手，除了《針灸全書》外，朱氏還於隆慶、萬曆間對《西游記》一書進行了大刀闊斧的改編，題曰『鼎鍥全像唐三藏西游傳』、『羊城衝懷朱鼎臣編輯』（現藏北京圖書館），也由建陽書坊刻印，其版式同樣分上下二層，上圖下文。無獨有偶，朱氏刪改之《西游傳》刊本流入日本，在中國却不見收藏，而後又回歸中國。由同一人改編、同一地相繼刊刻的兩部不同的書經歷了完全相同的命運。

三、底本考辨

《徐氏針灸全書》與《金絲萬應膏》合刻，扉頁題『（太醫院校正）萬應膏藥、徐氏針灸全書』。採用『二層樓』形式刻板，下欄刻《針灸全書》文字，上欄刻《金絲萬應膏》。卷端題作『新鋟鰲頭金絲萬應膏徐氏針灸全書』，『豫章古臨衝懷朱鼎臣編』、『閩建書林三槐王佑發行』字樣，版心題作『徐氏針灸』，書末有『萬曆甲申年三槐王佑梓』木記。而《銅人針灸全書》係與《海上仙方》《加減十三方》合刻，也是採用『二層樓』形式刻板，下欄刻《銅人針灸全書》文字，上欄刻其餘二書。卷端題『新鍥鰲頭加減十三方銅人針灸全書』，版心題『鰲頭銅人針灸』。

今觀此本版心頁碼雖相接續，似是足本，但細察之則可見幾處疑點：《銅人針灸全書》下卷通卷都是針灸方，祇有第一版前半版『側脅部左右一十三穴』是腧穴内容，且與上卷末『側腋部左右八穴』在内容上是一個完整的整體，如果原書原貌如此，不大可能被强分於兩卷；《銅人針灸》書名刻於上節版心，且題作『鰲頭銅人針灸』，也頗令人生疑；《徐氏針灸》下卷第九、第十版及《銅人針灸》第二十三版版心與其它版明顯不同，又由於《徐氏針灸》下卷第二版後欠二版文字，因此第十版版心頁碼被改作『十至十二』這一奇特的樣式。這樣的挖改多出自書商之手。

從以上幾點來看，日本國立公文書館内閣文庫藏本似經後人修補或書商挖補，非原刻初印本。從《銅人針灸全書》上卷第二十三版版心的日文字來看，不能排除日本書商挖改的可能性。

四、内容及價值

如前所述，所謂『徐氏針灸全書』、『銅人針灸全書』實際上據灸方係節録自『針灸捷徑』，而未採用徐鳳原書之方。

又此書採用『二層樓』的刻版形式，其上層所刻之《海上方》現有多種傳本，而所刻之《萬應膏藥》《加減十三方》傳本極少見，有較高的文獻及版本價值。

朱鼎臣改編《徐氏針灸全書》《銅人針灸全書》的回歸，最大的價值在於釐清了徐鳳《針灸大全》的傳本源流，或者説使得長期以來懸而未決的關於朱氏《針灸全書》、陳氏《針灸全書》與徐鳳《針灸大全》關係的疑案得到澄清。在考察三者關係之前，要首先簡單介紹另一部回歸針灸古籍——《針灸捷徑》：二卷，明刻本，無序跋，缺書名頁，卷端下也不題撰人及梓人名氏。從版式、字體看，顯係建陽刻本風格，約刻於明正德、嘉靖間。

《針灸大全》原名《徐氏針灸》，又名《針灸捷要》《針灸捷法大全》。明·徐鳳編於成化至正德年間（一四六五～一五二一年）。現存明刊本多爲建陽刻本。

正因爲《針灸捷徑》一書編、刻於建陽，徐鳳《針灸大全》的早期刻本也刻於建陽，明萬曆間朱鼎臣方能就地取材，重編徐氏原書，拆散《針灸捷徑》針灸方替代了徐氏原書卷四所録的針灸方書文字；稍後建陽陳言氏又據朱氏改編本稍加改動，並從《針灸捷徑》一書補輯了更多的針灸方，於萬曆十九年重刊此書，並改名爲《楊敬齋針灸全書》。因此，此二本均可視爲徐鳳《針灸大全》的另一傳本。也就是說，朱鼎臣《針灸全書》、陳言《針灸全書》與《針灸捷徑》一樣，均出自建陽書商或書坊主之手，其重在謀利，故編、刻、校俱粗疏，學術價值不高，因而流傳不廣，很快在國内失傳。盡管《針灸捷徑》、朱鼎臣《徐氏銅人針灸全書》較早地傳入日本，但同樣没有對日本的針灸醫學産生影響。

有一個問題值得注意，日本國立公文書館内閣文庫藏朱氏改編本爲兩種書，分别題作『徐氏針灸全書』、『銅人針灸全書』，各二卷，共四卷，爲什麽陳言據朱氏本改編的書却爲一種書，共二卷？這又涉及到前面提到的兩種可能性：第一，陳言當時所見的朱氏改編本爲一種書，衹二卷，後來由書商析爲四卷，分成二書；第二，朱氏原書就是現存的樣子，而陳言改編時還參考了徐鳳《針灸大全》原書。

傳悟靈濟録

黄龍祥

《傳悟靈濟録》二卷，張衍恩編集，清同治十三年（一八七四）精鈔彩繪稿本。孤本現藏於中國中醫科學院圖書館。

一、著者與成書

張衍恩，字沛霖，號有恒。里籍不詳。出身於中醫世家。十二歲兼習醫書，十九歲專修醫學，於清同治十三年（一八七四）編成。關於本書的編纂過程及其學術傳承關係，作者在其自序中曰：『至己巳母亦謝世。門衰祚薄，形影自吊。雖有弟侄，俱幼，不足相與以當談論。每至閑暇，無可以娱心志，乃拂篋撿閲，得先祖遺存針灸一書，其文雖博，且多傳寫錯訛，細察諸穴，尚有紊亂。第相傳日久，以訛傳訛，錯誤百出，或博而不精，或雜而不一，反足惑人，豈非遺害於後？余思醫雖小道，實天下蒼生性命所關，爲濟世之航楫，欲其同登壽域，必先精其奥理。然針灸之法，始於《靈樞》，其文最精，如取穴毫釐一差，千里遂謬。若不細心詳察，鮮能得其奥旨。余乃焚膏繼晷，不辭辛勞，博集諸家，採其精粹，正其錯訛，删其駁雜，補其缺漏，發其餘蘊，考其分寸，明其行列，一一繪圖潤色，從舊改正。註釋分明，搜集成編，重而新之，以爲後學梯階，俾無望洋之嘆。』可見《傳悟靈濟録》一書乃在其祖傳針灸舊籍的基礎上，正誤補缺，繪圖重編而成，是謂『學本家傳，道由心悟。然人與天地合德，爲萬物之最靈。冀後來者，須念先人傳授之德，當悟於心靈，而變通以濟斯世，故名是書曰「傳悟靈濟録」云爾』。

關於本書的成書年代，所有的書目均著録爲『清同治己巳』，而據張衍恩自序，清同治己巳，張氏才開始編書，其成書年代應是作者寫序的年代。今查作者自序款識作『歲在同治閼逢閹茂歲如月穀旦沛霖張衍恩有恒氏識』，則知該書當爲清同治十三年（一八七四）。

二、内容與價值

本書分爲上卷乾集與下卷坤集。上卷主要爲經絡、經穴及刺灸法，内容包括：灸法、針灸避忌諸歌、灸法諸歌、禁針灸穴歌、十二經歌、八會穴、同名穴、骨度尺寸、周身經絡部位、諸經起止、九門、井滎俞經合、全身分部總圖、十二經臟腑經脈經穴歌與圖、奇經八脈循行穴位歌等。下卷主要是腧穴主治及病症治療，内容包括要穴歌、分部要穴圖、天星十二穴歌與圖、奇俞類，以及内外婦兒二十六種病證針灸治療的『諸症灸法諸穴主治』等。全書以歌訣爲主，配以大量彩圖，頗具特色。

將《傳悟靈濟録》全書内容逐一核查後發現，除了針灸吉日吉星歌、針灸凶日凶宿歌、太乙人神所在、每月血忌等四首外，其餘内容均出自《類經圖翼》《醫宗金鑑》，但文字略有删改，次序也有所調整。調整後的全書層次顯得更加清晰，這與作者所謂『採其精粹』『删其駁雜』相合。此外，對作者在書中所補之圖進一步考察還發現，該書插圖多出自《醫宗金鑑·刺灸心法要訣》，這提示張氏祖傳的針灸書應當是

《類經圖翼》，張氏乃據當朝的官修醫典《醫宗金鑑》改編、補圖而成，所謂『一一繪圖潤色，從舊改正。註釋分明，搜集成編』。由於現存本爲稿本，所附之圖皆設色彩繪，除了原有學術價值之外，還有相當的美術價值。

凌門傳授銅人指穴

趙京生

《凌門傳授銅人指穴》一卷，針灸專著，著者佚名，清乾隆鈔本，孤本現藏於中國中醫科學院圖書館。

一、著者與成書

本書作者不詳。封面題『手鈔秘本針灸銅人圖説』，卷末則書『凌門傳授銅人指穴一卷終』。無目録，未編頁。『凌門』，當是指明清著名針灸世家凌氏。凌雲（字漢章）爲明代著名針灸家，其針書未曾刊行傳世，流傳的多種冠以『凌雲』之名針灸書均係後人僞托。本書是否亦屬托名，有待考證。據本書鈔録内容未避『玄』字諱，推測此書當成書於清康熙以前。

二、内容與特色

書中内容主要爲歌賦形式，有針灸歌三十八首，賦六首，涉及經絡腧穴、刺法、治則、禁忌及子午流注等。還有論五篇，主要論述臟腑組織及其功能等。另有圖三十八幅，計十四經穴圖十四幅、歌訣用穴圖五幅、十二經五輸穴圖十二幅、五臟圖二幅、精溺之分圖二幅、氣海膈膜圖一幅、肺以下右側圖一幅、心系圖一幅，分別描繪上述十四經脈循行、穴位，以及臟腑組織等。

全書内容的編排，四十四首歌賦在前，全爲文字。繪圖部分在後，圖文並茂，多是以圖帶文，絶大部分爲針灸内容，僅最後七圖及論是臟腑内容。以圖帶文部分，有關針灸的文字多爲重復前面的歌賦，如十四經穴圖，各圖後爲『十四經步穴歌』的相應内容，其中十二經穴各圖後爲『十二經脈歌』的相應内容，以明該經脈的腧穴、循行和病候。而『秋夫療鬼十三針之格』和『回陽九針圖』後之文，即前文所載歌訣；『八脈之形』後的文字，即前載八脈交會穴歌和奇經八脈歌。書的最後部分，集中論述了有關胸腹腔及内臟解剖與功能的疑難問題，如命門、腹部脂膜筋絡、氣海與膈膜及心肺關係、心系等。

三、學術價值

其圖文並茂的形式，主要爲了説明有關歌賦内容，而且穴圖所取十四經穴、五輸穴、八脈交會穴和天星十二穴等内容，以及五輸穴圖中標註本經補母瀉子之穴等，都着眼於臨床實用。論述内容，重在解釋理論疑難。有些内容並不需特别記憶，却也編爲歌訣，如『榮衛所生歌』，也未見於他書。從這些特點來看，本書似是爲初學者編集，其繪圖較爲精細。十四經穴圖，源流上屬《十四經發揮》系列。臟腑圖及相關論説，在晚明施沛編纂的《臟腑指掌圖書》中也是集中論述，本書内容與之幾近全同或極爲相似。

本書的『八穴相所合歌』，《針灸大全》稱『竇文真公八法流注』，《針灸大成》稱『八穴配合歌』；『生成歌』，《針灸聚英》稱『生成數歌』；『月尻神歌』應是對『逐日人神歌』的精煉稱謂。

此外，該鈔本中，《標幽賦》僅有開始數句，絶大部分内容缺失；十四經穴圖中，膽經缺『十二經脈歌』相應内容。時見文字錯誤，如首個歌賦『百症歌』，第一個穴囟會即誤作『總會』，金針誤爲『金門』，前項誤作『前項』等。穴圖中的穴位標註也有錯誤，如『天星穴法之形』正面圖中的列缺穴錯在掌後尺側處等。

《凌門傳授銅人指穴》作爲家傳秘本，是在前代針灸名著的基礎上，經過了習用者的加工和提煉，其字體工整端莊，繪圖精美，亦是針灸文獻中不可多得之品。

太乙離火感應神針

趙京生

《太乙離火感應神針》一册，針灸專著，清刻孤本現藏於上海中醫藥大學圖書館。

一、著者與成書

本書無封面、扉頁及目録，不分卷。

全書由前後兩個獨立部分組成，分别編頁，兩部分的字體、版式也不同。

後半部分，據其首頁『太乙離火感應神針序』，言『爰是方藥未可妄傳，謹將治用之説，條析登諸梨棗』，爲虚白子、七寶生校，刊行於清道光十六年丙申（一八三六）。在『神針用例』與『太乙離火感應神針治例（三十二穴部位）』兩節之間，又有『補刊太乙離火神針秘方』，云『羅君桂丞曾得是方，慾公諸世，擬補刊穴道之前』，與前之序言相應，落款爲『光緒壬辰孟秋南昌方内散人』。卷末則有『太乙離火神針治病圖説畢』，而全書配圖主要集中於前半部分，後半部分衹有兩幅全身穴圖和一小幅指寸圖。

據上，推測本書成於光緒壬辰（一八九二），主要取材於虛白子、七寶生所校《太乙離火感應神針》，前面添加的臟腑經穴及經穴圖等則取自他書，全書或名爲《太乙離火神針治病圖説》，或由兩本書合訂而成。編者爲南昌人士，具體姓名不詳。

二、内容與特色

書中内容主要介紹太乙神針之用法，並附有十四經穴圖等。

全書由前後兩部分組成：

前一部分，首頁爲一幅側面『内景圖』。其後内容包括兩個方面，一爲臟腑形態與功能、以脈診爲主的診察方法、十二經脈與陰陽五行干支臟腑的關係、子母補瀉、五臟傳變等簡要的基本理論知識，配有『五臟傳病之圖』、『補水瀉火之圖』；一爲十四經脈的各經經穴圖及經穴歌。後一部分，爲太乙神針的有關内容。依次爲『太乙離火感應神針序』、『神針用例』、『補刊太乙離火神針秘方』、『太乙離火感應神針治例——三十二穴部位』（後附『正面部位圖』、『背面部位圖』）、『人神守宫日忌』及『量寸定穴法』等。其中主要内容是神針用例、秘方及治例之『三十二穴部位』（實爲三十三個穴，包括腧穴部位和主治病證）。

三、學術價值

太乙神針專著在清代有諸多版本，以范培蘭撰《太乙神針》（周雍和於公元一七五五年作序）流傳最廣，其後出者均與之大同小異，本書亦屬此類。經與范氏《太乙神針》比較，本書包含了其主要内容而有增減，有關神針用例更爲簡明概括，所用腧穴增加風池、涌泉穴，主治病症也有擴展，如百會穴，主治症增『小兒急慢驚風，夜嘑不乳，一切頭面肩項外襍等症』，因而頗具實用性，對研究太乙神針的流傳和應用，亦有一定參考價值。

尊生圖要

鄭金生

《尊生圖要》全一册，不分卷。原題明·文徵明集成，但考其圖文，則多有取自明末文徵明身後之書，足見其書乃托名文氏所繪。該書系統匯輯中國古代臟腑解剖、經穴經絡等知識，手繪彩圖極爲精美，書法秀麗飄逸，圖文並茂，解説詳明，不失爲臟腑、經穴圖譜中之佳品。

一、關於作者

該書首爲嘉靖丁未（一五四七）文徵明序，其中提到：『此《尊生圖要》一册，余集諸書之秘而成之。』序後有隸書『尊生圖要』四個大字，署名爲『徵明』，有印記兩方。書末有不署年份、題爲『後學周天球』的跋語，且鈐有『周氏公瑕』小方陰文朱印。跋稱『右《尊生圖要》一册，衡山先生手圖而書之者也。』其餘文字多襲取書前序言中的自誇之辭。

從序、跋所言，似乎該圖集爲文徵明手繪。但細考圖文內容，則知實爲托名之書。文徵明（一四七〇～一五五九）乃明代著名書畫家，《明史》有傳。文氏退休之後，『四方乞詩文書畫者接踵於道，而富貴人不易得片楮，尤不肯與王府及中人。』可見，他非常寶惜自己的書畫。《明史》還專門記載了這麽一個怪現象：『文筆遍天下，門下士贋作者頗多，徵明亦不禁。』可見文徵明生前的托名書畫已多見世。因此，對社會流傳的題爲文徵明的《尊生圖要》，確有必要加以考證。

該書序言自誇不實之辭頗多，如序中謂其書『内而臟腑，外而竅穴，脈絡之經，補瀉之方，無不具備。蓋折衷《内經·素問》及仲景、東垣諸説而歸於至當。養生者以是爲長生之訣可也，學醫者以是爲上池之水亦可也。』實際上，該書圖文與張仲景傷寒之學毫無關係，書中亦未引張仲景論説，故序中自稱折衷諸説『歸於至當』，乃自吹之辭。此書不過是臟腑、經穴圖譜，却被吹嘘爲養生者的『長生之訣』，學醫者的『上池之水』，這樣虛誇言辭，難以想像出自文徵明之口，倒像是書商寫在書扉上的廣告辭。若文徵明真有此圖譜，在當時的印刷條件下，並無彩印的可能，祇能珍藏自秘，豈能成爲養生、學醫者的讀物？

爲該書寫跋的周天球，《明史》記載他是文徵明的高足。此人字公瑕，號幼海，長洲人，是文徵明很欣賞的門下弟子。此人書畫雖然得老師的真傳，但不像他老師那樣寶惜自己的書畫，而是到處題詞寫字，據説『一時豐碑大碣，無不出其手。』（見《分隸偶存》卷下）周氏爲《尊生圖要》寫的跋語，內容貧乏，多襲取書前序言虛誇之文，難以憑信。

那麽，有無可能是周氏托其師之名而編繪《尊生圖要》呢？從該書中引用的文獻年代來看，可能性不大。因爲該書引用了明末乃至清初的一些醫藥書中的言論，這是周天球不可能做到的事。

二、成書年代考查

鑒定書畫的年代與作者，並非筆者所長。但其中引用的醫學圖書，足以證實該圖譜形成於文徵明身後（一五五九年以後）。

該書明確引用的醫家姓氏與書名有：

馬玄臺：即明醫家馬蒔，字仲化，玄臺爲其號。著《黄帝内經素問註證發微》（一五八六）、《黄帝内經靈樞註證發微》（一五八〇）。馬氏書中有關臟腑經絡的言論被引用多次。

《醫旨緒餘》：明醫家孫一奎所撰。首次刊行於萬曆十二年（一五八四）。該書卷上『問十二經臟腑命名之義』，引《巵言》以解釋臟腑名義。《巵言》是元末明初滑壽的書，成書於一三七八年。《尊生圖要》多引用的《巵言》，皆從《醫旨緒餘》轉引。

中梓：即李中梓。《尊生圖要》引曰：『中梓曰：脾胃屬土，故俱從田字。田者土也，胃居正中，故田字居正中。脾屬於右，故田字亦偏右。』查這一段引文，見李中梓《醫宗必讀》卷一『行方智圓心小膽大論』。該書有崇禎丁丑（一六三七）李氏自序。

以上數書，其成書或刊刻之年，都在一五五九年之後的數十年或近百年。因此，其文字不僅不可能出自文徵明之手，甚至連周天球也未必能生活到崇禎年間。

中國中醫科學院黄龍祥教授審查該書引文後，進一步指出，這些引文並非直接引自原書，而是間接引文，包括此書中的『按語』，也都是引自他人之書，並非撰繪該書者自撰。例如，其中的經脈内容引自明·張三錫《經絡考》，而不是直接引馬玄臺書。張三錫《經絡考》成書於一五八五，其傳世刊本均在明崇禎十二年（一六三九）以後了。僅憑這些證據，也足以否定《尊生圖要》爲文徵明所撰繪，甚至不可能是其弟子周天球所爲。

再從圖形來看，雖然書中没有明示圖形底本的來源，但經過核查，發現其中很多經穴、臟腑圖取自明·張景岳《類經圖翼》卷三。其中的『内景圖』左下有文曰：『舊圖有精道通脊骨、過肛門者，甚屬非理，而且無子宮、命門之象，皆大失也，今改正之。』這本來是張景岳自己的話，《尊生圖要》也照引不誤，但没有註明出處。他如《類經圖翼》卷三的『内景賦』等，也被《尊生圖要》全文引用，不説出處。張景岳《類經》有天啓四年（一六二四）作者自序，這也再次證明，《尊生圖要》衹能是成書於明季或其以後，而不可能是文徵明手繪之作。

從前述《尊生圖要》所引之書來看，這些書最晚的成書年份是一六三七年，因此，《尊生圖要》實際繪成的年代上限，絶對不會超過一六三七年。該書没有清代常見的避諱字。例如『玄』字不缺筆、也不改用『元』字；『虚』字也不因避孔丘之諱而改作『虗』字等等。由此推斷，該圖譜形成的下限，大約在明末至清康熙前期。至於該書的學術傳承源流細節，還有待讀者們深入研究。

要之，《尊生圖要》不是一部具有原創學術内容的圖册，而是將若干種書化裁剪輯而成的一書，再借名人以廣其傳。該書的編繪者依仗着他出色的書畫技巧，又匯集了衆多圖形及解説文字，編繪出了這本《尊生圖要》。

三、内容與價值

如果從作者的署名來看，《尊生圖要》不過是一種僞書。但考察其圖形與文字，可知該圖譜可能是清康熙前期的作品，距離文徵明生前所處的時代也不過一百多年。更爲重要的是，該圖譜所繪的臟腑、經穴圖，所輯録的相關文字解説，堪稱同類書中的集大成之作。衆所周知，古代的僞書未必不是好書。中醫許多名著都存在着托名問題，例如《神農本草經》托名來自神農，《中藏經》托名於華佗撰等等。《尊生圖要》將臟腑圖與經穴圖合爲一册，配上文字解説，内容相當豐富。該書彩色插圖繪製精美生動，遠勝過同類其他彩色經穴或臟腑圖。

該書無目録，正文有些圖形也不標以圖名，因此對讀者使用頗爲不便。兹將該書的結構、内容和體例大致介紹如下。

該書以圖爲中心，配合相關的解説文字而成。全書共有圖五十幅。大而言之，該書可以分成兩部分。前十五幅圖爲解剖臟腑圖，後三十五幅圖爲經穴及相關的體表標誌等圖。

解剖臟腑圖部分首先以十二經爲名，繪製了十二幅臟腑圖，包括肺、心、脾、胃、腎、大腸、小腸、膀胱、肝、膽、心胞絡、三焦，共十二個臟腑器官。這些解剖臟腑圖，皆取自前人書，並無創新或寫生繪製的圖。其中取自明·張景岳《類經圖翼》的圖形尤多。文字部分則多取自相關的基礎理論書或針灸經絡書，並没有作者自己的見解。雖然其中偶爾可以看到『愚按』字樣，但那也是鈔録他人之書的内容，並非編繪者對臟腑經穴知識的評述。

每一臟腑所屬經絡名下，輯録了許多相關的文字内容。以肺爲例，首出一肺臟解剖彩色立體圖，圖上方引述的文字，解説肺臟的重量、形態、釋名。圖邊或圖内的文字，指示該臟器與其他器官的連接等。隨後是長篇文字，依次介紹肺臟的主要作用、形態、與其他臟器的關係、脈象、預後判斷、肺臟與其他部位的五行聯係、經絡循行部位、治療大法、補瀉用藥等，以下類推。

以上都是單一臟器圖與解説。在十二幅臟腑圖及文後，是三幅臟腑組合圖，即繪出各臟腑在體腔裹的實際組合位置。爲了更全面反映體腔内各臟腑的位置，編繪者分别繪制了正面、背面、側面圖，從不同的角度，展示人體内臟腑器官的排列。

從第十六幅圖開始，不再有解剖臟腑圖。而是繪製了兩幅人身體表部位圖，分正、反面兩幅。這兩幅全身圖上，用文字標註了各部位的名稱，如肩、膊、肘、臂、腕、股、膝、脛、踝、腋、脅、腰等。

接着體表部位圖後的又是三幅全身圖。其中第一幅繪的是正常人體的體表各部位距離尺寸圖，例如『腋至季脅長一尺二寸，季脅至髀樞長六寸』之類，比前面二圖更進一步地將人體體表相關部位的距離繪出來。

第二、三幅繪製的是正常人體諸經絡起止穴位及某些要穴部位標誌圖，又分正面與反面。這樣就把全身的經絡穴位在人體大圖中逐一標註出來了。

從第二十一幅圖開始，首先是十二幅經穴圖。這些圖雖然都繪出精美的人體全部，但每一幅圖都衹繪出其中的一經，圖中用綫條指示循行路綫，用文字表示重要的穴位。在圖的左邊，是文字解説，内容涉及經脈循行部位、該經『是動』諸病症、循行部位涉及的臟腑、動脈標誌、重要穴位、功能作用等，間或也叙述支脈的走向及相關穴位。最後以『某經諸穴歌』（用歌訣的方式，集中羅列該經的穴位）、『分寸歌』（該經穴位的位置和取穴法）殿後，明顯是爲了方便學者記憶而撰。以下各經的文字解説都與此相似。

從第三十三幅圖開始到第四十圖，是連接而來的所謂奇經八脈圖，計有督脈、任脈、衝脈、帶脈、陰蹻、陽蹻、陰維、陽維。這八脈除了督脈、任脈之外，其他六經都不列舉『某經諸穴歌』和『分寸歌』。

最後的十幅圖還是經穴，但表現的方法不一樣，不再介紹單獨的一經，而是通過全身或局部圖，表現數經在體表的位置。例如第四十一幅到四十四幅，前兩幅分別是正面人體圖的頭面部、胸腹部，展示各經絡穴位在正面體表的位置。後兩幅插圖的作用同前，衹是展示後腦部、背臀部的經絡穴位而已。

此後的六幅圖，都是局部圖，分别展示了頭胸側面圖、上半身圖、手臂内外側、足部内外側。

綜上所述，該書先臟腑、後經絡穴位，將明代及其以前的中醫臟腑解剖的成果以及千百年來積累下來的大量經穴圖形與知識系統地表現出來。其文字内容也很豐富。雖然這些文字基本上都是鈔自前人書，但配合彩色圖與解説文字，將中醫的臟腑解剖、經穴圖的繪製與研究組合到一起，也算是匠心獨具。該圖譜雖然不是文徵明所撰，但其中的彩色圖畫與文字書法都極爲華麗精美，解説文字内容也編排得恰到好處，綜合了多種醫學書中的臟腑與經穴知識，因此值得學界重視。

存真環中圖

黄龍祥

《存真環中圖》實際由兩部獨立的書《存真圖》和《環中圖》組成，後世文獻也是作爲兩部書稱引，《存真圖》和《環中圖》二書所論之『臟腑』、『經脈』皆爲中醫理論的基石，且其論證之法，不僅有古典文獻的考證，更依據人體解剖實際修訂，因而具有無可替代的文獻與學術價值，對宋以後的中醫針灸文獻産生了深遠的影響。宋以前的經脈圖，現可考知的有：六朝時期《産經》十脈圖、北宋王惟一《十二經脈氣穴經絡圖》、楊介《環中圖》、朱肱《内外二景圖》《活人書·經脈圖》及金代閻明廣《子午流注針經》十二脈圖等六種。而典型、完整的經絡圖則以楊介圖爲最早，而且楊介之後的其他宋代經絡圖均直接或間接出自《環中圖》。宋以後中醫文獻論臟腑，特别是關於臟腑之圖，多直接引用或參照楊介《存真圖》。

現存鈔本分爲兩部分：第一部分爲楊介《存真環中圖》一書；第二部分，自耿延禧後序以下文字，出自宋代莊綽《灸膏肓腧穴法》一書，與楊介無關，係鈔録者續增。孤本現藏於國家圖書館。

一、作者與書名

楊介，號吉老，北宋名醫，泗州人。政和二年（一一一二）據崇寧間（一一〇二～一一〇六）一次大規模人體解剖圖録，校正『歐希範五臟圖』，著成『存真圖』一書；後又編註十二經脈之圖、文，爲《環中圖》一書。總書名曰『存真環中圖』，所謂『存真』者，臟腑圖也；所謂『環中』者，十二經脈圖也。

二、成書與刊刻年代

傳世本《存真環中圖》卷首載有二序：其一，賈偉節《存真環中圖》總序，記年爲『政和三年』（一一一三）；其二，爲楊介《存真圖》自序，記年爲『政和二年』（一一一二），則楊介《存真環中圖》全書當於政和二三年間撰成。又卷尾載有紹興五年（一一三五）耿延禧後序，序於刊刻之際，可知該書當刻於紹興五、六年間，此刻本未能傳世。

以往有學者以爲楊氏《存真圖》撰於崇寧五年（一一〇六），而《環中圖》則撰於七年之後（政和三年），係在《存真圖》的基礎上增以十二經圖而成。之所以得出這種結論，主要是對以下史料的誤解所致：

崇寧中泗刑賊於市，郡守李夷行遣醫並畫工往，親訣膜摘膏，曲折圖之，得盡纖悉。介取以校之，無少異者，比歐希範五臟圖過之遠矣。（趙希弁《讀書後誌》）

對照楊介《存真圖》自序可知，以上文字除最後一句外，係直接鈔自前者。今人不知此文出處，又未見楊介自序原文，不知作序的年代爲政和二年（一一一二），故而誤以爲楊介於崇寧中取畫工所畫之臟腑圖，校以古書，著成《存真圖》一書。

三、引用文獻

《存真圖》引用的古文獻有：《類纂》《黄帝書》《九墟》《九樞》《靈樞經》《太素》《甲乙經》；《環中圖》則主要採用《甲乙經》經脈循行文字。其中引録最多的是《黄帝書》，試輯録《存真圖》引『黄帝書云』及『黄帝云』條文於下：

（一）《黄帝書》云：『心如未敷蓮花，有九孔，以道天真之氣，神之宫也。』

（二）《黄帝書》云：『脾形似馬蹄，内包胃脘，象土形也。經經之氣，交歸於中，以營運真靈之氣，意之舍也。又云：脾爲陰臟，並處中焦，主養四臟，故呼吸以受穀氣。以其上有心肺，下有腎肝，故曰在中，而臟真濡於脾，脾藏肌肉之氣也（見《素問·平人氣象論》）。爲諫議大夫，又曰倉廩之官。』（見《素問·五臟别論》）

（三）《黄帝書》云：『肝有二佈葉，一小葉，如木甲拆之象，各有支絡，血脈於中，以宣發揚味之氣，魄之宫也，故藏真散於肝，肝藏

膜筋之氣，爲將軍之官。』（見《素問·平人氣象論》《素問·五臟別論》）

（四）《黃帝書》云：『腎臟有二，形如江豆，相並而曲附於膂筋。其外有脂裹，裹白外黑，主藏精。故藏真於腎，腎藏骨髓之氣也（見《素問·平人氣象論》）。腎者作强之官，伎巧出焉。』（見《素問·五臟別論》）

（五）《黃帝書》云：『肺爲諸臟之上蓋，臟真高於肺，以行榮衛陰陽也。』（《素問·平人氣象論》）

（六）《黃帝書》曰：『地氣通於嗌。』（見《素問·陰陽應象大論》）

（七）《黃帝書》云：『胃者倉廩之官，俻養四臟，故五臟皆禀氣於胃。』（《素問·玉機真藏論》有類似文字）

（八）《黃帝書》云：『膽者中正之官，决斷出焉，爲清凈之府。』

（見《素問·靈蘭秘典論》）

（九）《黄帝書》云：『小腸者受盛之官，化物出焉。』（見《素問·靈蘭秘典論》）

（十）《黄帝書》曰：『大腸者，傳導之官，變化出焉。』（見《素問·靈蘭秘典論》）

（十一）《黄帝書》曰：『直腸者，廣腸也。一名洞腸，亦名肛門，受大腸之穀而道出焉。故魄門亦爲五臟使，水穀不得久藏。』（見《素問·五臟別論》）

（十二）《黄帝書》云：『膀胱爲州都之官，津液藏焉，氣化則能出矣。』（見《素問·靈蘭秘典論》）

（十三）《黄帝書》曰：『上焦如霧，中焦如漚，下焦如瀆，而爲決瀆之官，水道出焉。』（見《靈樞·營衛生會》《素問·靈蘭秘典論》）

（十四）黄帝所謂：『七節之旁，中有小心。』（見《素問·刺禁

論》）

（十五）黄帝云：『膻中者，神使之官，喜樂出焉。』（見《素問·靈蘭秘典論》）

（十六）黄帝云：『脾之臟，其腑胃也。脾與胃膜相連，而脾處胃之上。』（《素問·太陰陽明論》有類似文字）又云：『胃之大絡，名曰虚裏，貫膈絡肺，出於左乳之下，其動應衣，宗氣也。』（見《素問·平人氣象論》）

（十七）黄帝云：『諸髓皆屬於腦。』（見《素問·五臟生成》）又云：『腎生髓，髓生肝。』（見《素問·五運行大論》）。

（十八）《黄帝書》云：『女子胞者，地氣之所生也，藏於陰而象地，名曰奇恒之府。』（見《素問·五臟别論》）

以上前四條文字前半部不見於傳世《素問》《靈樞》《難經》等書，而其餘十四條文字，除一條爲《靈樞》《素問》合文外，都見於傳世本

《素問》）。

經考察，《存真圖》所引《九墟》、《靈樞》之文均見於傳世本《靈樞經》。值得一提的是，《類纂》一書，檢《秘書省續編四庫闕書目》著有『《五臟類纂》十二卷，闕』，則這部有十二卷之多的藏象類編至南宋時官府已不存，除《存真圖》存有該書佚文外，未見其他醫籍直接引用該書原文。

除了類輯中醫經典有關藏象論述外，楊介還參考了前人的臟腑解剖圖説如《烟蘿子圖》《歐希範五臟圖》，並直接以崇寧間所繪之解剖圖爲主要依據，繪圖解説，而成《存真圖》一卷。《環中圖》文字部分主要採 自宋代校正本《針灸甲乙經》，十二經脈圖則爲楊介所新繪。

四、學術特點與學術價值

在《存真圖》一書中可以見到多處楊介校正前人或古人圖文的説明，

例如：《存真圖》咽門：今以藏象圖校之，咽在喉之後，合古書爲是，於歐本爲非也。《存真圖》小腸手太陽經：《黄帝書》云：小腸者，受盛之官，化物出焉。凡胃中腐熟水穀，其滓穢自胃之下口傳入於小腸上口，自小腸下口泌别而水入膀胱上口，其滓穢傳入大腸上口。與今所繪臟同。

今檢《存真圖》，類似的校對記録文字還見於『心包手厥陰經』、『腎足少陰經』等篇。説明楊介據《五臟類纂》《黄帝書》等古醫書、崇寧間所畫之解剖圖，以及歐希範五臟圖相參詳而定是非，這與楊氏自序所述完全吻合。

《環中圖》部分，從現存鈔本所載十二經脈圖看，係一套非常典型的經脈圖，圖中所繪的經脈循行綫，不僅有主幹，也有相應的分支。除體表循行綫外，還繪有經脈屬絡内臟的内行綫，此外還繪有相關内臟部分，其臟腑的形態也很逼真。其他宋代經脈圖均直接或間接出自《環中圖》。

診法

四診心傳

李鴻濤

《四診心傳》不分卷，明·王九達（日逵）撰，明崇禎三年（一六三〇）庚午刻本，孤本現藏於中國科學院國家科學圖書館。

一、著作與成書

王九達，字日逵，明代湖北德安縣人。據《醫籍考》載：王九達其人性疏放，不拘行檢。坐事被逮，逃亡於吳、越間，見三泖（今江蘇三泖湖）之勝，遂定居於此。與雲間（即雲間派，是明末清初重要的詩歌和詞的流派）諸君子筆墨酬唱，自比陶九成（元末明初人，名宗儀，字九成，號南村，浙江黄岩人。學識淵博，工詩文，善書畫。晚年好藏書，尤多精鈔本。築室名『南村草堂』）、楊鐵崖（元末明初著名詩人、文學家、書畫家和戲曲家。名維楨，字廉夫，號鐵崖，會稽楓橋全堂人）。九達嗜好醫學，刻苦攻研，自悟心法，凡遇奇疾，輒應手取效。其診病，知病源標本，明生剋順逆，某經某病，某逆某邪，某勝某剋，瞭然於胸。且能預斷愈期死日，若候潮汐，歷驗不爽。崇禎年間（一六二八～一六四四）典職太醫院，相國錢龍錫述其事甚詳。晚年感秋風蒓膾之言，思鄉歸里，卒於家。無子嗣。著有《黄帝内經素問靈樞合類》九卷，又有《心傳》九種，皆刻成書。現僅有《黄帝内經素問靈樞合類》《四診心傳》兩書傳世。

《四診心傳》爲中醫診斷學專著，於脉診闡述頗詳。王九達認爲『上工慜會其全，非望聞問切不可』，故在闡論切診之後，兼以收録望聞問以全四診而成書，名其書曰《四診心傳》。

二、内容與特色

本書不分卷，按切、望、聞、問次序列篇，切診部分有：原脈、寸關尺三部九候、持脈指法、陰陽表裏二十九脈體狀主病、奇經八脈體狀主病、診三因百病生死脈、足脈趺陽太溪太衝、運氣脈、手檢圖脈法，並附扁鵲陰陽脈法、太素脈可採之句；望診部分有：臟腑部分、五閱五使、五色主病、色脈、形診、辨舌、不治之證；聞診部分有：相音、聲診；問診部分有：飲食居處、形志苦樂，並附有聖人治病之道。其學術特色有以下幾個方面：

（一）溯源流力闢時弊，立宗法垂範心傳

脈診作爲中醫獨特的診斷方法，在兩千餘年的流傳過程中不斷的傳承與發展，就其内涵而言，包括了脈法與脈象兩大部分。脈法包含了診脈手法和診脈部位，脈象包含了脈象形態和脈象主病。因此，以脈診爲基本内容的學術範疇形成了中醫脈學。《黄帝内經》論脈，以脈象爲氣象，講四時脈、真藏脈、運氣脈和多種不同脈形之脈。又有『寸口獨爲五藏主』的切脈法，又有遍診法和三部九候診法。《難經》則是獨取寸口，並有寸口的臟脈定位。張仲景的《傷寒論》是人迎、趺陽、寸口三部診法，並設辨脈、平脈專篇。西晋王叔和著《脈經》，對脈學做了全面系統的整理和規範，如寸口的臟腑定位是爲成規，以二十四脈應二十四節氣，又闡述了十怪脈和諸種死脈，分述了十一經脈各經脈之爲病的脈象特徵。後世出於對學習脈診的方便，又有諸多譜之成韵、傳之易誦的脈學專著出現，如五代高陽生的《脈訣》，宋代崔嘉彦的《脈訣》等。元代滑壽《診家樞要》集前代脈學研究大成，提倡脈法之要『舉、按、尋』，並概括診脈不離浮沉、遲數等十六種陰陽對峙脈象的『診家宗法』。明代李時珍著《瀕湖脈學》，將二十四脈增加了長脈、短脈、牢脈而成二十七脈，以七言『體狀詩』、『相類詩』、『主病詩』、『分部詩』爲闡述脈法與脈象。之後，李中梓在《診家正眼》又補充了疾脈共爲二十八脈，此二十八脈一直被沿用到當代。

本書的撰著，係因作者有感於當時習醫者未能深入領會《黄帝内經》脈法的精微，不以王叔和《脈經》爲本，反而奉時下流行《王叔和脈訣》爲圭臬。並指出《脈訣》乃五代高陽生冒王叔和之名而做僞，以其簡淺易學，歌訣易記，以致《脈訣》出而《脈經》隱，慾求脈之明，反得脈之晦。因此，王九達以元代滑壽《診家樞要》所提出的依浮沉、遲數、表裏等陰陽對峙以推求脈象的『診家宗法』爲軌範，溯流窮源，考鏡百家，『於對待統會之間，立四言，爲九章，以提脈學之綱領，兼引《素問》《靈樞》《脈經》以及諸家脈句可法者，註之以便習讀。』這種以陰陽對立統一的思辨模式綜述考訂脈學源流，爲後世學習和研究脈學理論樹立了軌範，將本書言之曰『心傳』，確乎其說。

（二）類註冀學有本源，述評望領悟奧旨

王九達在《四診心傳·自序》中言道：『余編註《素問》《靈樞》九卷』，此即指《黄帝内經素問靈樞合類》一書，此書是分類研究《内經》的著作，係將《素問》和《靈樞》内容分類合編而成。共分攝生、藏象、經度、運氣、脈候、色診、病能、論治、針刺九類，在各篇原文之後均有題解及註釋。對於學習《内經》者同類比較、加深理解等方面確有積極意義。正是作者在類編詮註《黄帝内經》過程中，悉心研究《内經》脈法，才感到《内經》脈學乃神聖奥旨，學者未能得其體狀，故而綜述各家脈學，採納滑壽診家宗法，辨言二十九脈。王九達借助後世各家理解，加之個人體會，從源至流予以梳理註評，使得學者學有所本，並對理解玄妙深奥的脈學大有裨益。又如對於望診的整理，王九達將《内經》中面部五臟分部、五閲五使先予闡述，然後依色脈形態，全面闡述望診心得，對於《内經》中散見各篇的望診内容參輔自己多年的臨證經驗而系統成篇。既有助於理解經文，又便於讀者學習使用。

（三）述診法不避疑難，採論説有合經旨

對於脈學中的很多疑難之處，如太素脈、運氣脈、三部九候脈法、《難經》陰陽脈法等，作者並未避言不談，而是給予了客觀地評價。

有明一代，因多位皇帝迷信方士長生不老之術，以致當時社會邪術層出不鮮，其中曾有以脈診推占窮通禍福的『太素脈』幻生于江湖之上。太素脈雜糅中醫脈診和相術，托身岐黄，而行江湖騙術之實。太素脈雖曾在明代風行一時，而且哄傳爲『百不一失』，但始終不被主流醫學和主流醫家認可，被視爲旁門悠謬之説，清代紀曉嵐纂《四庫全書總目提要》亦徑指『其説荒誕』。但這種作爲曾爲某些人趨之若鶩的歷史現象，一種醫學史、科技史和文化史上的客觀存在，也並非百無一是。書中客觀地評價認識『太素脈』，既指出其乃風鑒巫家之教當予格致，又對其中有關論述富貴與貧賤之人脈息的至數清濁、形質厚薄、得意失意等判斷的可取之句予以了擇取。並指出『有平生六脈極清虚不禁尋按者，不可便斷爲虚，貴人多此，稍大易常，即是有病。』可見，王九達重視不同群體體質的壽夭剛柔、形志苦樂對於脈形的影響，契合《内經》主旨。又如對於運氣脈的闡述，認爲《黄帝内經》所論運氣脈乃用司天在泉南北政左右應見之脈以闡述六氣四時至應脈，運氣脈乃應時之脈，期之尺寸左右。並列《内經》所論五方高下水土風宜不同之文，以明聖人『論天下之地勢，知病體之治法也』。

三、學術價值

綜上所述，這位在明代崇禎年間享有盛名的儒醫王九達，其所遺醫文雙馨之作《四診心傳》，無論是學術内容還是撰著水平都可稱得上是佳作。在望聞問切四診的系統梳理和研究中，承先啓後，樹立軌範，對於後世的中醫診斷學發展具有重要意義，且流傳至今，該書版存孤善。

望色啓微

鄭金生

《望色啓微》三卷，清·蔣士吉編撰於清康熙十一年（一六七二），是我國現知第一部望診專著。刊刻時所附《望色啓微後集》，由《醫意商》《傷寒翼》兩種書組成。其中《醫意商》爲個人醫話、醫論著作，《傷寒翼》則爲討論瘟疫之專著，闡述治溫之理法方藥。該書現存於日本公文書館内閣文庫。

一、著者與成書

蔣示吉，明末清初醫學家。字仲芳，號自了漢。吴縣（今江蘇蘇州）人。世居婁江。十二歲時蔣母逝世，其父爲明末秀才，衹知讀書，不理生計，以故家貧甚。蔣示吉因病而在習儒之餘習覽方書，其父鼓勵他轉而習醫。成年之後遇上明朝覆亡，避兵在外，人有疾者，按方加減與之，所投輒效，因而求他醫治者甚多。後行醫於松江與浙江之間。蔣氏勤於著述，撰醫書多種。除本書外，其《醫宗説約》六卷在清代刊刻數十次。此外還著有《山居述》四卷、《醫宗小補》九卷、《通醫外治》一卷、《針灸會元》《傷寒纂》（以上數書均未見）。

作者在甲申至乙酉間（一六四四～一六四五年），正逢世變，避兵於山。案頭惟有《靈樞》原文一部。取而讀之，至『五色篇』而忘餐廢寢。於是釋其文，繪其圖，並參考『希夷風鑒』（相術）諸書，取《靈》《素》望色之旨，反覆闡釋，撰成《望色啓微》。

該書不見清代書目記載，僅同治間《蘇州府誌》著録蔣氏《望色啓微》、民國間《吴縣誌》著録《醫意商》。今我國已無此本原刊。日本江户時期，此書傳到日本，收藏於江户醫學館。

二、内容與特色

該書整體共五卷三册，前集三卷乃《望色啓微》原書，後集二卷即《醫意商》《傷寒翼》。其書不僅學術價值甚高，且刻工甚佳。今分三書予以簡介：

（二）《望色啓微》

該書以注解闡釋《靈樞》《素問》中有關望診的經文爲主。卷一所載闡經之文更多。蔣氏將《靈樞》的某些條文逐句爲之闡釋，表達他對望診的某些觀點。爲了形象地表現望面部之色以了解體內相應部位的疾病，蔣氏吸取了當時相書的一些内容。他把相傳出於宋代陳希夷《性理太極圖》與《靈樞》望色結合起來，自以爲『若合符節』。故卷一『發明《靈樞》部分之圖』、『望臟腑肢節部分圖』中，運用了很多相書術語，並把人身内外各部分在面部的對應位置，一一標註。在『望明堂部分主病法』之下，次第列舉了望『庭顏』、『闕上』、『闕中』、『下極』、『山根』、『年上』、『壽上』、『面王』等特殊名稱。此外，該卷還運用了『妻色』（我剋者爲妻）、『母色』（生我者爲母）、『子色』（我生者爲子）、『賊色』（剋我者爲賊）等少見於中醫望診的某些名詞。

卷二、三所載屬於《素問》《靈樞》之外的『枝節變通，似有未盡』的内容，其中參考了很多『後賢之論』，如『望色聚散論』、『望色浮沉論』、『望色隨人論』、『非時勿望論』等。在『望色雖不明白而病亦不甚論』中，蔣氏依據『經曰：色明不粗，沉夭爲甚。不明不澤，其病不甚』，由此推演，提出吉色有三：曰明、曰澤、曰清；凶色有三：曰沉、曰枯、曰夭。『更有一等不明不澤之色矣，是色也，雖非佳兆，然不至於沉夭，亦非必死，故曰其病不甚也。』所論大體皆如是。

卷三着重論述皮肉筋骨、形態肢節。諸如望病在皮肉血氣筋骨法、望五行人法、望人老壯少小肥瘦血氣多少法、望五行人不勝四時之風法、望陰陽人五態法、望五臟小大高下堅脆偏傾法、望六腑長短厚薄結直緩急法、望肢節閲臟腑法等等。這部分内容較一般常見的望面色又寬泛得多。

統觀全書，雖然很少有作者自己的臨床望診經驗，但作者從望診的角度系統地條理《内經》及後賢有關論述，這在古代也屬罕見。該書乃中醫史上第一部望診專書，比其後汪宏《望診遵經》（一八七五）早問世二百餘年。

（二）《醫意商》

《醫意商》屬於《望色啓微後集》，但内容並不涉及望診，主要是作者的醫論、醫話與醫案。有論二十篇，其篇名標題常用『商』字，故書名《醫意商》。

該書所論，主要是疾病的診斷辨證和治療相關的立法、方藥。蔣氏所論疾病，既有中風、癆瘵等大病，也有當時開始時興的鬼箭、羊毛疔、冷麻沙等民間疾病。與《望色啓微》注重經文闡釋有所不同的是，該書更多地反映了作者自己的許多臨床經驗和某些獨特的見解。例如在討論『酒病』時，作者認爲，酒病之態，雖然有入肺、入心、入肝、入脾、入腎的區别，但臨床治療『固不可專治乎酒，然亦不可竟忘乎酒。蓋酒之傷人，濕而且熱。濕熱之毒，永久不變，非若他症之有六淫七情、經絡傳變之不齊也。故治之者，必於本臟藥中，而兼去濕熱之藥。』這一觀點顯然非老於臨床者不可悟得。

清初之時，烟草迅速在我國傳播。蔣氏介紹了當時種種在烟草中摻雜中藥的做法。所謂『欲其甜，和之以甘草；欲其赤，和之以礬紅；欲其潤，和之以地黄；欲其烈，和之以砒石；欲其香，和之以冰片、潮腦』等方法，表明當時烟草製作時，也充分地結合了中藥的某些性能。作者對治療烟毒有自己的見解，提出『治烟毒之藥，必加砂糖』等經驗方法。

古代民間有『餓不死傷寒、飽不死痢疾』的俗諺。蔣氏分析了『飽不死痢疾』一語的由來，是『下病而上不病，仍能飲食，故有喫得屙得及飽不死之諺。』但作者並不認爲這種説法是正確的。他指出，痢疾一病，『必少食以節其腐化之力，淡食以培其衝和之性。中氣一旺，滯氣自消，不治痢而痢自止』。此説雖然未必全面，但畢竟爲治療痢疾提出了有益的建議。

《醫意商》很少以經證經，主要是介紹作者對某些疾病的病因病機、治療方法的經驗之談，内容非常充實。其中有許多治療方法和經驗方藥，仍值得當今臨床醫生參考。

（三）《傷寒翼》

此書雖附於《醫意商》之後，但卷首有序，内容與前二書迥別，是一部獨立的書。其書名雖涉『傷寒』，然作者釋名：『《傷寒翼》者，實非傷寒書，乃輔翼傷寒書而活人者也。』作者受明末吴又可《温疫論》的影響，撰瘟疫相關論説十三條，以闡述治温之理法方藥，對瘟疫多種下法的運用頗有心得。蔣氏瘟疫論説頗有創見，他最早在明確瘟疫不同於傷寒的前提下，選擇性地把六經辨證法用於瘟疫辨治，提出『瘟疫專責陽明』。故該書實爲瘟疫專論。

該書篇幅不大，簡捷明了地探討了瘟疫的病因病機和各種治療方法。

其學術主張與明末吴又可多同，謂『先得吾心者，吴公《温疫論》』。但其書又不是全面闡釋《温疫論》，而是選擇了瘟疫認識的幾個重要問題，結合自己的臨床理解，將吴氏《温疫論》中部分理論進行提煉，提出自己的創新觀點。例如他將傷寒、温病結合起來進行辨證論治，提出更爲簡約的瘟疫傳變途徑爲『達表』『傳裏』觀點。此外，他又提出『瘟疫專責陽明』説，這意味着他採用了傷寒的六經辨證論治法來診治瘟疫。

在治療方面，蔣氏的治療思路與吴又可多同，即先以破滯逐邪，後用通下逐邪。然而他對下法的運用更加純熟。《傷寒翼》中用了一多半的篇幅來討論各種下法。他指出：『治之大法，始終宜於疏利，通解表裏爲主。』特別主張採用各種『承氣湯』疏利陽明胃中之熱，謂『善治者，宜急清其胃中之熱。胃熱一清，諸症悉愈，如釜底無薪，沸自不作，不煩揚湯之誚也。』

葉天士先生辨舌廣驗

孟慶雲

《葉天士先生辨舌廣驗》一卷，清鈔本，原題清·葉桂撰，未聞刊行，鈔於清咸豐五年（乙卯，一八五五）。鈔本現藏於國家圖書館。

這是一部廣論舌診辨證論治之書，載具一百三十七種舌象的圖譜、歌訣、辨苔定方的臨床著作。自元代甫出《敖氏傷寒金鏡録》爲舌診專著，把舌診確立爲專門診法以降，在明清時代，不僅形見圖譜不斷擴增，而且隨着觀舌大法、理論概括的精深，逐漸發展爲獨特的觀舌辨證體系了。《敖氏傷寒金鏡録》首載有三十六種舌象。清初康熙年間張登的《傷寒舌鑒》刊有五十四種舌象。又有佚名作者的《舌鑒十三方》，是傷寒温病學派醫家之作，載舌象圖譜六十四種，除用傷寒方劑爲基本方外，又主列作者用之效驗方十三首，彰顯了方舌對應的辨舌爲治的理路。

明清時代舌診及辨舌爲治得到較大發展的緣由有三：一是舌色舌苔

直觀可見，並可描繪成圖，普適於學用。二是舌象之候與藏象及八綱理論比照，辨證有清晰性。三是除傷寒學派之外，温補學派、温病學派在發展中也都重視驗舌。清代温補學派如高鼓峰、吕晚邨、楊乘六等人，不僅在醫案、心法著述中述論舌象，《醫宗己任編》的作者楊乘六尚有舌診專著《臨證驗舌法》。温病學家更是重視驗舌。葉天士在《臨證指南醫案》中就指出，不僅温病先驗舌，傷寒也當如此，用小陷胸湯、用瀉心湯等方時『必須驗之於舌，或黄或濁』，知邪之淺深，正氣衰盛，方知病之輕重進退。在此書之前，即已有署葉氏撰之《傷寒玉液辨舌色法》鈔本問世。明代及清代前期、中期，諸多醫家皆有舌診著作，如明代申拱宸著《傷寒舌辨》，原題清·張璐玉撰《三家舌辨》，清徐大椿撰《舌鑒圖》，清王蘇門編《傷寒辨舌秘録》等等。本書是清代温病學派中的温病傷寒學派學者的辨舌著作。其成書年代，應在楊乘六的《臨證驗舌新法》初刻於乾隆十年（一七四五）以後，至咸豐五年間有此鈔本之前。

明清時代的温病學大致有四派，即吴又可、余師愚的温疫派，葉天士等人的温熱派，薛雪、吴鞠通等人的濕熱派，以及楊栗山爲代表的温病傷寒派。温病傷寒派習尚衛氣營血和三焦辨證，但也不排斥六經辨證，這一點與傷寒學派的以六經辨證框架統温病的傷寒温病學派不同。温病傷寒學派注重察舌驗齒等新理論和診法，用温病時方爲多。清代温病各派尊崇葉天士，有者把著作署名於葉氏。本書命爲《葉天士先生辨舌廣驗》也頗有此意。誠如作者在書首短叙中所言，是把天士先生初藴的『驗舌之秘三十六法之外，更加一百一』而撰成此書。

這個鈔本還没有排佈目次，從先後之次序可見其格局分三部分。書首爲簡短相當於『叙』的概説。其後是舌苔總論，分九節，各有小標題。最後是一百三十七種舌象，每種舌象有圖，有解説文字，並有五言四句的歌訣。在第一百三十七舌象之後有三節附録：附一爲鏡面枯乾危舌，也有舌象，有解説，有歌訣。附二是傷寒六經脈法，以六句話簡明概括之。

附三是『六氣分合六部時日診候之圖』，是把左右、寸關尺的浮中沉之脈，按五運六氣對應二十四節氣的表格。這是五運六氣南北政脈法的理路。用圖表示之，最早見於成無己的《註解傷寒論》，然而本書的概括，可謂以簡馭繁，以類統雜。

編首的概叙極爲精闢，在不足二百字的片語中，即表述了舌診的意義及本編的要點和傳承，乃是發揮《敖氏傷寒之鏡録》和《醫宗己任編》，又警言『然其意可參而其法不可泥也』，『然其法可守而其意未爲備也』，道出是在葉天士（鈔者誤士字爲時）三十六法之秘外，更加一百一舌，則有一百三十七舌一以貫之。

驗舌總論把一百三十七種舌象歸納爲九類：一白苔總論三十舌，二紅舌總論三十三舌，三紫舌論十一舌，四黄苔舌論十八舌，五黑舌總論十一舌，六霉醬衣色苔舌論兩舌，七藍色舌苔論兩舌，八灰色苔舌總論十四舌，九妊娠秘要總論十六舌。此九類舌象之總論言簡意賅，先形象其判斷要點之後，繼論其因及有關脈證，最後提示治法治方及預後。例如八灰色舌苔總論，論道：『夫灰色者，三陰經舌也。（非黑苔，即舌中見灰色也。有在根在中在尖者，有滿舌俱灰色者。）凡有此舌症必腹痛、自利、太陰經也。口爛咽乾者，少陰經也。煩渴、囊縮、舌卷者厥陰經。此症自表入裏，太陽經傳自三陰，皆有邪熱。當參脈與症相應治之可也。太陰腹痛桂枝芍藥湯，甚加大黄。少陰口燥咽乾大小承氣湯。厥陰耳聾、囊縮，大承氣湯下之即愈。如寒邪直中三陰，皆寒而無熱症。再解之於脈。如沉遲微細，當温用逆湯、理中湯。少陰症有表者，麻黄附子細辛湯、麻黄甘草附子湯。厥陰症吴茱萸湯、回陽湯等。類詳相參，加減治之，活法在於臨機。又有蓄血症，因飲水冷物致，蓄在三焦者，其人如狂，瞑目譫語，亦有不狂不語，不醒人事，面黑舌灰，亦當分輕重消息治之。輕者犀角地黄湯，桃仁承氣湯，重者抵擋湯下其血。仲景云，血症見血則愈，不可以冷水與飲，飲之必死。』這真是以灰舌爲中心於傷寒六經的精彩的辨證論治。

此一百三十七種舌象譜，概括透闢。例如妊娠舌象的一百二十四舌，稱『面赤舌白形』，舌圖上在舌上書一『白』字，上寫『寒表症』。舌下之闡述文曰：『此舌白，面赤。是孕婦初傷於寒，取汗解之，表邪退則安，不然恐邪傳經。如八九月胎，邪熱致令不安，將有墮隧，子鷩腸內，加黄芩、白术，保固其胎，正治之法也。一孕婦寒證愈，次病頭面腫大，其痛難禁。予用三黄，俱酒煮，鼠黏子，薄荷，防風，白前，石膏，四劑全安。』『歌曰：孕面赤舌白，傷寒表初危，柴葛芎蘇類，葱姜煎不啜。』有圖譜，有形象，有病證，有原理，有治法，有驗案，有歌訣。令讀者在學診斷學理論的同時，也能增益臨證經驗。

舌鑒十三方

孟慶雲

《舌鑒十三方》一卷，著者佚名，爲察舌用方而治的舌診醫著，清代稿本，現藏於圖家圖書館。

舌診之爲用，上啓於仲景之《傷寒論》，但僅有白苔、苔滑、舌上苔等記述。元代，敖氏者著有《點點金》及《金鏡録》，論傷寒舌診，爲論舌診首開其端之專著。後經杜清碧的增補，即爲今所見到的《敖氏傷寒金鏡録》。明清之際，舌診發展尤爲突出，對舌診的原理進益闡明。有申斗垣氏集當時舌診之大成，著《傷寒觀舌心法》。清康熙四年（一六六五）張登汲取《傷寒觀舌心法》著成《傷寒舌鑒》，備列五十四種舌象，以圖示之，其列觀舌大法、觀舌辨證，頗爲扼要。本書則是在《傷寒舌鑒》的基礎上，又補充了十種舌象，共六十四舌，合六十四卦之數。同時在『舌鑒論』之後，出列十三方，皆是作者用之效驗之方，以此命書名爲『舌鑒十三方』。

從本書順暢地運用陰陽、表裏、寒熱、虛實等程鐘齡的八字總要，以及本書以傷寒六經爲框架容納温病、瘟疫，又從在製方中較多使用藥引來看，本書的成書年代，應是在清代中葉以後。從書對舌診的觀察描述，舌診與其他診法的配合，又在諸種舌下對所用名方的精闢詮註，不難看出作者是一位經驗非常豐富，理論素養高蹈的臨床家。全書簡易通順，文字暢達，映見了作者拔萃凝練的學識和著書水平。

全書圖象刻佈圜中，析理以辭，解體用圖。稿本尚未能列出目次，更無序跋。但從全書順序可見，依次分舌鑒論、十三方、六十四舌象圖譜及解析三大部分。

開篇的舌鑒論，是以傷寒症爲標的，以陰陽表裏寒熱虛實八字總要爲論述綱領，從病之由淺而深，從初至繼，闡述各病日階段的舌象所見及發生原理。同時也做預後判定。論中指出，舌爲心之苗，主南方之火，病則變矣。在邪入五臟六腑自表傳裏寒化爲熱的過程中，苔生自白而黃，自黃而黑，甚則黑裂。這也與虛實及臟腑有關：表寒則苔白，裏熱則苔黃，虛寒則苔白，實熱則苔黃，火盛則苔黑，腎水枯竭亦黑，黑且有青、藍、灰、紅紫之不一。就是按照這舌苔產生的基本規律和原理，舌鑒論以傷寒諸證爲重點，逐一闡論傷寒入臟入脈，痞悶結胸，蓄血發狂、溫病發斑發疹、陰陽兩感直中三陰，乃至酒客傷寒、誤服藥物、妊娠傷寒，及各種危候死證的舌苔表現和原因。這些論述特有的診斷價值、理論意義，可直接指導用方和判定預後。

十三方是作者所擅用者，除和解紫胡煎、清裏花粉煎和生脈散三個方劑外，其他十個方劑，都是作者改變了前人的名方成爲有創新意義爲自所用的新方。這十個方劑是：散表羌活煎、清裏明粉煎、清裏黃連煎、倣古三黃解毒湯、退陽地黃湯、制火地黃湯、四順清凉飲、倣古回陽奪命湯、寧神竹葉煎。十三方之用，配合舌象以用，咸有療效。

六十四種舌象皆具圖譜，每種舌象在圖上各有命名，舌象名稱以顏色舌苔爲主簡要概括，例如微白滑苔舌、薄白滑苔舌、乾厚白苔舌等等。每幅舌象下有與之相應的病證、病期和相應的治療方藥。例如微白滑苔舌用散表羌活煎合葱姜引爲治；薄白滑苔舌是太陽少陽合病，治以柴胡桂枝湯合生姜引等等。

此六十四幅圖象及其説解。除圖象的自明性外，其醫學理論有三個特徵：

一是醫理明徹闢透。例如乾厚白苔舌者，作者解讀曰：『病來四五日，未經發汗，邪熱漸深，少有微渴，過飲生冷，停積胸中，營熱胃寒，故發熱煩躁，四肢逆冷，而苔白乾厚，滿口白屑』，治用平胃理中湯加柴胡、草果，甚至四逆湯加乾姜。又在方後進一步解説醫理：『四逆者，四肢逆冷，因證名方，凡三陰一陽，證中有厥皆用之。少陰用以救元海之陽，太陰用以温臟中之寒，厥陰薄厥陽慾立亡，非此不救，至太陽誤汗亡陽亦用之者，以太少爲水火主，非交通中土之内，氣不能復真陽。』這裏對傷寒四逆證治的解讀，真是知其要者一言而終。

二是方解博核。如第二十四舌象謂『藏結半白滑半黑黄舌』，係『寒邪結在藏也。分消調氣飲加附子、黄連。有結在咽，不能言者，生脈散合四逆湯。有救者，有不救者。』其對生脈散的方解謂：『凡曰散者，留藥於胃，徐行其性也。脈者主於心，而發源於肺，然脈中之氣所賴以生者，尤必資藉於腎陰，《内經》言：君火之下，陰精承之。麥冬積肺經治節之司，五味收先天癸水之原，參引麥味，都氣三焦，歸肺而朝百脈，故曰生脈。』這一生脈散的方解，真是精言勝義，切中肯綮。又如第五十七舌象『純霉（黴）醬色舌』下方解稱：『汪訒菴謂其專走脾胃二經，豁痰去濕。余細繹之，其功在利三焦之竅，通經隧之壅而痰飲自化，非劫痰也。觀《内經》有飲字而無痰字，而漢以前謂之淡，飲至仲景，始分痰飲，義可知以。真是述方論理，簡而得要。

三是多用藥引。自金元醫家闡發氣化以降，升降浮沉援入藥性，又有引經藥之用。劉完素開發了『玄府』理論，李東垣創補中益氣湯、升陽散火湯等着重升陽，朱丹溪創提壺揭蓋法等。明清之際，醫家在處方中常配以藥引，或引經，或助氣化。清代黄元御殊重氣化，曾爲乾隆時御醫，在太醫院診治時也多用藥引，此後在太醫院内用藥引也頗盛行。本書作者，在所選諸方中，使用藥引也頗多。例如散表羌活煎，以葱姜爲引；治白苔中黑的清裏紫菀煎，以燈心爲引生蜜汁；治藏結的半白滑半黑黄舌分消調氣飲，用木香、生姜爲引；治黄苔中黑通尖舌的精熱地黄煎，以竹葉、燈心引童便等，此多番藥引之用，既以氣化助藥力，又有佐使之妙用。

這六十四幅舌象，是作者心血所萃，既形象表述當時舌診的進步，映見了作者的創意，更能言近旨遠，示人以臨床技巧，真是耐人尋讀。

脈微

余瀛鰲

《脈微》又名《脈要精微》，不分卷，明·施沛纂述，明崇楨己卯（一六三九）刻本，孤本現藏於中國中醫科學院圖書館。

一、著者與成書

施沛，字沛然，號笠澤居士，明末醫學家。從其著作中可以看出，作者十分尊崇西晉·王叔和所撰之脈學經典名著——《脈經》。指出該書『乃集岐伯以來，諸家經論要訣撰成。』但由於精深難讀，故其後之六朝·高陽生《王叔和脈訣》（簡稱《脈訣》）『反得以鄙俚行』。而《脈訣》中有關脈義的理解、脈診之分部，以及諸多錯謬之處，後世不乏中肯之論評。施氏鑒於『《脈訣》行而《脈經》隱，《脈經》隱而脈理晦』的現狀，決意從『《脈經》中摘其簡要明切者，各標名目，以類相從，冠以《靈》《素》，附之衆説，俾微者著，晦者明，隱者見……』

故於診餘之暇編撰《脈微》一書，書名係取『至道至微，變化無窮』之意。據《脈微·凡例》稱：此書『雖本《脈經》，然引經斷義，必期簡明，故於經義（指《脈經》之經義）有難測者，即伸以名家直説，間附一得之愚，俾讀者殿卷瞭然。』

二、内容與特色

施沛認爲：『五臟六腑之氣味，皆出於胃，變見於寸口，浮、沉、遲、數四脈，可爲諸脈綱領。』故書中繪製四脈圖以統貫二十九脈，其於脈形之描述殊詳。在闡論脈象主病方面，作者採用駢語予以概述，使讀者易於記誦。此外，施氏轉《丹溪手鏡》載述之脈圖及評語，並將崔紫虚《崔氏脈訣》中所撰『四方脈要』稍予改動，意在『統括經旨』，不失《脈經》原文之旨意。末附『手檢圖二十一部説』。所謂『二十一部』，作者釋謂：『……氣口之中，陰陽交會，中有五部，前後左右，分爲九道；又陰蹻、陽蹻、陰維、陽維、陰結、陽結及帶脈，又爲七部，共成二十一部。『由此該括人體之正經和奇經八脈主病。再者，此書有關左右手寸、關、尺部脈之主病臟腑診脈分部，亦較明晰、細致，於臨床頗有參考價值。

綜上所述，《脈微》一書，是以『簡明括要，闡幽發微』爲其主要學術特色，可謂是脈學專著中較爲難得之孤本、善本。

[illegible]

醫學脈燈

余瀛鰲

《醫學脈燈》三卷，清·常朝宣編撰，清乾隆十四年（一七四九年）家刻本，孤本現藏於中國中醫科學院圖書館。

一、著者與成書

常朝宣，字浣楓，號妙悟子，籍隶星沙（今湖南長沙市），少攻儒，習舉業，然仁途蹇澀，曾編訂《香楓書屋詩稿》及《杜詩選》各一卷。乾隆十年（一七四五）至雲間（今上海市松江縣）爲腸澼所苦，後邃心於醫學，爲民診治疾患。其於脈學尤爲致意，主張擷取諸家脈學之長。嘗謂：『每見各醫診脈，雅不相符，及翻閱名醫脈經，始知叔和一書（指托名之脈學專著——《王叔和脈訣》），半屬高陽（生）僞訣，真僞莫分，是以診視各異……』常氏遂選纂諸家脈學之精萃編成此書，使讀者展閱此書後，『而脈之理得，而不必他求……』，由此以明示作者編纂此書的動機和目的。

二、内容與特色

全書分二卷，首列『脈神』篇，次述十二經、五臟正脈、五臟平脈、五臟病脈、五臟死脈、五臟真脈，衝陽、太溪、太衝及部位解。後據明·李中梓《診家正眼》所列二十八脈（浮、沉、遲、數、滑、澀、虚、實、長、短、洪、微、細、濡、弱、緊、弦、動、促、結、代、革、牢、散、芤、伏、疾），分述諸多病脈之體狀、析義、主病及相關脈之對比、鑒别等内容。釋脈多選摘張介賓（景岳）、李時珍（瀕湖）、蕭京（通隱）三家脈論。後列馮楚瞻《馮氏錦囊》『各病宜忌脈』，胡文焕《醫學權輿》中之『脈要歌』（常氏有所『改正』）、『死脈歌』，汪石山之『矯世惑脈辨』，兼述妊娠脈等。其後將蕭京所撰《軒岐救正論》（此書引爲《軒岐究政》）中之『天和脈』、奇經八脈、『舉《脈訣》悖經之非』予以列述，其中融入朱晦庵、柳貫、滑壽、朱丹溪等諸家脈説。

綜上所述，《醫學脈燈》主要是一部輯編之脈學著作，間亦附有常氏的學術心得和臨床見解。此書纂輯之内容，較爲精要可取，有一定的學術參考價值。

唇舌症候圖

張燦玾

《唇舌症候圖》一書，據《全國中醫圖書聯合目録》著録，爲清人力鈞彩繪。

全書爲彩繪鈔本，不分卷，共有彩繪唇舌圖六十一幅，分唇圖與舌圖兩部分。每部又分常候與病候兩類。唇類常候一圖，病候十八圖。舌類常候一圖，病候含八舌圖、陽舌十三圖（又加舌上黑痘一舌共十四圖、陰舌十三圖（又加内潰一舌共十四圖）、死舌（無大字題名）五圖。

每圖均有釋文若干字，亦可謂醫文並茂。從釋文内容可見，該書原係數痘證而設。對痘證之表裏、寒熱、輕重、生死等辯證，頗有重要意義。雖係論痘，而對其他熱病之辯證，亦有一定參考價值。

在唇常候圖中，於唇周分列東西南北及十二地支、五行、五藏、八卦（獨缺『坤』，應是漏書）之部區。舌常候圖中，於舌周分列東南西北、十天干、十二地支、震兑離坎四卦、五藏及經脈之部區。此説不見於中醫經典著作中，必係後世唇舌診新説。

力鈞。生於清末，卒於民初，字軒舉，别號醫隱。福建省永福（今永泰縣）人，幼從劉曾學，後附學於陳宗備家，鈞於讀書之暇，於醫道嘗旁聽默記。二十三歲爲縣諸生，光緒十五年，舉於鄉，翌年赴試禮部，於京、津、滬等購醫書甚多，自是，時爲親友治病，每獲良效。光緒二十年，再應禮部試，屢爲諸貴要治病皆效，留任未就。光緒二十九年，除商部主事，乃以醫名震京都。并曾爲西太後及光緒帝診病。鈞一生，曾出游新加坡、日本及西歐多國。後其子嘉禾、樹緩先後皆學醫。畢業日，爲之訓曰：『宜多臨證，中醫西醫學理，爾輩宜兼求並進，不可偏執。』鈞一生著述較多，大都不存。今存尚有《崇陵醫案》，現存首都圖書館及中國中醫科學院圖書館（事跡詳見俞慎初先生《閩臺醫林人物誌》）。

脈理宗經

孟慶雲

《脈理宗經》四卷，清·張福田著，清光緒六年（一八八〇）武寧張繹雪堂刻本，孤本現藏於中國中醫科學院圖書館。

一、著者與成書

該書是以註解經典的方式集論脈學精要的專書。《序》中有言：『醫之道，至於論脈。』誠如所論，在古代臨證四診中，一直以脈診爲尊。但在作者的時代，『今人每捨脈而言醫，謂望、聞、問爲先，切似爲末』。作者以此想到，這是對脈診『分析經絡，以脈驗證』的價值與原理的理障式微，故爾有此簡疏。爲繼絶學殖，弘揚脈理，張福田積數十年的學養和經驗撰著此書。

作者張福田，字鬱彬，江西省武寧縣人。從本書所標寫的著作年代推測，他大約行醫於清咸豐、同治年間。書稿完成於同治七年，即一八六八年。其子張靜山，字壽仁，也醫名卓著。時有武寧縣知事唐奉樓字家桐者，因患重瘧不治，爲人推薦延請張靜山。張診脈後處方用藥奇險，醫家見者無不咋舌，張靜山持甚用藥，獲神效，堅疾乃瘳。唐奉樓對張靜山『用藥次第不紊，切脈即知病源』大爲心儀。得知其醫術傳自其父張福田，且其人有遺著未能梓付。唐奉樓急索求閲後，覺是書醫達其意、脈理辟透，躍然於紙上，遂助其刊刻。此書於光緒六年（一八八〇）告竣。除本書外，張福田還著有《傷寒》四卷、《雜證》二十四卷、《方書》四卷，均未能刊行。

中醫素稱：醫者，意也；脈者，神也。醫家診病切脈，多是運用意會知識，與客觀知識大異。意會知識與《周易》諸『象』中之『意象』爲一脈同理，從局部可推求整體，從模糊所見可診及實質，有可意會難以言傳的特徵。脈診即是憑寸口之三部九候之診，以應見五臟六腑、經絡、氣血之病變。被認爲『脈理深奥，妙不可傳。』又因古今醫家醫籍論脈，有異有同，難以把握真要。南宋陳無擇以『名體性用』四字歸納醫學理論，認爲可從此四字分析經脈，推病源，求方證，節本草，著《三因方》。然而作者讀陳無擇書三年，對於診脈仍無所獲。進而思索，『《内經》爲醫人立極論脈之正宗，』最爲宗詳，爲其集註，可以求真，以此作爲撰著本書的要旨，故命名書爲《脈理宗經》。

二、内容概要

全書全分四卷。首卷列《内經》脈要和診候，《傷寒雜病論》脈法八十六條句解。二卷論《内經》寸口脈臟腑定位，經絡、奇經八脈及六淫脈法，各家論脈及脈象比類。三卷爲三十脈條理分疏。四卷爲七絶脈、仕材足脈説、脈法金鋮、婦女脈法、古今脈法統論和内照圖説。

全書語言精辟，註文皆係用小字附於原文之下，文句和段落清晰，便於閱讀。

三、學術價值點評

本書作者張福田，認爲王叔和對於《脈經》衹是註解而非撰著。因其疏略切脈定經絡而不以爲然。又在辨訛中，對南齊褚澄《褚氏遺書》對婦女脈診臟腑定位和五代高陽生《脈訣》詳加質訛。全書首論《内經》之脈要診法，繼以註解仲景《傷寒雜病論》的八十六條脈法。繼次分別註評李中梓、王叔和、李時珍、朱丹溪、李東垣、滑壽、張介賓、吴崑、蔣士吉、戴同父諸名家的脈學要論。他把二十八脈又增加了大小二脈，合爲三十脈。還以歌賦形式考註七絶脈以會其全。書尾的『内照圖說』，是作者對世傳《内照圖》的解說，作者也以此對脈診與臟腑經絡氣化功能的概括，辟論脈理之精藴。

中醫脈書甚多，但多數是法式主脈主證，專論脈學理論的專著甚少。本書是全面論述脈學而以詳論脈理爲特色的脈學著作，值得進一步研討。

脈薈

伊廣謙　侯如艷

《脈薈》二卷，明·程伊編著，脈學專著，初刊於明嘉靖三十一年（一五五二），孤本現藏於國家圖書館。

一、著者與成書

程伊，字宗衡，號月溪，新安（今安徽徽州地區）岩鎮人。家世業醫。『初學舉子業，少孤弗能就，乃學醫』，『穎悟過人，通《周易》大義』。爲嘉靖年間名醫，『儒而醫者』。撰有《脈薈》二卷、《釋藥》（或作《釋藥集韵》）四卷，《釋方》四卷存世。另有《醫林史傳》四卷，《醫林外傳》六卷，《史傳拾遺》一卷，及《藥性歌括》《涵春堂醫按》《拯生諸方》等，已佚。但在朝鮮内醫鄭敬先撰、楊禮壽校正的《醫林撮要》中還保存有《醫林史傳》《醫林外傳》二書的主要内容。

《脈薈》卷前有序文三篇，一爲朝議大夫、貴州佈政使司右參議沙稷撰《脈薈·引》，一爲奉政大夫、户部貴州清吏司郎中王良臣撰《脈薈·序》，一爲陳國光撰《脈薈·序》。沙序謂程伊『好學而文』，其書『博而能詳，然其要約則隱於其間而不露』。王序記載，嘉靖辛亥（一五五一）年，王氏督餉真州時，『伏疾燥熱，膚烈汗流，群醫駢集』，『把搔頓踏，而莫敢誰何』。司寇王檗谷推薦程月溪治療，其『應手裁決，按脈投劑，表裏既和，汗燥亦什』。陳序則認爲該書『門分類列，靡不賅載，可謂簡而明，約而盡，一指掌而脈證之理昭矣』。這些對瞭解作者身世、交游、醫術，和評價本書均有助益。

二、内容與特色

全書分上、下兩卷。上卷分述二十九脈，即七表（浮、芤、滑、實、弦、緊、洪）、八裏（微、沉、緩、澀、遲、伏、濡、弱）、九道（長、短、虚、促、結、代、牢、動、細）、五脈（大、小、數、散、革）。每種脈分述其脈狀、主病、兼脈主病、三部分别主病。釋義方面，主要參考王叔和《脈經》和崔嘉彥《四言脈訣》等著作，其中不乏個人真知灼見。如程氏分析促脈主病時，歸納指出『大抵其病有五：一曰氣，二曰血，三曰飲，四曰食，五曰痰。但臟熱則脈數，若有一留滯不行，則爲止促也。』這是比較切合臨床實際的。又從脈狀及主病兩方面介紹七種死脈，分別爲彈石之脈、解索之脈、雀啄之脈、屋漏之脈、蝦游之脈、魚躍之脉和釜沸之脈。此外，還分别論述了三部、五臟、七診、九候之法，亦多採擷前人見解。但對『七診』的論述與王氏《脈經》所載略有不同，程氏認爲七診『一曰静其心，乃存其神也；二曰忘其外，而無思慮也；三曰均呼吸，乃定其氣也；四曰輕指於皮膚，探其腑者，浮也；五曰微重指於肌肉之間，取其胃者，中也；六曰重指至骨以取其臟者，沉也；七曰察病人脈息數之來也』，其中末條與王氏《脈經》『上循魚際，下循尺澤，以求脈之終始』所言不同。

下卷『脈候鈔』，係採摭《内經》中相關脈學内容，介紹診脈方法、脈診以預後、四季平脈病脈、五臟平脈病脈、脈之有無胃氣及真臟脈等内容，對臨床醫生頗多啓發。

三、學術價值

中醫診斷，講究望、聞、問、切四診合參。正確的診斷是正確治療的先導，其重要性毋需多言，故後人稱之爲『神、聖、工、巧』。而脈診更是一門精細的需要高度技巧的學問，故以一『巧』字概括。但常常是『心中了了，指下難明』，這需要長期大量的臨證實踐，才能慢慢體會和掌握，所以有『熟讀王叔和，不如臨證多』的經驗之談。對於初學者，經驗豐富的名醫的指導和點撥，可以指點迷津，事半功倍。《脈薈》一書，即是從臨床實用角度，從汗牛充棟的醫學古籍中，較爲全面地選編出脈學範圍内帶有綱領性的必讀必知的重點内容，選精薈萃，以供醫家臨證和脈學研究者學習借鑒，確具實用價值，而尤便初學，謂之『脈薈』，名副其實。

然而，本書刊刻既少，問世以來流傳亦稀，有幸親眼見到此書者甚少。諸家目録著作，也鮮有著録，唯明代殷仲春《醫藏書目》載有程氏醫書六種，即《脈薈》《釋藥》《醫林外傳》《醫林史傳》《史傳拾遺》《釋方》，但語焉不詳，僅記書名而已。博雅如日本人丹波元胤，在《醫籍考》中據《醫藏書目》著録程氏醫學著作六種，但註明前五種爲『未見』，僅見《釋方》四卷。

所幸《脈薈》人間存尚。在考察孤本《脈薈》時，見本書首頁『脈薈引』下鈐有『明善堂覽書畫印記』白文長方印及『安樂堂藏書記』朱文長方印，説明此書曾爲清代宗室允祥收藏。允祥（一六八六～一七三〇），本名胤祥，爲避雍正帝諱改爲『允祥』，爲康熙皇帝第十三子，與雍親王胤禛關係最密。胤禛即位後，即封其爲和碩怡親王，總理朝政。其室名『安樂堂』、『明善堂』、『交輝堂』，其藏印有『明善堂覽書畫印記』『安樂堂藏書記』等。一生所藏名人書畫甚多，尤以宋元善本爲主，《脈薈》入藏明善堂，説明了《脈薈》的珍貴和稀見，令人既驚且喜。右下角鈐『北京圖書館藏』印，爲目前本書收藏之所。

太素脈要

伊廣謙　侯如艷

《太素脈要》二卷，明·程大中著。成書於明萬曆辛卯十九年（一五九一）孤本現藏於國家圖書館。

一、著者與成書

程大中，字時卿，祁門（今屬安徽）人。萬曆十九年時，大中已『年過六袠（六十歲）』，蓋生於嘉靖辛卯十年（一五三一）。大中初業儒，不就，轉而爲『形家』。所謂『形家』，係以相度地形吉凶，爲人選擇宅地、墓地爲業。繼又轉而『攻醫』，並從『宣城沈先生講理學』。據稱其治病『全活不受糈』，醫德高尚。自述曾得遇『異人』教以『太素脈』，頗得真傳，施術亦『多奇中』。六十歲後，慮及『子姓中無可受業者』，乃將其術公之於世，是爲《太素脈要》。據李維楨序云，本書『蓋異人所口授，而時卿手録』，不過又經其『稍芟其雜』者。

二、内容與特色

本書上卷，按其内容可分爲三部分：一是太素脈，如首篇『太素原統』，簡述太素脈源流；再有二十四脈所屬五行、脈合五行起長生訣、六陽脈、六陰脈、清濁脈、貴脈、賤脈、性情脈、榮顯脈、福德脈、横財脈、益夫脈、刑夫脈、賤夫脈、淫脈、僧道脈等篇目。二是簡述相關中醫基本知識，包括陰陽五行、五運六氣、臟腑經絡等，有五行篇、運氣篇、形氣生成篇、五臟六腑之位、五臟六腑之官（功能）、五臟之候、五臟之竅、臟腑配經絡圖、五行配臟腑圖等。三是脈論：要點是『論脈有三，一曰命之本，二曰氣之神，三曰形之道』。並摘選《脈訣》部分内容，如三部九候、七表、八裏、九道、六極、四離等。

下卷是本書的主體，包括《指南賦》《剪金賦》《通玄賦》《隱微賦》四篇賦體文章，和『六部總論』等。所述太素脈的核心是以五臟六腑之脈分屬五行，據以推測和判斷人的生死壽夭、吉凶休咎、富貴貧賤等。作者認爲，太素脈既可以『診病生死』，又可以『知人吉凶』。人有富貴貧賤，相應的脈有陰陽虛實，『心和氣舒，脈亦流利；心憂氣散，脈亦多失』。特別重視脈象之清濁，所謂『輕清得地，富貴超群；重濁失控，孤貧無依』。太素脈就是要『原始以要終，推幽而驗隱』。五臟之脈，應是『心脈洪而秀，肝脈寬以弦，脾緩而既大，肺浮而且圓，腎如石之陷澤』。五臟各司其職，『心爲父祖，仍識性情憂喜，脾主田宅，更爲福禄財源，肝明骨肉貴賤，肺應妻妾慈親，腎管子孫，命專壽夭』。若彼此關係乖逆，『膽傷於脾，灼知珠玉無聞；心制於肺，定主鴛鴦再配；丙丁（小腸與心）逆理，椿萱須是無緣；甲乙（膽與肝）亂倫，功名必然蹭蹬』。脈象和財富、婚姻、父母、功名都有關聯。若大腸脈見『奔涌』，『主傷妻子』；更兼六脈相剋，則『終身孤獨，或爲僧爲道』；『脈來見滑，主養子承家，館甥繼祀』。診脈不但可以察病，還可以預言人的命運；不但可以知曉本人，還可以測知親友的命運前程。

三、學術價值點評

按通過觀察人身脈象和形色的變化，來瞭解人體臟腑氣血的盛衰，進而分析疾病的部位和性質，然後調理臟腑氣血的虚實，達到治病目的，這本是中醫學題中應有之義，也是中醫學的特色。當然，也可以據此推測和判斷疾病的預後，即疾病的吉凶，和由此决定病人的壽夭，以及由於健康狀况决定的個人命運。但稱根據脈象，即能預知將來財富、婚姻、父母、戚友、功名的狀况，甚至能知其是否『終身孤獨，或爲僧爲道』云云，則實爲牽强附會，荒誕臆説，甚至流爲無良者欺世盗名的斂財工具。程時卿其人，學儒不就，而爲『形家』，而『談理學』，而『攻醫』，而得『異人』傳授，『專攻』太素脈，其置身醫林，堪稱醫家中的『異類』。而太素脈雜糅中醫脈診和相術，托身岐黄，而行江湖相術之實，也是醫籍中的一個『異數』，甚至不能歸爲醫籍。太素脈雖曾在明代風行一時，而且哄傳爲『百不一失』，但始終不被主流醫學和主流醫家認可，被視爲旁門左道，荒誕悠謬之説，《四庫全書總目提要》亦徑指『其説荒誕』。大浪淘沙，太素脈驟生驟滅，終於淡出醫界，化爲過眼雲烟。其著作也很少刻印流播，故存世甚稀，一般醫家也極爲陌生。如今《太素脈要》已僅存孤本，深藏在中國國家圖書館，即使醫學史、科學史研究者也難得一見，更遑論普通讀者。

太素脈作爲曾爲某些人趨之若鶩的歷史現象，一種醫學史、科技史和文化史上的客觀存在，如今人們已經知之甚少，更缺乏深入研究。資料的匱乏和罕覯，也造成了解和研究上的局限，很容易導致誤讀誤判，甚至不無以訛傳訛，以爲是什麼莫測高深的『奇術奇書』。由於太素脈常常依托於中醫脈學，並借用中醫學的詞匯和話語，也容易由此招致對中醫的誤解。有鑒於此，希望對於關心醫學史、科技史和文化史研究的各界學者能够以客觀公正的態度對本書所載太素脈 理與中醫脈 理區分對待，正本清源，以正視聽。

脈法的要・湯散徵奇

孟慶雲

《脈法的要》《湯散徵奇》合鈔稿本，不分卷，明代閭丘煜輯，秦景明、閭丘炳、汪永齡等鈔校。稿本自叙於明崇禎二年（一六二九），現藏於國家圖書館。

一、著者與成書

輯者復姓閭丘，名煜，字芝林，號参微子，家室堂號樹德堂。上海松江華亭人，華亭又稱雲間，閭丘氏是明季上海的儒醫世家。閭丘煜的父親閭丘檣（字慎所），曾是明宫廷御醫，當時有『杏林老良相』之美譽。閭丘煜的弟弟閭丘炳（字瑶林）也是名醫，曾著有《大方合璧》《本草選誌》等書。閭丘家還有閭丘陛、閭丘銘等醫生。著有《脈因證治》《大方折衷》《幼科折衷》等書的秦景明（字昌遇）也曾從游於閭丘檣。閭丘煜還曾輯撰過《論方合璧》《脈法合璧》《本草删要》《方記俚言》等書，除《論方合璧》存稿本外，另外兩書均佚。

二、内容與特色

《脈法的要》是系統闡述脈理脈法和切脈經驗的書。全書輯次了十四個方面内容：一、脈奥大原，二、診脈八段錦，三、《脈經》直指論，四、定左右部位，五、諸脈，六、十怪脈，七、形脈不相應，八、四時病五行相剋，九、診病生死，十、《崔真人脈訣》，十一、婦人脈法的要，十二、奇經八脈總説，十三、辨諸脈，十四、運氣脈及南北政。

古代醫書，大體分爲經、脈、方、藥、案五大類，脈即脈學、脈法，既講理論，又應見於臨床。切脈是醫生臨床功底最爲彰顯之處。歷代以來，脈學是沿着不斷發展，不斷規範的路綫演進的。《内經》之脈，以脈象爲氣象，講四時脈、真藏脈、胃氣脈和多種不同脈形之脈。諸篇説法不一，僅四時脈就有弦鈎毛石、弦鈎浮營、弦洪浮營和規矩衡權四種稱謂。有『寸口獨爲五藏主』的切脈法，又有遍診法和三部九候診法。《難經》則是獨取寸口，並有寸口的臟腑定位。張仲景的《傷寒論》是人迎、趺陽、寸口三部診法，其緩脈乃是和緩有胃氣的脈。王叔和的《脈經》，是對脈學做了一次全面系統的整理和規範。寸口的臟腑定位是爲成規，以二十四脈應二十四節氣。又闡述了十怪脈和諸種死脈，分述了十一經脈各經脈之爲病的脈象特徵。《脈經》還保存了許多彌佚的古籍。但著作的博大也爲後世精闢有韵的多種《脈訣》著作留下了發展空間。如五代高陽生的《脈訣》，宋代崔嘉彥的《脈訣》等。明代李時珍承紹其父李言聞的《四言訣》摻以對崔嘉彥的《四言舉要》的删補，成爲七診九候的《四言訣》。又把二十四脈增加了長脈、短脈、牢脈而成二十七脈，應十二經十五經，也應九候的天、地、人、以『體狀詩』、『相類詩』、『主病詩』、『分部詩』爲闡述脈的《七言訣》。四言與七言合爲《瀕湖脈學》。李時珍之後，李中梓在《診家正眼》中又補充了疾脈，共爲二十八脈以應天之二十八宿。此二十八脈一直被沿用到當代。

切脈在歷代的實踐中，對其價值判斷是有所起伏的。《内經》時代，色脈並重，尤其是對病人之死生和預後的判斷，脈診是爲『金指標』。張仲景之《傷寒論》獨尊脈診，講『平脈辨證』，『脈』列於『證』之先。但到唐代以後，隨着對其他診療信息認識的增多，醫家的四診則是『望、聞、問、切』，把脈診列到第四位『切而知之謂之巧』了。另外，五代時有高陽生者，冒王叔和之名推出了《王叔和脈訣》一書，以其簡淺易學，歌訣易記，以致『《脈訣》出而《脈經》隱』，僅令《脈經》『醫者不讀，鬻者不售』，板遂不存，『以至於一段時間在醫界，『問以王氏（叔和）之書，則皆誦《脈訣》以對』。宋代陳孔碩、朱熹、陳言、蔡元定、楊士瀛等，元代王好古、滑壽、馬端麟、戴起宗等，明代吴崑、李時珍等相繼發現了高陽生《脈訣》援經剽竊後，又有者俗學妄註，引起僞書流傳，百身莫返的危害。同時又有真真假假，以脈診推占吉凶禍福的太素脈流行於江湖。由是而有元代戴名宗（字同父）著《脈訣刊誤》，對語多牴牾、識見鄙隘、奪誤尤甚的高氏《脈訣》指謬復真。如指出，其七表八裏九道和《脈經》原意不同；其寸口脈臟腑定位也和叔和相左；以動脈爲陰脈，以弦脈爲陽脈的定性也不當，刪去數脈和散脈，增長爲長脈短脈也剛愎自愚，等。南宋時有《崔紫虛脈訣》，著者崔嘉彥道士，以四言詩述脈，精脈理，總萬病，爲《東垣十書》所收列卷首。李時珍著《瀕湖脈學》也有廓清《高陽生脈訣》曲謬之旨，也收載入《崔紫虛脈訣》之四言舉要。閭丘煜所輯的内容，包括了《紫虛崔真人脈法的要》的聯帶關係甚大。脈學發展史上的這一段公案，和《脈訣》，也吸收了《瀕湖脈學》七言訣，包括體狀詩、相類主病詩和分部詩。李時珍的奇經八脈診法，也爲本書吸收和發揮。書中的『參微子診脈八段錦』講的是切脈法的八個程式，是道教醫生切脈的秘技，元代道士張道中曾著《玄白子診脈八段錦》，本書援以其意，又結合自家體驗，以及許培元、吴崑等人的論述而成，張道中師從朱宗陽，朱宗陽是崔紫虚的弟子。論中還是能看到道家切脈的影子。

作者以闡幽舉廢、傳承絶學的心緒撰輯此書。宋明之際，一些雖然視脈診由神聖轉爲工巧，但在高層次的醫學家們之中，尤其是在宫廷御醫中和婦科醫生中，仍是爲宗風丕備的第一功夫。閭丘煜生在御醫之家，對脈診尤爲重視。《脈法的要》中，特别是『諸脈指法』、『診病生死』、『婦人脈法的要』諸内容，很多記述了作者和其尊人的切脈經驗。本書所論的二十八脈和李中梓的二十八脈也有差異：本書有大脈和小脈而無革脈和疾脈。本書對運氣脈和南北政脈的論述有重要的學術價值，這部分内容之深難。令很多運氣書和《内經》註家遇難而默，但在本書中，作者以深湛的功底和多年的體會，給南北政做了精闢的解讀。

《湯散徵奇》是以袖珍的短文講述病證的治療要點，因選用的方劑皆是驗之有徵呈奇效者，故書名爲湯散徵奇、外科湯散徵奇、小兒科湯散徵奇四個部分。書以分門論病，以病證爲門，每門皆用七言詩陳述病證概念和特徵，其後是『治例』，以證型和選用方劑爲一條，每條爲四句話左右的韵語，通達明白，條分縷細，便於記憶。選用之方也多是熟知的經方和時方，條中有加減的一二味藥物至爲可貴，是取效的關鍵。條中遇有不熟悉的組藥，皆在眉批上註其方名。

《湯散徵奇》共列一百二十三門，其中，内科湯散徵奇，包括口齒眼病，列中風門以下七十八門；婦人湯散徵奇，列經候不調門以下二十二門；外科湯散徵奇，列瘡瘍疥癬門以下十二門；小兒科湯散徵奇，列初生護養歌以下至痘門共十門。

三、學術價值

一是文短臻備。除傷寒門、類傷寒門和小兒科痘門等幾個門篇幅較大之外，一般每門僅用百字左右即能概其要的，整個一部《傷寒論》，其傷寒的要點，也能被作者以傷寒門和類傷寒門，用兩門的數語而統概，真可謂知其要者一言而終。

二是深髓達意。作者理論高蹈又富於實踐才能有此佳構。例如在火門中，概述了五行之火和陽火、陰火共七火，把自劉完素、李東垣至命門諸說的火，全面究詰，整理提升，方能達用於臨床。又如兒科變蒸，至今尚有屬生理抑或屬病理爭論不休，本書僅用『變則氣升，蒸則熱，八蒸十變始成人』十四個字，即做了切摯的解讀。

三是運筆天籟，通篇有韵，絺章繪句，耐讀易記。是一部適合臨床傳承實用性强的好書。

脈證傳授心法

鄭金生

《脈證傳授心法》一書爲明·吴景隆撰。該書以融會發明脈學義理爲主旨，結合臨床諸病，介紹相關的脈與證。該書在我國明清書誌未見著録，日·多紀（丹波）元胤《醫籍考》首次著録，並録其自序。今國内亦未見有存，此本現藏於日本國立公文書館内閣文庫。

一、著者與成書

該書之前有弘治五年壬子（一四九二）吴景隆序稱：『予幼因舉不第，乃棄儒學醫，朝夕研窮，頗知義理一二。乃敢輒忘蕪陋，會集諸家之説，取其長，融會爲一，名曰《脈證傳授心法》，蓋以便後學之記誦，以補前哲之未備耳。』吴氏感於當時醫家尊崇托名的《脈訣》，而忽視《素》《難》《脈經》，認爲這是後人『不得叔和正傳』的根本原因。故撰此書，以融會發明脈學義理。

關於該書成書年代，成化二十三年（一四八七）王允序稱：『及來理憲浙藩，乃得安城劉君在茲，薦其友仁和吴君世昌。世昌游儒學醫，與之語，大契予心。數年求之弗得者得焉。世昌其賢矣乎！世昌曾有《脈證傳授心法》鳴於世，遂求觀之。玩其詞簡而文詳，其理切而實誠，能發前賢之所未發而有功於醫道者也。』據此，在成化二十三年以前，《脈證傳授心法》就已經撰成。

綜合二序，可知此書作者吴景隆，字世昌，仁和（今屬浙江）人。幼學儒，後因舉不第，乃棄儒學醫，對脈學頗有研究。其所著《脈證傳授心法》（一四八七）得到地方官員的資助，刊行於一四九二年。

二、内容與特色

該書論脈，注重從經典醫學著作中掘取脈診精華。故其開篇之『論診脈入式法』、『論診脈所主病證』，均立足於《素問》《難經》有關脈診理論。

吴景隆在自序中對《脈訣》批評有加：『好事者撰爲《脈訣》，托叔和之名，傳之於世，致使後人置《脈經》於高閣而不讀。又況歌訣多以己意附會，而不本於《素》《難》《脈經》。其中多有不能講解之語。所以後人不得叔和正傳，實斯道之不幸也。後有丹溪先生，深契《内經》之旨，知《脈訣》爲高陽生謬言，故敢排出「冷生氣」等語，而不使亂叔和之《脈經》。醫道至此，始晦而復明焉。』。然而在吴氏書中，却仍然沿襲了《脈訣》七表八裏的脈象分類法。除列述『七表總脈歌、八裏總脈歌、七表主病歌、八裏主病歌』之外，還按照《脈訣》的論脈次序，逐一將各脈予以詳細介紹。

傷寒脈象也是該書的主要内容，其中涉及傷寒脈證總歌、傷寒死脈歌、傷寒五臟死絶歌、傷寒死候歌、婦人傷寒歌等。其後爲妊娠脈、新産生死歌、産後傷寒歌、咏雜病歌等。其中『傷寒死脈歌』、『傷寒死候歌』等多首歌訣出自宋·許叔微《註解傷寒百證歌》。

此外，該書還就痰症、咳嗽、泄脹、腹癖、下痢、尸厥、胃癰、霍亂、金瘡等疾病的脈證進行了論述。每證先出一首七言歌，後以小字予以註釋。

和多數脈診專書一樣，該書在下半部分也兼及了脈診之外的診察方法。在形證歌、外證二十四種死候、聽聲驗病訣、察色等節中，介紹了其它診法的知識。

該書最後在五臟脈與季節、運氣關係，虛實補瀉生死時日、補瀉藥味、五臟色脈等方面所費筆墨尤多。

三、學術價值點評

總之，該書在脈診方面多匯集前人之說，個人新見解不是很多，但立論比較公允，仍不失爲一較好的脈學著作。

脈學匯觀

楊國英

《脈學匯觀》三卷，清·馮學震編輯，清乾隆二十二年丁丑（一七五七）調元堂刻本，孤本現藏於江西省圖書館。

一、著者與成書

馮學震，字巽昌，又字東崖，號昨非子，清代醫家。據《脈學匯觀》一卷書款所題『溢城昨非子東崖馮學震』字樣，溢城即楚城，清代隸屬江州，即今江西省九江市江州區境內。馮氏自幼習儒，且留心醫術，後遍覽醫書，以醫爲業。在本書自序中曾言『脈者，血之隧道，氣息應焉。隱於膚中，視之不見，惟特三指橋纖，悔吝之機微茫呼吸之間，生死重輕繫焉。診疾不易精也。』臨證四診，神聖工巧，唯脈學微茫難求。初涉者，執案求問於脈，每被告知祇可意會，難於言傳。蓋脈診源於《内經》軒岐精蘊，後秦越人著《難經》，王叔和撰

《脈經》，猶未盡泄其奥。以至五代高陽生假借王叔和之名杜撰《脈訣》，語多牴牾，詞語鄙俚，又被俗學妄註，世醫家傳户誦，茫然無所下手，但習傳已久，遺害深遠，故其言《脈訣》行而《脈經》轉晦。雖有永嘉醫派陳無擇在《三因極一病證方論》中指出高陽生剽竊作歌訣，强調學醫必識『脈、病、證、治，及其所因』。因脈以識病。因病以辨證，隨證以施治。提出『列表裏九道，以叙感傷病』的診脈方法，恐亦未詳讀《脈經》。因《脈經》無表裏九道之目，且七表以芤爲陽，然爲亡血失精半産。七表以弦爲陽，仲景以弦爲陰。九道以動爲陰，仲景以動爲陽。惟《脈經》則與仲景合也。經以上中下九候爲九道，非歌訣九道之謂也。故戴同父有《脈訣刊誤》，朱文公謂其辭俚而淺。可見脈診之學，當明辨真僞良莠，正本清源。馮氏潛心岐黄醫學，博覽歷代先賢著作，悉心積累諸家脈學經驗。曾言初讀《脈訣》分配臟腑部位、七表八裏九道，幾忘寢食，却不能瞭無凝滯，後遍覽群書，讀《瀕湖脈訣》才知此爲高陽生僞托，非真叔和之書，遂斥其非。所幸脈學代有名篇專著，爲醫者當學而識擇，要而精之，不可隘守《脈訣》《瀕湖脈學》，故取前賢名論，編成《脈學匯觀》三卷。《中醫人物詞典》中記載該書成書於一七六七年，而《脈學匯觀》自序落款所題『乾隆二十二年歲在丁丑重陽上浣昨非子東崖馮學震巽昌書於調元堂』，可知成書年當爲一七五七年端陽。

二、内容與特色

該書詳述内景臟腑圖、内景真傳、五行氣之生剋制化論、十二經循行部位起止歌訣，並選録《内經》脈要精微論、《醫宗金鑒》脈位四言脈訣、診脈賦、傷寒脈歌、形色脉體相應歌等。於婦人、小兒脈象尤詳加闡述，列有診婦人脈歌、妊娠歌、有娠下血及胎動不安歌、妊慾産、産難及新産生死脈歌、小兒面部五臟部位圖、小兒色診説等歷代先賢名篇。另撰有『脈不可盡憑辨』、『脈證從捨辨』、『脈有順逆解』諸論。現將其學術特色介紹如下：

（一）探源經典，流溯百家

如劉德源序中言，巽昌翁廣購醫書，卷帙擁城，殫精竭慮，數載成書。稽靈素，考百家，自手裁定，其所匯編之要論直透本源。卷首録張仲景傷寒論序和張會卿之脈神篇，以明脈學源流。一卷《内景臟腑圖》和《脈訣規正》中的内景真傳説，所示人體臟腑經絡生理與解剖部位關係對人體臟腑生理功能的重新命名與界定。選録沈鏡註釋《内經十二官論》、三焦論等詳述五臟六腑、三焦生理功能，以正脈證源流。臟腑既明，繼録《金鑒·五行質氣生剋制化論》闡明五行生剋制化規律與生理功能、疾病的發生與發展的關係，作爲疾病診斷和治療的理論依據。隨後在一卷中精選諸家理論，分層條析，論述周身骨度、骨度尺寸、中指定身寸法、十二經部位面背圖、十二經循行起止歌、臟腑腧考、十二經氣血多少論等。可謂節録百家精華，使後學者披閱研讀復不惑於騎牆，有如飲上池水而洞見臟腑之感。

（二）詳述脈法，剖析精要

本書二卷總結歷代先賢脈法經驗，節録百家脈診精要，共三十五篇。如《内經·脈要精微論》《金鑒·脈位内外左右手掌圖》《診家樞要》持脈三要以及診脈四言總括訣、脈診賦、診四時生剋虚實歌等，皆爲諸家脈診精華，删繁就簡，去僞存真，一目瞭然，而再無望洋之嘆。卷三完整選録《瀕湖脈學》和《奇經八脈考》以備後學研習之便。此外，卷二脈法之中，尤其以婦人、小兒最詳。婦人之病兼涉經帶胎産，較男子複雜，故有『寧治十男子，不治一婦人』之説，而小兒古稱『啞科』，言其不能明言痛楚而難斷病位病性。故馮氏遍覽諸家著述，詳列婦兒脈診經驗於本卷。又因小兒之脈難憑，故增録幼科四診總括，小兒面部五臟部位圖、察色聽聲審病切脈歌、小兒色診説、按眉端法等，此真醫者仁心也。

（三）辨證論脈，重視和參

馮氏雖撰此書專論脈學，但其倡導四診合參，他認爲臨證有脈不應病、病不應脈者，倘憑脈而不問證未免以寒爲熱，以表爲裏，以陰爲陽，顛倒錯亂，誤人不少。古人以切診列於望聞問之後，是因三診之後已得知其疾病大概，再切之以察脈與病應否，相應則易治，不應難醫。奈何世醫顛倒以示玄妙，故特列『脈不可盡憑辨』、『脈證從捨辨』、『脈有順逆解』三篇，大有棒喝之意。

三、學術價值

本書係清代醫家馮學震編撰的脈學專著，也是其唯一傳世之作。精選歷代脈學理論和臨證經驗内容博贍粹美，且目前僅以孤本流傳，故顯得彌足珍貴。

養生

延齡纂要

余瀛鰲

《延齡纂要》二卷，清·羅福至編，清道光二年（一八二二）琳琅堂刻本。該書是一部以養生保健和防治疾病爲主要内容的專著，孤本現藏於國家圖書館。

一、著者與成書

作者羅福至，湖南湘鄉人。生平重視泛覽、探究先賢有關養生防病的豐富學術經驗，並以身力行而受益良多。於道光二年撰刊《延齡纂要》以濟世。書名『纂要』，係從博覽中覓其精粹内涵輯編而成。體現了此書較强的實用性，又偏重於介紹『養氣調本』諸法，並以方藥爲之輔，突出了求實、纂要的學術特色。

二、内容與特色

全書分二卷，即初卷與終卷。初卷自『先培元氣立基論』至『精氣神總論』共二十二節。終卷自『行内静功論』至『全身内外部位名色』共三十一節。全書闡論雖多見於前賢有關養生專著，但亦擷取若干有關儒、釋、道的保健功法以或方藥，故此編的内容相當豐富。

從初卷、終卷的目録分析，已大致概括了養生、延齡、保健的重要内涵，其中又以介紹功法、藥療、食療爲主。對於五臟補法，作者主張補腎當『以精補精』，同時介紹了名方及經驗方藥。補脾則基本上以食療爲主，而『益元延壽』。如採取新生松葉、新生扁柏葉陰乾爲末，煉白蜜爲丸，以『除百病，益元氣，滋五臟六腑，明耳目，强筋骨』。

在養生方面，作者主張『論修持貴在少年』，因『年少者，根元完固，易於見功』。在功法方面，作者既闡發『却病調體外動功』，又力主『静性存神』，並指出修養調體的具體方法和要求。此外關於養精和息神、存神、均有精當之論述，爲必須遵行之攝生原則和方法。

終卷主要介紹多種養生功法，如『行内静功論』、『詳任督内外升降丹法説』等節，係摘録前人論著而有所發揮。另有一些少見於養生類著作的内容，如在『腎中蟾光説』中所闡發的思想，係借日月、心腎之類比予以析論，頗有深入研究之價值。

總之，本書作者所持觀點在前賢養生理念基礎上有所發揮，從養生理論到養生方法均予以了較爲詳勁的闡述。運動養生、食療養生、情志養生等内容豐富而頗堪資鑒。

活人心法

賀信萍

《活人心法》（原名《活人心》，又名《活人心方》）二卷，明·朱權約撰於永樂（一四〇三～一四二四）後期。該書上卷談養生，下卷集諸方，簡而有要。今存朝鮮嘉靖二十年（一五四六）跋刊本，藏於北京大學圖書館。

一、著録

此書目前僅存孤本。判斷該書版本的最重要依據，是書末有朝鮮嘉靖二十年（一五四一）安玹跋。因此，該本的刊刻當在撰寫此跋之年或稍後，今姑且稱之爲『朝鮮跋刊本』。關於此書的書名，無論原書還是書目，都有多種名稱：底本首爲『臞仙《活人心》序』，序中也提到此書名爲《活人心》；次爲『《活人心方》目録』。又次爲正文二卷，卷首均題書名爲《新刊京本活人心法》。書末有嘉靖二十年安玹（仲珍）

跋、竹溪山人附識，均稱此書名爲《活人心方》。正因爲此書本身就存在多種名稱，所以後世書目著録此書也各執一詞。

著録該書的明清書目主要有：明·高儒《百川書誌》：『《活人心》二卷，皇明玄洲道人涵虚子編』；明·趙琦美《脈望館書目》：『臞仙《活人心書》一本』；清·黄虞稷《千頃堂書目》：『寧獻王《活人心法》三卷』；民國·何澄一《故宫所藏觀海堂書目》：『《活人心方》二卷，明玄洲道人涵虚子編，朝鮮刊本。涵虚子又號臞仙，明太祖子，封寧獻王。一册。』從書目著録情況來看，還没有發現現存該書有比朝鮮跋刊本更早的版本。但既然明·高儒《百川書誌》已經著録了《活人心》，則肯定還存在比朝鮮跋刊本更早的刻本。因爲《百川書誌》成書於嘉靖十九年（一五四〇），比安玹爲《活人心方》撰跋還要早一年，故不可能著録此朝鮮刻本。此外，《醫籍考·神應經》：『獻王序舊不題名，有「咸躋壽域」印記並花押，與其所著《乾坤生意》

《活人心·序》所識同。』可見丹波元胤所見的《活人心·序》才有可能是最早的刻本，該本有『咸躋壽域』印記以及朱權的花押，朝鮮本均未照録。但因該書更早的刊本今已不存，故難考其刊刻之年。

二、著者與成書

該書作者爲朱權（一三七八～一四四八），是明代開國帝王朱元璋第十六子，洪武二十四年（一三九一）封藩於大寧（今内蒙古寧城縣），故稱寧王。朱權自幼『好學博古，諸書無所不窺，旁通釋老，尤深於史』（見清·錢曾《讀書敏求記》引錢謙益之言）。朱元璋死後，燕王朱棣與其侄建文帝朱允炆之間的政治矛盾，最終導致朱棣發動『靖難』之役，奪取政權。在這場政治風波中，朱權雖然得以保全自身，但最終還是在永樂元年（一四〇三）被明成祖朱棣改封到遠離京城的南昌。此後他深自韜晦，隱於丹道，自號臞仙、涵虚子、南極衝虚妙道真君、玄洲道人等，編書自娱。卒後謚『獻』，故後世又稱其爲寧獻王。

朱權的才能與著作，在明代就受到李時珍的稱贊，云其『賅通百家，所著醫、卜、農、圃，琴、棋、仙學、詩家諸書，凡數百卷』。《本草綱目》中提到的寧獻王或臞仙之書即有《庚辛玉册》八卷、《乾坤生意》四卷、《神隱書》二卷、《壽域神方》四卷、《乾坤秘韞》一卷。清初學者錢謙益更是盛贊朱權著述的宏富，稱其『凡群書有秘本莫不刊佈國中』，並列舉了他所著述的書籍十七種，『其它註釋數十種，經子九流，星曆醫卜，黄冶諸術皆具。古今著述之富，無逾王者。』錢氏提到的朱權所著醫藥書有《神隱》《活人心》各二卷，《乾坤生意》三卷、《壽域神方》四卷。此孤本《活人心法》即錢氏提到的《活人心》。

在《活人心法》序中，朱權介紹了他編寫此書的目的。他認爲『至人治於未病之先，醫家治於已病之後。治於未病之先者曰治心、曰修養；治於已病之後者曰藥餌、曰砭焫。』因此，他要將『治未病』與『治已病』結合起來，編成一書。所以他在序中説：『今述其二家之説，自成一家新話，編爲上下兩卷，目之曰《活人心》，謂常存救人之心，慾全人之生，同歸於壽域也。』這就是作者編成該書的主旨。

朱權刊刻與撰著的書雖然很多，但大多不署年代。今能查到的朱權《神應經》序署爲洪熙乙巳（一四二五），又朱權刊刻的《海瓊玉蟾先生文集》爲明正統七年（一四四二）。這些都是在明成祖死後才署的年代。還沒有見到朱權署有永樂年號的序文。因此，《活人心法》臞仙序以及其它朱權不署年代的書籍，有可能皆成書於永樂年間（一四〇三～一四二四）。

三、内容與特色

前已述及，該書是把『治未病』與『治已病』兩者結合起來編爲一書，因此該書上下卷的分工十分明確，上卷談養生，下卷談藥餌。

上卷之中，大致可分八個部分。第一爲臞仙長篇論述，闡述療心機理。如謂『病由心生，業由心作。蓋陰有鬼神，陽有天理。報復之機，鮮無不驗焉。故有天刑之疾，有自戕之疾。』所謂『天刑之疾』，包括一些先天殘疾、遺傳病、意外損傷，以及某些傳染病。作者認爲其病因是『夙世今生，積惡多過，天地譴之，故致斯疾，此亦業原於心也』。這種觀點與朱權在其《延壽神方》中提出的『譴疾』（做惡事遭報應而得的疾病）同出一轍。此類言論，《四庫全書總目提要》譏爲『道家野談』。但作者推崇的『慾治其疾，先治其心』，仍有可取之處。第二、第三部分分別爲『中和湯』、『和氣丸』兩節。所謂湯、丸，並非藥物組成，而是勸人處世的良方。其『和氣丸』祇有一個『忍』字，謂『心上有刃，君子以含容成德；川下有火，小人以忿怒殞身』，借喻不『忍』則爲『災』。第四部分『養生之法』，雜引前人日常生活之養生方法，包括坐卧、五味、勞倦、寒暑起居、胎息、熱摩、坐按、色慾等許多方面。第五部分爲『治心』，也是臞仙專論。反復講究『心靜可以通乎神明』，否則『百病相攻，皆因心而生』的道理。第六部分爲『導引法』，先訣後圖。這一節的内容，在明·高濂《遵生八箋·延年却病箋》（一五九一）也可見全文引録，但未註明出處，僅云『古聖相傳』，並稱之爲『八段錦導引法』。其中導引圖八幅可以説是八段錦最早所出之圖，對後世影響甚大。第七部分爲『去病延壽六字訣』。其内容即『吹腎氣、呵心氣、嘘肝氣、呬肺氣、呼脾氣、嘻三焦』，另有四季養生歌，以及心、肝、膽、脾、肺、腎的導引保健法等。第八部分爲『補養飲食』，匯集了柏湯、薯蕷酒、地黄酒、戊戌酒、乳粥、地黄粥、鹿角粥、山薯粥、山薯面、鹿羹、牛羹、糊犬、糟蒸猪肚等十三種補養飲食。

綜上所述，上卷的内容涉及養心、處世、導引、吐納、飲食等多方面，但叙説簡單實用，尤其是治心之論，爲該卷主要特色。

下卷的内容比較單一，全爲藥方。其中『玉笈二十六方』既有成藥方，也有湯、散等方。治療範圍涉及百病、安神、解毒、風氣、補養、遺精、瀉痢、瘡毒、咽喉、牙疼、心疼、癲癇、腫脹、産婦、眼疾等。可見其方乃爲日常疾病而設。

另外，下卷收録的『加減靈秘十八方』，據日本人丹波元胤考證，其核心内容乃是元代徐用和的《加減十三方》。這些方劑主要出自《太平惠民和劑局方》，皆爲常用有效之方。將這些方劑作爲主方，隨證加減，以便初學用藥。

《活人心法》乃一小書，本意爲日常活人救人而編，因此内容既包括治未病，又包括治已病，簡而有要。然作者慕道，故其書道教色彩較濃。

養生君主論

孟慶雲

《養生君主論》上中下三卷，作者佚名。該書爲二〇一〇年《中醫古籍孤本大全》項目組在蘇州調研時發現並購得，現藏於中國中醫科學院圖書館。

一、著者與成書

全書未見著作年代的痕跡，僅在卷下『通治五疳肥兒丸』之『附五藏加藥法』的後面，有簡短的『附餘雜録』一則，講述人生以十六歲爲年階，分春、夏、秋、冬四步，六十四歲配六十四卦，合《素問》盡八八之數時，講到『今予年已六十五矣』，由此語知作者在六十五歲時撰著此書。全書以『萬病皆起於心』立論，引據了《素問》《諸病源候論》《千金方》《素女真經》《華佗内照圖》《内丹要訣》《道林攝生論》《仙經》《禮西居士睡功法》等，以及葛洪、錢乙、劉完素、張潔古、李東垣、朱丹溪、劉宗厚、賈氏、韓飛霞、王節齋、趙養葵諸人的論説，並見有金元四家的理論和命門學説。此外，書中雖談及瘟疫，但未見温病學説的理論，也未見清代以後創製的方劑，據此推測，本書當是明代晚期的著作。若細做推敲，又不難發現，書中論瘟疫已言及吴又可，是贊同的口氣。而其中風仍以外風立論，以九製赤朱丸爲主治之，毫無張景岳的非風概念，但有其註運氣的内容。由是而推測，本書作者的著述活動年代或略晚於明末吴又可與張景岳。

二、内容與特色

在古代養生術中，各流派都注重養心，例如元代羅天益曾在《衛生寶鑒》中説：『心亂則百病生，心静則百病息』。惟此書是以心的理論爲核心，集其關於臟腑陰陽經穴的論述，把調氣、導引、睡功諸法，安排於平素生活節奏中。同時又以心的理論，闡述婦人、小兒等人群的生理和養生要點，並從心論治中風、傷寒、瘟疫、虛勞、三消，乃至婦人胎産、小兒驚痘疳積等六十餘病證的辨治經驗，並附有方藥及製法。可以説，本書以心立論養生，自成系統，自成門派。可稱此派爲『養生君主派』。本書即是此派的代表作，也是在諸養生著作中以養心而特見者。

從本書所援引的作者和著作，均以保精爲首務，又從見有『泥丸』、『九虛』等名詞，本書當屬道家養生學派，但也吸收了儒家醫派的精華，錢乙、李時珍及金元醫家之劉完素、張潔古、李東垣、朱丹溪等人的醫論，在本書中都曾引據。

道家養生以《易經》《老子》《莊子》《黄帝内經》爲寶典，本書誠盡其旨意。《乾卦·文言傳》曰：『夫大人者，與天地合其德，與日月合其明，與四時合其序，與鬼神合其吉凶，先天而天弗爲，後天而奉天時。』重視生命的時間結構是《黄帝内經》的特點。本書即以春夏秋冬四時之序闡述養生，以日月運行，寒暑交替，法象陰陽。《易經》的卦象和《黄帝内經》的藏象二者是映象與原象的關係。在本書以離卦論心，以坎卦論腎，心和腎是火與水的關係，二者既濟即是神和精相濟，所以養生的重點簡而言之在於『養神保精』四字而已。在先秦，儒道兩家都重視『心』。道家又重視『保精』。早期道家的《管子》，已有『精存自』之論，之後《莊子》又暢言『形全精復，與天爲一』。本書多次援引漢唐以降養生家的保精之論。如引《素女經》之『善保精者，内安其心以調氣。』引孫思邈《千金方》之『若精妄出則損神』等等。據此，本書的功法藥方，都在貫徹保精的旨要。作者在卷上『論藏府皆繫於心』的論述中圈點了『精少則病，精盡則死。』

心爲君主之官是本書立論的依據。作者集中了《黄帝内經》諸篇關於心主神明，主十二官，主陰陽氣血，主火，主脈等，推崇『萬病皆起於心』，又參引《黄帝内經》《華佗中藏經》等關於心與諸臟腑解剖連屬，從情志、功能、解剖方面闡述起居言動飲食房室諸事皆由於心，所以强調四時之養生當以養心爲先。其中吸收了朱丹溪房事與心火之論，作者又多有發揮，如『腎虚亦由心不内治』、『女子不月原其本亦由心氣』、『小兒初生必哭亦由心氣實熱』等。此般諸論皆有通過養生而達到治療的價值。例如在『論女子不月原其本亦由心氣』一則，引《華佗内照圖》云：『女子不月，血滯之病也。』其論治是：『不治其血而通其心可乎？勞極、驚悸、暴憂、思慮者，過傷之病也。本於心氣之不足，使心氣内和，順四時之氣，則精神氣血莫得而達也。』對於順四時之氣，則引《黄帝内經》春生、夏長、秋收、冬藏之語爲證。其胎息食氣法是：春食東方青氣，夏食南方赤氣，秋食西方白氣，冬食北方黑氣。

在諸經脈中，尤爲注重與心腎關係緊密的督脈和任脈。以其二脈爲一身陰陽之海，藏五氣真元，尤其推介齦交穴的養生價值。並引證《仙經》和李時珍《奇經八脈考》所記漱煉吞服唾津納氣之技法，指其有灌溉臟腑，耳聰目明、延年益壽之功。

本書的一大特點是有論有據，作者也據此以『論』名書。如卷上

『論婦人逐月胎凡諸藏府代君主用事』一則，係以《内照圖》之逐月養胎的論説，其論據是臟腑經絡之五行相生，此『十月自肝經始（肝木也）：一月肝足厥陰經（肝配膽），二月膽足少陽經（木生火），三月包絡手厥陰經（包絡配三焦），四月三焦手少陽經（火生土），五月脾足太陰經（脾配胃），六月胃足陽明經（土生金），七月肺手太陰經（肺配大腸），八月大腸手陽明經（金生水），九月腎足少陰經（腎配膀胱），十月膀胱足太陽經（水生木）。自厥陰次之至於太陽，自一月積之，至於十月，五行相生之義，天地相合之數，舉在於是。然手少陰心、太陽小腸之經無所專養者，以君主之官無爲而已。』其後又列北齊徐之才對於妊娠十月的逐月忌防，是以臟腑代君主行事立論。達先天之生而爲人，况後天之養以安康之旨。在睡卧養生論及睡卧方向時，本書以孔子爲例：『故仲尼疾必東首，朱子（朱熹）云：受生氣也』，其理論是：『頭向東，木生火；足在西，金生水；面南背北，則水火安其位。右臂與足，得乾天金氣；左臂與足，能剋制坤土。』

對於平素行止養生，作者推薦『青谿子導引法』，即龜息、鹿卧、熊經、鶴步、虎坐，這是對五禽戲的發展。五禽戲爲虎鹿熊猿鳥，《白虎通》指出：『鳥獸爲人所禽制，總名爲禽』，《黄帝陰符經》也指出：『注物之可取者謂之禽』，作者論道：『與人異類而有情者，特揣其性而效之，以導引吾身，使通心氣，心定氣寧，則萬病不生矣。』本書反映了導引之術不斷吐故納新，不斷發展的軌跡。

本書所輯的諸多養生功法，都具有實用可行的特點。如卷上的『巢元方養生導引法四十五則』、『彭祖調氣法』、『禮西居士睡功法』等都寫得精闢，易於掌握和操作。本書的房中養生部分，轉引自《千金方》和《素女經》，並用作者的語言進行了處理，值得稱道的是，既不淫亂也不神秘，着意於性健康，杜絶了『採陰補陽』之類的荒誕的房中術。這部分内容是有普及意義的。

本書循《黄帝内經》『年四十陰氣自半』之論，强調人四十歲以後當重視養生，採用一些補益手段，這是有生命科學依據的。本書詳論了四十歲以後，年齡每增長十歲的各階段的保養和補益方法，對中老年人的保健很有價值。

本書卷中和卷下論及六十餘種病證和器官、部位的養生保健要點和治療。養生使命，既要上工治未病，也要既病早治，却病於萌芽。本書對諸病證以最簡潔的語言概括，做了最爲精闢的定義或病因論述。例如『論厥』語云：『厥者，陰陽之氣卒不相接也。火氣衰於上則爲寒厥，水氣衰於下則爲熱厥。』其治方也通達實用，寒厥用桂附理中湯，熱厥用知柏地黄或合生麥散，卒厥用五味昌陽丹。又如『論三消』語云：『三消之病，皆因心勞過甚，君火耗極，相火乘虛反來侮水，水不勝火而消症成。』對於病機演變，指出：『蓋消症必渴，未有消而不渴者。又消症必癉，癉者瘦也，未有消而不瘦者。』對於治療，提出一個通治方和一個治合併症方。以九製黄連清心丸通治三消，如合併癰疽疔毒腫脹者，用五味黄金丸治之。全書對六十餘種病證，共提出了九十三首治方。此般治方，或僅用幾味藥組成的複方，或一味藥數次炮製之方，也有多味藥組成的膏丹，在方下都詳明製方過程及製備要點。很多藥方體現了以治心爲主，君主明而臣下安，貫徹了養生君主論的要領。很多方劑有通治易用的價值，如治五淋的三子三苓方，治遺精白濁的二十四品蓮花丸等。也有膏方之類的補養方，如長年大還丹、青精飯、紫霞盃、種子暖臍膏、膏藥中丸子等，皆大有開發價值。

本書對於成方的加減論述甚詳，這也展現了作者的理路和技巧。例如卷下『古方地黄丸加減法』項下，不僅詳述了前代醫家的見解和製丸炮製，還詳列了頭暈、眼花、痰壅、耳鳴乃至健忘、精滑等十七種症狀的隨證施治的加減大法。由此也可見作者臨床造詣之精深。

本書最後附『運氣摘要並圖』。作者持大運氣的觀點，能够用三個圖和數百字解讀千餘年來『醫門之玄機』，可謂醫家、養生家中的大師。例如，對於歷代醫家論争紛紜的『南北政』問題，本書指出：『五運以土爲尊，故爲君而南面，謂之南政。甲己二歲爲南政，其餘乙庚丙辛丁壬戊癸等八年爲北政』，簡明而扼要。其附運氣，除用以指導養生之外，還意在爲《養生君主論》提供依據。

這部治養學理方藥兼備的著作，未得廣泛傳播，其中載述的自成一家的獨到見解亦爲學者罕覯，今籍此鈔本得以存世，冀其爲中醫學術研究和發展提供新的素材。

導引圖

孟慶雲

《導引圖》，是署名爲敬慎山房主人編繪的導引圖書，刊家稱繪於光緒初年，即公元一八七五年。原書彩繪經折裝，有樟木函盒套裝，藏於中國中醫科學院圖書館。

導引，即『導氣令和，引體令柔』（清·郭慶藩《莊子集釋》）之謂。《莊子·刻意》又稱爲『導引』：『吹呴呼吸，吐故納新，熊經鳥申。爲壽而已矣。』《素問·奇病論》把導引用於治療脅悶氣逆、喘促息難的息積病。導引通過有節奏的呼吸，自我按摩和身體各部位活動以强健體能，治療疾病，進而養生延壽。吹呴呼吸原是導引動作之一，後經練習者將其發展成爲一種獨立的功法，稱爲『行氣』。在《靈樞·官能》篇就把導引與行氣並列相稱。在先秦時代，行氣也甚爲普及，有出土文物《行氣玉佩銘》，是公元前三百八十年左右刻在玉器上的，用四十五個字就概括了練習的要領和作用，晋代道士許遜，著《净明宗教録》，書中論道：『氣功著成，筋骨和柔，百關通暢。』此時行氣已被稱爲氣功。東漢華佗把導引的舒緩活動，節奏加快，動作模擬動物活動，演成五禽戲。五禽戲即虎、鹿、熊、猿、鳥。在導引分化發展的同時，原生態的導引仍沿着初始的格調發展。晋·葛洪在《抱樸子》一書中指出導引術的要點是『知屈伸之法』，導引的機理是『宣動營衛』。歷代以來，尋此脈絡導引功法不斷豐富，有很多專著流傳，宋代陳摶有《二十四式坐功導引治病圖》，明代有署名逍遥子撰的《導引訣》和胡文焕校的《養生導引法》。敬慎山房主人編繪的這部《導引圖》在清代多種導引專著中具有代表性。

一九七四年，長沙馬王堆發掘的漢墓中《導引圖》，繪有四十四個人物的導引動作，是彩色帛畫，每圖除各有一個標題外，别無其他文字説明。中國書籍自古『圖書』二字聯用，如《史記·蕭相國世家》言蕭何『收秦丞相御史律令圖書藏之』之語，即指圖和書。《漢書·藝文誌·六藝略》中，有《孔子徒人圖法》二卷，是孔子七十二弟子的畫像集，用帛作文獻載體，實現了繪圖於書，紙和雕版的發明就更有利於圖書的傳播。導引的各種姿勢非圖解難以明之，故歷代導引著作多以圖示。敬慎山房主人編繪的這部《導引圖》，在圖和文字的主從關係上，是以圖爲主，其旁以文字作講解。圖四周無框，不畫背景，紙張潔白，顏色豐富。繪圖者按照明朝人的梳妝打扮，配合練功的卧榻坐椅，依樣明式家具。所繪人物均爲男性，有青年、壯年、老年，這也提示各種功法的適應人群。圖綫清晰，摹寫精細，人物動作逼真，神而不呆。配以簡捷的文字，讀圖自明。

全書二十四幅圖示二十四種功法，筆者依序概括爲：子日子時種子功，水火交濟補元氣功，祛濕消腫功，散氣消食功，固元精功，止遺精功，散風寒退熱功，養血防痹功，補元神功，止勞嗽功，疏氣解鬱功，榮氣防衰功，默運養心功，運經祛病功，治腰痛岔氣功，治頭暈目眩功，止腹痛功，培養正氣功，健脾補腎功，養真還童功，理血祛瘀功，補神氣力功，融會正氣功，氣血充實功。功法的養治覆蓋面較廣，練習方法簡單，實用性强而無神秘性。其繪圖也精美絶倫，以其藝術性令人醒目耐讀。

傷寒金匱温病

傷寒選録

鄭金生

《傷寒選録》八卷，明·汪機（省之、石山居士）輯，明萬曆三年（一五七五）敬賢堂刻本，孤本現藏於日本國立公文書館内閣文庫。

一、著者與成書

著者汪機（一四六三～一五三九），字省之，别號石山居士，祁門城内樸墅人。其家世代行醫，祖父汪輪、父親汪渭均爲名醫。汪機少時勤攻經史，後因母長期患病，其父多方醫治無效，遂拋棄科舉功名之心，隨父學醫。他努力鑽研諸家醫學經典，取各家之長，融會貫通，醫術日精，很快便青出於藍而勝於藍。不僅治愈了母親頭痛嘔吐的疾病，且『行醫數十年，活人數萬計』，醫學著述十餘部，《明史·李時珍傳》説：『吴縣張頤、祁門汪機、杞縣李可大、常熟繆希雍，皆精醫術』，爲當時名冠全國的四位醫學大師。汪機一生究心醫學，撰寫醫學著作，直至古稀之年，仍刻意鑽研，握筆不輟。其著《傷寒選録》，數十年始完成，《醫學原理》亦八年而成，朝究暮繹，廢寢忘食。此外他的著作還有《運氣易覽》《續素問鈔》《針灸問對》《脈決刊誤集》《推求師意》《外科理例》《痘治理辯》《本草會編》《醫讀》《内經補註》共十三種。

《傷寒選録》汪機自序介紹了本書編輯的經過：『《傷寒論》者……自漢而下，推明之者，殆且百家。求其能悉其旨者，十百而一二焉。余於壯年，嘗輯諸説，少加隱括，分條備註。祖仲景者，書之以墨；附諸家者，别之以朱。去取未必正也，較諸他書，頗爲詳盡。臨證一覽，而諸説皆在目矣。稿已粗具，奈何年已七十，兩目昏蒙，莫能執筆，稿幾廢棄如故紙也。幸同邑石墅陳子桷、和溪程子桷，於余最厚。論及傷寒，因檢故稿，出示條例。既而語諸余曰：「此稿成之不易，兹皆視如故紙，則前功盡棄，誠可惜哉。吾等當極駑鈍，以終厥志，何如？」余曰：「固所願也。第恐年老，弗及見焉。」於是盡取諸書付之。見其授受唯謹，夙夜匪懈，從事於斯。益其所未益，增其所未增，逐條補輯，反復數過，不憚其勞。如此，爰及三載，始克告成……名其書曰《傷寒選録》，蓋因備取諸家之説，而選其近於理者，靡不悉録……嘉靖丙申（一五三六）年……」

綜上所述，汪機嘗試輯録歷代諸家註解《傷寒論》之要旨，始於壯年。歷四十餘年後，至七十歲時，在其門生陳桷、程鐈的幫助下，將舊稿整理編輯而成《傷寒選録》一書。汪氏生年是很明確的，生於明天順七年（一四六三）九月十六日，其七十歲時，當在嘉靖十二年（一五三三），《傷寒選録》書稿已成。又經三年修訂，於嘉靖十五年（一五三六）定稿。可見此書是汪機晚年的力作，其學術功力又當在他書之上。

二、内容與特色

該書首爲『石山先生像』，此後爲『石山先生自贊』和諸家題詞（計有李訓、程文杰、陳桷題詞及陳桷嘉靖辛丑續題）。繼而爲『傷寒選録序』（嘉靖戊戌一五三八程某）、『傷寒選録前序』（汪機）、凡例、目録（前七卷目録集中在一起，第八卷目録附於八卷之前）。

該書的整體結構大致可分三大部分：卷一爲各專題論説。這一部分的論説輯録『諸先賢所論，於仲景有發明者，並採輯卷首，以廣見識』（凡例）從這些論説中，也可以反映汪機自己對傷寒的認識傾向。卷二至卷七卷以病症名爲綱，歸納傷寒條文，爲之集註。這是全書的主體。據凡例稱：『六經諸病，皆仿成無己例，摘取諸證條中一證，别立條款，爲之發明。成氏或有未瑩者，復附諸賢所論，俾學者知有所擇也。』第八卷爲『傷寒選録藥方』，其中又分方、藥兩部分：『藥方加減例』、『傷寒藥性主製要略』。其中『藥方加減例』是將全書所用方劑集中叙述，並附加減法。『傷寒藥性主製要略』將所用的一百九十五種藥物逐一羅列，略述其性味、歸經和功效。由此可見，該書按論、症、方藥爲序，對仲景傷寒條文進行了匠心獨具的整理。正如汪氏自序中的自我評價：

『較諸他書，頗爲詳盡。臨證一覽，而諸説皆在目矣。』也就是説該書內容詳盡，又甚便於觀覽，這就是該書最主要的特色。

然而該書的成就不僅在於編排得體，其另一大特色是精心擇取前賢的論説，補充了很多的新內容。其書在論病之時，受成無己的影響較大。但若成氏所釋有所未當，汪氏則採録其他醫家的論説，使讀者有所取去。仲景書有論無方的條文，汪氏則參考各書之有方者補入方劑，以便臨證之需。汪氏凡例中提及姓名的前賢就有宋、金、元、明傷寒大家十一位，正文中引録的醫家之論更加衆多，由此可知其書採摘之豐。

此外，經常闡發汪氏個人的見解，是該書的又一特色。凡屬汪氏個人註説，書中多標記爲『愚按』。例如在涉及趺陽脈的註釋中，汪機曰：『愚按：趺陽脈一名會元，又名衝陽，在足背上去陷谷三寸，脈動處是也。此陽明胃脈之用由出。夫胃者，水穀之海，五藏六府之長也。若胃氣以憊，水穀不進，穀神以去，藏府無所稟受，其脈不動而死也。故診趺陽脈以察胃氣之有無。仲景又謂趺陽脈不惟傷寒，雖雜病危急，亦當診此，以察吉凶。』類似這樣的汪氏個人見解甚多，這些見解對探討汪氏學術思想具有重要的參考價值。

該書除傷寒内容之外，於書後附有『傷寒藥性主製要略』，簡述了一百九十五種藥物的性味、歸經，主要功效特點，炮製方法、藥物優劣，用法注意事項等。每藥雖僅寥寥數語，但每能切中肯綮。考慮到汪氏唯一的本草著作《本草會編》今已亡佚，則這一節的内容又可供探討汪氏在藥物學方面的見解之用。例如，在辨别藥物優劣及用藥種類方面，汪氏有不少自己的見解。他認爲獨活『黄白香者良，黑者土當歸勿用』。防風『用金黄色潤者良，白者爲沙條，勿用。』柴胡『若解散用北柴胡，虚熱用海陽軟苗者良』。桔梗『苦者良，甜者次』……這些用藥經驗對臨床工作者十分有益。少數藥物之下，還註明了藥物的簡單形態和鑒别點，這方面的内容又可供藥物鑒别工作者參考。例如大青條下，汪氏云：『春生葉，似石竹，紫花』。語雖簡單，但已經可以推斷當時安徽地區使用的大青實際上是今爵床科植物馬藍。汪氏指出香薷『此有二種，一種葉紫背，開紫花，方梗；一種石上生、細葉者，名香柔，攻療』。其中『葉紫背』的香薷很明顯與今用品種有所差異。

三、學術價值點評

考今存世的汪機著作中，傷寒書僅此一種，但此書却被認爲是散佚而失傳。因此，《傷寒選録》至今不被廣大中醫人員所知，這對研究汪氏學術思想不能不説是一個缺陷。最早著録汪氏傷寒書的是清·黄虞稷《千頃堂書目》，云有『汪機《傷寒選録》』。黄虞稷（一六二四~一六九一）家藏之書，乃始於其父萬曆年間以來的豐富收藏，因此該書著録汪氏有《傷寒選録》一書，應該是相當可靠的。此後《重修安徽通誌·藝文誌》也著録有：『《傷寒選録》汪機著』。然以上著録均未示版本。我國清代中後期的書目中，没有再見到著録汪氏傷寒書，但日本丹波（多紀）元胤《醫籍考》却著録了汪氏此書，並收載了該書的自序和凡例。該書原爲日本的岡本啓迪院舊藏，後歸江户醫學館，因此多紀氏得以親見此書，並記録其自序與凡例。正是借助多紀氏的記載，我們才得以瞭解此書遞藏梗概。但因此書國内無存，幾百年來對此書的詳細情況仍然知之甚少。

此明刻《傷寒選録》刻工甚佳，字大清晰，爲明版中的佳品。將爲傷寒研究和汪機學術思想探討提供寶貴的素材。

傷寒論參註

张灿玾

《傷寒論參註》二十二卷，清·王更生編，清乾隆四十一年（一七七六）稿本，現存於中國中醫科學院圖書館。

一、著者與成書

該書卷端署『王更生求正録』六字，卷前有張炎辰序一篇，末署『乾隆丙申歲仲春花朝前五日同學南村張炎辰拜書於襄城官署之凝香草堂』。序文稱王更生，既爲其『同邑』，亦爲『同學』。時下榻於其署齋中，對張仲景《傷寒論》，有鑒於前人註解之失，乃博搜諸註，參以己意，『先後十年，稿凡數易，至是乃克繕寫成編』。足證序文所言，即是書也。

王更生，里貫身世及生卒年代俱不詳，現僅據張炎辰『序文』推斷，可聊知其崖略。張序稱『南村』者，地名也。詳南村，古地有多處，如廣東、河北、山西等皆有之。序文言王更生，亦曾『以名諸生』、『然屢困場屋，乃走滇、粵，歷燕、趙，鬱鬱久不得志』。則王之原籍，似非河北與廣東。《中國古今地名大辭典》云：『南村，在山西省方山縣城南部，……戰國爲皋狼城，西漢爲皋狼縣治所，西晉爲左國城，北齊稱良泉縣，北周稱窟胡縣，清代稱修化縣，其縣治均設在此地。』原在舊時署里貫時用古地名者比比，故疑王、張二人，山西南村人也。

據張序可知，更生少年時，亦治舉子業，以名諸生後，屢試不第，難遂夙願，曾北游燕、趙，南歷粵、滇，屬意於醫學。十有餘年，鬱鬱不得志，遂下榻任職於河南襄城之同邑同學張炎辰官署，事無巨細，咸資襄理，有抱疴投醫者，亦靡不立瘥。『更生既不得志於時，負氣骯髒，與物多忤，酒酣以往，慷慨雄談，若不可一世。而當其治病，按理切脈，務得如洞垣之視，不敢稍掉以輕心。』又於此時，將其携之行笥，先後十年，稿凡數易之《傷寒論參註》一書，繕寫成編。預計此時，更生亦當在四十歲左右，至其以後之行踪，不見諸史，現已難詳。

更生之於醫學，特許仲景先生。張氏序文云：『更生恒謂，醫學自秦漢以來，惟張仲景氏實紹厥統，所著《傷寒論》，辨證立方，各有精義，不容或紊，惜爲晉王叔和參錯之於前，宋成無己附和之於後，因之訛以傳訛，註家愈多，晦亂滋甚。中間惟明方氏中行，國朝喻氏嘉言，程氏郊倩，舒氏馳遠四家之註，多所辨證發明。又惜其各爲一家之言，且不免瑕瑜互見。於是博搜諸註，多採四氏精語，又參以己意，爬羅剔抉。』撰成此編。

二、内容與特色

《傷寒論參註》一書，今存本爲稿本，其中卷第，原稿中多有以朱筆圈改、删補之處，故改前與改後，卷第頗有不同。改前共有二十二卷，改後分前、後兩編。前編第一含太陽病上、中、下三篇，第二含陽明病上、中、下三篇，第三爲少陽病，附：合病併病、壞病、痰病，第四含太陰病，第五含少陰病前篇、後篇，第六含厥陰病，附：過經不解，差後勞復陰陽易、温病（按喻嘉言《尚論篇》無此目）。此一卷第篇目，與喻氏《尚論篇》盡同，然對條文的編排則不同，其學術觀點，亦不盡同。後編含痓、濕、暍，霍亂，辯脈法，平脈法，可汗，不可汗，可吐，不可吐，可下，不可下，序例附卷末。後編部分，亦不再分篇序，註釋内容亦從簡，序例一篇，僅存原文，不予註釋。

綜觀此書，主要有以下特點。

（一）從總體方面看，與明方中行《傷寒論條辨》、清喻嘉言《尚論篇》等註家先後相承。方氏倡於前，喻氏繼於後，更生則起而從之。均以爲仲景之書，兵燹之餘，散亂失次，經晋王叔和搜採，以己意變亂者多矣。『成無己依和，舛差十居八九，及林億校正，未能深造斯道。』故對《傷寒論》舊本，大加删削，隨意變更文序。恐亦未必合仲景本意。

（二）在註釋經義方面，惟尚方、喻、程、舒四家。然對四家不足之處，亦多有辨析之處。而王氏自註，則多能發揮己意。

（三）引註除上述四家之外，別選《醫宗金鑒·訂正仲景全書·傷寒論註》亦較多。且從《金鑒》轉引清代早期註《傷寒》多家言，亦時有之，如劉宏璧、張路玉、趙羽皇等。其對成無己《註解傷寒論》雖多有微詞，然引用成註處亦不鮮見。足見更生雖宗方、喻之説，然能博採衆説，亦無門户之見也。

（四）對喻氏《尚論篇》列題不當處，亦能詳明。如『痰病』一篇，特指出喻氏『特寒邪二字，硬改作痰字立論，其非作者本意，固不待辨也。』因囿於其書分篇，俱從《尚論》，故仍依其舊。

（五）現存此本，疑係王氏在襄城官署時之修訂稿，故特有其同學張炎辰爲之作序，歷述王氏經歷及該書原委。然稿本中復有大量朱書修改删削處，在天頭復有新增『愚按』文及内容調整處，疑係王氏後來所作之修訂。

總之，此書雖宗方、喻、程、舒四家，然能不襲其誤，博採衆家，參以己意，其書亦不乏精當之見。對研習《傷寒論》之學，具有一定參考價值。

傷寒論綱目

伊廣謙

《傷寒論綱目》九卷，清·張志聰撰。成書於清康熙十二年（一六七三），孤本現藏於中國中醫科學院圖書館。

一、著者與成書

張志聰（約一六一九～一六七四），字隱庵，錢塘（今浙江杭州）人。自述爲張仲景後裔，『家世南陽，值漢室之亂，隱居江右』，『十一世祖游宦錢塘，卜築湖上，自仲祖及今，四十三葉矣』（《傷寒論宗印·自序》）。幼年喪父，乃棄儒學醫。師從當時傷寒大家張遂辰（卿子），廣覽醫籍。時杭州名醫盧之頤聲名大噪，志聰繼之而起，與之相埒。張氏以精研中醫經典著作著稱，於杭州胥山構建侶山堂，招同學及門人，講論醫學，探討醫理，一時習醫者紛紛投於張、盧門下，蔚爲風氣。

張氏一生致力於醫經的註釋與闡發。於《内經》撰有《素問集註》

九卷，《靈樞集註》九卷。尤潛心於張仲景的《傷寒論》，撰有《傷寒論宗印》八卷，《傷寒論綱目》九卷，《傷寒論集註》（書未成而卒，由其門人續纂爲六卷）。另撰有《金匱要略註》四卷，《侶山堂類辨》兩卷，《本草崇原》三卷。

《傷寒論綱目》爲張氏晚年之作。對於仲景著作，他終生研讀，『童而習之，至於耄耋未嘗倦學，傷寒之理，至暮益精。』（見高世栻《傷寒論集註·序》）自清順治十一年（一六五四）始，『二十年來，每日必焚香盥手，開卷舉筆，緍閲經文，詳其句説，審其字義』，爲了深入仲景閫奥，可謂殫精竭慮。順治十七年（一六六〇）完成《傷寒論宗印》後，『猶慮尚有未盡』，於是又『復聚諸同學而參正之，更集諸及門而講求之，冀有疑義與共晰之，或有微誤與共訂之』。可以説，《傷寒論綱目》是張志聰從醫學習《傷寒論》四十餘年，研究《傷寒論》二十年，學術上已臻成熟的結果。同時也可以説，《傷寒論綱目》是張志聰與其治學同道和及門弟子集體智慧的結果。預其事者，有同學高士宗（世栻）等十人，門人朱衛公等十三人，及其子張玉師（兆璜）等三人。爲了研究《傷寒論》，他是嘔心瀝血，『經寒暑，歷歲月，廢寢食，絕交游，春花秋月之莫問，澄水佳山之弗臨』，够得上『衣帶漸寬終不悔，爲伊消得人憔悴』了！

二、内容概述

《傷寒論綱目》全書九卷，對《傷寒論》内容次序的編排，張氏作了調整。相傳晋代王叔和『撰次』的『《傷寒論》舊本』，首辨脈篇，次平脈篇，次傷寒例，次痙濕暍，次六經，次霍亂，次陰陽易瘥後勞復，次補論汗吐下之可否。《傷寒論綱目》則首先依次爲六經脈證，然後爲霍亂、陰陽易瘥後勞復、痙濕暍、論汗吐下之可否，而將辨脈、平脈後置。在《傷寒論宗印》中張氏即指出，『傷寒例』爲王叔和所撰，『不應僭次六經之首』，而『改附於篇末』，《傷寒論綱目》亦作了同樣的處理。這種編次方法張氏是一以貫之，同樣體現在所撰《傷寒論集註》，『永爲定規』。『傷寒例』後爲張氏所撰寫的一篇短論『六經通會論略』。書後附以不加任何註評的《傷寒論》白文。

三、學術價值點評

張志聰研究和闡發《傷寒論》的特點可以概括爲三：一是對於《傷寒論》原文，反對『錯簡説』。明·方有執認爲，《傷寒論》初編於晉·王叔和，已有改移；至宋·成無己註解，又多有竄亂。後世醫家或以爲不全而置之不習，或沿襲二家之誤，益失其真。迺於萬曆二十年（一五九二）編成《傷寒論條辨》八卷，首倡《傷寒論》『錯簡』説，調整篇目，重新編次條文，意在恢復《傷寒論》原貌。其後又有喻嘉言、張璐玉、程應旄、周揚俊、黄元御等承續其説，世謂『錯簡派』。張氏則認爲，《傷寒論》『本經章句，向循條則，自爲節目，細玩章法，聯貫井然，實有次第，信非斷簡殘篇』；《傷寒論》原本『匯節分章，理明義盡，至當不移』，而『錯簡派』視爲『斷簡殘篇』，重新編次的結果，則是『條裂節割』《傷寒論》。張的學生高世栻甚至認爲，這樣下去，《傷寒論》將『有覆瓿之患』，毀掉《傷寒論》。因此，張氏三部有關《傷寒論》的著作，均是『次序皆依舊本』。

二是註釋『不集諸家訓詁，止以本文參悟』。這是張註《傷寒論》迴異諸家註本之處。他在本書《六經通會論略》中說：『按仲祖撰《傷寒論》，本於《靈樞》《素問》《陰陽大論》，擴先聖之所未盡而補益之，上承犧（羲）黃以詔後世。』故其註釋大量徵引《内經》原文，所謂『參訂本經文義，雜引《靈》《素》諸經』，『以經註經』。即以《傷寒論》第一條『太陽之爲病，脈浮頭項强痛而惡寒』而言，釋文中就明言引用了《靈樞》的《經脈》《本藏》《邪氣藏府病形》《口問》諸篇，《素問》的《皮部論》《五運行大論》《六微旨大論》《靈蘭秘典論》《陰陽離合論》《熱病論》等篇。不僅是《傷寒論》，張註《靈樞》

《素問》《金匱要略》都是採用這種方式。這種方式一方面是注重内證，注重經典著作之間的互證，體現出理論的統一，也增加釋文的權威性；另一方面也被其他醫家批評爲有失過於繁瑣和教條，株守經文而未能變通，不利醫學的發展。

三是以氣化學説闡釋《傷寒論》六經病證。如謂：『風寒暑濕燥火，天之陰陽也；木火土金水，地之陰陽也。人之形骸臟腑，感在天無形之六氣，在地有形之五行，以生長成形者也。是以人身有無形之六氣，以配三陰三陽之經脈；有形之臟腑骨肉經脈皮毛，以應在地之五行；而三陰三陽之經氣，又由五臟五行之所生，此亦陰陽形氣之相合也。傷寒之邪係感天之六氣，故當與吾身之六氣承之。病在六氣，而六經之經以應之，此人與天地之氣相參合者也。』大量頻繁地用氣化學説來解釋傷寒六經機理。重視人與自然環境的關係是好的，但是以六經硬套六經病證，就有失牽强附會。這也是張志聰招致非議最多之處。是耶非耶，細讀張氏著作，當會得出各自的結論。

歷代醫家，多有忽視基礎理論的傾向，『千古以來，天下之醫祇求方劑以行術，不求經旨以論病』。對此，張志聰大聲疾呼，應重視對醫學元典的學習和繼承：『醫理闡自軒岐，《傷寒》撰本《靈》《素》，千百方書，皆屬旁門糟粕，獨《神農本經》《黄帝靈素》、仲祖論略，精義入神，難以窺測。學者能入仲祖之門牆，始克登軒岐之道岸。』語雖不無偏激之處，但其披肝瀝膽，慨陳重視經典著作的精神，是十分可貴的。他自己也是身體力行，幾乎完成了對幾部主要中醫經典著作的註釋工作。

在張志聰的全部著作中，《傷寒論綱目》是存世最少的。博覽如日本著名醫學家丹波元胤者，在編撰《醫籍考》時，也未見此書。《傷寒論綱目》之罕覯，於斯可見。現存《傷寒論綱目》，係康熙十二年（一六七三）著者自刻本。

傷寒紀玄妙用集

孟慶雲

《傷寒紀玄妙用集》十卷，《醫藏書目》作《傷寒紀元》，《醫籍考》又作《尚氏傷寒紀選》是元代醫學家尚從善關於《傷寒論》的解讀發揮之作。孤本現藏於浙江圖書館。

一、著者與成書

尚從善字仲良，是元惠宗（順帝）時代擅用經方的醫學家，爲御診太醫，曾在上都惠民司任提點，再提舉司任提舉。元代醫事繼承了宋代惠民局的建制，在太醫院節制下設立了惠民藥局（惠民局），以救濟貧民和負責囚犯治病用藥事宜。中統四年（一二六三）以後，又在大都設立了上都惠民司。尚從善曾在此任職，被宣授成全郎。這使他較多接觸重危病證，博涉識病。爲了加强對民間個體醫生的管理，元朝政府還設立了官醫提舉司，管理個體醫生，並主持醫學教育和考試，行省和其下的各路的總管府也都設有提舉司。尚從善在至元四年（一三三八）就任江蘇浙江提舉，宣授成和郎。從事過醫學教育工作，使得他論道辨理通達透徹。此外，尚從善還著有《本草元命苞》九卷。

二、内容與特色

《傷寒紀玄妙用集》一書，是尚從善以自己的臨床經驗和學養又採摭諸氏要言編輯成書的。歷代以來，研究解讀《傷寒論》的著作最爲宏富，門派最多，大致有註疏派、通俗派與傷寒温病派等，註疏派中又有錯簡派與崇古編次派之争論。雖是代有發明，但因註家之多，又把學術引向繁瑣，讓學習者不知可否，望玄生畏。能有一部實用明白的傷寒著作着實可貴。誠如書名所示，尚氏編次的是書，正堪爲是紀其玄妙之用，以欲傳人廣而達爲主旨的佳構。

全書十卷四十篇，包括三十論、十辨。附仲景藥性凡九十品。是作者竭其心智二十年的成果。此書理從《靈》《素》，講究脈法；藥從

《神農本草》，强調必須依方炮製。遵王叔和與成無己，持傷寒統賅百病之論，傷寒金匱合爲一，病證皆容納於六經綱目之下。作者重視解詞和俗字的讀音，在目録後首先列出字詞的標註反切。卷一的《傷寒類説》，用八百六十五字對傷寒醫理、主證主方、治要傳經的概述，可謂《傷寒論》的至真之要，繼下以問答結合註釋精解了《辨脈法》《平脈法》和《傷寒例》。此中向讀者昭晰了學習《傷寒論》的要領：『原診以知脈，切脈以論病，因病以立法，因法以附方，因方以説藥，咸按仲景成法，庶使醫家者流易知而易行，臨證無三思之疑，用藥獲十全之效。』這也是獲得療效的訣竅。卷二爲《六經論治》，作者持足六經的經絡説，以《内經》之理述各經病證之要，他提出引領六經病的十二個主方是：足太陽膀胱經病是：桂枝湯、麻黄湯；足陽明胃經病是：大承氣湯、小承氣湯和調胃承氣湯；足少陽膽經病是小柴胡湯；足太陰脾經是桂枝加芍藥湯；足少陰腎經是麻黄附子細辛湯、麻黄附子甘草湯；

足厥陰肝經是當歸四逆湯、麻黄升麻湯和乾姜黄芩黄連湯。也稱桂枝湯爲『諸方之祖』，通過桂枝湯的加減的論述，也展示出作者運用桂枝湯達到出神入化的境界。同卷還論述了六經禁忌和太陽證以下有十八變。卷三至卷九論述三十種脈證並治。卷十爲十種治法運用之辨。闡述諸方後又進一步詳明十個方劑的加減，這裏很多是凝聚了作者的經驗。十卷中除仲景原書一百一十二方外，又補充了歷代治傷寒卓效者三十二方，全書共一百四十四方。

作者曾在目録之後寫道：『凡十卷四十篇，通計六萬六千五百六十七言，正經四萬三千四百七十四言，註文二萬三千九十三言，藥性一卷四千一十五言。』從作者對自家文字的統計，不僅説明作者著書有要，惜墨如金，也折射出他的嚴謹的學風。在此書中，他用詞通俗，叙述清晰，明白曉暢，能令人學而達用。此書也足以成爲《傷寒論》著作系統中的金玉之品。

《傷寒紀玄妙用集》書首有名士張翥的序，寫於至元二年（一三三六）六月一日，以小篆書於廣陵寓齋。序後有作者浣手書的《張仲景傳》，時間是至元戊寅年（一三三八）。兩者相距二年。《張仲景傳》與十卷書的筆跡一致，可知作者親自鈔寫二年方始告竣。此鈔本是用楷書鈔寫，極爲工整。偶有幾處補正的小字也極爲工整，以此説是書爲稿本。

傷寒易簡

孟慶雲

《傷寒易簡》三卷，清·王廷瑞編著，舒應龍參訂。清乾隆四十一年（一七七六）舒嘉謨刻本；現藏於中國中醫科學院圖書館。

一、著者與成書

編者生平事跡不詳。據《小引》和書中述文，僅知王廷瑞，字輯五，又署鑒庵，清乾隆時期北京人。是治傷寒之學的儒醫，以旋吉草堂名其居室。書編竣後，由舒應龍參訂。舒應龍字協飛，浙江嵊縣桂岩人。梓刻時由舒應龍之子舒嘉謨（元素）校刊。書成於乾隆四十年（一七七五），刊行於乾隆四十一年（一七七六）。

作者在《小引》中開宗明義釋其書名：『愷切詳明，原自易簡；盤曲其路者，障礙其門，令人富美不得見也。』誠如作者之言，《傷寒論》自成書以降，視爲經典，但學人皆有認證難、明理難、用好難之嘆。作者認爲關鍵在於『無善本矣』。這是明清時代傷寒錯簡重訂派的方有執、喻嘉言諸人的觀點。明代方有執認爲，王叔和編次的《傷寒論》早已失仲景之舊，他著《傷寒論條辨》，以『三綱鼎立』論統諸條諸方。繼有明末清初的喻嘉言從之，亦大倡綱目之説，對四時外感，『以冬月傷寒爲大綱；傷寒六經中，又以太陽一經爲大綱；而太陽經中，又以風傷衛、寒傷營、風寒兩傷營衛爲大綱』，謂爲『三綱鼎立』。喻嘉言提出了以法校正錯簡，即三綱統三百九十七法，再挈一百一十三方。之後，有張璐玉、吴儀洛、程應旄等人贊同，形成了錯簡重訂派。但當時仍有尊奉王叔和，贊賞成無己的醫家，如張遂辰、張志聰、張錫駒等人，被稱爲『維護舊論派』。清代乾嘉之時，考據學大盛，許多文士在考訂經史的餘緒中，亦延伸到考校醫經。在此影響下，贊同錯簡派的醫家很多，王廷瑞就是其中之一，並提出要重新編寫一個義能貫通而易讀易解的註釋本。《傷寒易簡》就是在這樣的背景下開始撰述的。

王廷瑞的著述思路和方法很有獨創。他在《小引》中説：『將三百九十七法逐條分録，環粘壁間，日一旋誦而隨手轉移，久之乃見精義，聯屬追遡有自矣。』他雖然也堅信錯簡，贊同三綱，但也對喻嘉言等人提出了批評。他説喻氏的《尚論篇》『條目次序錯綜不順，且註言誇大，間有穿鑿，是以病狀之變態，治法之緩急，若顯若晦，致讀者之歧惑也。』又認爲張志聰、魏荔彤、柯韵伯、吴謙等人的註本是『敷衍角勝，乃擅改原文，牽就解義，尤爲不經』。又在成書後的補引中，批評歷代以來對《傷寒》《金匱》這兩部經典醫著學習運用存在的弊端，指出：『乃東垣、河間、丹溪、景岳諸人，知之而不能遵之；子和、節庵、隱庵、嘉言諸人，遵之而不能用之。邇時如胡、劉、畢、史、冀皆自號明經，而動以經方殺人者，豈大道之誠有難通乎！』他認爲經典被晦難明的原因是『賢者過之，不肖不及不深悉陰陽五行運用之機』。王廷瑞提出了他創立的『逆而求之正，由顯入微』的學習理路，即是『先知方義，則治法自明；既明治法，則病情自悉』，稱此爲『妙道也』。他治學的門徑大體是先學症、藥、方，之後進入其易簡的門庭，此門庭的框架是：以六經統三百九十七法，以三百九十七法容一百一十三方。他經數年三易其稿，編成此書。他在跋語中言『不羡裘馬翩翩，甘願淡薄衣食』，用此書『遂余隱志，教子成人，傳以手著而已，非敢有他望也。』觀其理論和文字表述，《傷寒易簡》確實不失爲是一部實用易懂的教材。

二、內容與特色

《傷寒易簡》分三卷，未列目録，上卷書簽標『一百一十三方解』；中卷書簽標『三百九十七法解』；下卷接續中卷，屬於『三百九十七法解』之從少陽病至厥陰病諸條。就全書內容而論，分六大部分：《傷寒三十二症歌》《九九賦》《傷寒一百一十三方解》，以上爲上卷；《傷寒六經總義》《傷寒論條款次序》與《重編條目説》《傷寒易簡》即序列三百九十七法，太陽篇、陽明篇在中卷，少陽篇、太陰篇、少陰篇、厥陰篇在下卷。作者這樣安排，意在指明學習傷寒要先打基礎，先認證、知藥、達方。所列《傷寒論》出現的三十二種症狀，以通俗歌訣作了詮釋。據王氏統計，《傷寒論》共用八十一味藥物，並指出：『藥賦讀熟，自然群方易記。症歌既悉，便是衆法歸宗。』『傷寒一百一十三方解』從桂枝湯至燒褌散，以原書的解釋併作者之見合爲詮解，頗爲通明。通常統計《傷寒論》一書僅出現一百一十二方，王氏察覺到，大陷胸湯實際有兩個，另一個由栝蔞仁、甘遂、人參、桂枝、大棗五味藥組成，治結胸而無大熱者，也當稱大陷胸湯。由此而知，他是贊同宋代林億的『一百一十三方』説法的。對方劑的詮釋除依據醫理藥性外，還注重藥物加減和類方的比較。還有發揮性的解釋者，如用以毒攻毒來解釋燒褌散之用。他贊同六經分證之論，也同意有在經、在腑之别，以營衛氣血、陰陽水火、寒熱虚實之理述六經，爲『傷寒六經總義』。他認爲，應按病的演進和傳經來重編《傷寒論》，重編應不拘王叔和編次之序，按此意撰寫了『傷寒論條款之次序』和『重編條目說』。鑒於以上的說法，他在最後的部分，按其理解的順序逐條詳解，此是王廷瑞註《傷寒論》的重點，他也廣義地稱此部分爲《三百九十七法解》或《傷寒易簡》。在這部分內容中，他同意六經各有提綱，但在陽明經病問答中，他認爲『胃家實』並非陽明病的總提綱，而僅僅是正陽陽明的提綱。他用經絡解釋六經的同時，也援以臟腑理論。有時也用氣化理論，如在厥陰病中，說厥陰爲木病。作者在以條爲法的註釋中，每能參以己見和經驗，且醫理有據，文字通俗流暢，頗切實用。總之，本書足堪資用爲研討與解讀《傷寒論》的後學津梁。

傷寒錦囊

孟慶雲

《傷寒錦囊》上下卷，清·劉渭川撰於光緒七年辛巳（一八八一），三槐堂滙以氏鈔本，現藏於遼寧中醫藥大學圖書館。

一、著者與成書

劉渭川字濁翁，安徽濡須（巢縣）人，清末醫學家，除本書外還曾編撰《女科錦囊》四卷，也由三槐堂鈔録，此二書皆未刊刻。在本書正文『金口訣』頁下書曰：『七十叟濁翁氏手編，曉初氏校訂』，由是而知，鈔録此書之時他已七十歲，據此推測，他當生於清嘉慶十七年壬申（一八一二）。校訂者曉初未具其姓，可能是作者的哲嗣。

二、内容與特色

本書屬於對《傷寒論》的解讀發揮之作。東漢張仲景撰《傷寒雜病論》以降，經過王叔和編次和魏晋南北朝的『江南諸師秘仲景要方不傳』，唐代孫思邈將其納入《千金翼方》。至北宋林億等的整理，有《傷寒論》和《金匱要略》之分，始有『一百一十三方』、『三百九十七法』之説。《傷寒論》在宋代已成爲顯學，有朱肱、許叔微等以治傷寒名世的醫家。自金代成無己以《黄帝内經》之理註《傷寒論》，明代方有執、清代喻嘉言等提出錯簡之論以後，治《傷寒論》者有『維護舊論派』和『錯簡重訂派』之争。到清末之際，《傷寒論》的醫籍最爲繁富。曹炳章在《歷代傷寒書目考》中，所録從晋唐至民國，註疏之書有四百二十八種，加上日本傷寒書七十七種，合之爲五百零五種。二十世紀八十年代，四川省中醫學會統計，歷代以來，有《傷寒論》註家七百五十三家，專著一千零六十一種，蔚爲大觀。正是因爲《傷寒論》是中醫學的重要典籍。至清末民初，治傷寒之學者漸成四大派，即註疏派、通俗派、傷寒温病派和發揮派。各派在共尊張仲景的同時，智者見智，但也互相攻訐，争論不休，以至千餘年來有些内容並無定解，甚至有的著作把學習

《傷寒論》引向繁瑣故紙之中。

綜合考察本書有三個特點：一是擷衆之精，自用得著；二是歌訣爲綱，論釋爲目；三是重視認證，深入淺出。按作者著書的原旨和書中所用的詞語，他當屬於通俗派。他以博觀致取的態度對待歷代醫家的詮釋和發揮，包括金元四家和温病學派的時方。同時，書中作者認爲重要的内容，都式之以訣，援之以歌。用歌訣釋要、釋脈、釋症。例如，首篇《傷寒症名要領賦》和其後的《傷寒金口訣》《傷寒六經要訣》《脈訣歌》等，都能言簡而義賅，辭暢而文達。書中的重要方劑，也都列有簡捷易記的歌訣。此外書中『論』是對歌訣的補充和説明。學傷寒之難，難在認證，誠如本書作者所言：『症名一定，處方必應』，作者以此重視認症。本書對於六經的系統脈證擷其要點，對一些難解、界定不清的症狀，如結胸、動氣、臟結、奔豚等，不衹描述形象，更能示其病機。另外，從本書還可看出作者脈理功夫獨到，如書中比較仲景與王叔和的脈診，指出：『叔和以弦爲陽，仲景以弦爲陰；叔和以緊爲七（半）表，仲景以緊爲少陰』。可見其對於各家脈學都有過深入系統的研究。

統觀全書，作者是持『傷寒箝萬病』的觀點。全書共一百二十五篇，各篇長短不一，傷寒、雜病、醫理、脈理、醫方盡在其中。稱之『錦囊』不誣。當代學者藍英年說：『深入淺出是功夫，淺入淺出是庸俗，深入深出尚可爲，淺入深出最可惡。』本書作者確實做到了深入淺出，若能認真研習，定能大有獲益。

傷寒正宗

孟慶雲

《傷寒正宗》八卷，明末清初醫學家史以甲撰。書完稿於清康熙十七年（一六七八），甫刻於康熙十九年（一六八〇）。孤本現藏於中國醫學科學院圖書館。

一、著者與成書

史以甲字子仁，江蘇江都甘泉邵伯鎮人，今屬揚州市。其父史啓元爲明代按察副史。他幼補諸生，長乃絶意科場，隱居不仁，自謂『學圃老人』。住艾陵湖東之橋墅，名『見山堂』，以耕讀自怡，足跡不入城市。天文、地理、方技、醫藥、百氏之書無不究覽。富於輯撰，有《文獻通考鈔》《傷寒正宗》《廣吴淑事類賦》等。少時雅好醫學，嘗奉教於明醫袁秦郵，得其脈訣，潛心究極，遂通奥玄，決病死生，指下立辨，驗之於行，名重於世。從醫三十餘年，後著此書。因覺《傷寒論》問世以降，疏註甚多，『雖多發明，亦有少參己意，便致牴牾者』，以其收長汰短之精思而撰輯《傷寒正宗》。據《江南通誌》載，史以甲有子史炤，能述父業，著《方輿概》十五卷。本書是由他繼子史焞（字幼充）所校正。

二、內容與特色

《傷寒正宗》書首有『瀨水遺民』周斯的《叙》和作者的《序》，後有《凡例》九條和八卷的目次。初稿爲十卷，刊刻時合爲八卷，闡仲景之未言者多在第八卷中，以殿其後。從卷一至卷三爲《張仲景方論》，按六經之序叙證列方。卷四至卷八爲《證治方論》，以傷寒和雜病爲主，也包括幾種温病，按目列方，很多是宋金元明醫家的名方。書尾所附之《脈法執掌》，係引自宋代楊士瀛的《仁齋直指方》。全篇論述精闢，文字典醇，通俗易讀。

《傷寒雜病論》自成書以來，經晉王叔和編次，又經南北朝醫家在諸方書的選編以及『江南諸師秘仲景要方不傳』，唐·孫思邈晚年才見到張仲景的著作而納入《千金翼方》。至北宋有林億、孫兆等整理，始分爲《傷寒論》和《金匱要略》二書，而《傷寒論》始有一百一十三方、三百九十七法之説。又有金·成無己首次以《内經》理論註釋《傷寒論》。明代始有方有執質疑王叔和之編次，並創『三綱』之論，繼後有清代喻嘉言推許響應。《傷寒論》之註疏和發揮的數量爲醫籍之最，大致有四類：一爲註疏派，此派中又有錯簡重訂派與維護舊論二端之争；二爲通俗派；三爲傷寒温病派；四爲發揮派。錯簡重訂派以方有執、喻嘉言爲代表，言《傷寒論》中的《辨脈法》《平脈法》及《傷寒例》，乃王叔和之私意，而各條之順序也非仲景之原初，力斥王叔和與成無己。後世響應者如張璐、程應旄、章楠、周揚俊、黄元御等。但也有崇古編次贊同王叔和、成無己者，如張遂辰、張志聰、張錫駒、陳念祖等人，稱維護舊論派。本書作者認爲《傷寒論》之序例，即《辨脈法》《平脈法》《傷寒例》是『引岐黄之經雜以己意』而『其説又謬於《内經》』。在這一點上，他與方有執和喻嘉言是一派。故他在本書中，也是按三綱之序編排的。作者堅定的認爲，自己的編排體現了仲景的原意，故書命名爲《傷寒正宗》。作者對宋自明代的《傷寒論》著作研究真積力見，自得於心，以發展的觀念輯諸家的名方，納入《傷寒正宗》的框架之中，這也不經意地保存了後來已經失傳的資料。例如，張元素之子張雲岐、李東垣、趙嗣真、張養善等人關於《傷寒論》有關内容的論述。撰書的初衷務在實用，作者以此又突破了錯簡重訂的藩籬，對諸家『取其所長，汰其所短』，集賢諸書。作者重視行文之俗雅，能事由神解，不涉言詮而微言大義。本書又以此成爲醫文雙舉的通俗之作。

傷寒神秘精粹録

孟慶雲

《傷寒神秘精粹録》一卷，清代吴謙（如敬）著。未曾刊刻，精鈔孤本現藏於國家國書館。

一、著者與成書

鈔本無序跋，僅在書名下記有『宛平吴謙如敬公著』。由是而知，著作人名吴謙，字如敬，鈔書人是作者的晚輩。作者與奉敕輯纂《醫宗金鑒》的吴謙，同名而字異。輯纂《醫宗金鑒》的吴謙字六吉，安徽歙縣人，曾任太醫院右院判，是人被陳邦賢氏在《中國醫學史》中稱爲與喻嘉言、張璐並爲清初三大醫學家，名著朝野。而對於吴謙（如敬）的生平尚無從考。而正是如此，兩個吴謙易爲後世混稱一人，如曹炳章《中國醫學大成》記吴謙曰：『大興縣人。以諸生在太醫院肄業，專崇仲景之學。頗受知於高宗，嗣拜總修醫官之命，纂修醫書《醫宗金鑒》一書……』。纂輯《醫宗金鑒》的吴謙，是歙縣人非大興人，《醫宗金鑒·序》説他『原官御醫……書成，升太醫院右院判』，而並非『以諸生在太醫院肄業』者。看來編著《傷寒神秘精粹録》的吴謙是諸生，僅在太醫院學習過。兩個吴謙都是治仲景之學的名家，以至有著録和身世的混淆。但從本書所述論文的《傷寒論》的學術觀點看，不僅與《醫宗金鑒·訂正傷寒論註》《醫宗金鑒·傷寒心法要訣》絶然不同，比之其他傷寒學派的理論，也是别具風貌，何况《清史稿·人物傳·吴謙傳》等書，皆無吴謙（六吉）著有《傷寒神秘精粹録》的記載。但説此吴謙是『大興縣人』，也是疏誤，大興與宛平相鄰，都屬順天府治下，後來都併入北京市。説這個吴謙是大興縣人，倒可以與歙縣的吴謙（六吉）相區别。曹炳章言及的『以諸生在太醫院肄業，專崇仲景之學』，所指的應該是本書作者吴謙（如敬）其人。

二、内容與特色

《傷寒神秘精粹録》開篇即標示引據《内經素問》及張仲景《傷寒論》等十六種冠稱傷寒的著作，有論有註、有辨有方，最早爲東晋王珉的《傷寒身驗方》，最晚爲清光緒沈靈犀的《傷寒摘要》（一八七五）由此也可推知這個宛平的吴謙是晚清時代的人。引據的主要醫家有龐安時、韓祇和、成無己、劉完素、李東垣、趙嗣真、陶節庵、吴綬、方有執、喻嘉言諸人的傷寒著作，尚有《克勤傷寒論意》是未曾刊刻的秘本。

作者稱辨證用藥的單元爲『症』，在引據古今傷寒各家書名目録之後即是傷寒各症立方次第目録，從太陽症起至瘟疫流行症，共一百一十症。正文首篇是『論傷寒』，概論作者對傷寒之學的見解和全書的文意。繼後是『傷寒各症條例』，以説明本書所言『症』的内容、章法及編著體例，共十二項，此分症原則也直接聯係辨症辨脈及預後判定。續則爲『辨可發汗病脈症』、『辨不可發汗病脈症』、『辨可吐病脈症』、

『辨可下病脈症』等共四辨。辨後是七種類症之論：論發熱、論潮熱、論寒熱往來、論惡寒、論惡風、論陽毒、論陰毒。承接七論的是，述六經傳變、病證、死症、死脈、集方的六篇歌訣和一篇『傷寒各症根由並各方捷法要語』，此要語也是韵文。六篇歌訣是：『傷寒六經傳變歌』，『六經症病歌』，『仲景傷寒死證歌』，『傷寒五臟受病歌』，『傷寒決生死脈歌』，『傷寒各症要語集方歌』。以上編論歌訣，相當於總論傷寒之症病脈五臟受病及傳變的內容。

對於從表症起開始叙述的一百一十症的闡述，也是用歌訣形式，多是四句或八句，也有超過八句的，但爲數不多。這些歌訣的總題目是『傷寒諸變症隨症立方歌』。有些不屬變症的獨立症，已經在前面的『要語』之中了。故此篇實際上最後爲一百零一症戴陽症。嗣戴陽症列蜜導法、猪膽汁導法、陰毒薰法、葱慰法、瓜蒂搐鼻法、水漬法、撲粉止汗法等七種治療技法。最後是『傷寒各症要方詳解』，從第一方麻黄湯、第二方桂枝湯、等三方大青龍湯序次，到第五十二方三消達原飲，方名之下詳列藥味組成和藥量。

書命名爲《傷寒神秘精粹録》，其傷寒係指《傷寒雜病論》，包括《傷寒論》與《金匱要略》兩書，而且此傷寒是廣義的傷寒，是《難經·五十八難》『傷寒有五』之傷寒，『有中風，有傷寒，有濕温，有熱病，有温病，其所苦各不同』。此五種病證，盡在本書一百一十症中。稱『神秘』乃是神效秘傳之謂。稱『精粹』，乃是精華純粹、無冗繁之套語，辭約旨達，名實相符。縱觀全書有以下特點：

一是以六經爲綱，統協傷寒與雜病的辨證。作者深切領會仲景之用六經的意義：病證多端不可以數計，分六經而司治之，使百病咸歸六經，是扼要之法，綱舉目張，不僅從熱型、從傳變適用於傷寒，而且以其三陰三陽之道，辨證雜病，是《黄帝内經》『治病必求於本』，本於陰陽之謂。六經中，仲景所傳之厥陰病，傳本之條文有缺失，本書則據《素問》及註家的見解，補充了『少腹煩滿而囊縮，譫語而渴者爲熱；口吐涎沫，小腹痛而不渴，身冷如冰者爲寒。其脈俱沉』等脈證，使六經辨證綱領完備。作者强調『凡治傷寒，必先辨明六經，然後可以用藥』。

二是作者對傷寒，是持以寒邪爲病因立論的觀點。如作者在『論傷寒』中曰：『夫傷寒者，乃冬月嚴寒，水冰地凍，世界盡成殺厲之氣，體弱之人，觸犯之者，中則即病，名曰正傷寒，其不即病者，乃寒邪藏於肌膚之間，伏於榮衛之内，至春分後，因温暖之氣而發者，名曰瘟症，至夏至後而發者，名曰熱症。因其始皆由於寒，故總名爲傷寒耳。』

三是重視病日和傳經。作者接受了《素問·熱論》逐日傳經的觀念，結合自己的經驗，把傳經和證脈結合，逐日論述，尤其重視從第一到第六七病日，以『傷寒六經傳變歌』述之。作者在『論傷寒』和『傷寒各症條例』中，不僅一再論及傳經的種種情況，又强調『然傷寒傳經，種種不同，未可執爲一定之序』，各病日表現不同概之於經，是傳經的框架模式，來嚴密觀察證脈，做不同處置及推測預後者也。

四是傷寒的各種症係以發熱爲核心進行辨證及判定服藥及預後的。例如發熱和頭痛二症，有發熱有頭痛者爲陽證（三陽證都有頭痛、發熱）；無發熱無頭痛者屬太陰；有發熱無頭痛者爲少陰；無發熱而有頭痛者是厥陰。又如，尚以發熱與惡寒爲主證結合兼證進行辨證：『或有足膝等處忽然紅腫或軟弱，發熱頭疼者，乃脚氣傷寒也；或腹心滿悶，嘔逆頭疼發熱惡寒，關脈緊盛，左手三部和平，而身不痛者，是食寒也；若頭痛而身變痛，左右手俱緊盛，是夾食傷寒也；左手脈來緊盛，右手沉滑，或寸脈沉伏，身熱惡寒，隱隱頭痛，喘咳煩悶，胸脅痛者，是夾痰傷寒也；或頭痛發熱惡寒，身覺酸痛，右手脈來空虛，左手脈來緊盛者，是勞力傷寒也；左手脈緊澀，右手脈沉芤，心胸脅下小腹有痛處，汗至足脛而回者，是蓄血傷寒也，太陽症則如狂，陽明症則善忘，少陽症則寒熱似瘧，此皆類傷寒，而非正傷寒也。』以發熱，或發熱惡寒、疼痛爲主症辨證傷寒，是化繁爲簡，也是類分鑒别之道。

五是選方精醇實用。仲景《傷寒論》一百一十三方，《金匱要略》二百四十五方，而對歷代註家、名家優選以用，總萃後才五十二方，可謂『方不在多，心契則靈』。中醫方書方劑多如過江之鯽，令學者難以適從，一個名醫，一生之中，最得心應手之方，也不過幾十首而已，可見作者是以少勝多之道。五十二首中，除十神湯、普濟消毒飲、達原飲、三消達原飲四首屬時方外，四十八首皆取自仲景，這也昭示了此位傷寒派大家的心意。

六是要訣易記，心開意解。中醫之書，《黄帝内經》通篇有韻；仲景之論，『爲子條記，傳於賢人』。皆取便於學習記憶之道。繼陶弘景深研有《輔行訣》後，隋唐人始用歌訣形式著書授學，如敦煌遺書之《青烏子脈訣》，宋代以後，歌訣遂成爲中醫學術之重要文體之一。學習中醫，記憶也是一種思維方式的構成，書不熟則理不明，理不明則識不清，把病機病情、治法方藥，棄其偏頗，録其精神，編成便於記誦的歌訣，使學人終生受用。本書除六篇歌訣外，諸症的概念及治法治方也用歌訣，如表證：

傷寒表症是如何，無汗惡寒身熱多。

頭項俱痛脈浮緊，十神湯用汗之和。

十神湯内紫蘇多，乾葛香附麻黄科。

升麻川芎與白芷，陳皮甘草一同撮。

僅用八句五十六字，即把表證及治方闡述得詳明剴切。

《傷寒論》及《金匱要略》的研究，在宋代以降已形成學派流派，並演爲傷寒之學，且派中有派。宋代既有朱肱、龐安時的整理派，韓祇和、許淑微、郭雍等人的發揮派，金代成無己的註釋派，明清有方有執、喻嘉言的錯簡派或三綱派，張遂辰、張志聰等人的舊論派，俞根初的通俗派和陸九芝的傷寒統温病派。流派甚多，致使有人稱道：『一人一個仲景，一家一本《傷寒》』。但不乏有偏頗之見，既神化仲景之書，又綁架仲景，强仲景以服我者。本書作者，持傷寒鈐萬病的觀點，諸病盡用傷寒之方之法爲治，但他本人也不排斥金元四家和方有執、喻嘉言及吴又可等人的創新。是以實際出發，持論公允。如第五十二方三消達原飲，是在吴又可達原飲方基礎上，見太陽證加羌活，陽明證加葛根，少陽證加柴胡，三陽證俱見三藥俱加，係在瘟疫流行時，症似傷寒而舌苔色如粉白者用之。創方人爲清初之年希堯，是對達原飲治濕熱瘟疫的發展。其實此方是吴又可之三消飲略減幾味使其更精，之後用傷寒理論來解讀此方之用。由是也可見，這位經驗豐富的傷寒派醫家的著作，以其實用精闢而耐讀。

傷寒述微

鄭金生

清·李栻《傷寒述微》三卷，約撰於康熙三年（一六六四）前後，爲傷寒類著作，内多臨證診治經驗。該書今僅存清康熙中南益堂刻本，流傳甚稀。

一、著者情況

此複製回歸的《傷寒述微》來源於日本國立公文書館内閣文庫。該書首爲『傷寒述微序』，署爲『順治丙戌冬月邑人眷弟龔懋熙拜手題』。序頁右下有大方陽文朱印『佐伯侯毛利高標字培松藏書畫之印』。毛利高標（一七五五～一八〇一）爲日本九州島佐伯藩第八代藩主（見林申清《日本藏書印鑒》）。因此，該書傳入日本的時間大約在十八、十九世紀之間，相當於我國乾隆後期至嘉慶前期。

該書有『順治丙戌』序，即順治三年（一六四六）所作序，但在書中可發現的紀年有順治戊子歲（一六四八）、壬辰（一六五二）、辛丑（一六六一），康熙三年甲辰（一六六四）。以上事實表明，盡管書序之年爲一六四六年，但書中記有的最晚的年號爲康熙三年，則此書最終撰成時間當在康熙三年或稍後。

進一步檢視該書，可發現書中的『弦』字均不缺末筆，但『玄』字多缺末筆，亦有個別『玄』字仍不缺筆。這一現象提示，此時正處於開始避皇帝名諱的康熙中期，因此避諱字尚不很嚴格。避諱字的情況提示，該書撰成之年的下限在始避康熙諱的康熙中期，刻成時間約在康熙中期（即一六九一年）前後。

經初步檢視，中國古代書目未見著録該書。其最早著録於日本丹波元胤《醫籍考》（一八三一），僅記載『李栻《傷寒述微》三卷，存』。另外，薛清録先生《中國中醫古籍總目》中記載該書國内僅有上海中醫藥大學圖書館藏。

另經查考，中國古代醫書中，從未見引用該書者。日本醫書中，丹波元堅《傷寒廣要》中引用了該書。此書迄今爲止尚無任何影印本及校點本。全世界僅中國和日本各存一部。因日本藏本品相較佳，故複製回歸。

二、作者情况

該書卷首題署爲：『傷寒述微卷上/江津李栻與一撰/海鹽胡中之令修訂。』可知該書作者爲李栻，字與一。江津（今屬四川）人。明代後期見諸史籍記載的同名人李栻有多位，但其籍貫均與該書題署不合，當非同一人。

該書龔懋熙序中簡介作者：『李君二南，闤閱之胄。髫年治經，蓄志有爲。一日以母恙，力攻岐黄，會亂作，轉徙（從）四方，遂端其術，起死而生，所至賴之，是豈特一鄉一邑之爲者乎？』其中二南可能是李氏的號。作序者與李栻爲同鄉，故熟知其學醫經過。李氏因母病而習醫。

但其生不逢時，正值明、清朝代更替之時。爲避戰亂，李氏四處遷徙，遂棄儒而專門業醫。

龔懋熙序中還提到李氏的醫術與撰書的情況：『頃二南自夜郎歸里，余亟過訪之。昔固尫纖不勝衣者也，今則頎然其貌，蔚然其彩，自以爲有得於期喬之術。余扣其業，窮神盡變，蓋技也而通於道矣。其所活廢疾怪證，功若見垣，而一味證治數變，不可毫釐誤謬者，莫若傷寒。遂著《傷寒述微》。切脈製方，如指諸掌，雖童子無不可按圖而索之。』其中的『夜郎』，乃指貴州桐梓縣一帶，是李氏的避難行醫之地。順治三年李氏從夜郎返回四川江津，其形體從過去的尫瘦一變而爲『頎然』。這段輾轉遷徙、四處行醫的經歷，使作者積累了豐富的醫療經驗，並掌握了養生之道。作者根據自己的臨床體會，認爲臨床最需要小心診治的就是傷寒病，於是歸而撰著《傷寒述微》一書。

關於作者的生平情況，除龔懋熙序中的介紹之外，還可見於《傷寒述微》的正文中的零星記載。書中記載了作者的老師：『昔吾邑黄雲谷，其子繼谷，吾師也。治傷寒應（手）莫測，人皆曰其有仙術存焉。』也就是説四川江津黄繼谷是他的醫學老師。其師擅長治療傷寒病，所以在《傷寒述微》中，也包括了黄繼谷傳授的傷寒診治知識。

書中在講述作者個人治驗時，也偶爾談到行踪所至。例如作者在明末曾『避兵綏陽』，『綏陽』即今貴州鳳岡縣一帶。順治辛丑（一六六一）作者還曾到盤石城（即今四川資中縣北），他治療的病人中有壁山令吴士際。壁山即今四川璧山縣。康熙三年（一六六四）作者又『寓渝州』，即居住在今重慶一帶。從上述零散的叙述中，可以得知作者在明末兵亂之時，先是到貴州去躲避，後來又返回四川，曾在今四川資中、璧山一帶行醫，康熙間寓居渝州。作者足跡所到之處，多爲邊遠的西南地區。作者深入民間治療各種疑難疾病的經歷，大大提高了其書的實用性。

三、内容與特點

該書分三卷。上卷七節，相當於總論。該卷首爲『傷寒序例』，摘取元末明初吴恕《傷寒活人指掌圖》總論六經傷寒之歌賦數句，爲之簡註。次又列『總論』一節，介紹其師黄繼谷所傳診治傷寒之法。其後的『切脈』、『問證』兩節，講述診斷傷寒、雜病的基本方面。『切脈』一節認爲，同一脈象在傷寒與雜病有着不同的診斷意義。例如『雜病以弦爲陽，傷寒以弦爲陰。雜病以緩爲弱，傷寒以緩爲和』等等。這些診脈内容多不見於一般的脈診之書。『問證』一節則不分傷寒雜病，其診察順序是：『先觀兩目，或赤或黄；次看口舌，有無胎狀；然後以手按其心胸至小腹，有無痛滿；再問其所苦、所慾、飲食起居，小便通利若何……』從中可以窺知清初的診察手段，舌診與按診已成常規。

首卷在『切脈』、『問證』之後，又設『傷寒危證論』、『傷寒勸誡法』。前者乃判斷傷寒死證、危證的若干指徵。其中也包括某些雜病的預後法。後者則以李子建《傷寒十勸》爲主旨，列舉治療傷寒大法以及傷寒病後調養的若干注意事項。首卷之末爲『制伏要法解證用方論』，是很特殊的一節。該節列舉傷寒若干重證、危證的搶救用藥法，其中多爲民間所用的簡要藥方及外用救治法，非一般傷寒書所能見到。此節之後有『附方』，列舉常用方劑，其中以藿香正氣散、人參敗毒散、柴葛解肌湯、巢湖雙解散等方置於傷寒用方之首，與清代多見的《傷寒論》註釋之類的書大不相同。

從首卷引用書目及主要內容來看，可知作者主要是受李子建《傷寒十勸》、吴恕《傷寒活人指掌圖》及陶華《傷寒六書》的影響。其書雖名『傷寒』，但實際上很少採用張仲景《傷寒論》的條文及方劑。其治熱病的用藥偏於寒凉，且書中傷寒、雜病夾雜，不同於明末清代傷寒家孜孜汲汲於《傷寒論》條文立論。作者爲臨床醫家，且又處在四川、貴州一帶行醫，因此還未受明末清初江南一帶興起的各種傷寒研究新説的影響。作者在『總論』中提到：『傷寒古稱大病……非仲景莫能洞悉其微，非節庵莫能窮其藴』，可見其學術思想仍遥承陶華之説。

該書卷中、卷下以傷寒相關病證爲主。卷中首論爲『三陰三陽正變通治法』，即列舉傷寒六經病證的主要治法及用方。其中太陽證仍以十神湯、人參敗毒散、羌活衝和湯諸方爲主。在這些方劑的解説中，又指出它們還可用於治療熱毒瘟疫等疾病。此後所列病證計有發斑、結胸、發黄、血證四則。其下並無多少論説，每多直接出示當用之方。這些方劑既有張仲景《傷寒論》方，也有許多金、元、明三代所出常用方劑。

卷下首列『辯惑』一節，列舉了作者推崇的八個傷寒方劑：升陽散火湯、瀉心導赤散、再造湯、調榮養胃湯、復元湯、桂苓飲子、當歸活血湯、加味導痰湯。作者詳細地展示了這八個方劑的藥物組成及適應症，有時還在方後介紹其個人運用這些方劑的經驗。將這樣的八個方作爲傷寒常用方，是受明初陶華之説的影響，將雜病也納入傷寒治療之中。

『辯惑』之後，次第列出『懊憹』、『呃逆』、『由三陽傳入三陰』、『身痛』、『腹痛』、『痓病』等病證十三條，末附『條理丸方』、『傷寒決死生脈歌』兩節。在這些病證之下，作者經常附入自己的治療案例。從這些案例中可以得知，作者確實是一位具有豐富臨床治療經驗的醫生。其辨證入微，尤精脈證。選方用藥不拘一格，或取成方，或用單方，臨床療效甚佳。作者這些治療經驗，是該書一個很有價值的內容。

要之，李杕《傷寒述微》並未致力於闡發張仲景《傷寒論》原文，而是講述傷寒及相關疾病簡易診治法的臨床實用書籍。其學術思想本諸陶華，故其書雖以傷寒爲名，其實囊括了若干常見雜病的診治内容。作者具有豐富的臨床經驗，使該書更增添了臨床實用價值。

傷寒類證解惑

鄭金生

《傷寒類證解惑》四卷，清·張泰恒撰於乾隆十年（一七四五），由作者之曾孫張炳義等集資刊行於光緒十五年（一八八九）。作者將辨析與治療傷寒及相關病證的經驗編爲歌賦，再加註釋，以利臨床實用。該書今僅存孤本，現藏於中國醫學科學院圖書館。

一、著者與成書

該書扉頁載：『光緒丁亥年鐫/南陽鄧州五龍里舉人德一張泰恒著/傷寒類證解惑/文彬堂梓行』。又，卷首作者題署爲『古穰踽踽子張泰恒德一氏編』。其中所題籍貫『古穰』與扉頁所題『南陽鄧州五龍里』是一致的。『古穰』即穰縣，爲隋開皇七年（五八七）間的鄧州治所。鄧州即今河南鄧州市，『五龍里』今名五龍村，位於湍河南岸。其曾孫後遷至鄧州東急灘河西沙窪，即今河南鄧州市汲灘鎮一帶，距五龍村不遠。因此，該書的作者當爲張泰恒，字德一，號踽踽子。河南鄧州人。

關於作者生平，張炳義敘中有比較詳細的記載：『四高祖諱泰恒，字德一，慈祥人也。幼習儒業，穎悟過人。年甫弱冠，游泮水、食廩餼。至中歲又登賢書，仁民愛物之心，拭目可遂矣。孰意數次北上，進取維艱。轉思良相良醫，其途雖殊；濟世濟人，其心則一。於是絶意宦途，留心岐黃。雖男婦老幼諸科，無不精曉，而於仲景公《傷寒論》一書尤加意揣摹。故當時之患此症者，一經公手，罔不奏效若神。因於課讀之暇，將傷寒原委一一註解而講明之，較《傷寒論》尤明白易曉，名之曰《傷寒類證解惑》。每慾公諸斯世，施及後人。惜有志未逮，已捐館矣。』可見作者張泰恒自幼習儒，弱冠（二十歲）爲秀才，中歲（中年）鄉試中舉，但此後幾次北上趕考，均以失敗告終，遂棄儒業醫。張泰恒雖然仕途失意，但其良好的儒學功底，使之能通過自學醫書而成爲一名良好的醫生。據其習儒時的老師廖掞介紹，張泰恒『性嗜岐黃，他證固無不肄，而傷寒一門尤其所專攻者。其見書也博，其用心也密，其閱症也久，因之立言也最確』。乾隆十年夏，張泰恒編成《傷寒類證解惑》一書，請其師廖掞爲之作序。

該書由作者曾孫張炳義的友人四十名、後裔六人集資刊行，屬於張氏家刻本。該本扉頁所題鐫刻年爲光緒丁亥（一八八七）年，但書中乾隆序後有張炳義光緒十四年（一八八八）題識，書前又有光緒十五年（一八八九）張炳義序，是知該書刻於一八八七至一八八九年。書前有兩序，首爲張炳義光緒十五年『傷寒類證解惑叙』，次爲廖掞乾隆十年（一七四五）序。據廖掞之序，可知該書撰成之時即作序之年。據張炳義叙，則此書在光緒之前從未被刊行過。因此清代諸書目未見著録此書。

二、内容與特點

該書分四卷。卷一首爲『傷寒總論』，次爲『傷寒類證解惑賦』（其前有十八門目録，即爲該賦而設），又其次爲『傷寒類證解惑賦註』。其中『傷寒類證解惑賦註』從卷一之末延續到卷二、卷三。卷三在『傷寒類證解惑賦註』之後附有『動氣傷寒、脈分四綱、脈之情狀』三小節内容。卷四則爲『傷寒類證藥方』，列方劑一百八十二首，各方均編有序號，但其中有七方雖具方名，但缺内容。

考察正文，可知該書的主要内容是『傷寒總論』與『傷寒類證解惑賦』、『傷寒類證解惑賦註』三部分。這三部分内容中，又以『傷寒類證解惑賦』爲全書中心，『傷寒類證解惑賦註』實際上是圍繞着『傷寒類證解惑賦』所作的註解。至於『傷寒類證藥方』，不過是全書的方劑附録卷而已。

從内容及體裁來看，該書實爲傷寒普及書，並非尋常依托《傷寒論》類聚其條文、闡述其經義之類的書。明末清初傷寒學派内部正值紛爭之時，但這些爭議似乎没有在書中得到表現。因爲該書既不推崇明前期的陶華（節庵）之説，也未引用方有執、喻嘉言等名家之説。作者所關注的不是傷寒論條文的編次，也無意爲《傷寒論》加註，而是深入淺出地爲初學傷寒者指引門徑、釋疑解惑。

作者在首篇『傷寒總論』中，假借客問、主答的形式，闡述了作者對傷寒辨治的許多重要學術觀點。例如作者認爲，傷寒之雜症仍屬傷寒，不同於一般雜症。傷寒分表裏論治，但表裏治法並不等同於汗下。傷寒重在辨證，不可拘泥於日數，等等。

自明末至清中期，温病學説急速發展，此時傷寒之學倍受衝擊。因此人們的一大疑問是：『仲景所製解表之藥，何以昔用之而效，今用之而有效、有不效，且或以致斃者？』對此，作者的解釋是：『傷寒者，感（寒）而即病之名也。』既爲寒邪外入，治以辛熱發散爲主。但還有一類外感病，即『王履所謂不即病之傷寒』，作者認爲：『不即病之傷寒』即『今時所謂晚發』。『晚發與傷寒，受病之時同，故均謂之傷寒。其發動之時則異，故治法不可混而同也。』傷寒以辛熱發散爲主，『晚發爲熱邪内出，治以清凉解散爲主』。此『晚發』實際上指的就是温病。

按照作者的類證法，傷寒有『即病』與『不即病』之分。『不即病之傷寒又有遇感冒而發者，且三時感冒亦傷寒類耳。』治療時，『三時感冒之輕者，自應以清解爲主。若有暴寒厲風閉入肌膚，則感寒深重，即不可以感冒言之矣，即應以正傷寒治之。而時令之説不必拘矣。』因此，作者確定了正傷寒治以辛熱，而三時感冒治以清解的原則。這是作者一個非常重要的學術見解。此外，作者還用了相當的篇幅來論述内傷與外感之別。

作者將他在『傷寒總論』中的學術觀點再加組合，採用歌賦體裁，編爲『傷寒類證解惑賦』。該賦之前有『傷寒類證解惑目次』，列舉了十八門的名目，計有：六經正傷寒門、合病併病門、不可汗門、不可下門、可汗門、可下門、汗多亡陽門、下早結胸痞氣門、吐症門、寒熱真假門、六經各種寒熱門、各種水症門、各種血症門、愈後不守禁忌門、傷寒至輕至重門、傷寒兼雜症門、內傷外感類傷寒門。從賦的內容可知，這十八門的目次並沒有在正文中設立小標題，但其內容與行文順序則大體與這十八門基本符合。可見所謂『傷寒類證解惑目次』並非爲全書而設，不過是『傷寒類證解惑賦』的內容提要而已，藉以區分賦中的層次，提取其中的內容要點。該賦前有小引云：『玆出《傷寒類證解惑》一十八段，其中條理分明，次第清晰，但義理未能暢發，方藥未能完備，故復自註於後。』可見『傷寒類證解惑賦』實爲全書的提綱，圍繞這個大綱，作者詳作註釋，而成『傷寒類證解惑賦註』（佔了全書兩卷多的篇幅）。

三、學術價值

作者處在乾隆初期的河南，從書籍內容來看，雖然也提出了『晚發』當以辛凉解表爲主，但還看不出是受江浙一帶温病學説的影響。作者深入淺出地介紹了他對傷寒診治的見解，對清代傷寒學的研究有一定的參考價值。書中對臨床辨證傷寒相關疾病闡述甚詳，所出方劑也非常實用，因此對臨證工作者亦可作爲參考。

考證註解傷寒論

李鴻濤

《考證註解傷寒論》十卷，明·黄甲撰，明嘉靖二十四年（一五四五）馮岳刊本，孤本現藏於甘肅省圖書館。

一、著者與成書

黄甲，字鞠潭，明代中期醫家，祖籍崇川（今屬江蘇省南通市）。因其父遷任蜀中官職，遂居焉，並自號蜀府良醫。黄甲曾受詹寒潭指點啓蒙仲景學説，後又因自病癥固而檢校仲景方書，故殫精於此。補遺删正、考訂註疏《傷寒論》有年，遂成此書。其餘事跡皆無從考。書首有馮岳序言一篇。馮岳，字望之，浙江省慈溪縣人，明嘉靖五年進士，官至南京刑部尚書，是本書捐資刊刻者。

從序言可知，作者黄甲認識到『先師仲景之論固萬世不可易者，但世遠人淹，漸已傳訛，後之學者無所考據，往往迷其所向』，故參考《金匱玉函經》《金匱要略方論》《心印紺珠經》等經，《南陽類證活人書》《傷寒直格》《宣明論方》等論，《傷寒治例》《傷寒百症歌》《片玉心書》等書，『潛心研慮，逐一檢校，有錯簡者正之，繁冗者删之，遺漏者續之，未發者宣之，無方法議論者增益之，務使辭理洞達，血脈貫通，經旨了然』，而成此書。

二、内容與特色

本書屬《傷寒論》註釋之作。《傷寒論》的六經辨治體系，開創了外感熱病辨證論治的先河，並爲中醫學辨證論治原則的確立做出了示範，是後世臟腑辨證、衛氣營血辨證、三焦辨證等辨證方法的先導，故被奉爲研習中醫臨床醫學的第一要籍。《傷寒論》經歷了其後一千八百餘年的闡釋發揮，至今已蔚爲大觀，由一部著作儼然已發展成爲一門中醫學中的專門學科——傷寒學。黄甲所撰的《考證註解傷寒論》作爲諸註家之一，其學術特色如下：

（一）承先啓後，詮釋疏證

東漢末年張仲景所撰《傷寒雜病論》問世不久即遭兵燹而散佚不全，經過西晋王叔和編次整理，其書始得以傳世。王叔和整理撰次仲景之書，在後世傳習鈔録過程中，版本訛誤倒衍而謬種百出，盡管如此，正是因爲其精深博大的學術生命力，薪火傳遞，連綿不絶。從叔和至北宋凡八百餘年，經歷了魏晋南北朝的『江南諸師秘仲景方而不傳』，唐·孫思邈晚年方得見此書並將其納入《千金翼方》以防散佚，雖歷代傳習不斷，而難得善本。及至北宋校正醫書局林億等的整理校勘，仲景《傷寒雜病論》始有《傷寒論》和《金匱要略》之分，至此研習仲景學説方有定本。治《傷寒論》之學，在宋代已頗受青睞，有朱肱、許叔微等以治傷寒學的醫家，著《南陽類證活人書》《傷寒九十論》傳世。其後，金代成無己以《黄帝内經》之理註《傷寒論》而撰《註解傷寒論》，明代方有執駁斥叔和之編次而首倡《傷寒論》『錯簡』説，繼之又有喻嘉言、張璐玉、程應旄、周揚俊、黄元御等承緒其説，治傷寒學者流派紛呈、著作繁富。到清末之際，有關傷寒學説的醫籍甚夥，據薛清録先生《中國中醫古籍總目》著録已達六百六十七種之多。

本書在《傷寒論》衆多註本中，能够旁參前代諸家，並參會己意，在傷寒學發展史上起到承先啓後的作用。黄甲認識到《傷寒論》其書在流傳過程中『世遠人淹，漸已傳訛』，故發奮編摩此書，『逐一檢校，有錯簡者正之』，這一觀點早於明末方有執倡導的『錯簡重訂説』（方有執《傷寒論條辨》成書於明萬曆二十一年，公元一五九三年），爲『錯簡重訂』的提出啓發了思路，開闢了研究仲景學説的另一個新視野。

（二）以經註論，旁參諸家

識文達意是閲讀和使用古籍的先導，因此，歷代對於經典名著的註釋發揮成爲了文化與學術傳承的一種風尚，黄甲所撰的《考證註解傷寒論》是以金人成無己《註解傷寒論》爲底本，在接受了成無己『以經註論』的學術主張的基礎上，對其予以考證批註。作者按《註解傷寒論》原文順序，析疑糾訛，並參考歷代名著及個人見解對其書予以按解。其較多用到的是《黄帝内經》《針灸甲乙經》等經典著作，基本上是循續成無己《註解傷寒論》『以經註論』的思路予以詮釋考訂。如，黄甲接受《註解傷寒論》中的風傷衛、寒傷營、風寒兩傷營衛觀點，以風傷衛的桂枝湯證，寒傷營的麻黄湯證，風寒兩傷營衛的大青龍湯證爲傷寒初感的内容框架，該思路被後世醫家方有執在其《傷寒論條辨》中明確命名爲『三綱鼎立學説』。

除理論研究外，黄甲還引用了諸多臨床名著，使得對《傷寒論》這部臨證實用意義很强的醫學名著，註釋得活潑圓通而切於醫家臨證應用，而非停留在繁復的文字語句的訓解。如在《傷寒論·辨太陽病脈證並治中》『發汗若下之病仍不解煩躁者，茯苓四逆湯主之』，在成無己的註解基礎上，發揮道：『火入於肺煩也，火入於腎躁也，與茯苓四逆湯以復陰陽之氣。《經》

曰：煩躁有二，陰爲陽所勝則脈浮大，熱而渴乃陽證也，治以寒凉；陽爲陰所勝則脈沉微，厥而利，乃陰證也，治以温熱。又有煩躁、面赤、脈沉，謂之戴陽，此下虚也，不可便謂熱躁，遽投寒凉，當以脈别之。』不但將茯苓四逆湯證病機闡釋清楚，而且還將煩躁的真假病機予以鑒别分析。

三、學術價值點評

本書作爲在成無己《註解傷寒論》基礎上的考證註釋之作，其學術主體是接受成無己的以經註論的研究方法的。作者在此基礎上又援引了後世一些著作加以增潤和發揮，對於學者領悟和使用《傷寒論》這部義理精深的經典著作頗有裨益。但需予指出的是，此書中仍有一些不足之處，如所據《註解傷寒論》底本亦非善本，個别之處文字仍有謬誤，讀者閲習中當予注意。此外黄甲的註釋亦非盡善盡美，也應斟酌選取。總之，本書在傷寒學的發展過程中起到了承前啓後的作用。

金匱要略闡義

孟慶雲

《金匱要略闡義》四卷，清·汪近垣著，清咸豐十年（一八六〇）鈔本，現藏於南京圖書館。

一、著者與成書

作者汪近垣，江蘇儀徵人，清代道光、咸豐年間名醫。幼習儒業，工書法，尤長隸書，同時拜於本縣名醫李炳門下。李炳字振聲，號西垣，行醫於楚、越、江、淮間，晚年多寓邵伯鎮、瓜州北湖。著有《辨疫瑣言》《金匱要略註》《西垣診籍》等。李炳是專執經方的名家，其《辨疫瑣言》是針對吴又可《温疫論》而與之辨言者。謂：『大黄治疫，本於耶律楚材，吴又可竊用之而不知其意，妄造達原飲，用草果、黄芩，以剥人生氣。且疫爲陰濁，入人口鼻，當以芳香勝之。』因創立清氣飲方，輕清開肺，芳香闢穢。用漬釀煮諸法炮製大黄，取其氣而不取其味，意尤造於微，用爲治疫。其論洵爲辨疫名言。李炳幼年習醫後，苦不能得其奧，因習《易》十年，頓悟陽長陰消，遂通《靈》《素》之旨，尤深於仲景書。擅用白朮、附子等，應手得效。李炳之醫道見重於揚州學派樸學大家焦里堂、焦虎玉父子。清嘉慶十年，焦虎玉遘疾似疹而陰躁，李西垣以脈緊而不渴，認定不是出疹，投真武湯而愈，群醫稱奇而羡。後焦虎玉讀《鄭來圃醫案》，云有寒極鬱內、逼陽於外之陰癍證與此相合，方領悟李炳用藥洽切而頗合醫道之精詣。李炳於當年病逝。兩年後焦里堂患傷寒重證，焦虎玉延請年輕的醫生汪近垣爲乃父診治。汪近垣據耳聾、舌黑、脈滑而洪大無倫，斷定爲少陰欲作亡陽之證，此際非重用參、附不救。是時，也請諸醫同診，或謂舌黑、脈洪大是陽證，有所異議。焦虎玉憶起《鄭來圃醫案》中有類似病情，言脈散大是真陽欲脱，舌黑是腎水凌心，決計用參、附之藥，果然應手而愈。後來焦里堂先生在《梅花館女録·鄭來圃醫案序》中詳録此案，並稱汪近垣深得李炳之真傳。

焦里堂病愈後，又延壽十數年，完成了名著《易學三書》和《孟子正義》，汪近垣以醫助聖賢傳書，厥功可表。汪近垣行醫五十餘年，這部《金匱要略闡義》是他畢生的唯一著述。其子汪少垣也是儒醫，傳其鈔本。正文之前有同邑劉毓崧和李祖望兩人的序，都寫於清咸豐十年（一八六〇）。

二、内容與特色

《金匱要略闡義》是闡明《金匱要略》義理之書。闡是鈎深致遠，顯微闡幽。義者，通其意理，神而明之，引而申之。宋代以後，醫家讀仲景書用仲景方者成爲一大學派，稱爲經方派。對於仲景傳世的《傷寒論》和《金匱要略》兩個文本，每以註疏和發揮、驗案等方式闡揚學術，討論心得。宋代以後，研討《傷寒論》的註家有七百五十三家，共有專著一千零六十一種；《金匱要略》有註家一百五十家，著作一百九十五種。對於《金匱要略》，雖有逾百名的註家和著作，但比之註解《傷寒論》之書，誠如本書李祖望《序》中所言：『條理雖具而註者甚少』。既便在百餘種註釋著作中，詮解得明白通達者也不多。有者循章解字，順文敷衍；有者援用古代註家之文爲註，以古文註古文，難睹作者識見；更有如明代張介賓在《類經·序》中所言：『蓋有遇難而默者，有於義未始合者，有互見深藏不便檢閱者。』比較起來，汪近垣這部《金匱要略闡義》，以其深究醫經原旨，得之於手，應之於心，少有未發之覆。本書有以下幾個特點：

一是援經爲解，通達明白。闡義註疏，首先要解讀病證，説明病因。經方之學雖然有别醫經學派，但其基本理論還是有一致性的。其症狀體徵是個什麽樣子，親見者感受逼真，方能註得確實。例如『奔豚』，歷代註家多是隨文解字，本書則以心氣闡釋：『經云：驚則氣亂。亂者無一定處，不同於怒則氣上，恐則氣下，祇於上下也。心爲君火，驚則心氣奔竄，而火結爲邪，如奔豚證。奔爲直衝，豚爲水畜，從少腹直衝而上，肖江猪以臀勃起，或上或下之勢，驚氣結於肝腎也。』如此闡釋病證，洽切病情，直揭醫理。

二是聯係《傷寒論》，互相鑒別。《傷寒論》與《金匱要略》本爲一書，宋代以後分編爲二書，但分者也有所理據。例如瘧疾，雖也見脈弦，寒熱交争，但並非少陽病。汪近垣指出，瘧疾病在脾是本，證是邪阻少陽而風發，實非少陽病。其治療重點是『飲食消息』四字，可發越脾鬱，汗吐之法皆可爲用。而少陽病則汗吐下皆當所禁。作者同時指出治瘧不治脾治膽，俗以小柴胡湯合平胃散的流弊。又如《金匱要略·消渴小便不利淋病脈證治》篇第一條，此方文本是『食即吐』、無『蛔』字。作者認爲他選的文本有道理，並聯係《傷寒論》厥陰首條解讀之：『此與《傷寒論》厥陰篇文同，《傷寒論》食即吐之下有蛔字，蓋傷寒由於客寒，此則不盡由於客寒，故食即吐，不必有蛔也。』這一辨析，倒是有助於深入研討仲景之學。

三是在闡釋中結合醫案以證心得。醫有案據，猶事有徵符。以醫案之事實，驗證理論，傳述經驗。汪近垣在詮解治要時，嘗以自己醫案以啓迪警示。如在闡釋病情危殆、但熱不寒的癉瘧時，他指出此係脾陽素虛，邪結痼於内臟，陽氣不得入内被逼外出，則營衛不和，熱而肌肉消瘦，雖不同於陰氣孤絶，但亦非輕證。他認爲邪氣獨霸於脾，太陰之氣孤絶，當理中温脾爲治。爲證此，他舉一醫者逆此失手的醫案：『曾治一癉瘧，發熱則煩冤少氣，脈自微弦，兩寸不滿。余曰此脾氣閉絶，爲之定理中湯少加麝數釐。彼家駭怪，别延他醫，用柴、芩、枳、曲等藥，不三日人事不醒，復延余治，無可爲矣。』更爲可貴的是，書中援載了其師李炳先生的許多醫案。因李炳的《西垣診籍》已亡佚，能在此書中得以保留，也是幸事。

四是在闡義中，每多精卓之見。例如第一篇中『厥陽獨行』證，出自古時醫經。原文的解釋是：『此爲有陽無陰，故稱厥陽。』有者據《素問·生氣通天論》之『陰平陽秘』衍解爲陽失陰維繫，孤陽上逆，有升無降，獨行於上。有者説此『厥陽』即是《靈樞·經脈》篇中之足少陽膽經的『是動病』即『陽厥』。本書的解讀是：『陰陽相抱，營衛俱行，斯爲無病。今陽氣衹行於陽，而不行於陰，故曰厥陽獨行者，不能與陰相抱而併行也。有陽無陰，謂陽不能統有其陰，非陰竭之無陰也。推厥陽獨行之故，大抵心腎二經居多，心事過勞，則心陽馳散，不復下交於陰，則陰分不暖；縱慾之人，腎氣日削精去陽，虚則陰分亦不暖，陰分不暖則陰爲死陰矣。陽無陰和，不但外現種種熱象，即脈也變爲實大。如此脈證，誰肯於陰分不暖上着想？即病者變不自信陰分不暖致病。因此知此證，縱不即死於厥脱，亦必死於知、柏、生地、麥冬矣。』此解讀有理有據，有病情和預後，堪爲達意。又如對《金匱要略·痰飲咳嗽病脈證並治》下，第三十二條『夫有支飲家，咳煩胸中痛者，不卒死，至一百日或一歲，宜十棗湯。』對此條除註解症狀緣由外，尚圈點註文提示：『以上諸證，果屬於虛，安能久延，今不卒死，豈非虛邪，可知一百日以至一歲久而愈。久醫者以救人爲心；勿疑久病正虛，藥從平穩爲無過也。有是病自當用是藥，十棗湯是其所宜者，而諸證悉瘳，又何久病之足云。』同樣，在下一條久咳屬飲家者，也是以圈點要文的方式，提示讀者：『藏真未傷可治，藏真雖傷未甚可治也。』

五是在闡釋條文中，常示人以學習方法。例如在《金匱要略·瘧病脈證並治》首條，説瘧當治脾，在『飲食消息』四字句下指出：『仲景之書，非是教人治病，教人明病也。明病便能治病，故每論病而不出方甚於出方者遠矣。即有時出方，亦是教人得其治病之義，非是教人執定其方也。』《金匱要略》原書二十五篇，汪近垣認爲第二十五篇，義理不多，叙述明達，不需闡解，僅鈔録原文。其師李炳亦曾有《金匱要略註》二十二篇，惜未能傳留至今。《金匱要略闡義》很多處是援引或發揮其師的見解，因此也爲了解李炳的學術，提供了一些資鑒。

高註金匱要略

張明鋭

《高註金匱要略》八卷，清·高學山著，鈔本現藏於内蒙古醫科大學圖書館。

一、著者與成書

高學山，清代『紹派傷寒』著名醫家，字漢峙，會稽（今浙江紹興）人。擅長傷寒雜病，於仲景之學頗多發明。研究並註解《傷寒論》《金匱要略》，撰有《傷寒尚論辨似》《金匱要略註》（後改名爲《高註金匱要略》）等書。

漢代張機所著《金匱要略》是一部總結東漢以前醫家以及作者本人的臨證經驗，同時也是一部開創内傷雜病辨證論治體系的傳世醫著。被後世公認爲『方書之祖』和中醫四部經典之一。由於該書的發現晚於《傷寒論》，兩書雖均由晉代王叔和整理編次，但一直到明代才有趙良仁爲該書作註。與歷代諸多醫家研究和註解《傷寒論》相比，註解《金匱要略》之書着實了了。唐代醫家孫思邈的《千金方》、王燾的《外臺秘要》以及其後宋、金、元等時期的醫著都先後引入該書的方論。而且朱肱、陳無擇、劉完素、李東垣、張潔古、王海藏、朱丹溪等醫家在其著作中均論及了《金匱要略方論》的理、法、方、藥，並對書中張仲景關於雜病的辨證理論體系多加推崇。但是直至清代，隨着臨證各科普及發展，衆多醫家才逐漸認識到該書在雜病的臨床治療實踐中的重要價值，故開《金匱要略》註釋詮解之風。

縱觀清代《金匱要略》註本，除久負盛名的周揚俊、魏荔彤、尤怡、黄元御、徐彬、陳念祖、唐容川、程林、沈明宗、吴謙等醫家外，還有一些心得獨具的註本。它們或者成書後未曾刊刻，或者刊刻後傳本稀少，或僅有鈔本存世，以至於藏在深閨，少有人識。隨着中國中醫科學院薛清録教授組織的全國中醫藥古籍普查和整理工作的不斷進展，如朱光被所著《金匱要略正義》、葉霖所著《金匱要略闕疑》、張志聰所著《金匱要略註》都陸續出版，尤其引人注目的清代醫家高學山所著《高註金匱要略》罕有鈔本，屢瀕失傳之厄，幾經輾轉，浙江醫學家王邈達得該書殘本。反復研讀盛贊該書『各註至百數十家之多，而從未見有若此本之詳盡者也』。筆者反復閱讀此本《高註金匱要略》後，認爲王氏盛贊之詞並非過譽，高學山對於闡揚《金匱要略》之學，並其在雜病辨治中的指導意義，功不可没。

二、内容與特色

作者將《金匱要略》二十五篇逐一註釋，詞盡其意，文盡其理，每以《黄帝内經》《難經》等中醫經典的理論和其本人精湛的中醫經驗體會詳細註釋，多有妙語連珠，不乏精闢論斷，其對《金匱要略》這部雜病辨治經典的註釋特色有以下幾個方面。

（一）移篇正簡，開宗明義

高氏精研全書數載，大膽提出調整條文次序，將引領之文移至卷首。其在研究《金匱要略·臟腑經絡先後病脈證治第一》時，明確提出舊本將『夫人稟五常，因風氣而生長……』一段文字列爲該篇第二條，經反復研讀此段文義，確是開章語氣，且有内外因，及不内外因之病由，然後方接『上工之問』，並啓脈色診法，如後文所云。故將此段文字移至卷首。使得全篇醫理流暢，病因闡述、未病之治，治未病治法依次貫穿全篇。

（二）以《經》註論，引申發明

高氏深得《黃帝内經》要旨，註釋觀點精闢，多有獨到見解。如對『上工之問』一段中『夫肝之病，補用酸，助用焦苦，益用甘味之藥調之』之語，高氏註釋『素問五味之與五臟，順之者爲瀉，逆之者爲補。仲景以酸補肝，以苦助心，以甘益脾，是以順之者爲補，而與經旨相背矣。不知《内經》以逆爲補，補其臟中之神志，仲景以順爲補，補其臟中之

一句之『靈』字有不同見解，或隨文註解，不作闡發，或據《脈經》

手足上陷而不起者，風水。』一句，衆多醫家對此段中『如蠶新臥起狀』

曰風水。視人之目窠上微擁，如蠶新臥起狀，其頸脈動，時時咳，按其

病脈證並治》篇中之『寸口脈沉滑者，中有水氣，面目腫大，有熱，名

微，於細微處常有精妙論述，見解使人耳目一新，如《金匱要略·水氣

高氏通篇詳註此書，結合其豐富的臨證經驗和體會詮釋仲景雜病精

（三）詮解求證，一本臨床

之有所疑冰釋之感。如此之精妙註釋，書中比比皆是，妙語連珠。

『慾』條文時多閃爍其詞，所言齟齬。而高氏之論，真高屋建瓴之語，讀

於五臟五味苦慾補瀉之爭論歷代未休，後世註解《內經》『苦』、

所畏，則枝柯雖暫爲凋謝，而根株之神自全，此大聖大賢之妙用。』關

然而花葉外蕃，精華之內蘊者鮮矣。又木之所謂者，陰寒霜雪耳，剋以

氣血也。即以木論，木性之所喜者，陽和雨露耳。投其所喜則氣暢津榮，

《千金方》《外臺秘要》諸書中無『蠶』字，即言此處『蠶』字當爲衍文。有的醫家註釋中避而不談。而高氏對此處依舊詳細註解。指出『目窠上，即上眼胞也，蠶之漸長，凡三次脱皮者曰卧，卧起，則彎腰上揚如『乙』字，而光亮有水色，目窠上爲善動之地，陽氣之所聚也，微微擁起，其光亮之狀如新卧起之蠶，若非風賊陽微，而水氣安能乘善動之地乎？』如此精當之解釋，必來自於長期的臨床實踐觀察和思考。

（四）雜療急救，囊括備選

《金匱要略》正文後所附雜療方等内容，歷代醫者多認爲是後人所續，故每多予删之不使朱紫之混。高氏詳細註釋雜療方第二十三至二十五篇，並認爲，雜療方所對之症，多爲九死一生，即非常有之病，其藥險峻冷異，皆非和易之材。雖至十年或不可用，而却爲一時之所急，無處收受，而又不忍棄絶者，仲景故以雜療統之。『夫傷寒六經之專方，金匱各門之要藥，譬之太平取士已登選造之名，而世之奇功偉績往往收之雄强英俊及幽隱孤高之輩，此邊才國士之科，亦不容盡廢之道也。』故執意留此三篇，並詳加註釋，以留後人備選。

三、學術價值

《高註金匱要略》鈔本湮没已久，向爲罕覯。且屢瀕失傳之厄，現得其完整鈔本實屬罕見。該書註釋精妙翔實，旁徵博引，與經典中解析《金匱》顯微，從臨證處闡發玉函至理，處處珠璣，盡顯註者高超的臨證經驗和廣博的醫學素養。多所獨見，已足徵其學術精良，淵源有自。高氏融合前人學説，取衆家之精要，結合個人學習心得和臨床實踐將《金匱要略》予以全面註釋。對雜病的病機、診斷、方義等闡析較詳，是清代註釋《金匱要略》諸多書籍中的精品，其臨床實用性和參考價值較高，以孤版完本存世，實屬不易。

瘟疫發源

王樹芬

《瘟疫發源》，不分卷，清·馬印麟撰於康熙五十三年（一六九三），刊於清雍正三年（一七二三）孤本現藏於中國中醫科學院圖書館。

一、著者與成書

馬印麟，字長公，號好生主人，山東益都縣金嶺鎮人。本書自序首句稱：『予年八十歲』，據此知其生於清順治元年（一六四四），卒年無考。據《中醫人名辭典》引益都縣誌載：『其七世祖馬晟曾任明代衡藩良醫正，數傳至印麟，亦以醫知名。』然本書序言、卷端等處均未見有『七世業醫』或『世以醫鳴』類字樣，却在卷端自稱『古青三世醫馬印麟撰』，知其七世祖至祖輩間醫業曾有間斷。印麟除本書外，尚著有《保嬰秘訣》《急救良方》行於世。

本書自序稱：其家三世業醫，印麟自幼十餘歲即從其祖父修習醫業

（註：自序中稱『幼自數十歲時受祖父之岐黃醫業』，因『數十』與『幼』不侔，疑爲『幼自十數歲』之誤）數年，其父謝世，乃外出游學，『各處訪求明師賢友，講求議論』，於張仲景，李東垣、劉河間、朱丹溪等人著作認真研讀，以爲前賢之書，於臟腑經絡、脈理諸病、本草醫方，無不註釋詳明，『惟有瘟疫一門，而未嘗發明受病之由。諸家雖有數句，至簡至約，不甚詳細』，乃將探討瘟疫發病之由，『悶懷心腹二十餘年』，每遇瘟疫之症，輒加意焉。後於青州醫家張宗玉處得《類經》一部四十餘册，如獲至寶，遂『朝夕晝夜，苦讀窮究』，以爲『黃帝與岐伯，註天文地理人事三才，其書理義深遠，繁多難讀，蓋學淺不能便覽』，於是『將瘟疫一門，由博返約，採集一册，名曰《瘟疫發源》，使後人便易入門』。其書撰成後未即付梓，而是自己在醫療實踐中檢驗，至雍正三年，書成已『三十餘年』，『屢驗屢效，方敢刊刻濟人』，並在付梓之前，將『所驗之年歲，略表一二，開列於左，以使後學誠信，再

求高明指示』，其於治學、著書何其嚴肅審慎，於此可見一斑。

二、內容與特色

由於作者刊刻前作了不少學術補充，補充的内容以『凡例』形式括於正文之前，故全書可分正文與凡例兩部分。正文即三十年前所撰、旨在探討瘟疫發病之源的内容。作者認爲：『五運六氣，剛柔失守，陰陽升降不前，不遷正，不退位』是瘟疫發生之源：『大人感之，而成疫癘，小兒受之，多患痘瘡』；瘟疫的特點，發病有地域性，病症有相似性，所謂『以衆人而患同病，非運氣之使然歟？』故作者概括曰：『天運有盛衰，人氣有虚實，醫不知此，焉得爲工？……醫之道，運氣而已。學者可不由此入門而求其藴奧耶？』故卷端題爲『五運六氣瘟疫發源』。全書首先闡發五運六氣的概念與格局，包括五運分主客、六氣分主客、司天在泉左右間氣、司天在泉詳解等，一一詳加闡釋，深入淺出，言簡意賅。嗣後，在五運天時民病、六氣天時民病、五運五鬱天時民病等章節中，對甲子六十年的運氣加臨情況，以五運太過之年、五運不及之年、六氣司天之年爲綱，逐一介紹；對客主加臨後産生天刑、不和、小逆等情況時，可能出現的寒暑風雨、水旱霜雹等灾害變化，進行了原則性的闡述，而對順化之年則僅以『其年民病較少』一語帶過。這部分内容雖較繁複，看似平淡，但却是介紹瘟疫之源即五運六氣學説必不可少的，且所論大都切合《黄帝内經》之旨，深入淺出，不少地方時有新意，體現了作者對運氣學説的真知灼見。

凡例是三十年後作者對自己瘟疫發源於五運六氣之變的理論及治瘟疫所用之理、法、方、藥的驗證和體會，共五條，有些條内又分數條。第一、二兩條，闡明本書理論皆源於《素問》中黄帝岐伯之問答，而解釋多取《類經》之説。認爲：天生陰陽，化生五運六氣，主運主氣爲四時正氣之常，客運客氣爲歲歲迭遷之變。主客相得則和，主客不相得則變。和則民泰年豐，變則年灾民病。第三條，題爲『瘟疫則驗』，即將正文所列剛柔失守之年，由於陰陽升降不前導致發生瘟疫的檢驗情况，『略表數句，以待後人再驗』。這其中，列舉了崇禎十一年、康熙七年、康熙十二年、康熙二十五年、康熙三十年、康熙三十四年、康熙四十一年、康熙四十三年及雍正元年、二年、三年等年份的天時民病，以證明瘟疫的發生，與五運六氣主客不和有顯著的聯係。第四條，爲『瘟疫治法大略』，一論瘟疫受病，皆因感天地不正之氣，邪自口鼻而入，與傷寒表症不同，『斷不可認爲傷寒感冒表症，强發其汗，徒傷表氣，病亦不減』；二論瘟疫皆是熱證，『初用達原飲調和疏通之劑，其病速愈』，不可下之過早，以免引邪入裏；三論瘟疫俱是熱證，『宜用清解寒凉之劑，又最宜用大黄，蓋大黄乃是流通之物』；四論瘟症至五七日間，『當爲速下』，『若日久失下，内結壅閉，以致脈厥』，此時『宜用小承氣湯加檳榔二錢，緩緩下之，六脈自復』；五論瘟症下法，有可下之症則當速下，『不以數計』，不要中道生疑，反致誤事。這些都是治瘟症的中肯之言，與吴有性《温疫論》的理法方藥如出一轍，值得後人珍存借鑑。

第五條，爲『瘟疫病按』，記録了兩則瘟病重症医案，馬氏用自製五瘟散，或加用生大黄取得了滿意的療效，表明馬氏的理法方藥是經得起臨床實踐檢驗的，因而更顯得彌足珍貴。

第六條，瘟症禁忌，遵《黄帝内經》之旨，『熱病少愈，食肉則復，多食則遺』，故瘟症初愈應進清淡飲食，忌腥膻油膩，及勞役惱怒、房事，等等，皆爲經驗之談。

總之，《瘟疫發源》一書，本《黄帝内經》五運六氣之説，探瘟疫發生之源，有理論，有實踐，理、法、方、藥環環相扣，自成體系，是明清以來較有實用價值的運氣學著作。其書刊刻後可能印數無多，故流傳不廣，至今已成孤本。